Für Horst Heimann,
den Erzrevi des von krypto-orthodoxen
Sektenlehren transzendental heimgesuchten
Collegium Marianum Groß-Dahlem

D1670769

In Dankbarkeit für die vielen
freundschaftlichen Dienste
und in der Hoffnung auf weitere
gemeinsame revisionistische
Schandtaten

Freudenberg, den 25.9.1977

Detlef Lehnert

Detlef Lehnert

Reform und Revolution in den Strategiediskussionen der klassischen Sozialdemokratie

Zur Geschichte der deutschen Arbeiterbewegung
von den Ursprüngen bis zum Ausbruch
des 1. Weltkriegs

Verlag Neue Gesellschaft GmbH
Bonn-Bad Godesberg

CIP-Kurztitelaufnahme der Deutschen Bibliothek

Lehnert, Detlef

Reform und Revolution in den Strategiediskussionen der klassischen Sozialdemokratie: zur Geschichte der deutschen Arbeiterbewegung von den Ursprüngen bis zum Ausbruch des 1. Weltkriegs. — 1. Aufl. — Bonn-Bad Godesberg: Verlag Neue Gesellschaft, 1977.

(Theorie und Praxis der deutschen Sozialdemokratie)
ISBN 3-87831-252-0

ISBN 3-87831-252-0

© 1977 bei Verlag Neue Gesellschaft GmbH
Kölner Straße 143, D-5300 Bonn-Bad Godesberg 1
Umschlag: Die Arbeitsgemeinschaft Uwe Loesch, Düsseldorf
Herstellung: Göttinger Druckerei- und Verlagsgesellschaft mbH
Printed in Germany 1977

Inhaltsverzeichnis

bei der Erkämpfung des Sozialismus – Die wirkungslose Reform und die nicht machbare Revolution – Die Ungewißheit über Zukunftsstaat und Übergangsformen – Die Stellung der Partei zu Parlamentarismus und Demokratie

Kritik des Vulgärmaterialismus und Pseudoradikalismus – Die Präzisierung der historisch-dialektischen Methode – Chancen des allgemeinen Wahlrechts und innerparteiliche Demokratie – Die Kritik des sozialdemokratischen Strategiedefizits – Eine Strategie des revolutionären Realismus im Deutschen Kaiserreich

Der politische Kampf als Hebel der sozialen Emanzipation – Die Zielsetzung einer doppelten Revolutionierung Deutschlands – Die Analyse des ökonomischen Systems und des Klassengefüges – Wissenschaftlicher Sozialismus und historische Notwendigkeit – Die Organisationsformen der Partei und die Strategiediskussionen – Sozialdemokratische Perspektiven und marxistische Theorieansätze

Der Aufschwung des Organisierten Kapitalismus und der Imperialismus – Der Revisionismusstreit und die theoretische Differenzierung – Massenstreikdebatte und politische Aufwertung der Gewerkschaften – Gleichgewicht der Klassenkräfte und innenpolitische Stagnation

Zum Problem der Beziehung zwischen „Marxismus" und „Revisionismus" – Die prognostizierte und die tatsächliche Entwicklung des Kapitalismus – Über die politische Revolution als strategisches Prinzip – Dialektik und Materialismus als philosophische Grundlagen – Die Kritik am Doktrinarismus und Determinismus in der Parteitheorie – Zur Frage des Sozialismus als Endziel und als Wissenschaft – Der subjektive Faktor und das Entwicklungsniveau der Arbeiterklasse – Die Einschätzung des Bürgertums und die Stellung zu Liberalismus und Demokratie – Strukturprobleme einer sozialistischen Gesellschaft und systematische Reformpolitik als Voraussetzung ihrer Bewältigung – Eine revidierte marxistisch-sozialdemokratische Plattform

Einleitung

Objektivität und Parteilichkeit im politischen Geschichtsbewußtsein

Die hierzulande auflagenstärkste Gesamtdarstellung zur „Geschichte der deutschen Arbeiterbewegung" versucht dem Leser mit den abgebildeten Köpfen von Karl Marx und Ferdinand Lassalle einen ersten personifizierten Eindruck über die zu behandelnde Thematik zu geben[1]. Wollte man demgegenüber die reale Erscheinungsvielfalt der heute vorliegenden Literatur zur Geschichte der Sozialdemokratie skizzenhaft andeuten, so müßten die hier als friedliches Zweigespann vereinigten bedeutenden Politiker und Theoretiker der Arbeiterbewegung an höchst unterschiedlichen Plätzen teils auf den Kopf gestellt, teils fratzenhaft bis zur Unkenntlichkeit verzerrt den Stand der Diskussion versinnbildlichen. Auf jeden Fall wären sie dabei in ebenso vielen Positionen und Versionen darzustellen, wie sie dem unbefangenen Leser in der verwirrenden Widersprüchlichkeit der historischen Urteile tatsächlich gegenübertreten:

Haben wir in Karl Marx „den wirklichen Begründer der deutschen Arbeiterbewegung"[2] zu sehen? Oder ist es umgekehrt gänzlich „unbestreitbar, daß die Sozialdemokratie nie eine Partei des Karl Marx war"[3]? Nicht minder schroff prallen die kontroversen Einschätzungen über die historische Rolle Lassalles aufeinander. Einerseits wird er zu einer konkurrenzlos thronenden Schlüsselfigur emporgehoben: „Ferdinand Lassalle erfand die demokratische Massenpartei schlechthin", ein historisch richtungsweisendes „Verdienst, das er mit niemandem zu teilen hat"[4]. Andererseits erklärt man ihn zur geschichtlichen Wurzel aller späteren politischen Fehlleistungen der Sozialdemokratie: „Lassalle trug den Keim der Spaltung in die sich formierende Arbeiterbewegung und hinderte sie, die entscheidende Kraft im Kampf um die demokratische Einigung Deutschlands zu werden"[5]. Was aus diesen Beispielen für wichtige Persönlichkeiten aus der Geschichte der Arbeiterbewegung besonders plastisch hervortritt, gilt in differenzierterer Form auch

---

1 Siehe Helga Grebing, Geschichte der deutschen Arbeiterbewegung, München 1974⁵, (Umschlagbild).

2 Roland Bauer, Der wissenschaftliche Sozialismus und das Godesberger Programm, Berlin (DDR) 1960, S. 6.

3 Karl Anders, Die ersten hundert Jahre. Zur Geschichte einer demokratischen Partei, Hannover 1963, S. 46.

4 A.a.O., S. 13.

5 Institut für Marxismus-Leninismus beim ZK der SED, Geschichte der deutschen Arbeiterbewegung, Bd. 1, Berlin (DDR) 1966, S. 214.

in bezug auf die Interpretation der von ihnen führend vertretenen theoretischen Ansätze und politischen Konzeptionen.

So wird jeder interessierte Leser, der sich nicht mit der trügerischen Geschlossenheit eines bewußt parteilich verengten Geschichtsbildes begnügen will, in der historischen Literatur zu allen wesentlichen Problemen auf kontroverse Urteile stoßen, die einander teilweise diametral zuwiderlaufen. Während beispielsweise in dem SED-offiziellen Standardwerk mit Blick auf die spätere politische Frontstellung gegenüber der SPD bereits Lassalle „die parlamentarischen Illusionen, die dieser geweckt"[6] habe, zur Last gelegt werden sollen, muß er sich aus sozialdemokratischer Perspektive nach der Godesberger Programmrevision umgekehrt mangelnde Prinzipientreue zu den nunmehr propagierten „liberal-pluralistischen" Leitbildern vorhalten lassen: „Dem Problem des Abwägens und des Ausgleichs unterschiedlicher und gegensätzlicher Interessen, dessen Lösung die zentrale und permanente Aufgabe der modernen Demokratie bildet, stand er fremd und verständnislos gegenüber"[7]. Es liegt auf der Hand, daß die Lektüre dermaßen voneinander abweichender Darstellungen weit weniger die gesicherte Kenntnis der realhistorischen Zusammenhänge, als vielmehr zunächst einmal lediglich Klarheit über die politischen Optionen der jeweiligen Autoren verschafft. Der aufmerksame Leser vermag aus den genannten unterschiedlichen Einschätzungen zu entnehmen, daß sich die SED und die SPD heutiger Tage über die Bewertung von Marx und Lassalle sowie die Stellung zur parlamentarischen Demokratie uneins sind; welche der gegenläufigen Geschichtsauffassungen jedoch die Realität der damaligen Diskussionen in der Sozialdemokratie am ehesten trifft, wird er ohne den zeitraubenden und nur Historikern umfassend möglichen Rückgriff auf die entsprechenden Zeitdokumente nicht zuverlässig klären können.

Für die geschichtswissenschaftliche Grundsatzfrage, inwieweit das zu vermittelnde Bild einer Epoche von dem weltanschaulich mitbeeinflußten Bezugsrahmen entscheidend geprägt wird, ist die Entwicklung der deutschen Sozialdemokratie vor dem Ersten Weltkrieg zweifellos ein besonders geeignetes Studienobjekt[8]. Um in dieser Richtung ein Problembewußtsein zu erwecken, das der scheinhaften „Objektivität" einer Darstellung historischer Ereignisse und Zusammenhänge nicht mehr kritiklos erliegt, mag eine vorgängige Skizzierung der aktuell-politischen Erkenntnisinteressen von drei konkurrierenden Interpretationsvarianten zunächst hinreichend sein. Was dabei zum einen die von der SED veröffentlichte oder ideologisch mit ihr verbundene Literatur betrifft, so versucht sie der „antagonistischen" Frontstellung zur heutigen SPD dadurch eine historische Kontinuität und somit zugleich auch eine gewisse Legitimität zu verleihen, daß sie einen diesbezüglich formulierten ideologischen Grundkonflikt bereits in die Frühphase der

---

6 Ebd.

7 Susanne Miller, Das Problem der Freiheit im Sozialismus, Frankfurt am Main 1964, S. 53.

8 Speziell mit den Hauptströmungen der politischen Geschichtsschreibung beschäftigt sich mein Aufsatz „SPD-Geschichte im Grundsatzstreit", der im Heft 3/1977 von *forum ds* — Zeitschrift für Theorie und Praxis des demokratischen Sozialismus, erscheint.

politischen Arbeiterbewegung verlegt. Nach Auffassung der DDR-Historio-graphie vertrat nur die von August Bebel und Wilhelm Liebknecht geführte *Sozialdemokratische Arbeiterpartei* (gegr. 1869) „die proletarisch-revolutio-näre Klassenlinie", wie sie heute die SED für sich beansprucht, während der 1863 von Lassalle begründete *Allgemeine Deutsche Arbeiterverein* „eine bürgerlich-reformistische Konzeption hatte"[9], als deren Erbe die SPD unserer Tage erscheinen soll. Dieses zur Einteilung in begrüßens- und verdammens-werte Tendenzen sich anbietende Schema der „zwei Klassenlinien" kann als interpretatorische Universalformel der SED-Geschichtsschreibung gelten, mit der sie ihre politische Identität als Partei aus der Geschichte der deutschen Arbeiterbewegung bestimmt[10].

Demgegenüber bereiten der Godesberger SPD die von der SED offensiv herausgestellten radikaldemokratischen Staatsvorstellungen, sozialistischen Wirtschaftsmodelle und marxistischen Gesellschaftstheorien in der sozial-demokratischen Tradition gerade die größten ideologischen Schwierigkeiten, sobald es um die Herausarbeitung von Kontinuitätslinien geht. Die ent-sprechenden Elemente in der Konzeption der sozialdemokratischen Klassiker werden nicht allein — wie bereits für Lassalle gezeigt — als im Widerstreit zur „modernen Demokratie" stehend kritisiert, sondern bei dem langjähri-gen Parteiführer Bebel und dem nicht minder bedeutsamen Theoretiker Karl Kautsky gar zur Brutstätte „totalitärer" Vorstellungen erklärt[11]. Kann es angesichts dieser schroffen Distanzierung von der sozialdemokratischen Tradition zunächst den Anschein haben, als wollte die heutige SPD ihre Parteigeschichte vollends der SED überlassen, so muß dieser unerwünschte Eindruck durch eine positive Würdigung der praktischen Arbeit von Sozial-demokraten im Kontrast zu ihrer „totalitär" belasteten Theorie und Pro-grammatik wieder korrigiert werden: „In ihrem unmittelbaren politischen Wirken traten sie stets uneingeschränkt für demokratische Gleichberechtigung und demokratische Freiheiten ein"[12]. Während im Geschichtsbild der SED die innerparteilichen Grundkonflikte durch eine Trennung der „proletari-schen" Kommunisten von den „bürgerlichen" Sozialdemokraten als endgültig bereinigt erscheinen sollen, erfolgt die analoge Säuberung der „freiheitlich-demokratischen" SPD von einem vermeintlich „totalitären" Erbe schlicht dadurch, daß die Partei „nach 1945 ihre marxistische Tradition aufge-geben"[13] hat.

Damit von der eigenen Partei der Gegenwart ein möglichst einheitlich konzipiertes, positiv wertbesetztes Bild gezeichnet werden kann, verlegen also SED und SPD die nunmehr durch unversöhnliche wechselseitige Ab-grenzung ausgemerzten Weltanschauungskonflikte sämtlich in die organi-satorisch noch geschlossene deutsche Arbeiterbewegung vor dem Ersten Weltkrieg. Sie wird folglich in beiden Versionen als eine in unüberbrückbare

---

9 Geschichte der deutschen Arbeiterbewegung, a.a.O., Bd. 1, S. 335.
10 Exemplarisch für dieses Deutungsmuster: A.a.O., Bd. 1, S. 244 sowie Bd. 2, S. 61 und S. 108.
11 Siehe Susanne Miller, a.a.O., S. 104 und S. 241.
12 A.a.O., S. 295.
13 A.a.O., S. 298.

Widersprüche verwickelte politische Kraft dargestellt, deren innerer Zwiespalt zwischen den „zwei Klassenlinien" bzw. „demokratischer" Praxis und „totalitären" Ideologiekomponenten von vornherein auf eine Trennung zusteuerte. Eine dritte politisch-weltanschauliche Strömung schließlich, die gegenüber dem „bürokratischen Staatssozialismus" des heutigen sowjetischen Einflußbereiches auf einem an Rätemodellen orientierten „reinen Arbeiterkommunismus" beharrt, bekämpft auch die auf Lenin zurückgehende parteikommunistische Traditionslinie innerhalb der internationalen Arbeiterbewegung als die „revisionistische Ideologie des Marxismus-Leninismus"[14] mit ähnlicher Vehemenz wie die ihrer Ansicht nach „verbürgerlichte" SPD. Diese „Linkskommunisten" haben demgemäß keinerlei Ansprüche auf das politische Erbe der Sozialdemokratie vor 1914 anzumelden, sondern erblicken in dieser gesamten Tradition mit Ausnahme der positiven Bezugspunkte bei Rosa Luxemburg den Urquell eines Niedergangs der sozialistischen Bewegung: „Von Lassalle über W. Liebknecht, Bebel, Vollmar bis Bernstein und Kautsky reicht diese Ausrichtung auf die bürgerliche und imperialistische Ideologie"[15]. Eine dermaßen undifferenzierte Distanzierung von allen historisch bedeutsam gewordenen Entwicklungslinien der Arbeiterbewegung ist für Linkskommunisten kennzeichnend, weil sie ihre aktuelle politische Identität wesentlich aus einer negativen Abgrenzung zu sozialdemokratischen und leninistischen Strömungen gewinnen.

Auf dem Hintergrund dieser prinzipiellen Differenzen in der historischen Beurteilung der deutschen Sozialdemokratie vor dem Ersten Weltkrieg, die bis in die unterschiedliche Darlegung banaler Tatsachen hineinreichen, muß dem kritischen Leser jedes Geschichtswerk, das sogleich mit geschlossenen Augen gegenüber den vorhandenen Kontroversen in die Fluten der Ereignisse hineinspringt, als hoffnungslos naiv oder anmaßend verdächtig werden: Einen Offenbarungseid fehlenden Problembewußtseins würde ein Autor ablegen, der unbeschadet aller Meinungsverschiedenheiten den bereits erzählten „Geschichten" in ihrer unvermittelten Widersprüchlichkeit gedankenlos eine weitere Version hinzufügt. Andererseits wäre der wissenschaftliche Anspruch methodisch nicht ausweisbar, im Gefolge der bislang stets von neuem beschrittenen Irrwege historischer Interpretationsvielfalt einem Gewißheit verlangenden akademischen und politischen Publikum endlich den geradlinigen Königspfad objektiver Erkenntnis des tatsächlichen Entwicklungsverlaufs weisen zu wollen.

Aus diesem Dilemma vermag allein die bewußte Thematisierung der methodischen Kernfragen einer politischen Geschichtsschreibung schrittweise herauszuführen, die ohne rational begründete, wenngleich weltanschaulich kontrovers bleibende Auswahlkriterien und Urteilsmaßstäbe keinen Erkenntnisfortschritt vermitteln kann. Die nicht ohnehin auf entproblematisierte „Parteilichkeit" festgelegte Wissenschaft hat sich dabei mit der im Alltagsbewußtsein geradezu denknotwendig erscheinenden Auffassung kritisch

---

14 B. Rabehl/W. Spohn/U. Wolter, Historische und politische Voraussetzungen der Kritik Mandelbaums am Sozialdemokratismus und am Leninismus, in: Kurt Mandelbaum, Sozialdemokratie und Leninismus, Berlin 1974, S. 118.

15 A.a.O., S. 100.

12

auseinanderzusetzen, daß es „an sich" nur eine wirkliche „Geschichte" gegeben haben kann, deren Ereignisse von der Forschung durch Erweiterung des Tatsachenwissens in immer präziserer Annäherung an die Realität rekonstruiert werden — denn ist nicht die gegenläufige Annahme, es hätten tatsächlich die einander ausschließenden, unter den Historikern kontrovers diskutierten Ereignisabläufe stattgefunden, ganz einfach logisch absurd? Zweifellos darf die Skepsis gegenüber der Fiktion „objektiver" Geschichtsschreibung nicht zum Vorwand dafür werden, selbst die Möglichkeiten einer intersubjektiv nachvollziehbaren Begründung der eigenen Interpretationen aus dem historischen Material zu vernachlässigen. Aus diesem Grunde sollen in den folgenden Ausführungen die historischen Diskussionen jeweils möglichst umfassend in ihren originären Formulierungen zitatengemäß dokumentiert werden, um dem Leser wenigstens in dieser Hinsicht die Chance einer eigenständigen Urteilsbildung nicht von vornherein zu verbauen.

Die Grenzen einer solchen zumindest relativen „Objektivierung" liegen jedoch nicht nur in der generellen Lückenhaftigkeit geschichtlichen Quellenmaterials im Verhältnis zum realen Geschehen, sondern zugleich in dem unaufhebbar „dialektischen" — nicht deckungsgleich identischen — Verhältnis von Erkenntnis und Wirklichkeit: Der historische Zusammenhang einer Vielzahl von Ereignissen, den man in der retrospektiven Betrachtung als mehr oder minder fest strukturiert einschätzen mag, ist aus den „Quellen" niemals wieder gleichursprünglich zu rekonstruieren, so daß die notwendig zeitgebundenen — und damit nicht problemlos in andere Epochen transformierbaren — Kriterien der Auswahl von Gesichtspunkten einer Analyse sowie der Theorie- und Urteilsbildung in der aktuellen historisch-politischen Diskussion einen primären Stellenwert in der Strukturierung eines interpretationsbedürftigen Materials gewinnen, das seinen Realitätsbezug nicht selbsttätig offenbart. Den historischen Darlegungen sei aus diesem Grunde eine knappe Problemskizze vorausgeschickt, die über zentrale Fragestellungen und Erkenntnisinteressen der vorliegenden Untersuchung umrißhaft Auskunft gibt.

Die klassische Sozialdemokratie als historischer Parteitypus

Wenn wir grundsätzlich davon ausgehen können, daß selbst eine methodisch reflektierte Forschung das geschichtliche Material nur über die Vermittlung zeitgebundener Problemhorizonte und Begriffsbildungen aufzuarbeiten vermag, so gilt diese Ankoppelung von politischem Geschichtsbewußtsein an aktuelle Blickperspektiven um so mehr für den interessierten Leser aus nichtwissenschaftlichen Praxisbereichen. Insofern bedarf schon das zeitgenössisch scheinbar unproblematische Verständnis von „Sozialdemokratie" als einer spezifischen Partei und Bewegung des kritischen Rückbezuges auf dessen Ursprünge im vergangenen Jahrhundert. Dabei müssen sich Anhänger wie Gegner dieser politischen Strömung zunächst in ihren Vorstellungen und Urteilen über die heutigen sozialdemokratischen Parteien Westeuropas in Frage stellen lassen, um deren durchaus nicht geradlinigen geschichtlichen Werdegang voll begreifen zu können.

Die Anfänge der deutschen und europäischen Arbeiterbewegung reichen bis ins Vorfeld der 1848er Revolution zurück, als die frühindustriellen Strukturveränderungen allmählich ein allerdings noch weitgehend handwerklich geprägtes Proletariat entstehen ließen[16]. Eine politisch übergreifende, wenngleich weiterhin organisatorisch labile Verbindung der einzelnen nationalen Bewegungen entstand jedoch erst im Gefolge der 1864 gegründeten I. Internationale, deren von Karl Marx formulierte Leitsätze einen politischen Grundkonsens für die höchst heterogenen Gruppierungen festschrieben: zum wesentlichen Ziel wurde in diesem historischen Dokument die Brechung einer ökonomisch bestimmten Klassenherrschaft durch das internationale solidarische Zusammenwirken der Arbeiterbewegung erklärt[17]. Nach der Niederwerfung der Pariser Kommune von 1871, mit der in Deutschland die Reichsgründung unter einer Hegemonie der siegreichen preußischen Militärmonarchie einherging, mußten die aus der 48er Zeit fortlebenden revolutionären Hoffnungen vorerst begraben werden.

Die Grundzüge der europäischen Arbeiterbewegung, deren vielfältiges Erscheinungsbild sich mit dem nahenden Ende des Jahrhunderts zunehmend ausprägte, waren jedoch bereits in der damaligen Epoche entstanden. In seinem grundlegenden Werk über „Demokratie und Sozialismus" unterscheidet Arthur Rosenberg vier Hauptströmungen zur Zeit der I. Internationale: die politischen Arbeiterparteien, die in den sechziger Jahren zuerst in Deutschland gegründet worden waren; die englischen Gewerkschaften, die gleichfalls Einfluß auf die staatliche Gesetzgebung erstrebten, aber im Rahmen eines liberalen Verfassungssystems sich auf Einwirkungsmöglichkeiten gegenüber den bürgerlichen Parteien beschränkten; den in Frankreich stark vertretenen gewaltlosen Anarchismus, der auf eine Ablösung bürokratisch-rechtlicher Herrschaftsregelungen durch „entstaatlichte" selbstgenügsame Produktionsgenossenschaften im dezentralen Bereich hinarbeiten wollte; und schließlich den militanten Anarchismus, der vorwiegend in politisch-ökonomisch rückständigen Ländern die Zerschlagung der bestehenden Staatsgefüge durch revolutionären Terror von Verschwörerzirkeln anstrebte[18].

Aus der Niederlage der Pariser Kommune, die zugleich die revolutionäre Tradition von 1848 zu Grabe trug, zogen Marx und Engels die historisch bedeutsame Konsequenz, künftig die Ziele der Arbeiterbewegung vermittels fest organisierter und kontinuierlich arbeitender Parteien anzusteuern. Ein von ihnen eingebrachter Beschluß, der im Jahre 1871 das Ende der I. Internationale in ihrer ursprünglichen Gestalt einleitete, gelangte angesichts der Konsolidierung einer bürgerlich-konservativen Republik in Frankreich und einer obrigkeitsstaatlichen Militärmonarchie in Preußen-Deutschland zu

---

16 Zum sozialen und weltanschaulichen Hintergrund der frühen Arbeiterbewegung siehe den komprimierten Überblick bei: Werner Hofmann, Ideengeschichte der sozialen Bewegung des 19. und 20. Jahrhunderts, Berlin 1971.

17 Zu den „Erwägungsgründen der Statuten der Internationalen Arbeiter-Assoziation" von 1864 siehe den Textabdruck in: Wolfgang Abendroth, Aufstieg und Krise der deutschen Sozialdemokratie, Frankfurt am Main 1969², S. 90.

18 Siehe Arthur Rosenberg, Demokratie und Sozialismus. Zur politischen Geschichte der letzten 150 Jahre, Frankfurt am Main 1962, S. 132 ff.

der Auffassung, „daß die Arbeiterklasse gegen diese Gesamtgewalt der besitzenden Klassen nur als Klasse handeln kann, indem sie sich selbst als besondere politische Partei konstituiert, im Gegensatz zu allen alten Parteibildungen der besitzenden Klassen"[19]. Auf diese Weise wurde faktisch die deutsche Arbeiterbewegung mit ihren — aus den noch zu erläuternden Ursachen — früh erfolgten Parteigründungen zum Modell der weiteren Entwicklung erhoben, was den begreiflichen Widerstand sowohl der nur-gewerkschaftlichen wie der anarchistischen nationalen Gruppierungen hervorrief und die Position von Marx und Engels als programmatische Koordinatoren der Internationale zunächst vollständig unhaltbar werden ließ[20].

Die Geschichte der europäischen Arbeiterbewegung hat dieser vorausschauenden Initiative alsbald auf der ganzen Linie recht gegeben: Im Jahre 1889 konstituierte sich — zur Hundertjahrfeier der Französischen Revolution — in Paris die II. Internationale, deren Parteien sich als die *klassische Sozialdemokratie* bewußt im Unterschied von allen anderen, auf Gewerkschaftsorganisationen oder anarchistische Zirkel beschränkten Strömungen verstanden. Die bereits in dem Beschluß von 1871 angebahnte, durch das persönliche Engagement von Marx und Engels in Fragen der deutschen Arbeiterparteien sowie politisch verwandter Gruppierungen anderer Länder unterstützte Verbindung von Sozialdemokratie und Marxismus hat forthin in der II. Internationale ihren institutionalisierten Niederschlag gefunden. So kam es, daß bis zum Ersten Weltkrieg unter der „Sozialdemokratie" ganz selbstverständlich alle sich programmatisch zum Marxismus bekennenden Arbeiterparteien Europas zusammengefaßt und eingeordnet wurden. Folglich fanden die konkurrierenden politischen Strömungen, aus denen sich später die organisatorisch wie weltanschaulich klar abgegrenzten Fraktionen der „modernen" Sozialdemokratie des demokratischen Sozialismus, des Leninismus und des Räte- bzw. Linkskommunismus entfalteten, in der „klassischen" Sozialdemokratie der II. Internationale sämtlich ihren legitimen Platz. Schon aus diesem Grunde verdient die Problematik unser besonderes Interesse, inwieweit sich bereits in der Periode der organisatorisch einheitlichen deutschen Arbeiterpartei jene Ansätze ausdifferenzierten, die im 20. Jahrhundert wirkungsgeschichtlich bedeutsam geworden sind.

Wenn wir im Sinne dieser Traditionslinien den zeitgenössischen konkreten Ausdruck des marxistischen Sozialismus in den Parteien der klassischen Sozialdemokratie — von denen die deutsche SPD bis 1914 eine Führungsrolle wahrnahm — verorten, so ist darin ein spezifisches, für die Argumentation aller folgenden historischen Darlegungen grundlegendes Verständnis des *politischen* Marxismus enthalten. Man mag ideengeschichtlich mit guten Gründen darüber streiten, ob die Leitlinien der klassischen Sozialdemokratie tatsächlich den ursprünglichen Intentionen der „Klassiker" gerecht wurden

19 Karl Marx/Friedrich Engels, Beschlüsse der Delegiertenkonferenz der Internationalen Arbeiterassoziation, abgehalten zu London vom 17. bis 23. September 1871, in: Marx-Engels-Werke, Bd. 17, Berlin (DDR) 1968, S. 422 (Die seit 1957 erstmals vom Institut für Marxismus-Leninismus beim ZK der SED herausgegebenen Gesammelten Werke von Marx und Engels werden im folgenden mit der jeweiligen Bandangabe zitiert als: MEW).
20 Siehe Wolfgang Abendroth, Sozialgeschichte der europäischen Arbeiterbewegung, Frankfurt am Main 1972[8], S. 49/50.

oder aber die beiderseits bekundete Verbundenheit auf einem historischen „Mißverständnis" dergestalt beruhte, daß Marx und Engels „die wirkliche Eigenart der sich seit 1863 herausbildenden europäischen Arbeiterparteien niemals ganz verstanden" und „die normale Berufspartei der europäischen Arbeiter von dem revolutionären Marxismus in ihrem Wesen verschieden war"[21]. Es wäre jedoch ein problematischer und ganz gewiß nicht aus der materialistischen Geschichtsauffassung legitimierbarer Interpretationsansatz, den Marxismus als die Gesamtheit der Schriften von Marx und Engels zu einem in sich geschlossenen Gedankengebäude zu „vergeistigen" und ihn in dieser abgehobenen Form mit der Programmatik und Aktionspraxis der Sozialdemokratischen Partei zu konfrontieren.

Unter einem stärker wirkungsgeschichtlich orientierten Aspekt wollen wir demgegenüber die Entwicklung der marxistisch beeinflußten klassischen Sozialdemokratie ausgehend von ihrem historischen Ursprung betrachten, der sie zunächst im Verhältnis zu anderen Strömungen lediglich als eine spezifische politische Parteigruppierung abgrenzte: Sie erstrebte die Brechung der kapitalistischen Klassenherrschaft durch die Eroberung der politischen Regierungsgewalt im gesamtstaatlichen Bereich, beteiligte sich im Rahmen einer solchen strategischen Perspektive an Wahlen und parlamentarischer Tätigkeit und errichtete zu diesem Zwecke sowie zur Verbreitung von schriftlich und mündlich in die arbeitende Bevölkerung getragener Aufklärungsarbeit eine Kontinuität verbürgende feste Organisationsstruktur. In diesem weit gefaßten Verständnis der klassischen Sozialdemokratie des marxistischen Sozialismus ist das stets vorhandene Spannungsfeld zwischen politischer Programmatik und realer Handlungspraxis ebenso zu berücksichtigen wie der epochale Wandel theoretischer Ansätze auf dem Hintergrund gesellschaftlicher Strukturveränderungen und die Ausdifferenzierung konkurrierender Strömungen, die nach dem Ersten Weltkrieg zur Spaltung der Arbeiterbewegung führten.

Eine in dem genannten dreifachen Sinne für Interpretationsvarianten und Fortentwicklungen offene historische Auffassung des politischen Marxismus weiß sich einig mit einer berühmten und aufgrund ihrer Prägnanz häufig zitierten Formulierung von Franz Mehring, die dieser in seiner ersten großen Darstellung zur Geschichte der deutschen Sozialdemokratie um die Jahrhundertwende geprägt hat: „Marxisten in dem Sinne, worin Marx selbst kein Marxist sein wollte, gibt es in der Partei nicht und kann es in ihr auch nicht geben; das Schwören auf die Worte der Meister ist nur das traurige Schicksal jeder Schule, die eine endgültige Wahrheit letzter Instanz kennt. Irgend eine Wahrheit dieser Art kennt der Marxismus eben nicht. Er ist kein unfehlbares Dogma, sondern eine wissenschaftliche Methode. Er ist nicht die Theorie eines Individuums, der ein anderes Individuum eine andere und höhere Theorie entgegenstellen könnte; er ist vielmehr der proletarische Klassenkampf, in Gedanken erfaßt; er ist aus den Dingen selbst, aus der historischen Entwicklung emporgewachsen und wandelt sich mit ihnen; deshalb ist er so wenig ein leerer Trug wie eine ewige Wahrheit. Dem entspricht es durchaus, daß es gerade die ‚orthodoxen' Marxisten gewesen sind,

21 Arthur Rosenberg, a.a.O., S. 251.

welche die wissenschaftlichen Resultate, die einst von Marx und Engels gewonnen worden sind, nach der wissenschaftlichen Methode dieser Männer zu revidieren verstanden haben"[22]. Dieses reflektierte Selbstverständnis eines sozialdemokratischen Zeitgenossen, das die marxistische Methode nachdrücklich im Gegensatz zu einem unfruchtbaren Dogmatismus begreift, wird man durchgängig als kritischen Maßstab an die Grundsatzdebatten in der klassischen SPD anlegen dürfen. Vor allem gilt es Mehring zufolge primär den politischen Gehalt des Marxismus aus den realen Tendenzen der klassenbewußten Arbeiterbewegung zu bestimmen, wohingegen sich umgekehrt die von ihrem historischen Kontext abgelösten gegenstandsbezogenen Aussagen von Marx und Engels nur sehr begrenzt als Folie der Kritik an der politischen Entwicklung der deutschen Sozialdemokratie verwenden lassen.

Strategiediskussionen als Leitfaden der Darstellung

Sobald im politischen Wirken einer Partei verschiedene Elemente einander gegenübergestellt werden, um deren innere Verkoppelung herauszuarbeiten sowie mögliche Spannungsverhältnisse aufzuspüren, stoßen wir gemeinhin auf eine Untergliederung in Theorie und Praxis. In aller Regel ist in der pointierten Frage nach der Beziehung zwischen diesen beiden Komponenten bereits eine polemische Spitze gegen „graue Theorie" enthalten, die entweder punktuell im Hinblick auf mangelnden Bezug zur realen Handlungspraxis kritisiert werden soll oder gar insgesamt dem Verdikt politischer Irrelevanz anheimfällt [23]. Neben offenkundigen ideologischen Vorentscheidungen ist ein wesentlicher Grund für diese recht einseitige Interpretation der Dialektik von Theorie und Praxis auch darin zu vermuten, daß die politische Praxis einer Partei als die Gesamtheit ihrer Tätigkeitsfelder eindeutig bestimmt werden kann, während die inhaltliche Füllung des Verständnisses von Partei-Theorie in der Schwebe bleibt: sie überwölbt als Oberbegriff für all jene politischen Bereiche, die eben nicht Praxis sind, eine schillernde Vielfalt von einzelnen Aspekten.

So werden zum einen die innerhalb der klassischen SPD vertretenen Aussagen über den Entwicklungsgang des Kapitalismus — zweifellos im Einklang mit dem wissenschaftlichen Sprachgebrauch — als Teil der sozialdemokratischen Theorie verstanden. Gleichfalls unproblematisch ist diese Begriffsverwendung für grundlegende Annahmen über die Triebkräfte des historischsozialen Wandels — Gesellschafts- und Geschichtstheorie —, obgleich sie, da ihre empirische Überprüfung nicht umstandslos möglich ist, einen anderen methodischen Status besitzen. Andererseits finden wir aber auch beispielsweise die Zielsetzung einer klassenlosen Gesellschaft und die politischen Leit-

---

22 Franz Mehring, Geschichte der deutschen Sozialdemokratie, Stuttgart 1913[5], Bd. IV, S. 353.

23 So formuliert Karl Anders, a.a.O., stellvertretend für viele Sozialdemokraten nach Godesberg geradezu bekenntnishaft: „Manchem ,Theoretiker' hat die Partei sagen müssen: ,Das mag in der Theorie richtig sein, taugt aber nicht für die Praxis'" (S. 115).

linien für Bündnisse mit konkurrierenden Parteien häufig allein deshalb als Elemente der sozialdemokratischen Theorie eingeordnet, weil sie ohne Zweifel nicht in den praktischen Bereich konkreter Tagesarbeit gehören. Für diese Aspekte der Bestimmung von politischen Zielen sowie der ihnen angemessenen Wege und Mittel der Verwirklichung wollen wir im folgenden den sehr viel präziseren Begriff der *Strategie* verwenden.

Es läßt sich mit guten Gründen behaupten, daß der Charakter einer politischen Partei entscheidend in ihren strategischen Perspektiven zum Ausdruck kommt, wohingegen Theorie und Praxis in einem noch nicht eingegrenzten Verständnis keine spezifischen Kennzeichen parteipolitischen Wirkens sind. Die Praxis umfaßt generell den nicht von vornherein bewußten gesellschaftlichen Gesamtprozeß der materiellen Reproduktion und sozialen Interaktion von Menschen in ihrem jeweiligen historischen Kontext. Von einer politischen Partei ist jedoch zu erwarten, daß sie in diesen „naturwüchsigen" Praxisprozeß mit bewußten, eben strategisch geleiteten Vorstellungen rational einzugreifen vermag. Demgegenüber hat die Theorie im engeren Sinne ihre originäre Stätte im Wissenschaftsbereich als einem ausdifferenzierten gesellschaftlichen Subsystem. In aller Regel erwächst aus parteipolitischer Tätigkeit nicht die Neuschöpfung theoretischer Erkenntnis; im günstigsten Fall beruht sie auf einer praxisbezogenen Umsetzung wissenschaftlicher Ergebnisse in strategische Zukunftsorientierungen. Während bloße Praxis potentiell blind und bloße Theorie zunächst beschaulich-inaktiv bleibt, vermag erst die dialektische Verbindung beider Momente durch strategische Vorstellungen über Zwecke und Mittel sozialdemokratischer Politik eine aktuell handlungsfähige und zielgeleitet vorgehende Partei zu konstituieren: nur kurzatmig agierende spontane Bewegungen oder weltabgeschiedene Debattierclubs, nicht aber kontinuierlich arbeitende Parteien können ohne Preisgabe ihrer Wesensmerkmale auf politische Strategien verzichten.

Was dabei den ersten zentralen Bestandteil sozialdemokratischer Strategien, die Bestimmung grundlegender Zielvorstellungen des politischen Wirkens betrifft, so lassen sich die Zukunftsbestrebungen der klassischen SPD grob durch die übergreifende Perspektive des Kampfes für *Demokratie* und *Sozialismus* in Deutschland erfassen. Während es heute üblich geworden ist, daß sich hüben die SPD auf *der* Demokratie in der Bundesrepublik und drüben die SED auf *dem* Sozialismus in der DDR ausruht und die feindlichen „Brüder" sich wechselseitig das Fehlen der jeweils eigenen Errungenschaft vorwerfen, verstand das entwicklungsbewußte progressive Gesellschafts- und Geschichtsdenken im 19. Jahrhundert unter Demokratie und Sozialismus noch weit weniger fest strukturierte Systemzustände als vielmehr politische Prozesse und Bewegungen, die auf „Demokratisierung" und „Sozialisierung" der gesellschaftlichen Kernstrukturen abzielen. Diese vorwiegend „dynamische" Auffassungsweise in der marxistisch geprägten klassischen Sozialdemokratie wurde allein schon dadurch begründet, daß in Deutschland bis 1914 die kaum beschränkte Klassenherrschaft von Großkapital und Großagrariern unter dem Dach eines nur partiell parlamentarisch-verfassungsmäßig eingebundenen bürokratisch-militärischen Obrigkeitsstaates fortbestand. Im Rahmen dieser vor dem Urteil aller Sozialdemokraten als reaktionär angesehenen Handlungsbedingungen war das Streben nach Demokratie und Sozialismus von vornherein nur als eine die gesellschaftliche Erstarrung durchbrechende, mit einer strategisch umfassend ansetzenden politisch-ökonomischen Umwälzung verbundene Zukunftsaufgabe sinnvoll konzipierbar. Die untrennbare Einheit der demokratischen und sozialistischen Traditionen der deutschen und europäischen Arbeiterbewegung war damals eine unbezweifelte Grundüberzeugung und historische Tatsache[24], wie schon Marx und Engels im Vorfeld der 1848er Revolution das generelle Ziel einer „Erhebung des Proletariats zur herrschenden Klasse" in dem darauffolgenden erläuternden Halbsatz mit der „Erkämpfung der Demokratie"[25] gleichgesetzt hatten.

Des weiteren sollen die Probleme geeigneter Wege und Mittel einer Verwirklichung der demokratisch-sozialistischen Zukunftsperspektiven vorrangig beleuchtet werden, für die das Verhältnis von *Reform* und *Revolution* die klassische Formulierung einer strategischen Grundsatzfrage darstellt. Während heute der Revolutionsbegriff in der Arbeiterbewegung wesentlich an Bedeutung und inhaltlicher Prägnanz verloren hat, ließ sich unter den Aktionsbedingungen des preußisch-deutschen Obrigkeitsstaates die Aufgabe der Sozialdemokratie noch als im doppelten Sinne revolutionierend begreifen: Zum einen stand die Überwindung eines demokratisch illegitimen, von der privilegierten Machtstellung monarchischer, bürokratischer und militärischer Entscheidungsinstanzen gekennzeichneten Verfassungs- und Rechtssystems weiterhin auf der Tagesordnung der deutschen Geschichte; dementsprechend mußte die Arbeiterbewegung damals auch die *politische* Revolution in ihre Überlegungen einbeziehen, weil ihre Ziele nur in einem demokratischen Staat zu erreichen waren. Zum anderen wurde in der klassischen Sozialdemokratie der historische Auftrag der *sozialen* Revolution, die Überwindung der kapitalistischen Produktionsweise und der aus ihr erwachsenden Klassenherrschaft, noch nicht grundsätzlich in Zweifel gezogen.

An diesem doppelseitigen Revolutionsbegriff gemessen wäre unter einer Strategie der politischen Reform eine Vorgehensweise zu verstehen, die den Rahmen der bestehenden Verfassungs- und Rechtsordnung respektiert. Als Maßnahmen sozialer Reform könnten alle Fortschritte im Interesse der arbeitenden Bevölkerung bezeichnet werden, die sich innerhalb der kapitalistischen Produktionsverhältnisse vollziehen. Eine solche terminologische Präzision ist insbesondere deshalb zwingend geboten, weil eine pauschale Übertragung zeitgebundener prinzipieller Vorbehalte gegenüber Vorstellungen einer Revolution historisch irreführend wirken kann: Während heute selbst die äußerste Linke innerhalb der politisch einflußreichen westeuropäischen Arbeiterparteien das *sozialrevolutionäre* Ziel einer Überwindung des Kapitalismus auf dem Wege einer *politischen Reformstrategie* (verfassungsmäßig über parlamentarische Mehrheitsbildung in Parteienkonkurrenz) erstrebt, waren vor 1914 in Deutschland auch weitreichende soziale Reformen nicht ohne die politische Revolution (die Entmachtung der

---

24 Siehe dazu Arthur Rosenberg, a.a.O., S. 62.
25 Karl Marx/Friedrich Engels, Manifest der Kommunistischen Partei, in: MEW 4, S. 481.

X Reformen müssen nicht systemimmanent bleiben!

durch das Verfassungssystem abgestützten staatlichen Herrschaftsoligarchien) vorstellbar.

In dem nunmehr im Hinblick auf seinen historischen Gehalt erläuterten Titel „Reform und Revolution in den Strategiediskussionen der klassischen Sozialdemokratie", der einige leitende Fragestellungen der vorliegenden Untersuchung thematisch skizzieren soll, ist fraglos eine deutliche Akzentsetzung zugunsten der Grundsatzdebatten um langfristige Orientierungen sozialdemokratischer Politik enthalten. Dennoch durften die prägenden gesellschaftsgeschichtlichen Rahmenbedingungen, auf deren Hintergrund die theoretischen Diskussionen der Partei erst in ihrer Praxisrelevanz zu gewichten sind, selbstverständlich nicht aus dem Blickfeld der Analyse rücken. Aus diesem Grunde kann sich der Leser in den ausführlichen Einleitungskapiteln zu den beiden Hauptperioden sozialdemokratischer Strategiedebatten mit den wesentlichen Daten, Fakten und Zusammenhängen aus dem ökonomischen, sozialen und politischen Bereich vertraut machen. Insbesondere wurden als parteipolitisches Bezugsfeld der im einzelnen betrachteten Theorieansätze und strategischen Konzeption von bedeutenden „Klassikern" der Sozialdemokratie die Fragen nach Entstehung und Werdegang der Arbeiterbewegung, ihrer Organisation, Programmatik und Willensbildung sowie der sozialdemokratischen Aktivitäten im parlamentarischen und außerparlamentarischen Raum breit erörtert, um den Stellenwert der politischen Auseinandersetzungen über sozialistische Strategien in ihrem realhistorischen Kontext bestimmen zu können.

Eine Darstellung über die theoretischen Entwicklungslinien der klassischen Sozialdemokratie gehört zweifellos zu jenen ebenso interessanten wie brisanten Problemkomplexen, in denen sich geschichts- und politikwissenschaftliche Aspekte sowie historische und aktuelle Erkenntnisinteressen überschneiden. Insofern sind alle Thesen und Ergebnisse dieser Untersuchung zugleich als politisch ambitionierte Beiträge zur geschichtswissenschaftlichen und historisch argumentierende Denkanstöße zur politischen Diskussion anzusehen. Sollte die vorgelegte historisch-politische Arbeit dem Anliegen förderlich sein, wenigstens die theoriebewußten und der demokratisch-sozialistischen Zielperspektive verpflichteten Teile der Sozialdemokratie wieder einem engagierten, wenn auch gewiß nicht unkritischen Verhältnis zu ihrer wesentlich marxistisch geprägten Tradition näher zu bringen, dann wäre sie einer ihrer zentralen Intentionen gerecht geworden. Es ist eine grundlegende Überzeugung des Autors, daß der Kampf für Demokratie und Sozialismus, den die deutsche Arbeiterbewegung vor hundert Jahren unter ungleich schwierigeren Aktionsbedingungen zukunftsgerichtet eröffnete, auch heute noch den geschichtlichen Auftrag der Sozialdemokratie markiert.

I. Kapitel

Sozialdemokratie und gesellschaftliche Entwicklung Grundzüge der Geschichte 1862—1895

Mit der Niederwerfung der revolutionären Erhebungen von 1848/49 waren die Hoffnungen des liberalen Bürgertums auf eine nationale Einigung Deutschlands und die Errichtung einer parlamentarischen Regierungsform vorerst an der noch ungebrochenen Machtstellung des spätabsolutistischen Obrigkeitsstaates gescheitert. In Preußen, dem bevölkerungsreichsten der im Deutschen Bund nur auf der Ebene einer Fürstenallianz zusammengeschlossenen Teilstaaten, gelang der traditionellen Herrschaftsoligarchie aus Monarchie, großagrarischem Junkertum, protestantischer Kirche, Bürokratie und Militär sehr bald eine Restauration ihrer politischen und sozialen Führungsrolle. Indes vermochte selbst dieser weitgehende Erfolg der Reaktion die Realität einer bürgerlich-liberalen Opposition nicht gänzlich aus der politischen Landschaft zu verdrängen. Neben dem Monarchen und dem von ihm nach ständischen Gesichtspunkten berufenen Herrenhaus enthielt die oktroyierte Verfassung von 1850 als den dritten gesetzgebenden Faktor das preußische Abgeordnetenhaus, welches dem Bürgertum ein Mitspracherecht in Etat- und Finanzfragen gewährte, aber aus einem Klassenwahlrecht hervorging: Die etwa 4 % großbürgerlichen und großagrarischen Wähler der ersten Steuerklasse wurden mit den 14 % des bäuerlichen und handwerklichen Mittelstandes und den 82 % der breiten Bevölkerungsmasse in ihrem Stimmengewicht gleichgesetzt, so daß den politischen Beteiligungschancen der Arbeiterschaft und selbst des Kleinbürgertums deutliche Grenzen gezogen waren und infolgedessen die Konservativen sich zunächst auf breite parlamentarische Mehrheiten stützen konnten.

Gegenüber diesen äußerst halbherzigen konstitutionellen Einschränkungen der absoluten Monarchie, die in ihrem militärischen Oberbefehl, der Berufung von Ministerien und der damit zusammenhängenden Weisungsbefugnis bezüglich der Staatsbürokratie von jeder parlamentarischen Kontrolle entbunden blieb, markiert der stürmische industrielle Aufschwung nach 1850 die eigentliche Mobilisierung des spätfeudalen preußischen Sozialgefüges. Im Unterschied von der hochindustrialisierten Gesellschaft Englands war Deutschland zu jener Zeit noch überwiegend agrarisch geprägt; der gewerbliche Sektor umfaßte erst 26 % aller Beschäftigten, wovon wiederum 22 % dem traditionellen Handwerk und dem frühindustriellen Verlagswesen (überwiegend Heimindustrie in der Textilproduktion) angehörten, während lediglich 4 % als industriell fortgeschritten zu betrachten waren[26]. In weit-

---

26 Siehe Friedrich-Wilhelm Henning, Die Industrialisierung in Deutschland 1800 bis 1914, Paderborn 1973, S. 130.

gehendem Einverständnis mit den herrschenden Kreisen, denen eine Interessenverlagerung des oppositionellen Bürgertums von der gesellschaftskritischen Politik der vorrevolutionären Epoche auf die Entfaltung der wirtschaftlichen Ressourcen des Landes sehr gelegen kam, trieb die preußische Bourgeoisie die Industrialisierung in großem Stile voran. Die Entfesselung der kapitalistischen Produktivkräfte trug in die traditionelle Sozialstruktur eine Erschütterungsdynamik hinein, die geräuschloser aber langfristig viel wirksamer als jede spontane Rebellion die gesellschaftlichen Existenzgrundlagen eines spätabsolutistischen Herrschaftssystems untergrub und die Kräfte zu seiner Umgestaltung heranreifen ließ.

Wenn die historische Forschung sich auch mit vollem Recht immer mehr den trendmäßig prägenden sozial- und wirtschaftsgeschichtlichen Prozessen zuwendet und sie gegenüber den spektakulären „Haupt- und Staatsaktionen" als langfristige Grundlagen jeder praktischen Politik zu begreifen versucht, so geben doch relativ begrenzte Veränderungen im gesellschaftlichen Leben häufig den aktuellen Anstoß zur politischen Mobilisierung: Das ökonomisch erstarkte Bürgertum ergriff erst wieder die Initiative, als im Jahre 1858 mit der Thronbesteigung Wilhelm I. ein sich gegenüber der restaurativen Ära „liberal" ausnehmendes Ministerium eingesetzt wurde. Die daran geknüpften Erwartungen einer allgemeinen Liberalisierung führten zu einer wesentlich verstärkten Stimmabgabe in bürgerlichen Kreisen, so daß die eindeutige Übermacht der Konservativen im preußischen Abgeordnetenhaus in eine zugunsten der Liberalen umschlug. Mit der Industrialisierung war das Steueraufkommen der Bourgeoisie beträchtlich angestiegen, und das Dreiklassenwahlrecht offenbarte nunmehr einen Bummerang-Effekt gegen seine ursprünglichen Initiatoren.

Die erneute Offensive des Liberalismus wurde von den kriegerischen Auseinandersetzungen zwischen Frankreich und Österreich im Zuge der Konflikte um die nationale Einigung Italiens, in die auch Preußen verwickelt zu werden drohte, noch verstärkt. Der 1859 in deren Gefolge gegründete „Nationalverein" führte die Vertreter der konstitutionellen Monarchie und der parlamentarischen Demokratie unter dem Banner eines liberalen Einigungsprogramms für Deutschland zusammen und deutete bereits auf die Konzessionsbereitschaft des Bürgertums gegenüber einem Obrigkeitsstaat hin, der seinerseits die Begünstigung der unternehmerischen Interessen in Aussicht stellte. Die Politisierung des Bürgertums ließ auch die Arbeiterschaft wieder aus ihrer Lethargie der Reaktionszeit erwachen, wie schon die Revolution 1848/49 mit dem internationalen „Bund der Kommunisten" unter der Führung von Karl Marx und Friedrich Engels und der auf Deutschland beschränkten „Arbeiterverbrüderung" einen radikalen proletarischen Flügel ins Leben gerufen hatte. Die konstituierten Arbeiterbildungsvereine befanden sich angesichts des auf weittragende Aktivitäten nicht gerade inspirierend einwirkenden lauen Reformlüftchens der „Neuen Ära" in Preußen zunächst noch gänzlich im politischen Schlepptau ihrer Mentoren des liberalen Nationalvereins.

Unter dem außenpolitischen Druck der Kriegsgefahr und mit einem heimlichen Seitenblick auf die machtpolitische Herausforderung der neu belebten bürgerlichen Bewegung leiteten die preußischen Oligarchien eine Initiative ein, die zur Stärkung der seit 1814 in quantitativer wie organisatorischer Hinsicht im wesentlichen unverändert gebliebenen Armee führen sollte. Eine der Bevölkerungsentwicklung angepaßte Vergrößerung des Heeres wollten die Liberalen unter der Voraussetzung, daß die Großagrarier zur Finanzierung der erforderlichen Mehrkosten heranzuziehen seien, durchaus unterstützen. Die geplante Zurückdrängung der von bürgerlichen Elementen stark durchsetzten Landwehr und die Verlängerung der Dienstzeit von zwei auf drei Jahre konnten jedoch keine militärisch-organisatorischen Erwägungen für sich beanspruchen, sondern mußten als Ausdruck eines Sozialmilitarismus erscheinen, indem sie eine breitere Verankerung des soldatischen Elementes im gesellschaftlichen Leben bezweckten. Die anhaltenden Wahlerfolge bestärkten die Liberalen in ihrer Absicht, an der Frage der Heeresreform die Kraftprobe um das Budgetrecht zu wagen, wenngleich sie von vornherein inkonsequent vorgingen, indem sie der Regierung weiterhin Gelder unter der ausdrücklichen Erklärung bewilligten, damit keine Entscheidung zugunsten der militärischen Reorganisationspläne zu präjudizieren. Die Gründung der Fortschrittspartei im Jahre 1861 als Sammelbecken der linksliberalen, zu keinerlei Zugeständnissen in den Auseinandersetzungen um das Budgetrecht bereiten Opposition verschärfte die politische Situation nochmals. Als das Parlament eine Aufschlüsselung des Etats nach einzelnen Ausgabenbereichen verlangte, um der Regierung einen Offenbarungseid hinsichtlich ihrer Heerespolitik abzutrotzen und die parlamentarischen Rechte zu unterstreichen, trat der preußische Verfassungskonflikt in sein entscheidendes Stadium ein.

Die politische Trennung der Arbeiterbewegung vom Liberalismus

Zu einem Zeitpunkt höchster politischer Spannung nach Auflösung des Abgeordnetenhauses und während des Wahlkampfes im Frühjahr 1862 betrat Ferdinand Lassalle erstmals die Bühne des politischen Geschehens. In mehreren Vorträgen in Arbeiterversammlungen vertrat er die Ansicht, daß der Streit um die Heeresreform und die preußische Verfassung letztlich eine Machtprobe zwischen Bourgeoisie und aristokratischen Herrschaftsoligarchien darstellte und unlöslich mit der Interessenlage dieser sozialen Klassen verkoppelt war. In diesem Konfliktfeld der beiden Fraktionen der Besitzenden müsse es für die Arbeiterschaft zu einer vordringlichen Aufgabe werden, sich auf die eigenständigen politischen und sozialen Interessen zu besinnen. Diese prinzipielle Identitätsfindung der Arbeiter als gesellschaftliche Klasse wollte Lassalle vorerst noch im Rahmen der demokratischen Bewegung verwirklicht sehen; die Mobilisierung der lohnabhängigen Massen sollte dem bürgerlichen Liberalismus die politische Stoßkraft für einen endgültigen Sieg des Parlamentarismus über den aristokratischen Absolutismus verleihen.
Unterdessen bahnte sich jedoch die richtungsweisende Wende im preußischen Verfassungskonflikt an. Mit der höchsten Wahlbeteiligung unter dem Dreiklassensystem schickte das Bürgertum wiederum eine erdrückende liberale Mehrheit ins Abgeordnetenhaus und demonstrierte damit der Regierung in letzter Deutlichkeit, daß der bloße Appell an die Loyalität der Bevölkerung eine stumpfe Waffe bleiben mußte. Da der Obrigkeitsstaat trotz der bürger-

lichen Einigungsbereitschaft, die sich in der provisorischen Verabschiedung des Budgets ausdrückte, mit der Einsetzung eines dezidiert konservativen Ministeriums und dem unbedingten Festhalten an der dreijährigen Dienstzeit antwortete, sah sich die liberale Parlamentsmehrheit gezwungen, der Regierung sämtliche Militärausgaben zu verweigern. Damit war die zugespitzte Situation für den Gewaltstreich reif geworden: Die Berufung Otto von Bismarcks zum preußischen Ministerpräsidenten, dem der König schon 1848 eine besondere politische Eignung für den Fall bescheinigt hatte, daß das Bajonett schrankenlos regieren konnte, bedeutete eine Entscheidung für den Weg der kompromißlosen Niederwerfung der liberalen Opposition durch die „Revolution von oben". Niemand war zu jener Zeit eindringlicher von der politischen Schwäche des liberalen Verfassungsstandpunktes überzeugt als Bismarck: „Rechtsfragen dieser Art pflegen nicht durch Gegenüberstellung widerstreitender Theorien, sondern nur allmählich durch die staatsrechtliche Praxis erledigt zu werden"[27].

Dies war der entscheidende Punkt, an dem sich die politischen Anschauungen Bismarcks mit jenen Lassalles trafen. Auch der künftige Arbeiterführer hatte längst den machtpolitischen Kern des Streites um die Heeresorganisation und die Verfassungsmaßregeln erkannt: „Was durch den Verlauf, den die Sache genommen, jetzt in erster Linie steht, das ist die konstitutionelle Grundfrage"[28], die Entscheidung darüber nämlich, ob in letzter Instanz das monarchische Prinzip und die mit ihm verknüpften aristokratischen Interessen oder das parlamentarische Prinzip und seine bürgerliche Klassenbasis den Sieg davontragen sollten. An der Entschlossenheit zur Mobilisierung aller Machtmittel des Obrigkeitsstaates auf seiten Bismarcks und der Konservativen konnte für Lassalle kein Zweifel bestehen. Folglich lag die Chance zu einer aussichtsreichen Kampfesführung durch das liberale Bürgertum einzig darin, von der staatsrechtlichen Funktion des parlamentarischen Faktors demonstrativen Gebrauch zu machen, wie der konkrete Vorschlag Lassalles zu einer Parlamentsresolution unterstrich: „In Erwägung, daß die Kammer die Genehmigung der Ausgaben für die neue Militärorganisation verweigert hat; in Erwägung, daß nichtsdestoweniger auch seit dem Tage dieses Beschlusses die Regierung eingestandenermaßen diese Ausgaben nach wie vor fortsetzt; in Erwägung, daß so lange dies geschieht, die preußische Verfassung, nach welcher keine von der Kammer verweigerten Ausgaben gemacht werden dürfen, eine Lüge ist; ... — aus diesen Erwägungen beschließt die Kammer, ihre Sitzungen auf unbestimmte Zeit, und zwar auf so lange auszusetzen, bis die Regierung den Nachweis antritt, daß die verweigerten Ausgaben nicht länger fortgesetzt werden"[29]. Die Erfolgsaussichten dieses „Parlamentsstreiks" lagen in der Notwendigkeit für die Herrschenden begründet, in einer Periode wachsender außenpolitischer Verflechtungen in Mitteleuropa und forcierter Industrialisierung Preußens wenigstens den

---

27 Otto von Bismarck, zitiert nach: Ferdinand Lassalle, Gesammelte Reden und Schriften, Hrsgg. von Eduard Bernstein, Berlin 1919, Bd. II, S. 82.
28 Ferdinand Lassalle, Gesammelte Reden ..., a.a.O., II, S. 113.
29 A.a.O., S. 104/05.

Schein einer parlamentarischen Legitimation und Einbeziehung des erstarkten Bürgertums zu wahren.

Als sich die Liberalen trotz der Herausforderung durch die Machtübernahme Bismarcks in ihrer zögernden Haltung unberührt zeigten, und sie ihre Fehleinschätzung der Kräfteverhältnisse dadurch zu überspielen versuchten, daß sie Lassalle aufgrund seiner realistischeren Sichtweise der machtpolitischen Aussichtslosigkeit des reinen Rechtsstandpunktes eine Verschwörergemeinschaft mit der Reaktion unterstellten, wurde der politische Bruch zwischen den bewußten Teilen der Arbeiterschaft und der Fortschrittspartei unvermeidlich. Diese Gärung war bereits in vollem Gange, als Lassalle vom Zentralkomitee der Arbeitervereine gebeten wurde, seinen Standpunkt für eine künftige Politik der Arbeiterbewegung darzulegen. Sein berühmtes „Offenes Antwortschreiben" forderte, indem es die prinzipiell vom Bürgertum unterschiedene soziale Interessenlage der Arbeiterschaft herausarbeitete, die selbständige Konstituierung der Arbeiterbewegung als politische Partei. Die Gründung des „Allgemeinen Deutschen Arbeitervereins" (ADAV) am 23. Mai 1863 zog aus diesen programmatischen Erwägungen die praktischen Konsequenzen. Mit Rücksicht auf die geltenden repressiven Vereinsgesetze Preußens wurde die Zielsetzung des ADAV in der vorsichtigen Formulierung verankert, „auf friedlichem und legalem Wege, insbesondere durch das Gewinnen der öffentlichen Überzeugung für die Herstellung des allgemeinen, gleichen und direkten Wahlrechts zu wirken"[30]. Weiterhin übertrug das Vereinsstatut dem gewählten Präsidenten Lassalle weitgehende Vollmachten, indem seine Amtszeit auf fünf Jahre festgelegt und es ihm gestattet wurde, den Vizepräsidenten und die Bevollmächtigten in den einzelnen Städten zu ernennen sowie über alle finanziellen Mittel frei zu verfügen.

Die Initiative zu einer politischen Trennung von der Fortschrittspartei hatte Lassalle mit seinem „Offenen Antwortschreiben" unter einem hohen Anspruch ergriffen: „Denn diese Schrift betrifft die eigentlichen Arbeiterinteressen und muß, wenn sie ihren Zweck nicht verfehlt haben soll, geradezu eine Arbeiterbibel werden!"[31] An die Gründung des ADAV knüpfte er demzufolge die kühnsten Erwartungen: „Ein solcher Verein, wie ich ihn daselbst geschildert, 1 000 000 Arbeiter in Deutschland umfassend mit 150 000 Talern jährlichen Agitationsmitteln, und energisch geleitet — das wäre eine Macht!"[32] Der Hinweis darauf, daß auch der „Bund der Kommunisten" einst nur wenige hundert Mitglieder auf sich vereinigte, konnte Lassalle in keiner Weise beeindrucken: „Eine Sekte für spätere Zeiten ließe sich damit gründen. Keine Partei. Dann habe ich Unrecht gehabt; dann bin ich zu früh gekommen, dann wenn mein Arbeiterverein nicht binnen Jahresfrist zehntausend Arbeiter hat, dann allerdings werde ich mir überlegen, ob

---

30 Statut des ADAV, zitiert nach: Ferdinand Lassalle, Gesammelte Reden . . . , a.a.O., IV, S. 246.
31 Lassalle an Gustav Lewy vom 9. 3. 1863, in: Ferdinand Lassalle, Nachgelassene Briefe und Schriften, Hrsgg. von Gustav Mayer, Stuttgart 1921 ff., Bd. V, S. 111.
32 Ebd.

ich nicht ganz auf die Politik verzichte, da alle Aufopferung dann nutzlos wäre"[33].

An diesem hochgesteckten Erwartungshorizont bemessen mußten die 4600 Mitglieder, die der ADAV tatsächlich nach einem Jahr intensiver Agitation aufzuweisen hatte, auf Lassalle ernüchternd wirken; versammelte doch der liberale Nationalverein zu dieser Zeit die fünffache Anhängerschaft hinter sich. Indes hatte Lassalle auf eine politische Mobilisierung aller verarmten und unterdrückten Bevölkerungsgruppen für seine Ziele vertraut. Ihm war nicht bewußt geworden, daß im Jahre 1861 erst 7,8 % der männlichen und 1,5 % der weiblichen Erwerbspersonen Preußens als Fabrik- oder Bergarbeiter ihren Lebensunterhalt verdienten[34], während die große Mehrzahl der damaligen Volksmassen noch in einem direkten Abhängigkeitsverhältnis zu der großagrarischen Aristokratie stand und deshalb nicht einmal von der liberalen Opposition für sich gewonnen werden konnte.

Bei seinem Eintritt in die praktische Arbeiteragitation hatten sich die strategischen Perspektiven Lassalles am Leitbild einer Neubelebung der 1848/49 zurückgeschlagenen demokratischen Bewegung orientiert: „Es handelt sich nicht darum, eine spezielle Arbeiterbewegung zu machen, sondern einen allgemeinen demokratischen, politischen Durchbruch durch die schwere Fortschrittsstickluft herbeizuführen"[35]. Die ernüchternde Langwierigkeit, in welcher sich der Aufbau einer ins Gewicht fallenden politischen Arbeiterpartei vollzog, und die immer deutlicher hervortretende Ohnmacht des Liberalismus stifteten mit fortschreitender Zeit in Lassalles Taktik eine zunehmende Unsicherheit der grundsätzlichen Zielvorstellungen. Eine nachhaltige Wirkung ging von der kategorischen Zurückweisung des allgemeinen und gleichen Stimmrechts durch die bildungs- und besitzbürgerliche Fortschrittspartei sowie von den nie verstummenden Versuchen aus, Lassalle wegen seiner heftigen Kritik an den liberalistischen Wirtschaftsdoktrinen in die konservative Ecke stellen zu wollen. So konnte es geschehen, daß der Liberalismus immer stärker in die Rolle des Hauptfeindes der Lassalleschen Bestrebungen geriet und damit die letzten Chancen einer Aktionsgemeinschaft von liberalem Bürgertum und sozialistischer Arbeiterklasse zur Brechung des spätabsolutistischen Herrschaftssystems dahinschwanden.

Den Weg in eine perspektivelose Selbstisolation der Arbeiterbewegung wollte Lassalle in keinem Falle beschreiten. Es war in seiner Konzeption nur folgerichtig, daß mit der Desillusionierung über den bürgerlichen Liberalismus verstärkt taktische Überlegungen bei ihm auftauchten, den unabweislichen Zwang zu einer Entschärfung der Krisensituation auf seiten der preußischen Oligarchien für die Ziele der Arbeiterschaft auszuschlachten. Zweifellos überschätzte Lassalle das Gewicht der von ihm geführten Bewegung, als er in seinen Gesprächen mit Bismarck der bestehenden Staatsmacht das allgemeine Wahlrecht und die ihm vorschwebenden Produktionsgenossenschaften aus

---

33 Lassalle an Wilhelm Rüstow vom Mai 1863, in: Ferdinand Lassalle, Nachgelassene Briefe . . . , a.a.O., V, S. 171.
34 Siehe Jürgen Kuczynski, Die Geschichte der Lage der Arbeiter unter dem Kapitalismus, Berlin (DDR) 1961 ff., Bd. II; S. 129.
35 Lassalle an Wilhelm Rüstow vom Mai 1863, a.a.O., S. 169.

Staatsgeldern abtrotzen zu können glaubte; auf eine Synthese von Sozialismus und Konservatismus in einer wohlfahrtsstaatlichen Monarchie liefen diese Kontakte jedoch keinesfalls hinaus. Wenn argwöhnische Liberale damals solche Beschuldigungen gegen Lassalle in die Welt setzten, so entsprang dies denselben durchsichtigen Interessenkalkülen, die Bismarck später dazu bewogen haben, der inzwischen erstarkten sozialdemokratischen Arbeiterschaft seine mit offener Repression verkoppelte Sozialgesetzgebung als das vermeintlich schon von Lassalle gewollte „soziale Königtum" vorzugaukeln. Gleichwohl vertraute Lassalle auf die politische Unhaltbarkeit eines Dreiklassensystems, das den konservativen Führungsschichten regelmäßig liberale Mehrheiten im Abgeordnetenhaus bescherte: „Es vergeht vielleicht nicht ein Jahr mehr, so ist in der friedlichsten Weise von der Welt das allgemeine und direkte Wahlrecht oktroyiert"[36]. Wer sich den weiteren Gang der geschichtlichen Entwicklung vergegenwärtigt, wird seinen strategischen Erwägungen den realistischen Kerngehalt nicht absprechen können. Die Ambivalenz einer politischen Konstellation, die den Liberalismus tatsächlich zwischen einem sich autoritär modernisierenden Obrigkeitsstaat und einer wachsenden sozialdemokratischen Arbeiteropposition zerreiben sollte, vermochte Lassalle allerdings nicht vorauszusehen. Die Teilnahme an den Auseinandersetzungen mit diesen politischen Problemen war ihm nicht mehr vergönnt; noch im Jahre 1864 fand Lassalle im Duell einen frühen Tod.

Unterdessen schickten sich die aristokratisch-militärischen Herrschaftsgruppen Preußens unter Bismarck an, ihre „Revolution von oben" zu vollenden. Zunächst gelang es den rivalisierenden Mächten des Deutschen Bundes, Preußen und Österreich, im deutsch-dänischen Krieg von 1864 gemeinsam Schleswig-Holstein zu annektieren. Die entstehenden Schwierigkeiten in der beiderseitigen Verwaltung nutzte Preußen aber schon zwei Jahre später, um aus den diplomatischen Verwicklungen einen Hegemonialkrieg um die Vormachtstellung im Deutschen Bund gegen Österreich und die mit ihm verbündeten süddeutschen Staaten zu entfesseln. Nichts vermochte die Hilflosigkeit des liberalen Rechtsstandpunktes im Verfassungskonflikt eindrucksvoller unter Beweis zu stellen als diese machtvolle Initiative des preußischen Obrigkeitsstaates: Eine formelle Aufspaltung des entscheiden Herrschaftsfaktors Armee in den Oberbefehl der monarchischen Gewalt und ihres Staatsapparates auf der einen Seite und das Budgetrecht des Parlaments auf der anderen Seite wurde politisch zur Fiktion degradiert, als ein erfolgreich geführter Krieg die weitgehende Unabhängigkeit des staatlichen Handelns von der parlamentarischen Zustimmung unterstrich. Die 1866 im Rausche der Machtpolitik durchgeführten Wahlen demonstrierten die der Staatsgewalt durch ihre Initiativchance in die Hand gegebene Überlegenheit gegen den parlamentarischen Prinzipienstandpunkt, indem sie dem Bismarckschen Hegemonialstreben eine willfährige Mehrheit bereitstellten.

Die Hinwendung des deutschen Bürgertums zur Politik Bismarcks wäre — trotz des nach dem Kriegserfolg gegen Österreich herrschenden Klimas des nationalen Siegestaumels — nicht denkbar gewesen ohne eine preußische Handelspolitik, die den unternehmerischen Exportinteressen förderlich war.

---

36 Ferdinand Lassalle, Gesammelte Reden ..., a.a.O., IV, S. 153/54.

Mit einer zusätzlichen Absicht, den industriell rückständigeren österreichischen Konkurrenten in der nationalen Einigung zu isolieren, hatte Preußen bereits auf den Gipfelpunkt des Verfassungskonfliktes im Jahre 1862 einen Freihandelsvertrag mit Frankreich abgeschlossen; entsprechende Abkommen folgten 1863 mit England und Belgien und 1865 mit Italien und Österreich-Ungarn. Diese freihändlerische Gewerbeförderung für das Bürgertum bildete die entwicklungstragende Geschäftsgrundlage im Bündnis mit dem sich autoritär modernisierenden Obrigkeitsstaat, die von einer weiteren Machtsteigerung der preußischen Hegemonie durch die Annexion aller norddeutschen Staaten bestärkt wurde. Nunmehr waren für Bismarck die Rahmenbedingungen herangereift, um den Verfassungskonflikt auch formell zu beerdigen. Die noch 1866 eingebrachte „Indemnitätsvorlage" führte zu einer nachträglichen Bewilligung der seit 1862 nicht mehr verfassungsgemäß erfolgten Militärausgaben. Dieser Beschluß bildete nur unter dem Aspekt des politischen Stils einen Kompromiß, indem das Regime Bismarck das Budgetrecht des Parlaments auf diese Weise in „später Reue" anerkannte, während eine breite parlamentarische Mehrheit der Regierung die „Gnade" gewährte, von der Verantwortlichkeit für den Verfassungsbruch abzusehen; machtpolitisch betrachtet bedeute dieser Verzicht des Parlaments auf seinen Rechtsstandpunkt einen eindeutigen Sieg Bismarcks, weil die erneute Vertagung der „konstitutionellen Grundfrage" angesichts der veränderten Kräfteverhältnisse keinen Zweifel an der künftig weiterhin im Sinne des bestehenden Herrschaftssystems durchzuführenden staatsrechtlichen Praxis aufkommen ließ.

Für die von Bismarck intendierte „Stabilisierung durch Wandel" bildeten die beiden sich unversöhnlich gegenüberstehenden politischen Konzeptionen der Liberalen und Konservativen gleichermaßen ein Hindernis. Die ursprüngliche bürgerliche Forderung nach einer Parlamentarisierung war mit dieser Politik ebenso unvereinbar wie die strikte Weigerung der reaktionären Kräfte, sich den veränderten Verhältnissen der aufkommenden Industrialisierung anzupassen. Es war nur folgerichtig, daß die Bismarcksche „Revolution von oben" beide Blöcke spaltete und ihr jeweils einen Teil als kompromißbereite Basis einer künftigen Politik zuführte: Auf der einen Seite zerfielen die Liberalen in den linken Flügel der Fortschrittspartei, die auch weiterhin an der Forderung nach einer Stärkung der parlamentarischen Befugnisse festhielt und deshalb die Indemnitätsvorlage als Prinzipienbruch ablehnte, und den rechten Flügel der Nationalliberalen, die das alte Freiheitsprogramm zugunsten der nationalen Einigung in den Hintergrund treten ließen. Von der sozialen Zusammensetzung her wurden die Nationalliberalen überwiegend eine Besitzbürgerpartei, während die Fortschrittspartei eher das Bildungs- und Kleinbürgertum repräsentierte. Auf der anderen Seite trennten sich die Freikonservativen, die eigentliche „Bismarck-Partei" aus Staatsbürokratie, einigen großbürgerlichen Kräften und der kommerziellen Agraristokratie, von den Alt-Konservativen, die im wesentlichen das erzreaktionäre ostelbische Junkertum politisch vertraten, jede Konzession an den Liberalismus verurteilten und deshalb ebenfalls gegen die Indemnitätsvorlage gestimmt hatten.

Erst jetzt, im Zeichen einer sich ankündigenden Allianz von Großbourgeoisie und kapitalistisch wirtschaftenden Agrariern unter Führung einer autoritären Modernisierungspolitik des Staatsapparates, machte Bismarck die Prophezeiung Lassalles wahr und führte das allgemeine und gleiche Wahlrecht ein. Tatsächlich erzielten Nationalliberale und Freikonservative bei den Wahlen zum Verfassungsgebenden Reichstag des Norddeutschen Bundes, der durch die preußische Hegemonie geprägt wurde, eine knappe parlamentarische Mehrheit. Dem ADAV gelang es gegen den geschlossenen Widerstand der bürgerlichen und aristokratischen Kräfte noch nicht, ein Mandat zu erobern. Eine zweite Wahl des Jahres 1867 brachte jedoch den Nachfolger Lassalles im Amt des Präsidenten, Johann Baptist von Schweitzer, und einen weiteren Vertreter des ADAV in den Norddeutschen Reichstag. Trotz einiger Ansätze zu einer über Lassalle hinausweisenden Politik, wofür die Gründung von Gewerkschaften im Jahre 1868 den wichtigsten Beleg lieferte, blieb der ADAV auch nach dem Tode seines Begründers von dessen Gedankengut weitgehend beherrscht. In manchen Kreisen der Organisation machte sich ein unfruchtbarer Dogmatismus breit, der die Lehrsätze Lassalles heilig sprechen wollte, so als ob der bedeutende Arbeiterführer einst eine Sekte von Gläubigen und nicht etwa einen Kern der späteren Sozialdemokratie ins Leben gerufen hätte; insbesondere die auf seine Person zugeschnittenen diktatorischen Vollmachten des Präsidenten sollten sich als ein Hemmschuh auf dem Wege zu einer wirklichen demokratischen Massenpartei erweisen. So bedurfte es des Impulses einer außerpreußischen Entwicklung, um der deutschen Arbeiterbewegung ihre endgültige Gestalt zu geben.

Zweigleisigkeit und Einigung der deutschen Sozialdemokratie

Der preußische Sieg im Hegemonialkrieg bedeutete auch für die mit Österreich verbündeten Teilstaaten des Deutschen Bundes, der im Zuge der militärischen Zuspitzung von Preußen aufgekündigt worden war, eine machtpolitische Niederlage. Nunmehr konnte an der preußischen Führung bei jeder zukünftigen Initiative zur nationalen Einigung kein Zweifel mehr bestehen. Da im außerpreußischen Bereich der konkrete Auslöser für eine Umstrukturierung der politischen Fronten fehlte, trugen Liberale und Konservative dort noch ihre traditionellen Grundzüge und waren folglich gleichermaßen entschiedene Gegner der Bismarckschen „Revolution von oben". Der süddeutsche Liberalismus hatte im wesentlichen an den Zielen der 48er Revolution festgehalten und forderte die Errichtung einer parlamentarischen Republik durch den gemeinsamen Kampf von Bürgertum und Arbeiterschaft; er vertrat damit im Verständnis des 19. Jahrhunderts nicht nur ein *liberales* (auf die besitzbürgerlichen Interessen zugeschnittenes), sondern ein *demokratisches* Programm. Ihre sozialökonomischen Grundlagen fand diese Charakteristik der außerpreußischen Liberalen in dem geringen Entwicklungsstand der gewerblichen Produktion, welcher die spezifischen antagonistischen Klasseninteressen von Bourgeoisie und Lohnarbeiterschaft noch nicht zur vollen Entfaltung gebracht hatte. Die konservativen Trägerschichten der süddeutschen Aristokratie waren dementsprechend partikularistisch orientiert und lehnten angesichts ihrer noch kaum kommerzialisierten Agrarwirtschaft den

Freihandel ebenso ab wie die Errichtung eines zentralistischen Machtstaates in Deutschland. Da sich die süddeutschen politischen Gruppierungen zudem eine nationale Einigung ohne Österreich nicht vorstellen konnten, während in Preußen nach dem erfolgreichen Hegemonialkrieg die kleindeutsche Lösung eindeutig favorisiert wurde, war nunmehr abzusehen, daß der Weg zum Nationalstaat noch schwerwiegende Konflikte heraufbeschwören mußte.

Im unmittelbaren Gefolge der preußischen Besetzung Sachsens entstand dort 1866 die *Sächsische Volkspartei* unter August Bebel und Wilhelm Liebknecht als Zweigorganisation der liberal-demokratischen Deutschen Volkspartei. Anders als die meisten süddeutschen Staaten wies Sachsen einen beträchtlichen Industrialisierungsgrad auf. Wenn deshalb in der sächsischen Partei die Arbeiterschaft auch stärker als in den übrigen außerpreußischen Regionen vertreten war, so gab sie sich zunächst keineswegs ein klassenkämpferisches Programm, sondern stellte die ökonomische Interessenlage der Arbeiter gänzlich hinter das gemeinsame demokratische Anliegen zurück, gegen eine Hegemonie des reaktionären preußischen Obrigkeitsstaates alle Kräfte zu vereinigen. Erst nachdem der Norddeutsche Bund eine feste verfassungsmäßige Gestalt gewonnen und einen wesentlichen Teil des Liberalismus in ein Bündnis mit den preußischen Herrschaftsoligarchien hineingezogen hatte, begannen sich die politischen Gegensätze zwischen den unterschiedlichen sozialen Interessen innerhalb der demokratischen Bewegung zu verschärfen.

Der erste Schritt zur Konstituierung einer selbständigen Arbeiterbewegung im außerpreußischen Bereich wurde auf dem Nürnberger Vereinstag im Jahre 1868 unternommen. Die dort versammelten Arbeiter beschlossen mehrheitlich ein — wenn auch noch vorsichtig formuliertes — Bekenntnis zu den Leitsätzen der Internationalen Arbeiter-Assoziation, die 1864 von Karl Marx verfaßt worden waren. Daraufhin erklärten die bürgerlich-liberalen Kräfte ihren Austritt aus dem Verband, der nunmehr gänzlich unter der politischen Führung Bebels und Liebknechts stand[37]. Die Gründung der *Sozialdemokratischen Arbeiterpartei* auf dem Eisenacher Arbeitervereinstag von 1869 setzte den Schlußpunkt in diesem Entwicklungsprozeß. Der neuen Arbeiterorganisation gliederte sich eine Minderheit von Mitgliedern des ADAV ein, denen die präsidiale Diktatur Schweitzers allmählich unzeitgemäß erschien. Nicht zuletzt das Drängen dieser politisch bewußten und in vielen Jahren praktischer Kämpfe geschulten Kräfte trug mit dafür Sorge, daß die Eisenacher Partei sich ein sozialistisches Programm gab und gegenüber der kleinbürgerlichen Demokratie die Grenzen unterschiedlicher Interessenstandpunkte schärfer zog.

Dennoch kann das Eisenacher Programm schwerlich die Vielfalt seiner Herkunftsquellen verbergen, aus denen die theoretischen und praktischen Leitsätze entsprangen. Es bildete letztlich ein Konglomerat aus dem volksparteilichen demokratischen Radikalismus in der Tradition der 48er Bewe-

---

37 Siehe Gustav Mayer, Die Trennung der proletarischen von der bürgerlichen Demokratie in Deutschland 1863—1870, in: Dergl., Radikalismus, Sozialismus und bürgerliche Demokratie, Frankfurt am Main 1969, S. 148/49.

gung, wesentlichen Elementen der Lassalleschen Lehre und den Grundzügen der Internationalen Arbeiter-Assoziation, mit der sich die neue Partei solidarisch erklärte. Einen entscheidenden Schritt vorwärts in Richtung der späteren Sozialdemokratie bedeutete demgegenüber das Organisationsstatut der Eisenacher, das einen geeigneten Mittelweg zwischen der präsidialen Diktatur des preußischen ADAV und der ursprünglichen lokalen Zersplitterung der süddeutschen und sächsischen Arbeitervereine zu finden versuchte. Eine ähnlich schroffe Frontstellung gegen den bürgerlichen Liberalismus, wie sie sich im Verlauf des preußischen Verfassungskonfliktes herausgebildet hatte, lag auch nach dieser organisatorischen Trennung der Arbeiterbewegung von der Deutschen Volkspartei nicht in den politischen Intentionen Bebels und Liebknechts. Auf die Dauer war jedoch durch den Verlauf der deutschen Einigungsbewegung, die auch das süddeutsche Bürgertum allmählich von seinen demokratischen Forderungen abrücken ließ, eine gegenseitige Entfremdung nicht aufzuhalten. Die Beteiligung der Eisenacher Partei an den Beschlüssen der Internationalen Arbeiter-Assoziation auf dem Baseler Kongreß von 1869, die eine Beseitigung des Privateigentums an Grund und Boden forderten, traf jede noch sehr an demokratischen Prinzipien orientierte bürgerliche Bewegung am Lebensnerv ihrer Klasseninteressen.

Unterdessen setzte der Norddeutsche Bund die Bismarcksche Politik der Synthese zwischen konservativer Staatsorganisation und liberaler Wirtschaftsentfaltung zielstrebig fort und festigte somit das „staatstragende" Bündnis von nationalliberalem Besitzbürgertum und freikonservativen Agrarproduzenten. In den Jahren 1868 bis 1870 erfolgte die Vereinheitlichung der Maß- und Gewichtsnormen, des Handelsrechts mit einer obersten Handelsgerichtsbarkeit sowie der uneingeschränkten Gewerbefreiheit; alle diese Maßnahmen überragte an wirtschaftlicher Bedeutung die Einführung der Freizügigkeit des Aktienwesens und die Aufhebung der Zulassungspflicht bei der Errichtung von Aktiengesellschaften[38]. Die verabschiedete Gewerbeordnung gestattete der Arbeiterschaft die freie gewerkschaftliche Organisation einschließlich der Streikmöglichkeit, gewährte jedoch für die daraus entstehenden Konflikte keinen staatlichen Rechtsschutz gegenüber den Unternehmern. Bereits 1867 war der alte Zollverein des Deutschen Bundes durch ein nach allgemeinem und gleichem Stimmrecht gewähltes „Zollparlament" und einen von den Teilstaaten beschickten „Zollbundesrat" fortentwickelt worden, so daß die nationale Einigung in wirtschaftlicher Hinsicht als vollendet gelten konnte.

Um dieser gesellschaftlichen Realität eines weitgehend einheitlichen Wirtschaftsraumes auch den politischen Rahmen zu geben, bedurfte es allerdings eines weiteren preußischen Hegemonialkrieges. Zwischen den expansionistischen Mächten Frankreich unter Napoleon III. und Preußen bestand schon seit längerem eine schwelende Rivalität, die in einer von beiden Seiten angeheizten diplomatischen Kriegführung sich schließlich im Jahre 1870 zum offenen militärischen Konflikt ausweitete. Da es Preußen gelungen war, Frankreich zu dem eskalierenden Schritt der Kriegserklärung zu provozieren, folgten ihm die süddeutschen Staaten wider Erwarten ohne Zögern in

---

38 Siehe Helmut Böhme, Deutschlands Weg zur Großmacht, Köln 1972², S. 284.

den geschickt als „Verteidigungskampf" inszenierten Waffengang. Wiederum nutzte Bismarck den nationalen Taumel, um nunmehr der deutschen Einigung unter dem Diktat Preußens ihre vorerst abschließende Gestalt zu verleihen. Noch während des Krieges mit Frankreich wurde im Januar 1871 das Deutsche Reich gegründet und der preußische König Wilhelm I. zum Deutschen Kaiser ausgerufen. Die Reichsverfassung bestätigte im wesentlichen nur die Gesetzgebung des Norddeutschen Bundes. Als Reichskanzler, preußischer Ministerpräsident und Vorsitzender des von den Bundesstaaten beschickten Bundesrates konzentrierte Bismarck eine außerordentliche Machtfülle in seinen Händen.

Der Sieg über Frankreich erbrachte die Annexion des rohstoffreichen Elsaß-Lothringen und Kriegskontributionen in Höhe von 5 Milliarden Goldfrancs. Unter dem warmen Regen der französischen Milliarden schossen die kapitalkräftigen Aktiengesellschaften wie Pilze aus dem Boden, der zuvor durch die politische Annäherung zwischen Bourgeoisie und Obrigkeitsstaat sowie die Aufhebung aller Schranken des Wirtschaftsliberalismus einer reichhaltigen Düngung zuteil geworden war. Allein zwischen 1871 und 1873 übertrafen die Investitionen in Aktiengesellschaften die Gesamtsumme der zwei Jahrzehnte zwischen 1851 und 1870[39]. Noch eindrucksvoller wird die Dynamik des Gründerbooms durch die Tatsache dokumentiert, daß in Preußen die Zahl der 1871 bis 1874 neu eröffneten Maschinenfabriken, Eisenhütten und Hochofenwerke die in den siebzig Jahren seit 1800 erfolgten Gründungen aufzuwiegen vermochte[40]. Die mit der Konstituierung des Deutschen Reiches einhergehende ökonomische Prosperität bewahrte den Obrigkeitsstaat vor allzu großen Reibungsverlusten gegenüber seiner demokratischen Basis: aus den Reichstagswahlen von 1871 und 1874 gingen jeweils die Nationalliberalen als die weitaus stärkste Fraktion hervor.

Die beiden sozialdemokratischen Parteien konnten vorerst noch keinen bedeutenden Einfluß auf die Gestaltung der gesellschaftlichen Entwicklung ausüben. Mit 2,6 % aller Stimmen bei den Wahlen von 1871[41] erreichten sie gemeinsam nur ein Reichstagsmandat, das August Bebel für die Eisenacher gewann, obwohl die Lassalleaner insgesamt noch die größere Gruppierung bildeten. Nach der nationalstaatlichen und politisch-ideologischen Einigung ihrer bürgerlichen und aristokratischen Gegner wurde die Spaltung der Arbeiterbewegung immer mehr ein Anachronismus. Nichts vermag die Absurdität der Fraktionskämpfe zwischen Sozialisten in einer Zeit wachsender Stärke des konservativ-liberalen Bündnisses drastischer zu zeigen als der Beschluß des ADAV im Jahre 1870, bei Stichwahlen ohne eigene Bewerber „für den fortgeschrittensten liberalen Kandidaten, niemals aber für einen Reaktionär oder einen Eisenacher zu stimmen; für Stichwahlen zwischen Reaktionären und Eisenachern wurde Stimmenthaltung, für Stichwahlen zwischen Eisenachern und Liberalen Abstimmung für den Liberalen ange-

---

39 Siehe Hans Rosenberg, Große Depression und Bismarckzeit, Berlin 1967, S. 41.
40 Siehe Hans-Ulrich Wehler, Bismarck und der Imperialismus, Köln 1972³, S. 57.
41 Die Ergebnisse aller Reichstagswahlen bis 1914 sind entnommen aus: Gerhard A. Ritter, Arbeiterbewegung, Parteien und Parlamentarismus, Göttingen 1976, S. 51.

ordnet"[42]. Die Zersplitterung der politischen Arbeiterbewegung wurde noch durch den Umstand verstärkt, daß sich vom ADAV zeitweise orthodoxe und angeblich das lassalleanische Erbe verteidigende Sekten abspalteten. Die Krise der Organisation führte 1871 zum Rücktritt Schweitzers, womit — auf der Ebene persönlicher Animositäten — ein Hindernis für eine baldige Einigung der deutschen Sozialdemokratie aus dem Wege geräumt war.

Die den Gründerboom begleitende Streikwelle um eine Teilhabe der Arbeiterklasse an der neuen Prosperität förderte zusätzlich die Solidarisierung. Als dann 1873/74 die überhitzte Konjunktur in eine Krise umschlug, galt es um so mehr, die gemeinsamen Interessen unter den erschwerten Kampfbedingungen zu verteidigen. Der vielleicht gewichtigste Impuls erwuchs den Tendenzen des Zusammenschlusses durch die verschärften Repressionsmaßnahmen des Obrigkeitsstaates. Während der Kulturkampf gegen den Katholizismus und seine Zentrumspartei den partikularistischen Kräften galt und den Anspruch der Staatsmacht auf Regelung aller gesellschaftlichen Angelegenheiten unterstrich, diente das Beispiel der Pariser Kommune als Vehikel des Kampfes gegen die internationale revolutionäre „Verschwörergemeinschaft" der Sozialisten. Den Gipfelpunkt der Verfolgungen bildete die Verurteilung von Bebel und Liebknecht zu zwei Jahren Festungshaft im Hochverratsprozeß von 1873; allgemeine Ausnahmegesetze gegen die Sozialdemokratie scheiterten damals noch am Widerstand der Liberalen. Eine die Lassalleaner und Eisenacher gemeinsam treffende Repressionspolitik forderte die Arbeiterbewegung zum solidarischen Widerstand heraus. Die Reichstagswahlen von 1874, bei denen die Arbeiterparteien ihren Stimmenanteil immerhin auf 6,8 % mehr als verdoppeln konnten, wurden vielerorts zum Auftakt einer allgemeinen Verbrüderungsbewegung zwischen Lassalleanern und Eisenachern.

Auf dem Gothaer Kongreß von 1875 erfolgte dann die seit einigen Jahren vorbereitete Verschmelzung beider Organisationen zur *Sozialistischen Arbeiterpartei Deutschlands*. Inzwischen repräsentierte die politische Arbeiterbewegung mit den knapp 25 000 Mitgliedern, für die auf dem Einigungskongreß Delegierte zu entsenden waren, bereits einen beträchtlichen Machtfaktor. Das praktische Bedürfnis der notwendigen Aktionseinheit der deutschen Sozialdemokratie diktierte auch den Charakter des verabschiedeten Grundsatzprogramms, das hauptsächlich der Parteiintegration diente und in der historischen Literatur gewiß nur an nachgeordneter Stelle abgehandelt worden wäre, hätte Karl Marx es nicht einer über seinen eigentlichen Zweck hinausreichenden wissenschaftlichen Kritik unterzogen. Wie bereits Franz Mehring, der Parteihistoriker der Sozialdemokratie vor 1914, überzeugend herausgearbeitet hat, kannte Marx die konkreten Probleme der deutschen Partei nur aus den gefärbten Darstellungen, die ihm im heftigen Fraktionsstreit mit dem ADAV engagierte Eisenacher übermittelten, und ließ sich folglich in seiner Einschätzung von falschen Voraussetzungen leiten[43]. Indem er davon ausging, daß die Eisenacher angesichts ihres Bekenntnisses zur Internationalen Arbeiter-Assoziation bereits die marxistische Theorie umfassend

---

42 Franz Mehring, a.a.O., III, S. 388.
43 Siehe Franz Mehring, a.a.O., IV, S. 87/88.

rezipiert hätten, wurde das Marxsche Urteil von einer Parteilichkeit getrübt, die sich auf konstruierte Fronten gründete. Infolgedessen erschien ihm das Gothaer Programm lediglich als Ausdruck der Tatsache, „daß die Lassallesche Sekte gesiegt hat"[44], und konnte er es, gemessen an einer von seinem wissenschaftlichen Erkenntnisstand in die Eisenacher Partei hineinprojizierten theoretischen Reife, als „ungeheuerliches Attentat auf die in der Parteimasse verbreitete Einsicht"[45] brandmarken.

Demgegenüber urteilt Franz Mehring, selbst entschiedener Marxist und gewiß kein Parteigänger eines „Lassalleanismus" gegen die Eisenacher, auf der Grundlage einer gesicherten Kenntnis der damaligen Programmdiskussion wesentlich realistischer: „Von ihren Überzeugungen brauchte keine der beiden Fraktionen etwas preiszugeben, aus dem einfachen Grunde, weil diese Überzeugungen sich im wesentlichen deckten"[46]. Besonders augenfällig wird dies, wenn wir uns die Behandlung der von Marx allein den Lassalleanern zugeschriebenen Formulierung im Gothaer Programm vergegenwärtigen, daß für die Arbeiterbewegung „alle anderen Klassen nur eine reaktionäre Masse"[47] seien. Der wissenschaftliche Standpunkt von Karl Marx ließ sich von der historischen Erkenntnis leiten, daß die Bourgeoisie Frankreichs und Englands im Kampf gegen Absolutismus und Feudalismus „eine höchst revolutionäre Rolle gespielt"[48] hat; erst in einer voll entfalteten bürgerlichen Gesellschaft konnte somit davon gesprochen werden, daß die Bourgeoisie gegenüber dem Proletariat eine historisch überholte Gesellschaftsform verteidige. Eben eine solche voll enfaltete bürgerliche Gesellschaft bildete Preußen-Deutschland zu jener Zeit aber noch keineswegs. Von diesen historischen Erwägungen waren jedoch die meisten der über die Allianz von liberalem Großbürgertum und reaktionärem Junkertum verbitterten Eisenacher und Lassalleaner gänzlich unbeeinflußt. So wurde die „reaktionäre Masse" mit einer Unterstützung von mehr als 90 % der Delegierten in gesonderter Abstimmung ausdrücklich in das Programm aufgenommen. Dabei ist außerdem noch zu bedenken, daß ein wesentlicher Teil der wenigen Gegenstimmen nicht etwa der differenzierteren Marxschen Gesellschaftsanalyse entsprang, sondern von süddeutschen Sozialdemokraten in der taktischen Erwägung abgegeben worden war, ihre gute Zusammenarbeit mit der bürgerlichen Deutschen Volkspartei nicht zu gefährden[49].

Wenn dieser tatsächliche Bewußtseinsstand der breiten Mitgliedermasse und selbst der Parteiführung entsprechend berücksichtigt wird, so handelten die Sozialdemokraten keineswegs im Gegensatz zu einer Marxschen Grundintention, die dieser seiner vernichtenden theoretischen Kritik zur Seite gestellt hatte: „Jeder Schritt wirklicher Bewegung ist wichtiger als ein Dutzend Programme. Konnte man also nicht — und die Zeitumstände ließen

---

44 Karl Marx, Randglossen zum Programm der deutschen Arbeiterpartei, in: MEW 19, S. 25.

45 A.a.O., S. 26.

46 Franz Mehring, a.a.O., IV, S. 86.

47 Programm der Sozialistischen Arbeiterpartei Deutschlands, zitiert nach: Wolfgang Abendroth, Aufstieg..., a.a.O., S. 93.

48 Karl Marx/Friedrich Engels, Manifest..., MEW 4, S. 464.

49 Siehe Franz Mehring, a.a.O., IV, S. 90.

das nicht zu — über das Eisenacher Programm hinausgehen, so hätte man einfach eine Übereinkunft für Aktion gegen den gemeinsamen Feind abschließen sollen. Macht man aber Prinzipienprogramme (statt das bis zur Zeit aufzuschieben, wo dergleichen durch längere gemeinsame Tätigkeit vorbereitet war), so errichtet man vor aller Welt Marksteine, an denen sie die Höhe der Parteibewegung mißt"[50]. Mehr als diese von Marx vorgeschlagene Aktionsplattform sollte das Gothaer Programm nach den Absichten seiner Verfasser wohl auch gar nicht darstellen. Wenn in der damaligen Sozialdemokratie das Wort die Runde machte, zur Unterstützung der Vereinigung hätten die Mitglieder jedes nicht ihrer bisherigen politischen Praxis im Wege stehende Programm angenommen, und sei es ein weißes Blatt Papier mit einer geballten Faust darauf, so enthält diese überspitzte Formulierung fraglos ein klarsichtiges Urteil.

Ökonomische Krise, innenpolitische Wende und Sozialistengesetz

Während die Sozialdemokratie ihre Gründungsperiode zu einem erfolgreichen Abschluß führte, brach ausgehend von einem weltweiten Niedergang des Börsengeschäftes eine schwere wirtschaftliche Krise über Deutschland herein. Die durch eine stürmische Spekulationstätigkeit geschaffenen Produktionskapazitäten konnten innerhalb einer dermaßen kurzen Zeitspanne nicht optimal ausgelastet werden. So erfolgte in der ersten zyklischen Depression zwischen 1874 und 1879 eine Reduzierung der jährlichen Investitionsquote in Aktiengesellschaften auf ein Zwanzigstel des 1871-73 erreichten Niveaus[51]. Der mit der ökonomischen Krise verbundene drastische Fall der Kapitalprofitrate zog mit einer gewissen zeitlichen Verschiebung auch einen Rückgang der Reallöhne nach sich; vom Gipfelpunkt des Jahres 1875 bis 1877 fiel deren Index von 87 auf 78[52]. Angesichts des noch immer ausgesprochen geringen gewerkschaftlichen Organisationsgrades wirkte sich die ökonomische Depression pazifizierend auf die Kampfbereitschaft der Arbeiterklasse aus, so daß die Zahl der Streiks von 225 im Prosperitätsjahr 1873 auf ganze 3 im Krisenjahr 1879 zurückging[53].
Von erheblicher Bedeutung für die weitere politische Entwicklung Deutschlands sollte die Tatsache werden, daß mit der Depression im industriellen Sektor auch der Beginn einer strukturellen Agrarkrise einherging; für die staatstragende ostelbische Junkerklasse mußte es einschneidende Konsequenzen haben, daß im Jahre 1876 erstmals der zuvor in einem längeren Zeitraum regelmäßig erzielte Ausfuhrüberschuß an Weizen entfiel[54]. Die vom industriellen Sektor ausgehende Bildung von weltweiten Produktmärkten erfaßte inzwischen auch die Landwirtschaft, die somit zunehmend

50 Karl Marx an Wilhelm Bracke vom 5. 5. 1875, in: MEW 19, S. 13/14.
51 Siehe Hans-Ulrich Wehler, a.a.O., S. 81.
52 Nach den Angaben bei Ashok V. Desai, Real Wages in Germany 1871—1913, Oxfort 1968, wurden die Nominallöhne (S. 112) auf den Index der Lebenshaltungskosten (S. 117) bezogen und aus beiden Zeitreihen ein Reallohnindex (1895 = 100) errechnet.
53 Siehe Hans-Ulrich Wehler, a.a.O., S. 80.
54 A.a.O., S. 88.

zum Spielball der kapitalistischen Konjunkturzyklen wurde und durch den rapiden Anstieg der industriellen Arbeitsproduktivität einen Preisverfall hinnehmen mußte. Während also der agrarische Bereich der allgemeinen Krise relativ hilflos ausgeliefert war und seine wirtschaftlichen Probleme zu einer chronischen Begleiterscheinung der deutschen Politik wurden, entwickelten die in der Prosperität herangezüchteten Industriegiganten sehr bald eine erfolgversprechende Waffe gegen die Auswirkungen der Depression: die Konzentration und Zentralisation des Kapitals. Im rheinisch-westfälischen Industrieschwerpunkt schlossen sich zwischen 1876 und 1882 die meisten Produktionszweige zu mächtigen Kartellen zusammen[55], die zwecks Ausschaltung „ruinösen Wettbewerbs" Produktionsmengen und Preise untereinander absprachen.

Auch die gesellschaftspolitischen Reaktionen der großbürgerlichen und großagrarischen Klasse ließen nicht lange auf sich warten. Entsprechend der besonders prekären Situation der Schwerindustrie formierte sich bereits Ende 1873 ein „Verein Deutscher Stahl- und Eisenindustrieller", dessen vorrangiges Ziel es bildete, die auf dem Höhepunkt der Prosperität beschlossene Beseitigung aller Eisenzölle zum Jahre 1877 zu verhindern. Unter Einschluß der seit je her einer übermächtigen englischen Konkurrenz ausgesetzten Textilbranche gründeten diese Kreise 1876 den „Centralverband Deutscher Industrieller zur Beförderung und Wahrung nationaler Arbeit", der die Schutzzölle für die krisengeschüttelte Großindustrie bereits in offensiver Weise verlangte. Als sich nur sieben Tage später eine korrespondierende Interessenorganisation der Großagrarier, die „Vereinigung der Steuer- und Wirtschaftsreformer" konstituierte, war diese harmonische Zeitabstimmung offenkundig kein Zufall. Der vom ostelbischen Junkertum geführte Agrarierverband erstrebte allerdings weniger die akute Maßnahme der Schutzzollpolitik; dem strukturellen Charakter der landwirtschaftlichen Krise gemäß formulierte er ein offen ständisch-reaktionäres Programm: Forderungen nach höherer Besteuerung für mobiles Kapital bei gleichzeitiger Entlastung des verschuldeten Großgrundbesitzes sowie Beseitigung des Aktienwesens und Modifizierungen der Gewerbefreiheit verbanden sich mit Ideologien, die eine Rückkehr zu einem von aller bürgerlich-industriellen Modernität gereinigten obrigkeitsstaatlichen System ersehnten[56].

Die sich mit vereinter Kraft beider Fraktionen der herrschenden Klasse zusammenziehenden Gewitterwolken am politischen Horizont Deutschlands bewirkten mit Sturmgewalt eine Erosion des konservativ-liberalen Bündnisses der Reichsgründungsphase, dessen Geschäftsgrundlage die Synthese von Freihandel und preußischem Staat bildete. Mit der Entlassung des liberalen Präsidenten des Reichskanzleramtes Delbrück erzielte die schutzzöllnerische Agitation noch im Jahre 1876 ihren ersten greifbaren Erfolg. In den Wahlen von 1877, welche die Sozialdemokratie mit 9,1 % zur viert-stärksten Partei aufsteigen ließen, mußten die Liberalen bereits erhebliche Einbußen zugunsten der Konservativen hinnehmen. Ein erfolgloses Kaiserattentat, mit dem die Sozialdemokratie nicht im entferntesten etwas zu tun

---

55 A.a.O., S. 98/99.
56 Siehe Helmut Böhme, a.a.O., S. 403.

hatte, diente Bismarck als Vorwand, um gegen die Arbeiterbewegung ein Ausnahmegesetz einzubringen, das jedoch zunächst nur die Zustimmung der Konservativen fand und deshalb mit großer Mehrheit abgelehnt wurde. Nachdem kurz darauf ein zweiter Anschlag auf den Kaiser zu einer leichten Verwundung geführt hatte und wiederum völlig aus der Luft gegriffene Querverbindungen zur Sozialdemokratie gezogen worden waren, erreichte die von der wirtschaftlichen Krise angeheizte Progromstimmung ihren Siedepunkt, den Bismarck nach alter Manier rücksichtslos für seine Politik ausnutzte. Die von einer Welle gehässiger Kampagnen gegen die Sozial-demokratie und der übermächtig anschwellenden Interessenagitation der Industriellen- und Agrarierverbände getragenen Wahlen von 1878 führten zu einem Erdrutsch, der den Boden für die entscheidende innenpolitische Wende in der Geschichte des Deutschen Kaiserreiches bereitete: die National-liberalen fielen erstmals seit einem Jahrzehnt hinter die konservative Fraktionsstärke zurück, und auch die Sozialdemokraten mußten einen Stim-menverlust auf 7,8 % einstecken.

Die Wahlniederlage und das entfesselte politische Klima der offenen Reaktion ließen den Nationalliberalismus gefügig werden. Gegen den Widerstand der Fortschrittspartei und des Zentrums, das wegen seiner Kulturkampferfahrungen jeder staatlichen Repression abgeneigt war, ver-abschiedete der Reichstag das „Gesetz gegen die gemeingefährlichen Bestre-bungen der Sozialdemokratie", das berühmt-berüchtigte Sozialistengesetz; zuvor konnten die Nationalliberalen die „Abmilderung" durchsetzen, nach zweieinhalb (statt fünf) Jahren über eine Verlängerung im Parlament von neuem zu befinden. Damit hatte die konservativ-liberale Allianz endgültig ihre Schuldigkeit getan und konnte zugunsten einer strikt konservativen „Neubegründung" des Deutschen Reiches aufgekündigt werden. Nach Been-digung des ohnehin erfolglosen Kulturkampfes gegen den Katholizismus bot sich die unbedingt antiliberale Zentrumspartei als Bündnispartner des preußisch-deutschen Obrigkeitsstaates an. Mit der Verabschiedung eines Schutzzollsystems im Jahre 1879 wurde der demonstrative Schlußstrich unter eine Phase des Wirtschaftsliberalismus gezogen. Staatliche Monopole für verschiedene Produkte, Verstaatlichungen von Eisenbahnen und erste Kolonialpläne deuteten ein breites Feld des Überganges zum protektionisti-schen Interventionsstaat an. Darüber hinaus wurde die Bürokratie weit-gehend von liberalen Kräften gesäubert und das preußisch-aristokratische Beamtensystem restauriert. Die bereits in der Abstimmung über die Schutz-zollvorlage zutage getretene Spaltung der Nationalliberalen führte bald auch zum organisatorischen Bruch, der nach den Fronten einer pro- oder antibismarckschen Grundströmung erfolgte.

Im Zeichen der ökonomischen Krisentendenz und der großen innenpolitischen Wende brach für die Sozialdemokratie ihre schwierigste Zeit unter dem Aus-nahmezustand heran. Besonders in den ersten Jahren setzte die staatliche Repression der Arbeiterbewegung sehr hart zu. Angesichts der eng begrenzten Aktionsmöglichkeiten mußte die Partei in den Wahlen von 1881 eine Stim-menreduzierung auf 6,1 % vergegenwärtigen, die allerdings wesentlich einer Beschränkung von Kandidaturen auf ihre Hochburgen entsprang. Dieses unerwartete Behauptungsvermögen der Arbeiterbewegung ließ die herrschenden Kreise an der Waffe der bloßen politischen Unterdrückung zweifeln. So kam nach der Peitsche das Zuckerbrot als ein subtileres Mittel der Bemühungen um eine staatliche Loyalitätssicherung in der Arbeiterschaft zur Anwendung: Sozialgesetze zur Kranken- und Unfallversicherung wurden in die Wege geleitet und 1883/84 verabschiedet, die Alters- und Invalidenversicherung trat 1889 hinzu. Doch demonstrierte bereits der unter gelockerten Repressionsmaßnahmen erfochtene Zuwachs der Sozialdemokratie auf 9,7 % im Jahre 1884, daß gegen einen historischen Trend auch die geschickteste Staatstechnik langfristig versagen mußte. Die Formierung des konservativen Deutschlands im Einflußfeld der herrschenden großindustriellen und großagrarischen Interessen hatte die Arbeiterklasse endgültig in eine unbedingte Frontstellung zum bestehenden Staat und seiner kapitalistischen Grundlage gebracht.

Während das Sozialistengesetz einerseits nicht den von seinen Urhebern gewünschten Effekt zeitigte, hat es andererseits wesentlich zur organisatorischen und programmatischen Festigung der Sozialdemokratie beigetragen. Entgegen mancher Spekulation im Lager der Herrschenden auf eine Chance der „Entscheidungsschlacht" gegen die Partei ließen sich die Mitglieder nicht von teilweise auftretenden anarchistischen Tendenzen zur unbedachten Aktion provozieren. Vielmehr wurden die harten Jahre des Sozialistengesetzes angesichts des fehlenden Bewegungsspielraums für praktische Tätigkeit zu einer Phase der theoretischen Besinnung. Für die breite Mitgliedschaft stand seit 1878 Bebels in gemeinverständlicher Form geschriebenes Hauptwerk „Die Frau und der Sozialismus" zur Verfügung, das den Arbeitern das Bild des sozialistischen Zukunftsstaates plastisch der von Not und Mühsal geprägten Gegenwart gegenüberstellte; es fand trotz des polizeilichen Verbots eine rasche Verbreitung. Während Bebels Darstellung eine in Eisenach eingeleitete Entwicklungsperiode in der Theorie der der Sozialdemokratie zu ihrem Höhepunkt führte, kündete der ebenfalls 1878 erstmals erschienene „Anti-Dühring" von Friedrich Engels bereits über eine bevorstehende Phase der Rezeption des Marxismus als geschlossene Weltanschauung der Partei.

Die Engelssche Abhandlung eröffnete den theoretisch fortgeschrittensten Mitgliedern der Partei ein über den bisherigen Eklektizismus hinausweisendes tieferes Verständnis der materialistischen Geschichtsauffassung. Insbesondere Eduard Bernstein, der seit 1880 das Parteiorgan Der Sozialdemokrat leitete, und Karl Kautsky, der die theoretische Zeitschrift Die Neue Zeit herausgab, trugen an führender Stelle zur Verbreitung marxistischen Gedankengutes in der Sozialdemokratie bei. Zweifellos begünstigte die Repressionspolitik des Obrigkeitsstaates die praktische Wirkung eines theoretischen Erklärungsmusters, das die Notwendigkeit eines politisch angeleiteten Klassenkampfes für die Belange der eigenen sozialen Emanzipation heraushob. Außerdem hatte die Partei seit den Wahlen von 1877 immer mehr in der Industriearbeiterschaft Fuß fassen können, der die eher auf ein handwerkliches Sozialmilieu zugeschnittenen genossenschaftlichen Modelle, wie sie noch Lassalle und teilweise auch Bebel vorgeschwebt hatten, nicht länger plausibel erschienen. Sie wurde daher für eine theoretische Vorstellungswelt ansprechbar, deren Ausgangspunkt eine entfaltete bürgerlich-kapitalistische Industriegesellschaft bildete.

Unter dem Eindruck der Großen Depression seit 1873, die bis 1895 nur durch zwei relativ kurze und schwach ausgeprägte Konjunkturbelebungen unterbrochen wurde, machten sich zunehmend Erwartungen eines irgendwie gearteten „Zusammenbruchs des Kapitalismus" breit. Sicherlich wurde dieses fatalistische Bild eines Übergangs in die sozialistische Zukunft durch die in der Zeit des Sozialistengesetzes herrschende Ohnmacht gefördert. Aber auch Engels spekulierte während der Depression darüber, ob sich der internationale Kapitalismus „in der Vorbereitungsperiode eines neuen Weltkrachs von unerhörter Vehemenz" befände, und gelangte nach seiner Abwägung der möglichen krisenmildernden Wirkungen von Kartellen und Schutzzöllen zu dem Ergebnis, daß die Verschärfung der Situation letzthin unvermeidlich sei: „So birgt jedes der Elemente, das einer Wiederholung der alten Krisen entgegenstrebt, den Keim einer weit gewaltigeren Krise in sich"[57]. Von dieser Einschätzung war es freilich noch ein weiter Weg bis zur naiven Hoffnung auf den baldigen Zusammenbruch der kapitalistischen Gesellschaft, die in der deutschen Partei auf die Erarbeitung konkreter sozialistischer Strategien einen stark hemmenden Einfluß auszuüben vermochte, indem die geschichtstreibenden Kräfte gänzlich das eigene Handeln zu ersetzen schienen.

Zu einer erneuten innenpolitischen Kraftprobe kam es im Jahre 1887, als die Bewilligung eines angesichts der geplanten Heeresvergrößerung erhöhten Militäretats auf sieben Jahre zur Beratung anstand. Mit dieser — von der jährlichen Verabschiedung des Budgets abweichenden — Sonderregelung des „Septenats" war 1874 die im Verfassungskonflikt nicht entschiedene „konstitutionelle Grundfrage" weiterhin ausgeklammert worden, um das damalige konservativ-liberale Bündnis nicht zu gefährden. Die nächste Bewilligung für den Zeitraum 1881 bis 1887 ging dann im Zeichen der konservativen Wende von 1878/79 reibungslos über die Bühne. Als letzte Bastion des Absolutismus mußte der Militärhaushalt, der ohnehin den Löwenanteil aller staatlichen Ausgaben auf Reichsebene ausmachte, einen Gradmesser der Machtstellung des konservativen Herrschaftssystems bilden und den Widerstand der oppositionellen Kräfte hervorrufen. Diese waren allerdings weiterhin kompromißbereit und stimmten daher einer dreijährigen Bewilligungsperiode im Reichstag zu. Sie bekamen dafür — zum wievielten Male schon?! — von dem Regime Bismarck als Quittung präsentiert, daß der staatskonservative Machtanspruch keine Kompromisse duldete und folglich der widerstrebende Reichstag kurzerhand aufgelöst wurde.

Der Wahlkampf von 1887 entfesselte alle nur denkbare nationalistische und militaristische Propaganda. Zur Unterstützung der Bismarckschen Politik wurde ein „Kartell" geschmiedet, das die Konservativen und den regierungsfreundlichen Rest der Nationalliberalen umgriff, wobei deren Kandidaten auf die Zustimmung zum Septenatsbudget festgelegt wurden. Im Aufwind einer gegenüber der letzten Wahl von 60% auf 77% angestiegenen Stimmenabgabe gelang es dem „Kartell" zwar nicht ganz, die Mehrheit der Wähler

---

57 Friedrich Engels, in: Karl Marx, Das Kapital, MEW 25, S. 506 (Anmerkung 8).

für sich zu gewinnen. Aber angesichts der Heterogenität der Opposition konnte dieses Rechtsbündnis dennoch durch eine disziplinierte Stichwahlunterstützung die Majorität der Reichstagsmandate erobern, womit einer antidemokratischen Konzeption wiederum die plebiszitäre Basis erfolgreich geschaffen worden war. Die Sozialdemokratie mußte in diesem Wahlgang die Möglichkeiten ihrer Gegner erfahren, durch eine breit angelegte Mobilisierungskampagne die Arbeiterpartei um die Früchte ihres trendmäßig unaufhaltsamen Aufstieges zu bringen: Die Vermehrung der Stimmenzahl um mehr als ein Drittel bedeutete angesichts der erhöhten Wahlbeteiligung lediglich eine geringfügige anteilsmäßige Verbesserung von 9,7 % auf 10,1 %. Sie zog unter dem von Stichwahlabsprachen entscheidend beeinflußten Mehrheitswahlrecht sogar eine Reduzierung der Fraktionsstärke von 25 auf 11 Abgeordnete nach sich. In der Verbitterung über das Verhalten der Liberalen in den Kartellwahlen, die eher einen reaktionären Gegner ihrer Politik als einen Sozialdemokraten unterstützten, faßte die Partei den Beschluß, bei künftigen Stichwahlen gegenüber der „reaktionären Masse" von der liberalen Bourgeoisie bis zum ultrakonservativen Junkertum stets Stimmenthaltung zu üben.

Der restaurierten konservativen Vorherrschaft sollte allerdings keine längere Periode ungetrübten Wirkens beschieden sein. Im Rahmen einer kurzen Zwischenphase konjunktureller Belebung überzog schon 1889 eine mächtige Streikwelle die politische Landschaft des Reiches mit den sozialen Forderungen der arbeitenden Bevölkerung; sprunghaft verdoppelte und verdreifachte sich die Mitgliederzahl der Gewerkschaftsbewegung. Als zusätzlicher ideologischer Anstoß war in diesem Jahre die Gründung der Zweiten Internationale zu verzeichnen, in der sich die inzwischen häufig nach deutschem Vorbild konstituierten sozialdemokratischen Parteien Europas zusammenschlossen. Zum Jahreswechsel 1889/90 stand erneut die Verlängerung des im Herbst auslaufenden Sozialistengesetzes zur parlamentarischen Beratung an. Die Nationalliberalen wollten es in einer abgemilderten Fassung, die insbesondere die Ausweisungsmöglichkeit nicht mehr enthielt, zu einer Dauerregelung machen, während die Ultrakonservativen unter keinen Umständen zu einer Änderung bereit waren. Durch die taktisch motivierte Unterstützung der Zentrumspartei bei den Kommissionsberatungen gelangte das Gesetz in entschärfter Form ins Parlament, wo es dann aufgrund der ablehnenden Haltung der reaktionären „Deutschkonservativen Partei" des Junkertums scheiterte, weil nunmehr das Zentrum gemeinsam mit der liberalen und sozialdemokratischen Opposition gegen die Vorlage stimmte. Durch den inneren Zwist der Herrschenden erfuhr das Sozialistengesetz einen schmählichen Abgang. Mit diesen Ereignissen zu Beginn des Jahres 1890 trat die Sozialdemokratie nach zwölf Jahren der staatlichen Repression in eine neue Epoche ihrer Parteientwicklung ein.

Die organisatorische und programmatische Konsolidierung der Partei

Kaum war der gegen das Anschwellen der Arbeiterbewegung errichtete Damm gebrochen, da stürzten die Fluten der sozialistischen Offensive mit der geballten Macht von einem Dutzend Jahren erfolgreichen Widerstandes über das Deutsche Reich herein. In einem gewaltigen Handstreich präsentierte sich die Sozialdemokratie im Februar 1890 als die stärkste Wählerpartei Deutschlands, indem sie ihren Stimmenanteil auf 19,7 % verdoppelte. Fast klingt es realhistorisch absurd, aber gerade darin mag dieser Hinweis einen erhellenden Lichtstrahl auf die politische Konstellation des damaligen Staatswesens werfen, daß dem Brauche der parlamentarischen Demokratie Englands gemäß der Führer der größten Partei mit der Bildung einer Regierung beauftragt zu werden pflegte: somit hätte der seit 1888 amtierende Kaiser Wilhelm II. nach dem überwältigenden sozialdemokratischen Wahlsieg August Bebel unter demokratischen Bedingungen zum deutschen Reichskanzler küren müssen! Aber das Deutsche Reich war nicht nur ein bürokratischer Obrigkeitsstaat geblieben, obgleich es ungefähr zu diesem Zeitpunkt nach Beschäftigtenzahl und Produktionsanteil endgültig von einem industriellen Übergewicht geprägt wurde[58]; es hatte sich durch ein die Sozialdemokratie regelmäßig benachteiligendes Wahlsystem zusätzlich abgesichert, so daß die Partei mit 35 Mandaten nicht einmal die Hälfte der ihr nach einem Verhältniswahlrecht zustehenden Abgeordneten ins Parlament schicken konnte. Gleichwohl bescherte dieser Wahlgang der Bismarckschen Politik ein klägliches Fiasko, indem seinem „Kartell" mehr als ein Drittel des parlamentarischen Fundaments unter dem glanzvollen staatskonservativen Festungsgebäude weggespült wurde und es folglich wie ein Kartenhaus zusammenstürzte. Es verging gerade ein Monat, bis der nach eigener Machtentfaltung strebende Kaiser den besiegten Burgherren auf das Altenteil schickte; mit Bismarcks Entlassung war unlöslich ein neues Kapitel deutscher Geschichte verknüpft, dem in der entscheidenden Wende des Jahres 1890 wie im weiteren Verlauf auch die Sozialdemokratie ihre Handschrift aufprägte.

Mit Rücksicht auf die sich daran anschließenden Kontroversen verdient die Tatsache erwähnt zu werden, daß die Sozialdemokratie in ihrem Entschluß, mit linksliberalen Kandidaten wechselseitige Stichwahlabsprachen zu treffen, gegen die Buchstaben mehrerer zur Zeit des Sozialistengesetzes gefaßter Resolutionen verstieß. So richtig diese den Interessen der Arbeiterschaft unmittelbar dienliche Flexibilität der taktischen Maßregeln zweifellos war, entwertete sie doch eindeutig die auf diese Weise zur Makulatur erklärte Grundsatzentscheidung. Diese Indifferenz gegenüber ursprünglich mit großem Pathos behandelten „Prinzipienfragen" sollte kein Einzelfall bleiben. Einen von vornherein im Bereich der alltäglichen Probleme angesiedelten Stellenwert hatten die Auseinandersetzungen, die das Verhalten der Partei zu den von der Zweiten Internationale beschlossenen Kundgebungen zum 1. Mai betrafen. Angesichts des erst zum September auslaufenden Sozialistengesetzes sowie in der Erwartung neuer Repressalien verhielt sich die Fraktion und die Parteiführung zögernd und trug dadurch wesentlich zum Scheitern der vieler-

---

58 Siehe Hans-Ulrich Wehler, Das Deutsche Kaiserreich 1871—1918, Göttingen 1973, S. 48.

orts auf eigene Faust durchgeführten Aktionen bei. Diese Untätigkeit zog den verständlichen Unmut zahlreicher Mitglieder nach sich, die ein nach der einen oder anderen Seite orientierendes klares Wort erwartet hatten.

An diesen beiden Punkten, die ein praktisches Abrücken von einem unter den Ausnahmegesetzen üblichen verbalen Radikalismus anzudeuten schienen, entzündete sich zunächst die Kritik einer Gruppierung, die als „Opposition der Jungen" gemeinhin Eingang in die historische Literatur gefunden hat. Mit der polemischen Formulierung von Friedrich Engels, daß es sich um eine wichtigtuerische „Studentenrevolte" handelte[59], waren die damaligen Vorgänge treffend karikiert, aber doch nicht zureichend in ihren Ursachen erforscht. Im rationellen Kern der Sache ging es um die Anpassungsschwierigkeiten an die nach Aufhebung des Sozialistengesetzes entstehende neue Situation. Keinesfalls zufällig kamen die „Jungen" aus Städten, in denen der reaktionäre Terror gegen die Arbeiterbewegung am heftigsten gewütet hatte, insbesondere aus Berlin, wo die Polizeischikane ihren Stützpunkt besaß und ein täglicher Gast der sozialdemokratischen Agitationstätigkeit war. Es entsprang folglich einem materialen Erfahrungshorizont, wenn diese Parteikreise ein allerdings politisch wenig reflektiertes affektives Distanzierungsbedürfnis gegenüber einer feindlichen gesellschaftlichen Umwelt entwickelten: „Die sozialdemokratische Bewegung in Deutschland ist von Anfang an eine durch und durch revolutionäre und proletarische gewesen, der gegenüber alle übrigen Gesellschaftsklassen als die ‚eine reaktionäre Masse' noch bis vor ganz kurzer Zeit von jedem Parteigenossen bezeichnet wurden. Deshalb ist auch jeder Versuch, diese von Natur rein proletarische Bewegung, mit Rücksicht auf das mittlere und Kleinbürgertum, weniger revolutionär erscheinen zu lassen, ein Verrat an der Sache des Proletariats"[60]. Der Rückgriff auf die längst einer differenzierenden marxistischen Kritik unterzogene Phrase der „reaktionären Masse" zeigte deutlich die theoretische Unreife dieser Polemik, deren Urheber sich offenbar auf dem Entwicklungsstand einer „kleinen aber reinen" Sekte viel heimischer fühlten.

Die Erklärung des vermeintlich opportunistischen Wandels der Sozialdemokratie gründete in einem platten Vulgärmaterialismus, welcher aus dem Anwachsen von Stimmen der kleinbürgerlichen Zwischenschichten mechanistisch auf die politische „Versumpfung" der jeweiligen Arbeiterparteien zurückschloß: „Alles, was sie tun und wie sie es tun, ist naturnotwendig mit ihrer sozialen Zusammensetzung gegeben"[61]. Folglich hatte die Opposition an dem Wahlsieg der Partei auszusetzen, daß nicht allein „die Ideen des demokratischen Sozialismus" die Massen hinter das Banner der Sozialdemokratie scharten, sondern deren Wahlentscheidung häufig „einfach dem Interessenstandpunkt jener Leute, die sich bedrückt und geknechtet fühlen"[62], entsprang.

59 Friedrich Engels an Paul Lafargue vom 27. 8. 1890, in: MEW 37, S. 450.
60 Protokoll über die Verhandlungen des Parteitags der Sozialdemokratischen Partei Deutschlands, abgehalten zu Erfurt vom 14. bis 20. Oktober 1891, S. 62 (Text eines Flugblattes der „Jungen").
61 Hans Müller, Der Klassenkampf in der deutschen Sozialdemokratie, Zürich 1892, S. 15/16.
62 Protokoll 1891, S. 62.

Der letzthin idealistische und voluntaristische Charakter dieser verbalradikalen Kritik war allzu offenkundig: „Die Forderungen der Sozialdemokratie dürfen nicht nach der Wirklichkeit beurteilt werden ... Den Maßstab für die Beurteilung unserer Forderungen bilden unsere Prinzipien"[63]. Indem die Opposition der Parteiführung vorwarf, einen „Kompromiß mit der Masse auf Kosten des Prinzips"[64] einzugehen, und darin moralisierend „Korruption" und „Verrat" erblickte[65], bewies sie ihr völliges Unverständnis für die Grundlagen des sozialdemokratischen Erfolges: daß nämlich die Partei außer pathetischen „Prinzipienerklärungen" — die auch der Liberalismus trotz seiner politischen Rückgratslosigkeit reichlich anzubieten hatte — gerade die konkreten Lebensinteressen der arbeitenden Bevölkerung unerschütterlich gegen die herrschenden Klassen vertrat.

Obgleich die „Jungen" jede praktische Parlamentsarbeit, die auch ohne greifbare Abstimmungserfolge zumindest einer Darlegung sozialdemokratischer Standpunkte in der öffentlichen Diskussion diente, als das Aufführen einer „Komödie" verhöhnten[66], sahen sie in der Niederlegung aller Parlamentsmandate offenbar einen durchaus ernst gemeinten Vorschlag, der „die ganze Welt in Bewegung und Erregung versetzen"[67] sollte. Als Ausfluß der antiparlamentarischen Haltung wollte man nach anarchistischer Manier „vor der äußersten Konsequenz des einmal für richtig Erkannten nicht zurückschrecken"[68] und den Sozialismus bewußt „auf ungesetzlichem Wege"[69] anstreben. In der vorgebrachten Form waren die Gedanken der „Jungen" mit einer sozialdemokratischen Politik unvereinbar, so daß der Ausschluß der gänzlich uneinsichtigen Teile von ihnen unumgänglich wurde. Als sich daraufhin die Splitterpartei der „Unabhängigen Sozialisten" bildete, deren Gründung nach eigenen Angaben von 500 bis 600 Personen unterstützt wurde, feierten sich diese Sektierer als „Erzeugnis weltgeschichtlicher Notwendigkeit"[70]. Der Zerfall dieser Gruppierung in diverse anarchistische Strömungen, völlige Entpolitisierung oder gar der Übertritt ins bürgerliche Lager war das unvermeidliche Schicksal all jener Oppositionellen, die nicht nach einiger Zeit zur Sozialdemokratie zurückfanden.

Diese Auseinandersetzungen nutzte die Partei zur Klärung ihres Verhältnisses zum Parlamentarismus, das bislang zwischen einer positiven Einschätzung des allgemeinen Wahlrechts als Waffe der Massenaufklärung einerseits und der Aussichtslosigkeit parlamentarischer Praxis unter obrigkeitsstaatlichen Verhältnissen andererseits je nach der aktuellen Konstellation geschwankt hatte. Der Hallenser Parteitag von 1890, mit welchem sich die *Sozialdemokratische Partei Deutschlands* ihren bis heute überlieferten Namen gab, versuchte die dialektische Beziehung dieser beiden Momente aufzuzeigen: „Der Parteitag fordert die Fraktion deshalb auf, wie bisher die

63 Hans Müller, a.a.O., S. 46.
64 Protokoll 1891, S. 65.
65 Hans Müller, a.a.O., S. 107
66 A.a.O., S. 126.
67 A.a.O., S. 128.
68 A.a.O., S. 108.
69 A.a.O., S. 131.
70 A.a.O., S. 117.

prinzipiellen Forderungen der Sozialdemokratie gegenüber den bürgerlichen Parteien und dem Klassenstaat rücksichtslos zu vertreten; ebenso aber auch die auf dem Boden der heutigen Gesellschaft möglichen und im Interesse der Arbeiterklasse nötigen Reformen zu erstreben, ohne über die Bedeutung und Tragweite dieser positiven gesetzgeberischen Tätigkeit für die Klassenlage der Arbeiter in politischer wie ökonomischer Hinsicht Zweifel zu lassen oder Illusionen zu erwecken"[71]. Diesen strategischen Ansatz im Kampf um praktische Reformen und die langfristige Perspektive des Sozialismus hatte die „Opposition der Jungen" zugunsten einer bloßen Propaganda der Aktion und der großen Ziele preisgegeben. Dennoch darf nicht übersehen werden, daß die andere perspektivische Verengung zu einem parlamentarischen Pragmatismus dadurch gefördert wurde, daß unter dem Sozialistengesetz die Wahlkämpfe und die Fraktionstätigkeit als einzige legale Agitationsbühne der Sozialdemokratie verblieben waren und deshalb einen überragenden Stellenwert erlangten, der im Rahmen veränderter gesellschaftlicher Aktionsbedingungen einer erneuten kritischen Überprüfung bedurfte.

Unbestritten standen einer konstruktiven Parlamentstätigkeit der Sozialdemokratie strukturelle Hemmnisse entgegen, die über die Rechtlosigkeit des Reichstages gegenüber der monarchisch-autoritär eingesetzten Exekutive noch weit hinausgingen. So gab es beispielsweise für die Abgeordneten angesichts der bürgerlich-aristokratischen Klassenperspektive des „freien Mandats" keinerlei Diäten, was eine soziale Zusammensetzung der sozialdemokratischen Fraktion zusätzlich begünstigte, in der das bürgerliche und kleinbürgerliche Element gegenüber der Lohnarbeiterschaft bei weitem überrepräsentiert war. Außerdem wurde das formell gleiche Wahlrecht durch den Umstand verzerrt, daß bevölkerungsschwache Landbezirke ebenso ihren Kandidaten ins Parlament schickten wie die seit der ursprünglichen Wahlkreiseinteilung enorm expandierten städtischen Ballungsgebiete, in denen die Sozialdemokratie ihre Hochburgen hatte. So mußte die Partei 1890 für jedes ihrer Mandate etwa 40 800 Stimmen aufbieten, während den Konservativen im Durchschnitt 12 300 ausreichten. Schließlich herrschte in vielen Bundesstaaten noch ein Klassenwahlrecht, allen voran im preußischen Zentrum der Reaktion, wo sich der Protest gegen das Herrschaftssystem lange Zeit in einem Wahlboykott der entrechteten dritten Wählerklasse ausdrückte, so daß die Stimmenabgabe teilweise bis 18 % (1893) absank.

Nach Bismarcks Entlassung sollte ein „Neuer Kurs" die Einbindung der Arbeiterklasse in den Obrigkeitsstaat fördern. Doch außer großen Worten und den geschaffenen Gewerbegerichten für Streitfragen zwischen Lohnarbeit und Kapital ließen die eindeutigen Interessenstandpunkte der bürgerlichen und agrarischen Parteien keine staatlichen Aktivitäten zugunsten der arbeitenden Bevölkerung zu. Die als „Arbeiterschutzgesetze" angepriesenen Beschlüsse des Reichstags beschränkten nur die Frauenarbeit auf elf Stunden generell und zehn Stunden an Sonnabenden und erhöhten die Altersgrenze für Kinderarbeit lediglich um ein Jahr. Da für die große Mehrheit der Werktätigen weiterhin keinerlei Grenzen der Ausbeutung durch Verlängerung von

---

71 Protokoll 1890, S. 90; der Beschluß wurde einstimmig gefaßt (S. 108).

Arbeitszeiten existierten, mußten solche Beschlüsse als offene Verhöhnung der Arbeiterschaft eingeschätzt werden, so daß die Sozialdemokratie gegen ein solches Verschleierungsgesetz stimmte. Nachdem die Partei in den Wahlen von 1893 mit ungebrochener Kraft auf 23,2 % aller Stimmen angestiegen war, zerplatzte das Interesse der Herrschenden an der sozialen Lage der arbeitenden Bevölkerung wie eine Seifenblase, und es wurden umgehend neue Repressalien in Aussicht gestellt.

Die erlangte Bewegungsfreiheit nach Aufhebung des Sozialistengesetzes und die anfänglichen Verheißungen des „Neuen Kurses" ließen in der Sozialdemokratie als Gegengewicht zu den antiparlamentarischen „Jungen" einen reformerischen Pragmatismus aufkommen, den der im partikularistischen Bayern ohnehin unter geringerem staatlichen Druck arbeitenden Georg von Vollmar führend repräsentierte: „In dem Maße, in welchem wir einen unmittelbaren Einfluß auf den Gang der öffentlichen Angelegenheiten gewinnen, haben wir — unter voller Aufrechterhaltung unserer grundsätzlichen Bestrebungen — unsere Kraft auf die jeweils nächsten und dringendsten Dinge zu konzentrieren und zeitweise positive Aktionsprogramme aufzustellen"[72]. Als Kernelemente einer solchen Handlungsplattform nannte er einen wirksamen Arbeiterschutz, volles Koalitions- und Streikrecht für die Gewerkschaften sowie geeignete Präventivmaßnahmen gegen Preistreiberei durch Kartelle und Zollerhöhungen[73]. Mit seinem Vorstoß wollte Vollmar, der unter dem Sozialistengesetz noch wegen stürmischen Drängens nach revolutionären Aktionen die Leitung eines Parteiorgans eingebüßt hatte, keineswegs einen opportunistischen Kurswechsel einleiten; seine Strategiekonzeption entsprang der Überzeugung, „daß man das Ganze wollen und anstreben, aber es in Teilen erobern muß"[74]. Wenn Liebknecht ihm darauf anwortete: „Der revolutionäre Charakter der Partei muß sorgsam bewahrt werden"[75], so konnte in diesem geradezu „konservativen" Verhältnis zu einer nicht-reformerischen Strategiekomponente in der Gesamtkonzeption der Sozialdemokratie kaum eine überzeugende „marxistische" Alternative zu Vollmars Pragmatismus begründet liegen. Das klägliche Scheitern der staatlichen Arbeiterschutzpolitik ließ allerdings zumindest die auf das Entgegenkommen bürgerlicher Kräfte vertrauenden Teile der Vollmarschen Anregungen als illusionär erscheinen.

Der Erfurter Parteitag von 1891 verabschiedete einstimmig und ohne größere Diskussion ein Grundsatzprogramm, mit dem sich die Sozialdemokratie erstmals demonstrativ auf den Boden des Marxismus stellte. Im theoretischen Teil des Programms wird aus einer Trendanalyse der kapitalistischen Entwicklung die strategische Konsequenz gezogen, daß eine Aufhebung dieser den Interessen der Arbeiterklasse entgegenstehenden Verhältnisse einzig durch die Eroberung der politischen Macht und die Vergesellschaftung der Produktionsmittel zu erreichen sei. Der praktische Teil des Erfurter

---

72 Georg von Vollmar, Über die nächsten Aufgaben der deutschen Sozialdemokratie, München 1891, S. 11.
73 A.a.O., S. 11—14.
74 A.a.O., S. 17.
75 Protokoll 1891, S. 209.

Programms formuliert dann die im Deutschen Reich allesamt noch nicht oder nur eingeschränkt vorhandenen bürgerlich-demokratischen Grundrechte und einen Forderungskatalog zu einer Sozialgesetzgebung. Diese im theoretischen Abschnitt von Karl Kautsky und im praktischen von Eduard Bernstein abgefaßte Plattform sollte in der Sozialdemokratie trotz aller Kontroversen so lange Bestand haben, wie sie in Deutschland als geeinte Partei der Arbeiterbewegung überhaupt existierte. Die Auseinandersetzungen um die „Jungen" einerseits und Vollmar andererseits beendete der Erfurter Parteitag mit einer identitätsbestärkenden Integrationsformel: „Es liegt kein Grund vor, die bisherige Taktik der Partei zu ändern"[76].

Neben der Partei gewannen auch die Gewerkschaften nach dem Fall der Ausnahmegesetze einen größeren Bewegungsspielraum. Im Zeichen einer Streikwelle und des sozialdemokratischen Wahlerfolges hatte die Mitgliederzahl der Gewerkschaften von knapp 90 000 im Jahre 1888 bis 1890 auf reichlich 300 000 einen gewaltigen Aufschwung genommen. Den Arbeitsschwerpunkt der Gewerkschaftsbewegung formulierte das Verbandsorgan bereits zur Zeit der Verabschiedung des Erfurter Programms sehr deutlich: „Der Unterschied zwischen der politischen Tätigkeit, wie die Arbeiterpartei sie entwickelt, und der Aufgabe der Gewerkschaften liegt darin, daß die erstere eine Umgestaltung der gegenwärtigen Gesellschaftsorganisation anstrebt, während die letzteren in ihren Bestrebungen, weil die Gesetze uns hierin Grenzen ziehen, auf dem Boden der heutigen bürgerlichen Gesellschaft steht"[77]. Damit war die Problematik des gewerkschaftlichen „Pragmatismus" und „Reformismus" von vornherein vorhanden. Der Hinweis auf die restriktiven Gesetzesbestimmungen verdeutlicht zugleich, daß verkürzte Polemiken gegen den „Verrat" der Gewerkschaften nicht mit jener „schlechten Wirklichkeit" rechnen, die der realen Arbeiterbewegung stets als Bremsklotz bei allen wortreich geforderten „großen Sprüngen" anhängt.

Vorerst freilich zeigte ein erneuter konjunktureller Abschwung den selbständigen Regungen der Gewerkschaften gegenüber der seit je her politisch führenden Partei ihre Schranken. Als die gewerkschaftlichen Mitgliederzahlen im Jahre 1893 auf ihren Tiefpunkt von 223 000 abgesunken waren, wurden wieder verstärkt Meinungsäußerungen in der Sozialdemokratie laut, die der ökonomischen Kampforganisation der Arbeiterbewegung nur eine sehr beschränkte Zukunftsperspektive einräumten. Selbst August Bebel, der den Gewerkschaften von vornherein sehr viel positiver gegenübergestanden hatte als die Lassalleaner, befielen auf dem Kölner Parteitag von 1893 spürbare Zweifel: „Wir mögen gewerkschaftlich organisiert sein, wie wir wollen, wenn das Kapital einmal allgemein solche Macht erobert hat, wie bei Krupp und Stumm, in der Dortmunder Union, in den Kohlen- und Eisenindustriebezirken Rheinlands und Westfalens, dann ist es mit der gewerkschaftlichen Bewegung aus, dann hilft nur noch der politische Kampf"[78]. Bemerkenswert an dieser Einschätzung war vor allem die nicht weiter begründete Gleich-

---

76 A.a.O., S. 157.
77 Correspondenzblatt der Generalkommission der Gewerkschaften Deutschlands Nr. 3/1891, zitiert nach: Heinz Josef Varain, Freie Gewerkschaften, Sozialdemokratie und Staat, Düsseldorf 1956, S. 11.
78 Protokoll 1893, S. 201.

setzung der Gewerkschaften mit dem ökonomischen und der Partei mit dem politischen Kampf. Dieser in der erwähnten pragmatischen Gewerkschaftsauffassung ebenfalls erscheinende Dualismus spiegelte offenbar einen realen historischen Prägungsprozeß wider, der eine politische Ausrichtung des gewerkschaftlichen Kampfes und eine auf Alltagsfragen konzentrierte Parteiarbeit weitgehend ausschloß. Solange der Sozialdemokratie eindeutig das Übergewicht zufiel, und bis 1895 gelang den nur geringfügig auf eine Zahl von 259 000 Mitgliedern angewachsenen Gewerkschaften keine wesentliche Machterweiterung, konnte es sich die Partei sogar leisten, eine Verpflichtung jedes Genossen zum Eintritt in eine Gewerkschaft mit großer Mehrheit zu verwerfen[79].

Die Frage, ob und unter welchen Umständen Sozialdemokraten zur Durchsetzung sozialer Interessen der arbeitenden Bevölkerung für die Budgets der Regierungen stimmen durften, sollte zum Gegenstand der nächsten innerparteilichen Diskussionen werden. Den konkreten Anlaß bildete für den Frankfurter Parteitag von 1894 das Verhalten der bayerischen Landtagsfraktion, die unter Vollmars Führung für den Etat votiert hatte, weil sie in den parlamentarischen Beratungen eine Verbesserung der Löhne von Staatsarbeitern und erhöhte Aufwendungen für Schulen, Kunst und Wissenschaft durchsetzen konnte und diese Bemühungen nicht durch ein widersprüchliches Abstimmungsverhalten unglaubwürdig machen wollte. Für sie und die anderen süddeutschen Sozialdemokraten, die schon zuvor Landesbudgets bewilligt hatten, war dies eine reine Zweckmäßigkeitsfrage, die im Einzelfall nach den jeweils erreichten Zugeständnissen entschieden wurde. Dem stand die auf Reichsebene seit langem praktizierte Tradition entgegen, dem bestehenden Klassenstaat keinen einzigen Pfennig zu genehmigen, weil die Zustimmung zum Regierungsetat als Vertrauensvotum aufgefaßt werden konnte. Wenn Bebel nachdrücklich an die Delegierten appellierte: „Laßt nicht die Opportunität, nicht die Zweckmäßigkeiten, laßt das Prinzip siegen"[80], so stellte er die unterschiedliche Betrachtungsweise dieses Problemkreises durch die beiden streitenden Gruppierungen treffend gegenüber.

Allerdings waren die süddeutschen Sozialdemokraten aufgrund der größeren Konzessionsbereitschaft der dortigen bürgerlichen Kräfte des öfteren vor die Frage gestellt, ob sie die bloße Standhaftigkeit in Grundsätzen gegen greifbare materielle Ergebnisse eintauschen sollten, während insbesondere in Preußen eine solche Entscheidungssituation bei der „Prinzipientreue" der herrschenden Reaktionäre gar nicht erst entstehen konnte. Die prinzipielle Opposition war dort das keineswegs frei gewählte Schicksal sozialdemokratischer Politik und deren theoretische Überhöhung eine sich anbietende Perspektive für die Selbstbehauptung der Partei. In Anbetracht derart unterschiedlicher Beweggründe der Argumentation ergab die Abstimmung über die vorliegenden Anträge zur Budgetfrage ein hoffnungsloses Durcheinander: Nachdem zunächst der süddeutsche Vorschlag, dieses Problem gemäß den jeweiligen Zweckmäßigkeitserwägungen zu behandeln, keine Mehrheit gefunden hatte, korrigierte der Parteitag andererseits den Bebelschen Antrag,

79 A.a.O., S. 221.
80 Protokoll 1894, S. 119.

(X) Diese Formulierung besagt übrigens:
Aus Treue zum Prinzip sollt Ihr
etwas Unzweckmäßiges tun, etwas, was Eure
Zwecke entgegensteht!

die Bewilligung deshalb zu untersagen, *weil* sie ein Vertrauensvotum sei, in die unverbindliche Formulierung eines Ablehnungsgebotes, *soweit* mit der Zustimmung eine Legitimation für die Klassenregierung verbunden wäre. Als schließlich auch diese abgeschwächte Version keine Mehrheit fand, ging der von allen Beteiligten mit großem Engagement geführte Prinzipienstreit zuende wie das Horneberger Schießen.

Während man über die Tragweite des Abstimmungsverhaltens eines kleinen Häufchens von sozialdemokratischen Landtagsabgeordneten (in Bayern 5 von 157!) für die Erkämpfung des Sozialismus durchaus geteilter Meinung sein kann, bedeutete die auf dem nächsten Parteitag in Breslau 1895 behandelte Agrarfrage ein Kernproblem jeder sozialdemokratischen Strategie. Die Partei hatte erleben müssen, daß die ökonomisch bedrängten Bauern zu einem mächtigen Rekrutierungsfeld reaktionärer Strömungen geworden waren: der 1893 gegründete „Bund der Landwirte" sicherte den Deutschkonservativen fortan ihre Massenbasis. Zu einer Zeit, als der industrielle Sektor den agrarischen erst knapp überflügelt hatte, konnte das Verhältnis der Sozialdemokratie zu der Bauern- und Landarbeiterschaft nicht als historisch überholtes Randproblem abgetan werden. So stellte sich auch Bebel, dem im Zweifelsfalle die Gewinnung von Masseneinfluß immer über theoretische Postulate ging, hinter den Entwurf einer vom letzten Parteitag eingesetzten Agrarkommission, der ein in viele Einzelpunkte aufgegliedertes Hilfsprogramm für die krisengeschüttelte Landwirtschaft enthielt. Inzwischen war jedoch Karl Kautsky zum führenden Theoretiker der Partei avanciert; er ging von einer gleichgerichteten Entwicklungstendenz in Industrie und Landwirtschaft zum Großbetrieb aus und trat folglich an diesen Diskussionsgegenstand mit der siegesgewissen Perspektive heran, daß der Weltenlauf den Parteibelangen ohnehin förderlich sei: „Es ist möglich, daß wir durch Ablehnung des Agrarprogramms das Gewinnen von Stimmen auf dem Lande erschweren, aber es ist nicht unsere Aufgabe, Mitläufer heranzuziehen"[81]. Da zumindest zwischen den Bauern als Produzenten und den Arbeitern als Konsumenten der wichtigsten Nahrungsmittel ein realer Interessenkonflikt existierte und den Delegierten Agrarfragen insgesamt fernstanden, setzte sich Kautskys Argumentation durch.

Damit hatte sich die Partei eines gravierenden Strategieproblems durch Ausklammern entledigt. In diesem Falle war Bebel über den „Doktrinarismus à la Kautsky"[82] ausgesprochen verärgert: „Die Breslauer Beschlüsse verlängern unsere Wartezeit um mindestens 10 Jahre, aber dafür haben wir das ‚Prinzip' gerettet"[83]. Nunmehr stellte Bebel also „Zweckmäßigkeitsfragen" in den Vordergrund und spottete über Kautskys Prinzipienreiterei. Indes ist diese erstaunliche Flexibilität der Argumentation mit bloßer Taktik nicht zureichend erklärt: Während für den einstigen Drechsler Bebel die unbedingte Feindschaft zum bestehenden Klassenstaat aus Bourgeoisie und

81 Protokoll 1895, S. 127.
82 August Bebel an Victor Adler vom 20. 10. 1895, in: Victor Adler, Briefwechsel mit August Bebel und Karl Kautsky, Gesammelt und erläutert von Friedrich Adler, Wien 1954, S. 193.
83 A.a.O., S. 194.

Junkertum ein prägendes Motiv bildete, wohingegen er innerhalb der breiten ausgebeuteten und politisch rechtlosen Volksmasse das Prinzip der Solidarität ohne größere Differenzierungen betonte, wachte ausgerechnet der Intellektuelle Kautsky über die proletarische Reinheit der Bewegung. Gemeinsam war der damaligen Sozialdemokratie jedoch das Prinzip der Negation, die Zurückweisung problematisch erscheinender Vorstellungen auch ohne das Vorliegen orientierender Alternativen. Diese Grundhaltung galt für die Ablehnung des Aktionismus der „Jungen" ebenso wie für den Pragmatismus Vollmars, die skeptische Einschätzung der gewerkschaftlichen Zukunft, die Frage der Budgetbewilligung und schließlich in bezug auf das Agrarprogramm: stets fand sich eine Mehrheit, die jede konkrete Entscheidung verhinderte.

II. Kapitel

Ferdinand Lassalle:
Das Primat des politischen Kampfes

Die Machtfrage in der deutschen Gesellschaftsentwicklung

Der Verlauf des preußischen Verfassungskonfliktes hatte Lassalle gelehrt, daß der bürgerliche Liberalismus seinen freiheitlich-demokratischen Leitgedanken und den bestehenden Rechtsformen ein blindes Vertrauen schenkte. Die Orientierung an den fortgeschritteneren Gesinnungsgenossen in England oder Frankreich ließ die deutschen Liberalen teilweise vergessen, daß die dortige Proklamierung der bürgerlich-demokratischen Ideale auf den fruchtbaren Boden von politischen Institutionen fiel, die schon Jahrzehnte oder gar Jahrhunderte zuvor die Grundlagen einer künftigen liberalen Entwicklung geschaffen hatten. Wer also seine Leitbilder aus den bürgerlichen Gesellschaften Westeuropas beziehen wollte, mußte die wesentlich rauhere Umwelt des spätabsolutistischen preußischen Staates mit berücksichtigen, in dem noch immer das ostelbische Junkertum und eine bürokratisch-militärische Obrigkeit das Regiment führte.

Eben dieses Spannungsverhältnis zwischen allgemeinem Anspruch und der gesellschaftlichen Realität des Liberalismus in Preußen spiegelte sich von vornherein im praktischen Wirken Lassalles wider. Sein politisches Programm enthielt zunächst jene demokratischen Forderungen der revolutionären Tradition von 1848/49, die der preußische Liberalismus, obgleich er eine ganze Reihe von Demokraten der 48er Zeit mit umschloß, nach einem bedrückenden Jahrzehnt der Reaktion nicht mehr offen zu vertreten wagte oder angesichts der auch unter autoritären Bedingungen prosperierenden Wirtschaftsentfaltung bereits preisgegeben hatte. In einem von den westlichen bürgerlichen Gesellschaften abweichenden institutionellen Nährboden ließ die Saat der demokratischen Grundsätze folglich ein für Lassalle unerwartetes Geflecht sozialer Frontenbildungen aufsprießen: „Ich werde nicht mehr, wie unrecht es auch sei, als Vertreter der Demokratie überhaupt angesehen, sondern bloß der Arbeiterpartei"[84]. Dies war ein wesentlicher, wenn nicht der entscheidende Faktor der deutschen Sonderentwicklung zur bürgerlichen Gesellschaft: Bis 1914 und teilweise sogar darüber hinaus sollte die von Lassalle noch staunend erfahrene Identität von Sozialdemokratie und „Demokratie überhaupt" bestehen bleiben, weil das deutsche Bürgertum von einigen Randerscheinungen abgesehen keine selbständige demokratische Bewegung gegen das obrigkeitsstaatliche Herrschaftssystem mehr zu initiieren vermochte.

---

84 Lassalle an Wilhelm Rüstow vom Mai 1863, in: Ferdinand Lassalle, Nachgelassene Briefe ... , a.a.O., V, S. 170.

Die in diesen langfristigen Entwicklungstrends wirksamen Kräftekonstellationen veranlaßten Lassalle zu einer prinzipiellen Kritik am politischen Weltbild des Liberalismus, dem er eine selbständige Betrachtungsweise der im preußischen Verfassungsstreit ausgetragenen sozialen Konflikte entgegensetzte: „Die tatsächlichen Machtverhältnisse, die in einer jeden Gesellschaft bestehen, sind jene tätig wirkende Kraft, welche alle Gesetze und rechtlichen Einrichtungen dieser Gesellschaft so bestimmt, daß sie im wesentlichen gar nicht anders sein können, als sie eben sind"[85]. Der grundlegende Charakter und die konkrete Interpretation von Rechtsformen, die gesellschaftliche Beziehungen und politische Verfahrungsweisen regelten, bildete für Lassalle also das Resultat von konkurrierenden sozialen Interessen, die jeweils auf eine ihren ökonomischen Entfaltungsbedingungen und Herrschaftsansprüchen gemäße Gestaltung der staatlichen Angelegenheiten hinwirkten. Seine generelle These, daß Verfassungsprobleme „ursprünglich nicht Rechtsfragen sondern Machtfragen"[86] seien, bedeutete auf den konkreten Hintergrund des preußischen Verfassungskonfliktes gemünzt, daß die Frage eines Primats des monarchischen oder konstitutionellen Faktors letztlich nur durch das machtpolitische Übergewicht der aristokratischen oder bürgerlichen Partei entschieden werden konnte. Diese von der überwiegenden Prägungskraft der gesellschaftlichen Verhältnisse auf politische Zielsetzungen und Bewußtseinsinhalte ausgehende Geschichtsauffassung ließ Lassalle die Aussichtslosigkeit des liberalen Verfassungsstandpunktes bereits frühzeitig erkennen und ihn nach tragfähigen politischen Alternativen Ausschau halten.

Die analytische Klarheit, mit der Lassalle die Grundzüge des politischen Systems im damaligen Preußen herausarbeitete, muß jeden Historiker bestechen, der die weitere Entwicklung Deutschlands von ihren ursprünglichen Konfliktfeldern her bestimmen will. Er ging von der prinzipiellen Erwägung aus, daß die preußische Reaktionszeit und ihre oktroyierte Verfassung nur aus dem 1848/49 zur Entladung gelangten Grundkonflikt zwischen dem monarchischen Absolutismus und der bürgerlichen Emanzipationsbewegung angemessen verstanden werden konnte. Der 1850 durch die verfassungsmäßige Verankerung eines nach dem Klassenwahlrecht zusammengesetzten Abgeordnetenhauses scheinbar eingegangene Kompromiß der monarchischen Partei mit dem Bürgertum war folglich von der Art, wie siegreiche Kräfte mit ihren auch künftig ernstzunehmenden Gegnern gemeinhin Kompromisse zu praktizieren pflegen, nämlich ein Auffangmechanismus für alle späteren Regungen der liberalen Bourgeoisie gegen ein nunmehr flexibler gestaltetes Institutionengefüge: „Der Absolutismus, wie ungebärdig er sich auch stelle, hat durchaus kein Wohlgefallen an der prekären Existenz, sich in einem ausgesprochenen und erklärten Widerspruch mit den gesellschaftlichen Machtverhältnissen zu befinden und daher in jedem Augenblick zu riskieren, daß ihm diese wie eine Lawine auf die Brust fallen und ihn zerschmettern. Er hat daher nur ein einziges Mittel, um sich möglichst lange fortzusetzen: den Scheinkonstitutionalismus"[87]. Die preußische Verfassungs-

85 Ferdinand Lassalle, Gesammelte Reden . . . , a.a.O., II, S. 32.
86 A.a.O., S. 60.
87 A.a.O., S. 101.

ordnung war folglich keine abstrakte Synthese zwischen monarchischen und parlamentarischen Prinzipien, wie es in den abgehobenen Rechtsauffassungen der Liberalen den Anschein haben konnte, sondern eine historisch aus spezifischen Machtverhältnissen hervorgegangene Verbindung beider, wobei an der Dominanz der obrigkeitsstaatlichen Komponente aufgrund eben dieser Rahmenbedingungen überhaupt kein Zweifel für den Realpolitiker Lassalle bestehen konnte. Der einzige Weg, das einzwängende absolutistische Gehäuse des Scheinkonstitutionalismus abzustreifen und die parlamentarische Komponente stärker in Spiel zu bringen, lag auf seiten der liberalen Partei deshalb in einem machtpolitischen Erfolg über den Obrigkeitsstaat.

Doch erforderte die Untätigkeit der bürgerlich-liberalen Kräfte und die Entschlossenheit der preußischen Herrschaftsoligarchien, unter der konfliktorientierten Führung Bismarcks die politische Initiative zu ergreifen, sehr bald eine veränderte politische Strategie für eine neue demokratische Offensive:

„1. Die innerlich übereinstimmende Veränderung in Frankreich, England, Amerika zeigt, daß die Bourgeoisie den Beruf zur politischen Herrschaft verloren hat: darum kann sie auch keine politische Revolution mehr machen...

3. Die deutsche Bourgeoisie ist von allen die unfähigste zur politischen Revolution; das zeigt das Faktum, daß noch fünfzehn Jahre nach 1848 eine Partei wie die Fortschrittspartei möglich ist.

4. Es ist in Deutschland allerdings auch noch eine nationale Revolution (die Einheit) möglich, die aber schon weit unmittelbarer politisch ist, als die nationalen Revolutionen in Italien, Polen, Ungarn. Eben deshalb wird die deutsche Bourgeoisie sie nie freiwillig machen wollen. Ihr Hauptsatz ist...: nur keine Revolution von unten, lieber noch Despotismus von oben.

5. Es kann nichtsdestoweniger allerdings vorkommen, daß durch auswärtige Konstellation, z. B. durch Krieg, eine national-politische Revolution eintritt... Aber diese Revolution wird nur dann eine wirkliche, energische, vernünftige werden, wenn der Kern einer bewußten Arbeiterpartei schiebend hinter ihr steht"[88].

Mit diesen Gedanken waren alle wesentlichen Aspekte für eine strategische Abschätzung der deutschen Entwicklung treffend markiert: das Ende der Epoche bürgerlicher Revolutionen des klassischen Musters; die besondere Bedeutung der politischen Weichenstellung in dem nationalen Umstrukturierungsprozeß, der im Rahmen des bereits recht beachtlich industrialisierten preußisch-deutschen Herrschaftsraums bevorstand; die Furcht des Bürgertums vor innenpolitischen Verwicklungen angesichts der Frontstellung zur sich entfaltenden Arbeiterklasse; und schließlich die daraus resultierende Grundfrage, ob aus der doppelten Frontstellung der Bourgeoisie gegen Junkertum und Arbeiterschaft eine Allianz des Liberalismus mit dem Konservatismus oder dem Sozialismus zustandekommen würde. Die Konzeption des ökonomisch motivierten Bündnisses der herrschenden Klassen

---

88 Lassalle an Gustav Lewy vom 9.3.1863, in: Ferdinand Lassalle, Nachgelassene Briefe..., a.a.O., V, S. 112.

bei Ausklammerung ihrer politisch-verfassungsrechtlichen Kontroversen steuerte Bismarck energisch an. Die alternative Konzeption eines politisch-demokratisch motivierten Bündnisses zwischen Bürgertum und Arbeiterschaft gegen den spätabsolutistischen Obrigkeitsstaat, das die zwischen ihnen bestehenden ökonomischen Interessengegensätze auf die Republikzeit vertagte, war zunächst das Lassallesche Leitmotiv.

Wenn die Bourgeoisie die kurzfristigen ökonomischen Interessen ihren langfristigen gesellschaftspolitischen voranstellte und deshalb eher einen „Despotismus von oben" als die „Revolution von unten" favorisierte, andererseits daraufhin Lassalle von diesem strategisch notwendigen Bündnis abrückte und mit taktischen Koalitionen zwischen der Arbeiterbewegung und dem bestehenden Herrschaftssystem zu experimentieren begann, so lief die Entwicklung Deutschlands unausweichlich dem liberal-konservativen Defensivbündnis gegen die sozialistische Arbeiterschaft entgegen. Die Einsicht in die besondere Aufgabe, die eine politisch selbständige Arbeiterpartei in der deutschen Entwicklung sowohl für den Fall einer Koalition mit dem zaghaften Liberalismus als auch innerhalb der Perspektive eines isolierten Kampfes für Demokratie und Sozialismus zu erfüllen hatte, ließ Lassalle seine bahnbrechende Initiative ergreifen: „Ein fester Kern einer Arbeiterpartei, einer bewußten, aus sozialen Gründen revolutionären Partei, vorwärts schiebend und drängend – das kann allein einer Revolution, die durch Krieg usw. eintritt, auch in politisch-nationaler Hinsicht einen energischen fruchtbaren Verlauf sichern. Sonst wieder Verschwommenheit, Unklarheit, Reaktion. Darum mein Versuch, diese Arbeiterpartei zu schmieden, darum das Manifest!"[89]

Der besondere Stellenwert kriegerischer Erschütterungen für eine politische Strategie mag auf den ersten Blick überraschend sein. Aber in einer Epoche allseitiger Verwicklungen der nach nationaler Einheit und Machtentfaltung strebenden europäischen Staaten wurden große innenpolitische Umgestaltungen fast durchgängig von äußeren Einflüssen ausgelöst, auch wenn die tieferen Ursachen in der längerfristigen gesellschaftlichen Entwicklung eines jeden Landes wurzelten. Schon der französisch-österreichische Krieg um die Gestaltung der nationalen Einigung Italiens im Jahre 1859, von dem unbestritten ein wichtiger Impuls auf die bürgerlich-liberale Nationalbewegung und neuerliche Verfassungsoffensive in Deutschland ausging, hatte Lassalle wesentliche Perspektiven der späteren Konstellation eröffnet: „So nützlich ein gegen den Willen des Volkes von der Regierung unternommener Krieg gegen Frankreich für unsere revolutionäre Entwicklung sein würde, so schädlich müßte ein von verblendeter Volkspopularität getragener Krieg auf unsere demokratische Entwicklung einwirken"[90]. Als ob ihm die Geschehnisse von 1870/71 bereits plastisch vor Augen geschwebt hätten, schätzte Lassalle damals eine Schlüsselentscheidung der deutschen Geschichte und der politischen Prägung des Bürgertums in aller Klarheit ab: „Eine Besiegung

89 Ebd.
90 Lassalle an Marx vom 27. 5. 1859, in: Ferdinand Lassalle, Nachgelassene Briefe . . . , a.a.O., III, S. 212.

Frankreichs wäre auf lange Zeit das konterrevolutionäre Ereignis par excellence"[91].

Alle diese Hinweise vermögen die These zu unterstreichen, daß der ausgesprochene Aktivposten Lassalles in seinen politisch-strategischen Analysen begründet lag. Dies berechtigt uns weiterhin zu der Aussage, daß der ausschlaggebende Impuls für die frühe Gründung einer selbständigen Arbeiterpartei unbedingt auf die zwischen 1859 und 1864 herrschende Periode äußerster politischer Spannung und relativer Offenheit der Situation in Preußen zurückgeführt werden muß. Die aufkommende Industrialisierung mochte die Konstituierung von gewerkschaftlichen Interessenorganisationen und erste eigenständige Aktionen der Arbeiterklasse allmählich mehr oder minder „naturwüchsig" auf die Tagesordnung der deutschen Geschichte setzen. Den Umstand, daß die deutsche Sozialdemokratie viele Jahrzehnte vor der Arbeiterbewegung in dem industriell weitaus fortgeschritteneren England oder dem seit je her von mobilisierenden Konflikten geprägten Frankreich sich zu einer festgefügten politischen Organisation entwickelte, können wir jedoch historisch angemessen nur aus den Rahmenbedingungen der preußischen Konfliktszeit und dem Versagen des liberalen Bürgertums vor den anstehenden demokratischen Kampfaufgaben begreifen. Diese dezidiert politische Geburtsstunde der deutschen Arbeiterbewegung sollte noch lange auf den weiteren Entwicklungsgang der sozialdemokratischen Partei einen nachhaltig prägenden Einfluß ausüben.

Ökonomische Theorie und politische Zielkonzeptionen

Bei dem geringen Entwicklungsstand der deutschen Industrialisierung war es nicht verwunderlich, daß die Lassallesche Wirtschaftstheorie noch von einigen naturalistischen Simplifizierungen durchsetzt war und vor allem die sozialen Verhältnisse frühindustrieller Produktionsbedingungen im Blickwinkel hatte: „Das eherne ökonomische Gesetz, welches unter den heutigen Verhältnissen, unter der Herrschaft von Angebot und Nachfrage nach Arbeit, den Arbeitslohn bestimmt, ist dieses: daß der durchschnittliche Arbeitslohn immer auf den notwendigen Lebensunterhalt reduziert bleibt, der in einem Volke gewohnheitsmäßig zur Fristung der Existenz und zur Fortpflanzung erforderlich ist"[92]. Diesen Überlegungen lagen einerseits naturalistische Bevölkerungstheorien dergestalt zugrunde, daß ein längerfristiges Ansteigen der Einkünfte die Ernährung der arbeitenden Bevölkerung verbessern würde und somit eine vermehrte Zahl von Nachkommen wiederum über ein erhöhtes Angebot von Arbeitskräften die Löhne herabdrücken müßte, was fraglos einige gesellschaftlichen Variablen der Bevölkerungsentwicklung und der Lohngestaltung unberücksichtigt ließ. Andererseits enthielt diese Theorie auch Elemente der Marxschen Kapitalismusanalyse, die im Grundsatz ebenfalls davon ausging, daß die entscheidenden Akku-

---

91 Lassalle an Marx vom Juni 1859, in: Ferdinand Lassalle, Nachgelassene Briefe . . . , a.a.O., III, S. 218.
92 Ferdinand Lassalle, Gesammelte Reden . . . , a.a.O., III, S. 58.

54

mulationsquellen in der Arbeitszeitverlängerung und Arbeitsintensivierung durch technischen Fortschritt bei gleichzeitiger Stabilisierung der Lohnquote auf dem Existenzminimum lagen. Am Beispiel des gewerkschaftlichen Lohnkampfes und der erfolgreichen Durchsetzung von staatlichen Arbeiterschutzgesetzen im industriell fortgeschritteneren England akzentuierte Marx jedoch die möglichen entgegenwirkenden Tendenzen stärker, während Lassalle insbesondere den Gewerkschaften nur eine geringe Chance der ökonomischen Situationsverbesserung für die Arbeiterklasse auf dem Boden der kapitalistischen Marktökonomie einräumte.

Es wäre dennoch grundfalsch, aus der Formulierung eines *ehernen Lohngesetzes* zu schließen, daß Lassalle nach dem Vorbild der von Marx kritisierten klassischen Ökonomie wirtschaftliche Zusammenhänge zu Naturkonstanten festschrieb. Zu der vermeintlichen „Naturnotwendigkeit" des proletarischen Elends, mit der die kapitalistischen Verhältnisse durch Ideologen der Bourgeoisie gerechtfertigt wurden, hat sich Lassalle in unmißverständlicher Weise geäußert: „Das Gesetz des Arbeitslohnes waltet unter den heutigen Verhältnissen freilich mit eben solcher Notwendigkeit wie ein Naturgesetz, wir können aber seine Bedingungen aufheben, und dann ist auch das Gesetz geändert, folglich ist es kein ‚Naturgesetz'. Es beruht eben auf folgenden Bedingungen: wenn der Staat als Prinzip betrachtet, daß er in keiner Weise in die geschäftlichen Verhältnisse und die Verhältnisse des Verkehrs eingreifen darf; wenn die Produktion nur auf Rechnung von Privatunternehmern betrieben wird, und wenn freie Konkurrenz obwaltet, so ist es allerdings so notwendig wie ein Naturgesetz und schlechthin nicht zu beseitigen"[93]. In diesem Verständnis der kapitalistischen Marktökonomie als ein nach objektiven Strukturen geordneter Systemzusammenhang setzte sich Lassalle ebenso gegen die Vorstellung einer unaufhebbaren Naturkonstante ab, die sämtliche historischen Rahmenbedingungen für die Freisetzung der kapitalistischen Prozesse unterschlug, wie gegen wohlmeinende sozialkonservative Arbeiterfürsorgepläne, die das Los des Proletariats erleichtern, aber keine entsprechenden Eingriffe in die bestehende Gesellschaftsordnung durchführen wollten.

Von den wirtschaftsliberalen Konzeptionen, der Arbeiterklasse die genossenschaftliche Selbsthilfe und das Ansparen von Geldmitteln zum Aufbau eigener Produktionsstätten anzuraten, versprach sich Lassalle überhaupt nichts. Insbesondere polemisierte er gegen eine liberalistische Ideologie, die den kapitalistischen Systemzusammenhang zur herrschaftsfreien Marktregulierung verklärte und damit die Gesellschaftlichkeit dieser Produktionsweise in eine Vielzahl individueller Produzenten und Konsumenten auflöste, die angeblich nichts anderem folgten als ihren Bedürfnissen und ihrem freien Willen: „Wenn also gesellschaftliche Einrichtungen existieren, welche diese Solidarität nicht anerkennen und regeln, so existiert diese Solidarität deshalb nichtsdestoweniger fort, aber sie kommt nur als eine ihre Verkennung rächende rohe Naturmacht, als ein Schicksal zum Vorschein, welches Ball spielt mit der vermeintlichen Freiheit des auf sich angewiesenen einzelnen"[94].

---

93 A.a.O., S. 135/36.
94 Ferdinand Lassalle, Gesammelte Reden ... , a.a.O., V, S. 57.

Hinter dem ideologischen Schleier der wie von unsichtbarer Hand gelenkten Marktbeziehungen erkannte Lassalle — hierin ganz mit Marx einig — eine Produktionsweise, die auf dem Privateigentum an den Produktionsmitteln und einer Warenproduktion für gesamtgesellschaftliche Absatzmärkte basiert. In dem ersten Aspekt enthielt die vermeintliche liberale Harmonie also das Herrschaftsverhältnis der kapitalbesitzenden Klasse über die zum Verkauf ihrer Arbeitskraft als Ware gezwungene Lohnarbeiterklasse; der zweite Aspekt bedingte aufgrund der unüberschaubaren Marktbeschaffenheit eine latente Anarchie der Produktion, die sich regelmäßig als „eine ihre Verkennung rächende rohe Naturmacht" in Form von zyklisch wiederkehrenden Krisen äußerte. Wenn die veränderbaren gesellschaftlichen Strukturen demnach die Grundlage aller „ehernen ökonomischen Gesetze" der kapitalistischen Marktkonkurrenz bildeten, so konnten einzig bewußte politische Eingriffe in dieses privatrechtlich konstituierte Herrschaftsverhältnis eine Beseitigung des sozialen Elends herbeiführen.

Der Grundgedanke für eine diesbezügliche ökonomische Veränderung war naheliegend und auch von den liberalen Wirtschaftstheoretikern im Prinzip anerkannt: „Den Arbeiterstand zu seinem eigenen Unternehmer machen, das ist das Mittel, durch welches ... jenes eherne und grausame Gesetz beseitigt sein würde, das den Arbeitslohn bestimmt!"[95] Im Unterschied von der liberalen Auffassung betrachtete Lassalle jedoch Konzeptionen eines Genossenschaftswesens durch Selbsthilfe, wie sie allenfalls für die von der Großindustrie bedrängten Kleinkapitale zu verwirklichen waren, als eine illusionäre Vorstellung, die der Arbeiterschaft individuelle Chancen vorspiegeln und das ökonomisch bedingte Scheitern eines solchen „Kapitalsparen" folglich als persönliches Versagen erscheinen lassen sollte. Aus der Erkenntnis des ideologischen Gehaltes dieser bürgerlichen Wirtschaftslehre ging für Lassalle unmittelbar eine auf die reale Lage der Arbeiterklasse zugeschnittene Alternativkonzeption hervor: „Eben deshalb ist es Sache und Aufgabe des Staates, Ihnen (den Arbeitern, zu denen Lassalle sprach, D. L.) dies zu ermöglichen, die große Sache der freien individuellen Assoziation des Arbeiterstandes fördernd und entwickelnd in seine Hand zu nehmen"[96]. Darin noch utopistischen Zügen der sozialistischen Theorie verhaftet, stellte Lassalle allerlei Planspiele mit der staatlichen Kreditsumme von 100 Millionen Talern an[97], die nicht hinreichend berücksichtigten, daß auch die von Arbeitern geleiteten Produktionsgenossenschaften integraler Bestandteil eines weiterhin kapitalistisch geprägten Gesamtsystems von Produktions- und Tauschbeziehungen bleiben würden.

Ohne Zweifel enthielten die Lassalleschen Gedanken eine metaphysische Überhöhung des Staates zu einer selbsttätigen geschichtlichen Kraft, die historisch betrachtet eine besondere Stellung des preußischen Staates im Prozeß der deutschen Entwicklung zur industriellen Massengesellschaft in sozialistische Zielkonzeptionen transformiert widerspiegelte: „Der Staat ist es, welcher die Funktion hat, diese Entwicklung der Freiheit, diese Entwicklung des

---

95 Ferdinand Lassalle, Gesammelte Reden ..., a.a.O., III, S. 69.
96 A.a.O., S. 70.
97 A.a.O., S. 246 ff.

Menschengeschlechts zur Freiheit zu vollbringen"[98]. Völlig abwegig wäre jedoch die Annahme, daß sich Lassalle von dem bestehenden preußischen Obrigkeitsstaat eine großzügige Unterstützung von Produktionsgenossenschaften erhoffte, wie die liberale Propaganda es häufig sehen wollte, um das Prinzip der staatlichen Wirtschaftslenkung insgesamt zu diskreditieren und die kapitalistische Produktionsweise in uneingeschränkter Form zu verteidigen. Seine Gedanken sind nur richtig zu verstehen, wenn man das Verständnis des Staates als politisches Gemeinwesen von dem engeren Begriff des Staats*apparates* (Bürokratie, Militär etc.) unterscheidet. Ausgehend von der amtlichen Steuerstatistik kam Lassalle nämlich zu dem Ergebnis, daß mehr als 95 Prozent der preußischen Bevölkerung in bescheidenen ökonomischen Verhältnissen zu leben gezwungen waren und folglich das politische Gemeinwesen der preußischen Gesellschaft — also der „Staat" — wesentlich aus diesen breiten Massen bestand[99]. Damit löste er allerdings den objektiv strukturprägenden Herrschaftscharakter des Staatsapparates in der gleichen Weise in eine strukturlose Masse von individuellen Willenseinheiten auf, wie er dies der liberalen Theorie bezüglich der Wirtschaftssubjekte selbst in überzeugender Manier nachgewiesen hatte. Vor allem aber ließ Lassalle die innere Differenzierung der breiten notleidenden und unterdrückten Bevölkerungsmehrheit gänzlich hinter seine feste Überzeugung zurücktreten, durch eine wirksame politische Agitation bald den größten Teil von diesen Menschen zu kämpferischen Sozialisten formen zu können.

Das entscheidende Vermittlungsglied zwischen der politischen Bewußtlosigkeit und objektiven Ohnmacht dieser Bevölkerungsmassen unter den herrschenden Bedingungen, die selbstverständlich auch Lassalle nicht leugnete, und ihrer machtpolitisch ausschlaggebenden Mobilisierung bildete in seinem strategischen Ansatz das *allgemeine Wahlrecht*. Durch seine Einführung konnten die bestehenden Machtverhältnisse grundlegend verändert und die unterdrückten Bevölkerungsgruppen auf den Nutzeffekt ihrer politischen Beteiligung verwiesen werden: „Wenn die gesetzgebenden Körper Deutschlands aus dem allgemeinen und direkten Wahlrecht hervorgehen — dann und nur dann werden Sie den Staat bestimmen können, sich dieser Pflicht zu unterziehen"[100]. Die praktischen Leitsätze, die Lassalle in seinem „Offenen Antwortschreiben" formulierte, bildeten deshalb die konsequente Schlußfolgerung einer Gedankenkette: Sie ging von der Hoffnungslosigkeit der ökonomischen Lage der Arbeiterklasse unter den kapitalistischen Marktgesetzen aus, erblickte den entscheidenden Hebel der Veränderung in staatlich geförderten Produktionsgenossenschaften und leitete aus der Notwendigkeit einer Machtumwälzung innerhalb des Gemeinwesens eindeutige Forderungen der praktischen Aktion ab: „Der Arbeiterstand muß sich als selbständige politische Partei konstituieren und das allgemeine, gleiche und direkte Wahlrecht zu dem prinzipiellen Losungswort und Banner dieser Partei machen"[101].

98 Ferdinand Lassalle, Gesammelte Reden . . ., a.a.O., II, S. 197.
99 Ferdinand Lassalle, Gesammelte Reden . . ., a.a.O., III, S. 79—81.
100 A.a.O., S. 89.
101 A.a.O., S. 47.

Kein Wunder also, daß Ferdinand Lassalle zum Begründer einer Sozialdemokratie wurde, die anders als die kleinen sozialistischen Zirkel in anderen europäischen Ländern von vornherein auf die Gewinnung von Masseneinfluß orientiert war und im demokratischen Wahlsystem eine erfolgversprechende Waffe im Kampf gegen den bestehenden Klassenstaat und für eine sozialistische Zukunft erblickte: „Ohne das allgemeine Wahlrecht, also eine praktische Handhabe, unsere Forderungen zu verwirklichen, können wir sein eine philosophische Schule, oder auch eine religiöse Sekte, aber niemals eine politische Partei"[102]. Freilich war damit die Problematik, wie sich die Sozialdemokratie in den Besitz dieser in sorgsamer Obhut des Obrigkeitsstaates befindlichen Waffen des politischen Kampfes bringen sollte, noch nicht berücksichtigt, womit unserer Rekonstruktion der politischen Konzeptionen Lassalles unmittelbar das Stichwort für den nächsten grundlegenden Aspekt gegeben ist.

Zum Verhältnis von Reform und Revolution

Auf der Ebene einer gedanklichen Projektion war die Lassallesche Strategie, zur Wahrnehmung der sozialen Interessen der Lohnabhängigen die politische Macht zu erobern und vermittels der Staatsgewalt den Sozialismus aufzubauen, in sich schlüssig und vollständig. In der geschichtlichen Wirklichkeit galt es allerdings vor allem noch den bestehenden preußischen Obrigkeitsstaat in die konzipierte demokratische Gesellschaft zu verwandeln, einen der Klassenherrschaft unterworfenen Staatsapparat also in ein klassenloses politisches Gemeinwesen zu überführen. Angesichts einer auf demokratische Verhältnisse zugeschnittenen Strategie, die sich mit der politischen Realität eines repressiven Herrschaftssystems auseinanderzusetzen hatte, sah Lassalle die Notwendigkeit einer Dialektik von Reform und Revolution in der Politik der sozialdemokratischen Arbeiterbewegung. Zum einen kokettierte er mit dem Umstand, daß viele weitblickende konservative Intellektuelle in einer zielstrebigen staatlichen Sozialpolitik die einzige Möglichkeit sahen, den bürgerlichen Liberalismus politisch auszustechen und einen autoritären Wohlfahrtsstaat zu etablieren, der auf dem Einverständnis der breiten Bevölkerungsmassen beruhte: „Das Urkomische ist, daß ich so gar nichts in meinem Manifest gesagt habe, was nicht – im guten Sinne – streng konservativ ist. Es wäre die konservativste, durchaus legale und friedliche Weise, die Arbeiter zu erlösen!"[103] Derartige spekulative Erwägungen, die den konkreten Widerstand der Herrschenden fiktiv ausblendeten und den sozialdemokratischen Zielsetzungen dadurch eine größere Legitimität verschaffen wollten, daß sind unter Bedingungen allseitiger Demokratisierung auch auf „legale und friedliche Weise" zu verwirklichen waren, haben Lassalle den Ruf eingetragen, ein Wegbereiter des „Reformismus" gewesen zu sein. Bereits die auf das „konservative" Bekenntnis folgende Aussage verweist

102 Lassalle an Karl Rodbertus vom 30. 4. 1863, in: Ferdinand Lassalle, Nachgelassene Briefe . . ., a.a.O., IV, S. 332.
103 Lassalle an Gustav Lewy, a.a.O., S. 110.

diese These jedoch ins Reich der Legende: „Aber freilich kann das Manifest dennoch nur im entschieden revolutionären Sinne wirken. Denn die herrschenden Klassen wollen eben die Erlösung der Arbeit nicht. Sie wollen nicht nur, daß man ihren bestehenden Besitz respektiert — dies tut mein Manifest durchaus — sie wollen die Fortdauer ihrer Privilegien, das Fortspielen der jetzigen Erwerbsmonopole auch für die Zukunft. Und gerade je mehr ein Vorschlag auf Erlösung der Arbeit ihren vorhandenen Besitz respektiert und je legitimer und praktischer er dadurch ist, — für um so gefährlicher betrachten sie ihn mit Recht, um so wütender sind sie! Gegen das Interesse hilft kein Disputieren!"[104] Diese Gedankenkette enthält das Lassallesche Verständnis einer dialektischen Beziehung von Reform und Revolution in dermaßen knapper und verwickelter Form, daß wir die einzelnen Elemente zur Verdeutlichung ihres Zusammenhanges schärfer herausarbeiten müssen.

Im Unterschied von den Sozialkonservativen war Lassalle die abgrundtiefe Diskrepanz zwischen der Arbeiterschutzgesetzgebung eines demokratisierten politischen Gemeinwesens als Zukunftsperspektive und deren Realisierungschancen unter den Bedingungen des bestehenden Klassenstaates in höchstem Maße bewußt. Folglich bildete der friedliche und legale Charakter seiner Forderungen lediglich ein — agitatorisch wirksames — spekulatives Modell, das im Rahmen eines repressiven Obrigkeitsstaates „nur im entschieden revolutionären Sinne" in politische Praxis umzusetzen war, weil die herrschenden Klassen zweifellos den sozialistischen wie auch den demokratischen Forderungen der Arbeiterbewegung einen erbitterten Widerstand entgegensetzen mußten. Denn es ging den herrschenden Kapitaleigentümern und Großagrariern nicht allein um die Bewahrung ihres zu privater Bedürfnisbefriedigung nützlichen Güterbedarfs, dessen Enteignung keineswegs eine Forderung der Arbeiterbewegung, sondern höchstens ein wirksames Propagandainstrument gegen die sozialistischen Bestrebungen bildete, indem bis weit ins Kleinbürgertum hinein die Furcht vor der Beseitigung jeglichen Privatbesitzes geschürt wurde. Von diesem bloßen Besitz an privaten Gütern, den sein „Offenes Antwortschreiben" respektierte, unterschied nämlich Lassalle das Eigentum an den Produktionsmitteln, welches klassenspezifische „Erwerbsmonopole auch für die Zukunft" konstituierte, ein Herrschafts- und Knechtschaftsverhältnis zwischen Menschen verewigte und deshalb von jedem entschiedenen Demokraten und Sozialisten zu bekämpfen war: „Daß Grund- und Kapitaleigentum abzulösen ist — das ist eben, seitdem ich ökonomisch denke, der innerste Kern meiner Ansicht"[105].

Das Bild der sozialistischen Zukunft entsprach bei Lassalle in der Konzeption einer Brechung aller Klassenherrschaft durch die gesellschaftliche Kontrolle über die Produktion also grundsätzlich dem Marxschen Entwurf. Daß er dennoch in seiner praktischen Agitation die Differenz zwischen privatem Güterbesitz und dem Eigentum an den Produktionsmitteln nicht deutlicher herausarbeitete und bewußt die Legalität seiner Strategie sowie die Respektierung des von seinen Zuhörern zumeist nicht weiter untergliederten „beste-

---

104 A.a.O., S. 110/11.
105 Lassalle an Karl Rodbertus, a.a.O., S. 329.

henden Besitzes" betonte, hatte einen taktischen Hintergrund: „Freilich darf man das dem Mob heute noch nicht sagen, und deshalb habe ich das in meiner Broschüre sehr vermieden"[106]. Seiner Agitation muß die Strategie zugrunde gelegen haben, in den Produktionsgenossenschaften mit staatlicher Förderung zunächst einmal die selbständige Verfügung der Arbeiterschaft über die Produktionsprozesse zu erproben, um dann zu einem späteren Zeitpunkt die sozialistische Zielvorstellung der Vergesellschaftung von Produktionsmitteln auf der Basis praktischer Erfahrungen wirksamer einlösen zu können. Auf jeden Fall lag in der Konzeption Lassalles in letzter Instanz eine revolutionäre Implikation begründet, die der Erkenntnis entsprang, daß gegen die von eindeutigen Klasseninteressen geprägten Machtverhältnisse des preußischen Obrigkeitsstaates ein wohlmeinendes „Disputieren" nicht sehr viel fruchten konnte, sondern einzig der politische Kampf einer klassenbewußten Arbeiterpartei eine erfolgreiche Perspektive zu eröffnen vermochte.

Eine Verengung des Verhältnisses von Reform und Revolution auf die Frage der Gesetzlichkeit oder Gewaltsamkeit einer politischen Strategie, die den romantisierenden Putschismus nach der einen Seite ebenso auszeichnete wie ein liberales Sozialreformertum nach der anderen, widerstrebte dem differenzierten politischen Denken Lassalles prinzipiell. Für ihn hatte sich die konkrete Vorgehensweise der Arbeiterbewegung im Kampf für ihre demokratischen und sozialistischen Forderungen der grundlegenden Erwägung unterzuordnen, in welchem Bedingungsverhältnis ein konkretes Ziel der Partei jeweils zu der sozialökonomischen und herrschaftlichen Struktur des bestehenden spätabsolutistischen Klassenstaates stand: „Revolution heißt Umwälzung, und eine Revolution ist somit stets dann eingetreten, wenn, gleichviel ob mit oder ohne Gewalt — auf die Mittel kommt es dabei gar nicht an — ein ganz neues Prinzip an die Stelle des bestehenden Zustandes gesetzt wird. Reform dagegen tritt dann ein, wenn das Prinzip des bestehenden Zustandes beibehalten und nur zu milderen oder konsequenteren und gerechteren Folgerungen entwickelt wird"[107]. Mit der einer klassisch-philosophischen Begriffsbildung entlehnten Formulierung des „ganz neuen Prinzips" als Kennzeichnung revolutionärer Politik verband Lassalle ähnliche Vorstellungen, wie sie Marx in seinen zentralen Begriffen der „Produktionsweise" und der „Gesellschaftsformation" ausdrücken wollte. Gemeinsam war ihnen die Vorstellung einer spezifischen Bewegungslogik der bestehenden Gesellschaft, die durch partielle Korrekturen lediglich „milder" oder „gerechter" auszugestalten war, solange ihre in den ökonomischen Grundstrukturen wurzelnde Systematik aller sozialen Prozesse nicht prinzipiell durchbrochen und durch eine vollständig neue abgelöst werden konnte.

Eine solche Betrachtungsweise gesellschaftlicher Verhältnisse entsprang einem philosophischen Fundament, das zwischen langfristigen Zielen und den zu ihrer Erreichung notwendigen praktischen Vorgehensweisen einen festgelegten Zusammenhang sah: „Der Zweck muß im Mittel selbst schon aus-

---

106 Ebd.
107 Ferdinand Lassalle, Gesammelte Reden ..., a.a.O., II, S. 275/76.

geführt und verwirklicht sein, und letzteres seine Natur in sich tragen, wenn er durch das Mittel erreicht werden können soll (darum führt sich der Zweck in der Hegelschen Logik nicht durch das Mittel aus, sondern erweist sich vielmehr im Mittel selbst als ein schon ausgeführter)"[108]. Abgesehen von den methodologischen Implikationen der Hegelschen Logik, die hier nicht näher erläutert werden können, hatte ein derartiger gesellschaftstheoretischer Ansatz die praktische Konsequenz, die bestehende Wirklichkeit als ein unlöslich verknüpftes Geflecht von einzelnen Elementen zu begreifen, welche ein in der Oberflächlichkeit empirischer Anschauungen nicht ohne weiteres faßbares „inneres Wesen" miteinander verband.

Diese von Hegel als Entfaltungsstufe des „Weltgeistes" interpretierte Wesensprinzip der Gesellschaft hatte Marx „vom Kopf auf die Füße stellen" wollen und folglich als die Logik der kapitalistischen Produktionsweise entschlüsselt, die in der historischen Periode ihrer ungebrochenen Entfaltung allen gesellschaftlichen Institutionen und Bewußtseinsformen ihr spezifisches Gepräge verleihen mußte. Eine allmähliche Reform der bestehenden Verhältnisse hatte nach dieser Anschauung solange keinerlei Aussicht auf grundlegende Erfolge, wie diese Kernstruktur der gesellschaftlichen Wirklichkeit nicht durch eine Revolutionierung außer Kraft gesetzt und von einer geschichtlich fortgeschritteneren abgelöst worden war. Da aber in dieser ganzheitlichen Sicht der Gesellschaft eine Trennung von Zielen und praktischen Vorgehensweisen als grundsätzlich verfehlt anzusehen ist, mußte auch für Lassalle die „revolutionäre" Etablierung einer sozialistisch gestalteten Zukunftsgesellschaft durch schrittweise „reformierende" Maßnahmen als ein zugleich logischer und praktisch-politischer Widersinn erscheinen: „Daher kann jeder Zweck nur durch das seiner eigenen inneren Natur Entsprechende, und darum können revolutionäre Zwecke nicht durch diplomatische Mittel erreicht werden"[109]. Neben der gesellschaftlichen Realität eines noch „prinzipiell" zu überwindenden spätabsolutistischen Herrschaftssystems, das reformerische Mittel von vornherein auf die aller Politik zugrunde liegende Machtfrage verwies, begründete also auch die — möglicherweise damit eng zusammenhängende — geschichtsphilosophische Konzeption Lassalles seine spezifische Auffassung einer Dialektik von Reform und Revolution.

Das Problem der geschichtlichen Notwendigkeit

Im Anschluß an diese theoretischen und strategischen Überlegungen rückt unmittelbar die Frage ins Blickfeld, in welcher Form sich Lassalle einen solchen revolutionären Prozeß vorstellte. Wir haben bereits gesehen, daß man den klassischen sozialistischen Revolutionsbegriff, den Lassalle und viele ihm folgenden deutschen Sozialdemokraten mit Marx teilten, von der alltagssprachlichen Vorstellung einer kurzen Phase gewaltsamer Umstürze der staatlichen Ordnung unterscheiden muß. Darüber hinaus ließ Lassalle

---

108 Lassalle an Marx vom 6. 3. 1859, in: Ferdinand Lassalle, Nachgelassene Briefe ..., a.a.O., III, S. 153.
109 Ebd.

allerdings vollständig im dunkeln, welche konkreten Handlungsschritte eine klassenbewußte und kämpferische Arbeiterbewegung in der von ihm vorausgesehenen revolutionären Situation zu unternehmen hatte. Was aus taktischer Vorsicht oder mangelnder Fähigkeit zur Zukunftsprognose durchaus erklärbar war — die Unsicherheit einer Abschätzung der auf dem Weg zum Sozialismus auszufechtenden Konflikte und zu bewältigenden Strukturprobleme — erhob Lassalle in den Status einer geschichtsphilosophischen Prämisse: „Man kann nie eine Revolution machen; man kann immer nur einer Revolution, die schon in den tatsächlichen Verhältnissen einer Gesellschaft eingetreten ist, auch äußere rechtliche Anerkennung und konsequente Durchführung geben. Eine Revolution machen wollen, ist eine Torheit unreifer Menschen, die von den Gesetzen der Geschichte keine Ahnung haben"[110]. In dieser Auffassung lag zunächst eine polemische Spitze gegen alle Varianten des Anarchismus und Putschismus, die in der deutschen Arbeiterbewegung zu keiner Zeit eine Chance hatten. Die Erkenntnis, daß ein an den gesellschaftlichen Realitäten vorbeigehender blinder Aktionismus der Arbeiterschaft nur schaden konnte, war einer von vornherein als feste Parteiorganisation auftretenden Sozialdemokratie bereits in die Wiege gelegt.

Über den genannten praktisch-politischen Aspekt hinaus enthielt die Lassallesche Vorstellung von einer nicht „machbaren", sondern auf der Basis eigendynamischer gesellschaftlicher Entwicklungsprozesse voranschreitenden Revolution eine geschichtstheoretische Konzeption, die in klassischer Form bei Marx formuliert ist: „Auf einer gewissen Stufe ihrer Entwicklung geraten die materiellen Produktivkräfte der Gesellschaft in Widerspruch mit den vorhandenen Produktionsverhältnissen oder, was nur ein juristischer Ausdruck dafür ist, mit den Eigentumsverhältnissen, innerhalb deren sie sich bisher bewegt hatten. Aus Entwicklungsformen der Produktivkräfte schlagen diese Verhältnisse in Fesseln derselben um. Es tritt dann eine Epoche sozialer Revolution ein"[111]. Als Vorbild für einen derartigen Revolutionsbegriff diente die Ablösung der feudalen durch die bürgerliche Gesellschaft, deren Strukturmerkmale in Gestalt eines intensivierten Handelsverkehrs und leistungsfähigerer technischer Organisationsformen von Produktionsprozessen solange das Feudalsystem ausgehöhlt hatten, bis beispielsweise der Bedarf an mobilen Arbeitskräften in der aufstrebenden Industrie die revolutionäre Beseitigung der Leibeigenschaft und die schrittweise Verdrängung der Bauern vom Lande erforderlich machte; die Rechtsform der „freien Arbeitskraft" verlieh den vorausgegangenen Umwälzungen an der gesellschaftlichen Basis dabei lediglich noch die „äußere rechtliche Anerkennung und konsequente Durchführung". Dieser an langfristigen historischen Trends orientierten Auffassung eines sozialrevolutionären Prozesses entsprach ein dezidierter Fortschrittsoptimismus: „Eine Gesellschaftsformation geht nie unter, bevor alle Produktivkräfte entwickelt sind, für die sie weit genug ist, und neue höhere Produktionsverhältnisse treten nie an die Stelle, bevor die materiellen Existenzbedingungen derselben im Schoß der alten Gesellschaft selbst ausgebrütet worden sind. Daher stellt sich die Menschheit immer

---

110 Ferdinand Lassalle, Gesammelte Reden ..., a.a.O., II, S. 165.
111 Karl Marx, Zur Kritik der Politischen Ökonomie. Vorwort, in: MEW 13, S. 9.

nur Aufgaben, die sie lösen kann, denn genauer betrachtet wird sich stets finden, daß die Aufgabe selbst nur entspringt, wo die materiellen Bedingungen ihrer Lösung schon vorhanden oder wenigstens im Prozeß ihres Werdens begriffen sind"[112].

Auf diesem geschichtstheoretischen Hintergrund wird verständlich, warum der sozialdemokratischen Arbeiterbewegung lediglich noch die Aufgabe zufiel, einen in den gesellschaftlichen Verhältnissen bereits eingetretenen Veränderungsprozeß politisch umzusetzen. Freilich ließ Lassalle ebensowenig wie Marx die Vorstellung einer von dynamischen Triebkräften getragenen Gesellschaftsentwicklung zu einem platten Determinismus herabsinken, der die Zukunft allein dem Selbstlauf der objektiven Tendenzen anvertraute. Vielmehr versuchte er gerade aus den vorwärtsdrängenden gesellschaftlichen Prozessen einen zusätzlichen Ansporn zur politischen Aktion für die mit seiner politischen Agitation konfrontierten Arbeitermassen zu schöpfen: „Sie sind in der glücklichen Lage, daß dasjenige, was Ihr persönliches Interesse bildet, zusammenfällt mit dem zuckenden Pulsschlag der Geschichte, mit dem treibenden Lebensprinzip der sittlichen Entwicklung"[113]. Zweifellos entsprang der Überzeugung, im Gleichschritt mit den geschichtlichen Tendenzen zu marschieren, ein nicht zu unterschätzender mobilisierender Impuls auf die praktische Tagesarbeit der sozialdemokratischen Bewegung, deren einzelne Momente die strategische Orientierung nicht immer unmittelbar erkennen ließen.

An die geschichtsphilosophischen Konzeptionen Lassalles knüpften sich auch seine Vorstellungen über eine Synthese von wissenschaftlicher Theorie und sozialistischer Politik, die der einmal erkannten historischen Notwendigkeit Geltung verschaffen sollte: „Die Allianz der Wissenschaft und der Arbeiter, dieser beiden entgegengesetzten Pole der Gesellschaft, die, wenn sie sich umarmen, alle Kulturhindernisse in ihren ehernen Armen erdrücken werden — das ist das Ziel, dem ich, so lange ich atme, mein Leben zu weihen beschlossen habe!"[114] In der Auffassung Lassalles sollten sich Theorie und Praxis nahtlos ergänzen: Auf der einen Seite kam der wissenschaftlichen Theorie des Sozialismus die Aufgabe zu, der Arbeiterbewegung die epochemachende Dimension ihres praktischen Wirkens zu vermitteln; auf der anderen Seite bildete der reale Erfolg der sozialdemokratischen Bewegung den konkreten Maßstab, an dem sich wissenschaftliche Analysen über die gegenwärtige Gesellschaft und ihre Entwicklungstendenzen letztlich zu bewahrheiten hatten.

Eine eindeutige Gefahr der Lassalleschen Variante eines *wissenschaftlichen Sozialismus* lag jedoch in der latenten Versuchung begründet, für den Fall einer von den theoretischen Projektionen abweichenden Entwicklung der Arbeiterbewegung dieser geradezu einen Verstoß gegen die geschichtlichen Tendenzen vorzuwerfen, anstatt eine von der gesellschaftlichen Realität erschütterte Theorie zu korrigieren. So wähnte sich Lassalle dermaßen in Gewißheit über die historische Orientierungskraft seiner politischen Strategie,

---

112 Ebd.
113 Ferdinand Lassalle, Gesammelte Reden ..., a.a.O., II, S. 194.
114 A.a.O., S. 248.

daß er ein mögliches Scheitern seines Vorstoßes mit der Aussichtslosigkeit einer Mobilisierung der Arbeiterschaft schlechthin gleichsetzte: „Ich ziehe mich dann in die reine Wissenschaft zurück und habe dann den entscheidenden Beweis erlangt, daß vorläufig die Zeit nur noch für Humbug reif ist"[115]. Diese Neigung Lassalles zu einer Subsumtion der realen Arbeiterbewegung unter die perspektivischen Entwürfe seiner politischen Theorie muß auch als Resultat seines Verständnisses der geschichtlichen Notwendigkeit sowie einer Synthese zwischen Arbeiterklasse und Wissenschaft begriffen werden und ist nicht allein einem überzogenen persönlichen Ehrgeiz zuzuschreiben.

Die geschichtstheoretische Konzeption Lassalles setzte sich bis in die Organisationsstruktur des ADAV fort. Als ein bloßes Kuriosum kann dabei noch die Tatsache eingeschätzt werden, daß die Kompetenzen der Parteiführung offenbar bis in die Festlegung von objektiven Strukturen des gesellschaftlichen Klassengefüges hineinreichten: „Über die Frage, ob jemand ein Arbeiter im Sinne des Vereins ist, entscheidet der Vorstand"[116]. An dieser Stelle wurde einmal mehr deutlich, daß der Anspruch auf die wissenschaftliche Fundierung einer politischen Konzeption als Vorwand dienen konnte, der gesellschaftlichen Realität das Raster der eigenen Auffassungsweise zu oktroyieren. Von einer langfristig prägenden Wirkung war allerdings die präsidiale Diktatur Lassalles, die dieser mit den gebieterischen Notwendigkeiten des sozialistischen Kampfes zu begründen versuchte: „Diese Disziplin beruht auf keinem anderen Grunde, als auf dem Geiste unseres Vereins, auf der hellen Erkenntnis, daß nur durch die Diktatur der Einsicht, nicht durch die Krankheit des individuellen Meinens und Nörgelns, die großen, gewaltigen Übergangsarbeiten der Gesellschaft zu bewerkstelligen sind!"[117] Eine derartige Berufung auf die objektiven geschichtlichen Erfordernisse konnte – zumal nach dem Tode des trotz anderer Schwächen gerade in der politisch-strategischen Analyse äußerst befähigten Theoretikers Lassalle – sehr leicht zur autoritär angeordneten „Einsicht" in die Notwendigkeit von diktatorischen Entscheidungen des Parteiführers entarten.

So pflanzte sich der preußische Chrakterzug und die antiliberale Stoßrichtung des Lassalleschen ADAV bis in die feinsten organisatorischen Verzweigungen dieses Vorläufers einer sozialdemokratischen Partei fort und ließ die Überwindung solcher Restbestände von politischer Unreife zu einer vordringlichen Aufgabe der weiteren Parteientwicklung werden. Wenn diese Defizite in der parteiinternen Willensbildung auch immer weniger den Erfordernissen einer demokratischen Massenpartei entsprachen, so darf vermittelt über die politische Stagnation des ADAV nach seinem Tode die historische Leistung Lassalles nicht ungebührlich ins Zwielicht geraten. Wie wenig in manchen Aspekten seine Nachfolger die strategische Konzeption ihres Lehrmeisters begriffen haben, zeigt wohl nichts deutlicher als die Phrase von der „reaktionären Masse", die in der Literatur des öfteren fälschlicherweise Lassalle angelastet worden ist, in Wahrheit aber erst später in der Arbeiterbewegung

---

115 Lassalle an Gustav Lewy, a.a.O., S. 110.
116 Ferdinand Lassalle, Gesammelte Reden . . . , a.a.O., IV, S. 246 (Statut des ADAV).
117 A.a.O., S. 227.

Verbreitung fand. Diese historisch verfehlte Zurechnung ist um so erstaunlicher, als bereits in der klassischen Parteigeschichte Franz Mehrings eindeutig aufgezeigt worden ist, daß in diesem Falle der spätere Parteiführer „Schweitzer die geistige Erbschaft Lassalles nicht vor mißverständlichen Schlagworten behütet, sondern um ein mißverständliches Schlagwort vermehrt"[118] hat. In einem überlieferten Vortrag hatte Lassalle zunächst hervorgehoben, daß er „auch der Fortschrittspartei nur insofern feindlich" gegenübertrat, „als sie selbst noch mit der Reaktion auf gemeinschaftlichem Boden"[119] gegen die demokratischen und sozialen Grundforderungen der Arbeiterschaft kämpfte.

Allein in dieser unterschiedslosen Verteidigung von ökonomischen und politischen Herrschaftsprivilegien traten für Lassalle jene Streitpunkte in den Hintergrund, die gleichwohl Liberale und Konservative in die Eskalation eines Verfassungskonfliktes trieben: „Vor mir also verschwinden die Unterschiede und Gegensätze, welche sonst die reaktionäre Partei und die Fortschrittspartei trennen. Vor mir also sinken sie trotz dieser Unterschiede zu einer gemeinsamen reaktionären Partei zusammen"[120]. Wie fragwürdig die Festschreibung einer solchen in der Spontaneität des Augenblicks geborenen agitatorisch wirksamen Formel zu einer prinzipiellen Haltung der Sozialdemokratie war, bringt Mehring deutlich zum Ausdruck, wenn er die Vorstellung einer politisch-sozialen Isolation der Arbeiterbewegung vollkommen berechtigt als gravierende Fehldeutung der Lassalleschen Intention begreift: „Daraus entwickelte sich dann allmählich das Schlagwort von der ‚reaktionären Masse‘, die alle anderen Parteien gegenüber der Arbeiterpartei bilden sollten, ein Schlagwort, das später, als sein eigentlicher Ursprung vergessen war, sehr mit Unrecht als ein prinzipieller Teil der Lassalleschen Politik aufgefaßt worden ist"[121]. Zwar war die Haltung Lassalles zu den jeweiligen politischen und sozialen Konflikten zwischen liberaler Bourgeoisie und konservativen Herrschaftsoligarchien nicht in jeder Phase seines Wirkens von innerer Konsequenz gekennzeichnet. Doch blieb er sich stets der Tatsache bewußt, daß die gesellschaftliche Machtfrage nur in der Auseinandersetzung mit der konkreten Realität des preußischen Obrigkeitsstaates zugunsten der Arbeiterbewegung, und das heißt: im Sinne einer demokratischen Republik und der sozialistischen Umgestaltung entschieden werden konnte.

---

118 Franz Mehring, a.a.O., III, S. 223.
119 Ferdinand Lassalle, zitiert nach: Franz Mehring, a.a.O., III, S. 223.
120 Ebd.
121 Ebd.

III. Kapitel

August Bebel:
Der Sozialismus als Zukunftsgesellschaft

Die Eisenacher und der „Lassalleanismus"

Die Problematik, inwieweit die Eisenacher Partei unter Bebel und Liebknecht im wesentlichen das lassalleanische Erbe fortentwickelte oder aber einen radikalen Bruch mit ihm vollzog, gehört zweifellos zu den Knotenpunkten jeder Analyse von programmatischen Kontinuitätsmomenten in der deutschen Sozialdemokratie. Zwischen den teilweise erbittert ausgefochtenen Kontroversen beider Fraktionen und der letztlich problemlos erfolgten Vereinigung liegt eine Diskrepanz, an der die historische Forschung anzusetzen hat. Als bedeutsamer historischer Zeuge kann in diesem Zusammenhang August Bebel gelten, der die Kontinuität zu Lassalle bemerkenswert deutlich akzentuierte und die unversönliche Frontstellung als eine Episode betrachtete. So empfahl er in seiner ersten längeren programmatischen Abhandlung „Unsere Ziele" aus dem Jahre 1869 den an der wissenschaftlichen Theorie des Sozialismus interessierten Lesern gleichberechtigt zu den Werken von Marx und Engels „die Schriften des so viel verketzerten Lassalle, dem ich einstmals auch bitter unrecht getan"[122]. In einer Zeit, als das Marxsche „Kapital" eben erst erschienen und noch von kaum einem Sozialdemokraten gelesen — geschweige denn verstanden — worden war, bildeten die theoretischen Werke Lassalles für die fortgeschrittensten Mitglieder die Hauptquelle ihrer Grundsatzschulung. Auch Bebels Weg von der bürgerlich-demokratischen Volkspartei zur sozialdemokratischen Arbeiterbewegung wurde ganz entscheidend von den entwickelteren sozialistischen Konzeptionen Lassalles geprägt.

Wenn Bebel im Vorwort zur zehnten Auflage (1893) seine Abhandlung „Unsere Ziele" nochmals dem sozialdemokratischen Publikum mit dem Hinweis präsentierte, „daß der Leser in derselben nichts weiter sucht als das Produkt der Anschauungen, wie sie im ersten Jahrzehnt der deutschen Arbeiterbewegung durch das Auftreten Lassalles hervorgerufen worden waren"[123], so stellte er seine eigene theoretisch-politische Rolle in der Gründungsperiode der Sozialdemokratie in eindrucksvoller Selbstbescheidung bewußt hinter den richtungsweisenden Einfluß Lassalles zurück. Einem solchen aus historischer Distanz geäußerten Urteil gebührt zweifellos ein hohes Gewicht. Dennoch ist es unabdingbar, die „lasselleanischen" — tat-

---

122 August Bebel, Unsere Ziele. Eine Streitschrift gegen die „Demokratische Korrespondenz", Berlin 1910[13] (1. Aufl. 1869), S. 51.
123 A.a.O., S. 4.

sächlich wohl: für die gesamte Sozialdemokratie vor der Etablierung des Marxismus als geschlossene Weltanschauung verbindlichen — Traditionselemente in der Eisenacher Partei an einzelnen Themenkomplexen konkret nachzuweisen und die spezifische Ausgestaltung dieser Grundgedanken herauszuarbeiten.

Die Demokratie als Voraussetzung für den Sozialismus

Als Initiator einer neuerlichen demokratischen Offensive hatte Lassalle sehr bald erfahren, daß angesichts der inkonsequenten Haltung der Liberalen im preußischen Verfassungskonflikt der Kampf für Demokratie und Sozialismus zunehmend nur noch von der Arbeiterbewegung getragen wurde. Demgegenüber blieb in der Eisenacher Partei, die das ursprüngliche Ziel der außerpreußischen demokratischen Bewegung auf „Errichtung des freien Volksstaates"[124] in ihrem Programm verankerte, der proletarische Klassencharakter der Sozialdemokratie gegenüber der allgemeinen Forderung nach einem „demokratischen Staat"[125] zunächst im Hintergrund der praktischen Agitation und der Strategieperspektiven. Dies wird aus den Vorschlägen Bebels zur inhaltlichen Ausgestaltung des Eisenacher Programms klar ersichtlich: „Ich bitte einfach zu setzen: Partei, nicht Arbeiterpartei. Unsere Partei umfaßt allerdings hauptsächlich Arbeiter, aber doch auch viele, die nicht Arbeiter sind. Ferner bin ich dafür, anstatt ‚sozialdemokratisch' zu setzen: ‚demokratisch-sozialistisch', weil man heute mit dem Worte ‚sozial-demokratisch' so viel Mißbrauch treibt, wie z. B. im ‚Sozial-Demokrat', und weil ich den Namen ‚demokratisch-sozialistisch' für viel richtiger halte, da wir ja in Deutschland sozialistisch erst vorgehen können, wenn wir den demokratischen Staat haben"[126]. Mit seiner Anregung, auf die ausdrückliche Charakterisierung der Sozialdemokratie als Arbeiterpartei zu verzichten, konnte sich Bebel jedoch gegen die daran festhaltenen oppositionellen Lassalleaner nicht durchsetzen.

Abgesehen von der polemischen Spitze gegen das Zentralorgan des ADAV „Der Sozialdemokrat" enthielten diese Ausführungen Bebels eine eindeutige Abfolge der sozialdemokratischen Kampfziele: Zunächst mußte die demokratische Republik errichtet werden, um die politischen Grundlagen für den Aufbau einer sozialistischen Gesellschaft zu schaffen. Die ausdrückliche Orientierung auf einen *demokratischen* Sozialismus bzw. eine *sozialistische* Demokratie war Bebel nicht etwa deshalb so wichtig, weil er sich auch eine undemokratisch strukturierte sozialistische Gesellschaft oder die Verwirklichung einer Demokratie auf allen Ebenen des sozialen Lebens ohne sozialistische Umwälzungen vorstellen konnte; sie hatte vielmehr in der konkreten politischen Wirklichkeit Preußen-Deutschlands die notwendige Doppelgleisigkeit der Arbeiterbewegung im Kampf für demokratische und

---

124 Programm der Sozialdemokratischen Arbeiterpartei, zitiert nach: Wolfgang Abendroth, Aufstieg . . . , a.a.O., S. 91.
125 Ebd.
126 Protokoll über die Verhandlungen des Allgemeinen Deutschen Sozialdemokratischen Arbeiterkongresses zu Eisenach am 7., 8. und 9. August 1869, S. 54.

sozialistische Grundforderungen zu unterstreichen. Mit der unzertrennbaren Einheit von Demokratie und Sozialismus verteidigte sich die Arbeiterbewegung also nicht primär gegen die von bürgerlicher Seite erhobenen Vorwürfe, sondern formulierte auf diese Weise ihre zweifach offensive Stoßrichtung gegen jede Form ökonomischer oder politischer Klassenherrschaft.

In völliger Übereinstimmung mit den Vorstellungen Lassalles ließ sich auch Bebel von der Konzeption einer breiten Volksallianz leiten, die alle in Frontstellung zur Großbourgeoisie und zum Junkertum stehenden Bevölkerungsgruppen als soziale Basis des demokratischen und sozialistischen Kampfes umschloß: „Daraus geht also hervor, daß die Arbeiterklasse sich die Macht erobern muß, was sie sicher kann, weil die Arbeiterklasse die große Mehrheit ist und weil ihre Losung nicht bloß Freiheit, sondern auch Gleichberechtigung heißt, also die Gerechtigkeit in sich schließt. Ich will hierbei nochmals ausdrücklich bemerken, daß ich ... nicht allein unter dieser Arbeiterklasse die Lohnarbeiter im engsten Sinne verstehe, sondern auch die Handwerker und Kleinbauern, die geistigen Arbeiter, Schriftsteller, Volksschullehrer und niederen Beamten, die alle, unter den heutigen Verhältnissen leidend, eine wenig oder gar nicht bessere Stellung haben als die Lohnarbeiter und, soweit sie sich vielleicht etwas besser stehen, wie z. B. der Handwerker- und selbständige Bauernstand, unwiderstehlich und ohne Gnade der modernen Entwicklung zum Opfer fallen"[127]. In der Gründungsperiode der Sozialdemokratie besaß die praktisch-politische Erkenntnis, daß die industrielle Lohnarbeiterklasse ohne das Bündnis mit der Landarbeiterschaft, den selbständigen Bauern, Händlern und Handwerkern und dem übrigen Kleinbürgertum nicht die gesellschaftliche Macht zur Durchsetzung ihrer ökonomischen und sozialen Interessen entfalten würde, noch vollständig das Übergewicht gegen eine stärker differenzierende Klassenanalyse.

Dementsprechend wenig detailliert gestaltete sich folglich auch die Vorstellung Bebels über die Strukturen einer sozialistischen Gesellschaft: „Der Staat soll also aus einem auf Klassenherrschaft beruhenden Staat in einen Volksstaat verwandelt werden, in einen Staat, in dem es keine Privilegien irgendeiner Art gibt, und in diesem Staat soll alsdann die Gesamtheit mit den ihr zu Gebote stehenden Mitteln und Kräften die genossenschaftliche Produktion an Stelle der einzelnen Privatunternehmungen treten lassen. In einem solchen Staat ist Selbsthilfe Volkshilfe, Volkshilfe Staatshilfe, Selbsthilfe und Staatshilfe also identisch; einen Gegensatz gibt es nicht"[128]. Diesem Bild einer sozialistischen Zukunftsgesellschaft lag eine betont optimistische Sichtweise der problembewältigenden Kapazität gesamtgesellschaftlicher Planung und Lenkung zugrunde: „In einer planmäßig geleiteten Produktion wird es durch statistische Erhebungen leicht sein, den Bedarf an Artikeln festzustellen, und dadurch wird die Überproduktion, die Quelle aller Geschäftsstockungen, aufhören"[129]. Diese Einschätzung betraf zunächst einmal die objektiven Voraussetzungen eines gesellschaftlichen Planungssystems; aber auch vom „subjektiven Faktor" erwartete Bebel keinerlei Schwierigkeiten

---

127 August Bebel, Unsere Ziele, a.a.O., S. 17.
128 A.a.O., S. 17/18.
129 A.a.O., S. 36.

bei der konkreten Ausgestaltung des Sozialismus, weil er von einer Aufhebung aller Interessengegensätze und einer weitgehenden Einebnung von Meinungsverschiedenheiten ausging: „Inwiefern durch Produktion neue Bedürfnisse zu befriedigen sind, darüber entscheidet die Gesamtheit. Die demokratischste Einrichtung von der Welt würde also bestehen"[130]. Indes stellte sich Bebel ebenso wie Lassalle die grundsätzliche Frage, auf welchem Wege die nicht frei von spekulativen Momenten ausgemalte Zukunft innerhalb der real vorhandenen Machtverhältnisse anzusteuern sei. Eben diese Orientierung auf ein konkretes politisches Programm hatte die sozialdemokratische Arbeiterbewegung von ihren geistesgeschichtlichen Vorläufern des utopischen Sozialismus zu unterscheiden.

Das Problem der Legalität in der sozialistischen Strategie

Im erbitterten Kampf der Eisenacher gegen eine Hegemonie Preußens hatte Bebel ausgiebig Gelegenheit, den reaktionären Klassencharakter des bestehenden Obrigkeitsstaates praktisch zu erfahren. Folglich teilte er mit Lassalle die Auffassung, daß selbst ein demokratisches Programm unter den gegebenen gesellschaftlichen Verhältnissen nur „im entschieden revolutionären Sinne" in politische Realität umgesetzt werden konnte. Seine Einschätzung warf auf die bei Lassalle nicht explizit thematisierten revolutionären Legitimitätsprobleme ein erhellendes Licht: „Da meinen die einen, das ginge auf sogenannte gesetzliche Weise, durch Redenhalten und Beschlüssefassen, die anderen meinen, das müsse durch eine andere, eben auch gesetzliche Weise — sie betrachten den Willen des Volkes auch als Gesetz, als alleiniges und höchstes Gesetz — geschehen, die man im gewöhnlichen Leben Revolution nennt. Über den letzteren Weg sich weiter auszulassen, ist überflüssig, da Revolutionen nicht künstlich gemacht werden können und der Wächter für die am heutigen Staat Interessierten, der Staatsanwalt, gar zu sehr geneigt ist, hineinzureden und Hochverratsprozesse zu veranstalten"[131].
Was den ersten Aspekt betrifft, so operierte Bebel an dieser Stelle mit dem in der politischen Theorie geläufigen Unterschied zwischen der *Legalität* und der *Legitimität* einer Herrschaftsordnung. Im Sinne der Lassalleschen These, daß die Verfassung und die Gesetzesbestimmungen jeweils konkretes Ergebnis der bestehenden Machtverhältnisse sind, gründete sich der preußische Obrigkeitsstaat zweifellos auf eine spezifische Form von Legalität, die allerdings an demokratischen Prinzipien gemessen keineswegs als legitim bezeichnet werden konnte, weil sie nicht dem durch gleiches Wahlrecht mehrheitlich artikulierten Volkswillen entsprang. Dieses Spannungsverhältnis blieb unausgetragen, weil das liberale Bürgertum die Legitimitätsfrage ausklammerte und sich mit einer übermächtigen obrigkeitsstaatlichen Legalität arrangierte, um die eigene Wirtschaftsentfaltung nicht zu gefährden. Demgegenüber bestand für den überzeugten Demokraten und Sozialisten August Bebel ein unzweifelhaftes Primat des Volkswillens über alle vergänglichen

---

130 A.a.O., S. 37.
131 A.a.O., S. 18.

Formen von Gesetzesbestimmungen. In der Tradition der Französischen Revolution trat für den Fall, daß eine von der Volksmehrheit als illegitim angesehene Legalität nicht auf evolutionärem Wege verändert werden konnte, das „Naturrecht auf Revolution" in Kraft. Deshalb konnte Bebel den im preußisch-deutschen Klassenstaat nicht prinzipiell auszuschließenden Weg eines „außergesetzlichen" Umsturzes als dem demokratischen Naturrecht nach vollkommen „gesetzlich" bezeichnen.

Des weiteren zeigen die Ausführungen Bebels den Zusammenhang zwischen der von Lassalle übernommenen Auffassung, daß Revolutionen nicht bewußt „machbar" seien, und der ständigen Repressionsdrohung des Obrigkeitsstaates gegen die Sozialdemokratie auf. Wenn Bebel in einem Atemzug ein geschichtsphilosophisches und ein tagespolitisch-taktisches Argument für seine Enthaltsamkeit in Äußerungen über konkrete revolutionäre Strategieperspektiven nannte, so liegt die Vermutung nahe, daß die Gefährdung durch Hochverratsprozesse, wie sie schon Lassalle durchzustehen hatte, das primäre Motiv bildete und der Verweis auf die höhere historische Einsicht dies lediglich rationalisierte. Der von Bebel offen angesprochene Zwang zur taktischen Vorsicht muß als eine bedeutsame prägende Kraft eingeschätzt werden, deren belastendes Gewicht auf dem Rücken der Partei im Laufe der Zeit immer mehr konkret faßbare Aussagen zur sozialistischen Strategie überhaupt unterbleiben ließ. Aus diesem Grunde verstärkte es die faktische Begrenzung des sozialdemokratischen Bewegungsspielraums eher noch, wenn Bebel – auf die „positive Entwicklung unseres Programms" angesprochen – „weitläufige Ausführungen hierüber für wenig nützlich" hielt, „weil sich aus der Kritik des Bestehenden die Forderung des Zukünftigen in großen Zügen ganz von selbst ergibt"[132].

Dieses wenig überzeugende Argument, mit dem die vermeintliche Evidenz einer konkreten Handlungsstrategie als Ausfluß einer kritischen Gesellschaftsanalyse begründet wurde, hatte einen wesentlich handgreiflicheren Beweggrund. Über den Aspekt der Vorsicht gegenüber dem Zugriff der staatlichen Repressionen hinaus gab Bebel als Motiv für den weitgehenden Verzicht auf detaillierte Diskussionen über die Zukunftsperspektiven zu bedenken, daß „dadurch Meinungsdifferenzen hervorgerufen werden, die in dem Augenblick, wo es gilt, praktisch einzugreifen, ganz von selbst beigelegt werden, weil eben dann die momentanen Verhältnisse den naturgemäßen Weg vorschreiben"[133]. In dieser Formulierung klang deutlich die Befürchtung an, daß inhaltlich präzisierte Strategiedebatten die gerade erst erfolgreich hergestellte Parteiintegration gefährden könnten, während der geradezu naiv anmutende Optimismus, die Probleme des Übergangs zum Sozialismus würden sich in der entscheidenden Phase „ganz von selbst" im Sinne eines klaren Handlungsauftrages für die Sozialdemokratie lösen, umgekehrt vorzüglich zur innerparteilichen Konsolidierung geeignet erschien.

Obwohl im Bereich der inhaltlichen Konkretisierung also manche theoretischen Leerstellen verblieben, konnte sich Bebel in abstrakter Formulierung

---

132 A.a.O., S. 21.
133 Ebd.

tatsächlich auf eine Konzeption stützen, die unmittelbar der Analyse und Kritik der bestehenden bürgerlichen Gesellschaft entsprang. Als die spezifisch sozialistische Perspektive eines demokratischen Programms der Umgestaltung Deutschlands wußte er die Einsicht beizusteuern, daß die rechtliche Gleichstellung aller Staatsbürger in einer liberalen Republik noch nicht das Problem der Klassenherrschaft beseitigte: „Die politische Freiheit aber kann keine gleiche sein, wenn ökonomische Ungleichheit existiert"[134]. Die grundsätzliche Forderung der Arbeiterklasse hatte aus diesem Grunde zu lauten, daß die privatkapitalistische Aneignung von einer sozialistischen Produktionsweise abzulösen war: „Es muß an Stelle des Arbeitslohnes, wie er heute durch den Marktpreis der Ware ‚Arbeitskraft' bedingt wird, der volle Arbeitsertrag treten, d. h. jeder Mensch muß des vollen Ertrags dessen, was er durch geistige oder physische Kraft hervorgebracht, teilhaftig werden"[135].

Die Vorstellung des *vollen Arbeitsertrages* war jedoch allein für eine vorindustrielle Bedarfsdeckungswirtschaft angemessen. Eine stark arbeitsteilig organisierte kapitalistische Marktökonomie, die zudem über den zentralen Staatsapparat Elemente des gesellschaftlichen Gesamtproduktes „politisch" verteilte, war demgegenüber mit normativen Fixierungen eines „gerechten Lohnes" nicht angemessen zu analysieren und zu kritisieren, wie Marx in seiner Schrift zum Gothaer Programm auf dem Erkenntnisstand der modernen Nationalökonomie in allen Einzelheiten herausgearbeitet hat[136]. Wenn gleichwohl im Eisenacher Programm die „staatliche Förderung des Genossenschaftswesens und Staatskredit für freie Produktivgenossenschaften unter demokratischen Garantien"[137] gemäß Lassalleschen Theorien als Forderung formuliert war, so entsprach dies der damals allgemein in der Sozialdemokratie verbreiteten Vorstellungswelt, die einer erst heranreifenden kapitalistischen Wirklichkeit noch nicht in ihrer vollen Komplexität gerecht wurde.

Zu der strategischen Grundproblematik, mit welchen Mitteln die kapitalistische Mehrwertproduktion zugunsten des „vollen Arbeitsertrages" überwunden werden sollte, führte Bebel alternative Überlegungen an: „Zwei Wege gibt es nur, unser Ziel zu erreichen. Der eine ist: nach Herstellung des demokratischen Staates die allmähliche Verdrängung der Privatunternehmer durch die Gesetzgebung. Dieser Weg würde eingeschlagen werden, wenn die beteiligten Kreise, gegen welche die sozialdemokratische Bewegung gerichtet ist, beizeiten zur Einsicht gelangten und auf dem Wege des Kompromisses ihren Untergang als exploitierende Klassen und ihren Übergang als Gleiche in die Gesamtheit zu bewerkstelligen suchten"[138]. Solche Erwägungen korrespondierten unmittelbar mit jenen, die Lassalle den „friedlichen" Charakter der Arbeiterbewegung betonen ließen. Es ist allerdings auffällig, daß Bebel zu jener Zeit, als er sich gerade von der bürgerlich-

---

134 A.a.O., S. 19.
135 A.a.O., S. 13.
136 Siehe Karl Marx, Randglossen . . . , MEW 19, S. 18 ff.
137 Programm der Sozialistischen Arbeiterpartei Deutschlands, a.a.O., S. 92.
138 August Bebel, Unsere Ziele, a.a.O., S. 50.

demokratischen Volkspartei emanzipiert hatte, nicht unmißverständlich die taktische Funktion einer modellhaft unterstellten „Strategie der Einsicht" seitens der herrschenden Klassen zum Ausdruck brachte.

Diese gegenüber Lassalle weniger konkrete Orientierung auf die gesellschaftliche Machtfrage schimmerte selbst in der auch von Bebel wohl als wahrscheinlicher betrachteten Perspektive durch, daß beim Übergang zum Sozialismus die sozialen Konflikte sich zuspitzen würden: „Der andere, entschieden kürzere, aber auch gewalttätigere Weg wäre die gewaltsame Expropriation, die Beseitigung der Privatunternehmer mit einem Schlage, einerlei durch welche Mittel. Danach hängt also der Ausgang der Krise von der Kapitalistenklasse selbst ab, der Charakter der Krise wird bestimmt durch die Art, wie sie die in ihren Händen befindlichen Machtmittel anwendet"[139]. In der konkreten Strategiebestimmung maß Bebel also den von der Sozialdemokratie nicht beeinflußbaren Rahmenbedingungen ein beträchtlich höheres Gewicht bei als Lassalle, der mit einer politisch bewußt und zielstrebig geleiteten Arbeiterbewegung in kürzester Frist bereits die liberal-bürgerlichen und konservativ-aristokratischen Fraktionen der herrschenden Klassen gegeneinander ausspielen wollte. Ob freilich die Auffassung Bebels lediglich realitätsnäher oder aber Ausdruck eines politischen Fatalismus war, der sich von dem objektiven Lauf der Dinge mindestens ebenso viel wie von dem bewußten Handeln der Sozialdemokratie erhoffte, kann an dieser Stelle erst als zentrale Frage formuliert, aber noch nicht auf einer hinreichend gesicherten Urteilsbasis abschließend beantwortet werden.

Von der Kritik des Klassenstaates zum Bild der Zukunftsgesellschaft

Unsere Analyse der theoretischen Ansätze und politischen Grundintentionen Bebels aus der Zeit der Eisenacher Parteigründung hat eine — von ihm selbst bestätigte — weitgehende Kontinuität zu Lassalle ergeben, so daß in dieser Phase der Parteientwicklung von zwei prinzipiell verschiedenen oder gar gegenläufigen Strömungen in der Sozialdemokratie keinesfalls die Rede sein kann. Nicht weniger bedeutsam ist die Fragestellung, inwieweit die unter dem Sozialistengesetz zu verzeichnende eingehendere Beschäftigung mit dem Marxismus ihren Niederschlag in den programmatischen Anschauungen August Bebels gefunden hat. Als der sich unmittelbar anbietende Gradmesser der theoretischen Entwicklung Bebels in der Epoche des Sozialistengesetzes kann sein Hauptwerk „Die Frau und der Sozialismus"[140] gelten. Diese populär gehaltene Schrift verdient zusätzlich durch den Umstand eine besondere Beachtung, daß sie die bei weitem auflagenstärkste sowie am häufigsten aus Arbeiterbibliotheken ausgeliehene Abhandlung im Bereich der sozialistischen Gesellschaftstheorie jener Zeit war[141] und deshalb auf

139 Ebd.
140 August Bebel, Die Frau und der Sozialismus, Stuttgart 1891[9] (1. Aufl. 1879).
141 Siehe Hans-Josef Steinberg, Sozialismus und deutsche Sozialdemokratie, Hannover 1967, S. 138.

das politische Bewußtsein der an Grundsatzfragen interessierten sozialdemokratischen Arbeiterschaft einen entscheidenden Einfluß ausübte.

Als die wesentlichste Fortentwicklung im Rahmen der theoretischen Grundlagen Bebels ist die systematische Zusammenfassung seiner Kritik der bestehenden Staats- und Gesellschaftsordnung zu verzeichnen. Was bislang aus den vielfältigen Tätigkeitsfeldern der Sozialdemokratie gegen den Obrigkeitsstaat und seinen expandierenden kapitalistischen Unterbau in der Interessenperspektive der Arbeiterklasse artikuliert wurde, schmiedeten die Hammerschläge einer Repressionspolitik der Herrschenden zu einer in sich konsistenten Gedankenmasse fundamentaler Opposition zusammen, für deren theoretische Darstellung sich die marxistische Methode einer Betrachtung der bürgerlichen Gesellschaft als konkrete Totalität von sozialökonomischen Prozessen vorzüglich eignete. Soweit dies den Aspektenreichtum und die Differenziertheit der Gesellschaftskritik betraf, legte Bebels Arbeit tatsächlich Zeugnis darüber ab, daß die Periode des Sozialistengesetzes eine programmatisch-politische Konsolidierung der Sozialdemokratie bewirkte. Indem Bebel den Klassencharakter eines von großbürgerlichen und aristokratischen Oligarchien gemeinsam beherrschten Kaiserreiches und die daraus resultierenden allseitigen Hemmnisse einer materiellen und kulturellen Entfaltung der arbeitenden Bevölkerung gründlich herausarbeitete, traf er den alltäglichen Erfahrungshorizont der sozialdemokratischen Anhängerschaft mit großer Prägnanz. Wie bereits der Titel „Die Frau und der Sozialismus" zeigt, gab Bebel, der schon bei der Konstituierung der Eisenacher Partei — damals noch erfolglos — das Frauenstimmrecht als Forderung der Sozialdemokratie beantragt hatte, in seinem Buch auch eine gesellschaftstheoretisch fundierte Darstellung der Geschlechterrollen als Ausfluß sozialökonomischer Zusammenhänge.

Nach der von Bebel mit bemerkenswerter Akribie gelieferten Zusammenschau aller Problemkreise der bestehenden Gesellschaftsordnung aus der Sicht der Arbeiterklasse konnte man ein Konzept strategischer Ansätze erwarten, die für die dargestellten Krisenherde eine sozialistische Lösungsperspektive in ebenso detaillierter Weise aufzuzeigen vermochten; des weiteren zumindest in groben Zügen einen Hinweis darauf, mit welchen Mitteln die vorgeschlagenen Strukturveränderungen durchzusetzen waren. Stattdessen ging die Gedankenführung Bebels unvermittelt von der Kritik der gegenwärtigen Zustände in ein von lebhafter Vorstellungskraft begleitetes Ausmalen eines Bildnisses der Zukunftsgesellschaft über, als deren einzige faßbare Voraussetzung der auf irgendeine Weise erfolgte „Übergang zum Sozialismus" von ihm genannt wurde: „Wir unterstellen demnach, daß in einem gewissen Zeitpunkt alle die geschilderten Übel so auf die Spitze getrieben sind, daß sie der großen Mehrheit der Bevölkerung nicht nur sichtbar, sondern ihr auch so drückend fühlbar werden, daß sie ihr unerträglich erscheinen und ein allgemeines, unwiderstehliches Verlangen nach gründlicher Umgestaltung fast die ganze Gesellschaft ergreift und ihr die rascheste Hilfe als die zweckmäßigste erscheinen läßt"[142]. Mit diesem einen

---

142 August Bebel, Die Frau und der Sozialismus, a.a.O., S. 260.

73

x das gilt für alle frühere Gesellschaftsordnungen aber nicht für den Übergang zum Sozialismus; auf diesem "Paradigma" keine Strategie zu entwerfen

Satz war die Strategieperspektive für den Rest der Schrift zu den Akten gelegt!

In seinem Hauptwerk finden wir also Bebels bereits erwähnte Auffassung eindrucksvoll bestätigt, daß sich auf der Grundlage einer sachlich fundierten und agitatorisch zündenden Gesellschaftskritik sämtliche Probleme der konkreten Zielsetzungen und Mittel sozialdemokratischer Politik schließlich „von selbst" zur höchsten Zufriedenheit auflösen würden. Dieser unerschütterliche Optimismus erhielt in der Annahme einer gesetzmäßigen Höherentwicklung des gesellschaftlichen Lebens, die Bebel der Marxschen Geschichtsauffassung zuschrieb, einen wissenschaftlich begründeten Anstrich: „Unsere Darlegung zeigt, daß es sich bei der Verwirklichung des Sozialismus nicht um willkürliches ‚Einreißen' und ‚Aufbauen', sondern um ein naturgeschichtliches Werden handelt. Alle Faktoren, die in dem Zerstörungsprozeß einerseits, im Werdeprozeß andererseits eine Rolle spielen, sind Faktoren, die wirken, wie sie wirken müssen"[143]. Während unter dem Einfluß der marxistischen Theorieansätze die Gesellschaftsanalyse zweifellos an Komplexität und innerer Stringenz gewann, hat die faktische Ohnmacht der Partei zur Zeit des Sozialistengesetzes ein unreflektiertes Vertrauen in die selbstregulativen Kräfte des Geschichtsprozesses gefördert und somit einer Marxismusinterpretation Vorschub geleistet, die den bereits beim frühen Bebel gegenüber Lassalle zu beobachtenden Verlust an strategischer Konkretion eher noch verstärkte. Unterschwellig muß Bebel geahnt haben, daß der geschichtsphilosophisch überhöhte Verzicht auf eine Strategiediskussion die theoretische Rationalisierung völlig ungewisser konkreter Vorgehensweisen der sozialdemokratischen Politik bildete: „Kann keine Regierung, kann kein Minister, und sei es der mächtigste, im voraus sagen, was die Umstände ihn im nächsten Jahre nötigen zu tun, dann können dies noch viel weniger Personen sagen, die vorläufig keine politische Gewalt besitzen und keinen Staatsapparat zur Verfügung haben"[144].

So ersetzten einstweilen prächtig ausgemalte Bilder einer geradezu paradiesischen Zukunftsgesellschaft die erforderlichen Strategien der Erkämpfung und eines Aufbaus des Sozialismus. Den von Not und Mühsal unter den bestehenden kapitalistischen Produktionsbedingungen geplagten Arbeitern stellte Bebel die Erlösung von dem Grundübel, einer alle menschlichen Bedürfnisse auf ein Minimum zusammendrängenden zehn- bis vierzehnstündigen Arbeitszeit in Aussicht: „Man beachte immer wieder, daß die gesamte Produktion auf höchster technischer Stufenleiter organisiert ist und alle tätig sind, so daß eine dreistündige Arbeitszeit eher zu lang als zu kurz erscheint. Owen bezeichnete für seine Zeit — erstes Viertel dieses Jahrhunderts — eine zweistündige für ausreichend"[145]. Es ist symptomatisch, daß sich Bebel bei seiner phantastischen Verheißung einer künftigen Arbeitszeit von zwei bis drei Stunden, die er ohne jede exakte gesamtgesellschaftliche Produktionsberechnung in der sozialdemokratischen Mitgliedschaft verbreitete, ausgerechnet auf einen Utopisten des vormarxistischen Sozialismus,

---

143 A.a.O., S. 373.
144 A.a.O., S. 260.
145 A.a.O., S. 283.

den Engländer Robert Owen bezog. Man stelle sich eine tatsächlich an die Macht gelangte sozialdemokratische Bewegung vor, deren Leistungen von ihrer Anhängerschaft an einem derart irrealen Erwartungshorizont gemessen würden! Aber die Vorstellungen Bebels über die Zukunftsgesellschaft waren kein alsbald in Praxis umzusetzendes Programm für den Aufbau des Sozialismus, sondern erfüllten vor allem die Funktion, unter den harten Kampfbedingungen des Sozialistengesetzes der Arbeiterschaft ein strahlendes Ziel zu weisen und den auf dem Weg dorthin zu erbringenden persönlichen Opfern einen historischen Sinn zu verleihen. In einer solchen Situation waren die kühnsten Utopien gerade Ansporn genug für die mühselige Tagesarbeit der Parteigenossen.

Problematisch im Sinne des intendierten „wissenschaftlichen Sozialismus" war noch gar nicht einmal das feste Vertrauen in die Möglichkeit, daß die künftige Gesellschaft die Probleme der Gegenwart zielstrebiger anzupacken und mit größerer Aussicht auf dauerhaften Erfolg zu bewältigen in der Lage sein würde. Ohne dieses kalkulierte und rational eingegrenzte Maß an „konkreter Utopie" kann keine gesellschaftskritische Bewegung ihre Alternative zur Politik einer bloßen Verwaltung des bestehenden Zustandes formulieren. Die Zweifel an der wissenschaftlichen Fundierung seiner Thesen erweckte Bebel vor allem durch Ausblendung jeglichen Problembewußtseins in bezug auf die gesellschaftlichen Zusammenhänge des zu errichtenden Sozialismus, welche in krassem Gegensatz zu einer hochgradig ausdifferenzierten Kritikfähigkeit hinsichtlich der Krisenherde des bestehenden Sozialgefüges stand. So führte Bebel im Kontrast zur Anarchie der kapitalistischen Produktion ein Bildnis perfektionierter Harmonie aller ökonomischen Prozesse als Kennzeichen des Sozialismus vor Augen: „In einer sozialisierten Gesellschaft sind aber die Verhältnisse vollkommen geordnet, weil die ganze Gesellschaft organisiert ist. Es geht also alles nach Plan und Ordnung vor sich, und so ist auch die Feststellung des Maßes für die verschiedenen Bedürfnisse sehr leicht. Liegt erst einige Erfahrung vor, vollzieht sich das Ganze spielend"[146].

Nach der objektiven Seite hin hatte diese Zuversicht ein nahezu unbegrenztes Vertrauen in die modernen exakten Wissenschaften zur Voraussetzung: „Die Menschheit wird in der sozialistischen Gesellschaft, in der sie erst wirklich frei und auf ihre natürliche Basis gestellt ist, ihre ganze Entwicklung mit Bewußtsein nach Naturgesetzen lenken ... Der Sozialismus ist die mit klarem Bewußtsein und voller Erkenntnis auf alle Gebiete menschlicher Tätigkeit angewandte Wissenschaft"[147]. Nach der subjektiven Seite hin mußte Bebel davon ausgehen, daß die unter den Verhältnissen der gegenwärtigen Gesellschaft existierenden Interessenunterschiede zwischen den Grundklassen, aber auch den einzelnen Schichten und Berufsgruppen und sogar zwischen individuellen Wünschen ausnahmslos eingeebnet werden konnten: „Dieser Gegensatz der Interessen ist in der sozialisierten Gesellschaft vollkommen beseitigt. Jeder entfaltet seine Fähigkeiten, um sich zu nützen, und indem er dies tut, nützt er zugleich dem Gemeinwesen. Heute

---

146 A.a.O., S. 268.
147 A.a.O., S. 372.

sind persönlicher Egoismus und Gemeinwohl sehr oft Gegensätze, die sich ausschließen, in der neuen Gesellschaft sind diese Gegensätze aufgehoben, persönlicher Egoismus und Allgemeinwohl stehen miteinander in Harmonie, sie decken sich"[148]. Wiederum wies Bebel nicht etwa konkrete Perspektiven zur Bewältigung von möglicherweise auftauchenden Meinungsverschiedenheiten und partiellen Interessendifferenzierungen. Er erklärte vielmehr den sozialen Konflikt im Sozialismus für eine Problematik, die allenfalls hoffnungslose Ignoranten und notorische Skeptiker noch an einem ungetrübten Enthusiasmus bei Anblick der leuchtenden Zukunftsziele zu hindern vermochte: „Indem die Gesellschaft ihre ganze Tätigkeit planmäßig anwendet, leitet und kontrolliert, hört die schädigende Tätigkeit Einzelner oder ganzer Klassen von selbst auf"[149].

Da Bebel mit gesellschaftlichen Konflikten und schwierigen Problemen der ökonomischen Planung nicht ernsthaft rechnete, konnte er das Absterben jener Institutionen verkündigen, die unter anderem eine Zentralstelle des Austragens von Interessenkämpfen und politischen Meinungsverschiedenheiten sowie des Bemühens um die Koordinierung komplexer sozialökonomischer Prozesse bildeten: „In dem Augenblick, in dem die Klassengegensätze durch Aufhebung des Privateigentums fallen, verliert der Staat nicht nur das Recht zu seiner Existenz, sondern seine Existenzmöglichkeit"[150]. Des weiteren prognostizierte er eine mächtige Dezentralisierungsbewegung, so daß die verbleibenden Verwaltungsfunktionen auf die vielen kleinen Bevölkerungseinheiten verteilt werden konnten, die sich aus einer Zergliederung der zu kapitalistischen Zwecken zusammengeferchten städtischen Ballungszentren herausbilden sollten: „Ihre allmähliche Auflösung ist notwendig, indem die Bevölkerung jetzt umgekehrt von den großen Städten auf das Land wandert, dort neue, den modernen Verhältnissen entsprechende Gemeinden bildet und ihre industrielle Tätigkeit mit der landwirtschaftlichen verbindet"[151]. Auch in dieser deutlich hervortretenden Tendenz, die Folgen des industriellen Modernisierungsprozesses teilweise wieder zurückdrängen zu wollen, traf sich Bebel mit vielen utopischen Sozialisten der ersten Hälfte des 19. Jahrhunderts. Jede Rückkehr zu einem Sozialgefüge mit einem geringeren Maß an Arbeitsteilung — wie sie die von Bebel in Aussicht genommene Verbindung landwirtschaftlicher und industrieller Tätigkeit objektiv voraussetzte — mußte einem wissenschaftlich geschulten Marxisten als pure Romantisiererei erscheinen.

Insgesamt trug die Bebelsche Vision des Zukunftsstaates also, abgesehen von den vielen irrealen Annahmen und dem durchgängig zu verzeichnenden naiven Optimismus, einen konzeptionellen Widerspruch in sich: Einerseits war für ihn der Sozialismus gleichbedeutend mit einer optimalen Ausschöpfung aller Hilfsquellen der modernen Wissenschaft und Technik, einem daraus fließenden gewaltigen Wachstum der Produktivkräfte und einer perfekt organisierten Planung aller gesellschaftlichen Prozesse — also einer

---

148 A.a.O., S. 271/72.
149 A.a.O., S. 311.
150 A.a.O., S. 261.
151 A.a.O., S. 309.

umfassend gesteigerten Herrschaft der Menschen über ihre materiellen Existenzbedingungen. Andererseits wollte er aber im Sozialismus mit der Klassenherrschaft auch sämtliche Institutionen beseitigen, die zur Aufrechterhaltung von Machtverhältnissen dienten, den Staat allmählich absterben lassen und die Ballungszentren in viele kleine selbstverwaltete Gemeinden auflösen — also die Herrschaft von Menschen über Menschen umfassend abbauen. Wie eine weitgehend dezentralisierte und entbürokratisierte Gesellschaft die allseitige Planung und Lenkung ihrer materiellen Existenzgrundlagen praktisch bewerkstelligen sollte, blieb bei Bebel vollständig im dunkeln. In letzter Instanz muß er dem technisch-wissenschaftlichen Fortschritt eine selbstregulative Kraft zugesprochen haben, die lediglich noch von der bestehenden Klassengesellschaft blockiert und verzerrt wurde. Über die aus den Zwängen der Arbeitsteilung und Komplexitätssteigerung sozialökonomischer Prozesse selbst resultierenden Organisationsprobleme, Informations- und Wissenshierarchien machte sich Bebel keinerlei Gedanken.

So mußten beim Aufbau des Sozialismus offenbar geheimnisvolle Kräfte am Werk sein, die anstelle der Sozialdemokratie das Kernproblem des gesellschaftlichen Fortschritts bewältigten: eine technisch-wissenschaftliche Optimierung von Freiheit *durch* Herrschaft über Naturprozesse mit einer Freiheit *von* Herrschaft in den sozialen Beziehungen zu verbinden und dabei die perfektionierte Strukturierung von Produktionsvorgängen in Einklang mit einer Entstrukturierung sozialer Institutionen zu bringen. Da Bebel jedoch immer wieder betonte, daß diese Schwierigkeiten sich allesamt „von selbst" erledigen würden, wenn der Sozialismus erst einmal errichtet sei, blieb seine Zukunftsperspektive von derartigem Kopfzerbrechen ungetrübt: „Können wir auch weder die Dauer, noch die Art der einzelnen Entwicklungsphasen bestimmen, so wenig wir über die Dauer unseres eigenen Lebens die geringste Gewißheit haben, die Hoffnung, den Sieg zu erleben, brauchen wir nicht fahren zu lassen. Von dem Wachstum und der Ausbreitung der Ideen, die wir vertreten, liefert jeder Tag neue Beispiele; auf allen Gebieten regt sich's und drängt nach vorwärts, die Morgendämmerung eines schönen Tages ist im Anzuge. Kämpfen und streben wir also immer voran, unbekümmert darum, ‚wo' und ‚wann' die Grenzpfähle einer neuen, besseren Zeit für die Menschheit eingeschlagen werden"[152]. Obgleich Bebel also angesichts der stürmischen Fortschritte der sozialdemokratischen Bewegung im Grundsatz strategische Erwägungen und detaillierte Zukunftspläne für verfehlt hielt, drängten ihm die innerparteilichen Diskussionen und die gesellschaftlichen Umstände diesbezügliche Äußerungen dennoch immer wieder auf.

Der „große Kladderadatsch" und die sozialistische Revolution

Wollte man die Vorstellungen August Bebels über die Strukturen der gegenwärtigen kapitalistischen Gesellschaft und jene der zukünftigen sozialistischen in eine anschauliche Form bringen, so könnte dem jeweiligen nega-

---

152 A.a.O., S. 381.

tiven Charakteristikum der bestehenden Verhältnisse grundsätzlich das entsprechende positive der sozialistischen Gesellschaft zugeordnet werden. Die Entwicklung zum Sozialismus war für Bebel also ein historischer Fortschritt ohne jede Ambivalenz und ohne irgendwelche sozialen Kosten, wie sie noch den Übergang vom Feudalismus zum Kapitalismus in der dialektischen Geschichtstheorie von Karl Marx geprägt hatten: Er hob einerseits als die entmenschlichende Konsequenz der kapitalistischen Produktionsweise hervor, sie habe „die persönliche Würde in den Tauschwert aufgelöst" und insgesamt „an die Stelle der mit religiösen und politischen Illusionen verhüllten Ausbeutung die offene, unverschämte, direkte, dürre Ausbeutung gesetzt"[153]; andererseits anerkannte Marx den großen historischen Fortschritt dieser neuen Gesellschaftsformation trotz der ihm bewußten negativen Begleiterscheinungen vorbehaltlos: „Alle festen eingerosteten Verhältnisse mit ihrem Gefolge von altehrwürdigen Vorstellungen und Anschauungen werden aufgelöst, alle neugebildeten veralten, ehe sie verknöchern können. Alles Ständische und Stehende verdampft, alles Heilige wird entweiht, und die Menschen sind endlich gezwungen, ihre Lebensstellung, ihre gegenseitigen Beziehungen mit nüchternen Augen anzusehen"[154].

Nun schimmerte allerdings auch in der Marxschen Auffassung, die kapitalistischen Produktionsverhältnisse seien „die letzte antagonistische Form des gesellschaftlichen Produktionsprozesses"[155], die Vorstellung einer Beseitigung aller „Widersprüche" in der Zukunftsgesellschaft durch. Obgleich die Hinweise auf den Weg zum Sozialismus und den Aufbau neuer sozialer Institutionen im Werk von Marx ausgesprochen spärlich waren, unterschieden die diesbezüglichen Darlegungen dennoch deutlich zwischen aufeinanderfolgenden Entwicklungsstufen einer Überwindung der kapitalistischen Antagonismen: „Aber diese Mißstände (der ungleichen materiellen Güterzuteilung, D. L.) sind unvermeidbar in der ersten Phase der kommunistischen Gesellschaft, wie sie eben aus der kapitalistischen Gesellschaft nach langen Geburtswehen hervorgegangen ist"[156]. Erst für eine spätere Entwicklungsperiode, über deren zeitliche Nähe oder Ferne sich Marx ausschwieg, konnte seiner Ansicht nach das von Bebel gezeichnete Bild eines „paradiesischen" Endzustandes von den objektiven Voraussetzungen her in die gesellschaftliche Wirklichkeit übersetzt werden: „In einer höheren Phase der kommunistischen Gesellschaft, nachdem die knechtende Unterordnung der Individuen unter die Teilung der Arbeit, damit auch der Gegensatz geistiger und körperlicher Arbeit verschwunden ist; nachdem die Arbeit nicht nur Mittel zum Leben, sondern selbst das erste Lebensbedürfnis geworden; nachdem mit der allseitigen Entwicklung der Individuen auch ihre Produktivkräfte gewachsen und alle Springquellen des genossenschaftlichen Reichtums voller fließen — erst dann kann der enge bürgerliche Rechtshorizont ganz überschritten werden und die Gesellschaft auf ihre Fahne schreiben: Jeder nach seinen Fähigkeiten, jedem nach seinen Bedürfnissen!"[157]

---

153 Karl Marx/Friedrich Engels, Manifest ..., MEW 4, S. 465.
154 Ebd.
155 Karl Marx, Zur Kritik ..., MEW 13, S. 9.
156 Karl Marx, Randglossen ..., MEW 19, S. 21.
157 Ebd.

Von diesen bei Marx immerhin vorausgesehenen „langen Geburtswehen" des Sozialismus bzw. Kommunismus[158] war in dem Bebelschen Bild des Zukunftsstaates keine Spur mehr vorhanden. In seinem Hang zur naiven schwarz-weißen Gegenüberstellung der gegenwärtigen und künftigen Verhältnisse folgte bei ihm der Not und dem Elend des Kapitalismus bruchlos die allseitige harmonische Entfaltung des Sozialismus. So war es unvermeidlich, daß die strategischen Leerstellen der theoretischen Konzeption Bebels von einem geheimnisumwitterten Ereignis ausgefüllt wurden, das als Periode der sozialistischen Revolution völlig im Ungewissen blieb. Einen denkbaren auslösenden Impuls versprach sich Bebel ähnlich wie Lassalle von möglichen kriegerischen Erschütterungen des staatlichen Herrschaftssystems: „Nach meiner Auffassung liegen die Dinge so, daß der nächste europäische Krieg, breche er heute oder morgen aus, die europäische Revolution im Gefolge hat"[159]. Solche militärischen Auseinandersetzungen zwischen ganzen Nationen waren jedoch Ereignisse von unüberschaubaren Faktorenkonstellationen, an denen sich Sozialdemokraten in ihren politischen Perspektiven kaum orientieren konnten.

Das bestimmende Motiv des Bebelschen Revolutionsbegriffs wurde unter dem Sozialistengesetz immer mehr die Erwartung eines ökonomischen Zusammenbruchs der bürgerlichen Gesellschaft. Erinnern wir uns, daß seit der Gründerkrise des Jahres 1873 eine Periode anhaltender Wirtschaftsstagnation oder sogar rezessiver Tendenzen herrschte, die lediglich von zwei sehr kurzen und zudem nur schwach ausgeprägten zyklischen Aufschwüngen unterbrochen wurde. Immer dann, wenn sich die ökonomische Entwicklung krisenhaft verschärfte und weitere Konkurse abzusehen waren, lebten Bebels Hoffnungen eines baldigen Endes des Kapitalismus von neuem auf: „Ich freue mich zu sehen, wie alles sich zu einem großen Welt-Kladderadatsch zusammenzieht"[160]. Der „große Kladderadatsch" als Zusammenbruch des kapitalistischen Systems war seine Version einer gesellschaftlichen Transformation der bürgerlichen in die sozialistische Gesellschaft. Von den Auswirkungen der ökonomischen Krise versprach sich Bebel einen größeren revolutionierenden Einfluß, als die gesamte praktische Arbeit und politische Agitation der Sozialdemokratie ihn jemals hervorrufen konnten: „Kurz es geht nach Wunsch, und wenn's einmal zum Krachen kommt, finden wir Bundesgenossen, wo wir sie heute gar nicht ahnen"[161].

Die unabdingbare Voraussetzung einer solchen Zusammenbruchserwartung bildete die Einschätzung, daß die kapitalistische Produktionsweise den einmal eingetretenen Krisenzustand auch in der Zukunft nicht bewältigen würde: „Ich glaube an keine Prosperitätsperiode von irgendwelcher Dauer mehr; wir kommen aus der Überproduktion nicht mehr heraus"[162]. Dieser

---

158 Eine präzise Unterscheidung zwischen diesen beiden Begriffen war in der Arbeiterbewegung vor 1914 nicht geläufig.
159 Bebel an Kautsky vom 6. 9. 1886, in: August Bebels Briefwechsel mit Karl Kautsky, Hrsgg. von Karl Kautsky Jr., Assen 1971, S. 55.
160 Bebel an Kautsky vom 14. 3. 1886, in: A.a.O., S. 52.
161 Ebd.
162 Bebel an Engels vom 9. 3. 1886, in: August Bebels Briefwechsel mit Friedrich Engels, Hrsgg. von Werner Blumenberg, London 1965, S. 262.

Erwartungshorizont ließ Bebel über jegliche konkretisierten Strategieerwägungen hinwegsehen, da bei dem nahenden Ende des Kapitalismus ohnehin alle denkbaren Entwicklungen nur den sozialdemokratischen Bestrebungen förderlich sein konnten: „Es soll mir nun sehr gleich sein, ob der Generalkrach in zwei oder fünf Jahren kommt, die Hauptsache ist, daß er kommt; und sicher ist, daß, je länger er zögert, desto besser die Gärung der Geister sich entwickelt und die schließliche Umwälzung um so radikaler wird"[163]. Solche Vorstellungen waren gegen jegliche Skepsis immun: Ein baldiges Eintreten des „großen Kladderadatsch" mußte der Sozialdemokratie ebenso gelegen kommen wie ein weiteres Hinauszögern des unvermeidlichen Zusammenbruchs, da eine gesellschaftliche Stagnation nach der Auffassung Bebels die revolutionäre Krise weiter anheizen müßte.

So blieb der Sozialdemokratie durch die glücklichen Umstände des baldigen Sieges selbst das mühselige Geschäft erspart, eine inhaltlich ausgefüllte Diskussion über die neue Gesellschaftsordnung zu führen, da die Rahmenbedingungen ohnehin feststanden: „Wie immer wir künftig unsere Forderungen praktisch und prinzipiell besser als bisher formulieren werden, unzweifelhaft wird etwas prizipiell Neues nicht darin angesprochen"[164]. Eine derartige Selbstzufriedenheit der Partei mit ihrer Grundsatzorientierung war nicht nur geeignet, die Tagesarbeit mit unverrückbaren Prinzipien auszustatten. Sie wurde darüber hinaus auch als Waffe zur Eindämmung von kritischen Anfechtungen eingesetzt, wie Bebel in seiner Antwort auf die Forderungen der „Jungen" nach größerer Radikalität in der Praxis des Klassenkampfes es meisterhaft demonstrierte: „Ich glaube, wir haben die größte Ursache, mit dem Gang der Dinge zufrieden zu sein. Nur diejenigen, welche das Ganze nicht zu überschauen vermögen, können anderer Meinung sein. Die bürgerliche Gesellschaft arbeitet so kräftig auf ihren eigenen Untergang los, daß wir nur den Moment abzuwarten brauchen, in dem wir die ihren Händen entfallende Gewalt aufzunehmen haben"[165]. Mit diesen Siegeszuversicht ausstrahlenden Worten nahm Bebel der Opposition insofern den Wind aus den Segeln, als er die von ihr zur Erkämpfung des sozialistischen Ziels propagierten revolutionären Anstrengungen für reine Kräftevergeudung erklärte, weil der Sozialdemokratie durch den unvermeidlichen Zusammenbruch der bürgerlichen Gesellschaft die reifen Früchte des Zukunftsstaates wie im Garten Eden auch in einen trägen Schoß fallen müßten. Es galt folglich nur noch jenen paradiesischen Tag „abzuwarten" und die von Schicksalsmächten gelieferten fertigen Produkte sozialistischer Strukturen in die Hände der Partei „aufzunehmen".

Ohne jeden Zweifel waren derartig simplifizierte Ausführungen auch durch die Motive der innerparteilichen Integration geprägt. Sofern die naiven Zusammenbruchshoffnungen jedoch „Opium" für das unter dem Sozialistengesetz und ständigen ökonomischen Krisen leidende sozialdemokratische „Volk" waren, streute Bebel das alle konkrete Handlungspraxis lähmende Rauschmittel des blinden Optimismus nicht als der bewußt kalkulierende

---

163 Bebel und Julie Bebel an Engels vom 6. 1. 1883, in: A.a.O., S. 146.
164 Protokoll 1891, S. 158.
165 A.a.O., S. 172.

Manipulator unter die Massen, sondern stand selbst unter dessen Wirkungen. Dieser Eindruck läßt sich jedenfalls schwerlich verwischen, wenn wir uns seine bildliche Vorstellung der revolutionären Endkrise des Kapitalismus vergegenwärtigen: „Schließlich stürzt der ganze Plunder durch einen tüchtigen Ruck wie ein Kartenhaus zusammen"[166]. Die Konsequenzen dieser tief im Denken Bebels verwurzelten Zukunftsprognosen waren viel zu schwerwiegend, als daß sie als bloße taktische Manöver bagatellisiert werden könnten. Seine Zusammenbruchshoffnung ließ ihn nämlich selbst die von Engels betonten Kampfziele der Partei wie die Parlamentarisierung Deutschlands oder die Brechung der preußischen Hegemonialstellung in den Wind schlagen: „Wie ich unsere Zustände ansehe und ihre rasche Entwicklung zu schließen erlaubt, kann leichter das Ganze erreicht werden, ehe nur ein Teil verwirklicht ist"[167].

Diese Auffassung entsprang einem realen Erfahrungshorizont der sozialdemokratischen Praxis unter dem Sozialistengesetz und dem System des Kaiserreiches überhaupt: Selbst die geringfügigsten Forderungen der Sozialdemokratie scheiterten häufig am geschlossenen Widerstand der bürgerlichen und aristokratischen Parteien, die auf jede selbständige politische Regung hin mit der Repression des Obrigkeitsstaates drohen konnten. Diese gesellschaftliche Wirklichkeit bildete die Grundlage der auf den ersten Blick vollständig paradox erscheinenden Vorstellung, daß der Partei keine ins Gewicht fallende partielle Veränderung der bestehenden Verhältnisse gelingen könnte, wohl aber der endgültige Sieg — durch den „großen Kladderadatsch", in dem sich der Kapitalismus als ein „Kartenhaus" erweisen würde. Nur auf diesem Hintergrund wird es verständlich, daß nach Bebels Auffassung die an überprüfbaren Kampfzielen orientierte Reformstrategie Vollmars „mit Notwendigkeit zur Versumpfung der Partei führen müßte"[168]. Ein „konsequenter Marxist", wie er (leider nur) in den Büchern steht, hätte doch alle inhaltlichen Konzeptionen für soziale Reformen im Interesse der arbeitenden Bevölkerung als unverzichtbaren Bestandteil des Kampfes um den Sozialismus akzeptieren können, um daraufhin die letztlich entscheidende Bedeutung der gesellschaftlichen Machtfrage zwischen den antagonistischen Klassen zu unterstreichen!

Ein solcher Bilderbuch-Marxist war Bebel aber eben nicht, weil unter der Übermacht des großbürgerlich-junkerlichen Bündnisses jede nach ausgewiesenen Zwischenschritten kontrollierbare Reformstrategie ihm als aussichtslos erschien. So traf Bebel instinktsicher die Bewußtseinslage der sozialdemokratischen Anhängerschaft, wenn er einen Haupteinwand gegen den Vollmarschen „Reformismus" auf die folgende Weise formulierte: „Er nimmt der Partei das, ohne das eine Partei wie die unserige nicht bestehen kann, die Begeisterung"[169]. Noch mehr, das Scheitern von Teilreformen mußte der Sozialdemokratie die Zuversicht auf Verwirklichung ihrer Ziele in einem

166 Bebel an Hermann Schlüter vom 24. 2. 1884, zitiert nach: Sozialdemokratie zwischen Klassenbewegung und Volkspartei, Hrsgg. von Hans Mommsen, Frankfurt am Main 1974, S. 57.
167 Bebel an Engels vom 12. 7. 1891, in: August Bebels Briefwechsel mit Friedrich Engels, a.a.O., S. 424.
168 Protokoll 1891, S. 173.
169 A.a.O., S. 275.

überschaubaren Zeitraum rauben und damit den entbehrungsreichen Kampf gegen den preußisch-deutschen Obrigkeitsstaat jedes tieferen Sinnes entleeren. Nicht, weil er sie über eine Politik der schrittweisen Reform längst hinausgelangt und erhaben dünkte, versuchte Bebel die Sozialdemokratie von allen detaillierten Reformkonzeptionen freizuhalten, sondern weil allein der Verzicht auf eine praktische Probe noch die Hoffnung auf die allesbewältigende revolutionäre Endkrise in Gestalt des ökonomischen Zusammenbruchs der bürgerlichen Gesellschaft lebendig erhielt.

Diese theoretische Rekonstruktion der Bebelschen Auffassungen gestattet es nunmehr auch, die noch offen gebliebene Frage zu beantworten, ob seine stärker von den objektiven Faktoren geprägten Konzeptionen gegenüber Lassalle einen Zugewinn an Realismus oder ein Abgleiten in einen schicksalsergebenen Immobilismus bedeuteten. Wir müssen zu einem differenzierten Urteil gelangen: Bebel war realistischer als Lassalle, insoweit die historischen Rahmenbedingungen inzwischen die einstweiligen Grenzen des sozialdemokratischen Einflusses verdeutlicht hatten. Die von Lassalle als Ergebnis zielbewußter Agitation und Aktion in einer zugespitzten Konfliktsituation vorgestellte Eroberung der politischen Macht durch die arbeitende Bevölkerung diskutierte er nicht mehr als konkret anstrebbare Tagesaufgabe, obgleich diese Machtfrage auch von Bebel als der Kern jeder sozialistischen Strategie anerkannt wurde: „Wir sind nicht in der Lage, die Herrschaft der Arbeiterklasse zu errichten auf der Gewinnung der ökonomischen Macht, wir müssen zum umgekehrten Mittel greifen. In erster Linie haben wir die politische Macht zu erobern und diese zu benutzen, um auch die ökonomische Macht durch die Expropriation der bürgerlichen Gesellschaft zu erreichen"[170].

Seinen theoretischen Auffassungen lag dennoch eine fatalistische Tendenz zugrunde, insofern Bebel daran glaubte, daß die Macht den herrschenden Klassen durch den Zusammenbruch ihrer wirtschaftlichen Basis „entfallen" würde und die historischen Umstände sowie die Gesetze der modernen Wissenschaft der Sozialdemokratie den Aufbau der zusammengestürzten Gemäuer der alten Ordnung zu einem neuen Gebäude der sozialistischen Zukunftsgesellschaft naturwüchsig vorformen müßten: „Ist die politische Macht in unseren Händen, so findet sich das Weitere von selbst"[171]. Der machtpolitische Realismus Bebels erkannte die gesellschaftlichen Reformgrenzen des Kaiserreiches, seine stark *deterministisch* geprägte Geschichtsauffassung resultierte aus der mangelnden Einsicht in eine Dialektik des politischen Handelns: daß gewachsene historische Umstände die Möglichkeit sozialer Kräfte eingrenzten, wie die von bewußten Strategieperspektiven geleiteten praktischen Aktionen gesellschaftlicher Bewegungen auch umgekehrt diese geschichtlichen Handlungsfelder zu gestalten vermochten. Die Zukunftschancen der Partei mußten in der bei Bebel durch die Zusammenbruchserwartungen verdeckten Grundproblematik ruhen, wie die Sozialdemokratie trotz der unbestreitbaren Machtentfaltung der großbürgerlich-großagrarischen Herrschaftsallianz in der Analyse der gegenwärtigen Gesellschaft die Ansatzpunkte für die Verwirklichung ihrer historischen Aufgaben zu finden und diese praktisch umzusetzen in der Lage sein würde.

170 A.a.O., S. 159.
171 Ebd.

IV. Kapitel

Karl Kautsky: Marxismus als geschlossene Parteidoktrin

Kapitalistische Entwicklung, Klassenanalyse und Bündnisfrage

In dem von Kautsky verfaßten grundsätzlichen Teil des Erfurter Programms bildete eine wirtschaftliche Trendbestimmung den Ausgangspunkt aller weiterer theoretischen Erwägungen: „Die ökonomische Entwicklung der bürgerlichen Gesellschaft führt mit Naturnotwendigkeit zum Untergang des Kleinbetriebes"[172]. Bereits diese Einleitung zum sozialdemokratischen Grundsatzprogramm vermochte zu demonstrieren, daß die von Kautsky wesentlich geprägte weitere Systematisierung der parteioffiziellen Marxismusinterpretation vor allem in Richtung einer umfassenderen Analyse der kapitalistischen Entwicklungstendenzen erfolgte. Des weiteren deutete die von Kautsky mit dem Begriff der *„Naturnotwendigkeit"* umschriebene Eigendynamik des zu verzeichnenden Monopolisierungsprozesses darauf hin, daß die Ökonomie immer mehr als eine politisch kaum beeinflußbare Grundlage allen gesellschaftlichen Lebens interpretiert wurde. Die Formulierung einer geradezu naturgesetzlichen Notwendigkeit der kapitalistischen Entwicklung unterstellte zudem, daß mit dem Wirken von Marx und Engels die Gesellschaftstheorie in den Status einer exakten Wissenschaft erhoben worden sei. Freilich hatte Kautsky nur in groben Zügen recht, wenn er seine Fassung des Erfurter Programms als „Paraphrase des bekannten Absatzes über ‚Die geschichtliche Tendenz der kapitalistischen Akkumulation' im ‚Kapital'"[173] zu erkennen gab: denn Marx selbst definierte den Konzentrations- und Zentralisationsprozeß präziser mit der Formulierung, daß sich das Zurückdrängen von Kleinbetrieben „durch das Spiel der immanenten Gesetze der kapitalistischen Produktion"[174] vollzog. Solche Trendaussagen ließen stets Modifikationen und gegenläufige Tendenzen zu — wovon das „Kapital" vielfältig Zeugnis ablegt —, während man sich mit der Behauptung eines „naturnotwendigen Untergangs" des Kleinbetriebes viel stärker auf die Einheitlichkeit des Prozeßablaufs festlegte.

Für die Sozialdemokratie war die Konzentrationsgeschwindigkeit jedoch nicht allein ein Problem wissenschaftlicher Theorienbildung. Da die industrielle Lohnarbeiterschaft gegenüber der Landbevölkerung und dem Klein-

---

172 Programm der Sozialdemokratischen Partei Deutschlands, zitiert nach: Wolfgang Abendroth, Aufstieg . . ., a.a.O., S. 95.
173 Karl Kautsky, Das Erfurter Programm. In seinem grundsätzlichen Teil erläutert, Stuttgart 1922[17], S. XXXII (Vorwort von 1904).
174 Karl Marx, Das Kapital, MEW 23, S. 790.

bürgertum noch immer eine Minderheit innerhalb der von dem Monopolisierungstrend bedrängten Klassen und Schichten bildete, war die sich objektiv zuspitzende Interessendifferenz des Kleinbesitzes zur Großbourgeoisie und dem Junkertum ein unverzichtbares Element der sozialdemokratischen Erfolgschancen. Dementsprechend bezog das Erfurter Programm diese kleinbürgerlichen Zwischenschichten ausdrücklich in den Kreis jener ein, die von der kapitalistischen Entwicklung in ihren Lebensinteressen eingeschränkt wurden: „Für das Proletariat und die versinkenden Mittelschichten — Kleinbürger, Bauern — bedeutet sie wachsende Zunahme der Unsicherheit ihrer Existenz, des Elend, des Drucks, der Knechtung, der Erniedrigung, der Ausbeutung"[175]. In der geringeren Mobilität des ehemals zünftlerischen Handwerks und der traditionell produzierenden Bauernschaft erblickte Kautsky ein Moment der potentiellen Benachteiligung, zumal nach seinen Beobachtungen manche Kleineigentümer länger und härter zu arbeiten gezwungen waren als die übrigen Werktätigen, nur um ihren kärglichen Kleinbetrieb gegen eine übermächtige Entwicklung am Leben zu erhalten: „Sein Besitz ist das einzige, was ihn vom Proletarier unterscheidet, aber eben dieser Besitz hindert ihn, der besten Arbeitsgelegenheit nachzugehen, er fesselt ihn an die Scholle und macht ihn abhängiger, als den besitzlosen Lohnarbeiter"[176].

Obwohl also Kautsky bezüglich der objektiv bereits auf den Lebensstandard des Proletariats herabgesunkenen Kleinbürger die Chance eines gemeinsamen Interessenkampfes gegen das großbürgerlich-junkerliche Bündnis sah, lehnte er dennoch staatliche Hilfsmaßnahmen für diese bedrängten Schichten ab, weil eine solche Stärkung ihres Privateigentums zur Rekonstruktion bürgerlichen Klassenbewußtseins führen müßte; aktualisiert wurde diese Kontroverse durch das 1894/95 beratene Agrarprogramm, dessen Unterstützungsvorschlägen er entgegenhielt: „Nur der hoffnungslose Bauer wird Sozialdemokrat, nur derjenige, der die Überzeugung gewonnen hat, daß ihm im Rahmen der bestehenden Staats- und Gesellschaftsordnung nicht zu helfen ist"[177]. Als Alternative zu positiven Hilfsmaßnahmen für die Landwirtschaft propagierte Kautsky eine Argumentationsstrategie, die den Kleineigentümern die Unvermeidlichkeit ihres Unterganges ins Bewußtsein heben und ihnen zugleich die sozialistischen Produktionsgenossenschaften der Zukunft als einzige Perspektive ihrer Lebensinteressen vermitteln sollte. „Das haben wir den Bauern zu sagen. Möglich, daß das nicht sehr ‚praktisch' ist, aber es ist wahr und notwendig. Möglich auch, daß das die Bauern nicht verstehen oder nicht verstehen wollen. Das wäre sicher schlimm, würde aber nur beweisen, daß die Bauern noch nicht reif sind für uns"[178].

Dieser Standpunkt historischer Gewißheit gegenüber den Forderungen nach agitatorischer Praktikabilität wäre für den Parteitheoretiker Kautsky nicht

---

175 Programm der SPD (1891), a.a.O., S. 95.
176 Karl Kautsky, Das Erfurter Programm. In seinem grundsätzlichen Teil erläutert, Stuttgart 1892² (1. Aufl. 1891), S. 27.
177 Karl Kautsky, Unser neuestes Programm, in: Die neue Zeit. Revue des geistigen und öffentlichen Lebens, Redigiert von Karl Kautsky, XIII. Jahrgang, 1894/95, II. Band, S. 619.
178 Ebd.

verständlich, würde er sich nicht zugleich auf die Einschätzung gründen, daß der Sozialdemokratie ohnehin die Mehrzahl der proletarisierten Handwerker, Händler und Bauern zulaufen mußte, da deren Enteignung durch das monopolistische Großkapital und den Großgrundbesitz mit der Notwendigkeit einer Naturgewalt bevorstand: „Dies ist das unvermeidliche Schlußergebnis der ökonomischen Entwicklung in der heutigen Gesellschaft, ebenso unvermeidlich wie der Tod. Und wie dieser einem an qualvoller Krankheit Darniederliegenden als Erlöser erscheint, so wird auch der Bankerott vom kleinen Mann unter den heutigen Verhältnissen nur zu oft als Erlösung empfunden, als Erlösung von einem Eigentum, das ihm zu einer drückenden Last geworden"[179]. Damit abstrahierte Kautsky auf der Basis der objektiven ökonomischen Entwicklungstendenzen von dem stets in gesellschaftlichen Prozessen mitwirkenden „subjektiven Faktor", der die einem traditionellen, von Berufsethos und Zunftgeist geprägten Sozialmilieu verhafteten Kleineigentümer auch dann an ihrem Besitz festhalten und dessen Verlust als soziale Deklassierung empfinden ließ, wenn der Übergang ins Lohnverhältnis objektiv eine Erlösung von ständiger Existenzangst und eine materielle Besserstellung bedeutete.

Dabei war sich Kautsky durchaus der Tatsache bewußt, daß der von ihm postulierten einheitlichen Tendenz zum Untergang des Kleinbetriebes bei einer detaillierten Analyse vielfältige Hindernisse im Wege standen. So setzte dieser Entwicklungsprozeß eine durch höheren technologischen Standard überlegene Massenproduktion voraus, die in der Agrarwirtschaft nicht durchweg existierte: „In der Tat ist das verhältnismäßig langsame Vordringen des Großbetriebes in der Landwirtschaft in hohem Grade dem Umstand zuzuschreiben, daß die Kleinbetriebe nur zum Teil auf den Verkauf ihrer Produkte angewiesen sind und daher, auch wenn sie den großen Betrieben an Leistungsfähigkeit erheblich nachstehen, doch von deren Konkurrenz nicht in vollem Maße getroffen werden"[180]. In den agrarischen Bereichen herrschten nämlich teilweise noch die Formen der traditionellen Bedarfsdeckungswirtschaft, die in ihrer Erzeugung unmittelbarer Gebrauchsgüter von den kapitalistischen Tauschwert- und Marktgesetzen gar nicht berührt wurden. Die Kommerzialisierung der Landwirtschaft hing viel stärker als im gewerblichen Bereich von außerökonomischen Faktoren ab, so zum Beispiel den Herrschaftsinteressen der ostelbischen Junkerklasse, die ihre Vormachtstellung im preußisch-deutschen Staate von der kapitalistischen Entwicklung gefährdet sah, aber auch den traditionellen Produktionsverhältnissen der Kleinbauern, die nicht ohne weiteres zu einer zusätzlichen Kreditaufnahme für die Modernisierung ihres Betriebes zu bewegen waren.

Darüber hinaus machte sich Kautsky über das politische Bewußtsein eines Kleinbürgertums, dem die ökonomischen Rahmenbedingungen wenigstens noch einen Rest von Überlebenschancen im Konkurrenzkampf versprachen, keinerlei Illusionen: „So lange der Handwerker als Handwerker, der Bauer als Bauer, der Kleinhändler als Kleinhändler fühlt, so lange sie ein kräftiges

---

179 Karl Kautsky, Das Erfurter Programm, a.a.O., S. 28/29.
180 Karl Kautsky, Die Konkurrenzfähigkeit des Kleinbetriebes in der Landwirtschaft, in: Die Neue Zeit, a.a.O., 1894/95, II, S. 486.

Klassenbewußtsein haben, müssen sie an dem Privateigentum an den Produktionsmitteln festhalten und dem Sozialismus unzugänglich sein, wie schlecht es ihnen auch gehen mag"[181]. Gleichfalls waren nach Meinung Kautskys von vornherein die „Lumpenproletarier", denen jegliche soziale oder politische Identität fehlte, aus allen strategischen Überlegungen auszuklammern: „Sie sind angewiesen auf die Brotsamen, die vom Tische des Reichen fallen: wie könnten sie wünschen, daß der Reiche verschwinde!"[182] Selbst in der dann verbleibenden lohnabhängigen Bevölkerung nahm Kautsky noch Differenzierungen in der Herausbildung sozialistischen Klassenbewußtseins an. Für alle in einem unmittelbaren persönlichen Abhängigkeitsverhältnis zu Mitgliedern der herrschenden Klassen stehenden Hilfskräfte galten die solidaritätsfördernden Produktionsbedingungen der industriellen Lohnarbeiter nicht; sie waren nicht so sehr durch strukturelle Rahmenbedingungen, als vielmehr von individueller Willkür und Laune der Herrschenden geknechtet. „Je geschickter er sich dieser anpaßt und unterwirft und je mehr er seine Mitdiener aussticht, desto besser seine Aussichten. So fühlt sich der Bediente solidarisch mit dem Herrn, dagegen als geheimer Feind aller seiner Mitarbeiter"[183]. Diese restriktiven, aber zugleich einem individuellen Aufstieg förderlichen Arbeitsumstände besaßen auch unter den damals noch hauptsächlich Überwachungs- und Verwaltungsfunktionen wahrnehmenden Angestellten und Beamten ihre Wirkung.

Damit konzentrierten sich die sozialdemokratischen Hoffnungen also auf die Industriearbeiterschaft, das Proletariat im engeren Begriffsverständnis. Aber sogar in dieser Kernklasse machte Kautsky angesichts der zumeist agrarischen oder handwerklichen Herkunft und Denkweise sowie der alle selbständige persönliche Entfaltung hemmenden Produktionsbedingungen im frühen Stadium der kapitalistischen Entwicklung einige Abstriche: „Kein Wunder, daß sich die arbeitenden Proletarier in den Anfängen der kapitalistischen Großindustrie kaum von den Lumpenproletariern unterschieden"[184]. Da die moderne hochkapitalistische Produktionsweise damals erst in einigen Wirtschaftssektoren seit längerem existierte, konnte nach den vorausgegangenen sehr differenzierten Analysen des Klassen- und Schichtengefüges erwartet werden, daß Kautsky die objektiven Voraussetzungen eines raschen Voranschreitens der sozialdemokratischen Bewegung realistisch einzuschätzen in der Lage sein würde.

Stattdessen schien Kautsky sämtliche Ergebnisse seiner eigenen Überlegungen bereits — nach wenigen Seiten dieser Abhandlung! — vergessen zu haben, als er auf die ökonomischen Entwicklungstendenzen des Kapitalismus zu sprechen kam, die alle vorhandenen Differenzierungen objektiv wie auch subjektiv einebnen müßten: „Aber so wie das industrielle Kapital immer maßgebender wird für das gesamte Kapital, ja für alle wirtschaftlichen Unternehmungen im Bereich der kapitalistischen Nationen, so wird das Denken und Fühlen des in der Großindustrie arbeitenden Proletariats immer mehr maßgebend für das Denken und Fühlen der Lohnarbeiter überhaupt.

---

181 Karl Kautsky, Das Erfurter Programm, a.a.O., S. 180.
182 A.a.O., S. 187.
183 A.a.O., S. 184.
184 A.a.O., S. 189/90.

Das Bewußtsein der allgemeinen Interessengemeinschaft ergreift auch die Arbeiter der kapitalistischen Manufaktur und des Handwerks... Ihnen schließen sich nach und nach die Arbeiter der nicht-industriellen städtischen Gewerbe an, die des Handels, des Verkehrs... Auch die ländlichen Arbeiter werden sich allmählich ihrer Interessengemeinschaft mit den übrigen Lohnarbeitern bewußt... Ja schließlich beginnt das Gefühl der Solidarität die schlechtergestellten unter den selbständigen Handwerkern zu ergreifen, unter Umständen sogar Bauern anzustecken: so werden immer mehr die arbeitenden Klassen zu einer einzigen einheitlichen Arbeiterklasse zusammengeschweißt"[185].

Was Kautsky an dieser Stelle als Ergebnis eines kapitalistischen Entwicklungstrends darstellte, trug im einzelnen alles andere als den Charakterzug wissenschaftlicher Abschätzung politischer Bewußtseinsbildungsprozesse. Der unvermittelte Schluß von ökonomischen Strukturprozessen auf die Mobilisierung und Politisierung verschiedenster Bevölkerungsschichten ohne eine eingehendere soziologische Untersuchung ihrer bewußtseinsprägenden Lebensumstände gab Kautsky als *objektivistischen* Gesellschaftstheoretiker zu erkennen: Die dialektische Geschichtsphilosophie von Marx und Engels, die stets in allen konkreten Analysen die Vermittlung sozialökonomischer Tendenzen über politisches Handeln herausarbeitete, reduzierte er auf einen eindimensionalen Determinismus, der die objektiven Strukturen des kapitalistischen Entwicklungsprozesses gegenüber den vielfältigen Interessenkonstellationen, Motivationshintergründen und Bewußtseinsschranken von Individuen und sozialen Gruppen verselbständigte. Nur im Horizont dieser ausgeblendeten dialektischen Rückwirkung des „subjektiven Faktors" auf die objektiven Handlungsumstände wird es verständlich, daß Kautsky den Verzicht auf eine bewußte und gezielte Bündnispolitik als die geeignetste Vorgehensweise der Formung einer einheitlichen, gegen Großbourgeoisie und Junkertum gerichteten Klassenbewegung betrachtete.

Über die geschichtliche Notwendigkeit des Sozialismus

Die Überzeugung, daß die Sozialdemokratie ihren politischen Kampf im Einklang mit den objektiven gesellschaftlichen Tendenzen betrieb, bildete für Kautsky das Herzstück seiner Marxismusinterpretation. Als die Essenz des theoretischen Wirkens von Karl Marx hob er die These heraus, daß dieser der erste Wissenschaftler und Philosoph gewesen sei, „der die Ziele der jetzigen sozialen Bewegung als naturnotwendige Konsequenzen aus der bisherigen historischen Entwicklung ableitete"[186]. Insofern war die sozialistische Perspektive für Kautsky primär eine Frage von exakten Analysen der kapitalistischen Entwicklungstendenzen. Ein wesentlicher Krisenherd betraf in diesem Zusammenhang die von konjunkturellen Schwankungen und technologischem Strukturwandel verursachte Arbeitslosigkeit, die schon

---

185 A.a.O., S. 196/97.
186 Karl Kautsky, Karl Marx's Ökonomische Lehren, Stuttgart 1887, S. 258.

das Erfurter Programm mit der Aussage kennzeichnete, die „Armee der überschüssigen Arbeiter" werde „immer massenhafter"[187]. In seinen Erläuterungen zum Grundsatzprogramm ging Kautsky auf diese für die soziale Stabilität des kapitalistischen Systems ausschlaggebende Problematik näher ein: „Schwankt die Ausdehnung der industriellen Reservearmee auf und ab mit den Schwankungen des Geschäftslebens, so zeigt sie doch im allgemeinen die Neigung, sich in aufsteigender Richtung zu bewegen. Denn die technische Umwälzung geht immer rascher vor sich, umfaßt immer weitere Gebiete; die Ausdehnung des Marktes findet dagegen immer mehr Schranken"[188].

Die hinsichtlich der „industriellen Reservearmee" von Arbeitslosen geäußerte Vermutung, die kapitalistische Produktionsweise erzeuge einen ihre immanenten Strukturen überfordernden gesellschaftlichen Problemdruck, durchzog die Argumentation Kautskys als roter Faden. So erblickte er auch in der erhöhten Waren- und Kapitalmobilität der großindustriellen Produktion nicht etwa ein Instrumentarium zur Vermeidung von Gleichgewichtsstörungen im Absatz, sondern im Gegenteil eine Quelle der weiteren Untergrabung von Systemstabilität: „Die Entwicklung des Verkehrswesens einerseits und des Kreditwesens andererseits erleichtert die plötzliche Überschwemmung eines Marktes mit Waren, fördert aber dadurch auch die Krisen und vergrößert ihre verheerenden Wirkungen"[189]. Der „große Kladderadatsch", in dem nach der Vorstellung Bebels das mächtige Gebäude der bürgerlichen Gesellschaft wie ein Kartenhaus zusammenstürzen würde, hatte selbstverständlich in der von Kautsky betonten Wissenschaftlichkeit des Marxismus als umfassende Parteidoktrin keinen Platz mehr. An der Theorie einer unvermeidlichen Zuspitzung der kapitalistischen Krise versuchte er allerdings festzuhalten, indem er sie mit einer lediglich modifizierten ökonomischen Begründung ausstattete: „Kurz, es scheint der Augenblick nahe zu sein, wo der Markt der europäischen Industrie sich nicht nur nicht mehr erweitern, sondern wo er anfangen wird, sich zu verengen. Das hieße aber nichts anderes, als der Bankerott der ganzen kapitalistischen Gesellschaft"[190].

Aufgrund dieses allmählichen Versiegens jener Profitquellen sah Kautsky die kapitalistische Produktionsweise an ihre objektiven Grenzen gelangen. Aber auch von den subjektiven Auswirkungen der ständigen Krisen erhoffte er sich mobilisierende Impulse für die sozialdemokratischen Zukunftsbestrebungen: „Diese stete Unsicherheit ist von allen Übeln der heutigen Produktionsweise das quälendste, aber auch das empörendste, dasjenige, welches die Gemüter am tiefsten aufregt, jeder konservativen Neigung am gründlichsten den Garaus macht. Diese ewige Unsicherheit der eigenen Lage untergräbt den Glauben an die Sicherheit des Bestehenden und das Interesse an seiner Erhaltung. Und wer durch das Bestehende in ewiger Furcht erhalten wird, verliert die Furcht vor dem Neuen"[191]. Zunächst ist auffällig, daß Kautsky die permanenten tiefgreifenden Umstrukturierungen, die für eine entwickelte

---

187 Programm der SPD (1891), a.a.O., S. 95.
188 Karl Kautsky, Das Erfurter Programm, a.a.O., S. 46.
189 A.a.O., S. 91.
190 A.a.O., S. 100.
191 A.a.O., S. 48.

bürgerliche Gesellschaft charakteristisch waren, als ein unerträgliches instabiles Zwischenstadium begriff, welches nach rascher Überwindung drängte. Für die kapitalistische Bourgeoisie im engeren Sinne war diese Dynamik des gesellschaftlichen Wandels ein Kernelement ihres ideologischen Selbstverständnisses: Begriffe wie „Marktkonkurrenz", „freie Unternehmerinitiative" und „technischer Fortschritt" bildeten die Kampfparolen des mobilen Kapitals gegen die „bodenständigen" Produktionsformen der Agrarwirtschaft und des Kleingewerbes, wenn auch die deutsche Großbourgeoisie aufgrund ihrer spezifischen Verfilzung mit der autoritären Staatsbürokratie und der spätfeudalen Junkerklasse nicht allzuviel von ihren einstigen Zielen mehr wissen wollte.

Einer unverzeihlichen Selbsttäuschung entsprang allerdings Kautskys undifferenzierte Vermutung, daß die ständige Unsicherheit der sozialen Existenzgrundlagen in jenen Bevölkerungsgruppen, die diese am drückendsten empfanden, zu einer Abkehr von der bestehenden Gesellschaftsordnung und Hinwendung zu der unvermeindlich bevorstehenden sozialistischen Zukunft führen würde. Dieses gerade im Kleinbürgertum verbreitete Klima der tiefgreifenden Untergrabung aller überkommenen Handlungs- und Denkweisen durch die stürmische Entfaltung des industriellen Kapitalismus hatte zunächst einmal eine vollkommen entgegengesetzte Wirkung: Je hoffnungsloser sich die soziale Lage des Kleinbürgertums in der bestehenden Gesellschaft objektiv gestaltete, um so affektiv-irrationaler wurde das Festhalten an dem überkommenen Status; desto mehr bot sich den in ihrer gesellschaftlichen Identität erschütterten Handwerkern, Kleinhändlern und Bauern die Flucht in reaktionäre Träume von der „guten alten Zeit" als Verdrängungsmöglichkeit der fehlenden realen Perspektiven an; um so stärker sehnte man sich aus dem harten Existenzkampf der kapitalistischen Konkurrenzwirtschaft zurück in den weichen Schoß der ständischen Statusfixierung. Freilich bildete die potentielle Neigung des Kleinbürgertums, auf die Erosion seiner traditionellen konservativen Zufriedenheit mit dem Bestehenden eher regressiv zu reagieren, keine unaufhebbare sozialpsychologische Konstante. Dieses reaktionäre Verhaltensmuster war jedoch dermaßen verbreitet, daß sich die Sozialdemokratie mit ihm kritisch und illusionslos auseinanderzusetzen hatte, anstatt auf den Selbstlauf in Richtung sozialistischen Bewußtseins blind zu vertrauen.

Die Fehleinschätzung der politischen Auswirkungen von dauerhaften ökonomischen Krisen entsprang nicht nur einer partiellen Unzulänglichkeit der Analyse, sondern folgte durchaus konsequent aus Kautskys genereller These, daß der Übergang zum Sozialismus schlicht eine historische Notwendigkeit war: „Heute fragt sich's nicht mehr, ob man das Privateigentum an den Produktionsmitteln aufrecht erhalten will oder nicht. Sein Untergang ist gewiß"[192]. Für die bürgerliche Gesellschaft, auch die leidenschaftlichsten Befürworter dieser dem Tode geweihten Privatwirtschaft, ergab sich hinsichtlich des historisch überholten Eigentums an den Produktionsmitteln lediglich noch die Frage, „was an seine Stelle treten solle oder vielmehr müsse, denn es handelt sich hier nicht um etwas willkürlich zu Erfindendes, sondern um

---

192 A.a.O., S. 103.

etwas naturnotwendig Gebotenes"[193]. In dieser deterministischen Geschichtsauffassung erschien das aktive Handeln der sozialdemokratischen Arbeiterbewegung tendenziell überflüssig zu sein. Solche absurden Schlußfolgerungen mochten manche Aussagen Kautskys logisch nahelegen, doch entsprachen sie natürlich nicht seinem ausdrücklich artikulierten theoretischen Selbstverständnis. Schließlich unterscheidet sich der objektivistische sozialistische Theoretiker von dem aktivistischen nicht dadurch, daß er die Mitwirkung von Subjekten an der Gestaltung des historischen Prozesses leugnet, sondern allein in seiner Tendenz, ihrem politischen Handeln den bewußt gewollten und alternative Entscheidungen offen lassenden Charakter abzusprechen.

Dieses Spannungsverhältnis im Rahmen einer objektivistischen Verengung der dialektischen Geschichtsphilosophie des Marxismus trat sogar noch aus dem Versuch Kautskys hervor, einer fatalistischen Interpretation seiner Aussagen über die historische Zwangsläufigkeit des Übergangs zum Sozialismus entgegenzutreten: „Wenn wir die Aufhebung des Privateigentums an den Produktionsmitteln für unvermeidlich halten, so meinen wir damit nicht, daß den Ausgebeuteten eines schönen Tages ohne ihr Zutun die gebratenen Tauben der sozialen Revolution in den Mund fliegen werden. Wir halten den Zusammenbruch der heutigen Gesellschaft für unvermeidlich, weil wir wissen, daß die ökonomische Entwicklung mit Naturnotwendigkeit Zustände erzeugt, welche die Ausgebeuteten zwingen, gegen das Privateigentum anzukämpfen"[194]. So wurde die Analyse der objektiven Faktoren, welche die Arbeiterklasse zur Überwindung der kapitalistischen Gesellschaftsordnung befähigten und sie „naturnotwendig" den daraus resultierenden Aufbau des Sozialismus anstreben ließen, zu einem Schlüsselelement in Kautskys Nachweis einer historischen Gesetzmäßigkeit der Ablösung des Kapitalismus durch den Sozialismus.

Die Rolle des Proletariats bei der Erkämpfung des Sozialismus

Angesichts der von ihm herausgearbeiteten Niedergangstendenzen des Kleinbetriebes und der sozial nivellierenden Wirkung einer allseitigen Verbreitung kapitalistischer Industrieproduktion sah Kautsky die sozialdemokratische Bewegung nicht auf die Arbeiterklasse beschränkt: „Sie hat aber gleichzeitig auch die Tendenz, immer mehr eine nationale Partei, das heißt eine Volkspartei zu werden in dem Sinne, daß sie die Vertreterin nicht bloß der industriellen Lohnarbeiter, sondern sämtlicher arbeitenden und ausgebeuteten Schichten, also der großen Mehrheit der Gesamtbevölkerung wird, dessen, was man gewöhnlich ‚Volk' nennt"[195]. In dieser Auffassung sollte die Kennzeichnung der Sozialdemokratie als „Volkspartei" nicht etwa bedeuten, daß sie ihren Klassencharakter preisgab; vielmehr interpretierte Kautsky die Klassenposition der Partei dahingehend, daß eine immer größere Anzahl von Menschen durch die gesellschaftliche Entwicklung in eine objektive Inter-

---

193 A.a.O., S. 111.
194 A.a.O., S. 106.
195 A.a.O., S. 252.

essengemeinschaft mit der Arbeiterschaft in Frontstellung zur Großindustrie und dem Junkertum gelangen mußte.

An der führenden Rolle der Arbeiterklasse im Kampf um den Sozialismus zweifelte Kautsky allerdings schon deshalb nicht, weil seiner Auffassung nach allein das Proletariat ein unbedingtes Interesse an jenem republikanischen Verfassungssystem haben konnte, das als unverzichtbare Ausgangsbasis für die Verwirklichung sozialistischer Ziele von allen Parteien entweder offen bekämpft oder nur zur Durchsetzung partikulärer Interessen angestrebt wurde: „Jede der anderen Klassen kann unter Umständen zu einer privilegierten werden, das Proletariat nicht. Die Sozialdemokratie, die Partei des klassenbewußten Proletariats, ist darum auch die sicherste Stütze der demokratischen Bestrebungen, viel sicherer als — die Demokratie selbst"[196]. In diesem Sinne trat die Arbeiterbewegung das historische Erbe des revolutionären Bürgertums an, das in der Periode der kapitalistischen Krisen noch nicht einmal eine verläßliche demokratische Kraft im Deutschen Kaiserreich mehr bildete.

Unter diesen gesellschaftlichen Rahmenbedingungen waren die Tage einer bürgerlich-emanzipatorischen Aufklärungsphilosophie gezählt. Die einstigen progressiven Ideale des Rationalismus und Humanismus mußten im Zuge der kapitalistischen Entwicklung immer mehr den strukturellen Erfordernissen technischen Verwertungswissens weichen: „Auch bei den Männern der Wissenschaft wie der Kunst geht der Sinn für das Ganze, das Streben nach allseitiger, harmonischer Entwicklung verloren. Überall nur einseitiges Fachstudium. Wissenschaft und Kunst sinken zum Handwerk herab"[197]. In dieser Einschätzung unterschied sich Kautsky in keiner Weise von dem damals üblichen Kulturpessimismus der spätbürgerlichen Philosophie. Was ihn dennoch der Zukunft mit großer Zuversicht entgegenschauen ließ, war seine feste Überzeugung, daß es innerhalb dieser dem Untergang geweihten „abendländischen Kultur" eine gesellschaftliche Kraft gab, in Gestalt derer der „absolute Geist" der klassischen Philosophie noch zu sich selbst kommen konnte: „Eine der auffälligsten Erscheinungen der heutigen Gesellschaft ist der Wissensdurst des Proletariats. Während alle anderen Klassen ihre Mußezeit so geistlos als möglich totzuschlagen suchen, strebt das Proletariat mit einer wahren Gier nach Bildung"[198].

Dieses glorifizierende Bild traf bestenfalls auf eine kleine Elite von Lohnarbeitern zu, die trotz ihres harten Existenzkampfes noch die Kraft zu einer Teilnahme an den vielfältigen Veranstaltungen der Arbeiterbildungsvereine fanden. Als Ansporn für die übrigen Arbeiter, ihnen nachzueifern, mochte diese Beschreibung der proletarischen Bildungsbeflissenheit noch akzeptabel sein. Doch Kautsky war sich dieser Relativierung offenbar keineswegs bewußt, sondern hatte sogar noch die Stirn, seiner überzeichneten Schilderung einen pseudo-wissenschaftlichen Anstrich zu geben: „Die Geisteskräfte des Proletariats werden nicht, wie die der anderen Erwerbstätigen,

196 Karl Kautsky, Der Parlamentarismus, die Volksgesetzgebung und die Sozialdemokratie, Stuttgart 1893, S. 123.
197 Karl Kautsky, Das Erfurter Programm, a.a.O., S. 172.
198 A.a.O., S. 174.

durch die Erwerbstätigkeit erschöpft; sie liegen während derselben brach. Um so mächtiger ist der Drang der Proletarier nach Betätigung ihres Geistes außerhalb der Arbeit"[199]. Als ob die sozialdemokratische Forderung nach Brechung des Bildungsprivilegs der Herrschenden eine leere Phrase sei, dichtete Kautsky selbst allen lediglich in den „Genuß" der damals äußerst dürftigen Grundschulbildung gekommenen Proletariern des 19. Jahrhunderts eine geradezu berstend gefüllte Hirnschale voller glänzender Gedanken an, die tagsüber nur auf die Befreiung von den sie einzwängenden Arbeitsverhältnissen warteten, um in den kümmerlichen Stunden der Freizeit mit um so sprühenderer Genialität aus ihrem profanen Gehäuse in die höheren Sphären des Geistes hinauszueilen.

Damit überbot Kautsky die klassische Aufklärungsphilosophie noch an soziologischer Ignoranz. Während diese wenigstens zwischen den „von Natur aus" gegebenen Anlagen jedes Menschen zur Vervollkommnung in intellektueller wie moralischer Hinsicht und der diese Chance korrumpierenden „Schlechtigkeit" der Welt zu unterscheiden verstand, nahm Kautsky nicht einmal diese Differenzierung von Möglichkeit und Wirklichkeit vor, sondern schrieb der realen Arbeiterklasse a-prioristisch sämtliche zur Erfüllung ihres historischen Auftrages erforderlichen Fähigkeiten zu. Aber damit nicht genug — all jenen Frevel, den die kapitalistischen Verwertungsinteressen mit dem strahlenden humanistischen Bildungsideal getrieben hatten, streifte das Proletariat als Verkörperung des progressiv gerichteten weltgeschichtlichen Entwicklungsprozesses in der Phantasie Kautskys mit einem Schlage wieder ab: „Und dieser Drang nach Wissen ist ein völlig interesseloser. Dem Arbeiter an der Maschine kann das Wissen nicht helfen, sein Einkommen zu erhöhen. Wenn er die Wahrheit sucht, so sucht er sie um ihrer selbst willen, nicht um irgend eines materiellen Gewinnes halber. Darum beschränkt er sich auch nicht auf ein einzelnes, kleineres Gebiet; sein Blick richtet sich auf Ganze; die ganze Gesellschaft, die ganze Welt will er begreifen. Die schwierigsten Rätsel locken ihn am meisten, mit Vorliebe wendet er sich Fragen der Philosophie, der Metaphysik zu, es hält oft schwer, ihn aus den Wolken wieder auf die Erde herabzubringen"[200]. Mit dieser Schwierigkeit, aus dem geistigen Höhenflug der Metaphysik wieder ins Erdenreich der Realität zurückzukehren, kann Kautsky ausschließlich eine treffende Charakterisierung seiner eigenen Thesen gemeint haben!

In diesen auf leicht durchschaubare Weise in das Proletariat hineinprojizierten geheimen Wünschen eines deutschen Bildungsbürgers finden wir den kontemplativen Wissenschaftsbegriff der klassischen Philosophie — Freiheit von materiellen Interessen, Wahrheitssuche um ihrer selbst willen, Blick auf das Ganze — in glücklicher historischer Wiederkehr einer darüber ganz gewiß nicht entzückten Arbeiterklasse aufgebürdet. Mit Kautsky gab es gewiß nicht wenige Intellektuelle, die nach dem Verblassen liberal-politischer und idealistisch-philosophischer Leitbilder des Bürgertums den Weg zur Sozialdemokratie beschritten, weil sie sich von dieser mit einem unbeirrbaren Selbstvertrauen in die Zukunft blickenden Bewegung die praktische Um-

---

199 Ebd.
200 Ebd.

setzung ihrer historische Dimensionen durchmessenden Gedankenwelt versprachen: „Glücklich jeder, dem es beschieden, seine Kraft einzusetzen im Kampfe für die Verwirklichung dieses herrlichen Ideals!"[201] Von einer marxistischen Analyse der gesellschaftlichen Verhältnisse und Tendenzen war also keine Rede mehr, sobald Kautsky auf die goldenen Zukunftserwartungen der Sozialdemokratie zu sprechen kam; dann wurde aus der ansonsten dominanten „Naturnotwendigkeit" urplötzlich ein „herrliches Ideal".

Freilich konnte Kautsky seinem marxistischen Anspruch nicht gerecht werden, ohne auf die Organisationsformen des proletarischen Klassenkampfes konkret einzugehen. Mit Blick auf die damals noch nicht gelöste politische Anbindung der englischen Gewerkschaften an das liberale Bürgertum setzte er die deutsche sozialdemokratische Tradition fort, trotz prinzipiell positiver Einschätzung der ökonomischen Kampforgane der Arbeiter die ihnen innewohnenden Gefahren zu verdeutlichen: „Wo die Gewerkschaftsbewegung zu einer Pflege einseitigen Kastengeistes und zu aristokratischer Abschließung der besser gestellten Arbeiter führt, da trägt sie nicht nur nichts zur Hebung des gesamten Proletariats als Klasse bei, sie ist sogar im Stande, dieselbe zu hemmen und zu verzögern"[202]. Eine Expansion der Gewerkschaften auf Kosten des politisch-strategischen Führungsanspruches der Partei hielt Kautsky auf jeden Fall für undenkbar: „Die Gewerkschaftsbewegung wird auch weiterhin, ebenso wie bisher Hand in Hand mit der politischen Bewegung des Proletariats vorwärts schreiten. Freilich, relativ, im Verhältnis zur politischen Bewegung, wird sie wohl zurückgehen; der Schwerpunkt der Bewegung wird immer mehr auf das politische Gebiet hin sich verschieben"[203].

Neben der offenkundigen Tatsache der gewerkschaftlichen Stagnation im Zeichen der ökonomischen Krise bis etwa 1895 war bei dieser Einschätzung Kautskys gewiß auch der Wunsch der Vater seines Gedankens; er vertrat nämlich die Überzeugung, daß nur ein hinreichendes Gewicht der Parteiorganisation gegenüber der Gewerkschaftsbewegung den Klassenkampf auf die Perspektive des Sozialismus konsequent orientieren konnte, da es seiner Meinung nach unumstößliche Wesensmerkmale beider Organisationsformen der Arbeiterbewegung gab: „Ist der Nur-Gewerkschaftler konservativ, auch wenn er sich noch so radikal gebärdet, so ist jede selbständige politische Arbeiterpartei ihrem Wesen nach stets revolutionär, auch wenn sie in ihrem Auftreten, ja selbst dem Bewußtsein ihrer Mitglieder nach ‚gemäßigt' ist"[204]. Das seit Lassalle in der Sozialdemokratie lebendige Primat der Politik in bezug auf die Kampfesführung der Arbeiterklasse für ihre sozialen Rechte war auch im Erfurter Programm fest verankert: „Sie kann den Übergang der Produktionsmittel in den Besitz der Gesamtheit nicht bewirken, ohne in den Besitz der politischen Macht gekommen zu sein"[205]. Mit der Organi-

201 A.a.O., S. 176.
202 A.a.O., S. 213.
203 Karl Kautsky, Der Kapitalismus fin de siècle, in: Die Neue Zeit, a.a.O., 1893/94, I, S. 526.
204 Karl Kautsky, Der Parlamentarismus ..., a.a.O., S. 135.
205 Programm der SPD (1891), a.a.O., S. 96.

sationsproblematik der Arbeiterbewegung wurde also zugleich die Frage der revolutionären Perspektive thematisiert, die der Sozialdemokratie eine strategische Richtschnur für die praktische Umsetzung ihrer Zielvorstellungen geben konnte.

Die wirkungslose Reform und die nicht machbare Revolution

Zur grundsätzlichen theoretischen Fragestellung, woran für die sozialdemokratische Bewegung der entscheidende Unterschied zwischen einer reformerischen und einer revolutionären Politik festzumachen sei, wußte Kautsky in einer umfassenden historischen Dimension Auskunft zu geben: „Seit einem Jahrhundert bemühen sich die Denker und Politiker der besitzenden Klassen, dem drohenden Umsturz — der Revolution — des Privateigentums an den Produktionsmitteln vorzubeugen durch soziale Reformen, wie sie alle Eingriffe in das wirtschaftliche Getriebe nennen, welche bestimmt sind, die eine oder andere Wirkung des Privateigentums aufzuheben oder wenigstens zu mildern, ohne es selbst anzutasten"[206]. Damit knüpfte Kautsky unmittelbar an die bereits von Lassalle vertretenen Auffassung an, daß unter Reformen immanente Korrekturen der bestehenden Gesellschaftsstruktur zu verstehen seien, während eine Revolution die herrschende Sozialordnung durch ein „ganz neues Prinzip" ersetzte. Auf dem Hintergrund von weiteren dreißig Jahren kapitalistischer Entwicklung konnte Kautsky gegenüber Lassalle dahingehend eine Präzisierung vornehmen, daß die Sozialdemokratie inzwischen das gestaltende Prinzip der bürgerlichen Gesellschaft in dem privaten Eigentum an den Produktionsmitteln eindeutig bestimmt hatte. Einen neuen Aspekt brachte Kautsky jedoch in die sozialdemokratische Grundsatzdiskussion ein, indem er Reformen vor allem als vorbeugende Maßregeln der herrschenden Klassen gegen eine drohende Beseitigung des Privateigentums durch die arbeitende Bevölkerung interpretierte. Eine derartige Betrachtungsweise, die das reale Kräfteverhältnis im Kaiserreich — die geringen Aussichten der Partei auf Durchsetzung konkreter Reformvorschläge — widerspiegelte, belastete jede Konzeption der sozialen Reform von vornherein mit dem Odium eines nicht-proletarischen Klasseninhaltes.

Wenn wir uns diese definitorischen Grundlagen vergegenwärtigen, so wird es auch einsichtig, warum Kautsky den negativen Aspekt einer reformerischen Maßnahme auf dem Boden der bestehenden Gesellschaftsordnung bei weitem stärker akzentuierte als den positiven: „Neun Zehntel aller Reformvorschläge sind nicht nur unnütz, sondern direkt schädlich für die Ausgebeuteten"[207]. Sofern die Initiative zu sozialen Reformen ausschließlich von bürgerlichen und agrarischen Kräften zur Niederhaltung der Sozialdemokratie ausging, konnte die arbeitende Bevölkerung in der Tat von ihnen keine grundlegende Verbesserung ihrer materiellen Situation und keine Erweiterung ihrer demokratischen Rechte erwarten. Infolgedessen wollte

---

206 Karl Kautsky, Das Erfurter Programm, a.a.O., S. 103.
207 A.a.O., S. 107.

Kautsky den langfristigen Zielsetzungen des Erfurter Programms eindeutig einen politischen Vorrang gegenüber allen in ihrer Wirksamkeit begrenzten detaillierten Reformvorschlägen einräumen: „Die Sozialdemokratie erklärt im grundsätzlichen Teil ihres Programms, daß es unmöglich ist, in der heutigen Gesellschaft die soziale Lage der Arbeiterschaft zu heben"[208]. Im Rahmen einer solchen prinzipiellen Perspektive konnte einzelnen praktischen Reformkonzeptionen einzig noch die Aufgabe zugemessen werden, die Ausgangsbedingungen für den Kampf um den Sozialismus zu verbessern und die Partei in der Auseinandersetzung mit der herrschenden Staats- und Gesellschaftsordnung zu schulen: „Von diesem Standpunkt aus stellen wir unsere nächsten Forderungen: wir verlangen Einrichtungen, die den Klassenkampf des Proletariats wirksamer gestalten und seine revolutionäre Kraft heben"[209].

Auf der einen Seite war also Kautsky fest davon überzeugt, daß eine Reformstrategie in der Arbeiterbewegung nur Hilfsfunktionen in bezug auf das grundlegende Ziel einer revolutionären Beseitigung des privaten Eigentums an den Produktionsmitteln wahrnehmen konnte. Auf der anderen Seite vermittelten die Ergebnisse seiner ökonomischen Analyse der kapitalistischen Entwicklung ihm auch die Zuversicht, daß alle Versuche von Parteien des Liberalismus und des „sozialen" Konservatismus, der mächtig voranschreitenden sozialdemokratischen Bewegung den Wind aus den Segeln zu nehmen, notwendig zum Scheitern verurteilt waren: „Sie preisen alle noch ihre besonderen Reformen als Mittel an, dem großen Zusammenbruch vorzubeugen, aber keine von ihnen hat mehr den rechten Glauben an ihre Wunderrezepte. Es nützt kein Drehen und kein Wenden. Die rechtliche Grundlage der heutigen Produktionsweise, das Privateigentum an den Produktionsmitteln wird immer unvereinbarer mit der Natur der Produktionsmittel"[210]. Mit der paradoxen Wortschraube „wird immer unvereinbarer" brachte Kautsky wiederum klar ersichtlich zum Ausdruck, daß er soziale Konflikte und Grundantagonismen der kapitalistischen Produktionsweise in Form a-prioristisch gesetzter logischer Widersprüche interpretierte. Einzig eine derartige Logifizierung sozialer Zusammenhänge läßt es verständlich werden, daß die Sozialdemokratie eine sozialistische Revolution nicht etwa durch konkret faßbare Aktionen zu vollziehen hatte: „Die Sozialdemokratie ist eine revolutionäre, nicht aber eine Revolutionen machende Partei"[211]. Wenn nämlich die Ablösung der kapitalistischen durch die sozialistische Eigentumsform eine zugleich historische und logische Notwendigkeit aufgrund innerer Widersprüche zwischen der juristisch-herrschaftlichen und der ökonomisch-technischen Struktur der bestehenden Produktionsweise bildete, so mußte die sozialistische Revolution für Kautsky einen objektiv sich vollziehenden Prozeßablauf umschreiben, in dem das bewußte politische Handeln keinen eigenständigen Faktor neben seiner allgemeinen Einbindung

---

208 Karl Kautsky, Unser neuestes Programm, a.a.O., S. 561.
209 A.a.O., S. 560.
210 Karl Kautsky, Das Erfurter Programm, a.a.O., S. 110.
211 Karl Kautsky, Ein sozialdemokratischer Katechismus, in: Die Neue Zeit, a.a.O., 1893/94, I, S. 368.

in die „naturnotwendigen" Geschehnisse darstellte: „Wir wissen, daß unsere Ziele nur durch eine Revolution erreicht werden können, wir wissen aber auch, daß es ebenso wenig in unserer Macht steht, diese Revolution zu machen, als in der unserer Gegner, sie zu verhindern. Es fällt uns daher auch gar nicht ein, eine Revolution anstiften oder vorbereiten zu wollen. Und da die Revolution nicht von uns willkürlich gemacht werden kann, können wir auch nicht das Mindeste darüber sagen, wann, unter welchen Bedingungen und in welchen Formen sie eintreten wird"[212].

Auf diesem geschichtstheoretischen Hintergrund ist die Formulierung Kautskys zu verstehen, daß die Verwirklichung der sozialistischen Ziele und speziell die Beseitigung des Privateigentums an den Produktionsmitteln „nur das Werk der Diktatur, d. h. der politischen Herrschaft, des Proletariats im Staat sein kann"[213]. Damit griff er die diesbezügliche, aber in seinem Gesamtwerk keineswegs zentrale und eingehend erläuterte These von Marx auf, zwischen der gegenwärtigen und der zukünftigen Gesellschaft liege „eine politische Übergangsperiode, deren Staat nichts anderes sein kann als die revolutionäre Diktatur des Proletariats"[214]. Mit dem dem damals noch nicht institutionell gefüllten Begriff der „Diktatur des Proletariats" war lediglich — wie auch der Einschub Kautskys zeigte — die politische Herrschaft der arbeitenden Bevölkerung gemeint, über deren Grundlagen und Mittel der gesellschaftlichen Umgestaltung in Kautskys objektivistischer Auffassungsweise keine konkreten Hinweise gegeben werden konnten.

Wenn Kautsky dennoch auf die sozialdemokratischen Waffen des Klassenkampfes zu sprechen kam, so setzte er sich gegen jede Assoziation eines blutrünstigen Putschismus mit aller Entschiedenheit ab: „Die demokratischproletarische Methode des Kampfes mag langweiliger erscheinen, als die der Revolutionszeit der Bourgeoisie; sie ist sicher weniger dramatisch und effektvoll, aber sie erfordert aber auch weit weniger Opfer"[215]. Wir sehen also, daß die politischen Kennzeichnungen „Demokratie" und „Diktatur" von Kautsky nicht antithetisch, sondern korrespondierend gebraucht wurden: Die „diktatoriale" Durchsetzung von Interessen einer überwältigenden Mehrheit der Bevölkerung gegen die Großbourgeoisie und das Junkertum über die Eroberung der politischen Macht bildete dasjenige Mittel, welches allein eine „demokratische" Gesellschaft konstituieren konnte, in der tatsächlich der politische Wille der Mehrheit bestimmend war und die undemokratische Beherrschung der Wirtschaft durch eine kleine Eigentümerklasse nicht mehr existierte.

Vor Sympathien mit einem putschistischen Abenteurertum bewahrte Kautsky neben seinem Vertrauen in die „demokratisch-proletarische Methode" auch die politische Einschätzung, daß ein blinder Aktionismus die Sozialdemokratie lediglich um die Früchte ihrer langfristig angelegten Politik bringen konnte: „Die einzigen größeren Schädigungen, welche die Arbeiterbewegung seit zwanzig Jahren erfahren hat, sind durch Taten veranlaßt worden, die

---

212 Ebd.
213 Karl Kautsky, Der Kapitalismus fin de siécle, a.a.O., S. 458.
214 Karl Marx, Randglossen ..., MEW 19, S. 28.
215 Karl Kautsky, Ein sozialdemokratischer Katechismus, a.a.O., S. 403.

von Anarchisten begangen wurden oder mindestens der von ihnen gepredigten Taktik entsprangen"[216]. Es bereitete Kautsky augenscheinlich allerlei Kopfzerbrechen, zwischen dem stets drohenden Abdriften in das gefährliche Fahrwasser einer anarchistischen Revolutionsromantik oder eines systemimmanenten Sozialreformertums immer den richtigen Kurs zu steuern: „Es ist sehr schwer, dabei das richtige Maß zu halten, der Gegenwart ihr volles Recht werden zu lassen, ohne die Zukunft aus den Augen zu verlieren, auf den Gedankengang der Bauern und Kleinbürger einzugehen, ohne den proletarischen Standpunkt aufgeben, jede Herausforderung möglichst zu vermeiden und doch es allgemein zu Bewußtsein zu bringen, daß wir eine Partei des Kampfes, des unversöhnlichen Kampfes gegen die ganze bestehende Gesellschaftsordnung sind"[217]. Für dieses Kernproblem eines Parteikurses, der das pragmatische Stranden auf den Sandbänken einer zaghaften Reformpolitik ebenso zu vermeiden hatte wie das spektakuläre Zerschellen an den spitzen Klippen der anarchistischen Provokation, bot sich Kautsky mit seinem Kursbuch der revolutionären, aber keine Revolutionen machenden Parteikonzeption allen in ihrer Orientierung verunsicherten Sozialdemokraten als der große Steuermann an.

Freilich besaß auch Kautsky über allgemeine Vorstellungen von der ungefähren Himmelsrichtung jener Zukunftsgesellschaft hinaus keine detaillierten Pläne über die einzelnen Lokalitäten des angesteuerten Territoriums. So mußte er wie Bebel darauf setzen, daß geheimnisvolle Schicksalsmächte das Parteischiff über alle Orientierungsschwierigkeiten hinweg unbeschädigt in den Zielhafen des Sozialismus einlaufen lassen würden: „Die sozialistische Produktion ist also die naturnotwendige Folge des Sieges des Proletariats. Sollte es seine Herrschaft im Staat nicht bewußt dazu benutzen wollen, sich vermittelst der Staatsgewalt der Produktionsmittel zu bemächtigen und an Stelle der kapitalistischen Warenproduktion die sozialistische Produktion zu setzen, so würde die Logik der Tatsachen diese schließlich ins Leben rufen"[218]. Die Genossen durften also trotz der draußen tobenden Wogen des Klassenkampfes beruhigt in ihren Kajüten ruhen und vom Zukunftsstaat träumen; was sie selbst nicht zum Aufbau des Sozialismus beisteuern würden, müßte die naturnotwendige „Logik der Tatsachen" schon für sie besorgen.

Die Ungewißheit über Zukunftsstaat und Übergangsformen

Im Hinblick auf Lassalles Vorschläge zum Aufbau von sozialistischen Produktionsgenossenschaften vertrat Kautsky die Einschätzung, daß angesichts des erreichten industriellen Entwicklungsniveaus solche „Inseln des Sozialismus" unweigerlich von den gewaltigen Fluten der kapitalistischen Marktgesetze überspült und ihrer Umgebung angepaßt werden mußten. „Von den heute bestehenden gesellschaftlichen Organisationen gibt es nur eine, die den nötigen Umfang besitzt, ... um innerhalb derselben die sozia-

---

216 A.a.O., S. 406.
217 A.a.O., S. 410.
218 Karl Kautsky, Das Erfurter Programm, a.a.O., S. 229/30.

listische Genossenschaft zu entwickeln, das ist der moderne Staat"[219]. Wer nun aber konkrete Vorschläge erwartete, was die Sozialdemokratie an die Stelle jener überholten Lassalleschen Konzeptionen zu setzen hatte, sah sich getäuscht; als politische Orientierung war nach der Meinung Kautskys dieses auf abstrakter Ebene formulierte Endziel der Partei vollkommen ausreichend: „Was wir wollen, ist die Umwandlung des Staates in eine sich selbst genügende Wirtschaftsgenossenschaft ... Wie diese Genossenschaft sich entwickeln und welche Tendenzen sie erzeugen wird, darüber nachzudenken ist keineswegs überflüssig; aber was bei diesem Nachdenken herauskommt, ist Privatsache jedes Einzelnen, ist nicht Parteisache und braucht es nicht zu sein, weil die Parteitätigkeit dadurch unmittelbar nicht beeinflußt wird"[220].

Nachdem bei Bebel bereits der gesamte Bereich strategischer Erwägungen durch sein festes Vertrauen in die sich „von selbst" ergebenden Handlungsschritte auf dem Wege zum Sozialismus der detaillierten Diskussion entzogen worden waren, fiel nunmehr also auch das von ihm noch ausgiebig erörterte Bild der Zukunftsgesellschaft der beanspruchten wissenschaftlichen Selbstdisziplin zum Opfer. Mit dem Zugeständnis, daß derlei Zukunftsschau als Privatveranstaltung „keineswegs überflüssig" sei, wollte Kautsky offenbar vermeiden, daß er Bebel und alle übrigen Freizeit-Propheten der Sozialdemokratie allzu sehr brüskierte. Was er von solchen Ausschweifungen der schöpferischen Phantasie tatsächlich hielt, brachte Kautsky anläßlich der Diskussion um das Grundsatzprogramm unmißverständlich zum Ausdruck: „Einer der wichtigsten und erfreulichsten Unterschiede zwischen der heutigen und der vorsozialistengesetzlichen Denkart der großen Masse der Parteigenossen liegt in dem gänzlichen Verlöschen der Utopisterei, des Spintisierens über den Zukunftsstaat"[221]. Da Kautsky die „Spintisiererreien" Bebels über eine zwei- oder dreistündige Arbeitszeit und ähnliche Charakterisierungen der Zukunftsgesellschaft zweifellos kannte und das theoretische Niveau der „großen Masse der Parteigenossen" kaum über jenem August Bebels zu veranschlagen war, ist die genannte Aussage offenbar als wohlmeinende Empfehlung und nicht etwa als empirische Feststellung zu interpretieren.

Die Abneigung Kautskys gegen detaillierte Zukunftsbilder lag wesentlich in seiner Überzeugung begründet, daß die konkreten Gesellschaftsstrukturen trotz der „Naturnotwendigkeit" der kapitalistischen Entwicklung vollkommen ungewiß blieben: „Vorschläge zur bestimmten Gestaltung gesellschaftlicher Verhältnisse kann man nur machen für Gebiete, die man zeitlich und räumlich völlig übersieht und beherrscht. Positive Vorschläge kann also die Sozialdemokratie bloß für die heutige Gesellschaft, nicht für die kommende, machen"[222]. Da Kautsky aber detaillierte Reformvorschläge auf dem Boden der bestehenden Gesellschaftsordnung für weitgehend aussichtslos hielt, unterblieben solche Konkretisierungen der sozialdemokratischen Ziel-

219 A.a.O., S. 119.
220 A.a.O., S. 145.
221 Karl Kautsky, Der Entwurf des neuen Parteiprogramms, in: Die Neue Zeit, a.a.O., 1890/91, II, S. 724.
222 Karl Kautsky, Das Erfurter Programm, a.a.O., S. 143.

vorstellungen in der Praxis fast durchgängig. Diese Enthaltsamkeit beeinträchtigte die politische Agitation der Partei in den Augen Kautskys jedoch in keiner Weise. Von einer Einsicht in die unvermeidliche Proletarisierung der gesamten Mittelschichten und den allseitigen quantitativen wie qualitativen Aufstieg der industriellen Arbeiterschaft versprach er sich eine viel durchschlagendere Wirkung: „Diese Tatsachen sprechen eine beweiskräftigere und eindringlichere Sprache, als die genialsten und sorgfältigst ausgearbeiteten Bilder eines Zukunftsstaates. Derartige Bilder können im besten Falle dartun, daß die sozialistische Gesellschaft nicht unmöglich sei ... Was dagegen als unvermeidlich erwiesen ist, ist nicht nur als möglich, es ist auch als das einzig Mögliche erwiesen"[223].

Nach den Mitteln einer Eroberung der politischen Macht, die Kautsky angesichts der Nicht-Machbarkeit von Revolutionen für ungewiß hielt, und dem Bild des Zukunftsstaates, welches er schlicht als unnütze „Spintisiererei" betrachtete, wurden schließlich auch die konkreten Schritte eines Aufbaus des Sozialismus aus dem Bereich wissenschaftlich diskutierbarer Fragestellungen verbannt: „Die Übergangsmaßregeln zum Sozialismus gehören daher unseres Erachtens nicht in das Programm und wir freuen uns, daß der Entwurf davon gänzlich absieht"[224]. Auf den von Gegnern der Sozialdemokratie ständig erhobenen Vorwurf, sie wolle das private Eigentum unterschiedslos und ohne jede Entschädigung enteignen, konnte Kautsky folglich in ungetrübtem Gleichmut antworten: „Über die Konfiskation besagt das sozialdemokratische Programm nichts"[225]. Während Lassalle noch zwischen dem „bestehenden Besitz" an privaten Gebrauchsgütern und den durch das Privateigentum an den Produktionsmitteln begründeten „Erwerbsmonopolen für die Zukunft" unterschied, schwieg sich Kautsky aufgrund prinzipieller geschichtstheoretischer Überlegungen zur Frage einer zukünftigen sozialdemokratischen Politik aus: „Mit Bestimmtheit kann man nur erklären, ... daß die Großbetriebe in gesellschaftliches Eigentum übergehen und von Gesellschafts wegen bewirtschaftet werden. Auf welche Weise dieser Übergang sich vollzieht, ob die unvermeidliche Expropriation eine Konfiskation oder eine Ablösung wird, ob sie friedlich oder gewaltsam vor sich geht, das sind Fragen, auf die kein Mensch eine Antwort geben kann"[226].

Damit trat Kautsky einem essentiellen Problem jeder sozialistischen Strategie sowie einer sozialdemokratischen Überzeugungsarbeit in der Bevölkerung mit einer beschaulichen Haltung entgegen, wie sie gemeinhin an der bürgerlichen Wissenschaft des „Elfenbeinturms" kritisiert wurde. Gewiß erleuchtete ihn ein Fünkchen dialektisch-historischer Erkenntnis, wenn Kautsky detaillierte wissenschaftliche Voraussagen über die Struktur der Zukunftsgesellschaft von sich wies. Doch hinderte ihn seine deterministische Geschichtsphilosophie daran, die einzige gedanklich stringente Schlußfolgerung aus dieser Einsicht zu ziehen: daß nämlich Fragen wie jene der konkreten Maßnahmen einer Vergesellschaftung der Produktionsmittel nicht durch

223 A.a.O., S. 137.
224 Karl Kautsky, Der Entwurf des neuen Parteiprogramms, a.a.O., S. 757.
225 Karl Kautsky, Das Erfurter Programm, a.a.O., S. 148.
226 Ebd.

teilnahmslose Beobachtung der Entwicklungstendenzen, sondern durch das strategisch zielbewußte Handeln politischer und gewerkschaftlicher Organisationen entschieden wurden.

Ein derartiges kontemplatives Marxismus- und Wissenschaftsverständnis prägte die Argumentation Kautskys auch in anderen Themenkomplexen des Übergangs zum Sozialismus. So wurde innerhalb und außerhalb der Sozialdemokratie verständlicherweise die Frage diskutiert, ob die erstrebte klassenlose Gesellschaft ohne Blutvergießen und Perioden der Verfolgung von politischen Gegnern der Partei errichtet werden konnte, oder aber revolutionäre Opfer in Kauf zu nehmen seien. Anstatt zu diesen Problemkreisen in historisch-systematischer wie praktisch-politischer Hinsicht die erforderliche Klarheit zu schaffen, zog sich Kautsky wiederum auf die Unergründbarkeit der objektiven Gesetze des geschichtlichen Prozesses zurück: „Es ist ebenso vorschnell, wenn einige friedliebende Genossen sich für den friedlichen und gesetzlichen Weg verbürgen, als es vorschnell wäre, zu behaupten, unsere Ziele könnten nur durch Gewalt erreicht werden. Darüber wissen wir gar nichts"[227]. In welcher Weise sich allerdings diese notwendige Unkenntnis über die konkreten Verlaufsformen des Übergangs zum Sozialismus mit der von Kautsky immer wieder unterstellten Gesetzmäßigkeit der allgemeinen Entwicklung in sozialistischer Richtung vereinbaren ließ, wurde von ihm niemals mit der gebotenen theoretischen Klarheit als Problematik thematisiert.

Aus manchen erläuternden Argumenten zu seiner Geschichtsauffassung können wir dennoch einen ungefähren Hinweis darauf erschließen, welches Gesellschaftsbild den theoretischen Überlegungen Kautskys zugrunde lag. So setzte er sich über alle auf ihn einströmenden Forderungen nach Konkretisierung der Funktionsweise einer zukünftigen sozialistischen Gesellschaft mit der folgenden Bemerkung hinweg: „Nach Formen und Formeln kann nur fragen, wer noch an der alten Ansicht festhält, die Gesellschaft sei ein toter Mechanismus, der künstlich nach Belieben aufgebaut werde, nicht ein lebendiger Organismus, der sich nach eigenartigen Gesetzen entwickelt"[228]. Obwohl eine aus der Biologie entlehnte Organismusanalogie der Gesellschaft die „Lebendigkeit" gegenüber einer starren Mechanik hervorzuheben schien, trug diese Vorstellung Kautskys letztlich aus ihrer inneren Logik zur Eliminierung eines eigenständigen „subjektiven Faktors" bei: Wenn nämlich die Gesellschaft — wie ein biologischer Körper — als Organismus „lebte", so wurden ihre einzelnen „Glieder" und „Zellen" notwendig durch die Funktionsweise des Ganzen in Bewegung gesetzt, d. h. sie bildeten im Verhältnis zu dessen Lebendigkeit tote Partikularitäten ohne eine autonome Existenz. Wo die Gesellschaft als Totalität „lebte", waren unter deren unaufhörlichen Pulsschlägen die Individuen, Gruppen und Klassen lediglich die materielle Grundsubstanz, vermittels deren sich der gesamte „Organismus" reproduzierte.

Demgegenüber sprach gerade die Vorstellung, daß die Gesellschaft mit ihren Institutionen nichts als ein totes Gehäuse sei, das man wie eine technische Apparatur steuern konnte, den Individuen, Gruppen und Klassen

227 Karl Kautsky, Der Entwurf des neuen Parteiprogramms, a.a.O., S. 757.

100

eine maximale Handlungsautonomie zu: Wo allein Menschen als lebendige Willenseinheiten aufgefaßt wurden, konnten die gesellschaftlichen Verhältnisse zu einem mechanischen Gerüst degradiert werden, mit dessen Hilfe sie ihre Bedürfnisse befriedigten. Nebenbei bemerkt war die entschieden subjektivistische Auffassung, „die Gesellschaft sei ein toter Mechanismus", den allein die Individuen und ihre sozialen Beziehungen mit Leben erfüllten, nicht irgendeine „alte Ansicht", sondern die Kampfparole des revolutionären Bürgertums gegen das mittelalterlich-ständische Gesellschaftsbild, welches die sozialen Verhältnisse zu einer naturgegebenen, organischen Ordnung festgeschrieben hatte. Freilich verkannte diese von einer vollständigen Willensautonomie des Subjektes geprägte bürgerliche Aufklärungsphilosophie in einem fortgeschritteneren Stadium den Systemcharakter einer kapitalistischen Gesellschaft, die einerseits zwar auf Herrschaftsverhältnisse und ein ihnen entsprechendes menschliches Handeln gegründet war, andererseits aber eine beträchtliche Eigendynamik entwickelte, die ihrerseits wieder Herrschaft institutionalisierte und soziales Handeln prägte.

Doch verfiel Kautsky dem Vulgärmaterialismus, wenn er sich gegen die Vorstellung, daß Gesellschaftssysteme „künstlich nach Belieben aufgebaut" werden könnten, mit der nicht minder wirklichkeitsfremden These absetzte, eine Gesellschaft sei ein „lebendiger Organismus, der sich nach eigenartigen Gesetzen" aus sich heraus entfalte. Insofern traf die Kritik des Dialektikers Marx in voller Schärfe auch seinen bemühten, aber nicht immer begabten Schüler Kautsky: „Der Hauptmangel alles bisherigen Materialismus ... ist, daß der Gegenstand, die Wirklichkeit, Sinnlichkeit nur unter der Form des Objekts oder der Anschauung gefaßt wird; nicht aber als sinnlich menschliche Tätigkeit, Praxis; nicht subjektiv"[229]. In dieser Herangehensweise an gesellschaftliche Verhältnisse lediglich „unter der Form des Objekts oder der Anschauung", nicht aber als „menschliche Tätigkeit, Praxis" — wie Marx es ausdrückte —, ging in der Theorie Kautskys ganz offensichtlich jeder unmittelbare Bezug zur sozialdemokratischen Tagespraxis verloren: Marxismus reduzierte sich bei ihm weitgehend auf die Analyse der gesellschaftlichen Entwicklungstendenzen, ohne daß konkrete Zielvorstellungen, strategische Mittel und detaillierte Forderungen als praktische Konsequenzen aus dieser Art objektivistischer Wissenschaft hervorgingen.

Die Stellung der Partei zu Parlamentarismus und Demokratie

Ein großer Teil der theoretischen Schriften Kautskys repräsentierte zweifellos eine Form wissenschaftlicher Tätigkeit, deren Inhalt er — allerdings generell und nicht spezifisch auf seine Person bezogen — definierte als „ein philosophisches Denken, das heißt ein Suchen nach den höchsten Wahrheiten um ihrer selbst willen"[230]. Da Kautsky jedoch nicht einer Weltanschauungsgemeinschaft als Kirchenvater vorstand, sondern theoretische Anleitungen

228 A.a.O., S. 758.
229 Karl Marx, Thesen über Feuerbach, in: MEW 3, S. 5.
230 Karl Kautsky, Das Erfurter Programm, a.a.O., S. 171.

für die Praxis einer politischen Partei zu geben beanspruchte, konnte sich seine Gesamtkonzeption unmöglich in dem Aspekt einer allgemeinen Analyse gesellschaftlicher Verhältnisse erschöpfen. Die Probleme des sozialdemokratischen Tageskampfes fanden bei Kautsky nur durch eine das prächtige akademische Lehrgebäude nicht pragmatologisch verunzierende Hintertür wieder Einlaß in einer Weise, die mit der allgemeinen geschichtsphilosophischen und ökonomischen Gesamtkonzeption wenig zu tun hatte. So bezog sich Kautsky in seinen konkreten Darlegungen vorwiegend auf den institutionellen Rahmen, in dessen Wirkungsfeld die Sozialdemokratie in der Gegenwartsgesellschaft ihre Wartezeit bis zur Errichtung des Zukunftsstaates zu überbrücken hatte: den Einsatz der gesamten Parteiorganisation in Wahlkämpfen und die Tätigkeit der sozialdemokratischen Fraktion im Reichstag und in den regionalen Parlamenten.

Dieser Konzentration der praktischen Parteiaktivitäten auf den Bereich des Parlamentarismus stand Kautsky nicht etwa kritisch gegenüber, sondern rechtfertigte sie als Produkt eines gesellschaftlichen Strukturgesetzes: „So lange der moderne Großstaat besteht, wird der Schwerpunkt der politischen Tätigkeit stets in seinem Parlament liegen"[231]. Diese „naturgemäße" Ordnung der Dinge konnte der Sozialdemokratie keineswegs irgendwelches Kopfzerbrechen bereiten, da der Parlamentarismus kein spezifisches politisches System präjudizierte: „Das Repräsentativsystem ist eine politische Form, deren Inhalt von der verschiedensten Art sein kann"[232]. Die parlamentarisch-repräsentative Demokratie bildete für Kautsky also lediglich einen der objektiven Entwicklung des „modernen Großstaates" gemäßen politisch-legislativen Mechanismus, der durch die unterschiedlichsten sozialen Kräfte je nach deren Interessen und Intentionen in Bewegung gesetzt werden konnte.

Unter Verweis auf das englische Beispiel eines wachsenden Einflusses der Arbeiterinteressen in der Gesetzgebung ging Kautsky mit all jenen Gegnern des Parlamentarismus hart ins Gericht, die sein Institutionengefüge a-prioristisch als Herrschaftsinstrument der bürgerlichen Klasse denunzierten: „Nur ein politisch Blinder kann heute noch behaupten, das Repräsentativsystem sichere auch unter der Herrschaft des allgemeinen Wahlrechts die Herrschaft der Bourgeoisie, und um diese zu stürzen, müsse man zunächst das Repräsentativsystem beseitigen. Jetzt schon beginnt es offenbar zu werden, daß ein wirklich parlamentarisches Regime ebenso gut ein Werkzeug der Diktatur des Proletariats sein kann, als es ein Werkzeug der Diktatur der Bourgeoisie ist"[233]. Wenn in dieser Einschätzung das parlamentarische System schon eine Ausübung der politischen Macht durch die Arbeiterklasse zuließ, so ging Kautsky noch einen Schritt weiter, indem er umgekehrt die sozialistische Herrschaft unlöslich mit diesem institutionellen Rahmen verknüpfte: „Für die Diktatur des Proletariats aber kann ich mir eine andere Form nicht denken, als die eines kraftvollen Parlaments nach englischem Muster mit einer sozialistischen Mehrheit und einem starken selbstbewußten

---

231 A.a.O., S. 221.
232 Karl Kautsky, Der Parlamentarismus . . ., a.a.O., S. 90.
233 A.a.O., S. 118.

Proletariat hinter sich"[234]. Der sozialdemokratische Alltag reduzierte sich also auch für Kautsky weitgehend auf den Wettstreit mit anderen Parteien um die Mehrheit der Wählerstimmen sowie das Streben nach einer parlamentarischen Gesetzgebung im Interesse der arbeitenden Bevölkerung.

Freilich konnte nach Kautskys Auffassung erst ein „wirklich parlamentarisches Regime" zum „Werkzeug der Diktatur des Proletariats" werden, während in Deutschland zu damaliger Zeit noch ein monarchisch-bürokratischer Obrigkeitsstaat existierte. Doch zeigte gerade das deutsche Beispiel, wie wenig die Klasseninteressen der Bourgeoisie und die parlamentarische Demokratie notwendig verkoppelt waren: „In der Tat beruht in Deutschland die Hoffnung der Bourgeoisie nicht mehr auf dem Parlamentarismus, sie glaubt nicht mehr daran, daß dieses System unter allen Umständen ihr die Herrschaft sichere; ihre Hoffnung beruht auf der Schwäche des deutschen Parlamentarismus, darauf, daß in Deutschland tatsächlich der Absolutismus herrscht und der Militarismus"[235]. Hinsichtlich der historisch unbestreitbaren Tatsache, daß in England und Frankreich in spezifischen Perioden das Parlament vor allem den bürgerlichen Interessen dienstbar gemacht worden war, verwies Kautsky auf die jeweils zu berücksichtigenden Faktoren seiner Zusammensetzung: „Ebenso wichtig wie der Kampf um parlamentarische Institutionen wurde der Kampf ums Wahlrecht. Von dessen Gestaltung hängt es ab, ob das Parlament ein Werkzeug der Klassenherrschaft der Aristokratie ist, ob es der Bourgeoisie dient oder ob es ein Schlachtfeld für den Klassenkampf zwischen Bourgeoisie und Proletariat wird"[236].

Aus dieser historisch-systematischen Analyse der Funktion und der Entwicklungslinien des Parlamentarismus folgerte Kautsky unmittelbar konkrete Handlungsziele für die sozialdemokratische Arbeiterbewegung: „Der wichtigste Schritt auf dieser Bahn der proletarischen Revolution ist in den wirklich parlamentarischen Ländern die Erringung des allgemeinen Wahlrechts. In den Ländern des Scheinkonstitutionalismus kommt noch eine andere wichtige Aufgabe hinzu: Die Erringung eines völlig parlamentarischen Regimes"[237]. Da aber das Deutsche Kaiserreich nach diesem Stufenmodell Kautskys eine ausgesprochene „Mißgeburt" war, indem es zwar kein „wirklich parlamentarisches Regime", aber doch schon das allgemeine Wahlrecht aufwies, trat die Erkämpfung der Republik als eine sehr schwer antizipierbare Machtfrage in den Hintergrund gegenüber der Möglichkeit, die Wahlkämpfe als Instrument der sozialdemokratischen Politik einzusetzen: „Sie sind ein mächtiges Mittel, das Klassenbewußtsein zu erwecken und zu stärken, ein mächtiges Mittel, die Proletarier unter einer Fahne zu vereinigen, Enthusiasmus und Begeisterung für weite Ziele in ihnen zu erwecken und sie in geschlossener Phalanx in den Kampf dafür eintreten zu lassen"[238]. Das praktische Interesse des „Heerführers" Kautsky konzentrierte sich demnach wesentlich auf Strategie und Taktik des Wahlkampfes.

---

234 Kautsky an Mehring vom 8. 7. 1893, zitiert nach: Hans-Josef Steinberg, a.a.O., S. 81.
235 Karl Kautsky, Der Parlamentarismus . . . , a.a.O., S. 117.
236 A.a.O., S. 50.
237 A.a.O., S. 119.
238 A.a.O., S. 128/29.

Als Problem der politischen Identität der Sozialdemokratie wurde immer wieder die Frage an die Partei herangetragen, durch welche Programmpunkte sie sich von den bürgerlichen und agrarkonservativen Kräften abhob Die Parallelität fast aller einzelnen sozialdemokratischen Nahziele, die in Diskussionen vertreten wurden, mit jenen irgendeiner konkurrierenden Partei vermochte Kautsky dabei nicht an der Unversöhnlichkeit zwischen der Sozialdemokratie und den übrigen politischen Kräften zu irritieren: „Wodurch sie sich von den anderen Parteien unterscheidet, das ist die Gesamtheit ihrer politischen Forderungen und das sind die Ziele, auf welche diese hinweisen"[239]. Infolgedessen ließ sich eine politische Integration der Partei auf der Basis gemeinsamer Grundüberzeugungen kaum durch detaillierte Diskussionen über Forderungskataloge und praktische Vorgehensweisen bewerkstelligen, sondern fand in der Orientierung auf die geschichtlichen Dimensionen ihres politischen Wirkens viel geeignetere Grundlagen: „Was politische Parteien, namentlich wenn sie große historische Aufgaben zu erfüllen haben, wie die sozialdemokratische, zusammenhält, das sind ihre Endziele, nicht ihre augenblicklichen Forderungen, nicht die Anschauungen über das Verhalten in allen Einzelfragen, die an die Partei herantreten"[240]. Die geschichtsphilosophische Überhöhung so mancher höchst banaler Problematik durch Kautskys Theorien besaß in diesen Erfordernissen einer ideologischen Geschlossenheit der Partei ein bestimmendes Motiv.

Von erheblicher praktischer Bedeutung war die Einschätzung Kautskys über die Stellung der sozialdemokratischen Parteiorganisation im Rahmen eines parlamentarischen Systems. Zwischen der Überzeugung, daß vorwiegend allgemeine politische Prinzipien die Voraussetzung einer schlagkräftigen und geschlossenen Partei bildeten, und der Struktur parlamentarischer Prozeßabläufe sah Kautsky eine strukturelle Korrespondenz. „Die direkte Gesetzgebung hat dagegen die Tendenz, das Interesse von den allgemeinen prinzipiellen Fragen abzulenken und auf einzelne konkrete Fragen zu konzentrieren"[241]. Wer sich aus der Perspektive der Sozialdemokratie die langatmigen und angesichts des fortbestehenden monarchischen Systems häufig substanzlosen Grundsatzdebatten im Reichstag vor Augen führte, konnte annehmen, daß die Konzentration auf „einzelne konkrete Fragen" der Partei willkommen sein würde.

Doch ließ Kautsky keinen Zweifel daran, daß er einzig ein reines Repräsentativsystem, keineswegs aber die direkte Gesetzgebung oder auch nur eine Integration basisdemokratischer Momente in die parlamentarischen Institutionen als geeignete Grundlage der sozialdemokratischen Bestrebungen betrachtete. Von Elementen direkter Demokratie versprach er sich ausschließlich negative Folgen: „Je mehr diese Tendenz in Wirksamkeit tritt, desto mehr lockert sie den Zusammenhalt innerhalb jeder Partei, wenigstens mancher dieser Fragen gegenüber. Und die Diskussionen, welche sonst bloß im Schoße der Partei sich abspielen, werden nun in die Masse der Bevölkerung getragen, in Schichten, die erst anfangen, mit der Partei Fühlung zu fassen,

---

239 A.a.O., S. 130.
240 A.a.O., S. 131.
241 Ebd.

die wegen augenblicklicher Differenzen leicht wieder von ihr abzusplittern sind"[242]. In dieser Befürchtung trat unmißverständlich Kautskys Auffassung hervor, daß der organisatorischen wie ideologischen Geschlossenheit der Sozialdemokratie ein höherer Stellenwert zugemessen werden mußte als der Politisierung breiterer Bevölkerungsmassen, die sich möglicherweise auch einmal gegen die momentanen Parteiinteressen richten konnte.

Schließlich führte Kautsky als Argument für den Parlamentarismus auch noch seine größere Flexibilität in der Gesetzgebung an, während eine direkte Demokratie von der irrealen Voraussetzung eines sich „naturwüchsig" herauskristallisierenden Volkswillens ausging: „Kurz, jedes Gesetz beruht auf einem Kompromiß, meist verschiedener Interessen, stets mindestens verschiedener Anschauungen. Jeden Kompromiß verwerfen, heißt jede Gesetzgebung unmöglich machen"[243]. Insofern konnte für ihn eine Übertragung parlamentarischer Entscheidungsbefugnisse auf basisdemokratische Willensbildungsorgane „nur ein Resultat haben: das Chaos"[244]. Es ist verblüffend, wie Kautsky bei der Beschäftigung mit der sozialdemokratischen Parlamentstätigkeit am Ende zu Auffassungen gelangte, die für jeden biederen Liberalen Englands bereits Gemeinplätze waren. Anhand *dieses* Problemkreises konnte Kautsky keineswegs verdeutlichen, daß die deutsche Sozialdemokratie anders als in England nicht Bestandteil der liberal-demokratischen Bewegung blieb, sondern ein sozialrevolutionäres Programm vertrat.

So war Kautskys Gesamtkonzeption in zwei Sphären gespalten, die er durch keinen strategischen Zusammenhang schlüssig zu verknüpfen vermochte: Auf der einen Seite unterstützte er die weitgehende Beschränkung der praktischen Arbeit der Sozialdemokratie auf die Agitation in Wahlkämpfen und die parlamentarische Tätigkeit; auf der anderen Seite forderte er ein unbedingtes Festhalten an der revolutionären Perspektive. Dieser Dualismus in der politischen Konzeption Kautskys ließ sich bei entsprechenden Argumentationskünsten vielleicht noch gedanklich, aber auf die Dauer unmöglich als verbindliche sozialistische Strategie einer aufstrebenden Massenpartei durchhalten. Mit Kautskys Systematisierung eines dezidiert objektivistischen Marxismusverständnisses zur offiziellen Parteidoktrin strebten die sozialdemokratischen Strategiediskussionen deshalb unaufhaltsam einer Periode zu, welche die folgenreiche Entscheidung zu erbringen hatte, ob sich schließlich der parlamentarische Tagespragmatismus oder die revolutionäre Perspektive als prägend für das Selbstverständnis der Partei erweisen sollte.

---

242 A.a.O., S. 131/32.
243 A.a.O., S. 69.
244 A.a.O., S. 61.

V. Kapitel

Friedrich Engels:
Über sozialdemokratische Theorie und Strategie

Kritik des Vulgärmaterialismus und Pseudoradikalismus

Als Karl Marx im Jahre 1883 starb, hatte sich das Gesicht der europäischen Arbeiterbewegung noch nicht entscheidend gegenüber jener Zeit geändert, in der er wesentlich die Geschicke der 1864 gegründeten und nach dem Zusammenbruch der Pariser Kommune (1871) allmählich aufgelösten Internationalen Arbeiter-Assoziation lenkte. Demgegenüber war es Friedrich Engels vergönnt, von der Konstituierung der II. Internationale im Jahre 1889 bis zu seinem Todesjahr 1895 einen neuen Entwicklungsabschnitt der Sozialdemokratie zu erleben und aktiv an seiner politischen Gestaltung teilzunehmen, in welchem endgültig der Schritt von allen Restbeständen des Sektenwesens zur Massenbewegung der Arbeiterschaft vollzogen wurde. Diese Herausbildung politischer Parteiorganisationen war fast überall mit der Ausbreitung des von Marx und Engels entwickelten theoretischen Fundaments des Sozialismus verknüpft. Dabei mußte zunächst in Kauf genommen werden, daß viele in die Sozialdemokratie strömende Intellektuelle mit dem differenzierten Gedankengut der marxistischen Theorie äußerst grobschlächtig verfuhren: „Diese Herren machen alle in Marxismus, aber sie gehören zu der Sorte, ... von denen Marx sagte: ‚Alles, was ich weiß ist, daß ich kein Marxist bin!‘"[245] Jede Verfestigung theoretischer Lehrgebäude trug für Engels die Gefahr des unkritischen und jeden Kontakt mit der gesellschaftlichen Wirklichkeit verlierenden Dogmatismus in sich, gegen den sich gerade Marx immer mit Entschiedenheit zur Wehr gesetzt hatte.

Ein besonders gravierendes Mißverständnis solcher Marx-Scholastik betraf die materialistische Geschichtsauffassung, welche gegen die klassische idealistische Philosophie als Konzeption einer sozialen Wirklichkeitswissenschaft entwickelt worden war. Doch wurde die dialektische Methode Hegels in der Marxschen Geschichtsauffassung nicht etwa zugunsten eines platten Determinismus aufgegeben, wie dies Engels den selbsternannten „Marxisten" als die unverzichtbare Grundlage jeder adäquaten Interpretation entgegenhielt: „Was den Herren allen fehlt, ist Dialektik. Sie sehen stets nur hier Ursache, dort Wirkung. Daß dies eine hohle Abstraktion ist, daß in der wirklichen Welt solche metaphysische polare Gegensätze nur in Krisen existieren, daß der große Verlauf aber in der Form der Wechselwirkung — wenn auch sehr ungleicher Kräfte, wovon die ökonomische Bewegung weit-

---

245 Engels an Paul Lafargue vom 27. 8. 1890, in: MEW 37, S. 450.

aus die stärkste, ursprünglichste, entscheidendste – vor sich geht, daß hier nichts absolut und alles relativ ist, das sehn sie nun einmal nicht, für sie hat Hegel nicht existiert"[246]. Den zentralen Unterschied gegenüber einem eindimensionalen Determinismus machte Engels also in dem Begriff der „Wechselwirkung" fest, die unbeschadet einer empirisch nachweisbaren Dominanz ökonomischer Antriebskräfte das Fundament bildete, um soziale Prozesse in ihren Ursachen mit Hilfe historisch relativer Theoriebildungen zu erforschen.

Diese historische Bedingtheit marxistischer Erklärungsmodelle sozialer Prozesse war jedoch den von Engels kritisierten Vulgärmaterialisten nicht bewußt: „Auch die materialistische Geschichtsauffassung hat deren heute eine Menge, denen sie als Vorwand dient, Geschichte nicht zu studieren"[247]. In dieser Vernachlässigung der empirischen Analyse trat der letzthin idealistische, d. h. die Welt aus abstrakten Konstruktionen erklärende Charakter eines platten Determinismus hervor: „Überhaupt dient das Wort ‚materialistisch' in Deutschland vielen jüngeren Schriftstellern als eine einfache Phrase, womit man alles und jedes ohne weiteres Studium etikettiert, d. h. diese Etikette aufklebt und dann die Sache abgetan zu haben glaubt. Unsere Geschichtsauffassung ist aber vor allem eine Anleitung beim Studium, kein Hebel der Konstruktion à la Hegelianertum. Die ganze Geschichte muß neu studiert werden, die Daseinsbedingungen der verschiedenen Gesellschaftsformationen müssen im einzelnen untersucht werden, ehe man versucht, die politischen, privatrechtlichen, ästhetischen, philosophischen, religiösen etc. Anschauungsweisen, die ihnen entsprechen, aus ihnen abzuleiten"[248]. Der deterministisch verengte Vulgärmaterialismus verfehlte das philosophische Fundament des Marxismus also doppelt, wenn er die dialektische Methode einer Analyse sozialer Prozesse nach historisch relativen Wechselwirkungen preisgab, zugleich aber das überholte idealistische Verfahren der Konstruktion der Welt aus a-historischen Universalgesetzen mitschleppte.

Das abschließende Urteil von Friedrich Engels über alle sich als „Marxisten" ausgebenden pseudowissenschaftlichen Aufschneider, die mit halbverdauten theoretischen Ansätzen und vollständiger Ignoranz in empirisch-historischen Zusammenhängen sich als Programmatiker der sozialdemokratischen Arbeiterbewegung aufspielten, war dementsprechend niederschmetternd: „Statt dessen aber dient die Phrase des historischen Materialismus (man kann eben alles zur Phrase machen) nur zu vielen jüngeren Deutschen nur dazu, ihre eigenen relativ dürftigen historischen Kenntnisse – die ökonomische Geschichte liegt ja noch in den Windeln! – schleunigst systematisch zurechtzukonstruieren und sich dann sehr gewaltig vorzukommen"[249]. Weit davon entfernt, sogleich die Verunreinigung des proletarischen Klassencharakters der Sozialdemokratie durch derartige intellektuelle Elemente zu beklagen, faßte Engels die „Opposition der Jungen" im wesentlichen als Problem der Renommiersucht einer Gruppierung auf, die „alle Mittel der organisierten

---

246 Engels an Conrad Schmidt vom 27. 10. 1890, in: MEW 37, S. 494.
247 Engels an Conrad Schmidt vom 5. 8. 1890, in: MEW 37, S. 436.
248 A.a.O., S. 436/37.
249 A.a.O., S. 437.

Reklame in Bewegung setzt, um ihre Mitglieder in die Redaktionssessel der Parteiblätter zu schmuggeln und vermittelst der Parteipresse die Partei zu beherrschen"[250].

Das Spektakel einer teilweise anarchistisch beeinflußten, strikt antiparlamentarischen Minderheit konnte allerdings zu einer ernsthaften Bedrohung für die Sozialdemokratie werden, sobald deren Phrasen in der klassenbewußten Mitgliedschaft einen desorientierenden Einfluß auszuüben begannen: „Weit gefährlicher für die Partei als eine kleinbürgerliche Fraktion, die man doch bei der nächsten Wahl in die Rumpelkammer werfen kann, ist eine Clique vorlauter Literaten und Studenten, besonders, wenn diese nicht imstande sind, die einfachsten Dinge mit Augen zu sehen und bei Beurteilung einer ökonomischen oder politischen Sachlage weder das relative Gewicht der vorliegenden Tatsachen noch die Stärke der ins Spiel kommenden Kräfte unbefangen abzuwägen, und die daher der Partei eine total verrückte Taktik aufnötigen wollen"[251]. Unverkennbar trat in dieser Aussage die Einschätzung von Engels hervor, daß neben einer fundierten Kenntnis der politischen Theorien auch ein klarer Blick für die „vorliegenden Tatsachen" erforderlich war, um als Programmatiker der Sozialdemokratie nicht in eine „total verrückte Taktik" abzugleiten und sich damit von der realen Arbeiterbewegung zu isolieren.

Eine andere problematische Tendenz besonders eifriger „Marxisten" unter den sozialdemokratischen Literaten bildete der Pseudoradikalismus, welcher die unversöhnliche Frontstellung der politischen Arbeiterbewegung zu allen anderen Gesellschaftsschichten und Parteien affektiv überhöhte und den Zusammenschluß aller Gegenkräfte zu der „einen reaktionären Masse" als Ausdruck der eigenen Prinzipientreue glorifizierte. An einen dänischen Genossen schickte Engels in dieser Hinsicht eine Verdeutlichung seiner Strategie, die sich von der pseudoradikalen prinzipiellen Negation wesentlich unterschied: „Sie verwerfen alles und jedes selbst momentane Zusammengehen mit anderen Parteien. Ich bin revolutionär genug, mir auch dieses Mittel nicht absolut verbieten zu lassen unter Umständen, wo es das vorteilhaftere oder am wenigsten schädliche ist"[252]. Als entschiedener Marxist, der sich seine Orientierung auf die klassenlose sozialistische Gesellschaft nicht täglich durch ein Stoßgebet beweisen mußte, war Engels über jedes moralisch aufgeladene Distanzierungsbedürfnis gegenüber der herrschenden Ordnung und ihren Parteien erhaben. Für ihn bedeutete die Bündnisfrage in der Arbeiterbewegung keinen Glaubensartikel, sondern ein durch nüchterne Kalkulation der „Stärke der ins Spiel kommenden Kräfte" zu entscheidendes Problem der zweckmäßigsten politischen Vorgehensweise: „Nach meiner Meinung haben Sie unrecht, wenn Sie eine zunächst rein taktische Frage zu einer prinzipiellen erheben"[253]. Bei den von Engels kritisierten Vulgärmarxisten griffen eine undialektische, a-historisch konstruierende Theorie und nicht minder eindimensionale, die politischen Verhältnisse in abstrakte

---

250 Friedrich Engels, Antwort an Herrn Paul Ernst, in: MEW 22, S. 85.
251 A.a.O., S. 84.
252 Engels an Gerson Trier vom 18. 12. 1889, in: MEW, 37, S. 326.
253 A.a.O., S. 327.

Schemata pressende Strategiekonzepte unmittelbar ineinander. Für einen auf die praktische Anleitung der Sozialdemokratie in Grundsatzfragen abzielenden Theoretiker stellte sich somit die Aufgabe, den deterministischen und pseudoradikalistischen Verzerrungen eines marxistisch-sozialistischen Ansatzes mit überzeugenden Alternativen entgegenzutreten.

Die Präzisierung der historisch-dialektischen Methode

Ein schablonenhaftes Übertragen von Marxschen Theorieansätzen auf einen beliebigen historischen Kontext entsprang einer dogmatisch-scholastischen Vorgehensweise, die dem kritisch-methodischen Wissenschaftsverständnis des Marxismus diametral zuwiderlief: „Aber die ganze Auffassungsweise von Marx ist nicht eine Doktrin, sondern eine Methode. Sie gibt keine fertigen Dogmen, sondern Anhaltspunkte zu weiterer Untersuchung und die Methode für diese Untersuchung"[254]. Eine solche Erstarrung eines methodisch-kritischen Theorieverständnisses zu einer offiziösen Parteidoktrin muß auch als eine Schwäche der Interpretation Kautskys festgehalten werden, wenn Engels angesichts der noch viel eklatanteren Fehlinterpretationen anderer Autoren in seiner Kritik daran auch vergleichsweise großzügig blieb, zumal in den wenigen Jahren nach Aufhebung des Sozialistengesetzes die theoretische Entwicklung der Sozialdemokratie und deren praktische Konsequenzen unmöglich bereits in voller Schärfe zu erkennen waren.

Mehr noch als Marx konnte sich Engels an dem höchst zwieschlächtigen Vergnügen abarbeiten, die ersten gedanklichen Früchte von Anhängern der dialektischen Geschichtsauffassung auf ihre wissenschaftliche Qualität zu überprüfen. Diese veränderte Situation ließ Engels zu dem einzigen einigermaßen „authentischen" Interpreten des klassischen Marxismus werden. So gesehen gebührt ihm das historische Verdienst, wenigstens den handgreiflichsten Fehldeutungen des marxistischen Ansatzes die Grundlage entzogen zu haben. Ein seit je her umstrittener Problemkreis bezog sich auf das Verhältnis der ökonomischen „Basis" einer Gesellschaft zu ihrem politisch-ideologischen „Überbau"; auch hier wandte sich Engels gegen eine undialektische Vorstellung von monokausaler Determination: „Nach materialistischer Geschichtsauffassung ist das in letzter Instanz bestimmende Moment in der Geschichte die Produktion und Reproduktion des wirklichen Lebens... Wenn nun jemand das dahin verdreht, das ökonomische Moment sei das einzig bestimmende, so verwandelt er jenen Satz in eine nichtssagende, abstrakte, absurde Phrase"[255]. Daß die ökonomischen Verhältnisse „in letzter Instanz" die allgemeine Richtung angaben, in welcher die gesellschaftlichen Kräfte die Geschichte mit einer gewissen Handlungskapazität zu steuern vermochten, bewies der analytische Blick auf die sich stürmisch umgestaltenden industriekapitalistischen Nationen täglich von neuem: hier war eine Entwicklung im Gange, die sich nicht mehr zurückdrehen ließ, sondern allein

---

254 Engels an Werner Sombart vom 11. 3. 1895, in: MEW 39, S. 428.
255 Engels an Joseph Bloch vom 21. 9. 1890, in: MEW 37, S. 463.

in der nüchternen Erkenntnis ihrer Eigengesetzlichkeiten im Interesse der arbeitenden Menschen zu gestalten war.

Mit dem naiven Optimismus Bebels, die gesellschaftlichen Probleme würden sich schließlich „von selbst" lösen, und der „Naturnotwendigkeit" geschichtlicher Entwicklungen bei Kautsky hatte eine solche starke Gewichtung sozialökonomischer Prozesse im theoretischen Ansatz von Engels wenig gemeinsam. Die Pointe seiner historisch-dialektischen Methode lag gerade darin, daß die Einsicht in die ökonomischen Tendenzen nicht etwa eine schicksalsergebene Hinnahme derselben, sondern ein theoretisch begründetes und strategisch geleitetes praktisches Handeln ermöglichen sollte: „Es ist also nicht, wie man sich hier und da bequemerweise vorstellen will, eine automatische Wirkung der ökonomischen Lage, sondern die Menschen machen ihre Geschichte selbst, aber in einem gegebenen, sie bedingenden Milieu, auf Grundlage vorgefundener tatsächlicher Verhältnisse"[256]. Eine solche dialektische Theorie sozialen Handelns grenzte sich gleichermaßen gegen die idealistische Vorstellung vollständiger Willensautonomie, die bei ihrer Mißachtung „tatsächlicher Verhältnisse" um so mehr unter den unbewußten Bann der mächtigen Faktizität geriet, wie gegen die vulgärmaterialistische Vorstellung vollständiger Willensdetermination ab, deren Fatalismus die verbliebenen Chancen verspielte, daß die Menschen in bewußter sozialer Aktion ihre Geschichte selbst in die Hand nahmen.

Von allen Faktoren, die mit der ökonomischen Entwicklung in Wechselwirkung zu treten in der Lage waren, bildeten die kollektiven politischen Organisationen und die institutionalisierten Herrschaftsverhältnisse einer Gesellschaft bei weitem die wichtigsten: „Die ökonomische Bewegung setzt sich im ganzen und großen durch, aber sie muß auch Rückwirkung erleiden von der durch sie selbst eingesetzten und mit relativer Selbständigkeit begabten politischen Bewegung, der Bewegung einerseits der Staatsmacht, andererseits der mit ihr gleichzeitig erzeugten Opposition"[257]. Die objektiven ökonomischen Tendenzen ließen Engels also niemals das konkrete Herrschaftsgefüge aus den Augen verlieren, das die systemstabilisierenden Faktoren in Bewegung setzte und oppositionellen Kräften wie der Sozialdemokratie die Richtung ihres Kampfes wies, während sich bei Bebel und Kautsky diese widerstreitenden Tendenzen vorwiegend in der Sphäre des Selbstlaufes abspielten. Dieses objektivistische Mißverständnis kam dadurch zustande, daß sich soziale Interessen tatsächlich nicht bruchlos nach ihren Handlungsintentionen in gesellschaftliches Geschehen umsetzten, so daß der Eindruck entstehen konnte, es seien geheimnisvolle „von selbst" agierende und „naturnotwendig" wirkende Kräfte im Spiel. Der geschulte Dialektiker Engels entschleierte dieses Mysterium blinder Schicksalsmächte jedoch als Konsequenz kollektiven sozialen Handelns, nach dessen innerer Logik „das Endresultat stets aus den Konflikten vieler Einzelwillen hervorgeht, wovon jeder wieder durch eine Menge besonderer Lebensbedingungen zu dem gemacht wird, was er ist; es sind also unzählige einander durchkreuzende

---

256 Engels an W. Borgius vom 25. 1. 1894, in: MEW 39, S. 206.
257 Engels an Conrad Schmidt vom 27. 10. 1890, in: MEW 37, S. 490.

Kräfte, eine unendliche Gruppe von Kräfteparallelogrammen, daraus eine Resultante — das geschichtliche Ergebnis — hervorgeht"[258].

Von der allgewaltigen selbstbewegten Logik der Kapitalverwertung als Movens gesellschaftlicher Prozesse, mit welcher gemeinhin Vulgärmarxisten einen Universalschlüssel zur Analyse sozialer Strukturen zu besitzen glaubten, war also bei Engels keineswegs die Rede. Freilich besaß Engels ein hinreichend reflektiertes Selbstverständnis, um solche schematischen Vereinfachungen auch als eigenes Versäumnis anzuerkennen: „Daß von den Jüngeren zuweilen mehr Gewicht auf die ökonomische Seite gelegt wird, als ihr zukommt, haben Marx und ich teilweise selbst verschulden müssen. Wir hatten, den Gegnern gegenüber, das von diesen geleugnete Hauptprinzip zu betonen, und da war nicht immer Zeit, Ort und Gelegenheit, die übrigen an der Wechselwirkung beteiligten Momente zu ihrem Recht kommen zu lassen. Aber sowie es zur Darstellung eines historischen Abschnitts, also zur praktischen Anwendung kam, änderte sich die Sache, und da war kein Irrtum möglich"[259]. Wenn diesbezügliche Irrtümer dennoch möglich waren, so lag dies offenbar nicht zuletzt daran, daß nur wenig „Marxisten" die vielfältigen historisch-empirischen Analysen von Marx und Engels kannten, die einen tieferen Einblick in die ganze Breite der dialektischen Methode vermittelten.

Einen anderen bedeutsamen Themenkreis im Rahmen der marxistischen Geschichtstheorie bildete die spezifische Verknüpfung zwischen den ökonomischen Grundlagen und den politisch-ideologischen Erscheinungsformen einer Gesellschaft. Auch in diesem Bereich bekannte sich Engels freimütig zu den verbliebenen Lücken seiner Konzeption: „Dabei haben wir dann die formelle Seite über der inhaltlichen vernachlässigt: die Art und Weise, wie diese Vorstellungen etc. zustande kommen"[260]. Eine solche methodische Vorgehensweise der Ideologiekritik setzte ein spezifisches Verständnis bürgerlich-idealistischen Denkens voraus: „Die Ideologie ist ein Prozeß, der zwar mit Bewußtsein vom sogenannten Denker vollzogen wird, aber mit einem falschen Bewußtsein ... Er arbeitet mit bloßem Gedankenmaterial, das er unbesehen als durch Denken erzeugt hinnimmt und sonst nicht weiter auf einen entfernteren, vom Denken unabhängigen Ursprung untersucht"[261]. Diese aus der Trennung von Hand- und Kopfarbeit hergeleitete Charakterisierung ideologischer Denkweisen, die wegen ihrer Ferne zu der arbeitenden Klasse häufig in die Stabilisierung bestehender Herrschaftsverhältnisse einmündeten, unterschied sich von der vulgärmarxistischen Simplifizierung der Ideologie zu einem Manipulationsinstrument der Herrschenden beträchtlich an Differenzierungsvermögen und Problembewußtsein.

Eine wissenschaftskritische Präzisierung der historisch-dialektischen Methode konnte auch hinsichtlich der grundlegenden Sichtweise gesellschaftlicher Prozeßabläufe nicht ohne Konsequenzen bleiben. Während in der theoretischen Konzeption Bebels und Kautskys eine trennscharfe Gliederung in ein

---

258 Engels an Joseph Bloch vom 21. 9. 1890, in: MEW 37, S. 464.
259 A.a.O., S. 465.
260 Engels an Franz Mehring vom 14. 7. 1893, in: MEW 39, S. 96.
261 A.a.O., S. 97.

vollständig von kapitalistischen Entwicklungsgesetzen geprägtes Gegenwartsstadium und ein nach erfolgter Vergesellschaftung der Produktionsmittel letzthin problemloses Zukunftsstadium auszumachen war, lehnte Engels die Vorstellung allesbewältigender Wendepunkte als theoretisches Modell des Sozialismus ab: „Aber wir haben kein Endziel. Wir sind Evolutionisten, wir haben nicht die Absicht, der Menschheit endgültige Gesetze zu diktieren. Vorgefaßte Meinungen in bezug auf die Organisation der zukünftigen Gesellschaft im einzelnen? Davon werden Sie bei uns keine Spur finden"[262]. Auch Engels hielt also das „Spintisieren", das Planen eines Zukunftsstaates ohne feste Materialgrundlagen für eine überholte utopistische Anschauungsweise.

Diese Aufgabe einer undifferenzierten *Endz*iel-Vorstellung des Sozialismus, die ein Relikt säkularisierter Jenseitigkeit innerhalb der radikal diesseitigen Gesellschaftstheorie des Marxismus darstellte, enthielt bei Engels eine bedeutsame Präzisierung gegenüber Marx, der solchen apokalyptischen Anklängen zumindest nicht explizit entgegenwirkte: „Mit dieser Gesellschaftsformation schließt daher die Vorgeschichte der menschlichen Gesellschaft ab"[263]. Erst der Sozialismus leitete nach Marx die „eigentliche" Geschichte der Menschheit ein, die frei von „Grundwidersprüchen" und Klassenkonflikten, in der alltäglichen Vorstellungswelt der mehr „gläubigen" als wissenden Sozialdemokraten sogar frei von jeglichen Problemen sein würde. Dieser simplifizierenden Zwei-Phasen-Dichotomie, die auf ein in sich ruhendes Modell der Zukunftsgesellschaft hinauslief, trat Engels mit einer vom Entwicklungsgedanken – seiner Meinung nach waren die Sozialdemokraten ja „Evolutionisten" – geprägten Konzeption entgegen: „Die sogenannte ‚sozialistische Gesellschaft' ist nach meiner Ansicht nicht ein ein für allemal fertiges Ding, sondern wie alle anderen Gesellschaftszustände, als in fortwährender Veränderung und Umbildung begriffen zu fassen"[264].

Es ist an dieser Stelle verdeutlichend festzuhalten, daß ein solches Modell kontinuierlicher sozialer Evolution keineswegs in Abgrenzung zu Vorstellungen revolutionärer Prozesse formuliert wurde – qualitative Sprünge konnten durchaus in den Entwicklungsablauf notwendig einbezogen sein. Eine geschichtstheoretische Antithese setzte diese Auffassung von Engels zu jeder Konzeption ewig wiederkehrender Kreislaufprozesse des sozialen Lebens, die dezidiert antiprogressiv war, aber auch zu jenen heilsgeschichtlichen Endzeiterwartungen, die nach der Befreiung von einem spezifischen Grundübel der Menschheitsgeschichte mit einem Stillstand aller Entwicklungen rechneten. Es erhebt sich nunmehr die Frage, welche praktischen Anleitungen zur sozialdemokratischen Politik dem von Engels skizzierten geschichtstheoretischen „Evolutionismus" entsprangen.

262 Interview Friedrich Engels' mit der Zeitung „Le Figaro" am 8. 5. 1893, in: MEW 22, S. 542.
263 Karl Marx, Zur Kritik . . . , MEW 13, S. 9.
264 Engels an Otto v. Boenigk vom 21. 8. 1890, in: MEW 37, S. 447.

Chancen des allgemeinen Wahlrechts und innerparteiliche Demokratie

In seinen letzten Lebensjahren konnte Engels noch den Aufstieg der deutschen Sozialdemokratie zur stärksten Wählerpartei des Kaiserreiches miterleben. Die vorbehaltlose Anerkennung des von Lassalle früh propagierten allgemeinen Wahlrechts als Hebel der Parteientfaltung durch Engels entsprang wesentlich seiner Einsicht, daß dessen konsequente Ausnutzung eine wichtige Grundlage der führenden Position der deutschen Sozialdemokraten in der europäischen Bewegung bildete: „Sie hatten ihren Genossen aller Länder eine neue, eine der schärfsten Waffen geliefert, indem sie ihnen zeigten, wie man das allgemeine Stimmrecht gebraucht"[265]. Durch diesen handgreiflichen Erfolg waren mit einem Schlag alle ursprünglichen Bedenken von Marx und Engels aus früheren Epochen hinfällig, daß angesichts der noch weitgehend agrarisch geprägten Sozialstruktur das allgemeine Wahlrecht lediglich den Herrschenden plebiszitäre Scheinlegitimationen verschaffen konnte, wie es der Praxis Bismarcks und des französischen „Volkskaisers" Napoleon Bonaparte entsprach. Angesichts der fortgeschrittenen Industrialisierung und einer vorzüglichen Parteiorganisation war es den deutschen Sozialdemokraten gelungen, die keineswegs a priori festgelegte Wirkung eines von den Herrschenden zur Stärkung ihrer Massenbasis gewährten Beteiligungsrechtes in ihr Gegenteil zu verkehren: „Sie haben das Wahlrecht... verwandelt aus einem Mittel der Prellerei, was es bisher war, in ein Werkzeug der Befreiung"[266].

Nach den Wahlsiegen von 1890 und 1893 wurde Engels in eine beachtliche Siegeseuphorie versetzt, die dem Masseneinfluß der Partei eine unbändig wachsende Dynamik zusprach: „Ihr Wachstum geht so spontan, so stetig, so unaufhaltsam und gleichzeitig so ruhig vor sich wie ein Naturprozeß"[267]. An dieser Stelle kokettierte also auch Engels mit der naturwissenschaftlichen Analogie, doch verdeutlichte der Modellcharakter einer solchen Vorstellung, welcher in der Formulierung „*wie* ein Naturprozeß" unmißverständlich zum Ausdruck kam, daß es sich hierbei keineswegs um einen eigendynamischen „naturnotwendigen" Entwicklungsprozeß handelte. Der stetige Aufschwung der Sozialdemokratie nach 1890 war vielmehr das Ergebnis der permanenten Krise des Kaiserreiches unter den Bedingungen forcierter Industrialisierung, die der einzigen konsequenten Opposition tatsächlich unaufhaltsam einen größeren Massenanhang zuspielte.

Die praktische Anschauung des überwältigenden Wahlerfolges von 1890 brachte Engels zu einer von dem bereits gekennzeichneten Evolutionismus geleiteten Zuversicht, die deutsche Sozialdemokratie sei inzwischen auf einer Stufe ihrer Entfaltung angelangt, „wo sie mit fast mathematisch genauer Berechnung die Zeit bestimmen kann, in der sie zur Herrschaft kommt"[268]. Er scheute sich nicht einmal, dieser politischen Arithmetik eine konkretisierte

---

265 Friedrich Engels, Einleitung zu Karl Marx' „Klassenkämpfe in Frankreich 1848—1850", in: MEW 22, S. 518.
266 A.a.O., S. 518/19.
267 A.a.O., S. 524.
268 Friedrich Engels, Der Sozialismus in Deutschland, in: MEW 22, S. 250.

Gestalt zu geben, die anhand der tatsächlichen Entwicklung überprüfbar sein mußte: „Bei den Wahlen von 1895 dürfen wir also auf mindestens 2¹/₂ Millionen Stimmen rechnen; diese aber würden um 1900 sich auf 3¹/₂ bis 4 Millionen steigern"[269]. Wenn wir diese Erwartungen mit den realen Resultaten von 1893, 1898 und 1903 in Beziehung setzen, so kommen wir für 1895 anstelle der von Engels erhofften 2¹/₂ Millionen Stimmen auf ungefähr 2 Millionen, für 1900 statt der 3¹/₂ bis 4 Millionen auf etwa 2¹/₂ Millionen sozialdemokratischer Wähler. In der Tendenz eines stetigen Anstieges der knapp 1¹/₂ Millionen Stimmen von 1890 behielt Engels demnach durchaus recht, obgleich er ausgehend von dem damaligen enormen Aufschwung in seiner „Hochrechnung" zu einem übertriebenen Wachstumstempo gelangte.

Unbeschadet solcher Schwierigkeiten einer politischen Arithmetik bedeutete der gewaltige Wahlsieg von 1890 den endgültigen Abschied der Sozialdemokratie vom Sektenwesen und die Konstituierung als demokratische Massenpartei. Dieser politische Strukturwandel mußte eine Überprüfung der unter dem Sozialistengesetz praktizierten strengen Disziplin im Gefolge haben, die Engels im Sinne einer Liberalisierung verstanden wissen wollte: „Auch das ewige Drohen mit dem Hinausfliegen durfte nicht länger ungerügt bleiben. Das sind jetzt ganz unzeitgemäße Erinnerungen aus der Diktaturzeit des Sozialistengesetzes. Heute muß man den faulen Elementen die Zeit geben, so faul zu werden, bis sie fast von selbst abfallen. Eine Partei von Millionen hat eine ganz andere Disziplin als eine Sekte von Hunderten"[270]. Von den Erfordernissen einer „Kampfpartei" ließ sich Engels nicht darüber hinwegtäuschen, daß die straffe Disziplin lediglich eine ohnmächtige Anpassung an die Verhaltens- und Denkstrukturen der bestehenden Staatsordnung darstellte und darin einer Fortentwicklung von Theorie und Praxis der Sozialdemokratie hinderlich werden konnte: „Aber ich möchte doch zu bedenken geben, ob Ihr nicht besser tätet, etwas weniger empfindlich und im Handeln etwas weniger — preußisch zu sein. Ihr — die Partei — braucht die sozialistische Wissenschaft, und diese kann nicht leben ohne Freiheit der Bewegung"[271]. Weil er dieses reale Spannungsverhältnis zwischen wissenschaftlicher Erkenntnis und den zusammengestutzten offiziösen Theorieversatzstücken nur zu genau kannte, blieb Engels in engagierter Distanz zur Parteiorganisation und wies jedes Abhängigkeitsverhältnis als bezahlter Parteiredakteur entschieden von sich.

Gerade weil die marxistische Wissenschaft für Engels ihre Existenzberechtigung fortwährend in der Orientierung sozialdemokratischer Praxis zu beweisen hatte, trat er voller Überzeugung für geistige Freiheit in der Parteiorganisation ein. Deshalb übte er an der deutschen Sozialdemokratie schonungslose Kritik, sobald ihr „Preußentum" sie diese Dialektik von Freiheit der Debatte und Geschlossenheit im Handeln zu einer Tendenz der ideologischen Gleichschaltung verengen ließ, die den Selbstklärungsprozeß der Partei behindern und damit jedes strategisch geleitete einheitliche Vor-

---

269 Ebd.
270 Engels an Karl Kautsky vom 4. 9. 1892, in: MEW 38, S. 448.
271 Engels an August Bebel vom 1. 5. 1891, in: MEW 38, S. 94.

gehen blockieren konnte: „Eure ‚Verstaatlichung' der Presse hat ihre großen Übelstände, wenn sie zu weit geht. Ihr müßt absolut eine Presse in der Partei haben, die vom Vorstand und selbst Parteitag nicht direkt abhängig ist, d. h. in der Lage ist, innerhalb des Programms und der angenommenen Taktik gegen einzelne Parteischritte ungeniert Opposition zu machen und innerhalb der Grenzen des Parteianstandes auch Programm und Taktik frei der Kritik zu unterwerfen"[272]. Für diese Freiheit der geistigen Auseinandersetzung innerhalb der Programmatik und in der Überprüfung und möglichen Erneuerung derselben plädierte Engels zunächst aus der praktisch-politischen Erwägung, daß dieser offene Austrag von Meinungsverschiedenheiten in einer von weitgesteckten Zukunftsperspektiven getragenen Massenpartei unabdingbar war.

Darüber hinaus hatte Engels' Bekenntnis zur Presse- und Meinungsfreiheit aber auch einen prinzipiellen Charakter. Nach seiner Auffassung waren die der bürgerlichen Revolution geistig entsprungenen, in der kapitalistischen Wirklichkeit jedoch nur unzureichend vorhandenen demokratischen Grundrechte kein taktisches Vehikel der Arbeiterbewegung, sondern eine progressive Errungenschaft der geschichtlichen Entwicklung, an deren Erhaltung, materialer Verwirklichung und weiterem Ausbau die sozialistische Bewegung ihre zukunftsgerichtete Perspektive zu beweisen hatte: „Die Arbeiterbewegung beruht auf der schärfsten Kritik der heutigen Gesellschaft, Kritik ist ihr Lebenselement, wie kann sie selbst der Kritik sich entziehen, die Debatte verbieten wollen? Verlangen wir denn von anderen das freie Wort für uns bloß, um es in unseren eigenen Reihen wieder abzuschaffen?"[273] Diese kritischen, auf mehr geistig-politische Liberalität abzielenden Einwendungen äußerte Engels in dem Bestreben, der Partei die Voraussetzungen für einen politischen Klärungsprozeß aufzuzeigen, der ihr die Chance einer praktischen Umsetzung von grundlegenden Forderungen eröffnete. Es war ihm nämlich nicht verborgen geblieben, daß die vulgärmaterialistischen Doktrinen trotz ihres verbalradikalen Pathos eine politische Schwachstelle der sozialdemokratischen Bewegung überlagerten, die ihr aktives Eintreten für Reformziele und die sozialistische Zukunftsperspektive zum Inhalt hatte.

Die Kritik des sozialdemokratischen Strategiedefizits

Obwohl Friedrich Engels die Entwicklung der europäischen Arbeiterbewegung und speziell der deutschen Sozialdemokratie mit lebhaftem Interesse und großem praktischen Engagement verfolgte, konnte er von einigen persönlichen Kontakten abgesehen an der politischen Gestaltung nur als kritischer Beobachter teilnehmen. So ist es nicht verwunderlich, daß seine ausführlichste Stellungnahme zu Grundsatzfragen sozialdemokratischer Strategie sich nicht an konkreten tagespolitischen Ereignissen festmachte, sondern an der Diskussion des Erfurter Programms entzündete. Diese solidarische Kritik von Engels verdient auch deshalb eine besondere Beachtung, weil das

---

272 Engels an August Bebel vom 19. 11. 1892, in: MEW 38, S. 517.
273 Engels an Gerson Trier vom 18. 12. 1889, in: MEW 37, S. 328.

Erfurter Programm bis heute als das klassische Dokument des traditionellen sozialdemokratischen Marxismus gilt und ihm insofern ein zentraler Stellenwert für die Analyse des theoretischen Selbstverständnisses der Partei vor 1914 zukommt.

Da der grundsätzliche Teil des Programms nur eine Trendbestimmung der kapitalistischen Entwicklung gab und den abstrakten Rahmen der sozialdemokratischen Zielvorstellungen absteckte, wie sie in der marxistischen Diskussion Allgemeingut geworden waren, fand er die prinzipielle Zustimmung von Engels. Nur zu der Formulierung: „Immer größer wird die Zahl und das Elend der Proletarier" im ursprünglichen Entwurf machte er auf dem Hintergrund sich abzeichnender Erfolge der Gewerkschaftsbewegung eine kritische Anmerkung: „Das ist nicht richtig, so absolut gesagt. Die Organisation der Arbeiter, ihr stets wachsender Widerstand wird dem Wachstum des Elends möglicherweise einen gewissen Damm entgegensetzen"[274]. Dieser Einwand gegen eine Verelendungstheorie wurde schließlich in der endgültigen Fassung des Erfurter Programms berücksichtigt. Auch in bezug auf die praktischen Forderungen des Grundsatzprogramms, die lediglich die im Kaiserreich vorenthaltenen demokratischen Grundrechte und Vorschläge zu einem wirksamen Arbeiterschutz umfaßten, gab es aus der Sicht von Engels keine Änderungswünsche, die über redaktionelle Präzisierungen wesentlich hinausgingen.

Während also die grundlegenden analytischen Ansätze und Zielvorstellungen – die *Theorie* – sowie die detaillierten tagespolitischen Forderungen für die *Praxis* in großen Zügen den programmatischen Konzeptionen von Engels entsprachen, traf seine Kritik vor allem die fehlende perspektivische Vermittlung zwischen den historischen Dimensionen der theoretischen Leitsätze und dem aktuellen Zuschnitt der praktischen Vorschläge. Dieses *Defizit an politischer Strategie* zeichnete sich demnach nicht durch eine unzulängliche inhaltliche Ausfüllung dieser essentiellen Vermittlungsebene zwischen Theorie und Praxis aus, sondern betraf die völlige Ausblendung eines diesbezüglichen Problembewußtseins: „Die politischen Forderungen des Entwurfs haben einen großen Fehler. Das, was eigentlich gesagt werden sollte, steht nicht drin"[275]. Die wichtigste Aufgabe für eine zielgerichtete Programmkritik von Engels bestand so gesehen in der Darlegung jener Elemente sozialdemokratischer Politik, die durch eine abstrakte Analyse von Rahmenbedingungen und einen pragmatischen Forderungskatalog nicht abgedeckt waren.

Als das erste unverzichtbare Kampfziel einer politischen Strategie benannte Engels die Überwindung aller obrigkeitsstaatlichen Strukturelemente des Deutschen Kaiserreiches: „Wenn etwas feststeht, so ist es dies, daß unsere Partei und die Arbeiterklasse nur zur Herrschaft kommen kann unter der Form der demokratischen Republik"[276]. Diese These war schon dadurch begründet, daß die von ihm gepriesenen Vorzüge des allgemeinen Wahlrechts sich nur in einer parlamentarischen Demokratie politisch entfalten

274 Friedrich Engels, Zur Kritik des sozialdemokratischen Programmentwurfs, in: MEW 22, S. 231.
275 A.a.O., S. 233.
276 A.a.O., S. 235.

konnten, während sie in Preußen-Deutschland auf den agitatorischen und organisatorischen Aufschwung der Arbeiterbewegung beschränkt blieben. Hinzu kam, daß die ungehinderte Entwicklung der Sozialdemokratie durch die permanente Androhung staatlicher Repressionen gefährdet wurde und folglich allein eine demokratische Struktur von Staat und Gesellschaft der Partei das unmittelbare Existenz- und Einflußrecht sicherzustellen vermochte.

Darüber hinaus erkannte Engels ein weiteres Hindernis in der Hegemonie des mächtigen preußischen Teilstaates, in dem die Herrschaftsoligarchie aus Junkertum, Großbourgeoisie, Bürokratie und Militär noch unangefochten die politische Macht in ihren Händen konzentrierte: „Andererseits muß Preußen aufhören zu existieren, muß in selbstverwaltete Provinzen aufgelöst werden, damit das spezifische Preußentum aufhört, auf Deutschland zu lasten"[277]. Eine korrespondierende deutsche Misere zur preußischen Dominanz bildete zudem der aus den Zeiten des Dreißigjährigen Krieges überkommene Partikularismus in anderen Gebieten, der gleichfalls einem republikanischen Zentralstaat nach französischem Vorbild im Wege stand: „Kleinstaaterei und spezifisches Preußentum sind die beiden Seiten des Gegensatzes, worin Deutschland jetzt gefangenliegt und wo immer die eine Seite der anderen als Entschuldigung und Existenzgrund dienen muß"[278]. Diese Konstellation war um so verfahrener, als Preußen zugleich den — abgesehen von Sachsen — fortgeschrittensten industriellen Entwicklungsstand und das reaktionärste politische System repräsentierte, während die süddeutschen Kleinstaaten häufig politisch liberaler, aber auch gewerblich rückständiger waren; sie stellten somit allenfalls einen Nährboden der kleinbürgerlichen Demokraten bereit, konnten aber nicht als Rekrutierungsfeld der sozialdemokratischen Arbeiterbewegung an führender Stelle voranschreiten.

Diese Grundforderung nach einer territorial wie demokratisch unteilbaren parlamentarischen Republik war allerdings unter den Bedingungen des ständig mit dem Staatsstreich von oben spekulierenden preußisch-deutschen Herrschaftssystems nicht gefahrlos öffentlich zu propagieren. Auch Engels wollte deshalb die ein Jahr nach Aufhebung des Sozialistengesetzes bestehende Situation bei Verabschiedung des Erfurter Programms in seine Erwägungen mit einbeziehen. Dennoch hielt er es für unabdingbar, wenigstens die politische Stoßrichtung der Sozialdemokratie deutlich zum Ausdruck zu bringen, ohne dabei die Herrschenden durch eine direkte Agitation für die demokratische Überwindung des reaktionären Staatsapparates zum Losschlagen zu provozieren: „Was aber nach meiner Ansicht hinein sollte und hinein kann, das ist die Forderung der Konzentration aller politischen Macht in den Händen der Volksvertretung"[279]. An diesem sozialdemokratischen Strategieproblem hatte sich die seit Lassalle auf der politischen Tagesordnung stehende Entscheidung der „konstitutionellen Grundfrage" nach der demokratischen Seite hin zu manifestieren.

277 Ebd.
278 Ebd.
279 Ebd.

Für die konkrete Strategiebestimmung in bezug auf die machtpolitische Kraftprobe mit dem Obrigkeitsstaat reichten selbst die subtilsten Künste der Politökonomie und Klassenanalyse nicht mehr aus. Ein praxisleitendes Verständnis der politischen Verhältnisse des Kaiserreiches hatte schließlich nicht jene Elemente herauszuarbeiten, die seine sich entfaltende kapitalistische Gesellschaft mit dem Sozialgefüge anderer Nationen gemeinsam hatte. Es mußte vor allem den spezifischen Charakter seines obrigkeitsstaatlichen Herrschaftssystems begreifen, das Preußen-Deutschland trotz der übereinstimmenden industriekapitalistischen „Basis" von bürgerlichen Demokratien wie England, den Vereinigten Staaten und Frankreich unterschied. In welch hervorstechender Weise das politische System der parlamentarischen Republik für Engels eine Kernforderung der Sozialdemokratie darstellte, können wir daran ermessen, daß er in den genannten drei Nationen einen schrittweisen und von revolutionären Krisen freien Weg zum Sozialismus für möglich hielt: „Man kann sich vorstellen, die alte Gesellschaft könne friedlich in die neue hineinwachsen in Ländern, wo die Volksvertretung alle Macht in sich konzentriert, wo man verfassungsmäßig tun kann, was man will, sobald man die Majorität des Volkes hinter sich hat"[280]. Von einer Revolutionsromantik, die auf eine gewaltsame Auseinandersetzung mit den herrschenden Klassen drängte, war das politische Denken von Engels also gänzlich unbeeinflußt.

Um so schärfer erkannte er jedoch die in den machtpolitischen Strukturen vollkommen andere Situation für die deutsche Sozialdemokratie, die auf dem Weg zur sozialistischen Gesellschaft das bestehende reaktionäre Verfassungssystem kaum schrittweise und erschütterungsfrei zu transformieren vermochte: „Aber in Deutschland, wo die Regierung fast allmächtig und der Reichstag und alle anderen Vertretungskörper ohne wirkliche Macht, in Deutschland so etwas zu proklamieren, und noch dazu ohne Not, heißt das Feigenblatt dem Absolutismus abnehmen und sich selbst vor die Blöße binden"[281]. Für Engels war es vollkommen unvorstellbar, daß die großagrarisch-großbürgerlichen und bürokratisch-militärischen Herrschaftsgruppen des Kaiserreiches ohne den machtpolitischen Zwang äußerer Erschütterungen oder innenpolitischer Krisen eine demokratische Staats- und Gesellschaftsordnung den braven Untertanen als Weihnachtsgeschenk präsentieren konnten.

So unterzog Engels die deutsche Sozialdemokratie, die seiner Ansicht nach die strategische Machtfrage einer Errichtung der demokratischen Republik und der Auflösung des preußischen Obrigkeitsstaates in ihren Grundsatzdebatten sträflich vernachlässigte, trotz ihres programmatisch dokumentierten Bekenntnisses zum Marxismus einer prinzipiellen politischen Kritik: „Eine solche Politik kann nur die eigne Partei auf die Dauer irreführen. Man schiebt allgemeine, abstrakte politische Fragen in den Vordergrund und verdeckt dadurch die nächsten konkreten Fragen, die Fragen, die bei den ersten großen Ereignissen, bei der ersten politischen Krise sich selbst auf die

---

280 A.a.O., S. 234.
281 Ebd.

Tagesordnung setzen"[282]. Mit seinem Hinweis, daß „allgemeine, abstrakte politische Fragen" als unbewußter Vorwand für die Verdrängung des sozialdemokratischen Strategiedefizits fungieren konnten, legte Engels zweifellos der Partei den Finger der letztlich ausschlaggebenden Praxis in die nur notdürftig theoretisch verpflasterten Wunden; er ließ auch keinen Zweifel daran, welches politisches Resultat eine derartige Ausblendung der strategischen Kernfragen im Gefolge haben würde: „Was kann dabei herauskommen, als daß die Partei plötzlich, im entscheidenden Moment, ratlos ist, daß über die einschneidendsten Punkte Unklarheit herrscht, weil diese Punkte nie diskutiert worden sind"[283]. Für Engels bedeuteten sozial-demokratische Strategiediskussionen die Thematisierung der spezifischen politischen Verhältnisse Deutschlands und der sich aus ihnen ergebenden Chancen für eine aktive Gestaltung der gesellschaftlichen Entwicklung durch die Arbeiterbewegung. Insofern konnte er das Problem der Revolutionierung obrigkeitsstaatlicher Elemente des Kaiserreiches nicht mit Spekulationen über den „großen Kladderadatsch" oder die „Naturnotwendigkeit" des Übergangs zum Sozialismus umgehen.

Eine Strategie des revolutionären Realismus im Deutschen Kaiserreich

Indem Engels das Verhältnis von allmählichen reformerischen Veränderun-gen und einer möglichen revolutionären Zuspitzung von der konkreten Analyse des jeweiligen politischen Systems abhängig machte, gelangte er für das Deutsche Kaiserreich zu einer praktischen Vorgehensweise, die auf den ersten Blick in sich widersprüchlich erschien: „Der 20. Februar (des Wahljahres 1890, D. L.) ist das Datum des Beginns der Revolution in Deutschland; deshalb haben wir die Pflicht, uns nicht vorzeitig zermalmen zu lassen ... Darum müssen wir jetzt die legale Aktion proklamieren, wir dürfen nicht auf die Provokationen eingehen, mit denen man uns überschüt-ten wird"[284]. Die Logik einer derartigen politischen Strategie konnte ein a-historisch konstruierender Theoretiker vom Schlage der „Opposition der Jungen" nicht begreifen: mußte die Sozialdemokratie denn nicht, wenn der sprunghafte Anstieg des sozialdemokratischen Massenanhangs die Sturm-glocke der deutschen Revolution einläutete, zu direkter Aktion gegen das herrschende System schreiten?
Eine derartige aktivistische Kritik mochte mit fortschreitender Entwicklung eine wachsende Zahl von Parteifunktionären treffen, die sich tatsächlich allein vom Stimmzettel den Sturz der militaristischen Monarchie und des ostelbischen Spätfeudalismus erhofften. Für Friedrich Engels jedoch ent-sprangen solche Erwägungen keineswegs einem latenten Fatalismus, sondern einem machtpolitischen Kalkül; seiner Ansicht nach war nämlich die Revo-lutionsvorstellung der bürgerlichen Periode für den Kampf der Arbeiter-bewegung prinzipiell untauglich: „Wenn sogar diese mächtige Armee des

---

282 Ebd.
283 Ebd.
284 Engels an Paul Lafargue vom 7. 3. 1890, in: MEW 37, S. 362.

Proletariats noch immer nicht das Ziel erreicht hat, wenn sie, weit entfernt, den Sieg mit einem großen Schlag zu erringen, in hartem, zähem Kampf von Posten zu Posten langsam vordringen muß, so beweist dies ein für allemal, wie unmöglich es 1848 war, die soziale Umgestaltung durch einfache Überrumpelung zu erobern"[285]. Mit seinem Vorstoß wollte Engels also „ein für allemal" mit jeder der bürgerlich-revolutionären Tradition gedanklich entspringenden putschistischen Illusion aufräumen, die sich den Weg zum Sozialismus als einen einzigen gewaltigen Handstreich in der Phantasie ausmalte.

Die gesellschaftlichen Kampfbedingungen des hochentwickelten Industriekapitalismus und die sich aus ihnen ergebenden Ansatzpunkte sozialdemokratischer Politik waren der bestimmende Beweggrund für Engels, eine Revision der 1848 teilweise auch noch von Marx und ihm vertretenen Strategien vorzunehmen: „Die Zeit der Überrumpelungen, der von kleinen bewußten Minoritäten an der Spitze bewußtloser Massen durchgeführten Revolutionen ist vorbei. Wo es sich um eine vollständige Umgestaltung der gesellschaftlichen Organisation handelt, da müssen die Massen selbst mit dabei sein, selbst schon begriffen haben, worum es sich handelt"[286]. Die grundlegend veränderte Sozialstruktur, das konkrete Herrschaftsgefüge eines kapitalistisch geprägten Systems sowie die qualitativ andersartigen Aufgaben der Sozialdemokratie nach Eroberung der politischen Macht ließen Engels eine Strategie für den Aufbau des Sozialismus entwerfen, die mit einer breiten demokratischen Basis rechnete. In einer hochgradig systemvermittelten kapitalistischen Industriegesellschaft konnte es nicht mehr wie in den bürgerlichen Revolutionen einzig darum gehen, die Staatsgewalt zu übernehmen und die ohnehin bereits entfalteten Subsysteme eines veränderten Wirtschaftslebens freizusetzen. Eine funktionsfähige sozialistische Gesellschaft erforderte auf dem erreichten Stand der technischen Produktionsentwicklung und angesichts eines komplexen Institutionengefüges in allen Bereichen des gesellschaftlichen Lebens politisch bewußt handelnde Individuen und Gruppen, ohne deren tatkräftige Unterstützung die sozialdemokratisch bestimmte Staatsmacht entweder zusammenbrechen oder aber ihren Charakter als gesellschaftsverändernde und von einer breiten demokratischen Basis getragene historische Kraft einbüßen mußte.

Auf diesem konzeptionellen Hintergrund ist auch Engels' Bekenntnis zur „Gesetzlichkeit" zu verstehen, dem die Überzeugung zugrunde lag, daß pseudoradikale Provokationen statt revolutionärer Konsequenzen lediglich taktische Vorteile für das bestehende Herrschaftssystem im Gefolge haben konnten: „Die Ironie der Weltgeschichte stellt alles auf den Kopf. Wir, die ‚Revolutionäre', die ‚Umstürzler', wir gedeihen weit besser bei den gesetzlichen Mitteln als bei den ungesetzlichen und dem Umsturz"[287]. Keineswegs wollte Engels die Illusion verbreiten, daß ein den Waffen des „demokratischen Klassenkampfes" unzugänglicher Obrigkeitsstaat wie das Deutsche

285 Friedrich Engels, Einleitung zur Karl Marx' „Klassenkämpfe in Frankreich 1848—1850", in: MEW 22, S. 515.
286 A.a.O., S. 523.
287 A.a.O., S. 525.

Kaiserreich auf dem Weg des Stimmzettels zum Einsturz zu bringen sei: „Vor allem habe ich nicht gesagt, daß ‚die sozialistische Partei die Mehrheit erlangen und dann die Macht ergreifen wird'. Ich habe im Gegenteil betont, die Aussichten stünden zehn zu eins dafür, daß die Herrschenden lange vor diesem Zeitpunkt gegen uns Gewalt anwenden werden; das aber würde uns vom Boden der Stimmenmehrheiten auf den Boden der Revolution führen"[288]. Ein solcher der Sozialdemokratie aufgezwungener Entscheidungskampf um die demokratische Republik hatte gegenüber einem unbedachten Losschlagen den entscheidenden Vorteil, daß die Herrschenden sich auf diese Weise für die gesamte Bevölkerung erkennbar ins Unrecht setzen mußten und somit der Partei wichtige Bündnispartner erwachsen konnten.

Der machtpolitische Realist Engels wußte allerdings nur zu genau, daß diese revolutionär-demokratische Wende solange keinerlei Aussicht auf Erfolg besaß, wie die Armee den herrschenden Klassen als Waffe auch gegen breite Bevölkerungsmehrheiten dienen konnte: für diesen Fall war deren Nachgiebigkeit unwahrscheinlich und jeder Versuch einer erzwungenen Entmachtung selbstmörderisch. Ein in sich schlüssiges Ganzes wurde die Engelssche Strategie deshalb allein durch seine Zuversicht, daß bei einem stetig wachsenden Massenanhang der Sozialdemokratie bis ungefähr zum Jahre 1900 „die Armee, früher das preußischste Element des Landes, in ihrer Majorität sozialistisch sein"[289] müßte, womit er fraglos die Geschwindigkeit der sozialdemokratischen Einflußerweiterung überschätzte. Aber als strategische Anleitung war die von Engels vorgeschlagene Konzeption durchaus den deutschen Verhältnissen angemessen: den Blick vor allem auf eine allmähliche Ausweitung der demokratischen Massenbasis der Partei zu lenken und jede Provokation zu vermeiden, bis die Armee zumindest neutralisiert war und damit als Instrument der Herrschenden gegen eine demokratische Stimmenmehrheit ausschied.

Gegenüber den deterministischen „Marxisten" der Partei zeichnete sich Engels nicht nur durch eine stärker an machtpolitischen Realitäten orientierte Analyse, sondern zudem durch eine differenziertere Einschätzung der politischen und sozialen Gegenkräfte aus. Er gab der Sozialdemokratie ohne Umschweife zu verstehen, daß die pseudoradikale Pose einer mit Stolz herausgestellten geschlossenen Frontstellung des bürgerlich-liberalen und agrarisch-konservativen herrschaftskonformen „Sumpfes" zur Arbeiterbewegung lediglich die eigene Einflußlosigkeit mit Glorienschein einhüllte: „Solange wir nicht stark genug sind, selbst das Ruder zu ergreifen und unsere Grundsätze zu verwirklichen, kann, genau gesprochen, von einer reaktionären Masse, uns gegenüber, nicht die Rede sein. Sonst würde sich die ganze Nation einteilen in eine Majorität von Reaktionären und eine Minorität von Ohnmächtigen"[290]. Eine demonstrative Selbstisolation der Partei war über dieses machtpolitische Kalkül hinaus auch angesichts der Tatsache eine verfehlte Strategie, daß neben einer reaktionären „Allianz aller offiziellen und besitzenden Gesellschaftsschichten gegenüber dem Prole-

288 Friedrich Engels, Antwort an den ehrenwerten Giovanni Bovio, in: MEW 22, S. 274.
289 Friedrich Engels, Der Sozialismus in Deutschland, in: MEW 22, S. 251.
290 Engels an Karl Kautsky vom 14. 10. 1891, in MEW 38, S. 179.

tariat" eine politische Grundströmung vorhanden war, „die den alten, aus Feigheit unausgekämpften Konflikt immer wieder auf die Tagesordnung setzt, den Konflikt zwischen der Monarchie mit ihren absolutistischen Reminiszenzen, dem Grundadel und der Bürokratie, die sich über alle Parteien erhaben dünkt, und, ihnen allen gegenüber, die industrielle Bourgeoisie, die täglich und stündlich in ihren materiellen Interessen durch diese überlebten Elemente geschädigt wird"[291].

Selbst für den Fall, daß die Verbrüderungstendenzen von Großkapital und Großagrariern, Liberalismus und Konservatismus gelegentlich der Sozialdemokratie agitatorisch in die Hände spielten, optierte Engels zugunsten einer Ausrichtung auf die politischen Notwendigkeiten: „Die sich allmählich immer mehr vorbereitende eine reaktionäre Masse können wir jetzt noch nicht gut gebrauchen; unser Interesse ist, solange wir nicht selbst aktiv Geschichte machen können, daß die geschichtliche Entwicklung nicht stillsteht, und dazu brauchen wir den Krakeel der bürgerlichen Parteien untereinander"[292]. Die aus dieser Situation hervorgehende Strategie der Partei mußte demnach jede unnötige Eskalation vermeiden, welche die Gegenkräfte lediglich ihre Reihen fester zusammenschließen ließ, und sämtliche sich bietenden Chancen ausnutzen, zwischen die politisch fatale liberal-konservative Allianz den Keil der Kontroverse zu treiben.

Eine derartige Strategie des revolutionären Realismus konnte nur dann erfolgreich sein, wenn relevante politische Kräfte aus der preußisch-deutschen Herrschaftsoligarchie herausgebrochen und zaghafte Neutralisten in eindeutige Frontstellung zu ihr gebracht wurden. In der konkreten Analyse der Reichspolitik ergaben sich für Engels zumindest im Kampf gegen den Obrigkeitsstaat mögliche Bündnispartner: „Man schlägt die Sozialdemokratie, trifft aber nebenbei die Bourgeoisie tüchtig mit, zunächst politisch, in ihren seit 60 Jahren prunkend zur Schau getragenen liberalen Prinzipien und in dem bißchen Anteil, das sie direkt an der Staatsmacht besitzt, dann aber später, wenn's gut geht, auch ökonomisch und opfert ihre Interessen denen des Grundbesitzes"[293]. Eine rigorose Interessenpolitik der großagrarischen Führungsgruppen auf dem Rücken der industriellen Bourgeoisie konnte also das liberale Bürgertum vorübergehend an die Seite der sozialdemokratischen Arbeiterschaft zwingen.

Die Kritik einer vulgärmaterialistischen Geschichtsauffassung, eine wissenschaftliche Präzisierung der historisch-dialektischen Methode und das konkrete Aufzeigen des sozialdemokratischen Strategiedefizits führten Engels also zu praktischen Vorschlägen für die Gestaltung der politischen Aktivitäten der Partei. Er plädierte für eine Dialektik von mehr geistiger Freiheit in der Diskussion und größerer Klarheit in der Orientierung auf konkrete Aktionen zur Brechung der preußischen Hegemonie und Errichtung einer demokratischen Republik. In dieser politischen Konzeption spielte das allgemeine Wahlrecht als Hebel der Parteientfaltung eine gewichtige Rolle, indem es die erforderliche Massenverankerung und eine breite Bewußtseins-

---

291 Engels an August Bebel vom 19. 2. 1892, in: MEW 38, S. 281.
292 Engels an August Bebel vom 8. 3. 1892, in: MEW 38, S. 292.
293 Engels an August Bebel vom 19. 2. 1892, in: MEW 38, S. 282.

bildung der Sozialdemokratie vorantrieb. Diese entscheidende Waffe der Arbeiterbewegung und die gewandelten gesellschaftlichen Handlungsbedingungen ließen eine Überrumpelungstaktik nach dem Vorbild der bürgerlichen Revolutionen als historisch überholt erscheinen. Da die monarchische Struktur des Kaiserreiches jedoch den in einer parlamentarischen Republik anzustrebenden allmählichen Übergang zum Sozialismus nicht zuließ, rechnete Engels bei Anschwellen des sozialdemokratischen Einflusses auf mehr als ein Drittel der Stimmen mit einem konterrevolutionären Präventivschlag der Herrschenden. Das Ausmaß der sozialdemokratischen Stärke in der Armee und die Breite des Bündnisses, welches der Partei durch die Politik einer „Flucht nach vorn" der herrschenden Klassen erwachsen konnte, mußte dabei den Ausschlag geben. Auf diese Schicksalsfrage der Arbeiterbewegung und der demokratischen und sozialistischen Entwicklungsperspektiven Deutschlands hatte sich die Sozialdemokratie nach der Auffassung von Engels mit klarem politischen Bewußtsein über strategische Ziele und Mittel vorzubereiten.

VI. Kapitel

Eine Bilanz:
Die Periode der innerparteilichen Konsolidierung

Der politische Kampf als Hebel der sozialen Emanzipation

Ein vergleichender Überblick zur Entwicklungsgeschichte der europäischen Arbeiterbewegung läßt jeden verkürzten Schluß von dem Stand des Industrialisierungsprozesses auf die Herausbildung politisch selbständiger Arbeiterorganisationen als prinzipiell verfehlt erscheinen: Das kapitalistisch führende England folgte den meisten kontinentaleuropäischen Staaten erst zur Jahrhundertwende in der Loslösung einer politischen Arbeiterpartei von der bürgerlich-demokratischen Bewegung[294]. Während die industriell gleichfalls schon früh entfalteten Nationen Frankreich und Belgien eine mittlere Position einnahmen, schritt ausgerechnet das damals erst schwach industrialisierte Preußen-Deutschland in der Konstituierung der Sozialdemokratie voran. Ohne eingehendere sozialgeschichtliche Studien im europäischen Maßstab können wir lediglich die begründete Vermutung äußern, daß ein vorhandenes Minimum an kapitalistischer Entwicklung sowie erste institutionelle Ansätze des Parlamentarismus notwendige Voraussetzungen für die Bildung einer fest organisierten Arbeiterpartei waren. Obgleich Art und Umfang des Industrialisierungsprozesses die innere Struktur bereits bestehender Arbeiterorganisationen stark beeinflußt haben dürften, ist der konkrete Auslöser für die Gründung der Sozialdemokratie in Preußen-Deutschland ganz offenkundig im Bereich des politischen Systems zu suchen.

Unter den Zeitgenossen hat der Parteihistoriker Franz Mehring diesen Zusammenhang äußerst klarsichtig erfaßt: „Werden die Anfänge gewerkschaftlicher Verbände durch die schikanöse Handhabung reaktionärer Preß- und Vereinsgesetze erstickt, so bleibt den Arbeitern nichts übrig, als der politische Kampf gegen eine Reaktion, die ihnen alle Vorbedingungen ihrer Klassenorganisation abschneidet. Von vornherein waren deshalb die deutschen Arbeiter auf den politischen Kampf angewiesen, und es kann gewiß nicht bestritten werden, daß ihr Blick für die Bedeutung der gewerkschaftlichen Organisation dadurch manchmal getrübt worden ist"[295]. Wenn demnach anders als im liberalen England eine frühe Herausbildung einer politischen Arbeiterpartei angesichts des obrigkeitsstaatlichen Systems *erforderlich* war, so wurde ihre volle Entfaltung *möglich* durch das Ausscheiden des liberalen Bürgertums als demokratische Emanzipationskraft in der preußischen Konfliktzeit. Das entstehende „demokratische Vakuum" gab einer

---

294 Siehe Wolfgang Abendroth, Sozialgeschichte ..., a.a.O., S. 78/79.
295 Franz Mehring, a.a.O., IV, S. 44/45.

selbständigen Arbeiterpartei ein politisches Betätigungsfeld, ohne daß die Arbeiterschaft schon durch gewerkschaftliche Aktionserfahrungen auf diese spezifische Rolle vorbereitet war.

Aus diesem Spannungsverhältnis zwischen der politischen Möglichkeit und der sozialstrukturellen Wirklichkeit einer eigenständigen Arbeiterbewegung erklärt sich die starke strategische Orientierung Lassalles an der Analyse des konkreten Herrschaftsgefüges, seine metaphysische Überhöhung des Staates sowie das unbedingte Primat des Politischen, dessen strategische Konsequenz der Kampf um das allgemeine Wahlrecht bildete; ebenso seine Geringschätzung der gewerkschaftlichen Kampfmöglichkeiten, die Verkennung sozialökonomischer und bewußtseinsmäßiger Differenzen in der breiten Volksmasse und sein darin begründetes Vertrauen in eine rasche Machtentfaltung der politischen Arbeiterbewegung. Diese konzeptionellen Defizite bedürfen einer historischen Kontextanalyse, während jede abstrakt geistesgeschichtliche Deutung aus einer „idealistischen" Geschichtsauffassung Lassalles oder seinem übertriebenen Ehrgeiz in die Sackgasse führt: Was bei ihm „idealistisch" über sozialstrukturelle Realitätsmomente hinwegschritt und voller „Ehrgeiz" eine Vision der millionenstarken Arbeiterbewegung erzeugte, entsprang seiner Einschätzung der politischen Verhältnisse Preußens zwischen 1859 und 1864, die auf die Ausfüllung des entstandenen „demokratischen Vakuums" durch eine politisch handelnde sozialdemokratische Bewegung drängten.

Zusätzlich unterstützt wurde die durch das Herrschaftssystem hervorgerufene Schwerpunktsetzung im Bereich des politischen Kampfes von der seit 1873 dominanten stagnativen Konjunkturtendenz, die den ohnehin schwierigen Aufbau der Gewerkschaftsbewegung immer wieder durchkreuzte, weil in der Depression die Chancen eines erfolgreichen Lohnkampfes gering waren. So ist es nicht verwunderlich, daß hinsichtlich des Vorranges einer Eroberung der politischen Macht von Lassalle über Bebel bis hin zu Kautsky eine vollständige Übereinstimmung herrschte und auch die nachgeordnete Stellung der Gewerkschaftsbewegung gegenüber der Sozialdemokratie mit fortschreitender kapitalistischer Entwicklung lediglich modifiziert, aber niemals grundlegend revidiert wurde. In dieser Kernfrage einer strategischen Orientierung konsolidierte sich bis 1895 über alle Rückschläge und staatlichen Repressionsmaßnahmen hinweg eine Entwicklungslinie, die seit ihrer Gründungszeit in bemerkenswerter Kontinuität das Gesicht der deutschen Arbeiterbewegung prägte.

Die Zielsetzung einer doppelten Revolutionierung Deutschlands

Eine sozialdemokratische Arbeiterpartei, die neben der allseitigen Vertretung gesellschaftlicher Interessen der Lohnabhängigen auch den vom Bürgertum aufgegebenen Kampf gegen die preußisch-deutschen Bastionen des Militarismus und Absolutismus erfolgreich zu meistern hatte, war in ihren politischen Bestrebungen auf eine doppelgleisige Aktionsrichtung verwiesen: Sie mußte stets für die demokratische und sozialistische Umgestaltung zugleich eintreten, weil die uneingeschränkte Republik angesichts des bürgerlich-aristokratischen Klassenkompromisses nur noch durch den Sieg des Sozialismus und die Durchsetzung der sozialen Emanzipation der arbeitenden Bevölkerung einzig in einem demokratischen System zu verwirklichen war. Unbeschadet dieser unlöslichen Verknüpfung waren sich die sozialdemokratischen Theoretiker von Lassalle bis Engels der Tatsache bewußt, daß der Aufbau einer sozialistischen Gesellschaft zwar unmittelbar im Zusammenhang mit einer umfassenden Demokratisierung, niemals aber vor Errichtung der republikanischen Verfassungsordnung voranzutreiben sein würde: Bereits Lassalle betonte immer wieder, daß sein sozialistisches Modell der Produktionsgenossenschaften mit öffentlicher Kredithilfe nur im Staat des allgemeinen Wahlrechts durchzusetzen sei; Bebel wollte der Partei sogar den Namen „demokratisch-sozialistisch" offiziell verleihen, um die doppelgleisige Stoßrichtung im Kampf für Demokratie und Sozialismus und die Reihenfolge ihrer Realisierung zu unterstreichen; bei Kautsky erstreckte sich die demokratische Grundlage jeder sozialistischen Bestrebung bis auf den repräsentativen Parlamentarismus, der seiner Ansicht nach als politische Staatsform zum Werkzeug einer Machtausübung durch die arbeitende Bevölkerung werden konnte; und Engels schließlich sah in entfalteten Demokratien einen schrittweisen und friedlichen Übergang in die sozialistische Gesellschaft als möglich an und wies die deutsche Sozialdemokratie mit großem Nachdruck auf die Vorrangigkeit des Zieles einer demokratischen Republik hin.

Dementsprechend blieben alle Versuche des herrschenden Obrigkeitsstaates und seiner Trägerschichten erfolglos, die Arbeiter mit der Verheißung eines „sozialen Königtums" für einen autoritären Wohlfahrtsstaat zu gewinnen, wie es den Intentionen Bismarcks in den Gesprächen mit Lassalle ebenso entsprach wie jenen der Sozialgesetzgebung zur Zeit der repressiven Sozialistengesetze und des „Neuen Kurses" nach deren Scheitern. Gleichfalls von großer Kontinuität getragen war die Überzeugung der sozialdemokratischen Programmatiker, daß unter dem bestehenden Herrschaftssystem selbst demokratische und sozialreformerische Zielvorstellungen — wie Lassalle es formulierte — „nur im entschieden revolutionären Sinne" wirksam werden konnten, weil das historische Gesetz des Mehrheitswillens auf die Dauer nicht die Knechtung unter die obrigkeitsstaatliche Verfassungsordnung erdulden würde. Dies verdeutlichte auch Bebel in seiner Unterscheidung jener zwei Auffassungsweisen von „Gesetzlichkeit" sozialdemokratischer Politik. Wenn die Partei demnach über alle ideologischen und organisatorischen Veränderungen hinweg stets nach den Worten Kautskys die „demokratisch-proletarische Methode des Kampfes" einer putschistischen Überrumpelungsstrategie vorzog, so führte erst der späte Engels diese Dialektik von parlamentarisch-demokratischen Mitteln und revolutionären Zielen des politischen Kampfes der Sozialdemokratie im Kaiserreich zur vollen Klarheit.

Auf einer strategisch weniger konkretisierten Abstraktionsebene war dennoch die Differenzierung zwischen der im doppelten Sinne revolutionierenden Stoßrichtung der Partei und den zunächst einmal noch nicht vorentschiedenen Mitteln des politischen und sozialen Klassenkampfes durchaus sozialdemokratisches Allgemeingut. Schon Lassalle definierte die soziale Revolution unabhängig von den jeweils erforderlichen politischen Mitteln als eine Ersetzung der bestehenden Gesellschaftform durch ein „ganz neues Prinzip".

Seine Begründung des notwendigerweise revolutionären Charakters der deutschen Arbeiterbewegung im Bezugsrahmen Hegelscher Logik stellte die Verbindung von Theorie und gesellschaftlicher Wirklichkeit her: Ebenso wie ein unlöslich verknüpftes philosophisches Gedankengebäude nach dieser geistesgeschichtlichen Tradition nicht mit den naturwissenschaftlichen Methoden des empirischen Experiments zu erschüttern war, konnte ein festgefügtes und gegenüber Regungen der „demokratischen Basis" wenig flexibles Herrschaftssystem nicht punktuell wie eine technische Apparatur „repariert" werden, solange das politisch-klassenmäßige „Prinzip" dieser Gesellschafts- und Staatsordnung nicht durch eine neue Bewegungslogik ersetzt wurde. Diese bei Lassalle noch lebendige hegelianisch-dialektische Fundierung der sozialistischen Theorie, die dem Marx der Frühschriften und des Kommunistischen Manifests sehr nahe stand, ging bei Bebel und Kautsky später in eine naturwissenschaftlich-evolutionistische Weltanschuung über. Gleichwohl reflektierte die Organismusanalogie der Gesellschaft bei Kautsky ein durch partielle Eingriffe nicht grundlegend korrigierbares Herrschaftsgefüge in einer ähnlichen Weise wie die hegelianische Systemlogik Lassalles.

Diese nur in bezug auf die politischen Verhältnisse Preußen-Deutschlands angemessen begreifbare Vorstellung prägte die sozialdemokratischen Vorbehalte gegenüber einer Reformstrategie ebenso wie die nicht durch bewußtes Handeln durchsetzbare Konzeption einer revolutionären Politik. Solange das kapitalistisch abgestützte obrigkeitsstattliche „Prinzip" der bestehenden Ordnung in Wirksamkeit trat, konnten soziale Reformen lediglich mildernde, aber keine gesellschaftsumwälzenden Konsequenzen zeitigen. In dieser Skepsis gegenüber punktuellen Gesellschaftsveränderungen bestand seit Lassalle in der deutschen Sozialdemokratie eine vollständige Übereinstimmung, die zugleich den Reformbegriff als immanente Korrektur von zutiefst undemokratischen und unsozialen Verhältnissen interpretierte und als subtiles Mittel der notdürftigen Erhaltung dieses Systems abstempelte. Andererseits schloß eine theoretische Konstruktion, welche die bestehende Gesellschaft als allseitiges Systemgeflecht geradezu organischer Konsistenz begriff, auch eine gezielte Revolutionsstrategie nach konkretisierbaren Kampfesschritten aus. Daß Revolutionen „nicht machbar" seien, ist nicht erst durch Kautsky zum geflügelten Wort klassisch-sozialdemokratischer Politik geworden, sondern entsprang bereits den geschichtsphilosophischen Konzeptionen Lassalles.

Als strategische Konsequenz dieser nicht-reformistischen, aber zugleich keineswegs revolutionär-aktivistischen Grundtendenzen der Sozialdemokratie spielten Erwägungen über eine politische Schwächung des preußisch-deutschen Herrschaftsgefüges durch kriegerische Erschütterungen von Lassalle bis Engels stets eine wesentliche Rolle. Wenn ein unbedachtes Losschlagen als selbstmörderisch und das Gefüge des Kaiserreiches als nicht schrittweise veränderbar galt, so waren außenpolitische Beeinträchtigungen der Systemstabilität tatsächlich die einzig denkbare Form einer revolutionären Krise. Diese Zuspitzung konnte die Sozialdemokratie allerdings nicht schicksalsergeben erwarten; vielmehr mußte die Partei sie strategisch zielstrebig ins Auge fassen und ihre Aktionsfähigkeit in dieser Hinsicht stärken. Als ein wirksames Mittel der Massenagitation und der politisch-strategischen Vereinheitlichung der Arbeiterbewegung war von Lassalle das allgemeine Wahlrecht propagiert worden. Die anfänglichen Erfahrungen ließen diesem Vorstoß gegenüber zunächst große Skepsis aufkommen, doch belehrten die Erfolge der deutschen Sozialdemokratie nach 1890 alle Kritiker schließlich eines Besseren, wobei gerade Engels die Ausnutzung des allgemeinen Wahlrechts als „eine der schärfsten Waffen" der gesamten europäischen Arbeiterbewegung zur Nachahmung empfahl. Freilich war ein übertriebenes Vertrauen in die parlamentarische Reformfähigkeit eines repressiven Herrschaftssystems, wie es die Vorstellungen Vollmars auf dem Hintergrund der politisch liberaleren außerpreußischen Verhältnisse teilweise prägte, nach der Auffassung von Engels und der übrigen führenden Theoretiker der Sozialdemokratie nicht minder undialektisch als der überzogene Anti-Parlamentarismus der „Jungen", welcher die Chancen im Rahmen der bestehenden Gesellschaft auf eine Stärkung der demokratisch-sozialistischen Kampfbasis leichtfertig verspielte.

In der Bewältigung dieses Spannungsverhältnisses gelangte allein Engels für die sozialdemokratische Strategie im Kaiserreich zu weitgehender Konkretion, die bis in machtpolitische Erwägungen über die Zusammensetzung der Armee hineinreichte. Er hielt sich für „revolutionär genug", um jedem affektiv aufgeladenen Distanzierungsbedürfnis gegenüber den nicht-sozialdemokratischen und nicht-proletarischen Kräften abzuschwören und die Bündnispolitik der Sozialdemokratie in politischer wie sozialer Hinsicht nicht als prinzipielle, sondern als rein taktische und an machtpolitischen Gegebenheiten auszurichtende Frage zu behandeln. Die offenbar nicht auszurottende Phrase der „einen reaktionären Masse" stempelte die Partei zur ohnmächtigen Minderheit gegenüber einer übermächtigen Mehrheit von vermeintlichen „Reaktionären", die nach der Auffassung von Engels zumindest noch der alte, lediglich durch Klassenkompromisse latent gehaltene Konflikt von liberalem Bürgertum und konservativen Herrschaftsoligarchien intern differenzierte.

Es ist vielleicht die größte Ironie der sozialdemokratischen Theoriegeschichte, daß ausgerechnet Lassalle, dem die „reaktionäre Masse" entgegen der historischen Realität immer wieder zugeschrieben worden ist[296], vor Engels der einzige sozialdemokratische Politiker war, der sich in seinem strategischen Handeln nicht von der Vorstellung eines geschlossenen anti-sozialdemokratischen Blocks leiten ließ, sondern die streitenden Fraktionen der Herrschenden im Interesse der Arbeiterbewegung zielstrebig gegeneinander auszuspielen versuchte. Diese jede isolatorische Tendenz vermeidende Vorgehensweise ist sicher ebensowenig allein ein Verdienst der Person Lassalles, wie seine von einer maßlos überschätzten Entfaltung der politischen Arbeiterbewegung getragene Verharmlosung der Bismarckschen „Revolution

---

296 Dies gilt selbst für wissenschaftlich ausgewiesene Autoren wie Hans-Josef Steinberg, Die deutsche Sozialdemokratie nach dem Fall des Sozialistengesetzes. Ideologie und Taktik der sozialistischen Massenpartei im Wilhelminischen Reich, in: Sozialdemokratie zwischen Klassenbewegung und Volkspartei, a.a.O., S. 60; Helga Grebing, a.a.O., S. 113; sowie Dieter Groh, Negative Integration und revolutionärer Attentismus, Frankfurt am Main 1973, S. 182.

von oben" ihm individuell anzukreiden ist. Wenn Bebel von vornherein aus einer anti-preußischen Position heraus den politischen Charakter dieser obrigkeitsstaatlichen Mobilisierungsstrategie auf Kosten des Bürgertums und der Arbeiterschaft schärfer erkannte, dabei aber seinerseits die historische Wahrscheinlichkeit der preußischen Hegemonie in der deutschen Einigung unterschätzte, so spricht dies hinsichtlich des Zusammenhanges von gesellschaftlichen Rahmenbedingungen und theoretischen Anschauungen eine unmißverständliche Sprache. Die spätere Vorstellung einer festgefügten „reaktionären Masse", die in einem für ideologiekritische Untersuchungen äußerst interessanten Widerspruch zur offiziellen programmatischen Streichung dieser fälschlicherweise auf Lassalle zurückgeführten Phrase stand, war in diesem Sinne zweifellos ein weltanschauliches Kondensat des inzwischen begründeten großbürgerlich-junkerlichen Herrschaftsbündnisses.

Die Analyse des ökonomischen Systems und des Klassengefüges

Eine Betrachtungsweise wirtschaftlicher Zusammenhänge, die das individuell motivierte Handeln bei der Bestimmung von Prozeßabläufen gegenüber scheinbar selbsttätig wirkenden allgemeinen Tendenzen in den Hintergrund treten läßt, ist nicht erst ein Ergebnis der Marxschen Theorie, sondern entstammte ursprünglich der von Marx zugleich fortgeführten und grundlegend umkonstituierten klassischen Politischen Ökonomie. So war die Vorstellung verbreitet, daß bei der Erweiterung der Produktion von Bedarfdeckung auf Marktökonomie ein Gleichgewicht von Angebot und Nachfrage naturwüchsig „wie von unsichtbarer Hand gelenkt" eintreten würde, ohne daß die auf privaten Profit abzielenden Wirtschaftssubjekte für den Gesamtprozeß irgendwelche Instrumente rationaler Planung zur Verfügung hätten. Ein zentrales Bestreben der Marxschen Kritik der Politischen Ökonomie mußte angesichts solcher Auffassungen quasi-natürlicher Wirtschaftsverhältnisse gerade darin liegen, die historisch-spezifischen Charakterzüge einer Produktionsweise herauszuarbeiten: in den scheinbar vollkommen unpolitisch konstituierten Tauschbeziehungen von Arbeitskraft gegen Lohn die private Aneignung von Mehrwert und somit die Klassenstruktur der bürgerlichen Gesellschaft nachzuweisen. An der historischen Schwelle zwischen klassischer Philosophie und moderner „exakter" Wissenschaft wies sich die Marxsche Ökonomie als ein „dialektisch-historischer Materialismus" dadurch aus, daß sie in den ökonomischen Verhältnissen gesetzmäßige Beziehungen aufzuspüren versuchte, ohne dabei die geschichtliche und durch soziale Konflikte gestaltete Struktur der industriewirtschaftlichen Produktion auszublenden. Diese Dialektik einer zwar systematisch bestimmbaren, jedoch historisch relativen Bewegungslogik der kapitalistischen Ökonomie beschäftigte auch den gleichfalls hegelianisch geprägten Lassalle in seiner Auseinandersetzung mit der bürgerlichen Wirtschaftstheorie. Zum einen trat er den liberalen Selbsthilfe-Konzeptionen in bezug auf die Lösung der „sozialen Frage" mit dem Argument entgegen, daß unter den Systembedingungen einer nach Angebot und Nachfrage regulierten Lohngestaltung der Lebensstandard der Arbeiterklasse durch ein „ehernes" Gesetz auf dem Existenzminimum gehalten würde. Als dialektisch-philosophisch geschulter Theoretiker wußte er fraglos derartige soziale Gesetzmäßigkeiten in raum-zeitlich eingegrenzten Wirkungsfeldern von tatsächlich „ewigen" Naturgesetzen zu unterscheiden. Dies vermochte seine Auffassung nachdrücklich zu demonstrieren, daß die innere Systematik der Lohnbewegungen allein durch liberale Wirtschaftsprinzipien wie Privateigentum, freie Konkurrenz und Verzicht auf Staatsintervention bedingt wurde. Freilich hatte sein „ehernes Lohngestz" auch eine begrenzte Produktivität und die darin enthaltenen Schranken der Konsumsteigerung zur historisch-sozialen Voraussetzung.

Dieser auf frühindustrielle Verhältnisse zugeschnittene Blickhorizont wurde von einer ausgesprochen stürmischen Wirtschaftsentfaltung rasch überwunden. An seine Stelle trat als Spiegelbild sich unaufhörlich ausbreitender industrieller Produktionsformen die Vorstellung selbstregulativer Wirkungszusammenhänge kapitalistischer Entwicklung, die sich wie Naturprozesse gesetzmäßig bestimmen ließen. Dabei wurde angesichts der schwindenden philosophischen Reflexionsbasis im Zeitalter der „exakten" Wissenschaften die Differenz von sozialen und naturmäßigen Systemgeflechten häufig nicht mehr thematisiert. Bei Bebel schimmerte in seinen Zusammenbruchsvisionen weiterhin eine theoretische Komponente frühindustrieller Wirtschaftskrisen durch, die wie Naturgewalten über die Bevölkerung hereinbrachen; für ihn war der industrielle Kapitalismus noch ein „Kartenhaus", das in einem großen „Kladderadatsch" zusammenstürzen konnte, weil seine immanente Mechanik offenbar nicht sonderlich funktionstüchtig war. Während Lassalle vor allem eine politische Krisen- und Revolutionstheorie vertrat, wie sie Engels in veränderter Gestalt ebenso zur Grundlage seiner strategischen Erwägungen erhob, setzte Bebel ganz auf die ökonomischen Niedergangstendenzen der bürgerlichen Gesellschaft, in deren Gefolge die Eroberung der politischen Macht wie „von selbst" bewerkstelligt werden könnte.

Demgegenüber war Kautskys gleichfalls ökonomistisch geprägte Krisentheorie klassenanalytisch begründet. Seine wirtschaftliche Konzeption stellte sich bereits uneingeschränkt auf dem Boden der Hochindustrialisierung und konnte folglich nicht mehr an den inneren Kollaps ihrer Reproduktionsmechanismen glauben. Das Vertrauen Kautskys auf eine der Sozialdemokratie in die Hände spielende Entwicklungstendenz des Kapitalismus lag vielmehr in der Analyse von Konzentrations- und Zentralisationsprozessen begründet, deren proletarisierende Auswirkungen er als außerordentlich hoch veranschlagte. Diese Überschätzung des jeweils vorhandenen Trends zugunsten der sozialdemokratischen Arbeiterbewegung war allen Theoretikern gemeinsam und geradezu ein verläßlicher Indikator ihrer strategischen Schwerpunktsetzungen: Lassalle vertraute in zu weitreichender Hinsicht auf die politisch mobilisierende Massenwirksamkeit der offenkundigen Kapitulation des Liberalismus und hielt die junge Arbeiterpartei deshalb bereits für stark genug, um sich taktische Winkelzüge mit dem konservativen Obrigkeitsstaat erlauben zu können; Bebel meinte Gewißheit über die unvermeidliche Verschärfung der Depressionserscheinungen seit 1873 zu besitzen; Kautsky gelangte trotz einer differenzierten Analyse des Klassengefüges auf dem Hintergrund scheinbar allgewaltiger Konzentrationstendenzen zu der Prognose, daß die ihrem Untergang geweihten Kleinhändler, Handwerker und Bauern „naturnotwendig" ins sozialdemokratische Lager überwechseln müßten; und Engels schließlich überschätzte die Chance, die preußische Armee in kurzer Zeitspanne sozialdemokratisch zu durchdringen.

Obgleich sich die Sozialdemokratie zwischen 1863 und 1890 bereits durch ihren Parteinamen als politische Organisation von Arbeitern zu erkennen gab, war ihre soziologische Abgrenzung keineswegs eindeutig formuliert. So setzte Lassalle die potentielle soziale Basis seiner politischen Agitation mit der Gesamtheit aller unterdrückten und verarmten Volksschichten gleich. Das Statut des ADAV regelte die Problematik der Klassengrundlage der Organisation typischerweise durch Vorstandsbeschluß. Auch Bebel verstand in der Zeit der Eisenacher Parteigründung unter der Arbeiterschaft ausdrücklich alle von ihrer Arbeit lebenden Menschen, also auch Handwerker, Bauern, Kleinhändler und Intellektuelle. Dieses weite Begriffsverständnis von arbeitender Bevölkerung schimmerte in seinen praktisch-politischen Konsequenzen bis in die Beratungen des Agrarprogramms durch, als Bebel sich gegen einen klassentheoretischen Dogmatismus, der die Bauernschaft kategorisch der Partei des Privateigentums zurechnete, zur Wehr setzte. Obgleich Kautsky auf der theoretischen Ebene eine strenge Orthodoxie des proletarischen Klassencharakters der Sozialdemokratie propagierte und jedes praktische Zugeständnis gegenüber kleinbürgerlichen Bevölkerungsgruppen ablehnte, prägte er trotz alledem den Begriff der „Volkspartei", zu der die Sozialdemokratie durch die Proletarisierung der Mittelschichten ohnehin immer mehr werden müßte. Ihre politisch-soziale Identität formulierte die Sozialdemokratie vor allem negativ in Abgrenzung zu der großbürgerlich-junkerlichen Herrschaftsoligarchie, der sie sich als eine Partei des kompromißlosen Klassenkampfes für die Interessen der von diesem Bündnis ausgeschlossenen Bevölkerungsteile entgegenstellte.

Wo angesichts dieses nur gering ausdifferenzierten Instrumentariums der soziologischen Analyse dennoch einmal apodiktische Abgrenzungsversuche der sozialdemokratischen Klassenbasis initiiert wurden, nahmen diese leicht groteske Züge an. Ein charakteristisches Beispiel solcher pseudowissenschaftlichen Schematisierungen lieferte die „Opposition der Jungen" in ihrer konstruierten Verbindung zwischen der jede Provokation vermeidenden Taktik der Partei und einer angeblichen kleinbürgerlichen Verseuchung der „von Natur rein proletarischen Bewegung". Wenn Engels daraufhin in einer derartigen Unfähigkeit zur problemadäquaten Analyse eine wesentlich größere Gefahr für die sozialdemokratische Politik erblickte, als sie aus einer kleinbürgerlichen Parlamentsfraktion und wachsenden kleinbürgerlichen Wählergruppen jemals erwachsen konnte, so formulierte er lediglich die praktische Konsequenz seiner grundsätzlichen Auffassung, den Klassencharakter der sozialdemokratischen Bewegung nicht so sehr an statischen sozialen Abgrenzungskriterien und dogmatischen Bekenntnisinhalten, sondern primär an den politischen Zielvorstellungen und strategischen Konzeptionen festzumachen.

In ähnlicher Weise wie die vielbeschworene Arbeiterklasse blieb auch der Staatsbegriff der klassischen Sozialdemokratie, der im unmittelbaren Schnittpunkt von sozialökonomischer Systemanalyse und klassensoziologischen Betrachtungen angesiedelt werden kann, weitgehend interpretationsbedürftig.

In der theoretischen Konzeption Lassalles war der Staat vor allem als politisches Gemeinwesen — mehrheitlich bestehend aus der arbeitenden Bevölkerung — gefaßt und konnte in dieser Sichtweite als Vollzugsorgan progressiver historischer Tendenzen fungieren, sobald das allgemeine Wahlrecht den Volkswillen zur treibenden Kraft erhob. Dieses Spannungsverhältnis von Gegenwart und Zukunftsprojektion spiegelte die Bebelsche Unterscheidung zwischen Klassenstaat und Volksstaat begrifflich transparenter wider. In seiner späteren, unter dem Eindruck der obrigkeitsstaatlichen Praxis des Sozialistengesetzes abgefaßten programmatischen Konzeption erschien der zukünftige Volksstaat als herrschaftsfreies politisches Gemeinwesen ohne einen Staatsapparat im engeren Sinne. Auch Kautsky hatte den Nationalstaat als politischen Verband im Auge, wenn er die „Umwandlung des Staates in eine sich selbst genügende Wirtschaftsgenossenschaft" als das gemeinsame Endziel der Sozialdemokratie definierte. Wo in diesem Begriffsverständnis von der revolutionären „Eroberung der Staatsgewalt" die Rede war, bedeutete dies keineswegs, daß die Sozialdemokratie den Staatsapparat als Gewaltinstrument für die Ziele der Revolution einsetzen wollte, sondern umschrieb häufig nur das Streben nach politischer Machtausübung im Staat als politischem Gemeinwesen. Jenseits dieser banalen Auffassungsweise des Staatlichen herrschte in der Sozialdemokratie über die konkrete politische Struktur einer sozialistischen Gesellschaft nicht die wünschenswerte Klarheit, die Engels mit der Orientierung auf die uneingeschränkte demokratische Republik als Grundlage aller sozialistischen Bestrebungen forderte.

Wissenschaftlicher Sozialismus und historische Notwendigkeit

Das für das Verständnis der deutschen Arbeiterbewegung in ihrer Gründungsperiode zentrale Primat des Politischen gegenüber den gesellschaftlichen Strukturen kommt in noch eindrucksvolleren Dimensionen im Bereich der theoretisch-programmatischen Entwicklungen zum Ausdruck, deren potentielle Dynamik in entscheidenden Konfliktsituationen sich mehr noch als die politisch-organisatorische Entfaltung von dem grundlegenden Standard der sozialökonomischen Verhältnisse abzulösen vermag. Wenn also schon die antiabsolutistische machtpolitische Funktion des revolutionären Bürgertums, welches 1848/49 unumstritten die führende Kraft gebildet hatte, seit den Tagen des preußischen Verfassungskonflikts immer mehr der Sozialdemokratie zufiel, so galt dies um so stärker für die geistig-politische Opposition gegen das preußisch-deutsche Herrschaftssystem, die einzig von der erstarkenden Arbeiterpartei mit voller Überzeugungskraft und fundamentaler Stoßrichtung formuliert wurde.

Angesichts dieser hochgradig gesteigerten Mobilisierungsanforderungen reichte der Appell an die sozialen Interessen der Arbeiterschaft als Legitimationshintergrund einer programmatisch-theoretischen Konsolidierung der Sozialdemokratie in keiner Weise aus, zumal die bürgerliche Klassengesellschaft und ihre spezifischen sozialökonomischen Konfliktfelder im Preußen der sechziger Jahre erst im Entstehen begriffen waren. Die von Lassalle als Leitbild seines geistig-politischen Wirkens propagierte „Allianz der Wissenschaft und der Arbeiter" versuchte dieses Spannungsverhältnis zwischen potentiellen Chancen und den realen Möglichkeiten der Arbeiterbewegung durch das Pathos welthistorischer Einsicht theoretisch aufzulösen. Mit diesem weitreichenden programmatischen Anspruch stand der ohnehin philosophisch-wissenschaftlich geschulte Lassalle keineswegs allein. Auch Bebel definierte den Sozialismus als die „auf alle Gebiete menschlicher Tätigkeit angewandte Wissenschaft" und bewies mit seinem grenzenlosen Vertrauen in deren problembewältigende Kraft, daß der spezifische „wissenschaftliche Sozialismus" der deutschen Sozialdemokratie keine Angelegenheit übermütiger Intellektueller, sondern vor allem ein sozialgeschichtlich bedingtes Phänomen darstellte. Die Bebelsche Wissenschaftsgläubigkeit malte sich gar die perfekt „nach Plan und Ordnung" ablaufenden gesellschaftlichen Prozesse des Sozialismus frei von gravierenden Steuerungsproblemen aus, so daß „sich das Ganze spielend" einpendeln müßte. Wenn schließlich die „Opposition der Jungen" vorwurfsvoll konstatierte, daß nicht „die Ideen des demokratischen Sozialismus" die Massen auf die Seite der Sozialdemokratie gebracht hätten, sondern der Wahlsieg von 1890 „einfach dem Interessenstandpunkt jener Leute" entsprang, so war dies lediglich ein beim Worte genommenes und damit karikiertes Abbild der bis dahin dominierenden theoretischen Leitgedanken, die sich nunmehr organisatorisch-politisch und sozialstrukturell zu fundieren begannen.

Das unerschütterliche Vertrauen, daß die Sozialdemokratie im Takte der objektiven Geschichtstendenzen voranschritt, bildete ein letzthin ausschlaggebendes Leitmotiv der propagierten Synthese von Wissenschaft und Sozialismus. Dies brachte Lassalle besonders plastisch mit der Versicherung an seine Anhängerschaft zum Ausdruck, daß ihr „persönliches Interesse" notwendig mit „dem zuckenden Pulsschlag der Geschichte, mit dem treibenden Lebensprinzip der sittlichen Entwicklung" identisch sei. Bei Bebel entstand aus dieser unterstellten Einheit von Sein und Sollen die Möglichkeit, daß die sozialistische Gesellschaft „ihre ganze Entwicklung mit Bewußtsein nach Naturgesetzen lenken" werde, da offenbar die sozialistischen Strukturen mit einer zukünftigen naturgesetzlichen Notwendigkeit zusammenfielen. Diese Zuversicht des Gleichschritts mit dem objektiven Prozeß ließ ihn „weitläufige Ausführungen" über die programmatischen Ziele der Sozialdemokratie „für wenig nützlich" halten, „weil sich aus der Kritik des Bestehenden die Forderung des Zükünftigen in großen Zügen ganz von selbst ergibt". Der gesamte Bereich der politischen Strategie wurde für Bebel weitgehend dadurch belanglos, daß es sich bei dem Zusammenbruch des Kapitalismus und der Verwirklichung des Sozialismus „nicht um willkürliches ‚Einreißen' und ‚Aufbauen', sondern um ein naturgeschichtliches Werden handelt".

Die Etablierung einer deterministischen Marxismusinterpretation als offizielle Parteidoktrin durch Kautsky gab dem blinden Vertrauen in die selbstregulative positive Gestaltungskraft des Objektiven einen wissenschaftlich seriöseren Anschein. Er rechnete es Marx als das größte Verdienst an, daß seine Analyse des Kapitalismus „die Ziele der jetzigen sozialen Bewegung als naturnotwendige Konsequenzen aus der bisherigen historischen Entwicklung ableitete". Aus diesem objektivistischen, die Momente des politischen Handelns in den scheinbar selbsttätigen Geschichtsprozeß auflösenden Marxismusverständnis schöpfte Kautsky die sozialdemokratische Siegesgewißheit. Einem derartigen Geschichtsdeterminismus entsprang letztlich auch die substantiell naive und lediglich pseudowissenschaftlich bemäntelte Zuversicht, bei einem Versagen der Parteiorganisation in der Ablösung der kapitalistischen durch die sozialistische Produktion „würde die Logik der Tatsachen diese schließlich ins Leben rufen".

In der klassischen Sozialdemokratie diente der Marxismus den führenden Theoretikern häufig nur als ein Hilfsmittel, die gesellschaftliche Wirklichkeit in grobe Schemata zu pressen, über ihre objektiven Tendenzen eine „prognostische Gewißheit" zu erlangen und somit der Partei das Bewußtsein der geschichtlichen Notwendigkeit ihres politischen Sieges zu verleihen. Demgegenüber wurde Engels als Vertreter der wissenschaftlich-kritischen Funktion von marxistischen Theorien nicht müde, den objektivistischen Interpreten des Marxismus mangelndes dialektisches Verständnis nachzuweisen und den prinzipiell historischen Charakter seiner analytischen Aussagen hervorzuheben, die sich als „Hebel der Konstruktion á la Hegelianertum" überhaupt nicht eigneten. Für Engels konnte der Marxismus ohne eine Aufgabe seines wissenschaftlich-kritischen Gehaltes niemals eine offizielle „Doktrin" von festgefügten Lehrsätzen darstellen, da er originär eine „Methode" umschrieb, die „keine fertigen Dogmen, sondern Anhaltspunkte zu weiterer Untersuchung" lieferte. All jenen geistig unselbständigen Nachbetern marxistischer Lehrsätze, denen die materialistische Geschichtsauffassung „als Vorwand dient, Geschichte nicht zu studieren", hielt Engels die These entgegen, daß die dialektische Theorie der Gesellschaft nur als ein „Leitfaden" von historischer Analyse angemessen für die Zwecke wissenschaftlicher Erkenntnis und praktisch-politischer Aufklärung eingesetzt werden konnte.

Mit dieser methodisch-kritischen Interpretation der materialistischen Geschichtsauffassung setzte Engels durchaus eine von Marx vorgezeichnete Entwicklungslinie fort. Es ist ein hartnäckiger Irrtum der Vulgärmarxisten wie der chronischen Antimarxisten gleichermaßen, daß Marx in seinem berühmten Einleitungskapitel „Zur Kritik der politischen Ökonomie" ursprünglich ein allgemeines materiales Entwicklungsgesetz des Geschichtsprozesses postulieren wollte, wenn er in klassischen Sätzen formulierte: „In der gesellschaftlichen Produktion ihres Lebens gehen die Menschen bestimmte, notwendige, von ihrem Willen unabhängige Verhältnisse ein, Produktionsverhältnisse, die einer bestimmten Entwicklungsstufe ihrer materiellen Produktivkräfte entsprechen. Die Gesamtheit dieser Produktionsverhältnisse bildet die ökonomische Struktur der Gesellschaft, die reale Basis, worauf sich ein juristischer und politischer Überbau erhebt und welcher bestimmte gesellschaftliche Bewußtseinsformen entsprechen. Die Produktionsweise des materiellen Lebens bedingt den sozialen, politischen und geistigen Lebensprozeß überhaupt. Es ist nicht das Bewußtsein der Menschen, das ihr Sein, sondern umgekehrt ihr gesellschaftliches Sein, das ihr Bewußtsein bestimmt"[297]. Wer aus diesen gewiß sehr apodiktisch gefaßten Aussagen eine monokausale Basis-Überbau-Determination und eine mechanische Ableitbarkeit aller Bewußtseinsformen aus dem objektiven Sein einer Gesellschaft

---

297 Karl Marx, Zur Kritik . . . , MEW 13, S. 8.

folgert, muß offenbar unfähig oder unwillig sein, die unmittelbar vorausgegangene Erläuterung des methodologischen Status dieser geschichtstheoretischen Konzeption bei Marx zur Kenntnis zu nehmen: „Das allgemeine Resultat, das sich mir ergab und, einmal gewonnen, meinen Studien zum Leitfaden diente, kann kurz so formuliert werden"[298] — worauf dann die zitierten Sätze in einem ganz anderen Licht erscheinen.

Das reflektierte Verständnis des Marxismus als eine wissenschaftliche Methode der kritischen Analyse gesellschaftlicher Zusammenhänge, als ein „Leitfaden beim Studium der Geschichte"[299] hob Engels den vielen dogmatischen Interpreten also als die originäre Auffassung von Marx selbst ins Gedächtnis. Seine spezifische Geschichtsphilosophie charakterisierte er mit der theoretischen Konzeption dialektischer Wechselwirkungen, die sich erst „in letzter Instanz" auf die treibende Kraft der kapitalistischen Industrialisierung als der empirisch-historisch nachweisbaren Schicksalsmacht des 19. Jahrhunderts zurückführen ließen. Die Marx-Engelssche Theorie der Gesellschaft stützte sich nicht auf den Selbstlauf der objektiven Tendenzen, sondern begriff geschichtliches Werden prinzipiell aus einem Konfliktmodell des sozialen Handelns, das gesamtgesellschaftlich durch „unzählige einander durchkreuzende Kräfte, eine unendliche Gruppe von Kräfteparallelogrammen" vorangetrieben wurde. Aus der Differenz von Handlungsintentionen und Handlungsresultaten ging die Geschichte als von Menschen selbst gestalteter, aber „auf Grundlage tatsächlicher Verhältnisse" nicht willkürlich konstruierbarer kollektiver Lebensprozeß hervor. Weil sich folglich soziale Probleme weder „von selbst", noch „naturnotwendig" oder durch die „Logik der Tatsachen" lösten, sondern das strategische Handeln gesellschaftlicher Kräfte ständig von neuem herausforderten, konnte es für Engels „kein Endziel" geben, welches „der Menschheit endgültige Gesetze" diktieren würde. Indem die Sozialdemokraten in diesem Sinne „Evolutionisten" zu sein hatten, da die sozialistische Gesellschaft nach der Ansicht von Engels kein „ein für allemal fertiges Ding" darstellte, sondern „als in fortwährender Veränderung und Umbildung begriffen zu fassen" war, konnte die marxistische Theorie dem bewußten und nach Zielsetzungen geleiteten politischen Handeln lediglich die Strategie schärfer herauszuarbeiten helfen, ohne durch diese theoretische Orientierung dem praktischen Vollzug auch nur den geringsten Schritt tätigen Wirkens abzunehmen.

Die Organisationsformen der Partei und die Strategiediskussionen

In der theoretischen Analyse der sozialdemokratischen Strategieperspektiven haben wir bislang den folgenden systematischen Zusammenhang rekonstruiert: Aus der Konfrontation mit dem spezifischen preußisch-deutschen Herrschaftssystem entwickelte sich in der sozialdemokratischen Arbeiterbewegung eine Konzeption, die dem politischen Kampf eine richtungsweisende Funktion als Hebel der sozialen Emanzipation zuwies. Von diesem

---

298 Ebd.
299 Engels an August Bebel vom 16. 3. 1892, in: MEW 38, S. 308.

Primat des Politischen ausgehend mußten die grundlegenden Zielsetzungen der Sozialdemokratie nach dem weitgehenden Ausscheiden des liberalen Bürgertums als Fundamentalopposition zugleich auf eine demokratische und sozialistische Revolutionierung der gesellschaftlichen Verhältnisse hin orientiert sein. Diese für die Verwirklichung der sozialdemokratischen Konzeptionen erforderliche demokratisch-sozialistische Umgestaltung wurde vor allem als unvermeidbar sich durchsetzende geschichtliche Notwendigkeit interpretiert, deren Erkenntnis die vorrangige Aufgabe einer in Allianz mit der Arbeiterklasse befindlichen Wissenschaft darstellte. In diesem Rahmen bewußtseins- und handlungsleitender Programmatik, die mit großer Kontinuität die politischen Vorstellungen der sozialdemokratischen Theoretiker von Lassalle über Bebel bis hin zu Kautsky bestimmte, hatte sich grundsätzlich die Parteiorganisation und die Aufgabenstellung strategischer Diskussionen einzuordnen.

Unter dem Druck einer raschen Ausfüllung des „demokratischen Vakuums" in der preußischen Konfliktszeit, die sich nicht auf die vorbereitende Arbeit einer gewerkschaftlichen Organisation der Arbeiter und nicht einmal auf entsprechende sozialökonomische Voraussetzungen gründen konnte, nahm die innerverbandliche Struktur des ADAV eine durch autoritäre Leitung geprägte Gestalt an. Eine solche Organisationsform des politischen Kampfes, die eine besondere Durchschlagskraft und Handlungsfähigkeit zu versprechen schien, sollte die noch fehlende demokratische Basis einer sozialistischen Arbeiterbewegung substituieren. Dieser Diskrepanz zwischen den historisch-politischen Anforderungen und dem begrenzten Möglichkeitshorizont der Partei mußte sich auch die Funktion theoretischer Grundsatzdebatten unterwerfen. Für Lassalle lag die einzige reale Chance, angesichts dieser Situation die „gewaltigen Übergangsarbeiten der Gesellschaft zu bewerkstelligen", in einer „Diktatur der Einsicht" begründet, die eine wissenschaftliche Analyse von geschichtlichen Notwendigkeiten der Arbeiterbewegung auferlegte. Die Allianz mit der sozialistischen Wissenschaft sollte die Arbeiter in die Lage versetzen, die noch nicht hinreichend enfalteten sozialstrukturellen Ausgangsbedingungen für die Organisation des ökonomischen Kampfes politisch-ideologisch einzuholen. Auf eine derartige Konzeption der politischen Kampfpartei mit weitreichenden historischen Zielsetzungen bezogen konnte Lassalle jede Anfechtung einer „Diktatur der Einsicht" verächtlich als „Krankheit des individuellen Meinens und Nörgelns" bezeichnen.

Insbesondere nach dem Tode Lassalles offenbarten sich rasch die Strukturschwächen einer autoritären Organisationsform des ADAV, der durch jede fehlerhafte Orientierung der vom Vorstand verordneten Einsicht in eine politische Krise gestürzt werden konnte. Wenn es auch im Laufe der innerparteilichen Konsolidierung der deutschen Sozialdemokratie gelang, die diktatorischen Auswüchse der Gründungsperiode allmählich zu überwinden, so wirkten die unter dem Sozialistengesetz eskalierenden Handlungsrestriktionen doch in Richtung einer fortbestehenden organisatorisch-ideologischen Disziplinierung der Partei. Bereits der frühe Bebel führte in seiner Geringschätzung strategischer Grundsatzdebatten auch das Argument an, daß „dadurch Meinungsdifferenzen hervorgerufen" würden, die letzthin in der entscheidenden Krisensituation „ganz von selbst beigelegt werden, weil eben dann die momentanen Verhältnisse den naturgemäßen Weg vorschreiben". Die Befürchtung, daß eine Lockerung einer „Diktatur der Einsicht" zugunsten größerer Bewegungsfreiheit in der Grundsatzdiskussion den Zerfall der organisatorischen Geschlossenheit zur Folge haben konnte, war also unabhängig von der Person Lassalles und der ursprünglichen Struktur des ADAV eine politische Konstante der Parteientwicklung zumindest bis zur Aufhebung des Sozialistengesetzes.

Als institutioneller Ausfluß des Primats der Politik blieb die Prädominanz der Parteiorganisation in der gesamten Arbeiterbewegung auch über diese Periode hinaus erhalten. Das Bekenntnis Kautskys zum Parlamentarismus war entscheidend von der Erwägung bestimmt, daß seine politischen Willensbildungsmechanismen die Konstituierung und Konsolidierung von Parteien begünstigten. Stellvertretend für alle Momente außerparlamentarischer und außerparteilicher Mobilisierungsprozesse lehnte Kautsky die direkte Gesetzgebung durch die Bevölkerung nicht zuletzt deshalb prinzipiell ab, weil basisdemokratische Entscheidungsmechanismen „den Zusammenhalt innerhalb der Partei" lockern müßten. Da aber politische Parteien wie die Sozialdemokratie, „die große historische Aufgaben zu erfüllen haben", einzig durch ihre „Endziele" gegenüber anderen politischen Kräften abgegrenzt und innerverbandlich integriert wurden, wollte Kautsky wie vor ihm Lassalle und Bebel nicht an der unbedingten organisatorisch-ideologischen Geschlossenheit der Partei gerüttelt wissen. Der Erfurter Parteitag formulierte diese durch die Erfahrung des Sozialistengesetzes bestärkte Überzeugung noch einmal unmißverständlich, um die durch Vollmar einerseits und die „Jungen" andererseits entstandene Verunsicherung über die gebotene Taktik der Partei demonstrativ auszuräumen: „Der Parteitag verlangt ferner von jedem einzelnen Genossen, daß er den Beschlüssen der Gesamtheit und den Anordnungen der Parteiorgane, solange diese innerhalb der ihnen zugewiesenen Befugnisse handeln, volle Beachtung schenkt und in der Erkenntnis, daß eine Kampfpartei, wie die sozialdemokratische, nur in strengster Disziplin und Unterwerfung unter den Willen der Gesamtpartei ihr Ziel erreichen kann, diese Disziplin und diese Unterwerfung übt"[300].

In diesem übertriebenen Vertrauen in die handlungsorientierende Kraft „strengster Disziplin" sah Engels „ganz unzeitgemäße Erinnerungen aus der Diktaturzeit des Sozialistengesetzes". Seine Aufforderung an die Sozialdemokratie, „etwas weniger preußisch zu sein", konkretisierte Engels mit dem Hinweis auf das prinzipielle Erfordernis einer „Freiheit der Bewegung" für die „sozialistische Wissenschaft" im Rahmen der Partei. Ferner wünschte er sich eine Presse, „die vom Vorstand und selbst Parteitag nicht direkt abhängig ist" und über Diskussionsspielraum in Einzelfragen hinaus auch das Recht besitzt, „innerhalb der Grenzen des Parteianstandes auch Programm und Taktik frei der Kritik zu unterwerfen". Angesichts der vollzogenen Entwicklung der Sozialdemokratie von einer politischen Sekte zur Massenbewegung zielten die kritischen Anmerkungen von Engels also darauf ab, die bislang unreflektiert unterstellte notwendige Identität von geschlos-

---

300 Protokoll 1891, S. 157.

sener Handlungsfähigkeit und theoretischer Einheitlichkeit in Frage zu stellen: Die intendierte praktische Durchschlagskraft einer Massenpartei setzte seiner Ansicht nach die umfassende Offenheit der Grundsatzdiskussion voraus, weil ein zielbewußtes strategisches Handeln sich einzig durch Parteigenossen und eine Anhängerschaft in der Bevölkerung bewerkstelligen ließ, die über essentielle Ziele und Mittel der sozialdemokratischen Politik eine vollständige Klarheit besaßen.

Die entscheidenden theoretischen Motive dieser von der bisherigen sozialdemokratischen Tradition abweichenden Auffassungsweise sind bei Engels daran festzumachen, daß die Parteiorganisation und der Stellenwert von Strategiedebatten für ihn zum bewußten Problem wurden. Demgegenüber konnte das weitverbreitete blinde Vertrauen in die selbstregulativen Kräfte des Objektiven, das einer Ausblendung der strategisch-politischen Kernfragen Vorschub leistete, nach der Meinung von Engels „nur die Partei auf die Dauer irreführen". Solange die Probleme der strategischen Ziele und Mittel im Kampf um Demokratie und Sozialismus im Sinne der Marxschen Kritik „alles bisherigen Materialismus" einzig „unter der Form des Objekts oder der Anschauung" und nicht auch „subjektiv", als „menschliche Tätigkeit" und „Praxis" begriffen wurden, blieb die Sozialdemokratie im wesentlichen bloßes Objekt historisch-gesellschaftlicher Entwicklungslinien und konnte sich folglich nicht zum gestaltenden Subjekt dieser veränderbaren geschichtsmächtigen Rahmenbedingungen aufschwingen.

Die in der Sozialdemokratie bestimmende deterministische Interpretation der materialistischen Geschichtsauffassung schob „allgemeine, abstrakte politische Fragen in den Vordergrund" und verlor deshalb „die nächsten konkreten Fragen" einer politischen Strategie aus den Augen, welche „bei den ersten großen Ereignissen, bei der ersten politischen Krise sich selbst auf die Tagesordnung setzen". Für Engels war als Konsequenz dieses Defizits im Bereich einer auf Praxis abzielenden Strategieformulierung eine Konstellation abzusehen, die „im entscheidenden Moment" in der Partei „über die einschneidendsten Punkte Unklarheit und Uneinigkeit" zeigte und die Verwirklichung der sozialdemokratischen Konzeption gefährdete, „weil diese Punkte" geeigneter strategischer Vorgehensweisen „nie diskutiert worden sind". Wie in wissenschaftlich-kritischer Hinsicht konnte der Marxismus auch bei der Bestimmung der gesellschaftlichen Grundlagen sozialdemokratischer Politik einzig als eine „Methode" und ein „Leitfaden" bei der Herausarbeitung von Strategien angemessen interpretiert und fruchtbar angewandt werden. Solange dagegen die vermeintliche Gewißheit über die objektiven Geschichtstendenzen in bloßer Kontemplation verharrte, trug sie allenfalls dazu bei, dem zielstrebigen Handeln der politischen Gegenkräfte, die über den Wahrheitsgehalt sämtlicher „Prognosen" der Sozialdemokratie in der gesellschaftlichen Praxis die Entscheidung herbeizuführen gedachten, jeden tatkräftigen Widerstand aus dem ohnehin mit den bestehenden Machtverhältnissen bepflasterten Weg zu räumen.

Sozialdemokratische Perspektiven und marxistische Theorieansätze

Wenn wir abschließend den Problemkreis zu durchleuchten haben, welches innere Band wiederum die genannten thematischen Schwerpunkte einer sozialdemokratischen Grundsatzdiskussion zu einem konsistenten Ganzen verknüpfte, so kristallisiert sich die Auseinandersetzung mit dem Marxismus als ein durchgängiges Merkmal der theoretischen Kontroversen heraus. Eine historische Untersuchung über die Strategiediskussionen der klassischen Sozialdemokratie kann deshalb schwerlich ohne eine reflektierte Analyse des spezifischen Verhältnisses der Parteitheorie zum wissenschaftlich-politischen Werk von Marx und Engels auskommen. Andererseits läßt sich jedoch die Frage nach der Beziehung zwischen marxistischen Theorieansätzen und den grundsätzlichen Perspektiven der Sozialdemokratie nicht mit einem klaren „Ja" oder „Nein" objektiv gültig beantworten. Eine begründete Darlegung der wichtigsten Kriterien, die als Maßstab einer historisch-systematischen Urteilsbildung dienen können, ist folglich eine unverzichtbare Voraussetzung jeder sinnvollen Diskussion.

Ein die anschließenden Überlegungen leitendes Verständnis des Marxismus als theoretische Plattform politisch-strategischer Grundsatzdiskussion kann zunächst auf die folgende Weise gegenüber Mißdeutungen abgegrenzt und inhaltlich bestimmt werden: Der Marxismus ist zum einen keine durch individuelles Glaubensbekenntnis anzunehmende oder abzuweisende Weltanschauung; die Frage, ob und mit welcher Leidenschaftlichkeit sich ein politischer Theoretiker zum Marxschen Denken „bekennt", sollte deshalb nicht im Mittelpunkt einer wissenschaftlichen Behandlung dieses Problemkreises stehen. Ferner ist Marxismus auch nicht durch eine begrenzte Anzahl von Lehrsätzen als geistiges Dogma zu institutionalisieren; es gibt keine „zehn Gebote" marxistischer Theorie, zu denen jeder Wissenschaftler seine Zustimmung erteilen muß, wenn er in den erlesenen Kreis der „Marxisten" aufgenommen werden will, keine aus der „Taufe" zu hebende Quelle sich offenbarender Erkenntnis und erst recht keine „Exkommunikation" von „Ketzern" aus der Gemeinde der Rechtgläubigen. Schließlich kann der Marxismus nicht analytische Universalschlüssel mit einer festgefügten formalen Struktur an die Hand geben, mit Hilfe deren sich beliebige Gegenstände nach einem invarianten logischen Schema in ihre Bestandteile zergliedern und theoretisch bestimmen lassen; eine „Methodologie" im Sinne der modernen Wissenschaftstheorie sucht man in den Marxschen Werken vergeblich. Diesen und vielen anderen Auffassungsweisen eines Maßstabes von marxistischer Theorie wäre gemeinsam, daß sie vollkommen a-historische Kriterien verwenden und deshalb für den Bereich politisch-strategischer Grundsatzdebatten als geeignete Urteilsbasis ausscheiden.

Die geistig-politische Grundströmung des Marxismus ist vielmehr als historisch geprägter Ansatz sozialwissenschaftlicher Analyse selbst Produkt gesellschaftlicher Entwicklungsprozesse und wandelt sich methodisch und material in ständiger Auseinandersetzung mit der sozialen Realität und ihren geschichtlichen Rahmenfaktoren. Den Marxismus als raum- und zeitloses Objekt wissenschaftlicher Erkenntnis kann es deshalb ebensowenig geben wie das theoretische Werk von Marx, so sehr die konkrete Analyse

139

auch von Fall-zu Fall das innere Band marxistischen oder Marxschen Denkens aufweisen mag. Einen unaufhörlichen Wandel des Marxismus wird man so lange beobachten können, wie gesellschaftliche Entwicklungsprozesse stattfinden und Wissenschaftler und an politischer Praxis unmittelbar orientierte Theoretiker in ihm geeignete Grundlagen einer Gesellschaftsanalyse finden. Wer im Marxismus ewige Wahrheiten sucht, die eine komplexe Welt in einfache Schemata zu pressen gestatten, erweist der eigenen politischen Orientierung und der marxistischen Denkweise einen schlechten Dienst: Die mißverstandene Theorie ist meist sogar dem spontanen praktischen Urteil unterlegen und überwuchert schließlich den gesamten Ansatz mit einem Dickicht vulgärer Schlingpflanzen, durch welches sich jedes fundierte wissenschaftliche Fortschreiten mit dem Seziermesser der Kritik den Weg ans helle Licht der Erkenntnis zu bahnen hat.

Als Produkt eines geschichtlichen Umfeldes und gesellschaftlicher Entwicklungsprozesse ist das Marxsche Werk in grober Definition die historische und systematische Einheit von deutscher Philosophie, französischer Politik und englischer Ökonomie gemäß den Stationen, die Karl Marx um die Mitte des 19. Jahrhunderts in rascher Folge auf seinem Lebensweg durchmaß: Der Zerfall des Hegelschen Systems in eine Vielzahl streitender philosophischer Konzeptionen und die geistig-politische Gärung im deutschen Vormärz lieferte dem Studenten und jungen Wissenschaftler Marx das intellektuelle Klima, in dem seine ersten geschichtsphilosophischen Entwürfe heranreiften; die französischen revolutionären Ereignisse von 1848, die in weiten Teilen Europas die Politik in stürmische Bewegung brachten, dienten als Hintergrund seiner im Kommunistischen Manifest in klassischer Form niedergelegten Theorie der Gesellschaft als Geschichte von Klassenkämpfen; das industriell fortgeschrittene England ließ Marx schließlich „die Anatomie der bürgerlichen Gesellschaft in der politischen Ökonomie"[301] entdecken.

Alle späteren Schriften beweisen, daß Marx in seiner Kritik und Neufundierung der Politischen Ökonomie im „Kapital" zwar den historischen wie systematischen Abschluß seines theoretischen Werkes erreichte, aber darin die Herkunftsquellen dialektischer Geschichtsauffassung hegelianischer Provenienz und revolutionären Politikverständnisses „aufgehoben" hatte im dreifachen Wortsinne: daß die borniert Sichtweise der deutschen idealistischen Philosopie und des französischen Putschismus in der Tat überwunden wurde, deren „rationeller Kern" in Gestalt der dialektischen Methode und der politischen Konflikttheorie jedoch in der ökonomischen Gesellschaftsanalyse bewahrt blieb und somit einen qualitativen Sprung erfuhr. Wie wenig ein auf bloße Politökonomie verkürztes Marxverständnis der Vielgestaltigkeit seines Denkens gerecht zu werden vermag, zeigt bereits eine Lektüre der mehrfach erwähnten Kritik des Gothaer Programms der Sozialdemokratie, in der Marx über sein spezielles Anliegen einer fundierten ökonomischen Theorie hinaus eine Fülle methodischer, historischer und politischer Anregungen vermittelte.

Der Marxismus zu Lebzeiten von Karl Marx und Friedrich Engels, wie er

---

301 Karl Marx, Zur Kritik ..., MEW 13, S. 8.

der Epoche sozialdemokratischer Strategiediskussionen von ihren Ursprüngen bis zur Mitte der neunziger Jahre als geistesgeschichtlicher Hintergrund dienen kann, muß folglich aus der Synthese seiner drei Herkunftsquellen begriffen werden. Konkret gesprochen kann deshalb zum einen die dialektische Theorie der Geschichte, eine Vorstellung von unter Einschluß qualitativer Sprünge in langfristigen Trends sich vollziehender gesellschaftlicher Entwicklung als Prüfstein marxistischer Theorieansätze gelten. Ferner ist ein Verständnis von Politik und politischer Strategie, in dessen Zentrum der gesellschaftliche Konflikt als ständige Triebkraft dieses dialektisch sich entfaltenden Geschichtsprozesses begriffen wird, ein unverzichtbares Element einer marxistischen Betrachtungsweise. Schließlich muß diesem Wechselspiel von Konfliktkonstellationen die Erkenntnis der prägenden Rolle sozialökonomischer Interessen, in der bürgerlichen Gesellschaft speziell des grundlegenden Interessengegensatzes zwischen der zum Verkauf ihrer Arbeitskraft gezwungenen lohnabhängigen Klasse einerseits und der den entstandenen Mehrwert sich aneignenden kapitalbesitzenden Klasse andererseits, zugrunde liegen, sofern eine Theorie als marxistische eingestuft werden soll. Die dialektische Theorie der Geschichte, die Konzeption politischer Klassenkonflikte und die ökonomische Theorie der Grundstrukturen bürgerlicher Gesellschaft bilden eine systematische Einheit und sind deshalb weder isoliert voneinander im Marxschen Sinne zu interpretieren noch aufeinander reduzierbar. Wo in der methodischen Diskussion oder praktischen Anwendung ein Aspekt ausgeblendet oder aus einem anderen monokausal „abgeleitet" wird, geht das erkenntnisleitende Problembewußtsein des Marxschen Denkens verloren.

Bei einer von dem skizzierten Marxismusverständnis geleiteten Bestimmung des Gedankengutes der führenden sozialdemokratischen Theoretiker ist zunächst festzuhalten, daß die Hegelsche Philosophie und die revolutionären Ereignisse von 1848 das theoretische Denken Lassalles in der gleichen Weise wie jenes von Marx prägten. Überhaupt ist Lassalle derjenige Politiker der Partei, welcher als Angehöriger der Marx-Engelsschen Generation der um 1820 Geborenen in seinem philosophisch-dialektischen und strategisch-politischen Denken Marx am nächsten stand. Ohne Zweifel fehlte ihm jedoch an einem voll entfalteten Marxismusverständnis die ökonomische Analyse, welche bei Marx allerdings mit dem Erscheinen des ersten „Kapital"-Bandes im Jahre 1867 erst nach seinem Tode umfassend vorlag. Es kann angesichts dieser Tatsache die allseitige Anwendung der wissenschaftlichen Politökonomie nicht zum Maßstab der marxistischen Prägung der Lassalleschen Theorien erhoben werden: Wie sollte die spätabsolutistische Agrargesellschaft Preußens, in die erst allmählich industrielle Produktionsformen eindrangen, zum historischen Rahmen einer theoretischen Entwicklung werden, die selbst der genialste Sozialwissenschaftler dieser Epoche im klassischen Land des Industriekapitalismus noch nicht zum Abschluß gebracht hatte?

Wenn Lassalle auch nicht jene prinzipielle Distanz zur klassisch-philosophischen Denkweise fand, wie sie Marx durch die Anwendung der dialektischen Methode in seiner Politischen Ökonomie möglich wurde, so ist er dennoch keineswegs ein Anhänger einer idealistischen Geschichtsauffassung gewesen.

Mit seiner als Essenz der preußischen Konfliktszeit formulierten These, daß Verfassungsprobleme „nicht Rechtsfragen sondern Machtfragen" sind, hat Lassalle eine geeignete Grundlage politischer Analyse und daraus hergeleiteter Strategiekonzeptionen gefunden. Die von ihm vorangetriebene, im europäischen Maßstab „verfrüht" erscheinende Gründung einer festgefügten Parteiorganisation entsprang, wie der weitere Verlauf der deutschen Geschichte zeigte, einer spezifischen Rahmenkostellation und stellte sich als vorausschauende Initiative heraus. Es ist sicherlich kein Zufall, daß gerade der späte Engels die konkrete Analyse des politischen Herrschaftssystems Preußen-Deutschlands wieder aufgriff und im Rahmen seiner strategischen Überlegungen der Lassalleschen Waffe des allgemeinen Wahlrechts einen zentralen Stellenwert einräumte, wohingegen er den durch „allgemeine, abstrakte Fragen" überlagerten Realitätsverlust der Sozialdemokratie in bezug auf die machtpolitischen Konstellationen einer Kritik unterzog.

Aber selbst für den Bereich der politökonomischen Theorienbildung kann lediglich ein den deutschen Verhältnissen entsprechendes geringeres Entfaltungsniveau des wissenschaftlichen Ansatzes bei Lassalle, nicht jedoch ein Gegensatz zu Marx konstatiert werden. Im Vorwort zum „Kapital" beklagte sich schließlich Marx sogar über die heimlichen geistigen Anleihen Lassalles aus seinen bereits zuvor veröffentlichten ökonomischen Abhandlungen: „Wenn F. Lassalle die sämtlichen allgemeinen theoretischen Sätze seiner ökonomischen Arbeiten... fast wörtlich, bis auf die von mir geschaffene Terminologie hinab, aus meinen Schriften entlehnt hat, und zwar ohne Quellenangabe, so war dies Verfahren wohl durch Propagandarücksichten bestimmt"[302]. Aus dieser besonders engen Anlehnung an Marxsche Vorarbeiten wird man gewiß gegenüber seinen selbständigen Abhandlungen, die mit den Marxschen Frühschriften und dem Kommunistischen Manifest eine gemeinsame Gedankenwelt besitzen, für den ökonomischen Aspekt ein theoretisches Defizit Lassalles schlußfolgern können, niemals aber einen Gegensatz zwischen „Lassalleanismus" und „Marxismus". Wer nicht dogmatisch-scholastisch, sondern anhand der tatsächlichen Entwicklung der europäischen Arbeiterbewegung bis zum Tode Lassalles argumentiert, wird schwerlich einen sozialdemokratischen Politiker finden, der in seinen theoretischen Grundlagen dialektischer Geschichtsphilosophie und politischer Konflikttheorie Marx näherkam und dessen ökonomische Lehre bereits umfassender rezipiert hatte. Als theoretischer Hintergrund sozialdemokratischer Politik mußte das marxistische Denken in der Zeit des Sozialistengesetzes von der Partei nicht neu „rezipiert", sondern höchstens in breiteren Kreisen umgesetzt werden, da es in den stets vorhandenen Grenzen des gesellschaftlich-geschichtlichen Reflexionshorizontes mit Lassalle unmittelbar an der Wiege der Parteigründung stand.

Die strategisch-politischen Differenzen zwischen Lassalle und dem frühen Bebel haben mit dem Marxismus nur insoweit etwas zu tun, als die materialistische Geschichtsauffassung davon ausgeht, daß politisches Denken in der Auseinandersetzung mit gesellschaftlicher Realität entsteht: Die anti-

---

302 Karl Marx, Das Kapital, MEW 23, S. 11.

preußische, ursprünglich bürgerlich-demokratisch motivierte Einstellung der Sächsischen Volkspartei unter Bebel und Liebknecht war gegenüber der preußisch bestimmten weiteren Entwicklung Deutschlands vielleicht „moralischer" als jene des ADAV, aber gewiß nicht „marxistischer". Was sich Bebel in der Zeit der Eisenacher Parteigründung an marxistischem Denken erarbeitete, entstammte — wie er selbst später darlegte — der theoretischen Vermittlung über die Schriften Lassalles. Als Angehöriger einer späteren Generation, der weder die dialektische Philosophie noch die revolutionäre Tradition von 1848 vertraut war, besaß das politisch-theoretische Denken Bebels eine vollkommen andere systematische Grundlage. Sein Weltbild war wie jenes seiner Zeitgenossen mehr naturwissenschaftlich-evolutionistisch als philosophisch-dialektisch geprägt. Die Diskussion um die Frage, ob die Bebelschen Zusammenbruchserwartungen, seine Utopie des Zukunftsstaates und seine Vorstellungen sich „von selbst" regulierender Prozesse als „unmarxistisch" einzustufen sind, ist wohl nicht sonderlich sinnvoll; sie sind mit dem Marxschen Denken schlicht nicht systematisch vergleichbar, da sie materiale „Prognosen" enthielten, die der kritische Methodiker Marx aus wohlerwogenen Gründen höchstens in Gestalt von Trendaussagen skizzierte. Damit haben wir eine entscheidende Problematik des Verhältnisses von sozialdemokratischen Perspektiven und marxistischen Theorieansätzen im Blick: das Marxsche Werk enthält keine ausformulierte Anleitung zu politischem Handeln, sondern einzig einen „Leitfaden" beim Studium historisch-sozialer Rahmenbedingungen und systematische Bezugsmuster einer daraus selbständig zu entwickelnden Strategiediskussion. Aus diesem Grunde kann eine politische Forderung, eine strategische Perspektive oder die Aktionspraxis einer Partei niemals *isoliert betrachtet* als „marxistisch" oder „unmarxistisch" bezeichnet werden. Allein in ihrem theoretischen *Begründungszusammenhang,* welcher einer strategischen Anleitung zu politischer Praxis eine logisch und historisch schlüssige Systematik verleiht, läßt sie sich auf ihr Verhältnis zu marxistischen Ansätzen hin überprüfen. Daß Bebel den preußisch-deutschen Klassenstaat bekämpfte, die volle Verwirklichung von Demokratie und Sozialismus als Zielvorstellung propagierte und stets die Interessen der arbeitenden Bevölkerung gegen Großbourgeoisie und Junkertum kompromißlos vertrat, wies ihn als konsequenten Sozialisten aus, aber noch nicht als umfassend geschulten Marxisten. Der diese politische Stoßrichtung artikulierende Begründungszusammenhang, der wesentlich durch die Utopie des Zukunftsstaates und die Zusammenbruchsvisionen geprägt war, kann bestenfalls als vulgärmarxistisch bezeichnet werden; er erweist sich bei genauerer Analyse als nur wenig theoretisiert, da Bebel gerade die zentralen strategischen Fragen nicht methodisch-kritisch, sondern auf dem Hintergrund von Alltagserfahrungen, Vermutungen und Hoffnungen anging, was seinen Erfolg als Parteiführer begründete, aber die Möglichkeit des wissenschaftlichen Irrtums natürlich beträchtlich steigerte. Indem die schroffe Diskrepanz zwischen dem philosophischen Reflexionshorizont Lassalles und der praktisch-theoretischen Unreife des ADAV in der Zeit des Sozialistengesetzes im Sinne einer Annäherung von sozialistischer Arbeiterbewegung und marxistischer Theorie überbrückt wurde, gewann die Partei an politischer Geschlossenheit, während andererseits die Tendenz der Reduktion von Wissenschaft auf Legitimationstheorie eingespielter Organisations- und Aktionsformen gefördert wurde.

Den Gipfelpunkt eines nahtlos die Parteipraxis abstützenden theoretischen Begründungszusammenhanges finden wir zweifellos bei Kautsky. Vieles, was Bebel noch aus der Evidenz der politischen Erfahrung postulierte, kleidete Kautsky in das Gewand einer wissenschaftlich untermauerten Theorie. Dabei entstanden teilweise groteske Konstruktionen wie seine These, daß die Bildungsbeflissenheit der Arbeiter auf die „Konservierung" ihrer Geisteskräfte während ihres damals gewiß notgedrungen geistlosen Tageswerkes zurückzuführen sei, während die Intelligenz der übrigen Gesellschaftsklassen in ihrer Arbeitstätigkeit aufgezehrt würde. Die a-prioristische Setzung naturgegebener Ressourcen an Geisteskraft, die wie körperliche Energie „verbrannt" wurden, weist — so absurd sie ist — auf einen prinzipiellen philosophischen Ansatz bei Kautsky hin: die Betrachtung sozialer Zusammenhänge nach „Naturgesetzlichkeiten". Bei ihm mündete die Ausblendung des dialektischen Fundaments marxistischer Geschichtsauffassung endgültig in die neue Systematik eines naturwissenschaftlichen Weltbildes ein, das die Gesellschaft als einen sich eigendynamisch entwickelnden Organismus konzipierte.

Da Kautsky die Dialektik der geschichtlichen Entwicklung zur „Naturnotwendigkeit" verengte, wandelten sich zugleich die politische Theorie der Revolution und die ökonomische Analyse der Gesellschaft in ihrem wissenschaftlichen Gehalt. In bezug auf die Politökonomie war bei Kautsky genau jene bereits erwähnte Vulgarisierung zu verzeichnen, die in den Marxschen Ausführungen über Basis-Überbau-Beziehungen und die prägende Dynamik der Produktivkraftentfaltung sowie der Produktionsverhältnisse den „Leitfaden" achtlos überlas. Indem er folglich ein hypothetisch-heuristisches Bezugssystem zu einem materialen Entwicklungsgesetz des objektiven Geschichtsprozesses uminterpretierte, ließ Kautsky die „Methode" zum „Dogma" erstarren. Die sich als objektiver Strukturprozeß vollziehende Revolution, die mit dem ursprünglichen „französischen" Revolutionsverständnis von Marx nichts mehr gemein hatte, wurde in der politischen Konkretion zum parlamentarischen Pragmatismus reduziert, was durchaus der inneren Logik des evolutionistischen Weltbildes Kautskys entsprang. Wir sehen also, daß Kautsky ein theoretisch fundierter „Marxist" war, insoweit er in den drei Argumentationssträngen marxistischer Analyse eine eigenständige Konzeption ausformuliert hatte; um so schärfer tritt jedoch hervor, daß sein Marxismus nicht mehr jener von Karl Marx war.

Diesen epochalen Umbruch spiegelten sogar die wissenschaftlichen Analysen von Engels wider, wenn er sich auch kontinuierlich bemühte, allen Spielarten des Vulgärmarxismus entschieden entgegenzuwirken. Obgleich er das geschichtsphilosophische Prinzip der Dialektik gegen einen platten Determinismus ins Feld führte, zeigten seine Überlegungen über die „Dialektik der Natur" unmißverständlich die Tendenz, jede spekulative Komponente in die Logik des Objektiven zu überführen: „Die Dialektik, die sog. objektive, herrscht in der ganzen Natur, und die sog. subjektive Dialektik, das dialektische Denken, ist nur Reflex der in der Natur sich überall geltend machenden

144

Bewegung in Gegensätzen"[303]. In ähnlicher Weise wie die in Hegel wurzelnde dialektische Geschichtsauffassung erfuhr auch das „französische" Revolutionsverständnis durch Engels eine deutliche Korrektur, die nach einer konsequenten Ausmerzung aller Restbestände romantisierender Überrumpelungsstrategien und einer höheren Wertschätzung parlamentarischer Institutionen sowie der legalen Waffe des allgemeinen Wahlrechts drängte. Die Auffassung von Engels, daß die Sozialdemokraten „Evolutionisten" seien und kein ein für allemal fixiertes politisches „Endziel" hätten, formulierte die Quintessenz eines allmählichen konzeptionellen Wandels marxistischer Denkweisen.

So muß eine den ersten größeren Entwicklungsabschnitt zusammenfassende Bestimmung des Verhältnisses von klassischer Sozialdemokratie und Marxismus mit dem vorläufigen Fazit abschließen, daß marxistisches Gedankengut seit der Gründungszeit der Partei ein Medium der Grundsatzdiskussionen bildete, dessen jeweilige Gestalt mit dem Verlauf der historischen Entwicklung vermittelt über die Konzeptionen der führenden sozialdemokratischen Theoretiker sich konstituierte und umgestaltete. Wir gelangen zu dem Ergebniß, daß jedes eilfertige Aburteilen von Lassalle, Bebel und Kautsky an einem fiktiven „reinen" Marxismus als methodisch unbegründete und geschichtsfremde Konstruktion zurückgewiesen werden muß. Ausgehend von einer methodisch-kritischen Auffassungsweise des Marxismus, die sich der notwendigen Relativität ihrer Maßstäbe des wissenschaftlichen Urteils bewußt ist, vermag ein vorgeschlagener Interpretationsrahmen für eine Analyse der sozialdemokratischen Strategiediskussionen im Kontext marxistischen Denkens lediglich ein erkenntnisleitendes Bezugssystem an die Hand zu geben. Die durch sein Strukturmuster hervortretenden spezifischen Differenzen der jeweiligen sozialdemokratischen Theoretiker können daraufhin als Resultate unterschiedlicher philosophischer Ansätze, sozialökonomischer Theorien und politischer Strategiekonzeptionen auf dem Hintergrund der Parteigeschichte und der gesellschaftlichen Entwicklung diskutiert werden. Wenn wir den sich bereits deutlich abzeichnenden epochalen Umbruch hinreichend berücksichtigen, so gab die in den drei Grundlinien marxistischen Denkens um Fortentwicklung bemühte Konzeption von Engels in der Zeit zwischen 1890 und 1895 der deutschen Sozialdemokratie einen theoretischen Bezugspunkt, von dem es in ständiger Rückkoppelung zur Handlungspraxis der Arbeiterbewegung im Rahmen ihres gesellschaftlichen Wirkungsfeldes eigenständig und kritisch Gebrauch zu machen galt.

---

303 Friedrich Engels, Dialektik der Natur. Notizen und Fragmente, in: MEW 20, S. 481.

VII. Kapitel

Sozialdemokratie und gesellschaftliche Entwicklung
Grundzüge der Geschichte 1895—1914

Der Aufschwung des Organisierten Kapitalismus und der Imperialismus

Nach langen Jahren eines schleppenden Geschäftsganges weitete sich der im Frühjahr 1895 einsetzende konjunkturelle Aufschwung zu einem industriellen Boom aus, wie ihn das Deutsche Reich seit der Gründerzeit 1871/73 nicht mehr erlebt hatte: in der Expansionsphase bis 1900 dürfte die Produktion um rund ein Drittel zugenommen haben[304]. Die in der Großen Depression zunächst durch Abwehrmaßnahmen gegen die Krisenfolgen entstandenen Großbetriebe trugen nunmehr die produktiven Früchte der hochtechnisierten Massenfertigung, insbesondere in den Wachstumsbranchen der Maschinenbau-, Chemie- und Elektroindustrie; das Zeitalter des Organisierten Kapitalismus war herangebrochen[305]. Die neuerliche stürmische Belebung der Wirtschaftskonjunktur, die in krassem Gegensatz zu den in der Partei verbreiteten Vorstellungen des „großen Kladderadatsch" stand, ließ auch entgegen aller Prognosen die ökonomischen Kampforganisationen in einer Weise erstarken, die selbst die kühnsten Erwartungen von Optimisten der Gewerkschaftsbewegung in den Schatten stellte: Auf der Woge der industriellen Expansion schwangen sich die deutschen Gewerkschaften von 259 000 Mitgliedern im Jahre 1895 auf 680 000 im Jahre 1900 empor.
Diese Entwicklung war einerseits natürlich durch die erhöhten Erfolgschancen von Arbeitskämpfen in der Hochkonjunkturphase bedingt, in der die Unternehmungen dringend Arbeitskräfte benötigten und sie deshalb auch besser zu bezahlen bereit sein mußten. So erzielten die Gewerkschaften zwischen 1895 und 1899 eine Bruttolohnsteigerung von knapp 20 %, der lediglich Preissteigerungen von ungefähr 2 % gegenüberstanden, während die industriellen Arbeitseinkommen zwischen 1890 und 1895 nur geringfügig zugenommen hatten. Darüber hinaus war die verstärkte organisierte Kampfbereitschaft der Arbeiterklasse aber auch eine notwendige Reaktion auf die sich ankündigenden expansiven Profitstrategien des organisierten Großkapitals, die in der Zeit der Großen Depression noch an die Schranken ohnehin brachliegender Kapazitäten gestoßen waren. Die ständigen Preisschwankungen und eine konjunkturbedingte Schwächung der Produktionsgüterindustrie hatten trotz

---

304 Siehe Hans-Ulrich Wehler, Das Deutsche Kaiserreich, a.a.O., S. 52.
305 Zum Begriff und einigen empirischen Daten: A.a.O., S. 48 ff.; breit angelegte konzeptionelle Überlegungen bietet der Sammelband: Organisierter Kapitalismus, Hrsgg. von Heinrich August Winkler, Göttingen 1974.

der allgemeinen Krise Reallohnsteigerungen zwischen 1880 und 1887 von mehr als 20 % auch ohne gewerkschaftlichen Kampf auf breitester Front zugelassen. Diese Epoche war mit der erneuten Wachstumsphase des Organisierten Kapitalismus endgültig vorüber. Da seit der Jahrhundertwende ein stetiger Anstieg der Lebenshaltungskosten zu verzeichnen war, konnten Verbesserungen für die arbeitende Bevölkerung nur noch durch organisierten Lohnkampf erstritten werden.

Die sprunghafte Verstärkung der gewerkschaftlichen Mitgliederbasis konnte in der deutschen Arbeiterbewegung nicht ohne Rückwirkungen auf die Kräfteverhältnisse zwischen der ökonomischen und der politischen Organisationsform bleiben. Während im Zeichen der Großen Depression das tradierte Primat der Partei eher noch bestärkt worden war, regten sich unter dem Eindruck des überwältigenden Erfolges der Gewerkschaften zunehmend jene Kräfte, die auf größere Selbständigkeit gegenüber der Sozialdemokratie drängten. In welcher Richtung eine derartige Gewichtsverlagerung innerhalb der organisatorischen Doppelstruktur der Arbeiterbewegung wirksam werden mußte, brachte der Gewerkschaftsvorsitzende Legien auf dem Kongreß des Jahres 1899 unmißverständlich zum Ausdruck: „Gerade wir, die gewerkschaftlich organisierten Arbeiter, wünschen nicht, daß es zu dem sogenannten Kladderadatsch kommt ... Wir wünschen den Zustand der ruhigen Entwicklung"[306]. Das Interesse einer Stärkung der eigenen Organisation, welches sich gegenüber den durch sie ermöglichten Fortschritten für die Arbeiterklasse zuweilen verselbständigen konnte, verband die Gewerkschaftsbewegung aufs engste mit einer expansiven Wirtschaftsentwicklung.

Die neuen Probleme, die der Sozialdemokratie aus dem Wachstum der Produktion und der gewerkschaftlichen Eigenständigkeit aufgebürdet wurden, verblassen jedoch im Lichte der Herausforderungen, mit welchen das preußisch-deutsche System auf den ungebrochenen Fortschritt der Arbeiterbewegung seit 1890 reagierte. Nach dem kläglichen Scheitern des sozialreformerischen Zuckerbrotes in der Ära des „Neuen Kurses" wurde nunmehr wieder verstärkt die Peitsche geschwungen. In der ersten Hälfte des Jahres 1895 erregte die „Umsturzvorlage" die Gemüter, mit der Angriffe auf die bestehende Staats- und Gesellschaftsordnung unter eine verschärfte Strafandrohung gestellt werden sollten. Die ohnehin in Kreisen des Bürgertums angesichts der Erfahrungen mit dem Sozialistengesetz verbreitete Skepsis gegenüber Ausnahmegesetzen verstärkte sich noch, nachdem das katholische Zentrum die Strafandrohung auf Angriffe gegen Kirche und Religion zu erweitern versuchte. Wie einst bei der gescheiterten Verlängerung des Sozialistengesetzes, so verhinderte auch jetzt der innere Zwist der staatstragenden Parteien eine positive Beschlußfassung. Die Umsturzvorlage wurde mit wechselnden Mehrheiten in allen ihren Bestandteilen vom Reichstag abgelehnt.

Die diese Prozedur begleitenden Staatsstreichdrohungen des Kaisers und der Ultrareaktionäre, die fast schon zu einem ständigen Element der ungeschriebenen Verfassung des preußisch-deutschen Staates geworden waren, mußten bei der Uneinigkeit der Herrschenden leere Phrasen bleiben. Dem-

---

306 Zitiert nach: Heinz Josef Varain, a.a.O., S. 20.

gegenüber gelang der Reaktion ein Jahr später in der sozialdemokratischen Hochburg Sachsen, das im Jahre 1895 mehr als ein Drittel aller Landtagsabgeordneten der Partei im gesamten Reichsgebiet konzentrierte, tatsächlich ein antidemokratischer Staatsstreich: Ein relativ mildes Zensuswahlrecht, das die Sozialdemokratie „nur" mäßig benachteiligte, wurde in ein schroffes Klassenwahlsystem verwandelt, so daß die Partei keine Chance auf eine ins Gewicht fallende Vertretung im Landtag mehr besaß. Da die deutsche Sozialdemokratie vollständig auf die Karte des Reichstagswahlrechts setzte und der Mitarbeit in dezentralen Körperschaften keine größere Bedeutung beimaß, hatte dieser Anschlag der Reaktion auf die demokratischen Rechte der arbeitenden Bevölkerung kaum mehr als verbale Proteste im Gefolge.

Der Aufstieg der Gewerkschaftsbewegung und die Vielzahl erfolgreicher Streikkämpfe provozierten erneut staatliche Repressionsmaßnahmen: die „Zuchthausvorlage", die „Ausschreitungen" wie den gewerkschaftlichen Schutz vor Streikbrechern mit drakonischen Strafen bedrohte, wurde in den Jahren 1897/98 angekündigt und 1899 im Reichstag beraten. An Stelle dieses Ausnahmegesetzes, das wiederum allein die Zustimmung der Konservativen und des rechten Flügels der Nationalliberalen fand, verabschiedete der Reichstag jedoch eine Verordnung, die alle bestehenden Verbindungsverbote gegen die Gewerkschaften aufhob, so daß trotz fortbestehender Rechtsunsicherheit in Streikauseinandersetzungen die sozialpolitischen Aktivitäten legalisiert wurden. Diese taktische Wendung der Herrschenden wäre kaum möglich gewesen, wenn sie nicht unterdessen eine viel wirksamere Waffe geschmiedet hätten, die den antisozialistischen Parteien und Klassen eine Brücke über alle ideologischen und materiellen Differenzen hinweg zu bauen imstande war.

Dieses Integrationsmittel der staatstragenden Kräfte sollte in der Folgezeit die imperialistische Politik bilden, die mit dem Aufschwung des Organisierten Kapitalismus in die Wege geleitet wurde. Der dem Deutschen Reich in der imperialistischen Propaganda zugewiesene „Platz an der Sonne" im Konzert der europäischen Großmächte war der Zukunftsstaat der Bourgeoisie, mit dessen leuchtender Vision auch jene kleinbürgerlichen Schichten für die Politik des großkapitalistisch-junkerlichen Bündnisses gewonnen werden konnten, die von der materiellen Teilhabe am Rüstungsgeschäft der Industrie ausgeschlossen waren. Die kaiserliche Weltmachtpolitik war ihrem Ursprung nach „Sozialimperialismus"[307], d. h. sie diente der Überlagerung gesellschaftlicher Antagonismen, während ihr realer Erfolg gering blieb und ein ökonomischer Nutzeffekt in keiner Weise zu Buche schlug. Die von einem zu dieser ernüchternden Realität in keinem Verhältnis stehenden Propagandaaufwand getragene Expansionspolitik begann im Jahre 1897 mit einem China-Abenteuer.

Sie erhielt durch das im folgenden Jahre beschlossene Programm für den Aufbau einer Schlachtflotte eine der Großindustrie genehme materielle Grundlage und in dem ebenfalls 1898 gegründeten Flottenverein ein laut-

---

307 Siehe dazu Hans-Ulrich Wehler, Das Deutsche Kaiserreich, a.a.O., S. 172 ff.

starkes Sprachrohr. Selbstverständlich ließen sich die Großagrarier dieses lukrative Zugeständnis an das industrielle Kapital gebührend bezahlen: Die Ende 1902 (mit Wirkung für 1906) vom Reichstag noch rechtzeitig vor dem fälligen Wahlgang durchgepeitschten Schutzzolltarife für die Landwirtschaft stellten den Protektionismus von 1879 bei weitem in den Schatten. Der Flotte-Zoll-Kompromiß von 1898/1902 ließ die vielbeschworene „reaktionäre Masse" der Ausbeuterklassen einmal wieder Wirklichkeit werden. Gegenüber 1878/79 hatte sich die Situation insofern entscheidend verändert, als die erstarkten Industriezweige des Organisierten Kapitalismus inzwischen des Schutzzolls nicht mehr bedurften und den staatlich geförderten Finanzimperialismus bevorzugten, während die Sozialdemokratie als innenpolitischer Gegner so stark geworden war, daß die Integrationstaktik der Herrschenden nunmehr außenpolitisch kanalisiert vollzogen werden mußte.

Unterdessen ging das Wachstum der sozialdemokratischen Stimmenzahl tatsächlich im Sinne der Prognose von Engels „so unaufhaltsam und gleichzeitig so ruhig vor sich wie ein Naturprozeß". Gegenüber 1893 vergrößerte sich der Stimmenanteil der Partei in den Wahlen von 1898 um 4 % auf 27,2 %. Der Eindruck der gerade verabschiedeten Zolltarife, die der arbeitenden Bevölkerung künftig wesentlich höhere Lebensmittelpreise bescheren mußten, schaukelte den Wahlkampf von 1903 zu einem Tribunal gegen den imperialistischen Raubzug des großbürgerlich-junkerlichen Bündnisses nach innen wie nach außen und die ihn tragende Staats- und Gesellschaftsordnung auf. Durch eine die Interessen der breiten Bevölkerungsmehrheit kompromißlos verteidigende Wahlagitation gelang der Partei ein Erfolg, der lediglich noch von dem des Jahres 1890 übertroffen wird: Trotz der erhöhten Wahlbeteiligung bedeutete der grandiose Anstieg von 2,1 auf 3 Millionen Stimmen immer noch eine anteilsmäßige Verbesserung auf 31,7 %, womit die Sozialdemokratie der von Engels skizzierten kritischen Schwelle einer revolutionären Situation mit einem großen Schritt näher kam.

Wenn sich dieser Stimmenzuwachs auch in einer Verstärkung der sozialdemokratischen Parlamentsfraktion von 56 auf 81 Abgeordnete niederschlug, so waren dies doch erst gut 20 % aller Sitze im Reichstag, deren Zuwachs zudem noch größtenteils auf Kosten der Linksliberalen ging. In der neuen Reichstagsfraktion war schon fast jeder vierte Abgeordnete ein Gewerkschaftsfunktionär, und die gewerkschaftlichen Organisationen sammelten nach einer kurzen Unterbrechung im zyklischen Abschwung von 1901/02 im Jahre 1903 bereits 888 000 Mitglieder in ihren Reihen. Zugleich hatte sich die Zahl der sozialdemokratischen Landtagsabgeordneten mit einem Schwerpunkt in Süddeutschland gegenüber 1895 von 36 auf 101 erhöht. Ebenfalls im Jahre 1903 erhielt mit dem Zentralverband Deutscher Konsumvereine ein weiteres ökonomisches Arbeitsfeld der Arbeiterbewegung einen organisatorischen Rahmen. Nicht zuletzt entstand ein kaum noch überschaubares Heer von Parteigenossen, die in den Gemeinden und verschiedenen sozialpolitischen Einrichtungen praktische Arbeit leisteten. Der glänzende Erfolg von 1903 reichte jedoch einstweilen aus, um die Partei trotz der geräuschlos im Gange befindlichen Schwerpunktverschiebung in Richtung der dezentralisierten Tagespolitik in dem Bewußtsein ihrer führenden Rolle in der deutschen Arbeiterbewegung zu bestätigen.

Auf dem Hintergrund der sich andeutenden ökonomischen und politischen Veränderungen begann Eduard Bernstein seit Herbst 1896 für „Die Neue Zeit" eine Artikelserie zu schreiben, die eine Bestandsaufnahme des wissenschaftlichen Fundaments der sozialdemokratischen Gesellschaftsanalyse und strategischen Ausrichtung zu liefern versuchte[308]. Bereits der Titel „Probleme des Sozialismus" war für die sozialdemokratischen Grundsatzdiskussionen eine Herausforderung; hatte doch Bebel und in theoretisch „kultivierterer" Form auch Kautsky den Parteigenossen bislang die Zuversicht einflößen wollen, daß Probleme ein Spezifikum der bürgerlichen Gesellschaft seien und deshalb beim Aufbau des Sozialismus ganz „von selbst" bzw. „naturnotwendig" verschwinden müßten. Diese landläufige Auffassung problematisierte Bernstein, weil die veränderten ökonomischen Fakten Zweifel an der Vorstellung des „großen Kladderadatsch" nahelegten. An den Stuttgarter Parteitag von 1898, dem er wegen einer steckbrieflichen Verfolgung durch den preußisch-deutschen Obrigkeitsstaat als Folge seiner radikalen sozialistischen Redakteurstätigkeit zur Zeit des Sozialistengesetzes nicht beiwohnen konnte, schickte er eine Zusammenfassung von Kernthesen, die diesen Ansatzpunkt seiner Kritik der offiziellen Parteitheorien deutlich heraushob: „Ich bin der Anschauung entgegengetreten, daß wir vor einem in Bälde zu erwartenden Zusammenbruch der bürgerlichen Gesellschaft stehen und daß die Sozialdemokratie ihre Taktik durch die Aussicht auf eine solche bevorstehende große soziale Katastrophe bestimmen, bzw. von ihr abhängig machen soll"[309].

Da die Analysen Bernsteins zunächst nur die theoretische Begründung der sozialdemokratischen Strategieperspektiven betrafen, entzündete sich 1898 noch keine größere Grundsatzdebatte auf dem Parteitag. Gerade Kautsky bemühte sich demonstrativ, dem Eindruck tiefgreifender Meinungsverschiedenheiten entgegenzutreten: „Die Voraussetzung des Tempos der ökonomischen Entwicklung ist Sache des Temperaments"[310]. Dem entsprach auf der Seite Bernsteins die Überzeugung, einer seit je her geübten Praxis der Sozialdemokratie durch Ausmerzung einiger theoretischer Simplifizierungen und verbalradikaler Phrasen das adäquate Bewußtsein ihres realen Handelns zu vermitteln: „Ich will daher auch gar nicht die wirkliche Politik der Partei reformieren (untergeordnete Punkte abgesehen, wo es ja bei uns allen Meinungsverschiedenheiten gibt), wonach ich strebe, und — um einmal das von Euch mir zugelegte Wort zu gebrauchen — als Theoretiker auch streben muß, ist Einheit zwischen Theorie und Wirklichkeit, zwischen Phrase und Aktion herzustellen"[311].

Eine grundlegende Klärung der von ihm in die Diskussion gebrachten Aspekte wurde unausweichlich, als Bernstein im Jahre 1899 seine theore-

---

308 Eduard Bernstein, Probleme des Sozialismus, in: Die Neue Zeit, a.a.O., 1896/97, I, S. 164 ff. und II, S. 100 ff.
309 Protokoll 1898, S. 123.
310 A.a.O., S. 127.
311 Bernstein an Bebel vom 20. 10. 1898, in: Victor Adler, Briefwechsel . . . , a.a.O., S. 259.

tischen Anschauungen in dem Buch „Die Voraussetzungen des Sozialismus und die Aufgaben der Sozialdemokratie"[312] systematisch zusammenfaßte und einige strategische Konsequenzen klarer herausarbeitete. Sie gipfelten darin, daß die Sozialdemokratie sich zu einer ohnehin praktisch angestrebten schrittweisen Reformpolitik auch theoretisch bekennen und jede revolutionäre Rhetorik aufgeben sollte. In seinem Werk „Bernstein und das sozialdemokratische Programm"[313] sammelte Kautsky die theoretischen Einwände gegen die Bernsteinschen Positionen aus der Sicht der offiziellen Konzeption einer „revolutionären, nicht aber Revolutionen machenden Partei": er lehnte sich gegen die den „revolutionären Charakter" der Sozialdemokratie untergrabenden Thesen Bernsteins auf, ohne den strategischen Stellenwert dieser nicht-reformerischen Elemente sozialdemokratischer Politik konkreter als bislang auszuführen. Im Kampf gegen Bernsteins „Revisionismus", wie die sich als „orthodoxe" Marxisten begreifenden Sozialdemokraten dessen Modifikation der klassischen Theorie alsbald bezeichneten, profilierte sich — von Kautsky und seinen Gefolgsleuten lange Zeit unbemerkt — eine dritte programmatische Grundströmung unter der theoretischen Führung von Rosa Luxemburg, die auf dem Stuttgarter Parteitag von 1898 erstmals in Erscheinung trat. Ihre in der Schrift „Sozialreform oder Revolution"[314] zusammengefaßten Konzeptionen bewegten sich zwar verbal in den theoretischen Bahnen der offiziellen Parteidoktrinen. Indem Rosa Luxemburg jedoch die theorieimmanent als logisch stringent zu bezeichnenden Schlußfolgerungen aus ihnen zog, gelangte sie zu strategisch-praktischen Positionen, die mit dem „revolutionären Charakter" der Sozialdemokratie im Sinne realer Aktionsziele ernst zu machen bestrebt waren.

Die Parteiführung um Bebel befand sich auf diese Weise objektiv in einer Zwickmühle: Sie konnte Bernsteins Vorstoß im Grunde nur dadurch in überzeugender Manier abwehren, daß sie sich uneingeschränkt auf den Standpunkt Rosa Luxemburgs stellte und ein die bisherige Praxis veränderndes revolutionäres Aktionsprogramm ausarbeitete; dies scheiterte aber offenkundig an der Einschätzung der politischen Kräfteverhältnisse und der auch von Engels nahegelegten Vorsicht gegenüber unbedachten Provokationen, die zu schweren Niederlagen führen mußten. Andererseits wollte sich die Sozialdemokratie auch nicht zur Preisgabe ihres Selbstverständnisses einer revolutionären Partei entschließen, da eine konstruktive Reformpolitik im Interesse der arbeitenden Bevölkerung angesichts der schroff antisozialistischen Stoßrichtung aller anderen politischen Kräfte aussichtslos erschien und dadurch demoralisierend wirken konnte. Wie in den Auseinandersetzungen mit den „Jungen" und Vollmar blieb der Parteiführung einzig der Weg einer die entscheidenden Probleme zurückstellenden Integrationstaktik offen.

312 Eduard Bernstein, Die Voraussetzungen des Sozialismus und die Aufgaben der Sozialdemokratie, Stuttgart 1902 (1. Aufl. 1899).
313 Karl Kautsky, Bernstein und das sozialdemokratische Programm. Eine Antikritik, Stuttgart 1899.
314 Rosa Luxemburg, Sozialreform oder Revolution? (1899), in: Gesammelte Werke, Hrsgg. vom Institut für Marxismus-Leninismus beim ZK der SED, Berlin (DDR) 1970 ff., Bd. 1/1, S. 369 ff.

So faßte der Hannoveraner Parteitag von 1899 den Beschluß, daß die seit 1895 den Zusammenbruchserwartungen entgegenlaufende Konjunkturtendenz sich gefälligst nach der ihr von der Theorie vorgezeichneten Bahn zu richten habe: „Die bisherige Entwicklung der bürgerlichen Gesellschaft gibt der Partei keine Veranlassung, ihre Grundanschauungen über dieselbe aufzugeben oder zu ändern"[315]. Im Ergebnis erschöpfte sich die verabschiedete Resolution in einer Bekräftigung der bisherigen Politik der Sozialdemokratie und einer allerdings nur verschlüsselt formulierten Zurückweisung der „revisionistischen" Kritik: „Nach all diesem liegt für die Partei kein Grund vor, weder ihre Grundsätze, noch ihre Taktik, noch ihren Namen zu ändern, d. h. aus der sozialdemokratischen Partei eine demokratisch-sozialistische Reformpartei zu werden, und sie weist jeden Versuch entschieden zurück, der darauf hinausgeht, ihre Stellung gegenüber der bestehenden Staats- und Gesellschaftsordnung und den bürgerlichen Parteien zu verschleiern oder zu verrücken"[316]. Da die somit offiziell mit dem Bannfluch belegten Positionen von niemandem in dieser Form vertreten worden waren, stimmten dem Beschluß begreiflicherweise auch jene zu, die er eigentlich treffen sollte — womit dieser unter mächtigem Pulverdampf gegen den „Revisionismus" abgefeuerte Schuß als Rohrkrepierer endete.

Es entbehrt nicht einer gewissen Komik, daß Bebel durch eine von ihm abgefaßte Resolution mit der Charakterisierung „demokratisch-sozialistisch" ein Markenzeichen verurteilen ließ, welches er einst, als die Frage tatsächlich zur Beratung anstand, der Partei selbst verleihen wollte, „weil ich den Namen ‚demokratisch-sozialistisch' für viel richtiger halte, da wir ja in Deutschland sozialistisch erst vorgehen können, wenn wir den demokratischen Staat haben"[317]. Demgegenüber hatte Bernstein zwar die Sozialdemokratie als eine ihrem Wesen nach „demokratisch-sozialistische Reformpartei" bezeichnet[318]; es lag ihm jedoch vollkommen fern, eine formelle Namensänderung im Bebelschen Sinne zu beantragen, da die unlösliche Verknüpfung des demokratischen und sozialistischen Kampfes auch aus ihrem überkommenen Namen sehr klar hervortrat. Dies ist gewiß ein besonders pointiertes Beispiel für die wohl nicht auszurottende Unsitte, in bestimmte Begrifflichkeiten immer schon das hineinzulesen, was man ihren Urhebern ohnehin nicht anders zutraut!

Der theoretische Selbstbetrug, dem die Parteiführung um Bebel huldigte, indem sie Bernsteins Ansinnen schrittweiser Reformpolitik durch Parteitagsresolutionen in die Schranken verwies, ohne daraus die Konsequenzen Rosa Luxemburgs zu ziehen, erstreckte sich auch auf die Befürworter einer „Politik der kleinen Schritte". Wie wenig die reformerischen Pragmatiker der Partei, die sich durch die Konjunkturentwicklung, den Aufschwung der Gewerkschaften und die Erweiterung des sozialdemokratischen Betätigungsfeldes in Gemeinden und sozialen Einrichtungen unaufhaltsam im Vormarsch sahen, an einer theoretischen Rechenschaftslegung im Sinne Bernsteins inter-

---

315 Protokoll 1899, S. 243.
316 A.a.O., S. 244.
317 Protokoll 1869, S. 54.
318 Siehe Eduard Bernstein, Die Voraussetzungen ..., a.a.O., S. 165.

essiert waren, hat Ignaz Auer stellvertretend für seine Gesinnungsgenossen in der Parteiführung in klassischer Form dargelegt, als er Bernstein zu bedenken gab: „Hälst Du es wirklich für möglich, daß eine Partei, die eine fünfzig Jahre alte Literatur, eine fast 40 Jahre alte Organisation und eine noch ältere Tradition hat, im Handumdrehen eine solche Wendung machen soll? Speziell seitens der maßgebenden Parteikreise so zu handeln, wie Du es verlangst, hieße einfach die Partei sprengen, jahrzehntelange Arbeit in den Wind streuen. Mein lieber Ede, das, was Du verlangst, so etwas beschließt man nicht, so etwas sagt man nicht, so etwas tut man. Unsere ganze Tätigkeit — sogar die unter dem Schandgesetz — war die Tätigkeit einer sozialdemokratischen Reformpartei. Eine Partei, die mit den Massen rechnet, kann auch gar nicht anders sein"[319].

Diesem „so etwas sagt man nicht, so etwas tut man" als Inbegriff der Diskrepanz zwischen Theorie und Praxis galt die Kritik Bernsteins, die gleichermaßen die Protagonisten der großen Ziele, denen die Differenz zur praktischen Politik der Partei nicht bewußt wurde, wie jenen „Praktizisten"[320] vom Schlage Auers galt, die ihrer Tagespolitik keine theoretische Grundlage und strategische Perspektive gaben. Der praktisch folgenlose Verbalradikalismus und die dezidierte Theoriefeindschaft waren lediglich die zwei Seiten einer Medaille sozialdemokratischer Realität im Kaiserreich, die durch das doppelte Dilemma geprägt war, weder die Revolution noch einzelne Reformen „machen" zu können. Der hauptsächlich im agitatorischen Bereich sich manifestierende „revolutionäre" Charakter der Sozialdemokratie war ebenso ein bloßes Sublimat realer Revolutionsstrategie, wie die unvermittelte Organisationsarbeit in Gewerkschaften und verschiedenen sozialen Institutionen nur eine schlechte Karikatur von „Reformismus", d. h. einer gradualistischen Strategie des Weges zum Sozialismus darstellte.

Eben deshalb gestaltete sich die Grundsatzdebatte zur sozialdemokratischen Strategie über weite Strecken so unfruchtbar und fanden die theorieimmanent schlüssigen Positionen Bernsteins und Rosa Luxemburgs so wenig bewußte und reflektierte Anhänger. Auch reformerische Pragmatiker wie Auer wünschten sich von ihrem vermeintlichen „Chefideologen" Bernstein ein baldiges Verstummen seiner die Partei unnötig verwirrenden Prinzipiendiskussionen: „Es hätte nicht so kommen brauchen, aber wo Dogmen sind, gibt es Pfaffen und Ketzer. Daß gerade Ede unter die letzteren geriet, ist der Humor von der Geschichte. Er frißt jetzt seine eigenen Kinder. Wenn Kautsky die andere Hälfte auffräße, dann wären wir die Wechselbälge der beiden Kirchenväter los und brauchten uns nur über ‚Taktik‘ zu streiten"[321]. So dürfte der Revisionismusstreit eher die Abneigung der meisten Parteigenossen gegen Grundsatzdebatten vertieft als ihr Interesse dafür angeregt haben. Es mag paradox klingen, aber letztlich hat der „Revisionismus"

319 Ignaz Auer an Bernstein, zitiert nach: Gerhard A. Ritter, Die Arbeiterbewegung im Wilhelminischen Reich. Die Sozialdemokratische Partei und die freien Gewerkschaften 1890—1900, Berlin 1959, S. 201/02.
320 Diesen Begriff führt Hans-Josef Steinberg, Sozialismus . . ., a.a.O., S. 116 ff. näher aus.
321 Auer an Adler vom 18. 9. 1899, in: Victor Adler. Briefwechsel . . . , a.a.O., S. 323.

Bernsteins als konkret faßbares Ergebnis in der Partei zunächst lediglich die Profilierung eines theoretisch-praktisch konsequenten „Antirevisionismus" unter Führung Rosa Luxemburgs gefördert.

Der Dresdener Parteitag von 1903, der unter diese Periode intensiver Grundsatzdiskussionen einen Schlußstrich setzte, erweckte ganz den Eindruck, als seien die seit 1895 hinzugetretenen gesellschaftlichen Anforderungen an die Sozialdemokratie nicht der Wirklichkeit selbst, sondern der fieberhaften Phantasie Bernsteins und Rosa Luxemburgs entsprungen. Das fraglos rhetorisch brillante Grundsatzreferat Bebels lieferte ein mustergültiges Beispiel für die taktische Kunst, eine Position ungebrochener Stärke zu suggerieren, ohne auf die entstandenen Probleme konkret antworten zu müssen. Die erste der dazu eingeschlagenen Argumentationsrichtungen schuf ein Klima, das als reif für ein klärendes Gewitter aus der Stickluft des Prinzipienstreites erscheinen mußte: „Nie und zu keiner Zeit waren wir uneiniger als gerade jetzt, nie und zu keiner Zeit waren die Differenzen größer als jetzt!"[322] Mit deutlichem Seitenhieb auf mögliche Eigenbrödlereien der Fraktion kündete drohender Donner aus dem Munde Bebels davon, daß jeden Abweichler unmittelbar der Blitzschlag treffen mußte: „Wer nicht pariert, fliegt hinaus"[323]. Das war eben die Tonart, die der Preuße — auch der sozialdemokratische, wie schon Engels bemerkte — vor allem verstand.

Die zweite Integrationswaffe spielte Bebel aus, indem er die sozialdemokratische Identität negativ durch von großem Pathos getragenen Verbalradikalismus bestärkte: „Ich will der Todfeind dieser bürgerlichen Gesellschaft und dieser Staatsordnung bleiben, um sie in ihren Existenzbedingungen zu untergraben und sie, wenn ich kann, beseitigen"[324]. Welcher Parteitagsdelegierte konnte ihm da nicht aus vollem Herzen zustimmen! Um sogleich die lästigen Fragen nach den strategischen Problemen dieses von allen Sozialdemokraten gewollten sozialistischen „Endziels" im Keim zu ersticken, verbreitete Bebel schließlich drittens die altbewährte naive Siegeszuversicht: „Wenn wir morgen durch irgend einen Umstand unsere Gegner von ihren Sitzen verdrängen und uns selbst hineinsetzen können, so macht Euch darüber keine Sorgen, wir würden schon wissen, was wir zu tun haben"[325]. Auf handfeste Strategieprobleme antworte Bebel mit beschwörenden Worten, die man mit einem bestätigten Wir-Gefühl beklatschen, aber kaum in politische Handlungen umsetzen konnte.

Gegen den überwältigenden Integrationserfolg Bebelscher Rhetorik vermochte Vollmar als Sprecher der „Reformisten" nur die Waffen der Ohnmächtigen, die Ironie aufzubieten: „Es ist neulich schon der Gedanke ausgesprochen worden, daß es eigentlich schade sei, daß wir noch keine Geschichte der Taktik haben ... Es würde außerordentlich interessant sein, daraus zu sehen, was bei uns im Laufe der Zeit alles als Verwässerung, Verbürgerlichung, Prinzipienverleugnung, Traditionsverletzung, Aufgabe des Klassenkampfstandpunktes usw. verdammt worden ist, und wie dann

---

322 Protokoll 1903, S. 309.
323 A.a.O., S. 308.
324 A.a.O., S. 313.
325 A.a.O., S. 319.

regelmäßig bald, nachdem ein solches Verdammungsurteil ergangen war, die Sozialdemokratie den vermeintlichen Giftbecher getrunken und sich hinterher sehr gut dabei befunden hat, worauf man dann die alte Giftetikette schleunigst einem neuen Glase umgehängt hat"[326]. In dieser Beobachtung, wie schnell weitreichende Prinzipienbeschlüsse in der Praxis der Partei immer wieder einer flexiblen Taktik weichen mußten, konnte Vollmar recht haben wie er wollte; weder er als Vertreter der Süddeutschen, die unter nur geringen Repressionen arbeiteten, noch der in den liberalen Ländern Schweiz und England bis 1901 im Exil weilende Bernstein haben damals in voller Schärfe begriffen, was es bedeutete, im preußischen Hort der Reaktion sozialdemokratische Politik machen zu müssen. An diesem materialen Erfahrungshorizont war in der Diskussion kritisch anzusetzen, wenn aus Verbalradikalismus sozialistische Aktion werden sollte.

Der große Wahlsieg des Jahres 1903 hatte jedoch die sozialdemokratischen Geister vollends gegen das Bedürfnis kritischer Bestandsaufnahme immunisiert, wie sie Bernstein offen und Rosa Luxemburg bis dahin noch in den klassischen Parteianschauungen versteckt forderte. Die versammelten Delegierten beschränkten sich wie 1899 darauf, einen Pappkameraden aufzubauen, dessen gemeinschaftlicher Abschuß die sozialdemokratischen Reihen fester zusammenschloß, ohne tatsächlich jemandem den Garaus zu machen: „Der Parteitag verurteilt auf das entschiedenste die revisionistischen Bestrebungen, unsere bisherige bewährte und sieggekrönte, auf dem Klassenkampf beruhende Taktik in dem Sinne zu ändern, daß an Stelle der Eroberung der politischen Macht durch Überwindung unserer Gegner eine Politik des Entgegenkommens an die bestehende Ordnung der Dinge tritt"[327]. Da diese mahnenden Worte wiederum an den Intentionen der „Revisionisten" vorbeischossen, konnten sich diejenigen von ihnen, die nicht aus prinzipiellen Erwägungen solchen Resolutionen ihre Unterstützung versagten, in großer Mehrheit erneut nicht getroffen fühlen und deshalb bedenkenlos zustimmen. Hinter diesem fast einmütigen Votum drängten sich die verschiedensten Motivationen: Die radikale Linke um Rosa Luxemburg konnte in die Verdammung des „Revisionismus" ein Plädoyer für eine revolutionäre Strategie hineininterpretieren; den „Reformisten" und „Praktizisten" war eine derartige verbale Bekräftigung gleichgültig und deshalb eine bloße Pflichtübung, die sich sozialdemokratische Parteitage nun einmal angewöhnt hatten; und die Parteiführung um Bebel hatte es wieder einmal geschafft, den Eindruck politischer Richtungskämpfe mit einer zündenden Integrationsformel zu überspielen.

Massenstreikdebatte und politische Aufwertung der Gewerkschaften

In der Epoche des Revisionismusstreites hatte die Strategiediskussion der Sozialdemokratie offiziell auf dem seit dem Sozialistengesetz erarbeiteten Standard stagniert. Während in dieser Zeit Bernstein und Rosa Luxemburg

---

326 A.a.O., S. 326.
327 A.a.O., S. 418.

ihre politische Konzeption weitgehend ausformulierten, brachten weder Kautsky noch die Gesamtpartei entscheidende politische Anregungen hervor. So entsprang der letztlich ausschlaggebende Impuls zu einem weiterführenden Entwicklungsabschnitt der Partei wiederum äußeren Einflüssen auf die Strategiediskussion. Ein seit längerem latent vorhandenes Bedürfnis nach konkreten Aktionsperspektiven brachte Bernstein aus Anlaß der belgischen Wahlrechtskämpfe, in denen das Kampfmittel des politischen Massenstreiks im Jahre 1902 erprobt worden war, deutlich zur Sprache: „Allgemein ist man heute zu der Überzeugung gelangt, daß der Barrikadenkampf zu den Dingen der Vergangenheit gehört oder wenigstens an Aussichten so außerordentlich verloren hat, daß er für die politische Bewegung fast ganz außer Betracht kommt. Wenn aber dem so ist, so liegt doch die Frage nahe, welche anderen Mittel heute einem Volk zu Gebote stehen, dem man sein Recht beharrlich vorenthält oder ein schon errungenes Recht wieder zu entziehen versucht"[328]. Nach Bernsteins Einschätzung ließen sich gegen jedes andere Aktionsmittel „die gleichen Einwände erheben, wie gegen den politischen Streik, während noch keines zur Sprache gebracht worden ist, das die gleichen Möglichkeiten wuchtiger Willenskundgebungen der Massen darbietet, wie dieser"[329].

Freilich trugen diese Diskussionen, die auch schon vor 1895 von Kautsky und Bernstein in vorsichtiger Weise begonnen worden waren, einstweilen noch einen rein akademischen Charakter. In der deutschen Sozialdemokratie war der politische Streik bislang vor allem als eine universelle Kampfmethode anarcho-syndikalistischer Gruppen, als eine neue Gestalt von Umsturzpolitik bekannt gewesen und deshalb einmütig in dieser Form verurteilt worden. Der organisierte Demonstrationsstreik, vorzugsweise als Ergänzung des parlamentarischen Kampfes konzipiert, bedeutete demgegenüber eine vollkommen andere strategische Qualität. Eine praktische Relevanz erreichte diese neue politische Waffe in der sozialdemokratischen Diskussion jedoch erst, als im Zuge der russischen Niederlage im Krieg mit Japan politische Unruhen das zaristische Regime erschütterten und nach einem Blutbad unter den friedlich demonstrierenden Arbeitermassen Petersburgs im Januar 1905 in den verschiedensten Regionen Rußlands spontane Massenstreiks einander ablösten. Das beeindruckende Schauspiel, wie sehr der reaktionäre Zarismus durch weitgehend unorganisierte und lediglich mit geringer politischer Kampferfahrung ausgestattete Bevölkerungsmassen ins Wanken geriet, ließ begreiflicherweise das Interesse am politischen Massenstreik erwachen, zumal eben zu dieser Zeit eine mächtige spontane Streikbewegung der deutschen Bergarbeiter sich ausbreitete. Für die weitere Entwicklung der Diskussion war es von großer Bedeutung, daß der Kölner Gewerkschaftskongreß von 1905 dieses Thema eher aufgreifen konnte als der traditionellerweise erst im Herbst tagende Parteitag. Der Referent zur Frage des Massenstreiks erklärte in dieser Hinsicht unmißverständlich, der

---

328 Eduard Bernstein, Der Kampf in Belgien und der politische Massenstreik, in: Sozialistische Monatshefte. Internationale Revue des Sozialismus, Hrsgg. von J. Bloch, VI. Jg., 1902, S. 416.
329 A.a.O., S. 416/17.

Gewerkschaftskongreß sollte nicht zuletzt deshalb zum Problem des politischen Streiks „Stellung nehmen, um nicht Gefahr zu laufen, daß wir uns später Beschlüssen fügen müßten, die einseitig an anderer Stelle gefaßt sind"[330], womit für jeden Delegierten vernehmbar nur der sozialdemokratische Parteitag gemeint sein konnte. Die gewerkschaftliche Diskussion war allerdings noch ganz von früheren Auseinandersetzungen mit anarchosyndikalistischen Gruppierungen bestimmt, so daß die verabschiedete Resolution mehr eine Grundstimmung als eine detaillierte Abwägung der Möglichkeiten des politischen Demonstrationsstreiks in bestimmten Situationen zum Ausdruck brachte: „Den Generalstreik, wie er von Anarchisten und Leuten ohne jegliche Erfahrung auf dem Gebiete des wirtschaftlichen Kampfes vertreten wird, hält der Kongreß für undiskutabel; er warnt die Arbeiterschaft, sich durch die Aufnahme und Verbreitung solcher Ideen von der täglichen Kleinarbeit zur Stärkung der Arbeiterorganisationen abhalten zu lassen"[331]. Im Zeichen des ermutigenden Mitgliederzulaufs wurde die „tägliche Kleinarbeit zur Stärkung der Arbeiterorganisationen" bis auf weiteres zum Kristallisationskern aller gewerkschaftspolitischen Aktivitäten erhoben.

Die Beschlußfassung eines Gewerkschaftskongresses in dieser politischen Grundsatzfrage war eine offene Herausforderung an die Sozialdemokratie. So stand der politische Massenstreik auf dem Jenaer Parteitag von 1905 im Zentrum des Interesses, obgleich man die Debatte über diese Frage, die damals von einigen anarcho-syndikalistischen Einzelkämpfern beantragt worden war, im Jahre zuvor noch entschieden abgewiesen hatte. Das ausführliche Grundsatzreferat Bebels war erneut von einer stürmischen Kampfansage an die gesamte bestehende Staats- und Gesellschaftsordnung getragen und prophezeite verschärfte Klassenauseinandersetzungen, in deren Rahmen auch die Waffe des politischen Massenstreiks in Erwägung zu ziehen sei. Von einer offensiven Propagierung desselben durch Bebel war allerdings überhaupt nicht die Rede. So artikulierte auch der Parteitag lediglich eine allgemeine Willensrichtung, als er für den Fall von Angriffen auf das Reichstagswahlsystem und das Koalitionsrecht der Arbeiter entschiedenen Widerstand ankündigte: „Als eines der wirksamsten Kampfmittel, um ein solches politisches Verbrechen an der Arbeiterklasse abzuwehren oder um sich ein wichtiges Grundrecht für ihre Befreiung zu erobern, betrachtet gegebenen Falles der Parteitag die ‚umfassende Anwendung der Massenarbeitseinstellung‘ "[332].

Nach langen Jahren unfruchtbarer Prinzipiendiskussionen um die „bewährte und sieggekrönte Taktik", denen der aktive Impuls zur Weiterentwicklung sozialistischer Strategien fehlte, schien immerhin für die praktischen Handlungsperspektiven ein neuer Konsens gefunden zu sein: Die von Bebel eingebrachte Resolution vereinte auch Bernstein und Rosa Luxemburg hinter sich, die beide von ihren unterschiedlichen Ausgangspunkten her

330 Protokoll der Verhandlungen des fünften Kongresses der Gewerkschaften Deutschlands, abgehalten zu Köln a. Rh. vom 22. bis 27. Mai 1905, S. 215 (Bömelburg).
331 Gewerkschaftskongreß 1905, S. 30.
332 Protokoll 1905, S. 143.

angesichts der dadurch eröffneten Chancen der politischen Aktivierung zu den energischsten Befürwortern des politischen Massenstreiks zählten. Die überwältigende Mehrheit von 287 gegen 14 Stimmen[333] zugunsten des Antrags konnte jedoch nicht darüber hinwegtäuschen, daß die wenigen Gegenstimmen der führenden Gewerkschaftsvertreter eine mächtige eigenständige Organisation hinter sich versammelten. Dieser Tatsache eingedenk hatte der Jenaer Parteitag zugleich einen von Bebel angefügten Teil der Massenstreik-Resolution mit verabschiedet, der die enge Verbundenheit zwischen Sozialdemokratie und Gewerkschaftsbewegung demonstrativ herausstellte: „Jeder Parteigenosse ist verpflichtet, wenn für seinen Beruf eine gewerkschaftliche Organisation vorhanden ist oder gegründet werden kann, einer solchen beizutreten und die Ziele und Zwecke der Gewerkschaften zu unterstützen. Aber jedes klassenbewußte Mitglied einer Gewerkschaft hat auch die Pflicht, sich der politischen Organisation seiner Klasse — der Sozialdemokratie — anzuschließen und für die Verbreitung der sozialdemokratischen Presse zu wirken"[334]. Diese ausdrücklich beschlossene Verpflichtung der Parteigenossen zur Mitgliedschaft in einer Gewerkschaft bedeutete die hinter allen Willensbekundungen verborgene reale Aufwertung der ökonomischen Tagesaufgaben durch die Sozialdemokratie.

Ähnlich wie in den Gewerkschaften spielten im Zuge einer Erweiterung der Mitgliederbasis auch innerhalb der Partei die Organisationsfragen eine gewichtigere Rolle. So verabschiedete der Jenaer Parteitag ein Organisationsstatut, das zwischen die einfachen Mitglieder und die Parteispitze (Vorstand, Parteitag) auf Reichsebene verschiedene Arbeits- und Beschlußkörperschaften einschaltete: Ortsvereine, Wahlkreisorganisationen, Bezirks- und Landesorganisationen; die Mitarbeit im jeweiligen Ortsverein des Wohnsitzes wurde zur Verpflichtung jedes Mitglieds erklärt[335]. Die ursprünglich vollkommen unverbindliche Regelung des Mitgliederstatus im Organisationsstatut von 1890 war bereits auf dem Mainzer Parteitag des Jahres 1900 dahingehend modifiziert worden, daß nunmehr die regelmäßige Beitragszahlung als Kriterium der Parteizugehörigkeit galt[336]. Mit der Breite ihres Masseneinflusses und des politischen Aufgabenfeldes der Sozialdemokratie erweiterte sich zugleich jener Tätigkeitsbereich der Parteiarbeit, welcher die internen Organisationsprobleme betraf.

Dem politischen Selbstbewußtsein der Gewerkschaften verlieh die erneute sprunghafte Stärkung der Mitgliederzahlen in der Hochkonjunkturphase seit der zweiten Hälfte des Jahres 1902 eine besondere Stoßkraft. Auf einem wesentlich höheren Ausgangsniveau gelang den gewerkschaftlichen Organisationen nochmals wie zwischen 1895 und 1898 eine Verdoppelung ihrer Massenbasis in drei Jahren: von 888 000 im Jahre 1903 stiegen die Mitgliederzahlen bis 1906 auf stattliche 1 690 000, was bereits mehr als die Hälfte der sozialdemokratischen Wählerschaft bedeutete. Diese organisatorische Stärkung kann als Triebkraft wie Resultat der Tatsache gelten, daß in den

---

333 A.a.O., S. 342.
334 A.a.O., S. 143.
335 A.a.O., S. 6.
336 Protokoll 1900, S. 6.

Jahren 1905/06 im Kaiserreich eindeutig der Höhepunkt der Streikaktivitäten lag. Es wäre jedoch grundfalsch, diese Blütezeit der Gewerkschaftsbewegung mit der Vorstellung eines sich rasch verbessernden Lebensstandards zu verbinden. Vielmehr nötigten Preissteigerungen zwischen 1904 und 1907 von rund 10 % als Folge der Zollpolitik und der günstigen Absatzsituation der produzierenden Gewerbe im konjunkturellen Boom der Arbeiterklasse den Lohnkampf als Waffe gegen die expansiven Profitstrategien auf. Allein durch massiven Einsatz der organisierten Gewerkschaftsmacht war es in der Epoche der organisierten Kapitalmacht möglich, den vorhandenen sozialen Besitzstand der arbeitenden Bevölkerung gegen den Zugriff des immer kostspieliger werdenden Militarismus und die Akkumulationsinteressen der Großindustrie zu verteidigen: Das Reallohnniveau des Jahres 1909 war mit jenem im Jahre 1904 fast identisch, da sich die Lebenshaltungskosten wie die Nominallöhne um rund 15 % erhöht hatten.

Die überwiegend defensive Funktion der gewerkschaftlichen Organisationen prägte zweifellos auch nachhaltig das politische Bewußtsein der Mitgliedermassen, denen eine revolutionäre Offensivstrategie immer weniger einleuchtete, weil sie ihren Alltagserfahrungen im Klassenkampf widerstrebte. So sollte dem in Jena entstandenen Eindruck, daß die Sozialdemokratie ihren „revolutionären Charakter" allmählich in strategische Konzeptionen umzusetzen bestrebt war, keine größere Lebensdauer beschieden sein. Bereits zu Beginn des folgenden Jahres fand ein vertrauliches Gipfeltreffen zwischen dem sozialdemokratischen Parteivorstand und der gewerkschaftlichen Generalkommission statt, um die entstandenen Meinungsdifferenzen und die Gefahr eines tiefen Risses zwischen der politischen und ökonomischen Bewegung durch einen Konsensus auszuräumen. Entgegen der ursprünglichen Absicht gelangten durch verschiedene Indiskretionen teilweise widersprüchliche Berichte über diese geheimen Absprachen an die Öffentlichkeit. Trotz des von beiden Seiten unterschiedlich wiedergegebenen Inhaltes des Gespräches kann die Interpretation als wechselseitig akzeptiert gelten, daß der Parteivorstand um Bebel auf jeden Fall den Jenaer Beschluß als Prinzipienerklärung relativierte, die in der momentanen Situation keineswegs in Praxis umgesetzt werden sollte, da die Voraussetzungen eines erfolgreichen politischen Massenstreiks nicht gegeben waren. Obgleich dieses substantiell ohnehin nicht dem Inhalt der Resolution und der Rede Bebels widersprach, entbrannten erneut heftige innerparteiliche Diskussionen um die bekanntgewordenen geheimen Verhandlungen.

Den Schlußstrich unter ein unerfreuliches Kapitel gegenseitiger Verdächtigungen zog die Sozialdemokratie 1906 in Mannheim. Die Aufgabe des Parteitags definierte Bebel, der stets die Stimmung der Basis und die Erfordernisse des Augenblicks mit nahezu unfehlbarem politischen Instinkt erfaßte, ohne Umschweife in seinem Fazit als bewußte Integrationstaktik: „Wir sollten vor allem Frieden und Eintracht zwischen Partei und Gewerkschaften herbeiführen, und deshalb muß alles vermieden werden, was mit Recht oder Unrecht so ausgelegt werden könnte, als sollte der eine Teil auf Kosten des anderen benachteiligt werden"[337]. Die Wiederherstellung von

---

337 Protokoll 1906, S. 297.

„Frieden und Eintracht" war um so leichter zu bewerkstelligen, als weder die Resolution des Gewerkschaftskongresses noch jene der Partei klare strategische Orientierungspunkte gegeben hatte. Entgegen der Realität unterschiedlicher perspektivischer Ausgangspunkte, aber durchaus im Einklang mit deren interpretationsfähiger Unschärfe stellten die versammelten Delegierten fest: „Der Parteitag bestätigt den Jenaer Parteitagsbeschluß zum politischen Massenstreik und hält nach der Feststellung, daß der Beschluß des Kölner Gewerkschaftskongresses nicht im Widerspruch steht mit dem Jenaer Beschluß, allen Streit über den Sinn des Kölner Beschlusses für erledigt"[338]. Bei diesem mit 323 gegen 62 Stimmen[339] verabschiedeten Teil der Resolution wurde nicht allein der radikale Flügel um Rosa Luxemburg, sondern erstmals auch der lange Zeit unbestritten führende Parteitheoretiker Kautsky in die oppositionelle Minderheit gedrängt.

Wenn dies den Zeitgenossen auch nicht immer mit voller Schärfe bewußt wurde, so bedeutete der Mannheimer Parteitag von 1906 das feierliche Begräbnis jeder künftigen revolutionsstrategischen Perspektive, die freilich schon zuvor niemals eine politisch-organisatorische Konkretion erhalten hatte. Mit dem klarsichtigen Blick oppositioneller Ohnmacht verkündete Rosa Luxemburg ironisierend ihren Zweifel, ob sie den Sinn der Rede Bebels richtig verstanden hätte, „denn ich saß auf der linken Seite, und er hat heute immer nach rechts gesprochen"[340]. Während Rosa Luxemburg spätestens nach der Reaktion auf die Massenstreikpolitik der russischen Revolution von 1905, die der großen Parteimasse wegen der unvergleichlichen gesellschaftlichen Bedingungen nicht als strategisches Vorbild erschien, wissen mußte, daß ihre politischen Positionen in der deutschen Partei nicht mehrheitsfähig waren, traf Kautsky die politische Isolierung vollkommen unvorbereitet.

Seine Initiative bezog sich auf einen festen Bestandteil der „bewährten und sieggekrönten Taktik", nämlich das Primat der politischen Partei über alle anderen Organisationsformen der Arbeiterbewegung. Er beantragte ursprünglich den Zusatz in der Resolution, daß jeder Genosse „sich bei der gewerkschaftlichen Tätigkeit wie bei jeder anderen öffentlichen Betätigung an die Beschlüsse der Parteitage gebunden zu fühlen" habe, und wollte ausdrücklich bekräftigt wissen, daß die Sozialdemokratie „die höchste und umfassendste Form des proletarischen Klassenkampfes"[341] sei. Daraufhin gab Bebel seinem „marxistischen" Kampfgenossen Kautsky unzweideutig zu verstehen, daß die Zeit der revolutionär tönenden Dresdener „Revisionismus"-Schelte nunmehr endgültig vorbei war und eine Epoche der pragmatischen Zusammenarbeit von Partei und Gewerkschaften auf der Grundlage gemäßigter Willensbekundungen begonnen hatte: „Wir sind weiter der Meinung, daß der zweite Teil der Resolution Kautsky (die zitierten Aussagen zum Primat der Partei, D. L.) die Gewerkschaften gegenüber der Partei in eine Situation bringt, die notwendigerweise ein Gefühl der Verbitterung, ja noch mehr,

338 A.a.O., S. 305.
339 A.a.O., S. 304.
340 A.a.O., S. 261.
341 A.a.O., S. 138.

ein Gefühl der Zurücksetzung bei den Gewerkschaftsführern hervorruft"[342]. Um dem offenen Bruch mit Bebel und einer Abstimmungsniederlage aus dem Wege zu gehen, zog daraufhin Kautsky die beanstandeten Teile seines Antrages mit dem Hinweis zurück, daß ohnehin nicht eine Abstimmung über den sachlichen Gehalt, sondern über die Opportunität der betreffenden Auffassungen bevorgestanden hätte[343].

Das schließliche Ergebnis des Mannheimer Parteitags war die von handfesten Kräfteverhältnissen getragene Einsicht, daß der Sozialdemokratie bei allen Massenaktionen durch den Zwang zur Verständigung mit den Gewerkschaften politisch die Hände gebunden waren: „Sobald der Parteivorstand die Notwendigkeit eines politischen Massenstreiks für gegeben erachtet, hat derselbe sich mit der Generalkommission der Gewerkschaften in Verbindung zu setzen und alle Maßnahmen zu ergreifen, die erforderlich sind, um die Aktion erfolgreich durchzuführen"[344]. Die diesen Satz enthaltende Gesamtresolution verabschiedete der Parteitag mit Unterstützung der Linksopposition, die keinen Disziplinbruch riskieren wollte, gegen nur fünf Stimmen[345]. Mit ihren 384 000 eingeschriebenen Mitgliedern, wie sie 1906 bei der ersten exakten Erfassung in der Sozialdemokratie gezählt wurden, organisierte die Partei gegenüber den mehr als viermal stärkeren Gewerkschaften nur eine politische Minderheit von Arbeitern, die auf sich allein gestellt niemals den revolutionären Anspruch in Taten umsetzen konnten.

Gleichgewicht der Klassenkräfte und innenpolitische Stagnation

Kaum hatte der Mannheimer Parteitag seine Debatten abgeschlossen, da bot sich den staatstragenden Oligarchien ein willkommener Vorwand, die spätestens seit 1903 zu einem ernstzunehmenden Machtfaktor im zerstrittenen Reichstag gewordene Arbeiterpartei noch einmal vorübergehend wieder zurückzudrängen. Der Anlaß war in der Sache denkbar unbedeutend: Nach einem Eingeborenenaufstand in Deutsch-Südwestafrika lag der Haushalt der dortigen Schutztruppe zur Beratung im Reichstag vor, was der Sozialdemokratie und auch dem katholischen Zentrum eine Gelegenheit eröffnete, die Praktiken der kaiserlichen Kolonialpolitik einer Kritik zu unterziehen. Als neben den Sozialdemokraten und den nationalen Minderheitenparteien auch das Zentrum einen Antrag auf Bewilligung der Haushaltsmittel für die koloniale Schutztruppe ablehnte, weil es einen niedrigeren Satz vorschlagen wollte, und die Regierung deshalb eine Abstimmungsniederlage erlitt, wurde kurzerhand der Reichstag aufgelöst, um erneut die Nichtigkeit des parlamentarischen Willens zu demonstrieren und ein demagogisches Plebiszit zur Gewinnung einer willfährigen pro-imperialistischen Mehrheit zu veranstalten. Da selbst die Linksliberalen nicht zuletzt aufgrund einiger personeller Stützpfeiler in der kaiserlichen Kolonialverwaltung ein

342 A.a.O., S. 297.
343 A.a.O., S. 303.
344 A.a.O., S. 305.
345 A.a.O., S. 306.

gefügiges Fußvolk des imperialistischen Spektakels waren, zogen die staatstragenden Kräfte in dem sog. „Bülow-Block" (benannt nach dem damaligen Reichskanzler) mit einem „nationalen Bündnis" von Ultrareaktionären bis Linksliberalen gegen die „internationalistische" Sozialdemokratie in den Wahlkampf.

Die entfesselten nationalistischen Hetzkampagnen hatten eine verblüffende Ähnlichkeit mit den unter einer suggerierten Kriegsgefahr gegenüber Frankreich abgehaltenen „Kartellwahlen" Bismarcks im Jahre 1887. Dementsprechend ungünstig für die Sozialdemokratie gestaltete sich auch die gesamte Atmosphäre des Wahlkampfes, der nicht wie vor vier Jahren ganz im Zeichen der unsozialen Zollpolitik der agrarisch-industriellen Ausbeuterklassen geführt werden konnte. So bedeutete die Verbesserung von 3 auf 3¼ Millionen Stimmen — der geringste Zuwachs in der gesamten Periode von 1890 bis 1914 — angesichts einer auf rund 85 % angeschwollenen Wahlbeteiligung einen Rückschlag von 31,7 % auf 28,9 % aller Stimmen. Durch das Mehrheitswahlsystem und die konsequente Bündnispolitik der Block-Parteien büßte die Sozialdemokratie fast die Hälfte ihrer Mandate ein und fiel mit 43 Abgeordneten hinter die Fraktionsstärke von 1893 zurück. Das imperialistische Rauschmittel hatte also seine Wirkung in weiten Kreisen der Bevölkerung erneut unter Beweis gestellt und bescherte dem konservativ-liberalen Bündnis eine breite parlamentarische Mehrheit.

Daß selbst unter derart günstigen politischen Vorzeichen bei dem aufgestauten unbewältigten Potential an Klassenantagonismen, Verfassungskonflikten und zerstrittenen Parteigruppierungen das Regieren im Deutschen Kaiserreich längst zum Dauerlauf gegen einen rutschenden Abhang geworden war, mußte auch dieses neue „Kartell" wie sein Vorgänger sehr bald erleben: Eine zur Finanzierung des Militarismus unabdingbare Erbschaftssteuer, die in das traditionelle Steuerprivileg des Junkertums eingriff, scheiterte 1909 am Widerstand der Klasseninteressen der Konservativen und am Parteiinteresse des Zentrums, das den Eingriff in die „heiligen" Familienrechte schlug, aber die willkommene Gelegenheit einer Spaltung der konservativ-liberalen Allianz zugunsten neuer Machtpositionen meinte. Im Zeichen dieser Entmachtung der Liberalen, die noch einmal — wie zwischen 1867 und 1876 — die Chance einer kampflosen Parlamentarisierung unter dem ökonomisch schützenden Dach des Obrigkeitsstaates gesehen hatten, formierte sich im Jahre 1909 der gewerbliche Interessenverband „Hansabund", der die politisch eher liberal orientierten Kreise des Bürgertums gegen die national-konservative Schwerindustrie repräsentierte. So plätscherte seit dieser Zeit ein Gleichgewicht realer Handlungsunfähigkeit zwischen der geschwächten und strategisch konzeptionslosen Sozialdemokratie und den zerstrittenen staatstragenden Kräften in Gestalt einer innenpolitischen Stagnation richtungslos dahin. Da sich die aufgestauten Konfliktpotentiale nicht im systematisch vorangetriebenen Klassen- und Parteienkampf punktuell entladen konnten, tickte die Zeitbombe, auf der das mächtige Bauwerk des kaiserlichen Imperialismus von vornherein errichtet worden war, allseits vernehmlich der Explosion entgegen.

Nachdem in kurzer Folge zugleich die Massenstreikbegeisterung und die Perspektiven des „naturnotwendigen" Hineinwachsens in den Sozialismus durch stetige Wahlerfolge einen deutlichen Dämpfer erhalten hatten, widmete die auf diese Weise doppelt zur Ohnmacht verurteilte Sozialdemokratie sich einmal wieder ihrem Lieblingskind des in der Praxis vollständig folgenlosen Prinzipienstreites, der Budgetfrage in den Landtagen. Nach dem Fiasko von 1894 hatte der Lübecker Parteitag von 1901 im Zeichen des Revisionismusstreites einen Beschluß gegen die Budgetbewilligung gefaßt, der freilich eine komfortable Hintertür offenließ: „Eine Zustimmung zu dem Budget kann nur ausnahmsweise aus zwingenden, in besonderen Verhältnissen liegenden Gründen gegeben werden"[346]. In den Jahren 1907/08 hatten sich in den süddeutschen Staaten die Budgetbewilligungen gehäuft. Insbesondere der in Baden gegen das mächtige Zentrum gebildete Block von Sozialdemokraten und Liberalen, die im Landtag eine kontinuierliche Zusammenarbeit praktizierten, erregte bei der „preußischen" Parteimehrheit Anstoß; sie hielt an dem der dortigen erstarrten Reaktion zuzuschreibenden Grundsatz fest, daß die Sozialdemokratie vor dem „großen Kladderadatsch" keine positive Arbeit im Bündnis mit nicht-proletarischen und nicht-sozialistischen Kräften anstreben dürfte.

Wie sehr der traditionelle Parteikonsensus selbst in dieser Problematik brüchig geworden war, bewies die Tatsache, daß auf dem Nürnberger Parteitag von 1908 ein vermittelnder Antrag, der eine unverbindliche Absprache mit dem jeweiligen Landesvorstand und der zentralen Parteiführung vorsah[347], nur mit 216 gegen 160 Stimmen abgelehnt wurde[348]. Daraufhin fand eine Vorstandsresolution mit 258 zu 119 Stimmen[349] die Mehrheit, welche aus der unbedingten Feindschaft zur bestehenden Staatsund Gesellschaftsordnung „im Prinzip" die Verweigerung jeder positiven Verantwortung für sämtliche Regierungsmaßnahmen ableitete, aber eine praktische Konkretion und detaillierte Reglementierung vermied: „Als notwendige Folge dieser grundsätzlichen Auffassung und angesichts der Tatsache, daß die Gesamtabstimmung über das Budget als Vertrauensvotum für die Regierung aufgefaßt werden muß, ist jeder gegnerischen Regierung das Staatsbudget bei der Gesamtabstimmung zu verweigern, es sei denn, daß die Ablehnung desselben durch unsere Genossen die Annahme eines für die Arbeiterklasse ungünstigeren Budgets zur Folge haben würde"[350]. Im Klartext bedeutet dies, daß eine Landtagsfraktion solange gegen ein Budget — selbst ein nach ihrer Ansicht unter den gegebenen Umständen sinnvoll gestaltetes — zu stimmen hatte, wie ihr Abstimmungsverhalten ohne Einfluß auf die Mehrheitsverhältnisse blieb.

Ein neuer politischer Impuls durchdrang das Parteileben erst wieder unter dem Eindruck der preußischen Wahlrechtskämpfe. Zu Beginn des Jahres 1910 entschloß sich die Reichsregierung, die zugleich die preußische Regierungsspitze stellte, dem seit einiger Zeit wieder anwachsenden öffentlichen Druck symbolisch ein Zugeständnis zu machen und das preußische Wahl-

346 Protokoll 1901, S. 99 (Beschluß S. 284).
347 Protokoll 1908, S. 190.
348 A.a.O., S. 423.
349 A.a.O., S. 424.
350 A.a.O., S. 189.

system zu modifizieren, ohne es jedoch in seinem Klassencharakter infrage zu stellen. Die „Reform" sah lediglich eine Abschaffung der indirekten Wahl über Wahlmänner und der darin enthaltenen Manipulationsmöglichkeiten sowie eine Aufwertung der drei Stützen des preußischen Staates, der Bürokratie, der Armee und des Bildungsbürgertums gegenüber der bislang herrschenden rein besitzorientierten Stimmenverteilung vor. Nachdem in Absprachen zwischen Konservativen und Zentrum der Entwurf in Richtung eines geheimen, aber dafür weiterhin indirekten Wahlsystems abgeändert worden war und dann obendrein das Herrenhaus und der Landtag sich auf keine gemeinsame Lösung verständigen konnten, verschwand selbst dieser klägliche „Reform"ansatz, der den Kreis der entrechteten dritten Wählerklasse ungefähr von 82 auf 76 % der Bevölkerung „vermindert" hätte, sang- und klanglos wieder in der Versenkung.

Das jammervolle Schauspiel dieser gesamten Prozedur, die erneut die völlige Innovationsunfähigkeit des preußischen Obrigkeitsstaates unter Beweis stellte, entfesselte eine Massenbewegung zugunsten des allgemeinen Wahlrechts, deren Führung naturgemäß der Sozialdemokratie zufiel. In mehreren Städten Preußens kam es in der ersten Jahreshälfte 1910 zu größeren Demonstrationen, die jedoch lediglich „moralischen Druck" auf die Beratungen auszuüben vermochten, da sowohl die friedlich demonstrierenden Bevölkerungsmassen als auch die Staatsgewalt jeder provokatorischen Kraftprobe aus dem Wege gingen. An der Frage, inwieweit die Sozialdemokratie die spontan entstandenen Massenbewegungen bis hin zu einer revolutionären Situation weitertreiben konnte, kam es daraufhin zum offenen Bruch zwischen Kautsky, der streng auf dem Standard der „revolutionären, nicht aber Revolutionen machenden Partei" verharrte, und Rosa Luxemburg, die eine offensive Kampfesweise propagierte, ohne allerdings die bei ihr in die naturwüchsige Spontaneität der Massen verlegte Strategie politisch konkretisieren zu können. Demgegenüber lüftete Kautsky inzwischen ohne verbale Bemäntelung das Geheimnis, was in der Wartezeit auf die „naturnotwendig" eintretende Revolution vor allem zu tun sei: er plädierte — mindestens anderthalb Jahre vor dem fälligen Termin! — für eine gründliche Vorbereitung auf den Wahlkampf.

Tatsächlich brachten die Anfang 1912 abgehaltenen Reichstagswahlen der Partei eine volle Entschädigung für ihre Schlappe von 1907. Bei gleichbleibend hoher Wahlbeteiligung, die ein Spiegelbild der aufgestauten innenpolitischen Spannungen darstellte, bedeutete der Anstieg um eine Million Stimmen auf insgesamt 4 1/4 Millionen einen Anteil von 34,8 % aller Wähler. Als Folge konsequenter Stichwahlabsprachen mit den Linksliberalen, die alle bisherigen Vorbehalte gegenüber einer solchen Bündnispolitik auf beiden Seiten zurückstellten, mußten die Konservativen eine empfindliche Niederlage einstecken, die ihnen die Chance einer Mehrheitsbildung mit dem Zentrum nahm. Freilich unterstützte nur ein kleiner Teil der linksliberalen Wählerschaft die Sozialdemokraten in Stichwahlen gegen konservativere Kandidaten, weshalb insgesamt hauptsächlich die Fortschrittspartei aus dem Bündnis Nutzen zog. So waren einige kleinere Mißklänge in der SPD unvermeidlich, obgleich die Alternative lediglich in einer Stärkung von ihr weitaus feindlicher gegenüberstehenden Kräften bestanden hätte. Mit ihren

110 Abgeordneten zog die Sozialdemokratie erstmals als stärkste Fraktion in den Reichstag ein. Ein bereits vom Parlament mehrheitlich vorgeschlagenes Präsidium aus einem Sozialdemokraten, einem Liberalen und einem Vertreter des Zentrums, das die Kräfteverschiebung symbolisierte, kam nur deshalb nicht zustande, weil sich die Sozialdemokratie aus republikanischer Überzeugung der obligatorischen Vorsprache beim Kaiser widersetzte und so ihren Sitz in der endgültigen Wahl an einen zweiten Liberalen verlor. Die Partei blieb weiterhin trotz gestärkter Massenbasis und einer großen Fraktion zwischen ihrer parlamentarischen Isolierung von der monarchisch-bürokratischen Staatsmacht und fehlenden außerparlamentarischen Strategieperspektiven eingesperrt.

Einen scheinbaren Ausweg aus diesem doppelten Dilemma bildete die Konzentration aller Anstrengungen auf die Stärkung der Organisation als Wert an sich. Seitdem sich die Partei alternativlos mit den Gewerkschaften arrangiert hatte, erlebte sie eine nie dagewesene Blütezeit ihrer organisatorischen Macht: Von 1906 bis 1912 war die Mitgliederzahl von 384 000 auf 970 000 gestiegen, während sich die Gewerkschaften mit einem Zuwachs von 1,69 auf 2,53 Millionen begnügen mußten. Freilich war die Partei inzwischen selbst „pragmatisiert" worden, wofür ein Anteil der Gewerkschaftsführer von einem Drittel in der sozialdemokratischen Reichstagsfraktion ebenso sprach wie die Tatsache, daß allein zwischen 1909 und 1913 sich die Gesamtzahl aller in Städten und Landgemeinden vertretenen Abgeordneten der Sozialdemokratie mehr als verdoppelte[351]. Die Umwandlung von der ursprünglichen „Kampfpartei" der prinzipiellen Negation in eine den ökonomischen Gewerkschaftsaufgaben zur Seite gestellte tagespolitische Interessenvertretung der Arbeiterklasse war hinter dem Rücken der „bewährten und sieggekrönten Taktik" und auf diese Weise ohne strategische Gesamtkonzeption vonstatten gegangen. Das fehlende theoretische Bewußtsein des tiefgreifenden Wandlungsprozesses, der sich seit 1895 allmählich und seit 1905/06 beschleunigt in der deutschen Arbeiterbewegung vollzogen hatte, vermochte nicht darüber hinwegzutäuschen, daß der sozialdemokratische Organisationskoloß auf strategisch tönernden Füßen lief und immer mehr dem politischen Immobilismus verfiel.

Der Jenaer Parteitag von 1913 legte in vielerlei Hinsicht über den weitgehend unbemerkt vorangeschrittenen Transformationsprozeß deutlich Zeugnis ab. Daß kurz zuvor im August 1913 Bebel als der letzte Vertreter der sozialdemokratischen „Pioniere" gestorben war, markiert wie der Tod Engels' im Jahre 1895 ein zufällige, aber durchaus charakteristische Begleiterscheinung eines epochalen Umbruches. Sein Nachfolger als einer der beiden Parteivorsitzenden und Fraktionsführer im Reichstag wurde Friedrich Ebert, der spätere Reichspräsident; nicht etwa — auch dies ist für die innere Struktur der Partei symptomatisch — als Richtungskandidat eines „reformistischen" gegen den „radikalen" Flügel, sondern als typischer „Zentrist" oder „Praktizist" ohne theoretisch-strategisches Profil. Die „Revisionisten" und „Linksradikalen" verkündeten mittlerweile ihre jeweiligen Konzeptio-

---

351 Siehe Gerhard A. Ritter, Die Arbeiterbewegung im Wilhelminischen Reich, a.a.O., S. 233.

nen zur Erarbeitung einer schlüssigen Handlungsperspektive reform- oder revolutionsstrategischer Prägung als Rufer in der Wüste des Organisationspatriotismus.

Die erneute Festigung der konservativen Herrschaft in Preußen bei den Landtagswahlen von 1913 hatte die innerparteiliche Diskussion um den politischen Massenstreik wieder zu neuem Leben erweckt. Nachdem aber auf dem Parteitag die verschiedenen Aktionsvorschläge keine Unterstützung fanden, verabschiedeten die versammelten Delegierten schließlich fast einstimmig eine Resolution, die in der politischen Perspektive gipfelte: „Der Parteitag macht es deshalb den Parteigenossen zur Pflicht, unermüdlich für den Ausbau der politischen und gewerkschaftlichen Organisation zu wirken"[352]. Nach acht Jahren blühender organisatorischer Expansion war also die Partei in ihrer Stellung zur politischen Aktion exakt dort angelangt, wo der Kölner Gewerkschaftskongreß 1905 eine neue Entwicklungsperiode der deutschen Arbeiterbewegung eingeleitet hatte.

Bemerkenswert an diesem in unverhüllten Immobilismus auslaufenden Parteitag waren vor allem die Umgruppierungen auf dem politisch aktiven Flügel der Sozialdemokratie. Ausgerechnet vom Wortführer der süddeutschen „Budgetbewilliger" Ludwig Frank mußte sich die „zentristisch-praktizistische" Mehrheit vorhalten lassen: „Noch gefährlicher aber wäre es, wenn die revolutionäre Phraseologie verdrängt würde durch eine konservative Phraseologie"[353]. All jenen, die nicht die Dialektik des parlamentarischen und außerparlamentarischen Kampfes um die politische Macht begriffen hatten, mußten es Böhmische Dörfer bleiben, wenn der „Reformist" Frank, der in Baden nach der Bernsteinschen Lehre strategische Bündnisse mit den Liberalen praktizierte, für Preußen zum Massenkampf um die demokratischen Minimalvoraussetzungen eines systematischen Fortschreitens der Sozialdemokratie aufrief: „Wir müssen darüber Klarheit schaffen, dafür sorgen, daß darüber kein Zweifel besteht: es bleibt dabei, in Preußen kommt entweder eine Wahlreform oder es kommt ein Massenstreik. Das muß die Losung bleiben"[354].

Hatte schon der kämpferische Reformismus in der Partei inzwischen gegen die erstarrte Organisationspolitik keine Chance mehr, so war die revolutionäre Konzeption der radikalen Linken um Rosa Luxemburg gänzlich zur Ohnmacht verurteilt. Die politische Grundstimmung dieses Flügels brachte der Antrag eines Ortsvereins in ungeschminkter Form zum Ausdruck: „Nur eine solche scharfe revolutionäre Taktik, die den Schwerpunkt des Kampfes bewußt in die Aktion der Massen verlegt und die vor keiner Konsequenz zurückschreckt, ist geeignet, in den Reihen der Organisierten die Kampfenergie und den Idealismus wachzuhalten, sowie die Unorganisierten in wichtigen Augenblicken mitzureißen und für die gewerkschaftliche und politische Organisation dauernd zu gewinnen"[355]. Um den versammelten Genossen den lähmenden Schrecken vor dem Linksradikalismus nicht allzu

---

352 Protokoll 1913, S. 193 (Beschluß S. 338).
353 A.a.O., S. 305.
354 A.a.O., S. 306.
355 A.a.O., S. 179.

sehr in alle Glieder fahren zu lassen, schnitt Rosa Luxemburg diesem auf den offiziellen Parteikurs abgeschossenen Giftpfeil die Spitze ab, indem sie die „scharfe revolutionäre Taktik, die ... vor keiner Konsequenz zurückschreckt", schleunigst aus der Resolution herausstrich[356]. Obwohl also die revolutionäre Position auf diese Weise bündnisfähig wurde und die Vorstandsresolution mit ihrem dargestellten Organisationsfetischismus alles andere als eine Handlungsalternative anbot, blieb die „vereinigte Linke" mit 142 gegen 333 Stimmen hoffnungslos in der Minderheit[357]. Eine ähnliche Majorität von 336 zu 140 Stimmen[358] billigte eine Resolution zur Steuerpolitik, die faktisch eine Zustimmung zu der Haltung der Fraktion bedeutete. Diese hatte zuvor eine mit erhöhten Besitzsteuern verbundene Wehrvorlage im Reichstag unterstützt, um die Heranziehung der herrschenden Klassen zur Finanzierung des Militarismus nicht zu gefährden, da die Konservativen wie stets in solchen Fällen die „nationale" Maske zugunsten des ungeschminkten Klasseninteresses fallen ließen.

Diese selbst vom Standpunkt des bestehenden Systems her schizophrene Haltung der staatstragenden Kräfte bildete nur den offenkundigen Ausdruck einer strukturellen Krise des deutschen Imperialismus, der durch einen immer stärkeren Widerspruch zwischen verbalradikalem Getöse und konzeptionsloser Politik gekennzeichnet war und gerade darin seinen innenpolitisch kompensatorischen Charakter bewies. Bereits im Jahre 1911 hatte die Entsendung eines deutschen Kanonenbootes in das von deutsch-französischen Interessenstreitigkeiten bestimmte Marokko für kurze Zeit die Kriegsgefahr heraufbeschworen. Durch eine tölpelhafte Außenpolitik machte sich das Deutsche Kaiserreich die entscheidenden europäischen Großmächte England, Frankreich und Rußland zu seinen Gegnern. Die Übergriffe des Militärs gegen die Zivilbevölkerung in Elsaß-Lothringen, die im Herbst 1913 die Öffentlichkeit bewegten, demonstrierten die immer drückender werdende Unhaltbarkeit des reaktionären Willkür- und Obrigkeitsstaates. Eine mit 293 gegen 54 Stimmen vom Reichstag ausgesprochene Mißbilligung der Regierungspolitik in dieser Angelegenheit sah die Konservativen erstmals in völliger Isolation[359]. Schon die nächste Reichstagswahl konnte in dieser Situation eine Mehrheit aus Sozialdemokraten und Linksliberalen im Parlament bringen. Ein Staatsstreich gegen das allgemeine Wahlrecht hätte voraussichtlich eine revolutionäre Situation geschaffen.

So blieb letztlich nur die Entladung der innenpolitischen Spannungen in einen Krieg, den freilich die politisch hilflose Regierung nicht aktiv anstreben konnte, weil einer schrankenlosen Aufrüstung die systembedingte Unfähigkeit zur Erweiterung des aristokratischen Offizierskorps und die Furcht vor einer sozialdemokratischen Durchdringung der Mannschaften im Wege stand. Mit der Kennzeichnung als „aggressive Defensivpolitik"[360]

356 A.a.O., S. 194.
357 A.a.O., S. 338.
358 A.a.O., S. 515.
359 Arthur Rosenberg, Entstehung der Weimarer Republik, Frankfurt am Main 1973[15], S. 56/57.
360 Hans-Ulrich Wehler, Das Deutsche Kaiserreich, a.a.O., S. 193.

— defensiv in der innenpolitisch restaurativen Grundtendenz und dem systemspezifisch begrenzten Handlungsspielraum, aggressiv in der konflikt-kanalisierenden Wirkung — ist der paradoxe Doppelcharakter des deutschen Imperialismus treffend erfaßt. Die deutsche Regierung konnte den Krieg aus eben denselben innenpolitischen Gründen nicht „machen" wollen, die sie letzthin geradezu „naturnotwendig" in einen Krieg hineindrängten. Die von Österreich, mit dem das Deutsche Reich für den Verteidigungsfall ein Abkommen auf gegenseitige Unterstützung besaß, durch ein Ultimatum und die schließliche Kriegserklärung gegen Serbien im Juli 1914 verschärften Spannungen riefen dessen Bündnispartner Rußland auf den Plan. Die russische Generalmobilmachung lieferte der deutschen Regierung den Anlaß zur Kriegserklärung gegen Rußland und zwei Tage später auch gegen das mit ihm verbündete Frankreich. Die Sozialdemokratie und die Gewerk-schaftsbewegung standen mit einem Schlag vor einer Herausforderung, auf die sie der systematische Ausbau ihrer organisatorischen Macht keineswegs vorbereitet hatte. Die aus diesem Grunde eher improvisierten als strategisch orientierten Antworten auf die radikal veränderten Handlungsumstände können nicht bruchlos eine Betrachtung der klassischen Sozialdemokratie abschließen. Mit ihnen beginnt bereits ein neuer Entwicklungsabschnitt ihrer Geschichte.

VIII. Kapitel

Eduard Bernstein:
Marxistischer Revisionismus

Zum Problem der Beziehung zwischen „Marxismus" und „Revisionismus"

Eine „Revision" bedeutet, wie man es leicht dem Duden entnehmen kann, im originären Wortsinne eine „nochmalige Durchsicht" oder „Nachprüfung" — beispielsweise eines niedergeschriebenen Textes auf formale und inhaltliche Unstimmigkeiten hin. Im Rahmen marxistischer Diskussion wäre demnach ein „Revisionist" jeder Theoretiker zu nennen, der sich die kritisch prüfende „nochmalige Durchsicht" der Forschungsergebnisse von Karl Marx — in bezug auf ihre gedankliche Stringenz und vor allem anhand der Veränderungen in der gesellschaftlichen Wirklichkeit — zum Grundsatz genommen hat. Der unzweifelhaft negative Beigeschmack, der dem „Revisionismus"-Verdikt bis heute unter den marxistischen Sozialisten anhaftet, ist also keineswegs notwendig in dem Begriff bereits enthalten. Ebenso gut könnte umgekehrt kritisch gefragt werden, wie sich ein „Anti-Revisionismus" — die Weigerung, die Theorien von Marx „nochmals durchzusehen" — mit einer historisch-materialistischen Methode vereinbaren läßt, die von einem Primat der realen gesellschaftlichen Entwicklungstendenzen gegenüber jeglicher Gedankenkonstruktion ausgeht. In einem positiven, gegen dogmatische Erstarrung gewendeten Verständnis ist die „revisionistische Tätigkeit" einer schöpferischen Weiterentwicklung von Theorieansätzen im Grunde für jeden reflektierten Marxisten eine selbstverständliche Wissenschaftsaufgabe. Gerade Engels hatte in der Zeit von 1890 bis 1895 den wesentlichen Teil seiner Arbeitskraft diesem Streben nach Präzisierung vorhandener marxistischer Konzeptionen gewidmet, um die internationale Sozialdemokratie vor Mißverständnissen zu bewahren und ihr fruchtbare Anregungen für eigenständige Lern- und Praxisprozesse zu vermitteln.

So kam es auch keinem Sozialdemokraten in den Sinn, einen *spezifischen* „Revisionismus" zu wittern, als Bernstein in der „Neuen Zeit" zu deren zehntem Geburtstag schrieb: „Es gibt kein Dogma des Marxismus, keinen Satz desselben, der nicht selbst wiederum eine wissenschaftliche Untersuchung zuließe. Alle Resultate der Untersuchungen von Marx und Engels beanspruchen nur solange Gültigkeit, als sie nicht durch neuere wissenschaftliche Untersuchungen widerlegt werden können, irgend eine endgültige Wahrheit letzter Instanz kennt der Marxismus nicht, weder bei sich, noch bei anderen"[361]. Es gibt gewiß kaum einen Marxisten, der diese Sätze gegen den

---

361 Eduard Bernstein, Zum zehnjährigen Bestand der „Neuen Zeit", in: Die Neue Zeit, a.a.O., 1892/93, I, S. 10; bei Hans-Josef Steinberg, a.a.O., S. 90, findet sich der Hinweis, daß dieser nicht namentlich gekennzeichnete Artikel von Bernstein verfaßt wurde.

Dogmatismus nicht unterschreiben würde; es gibt aber eine ganze Reihe von „Marxisten", die nicht nach diesem Grundsatz handeln und wohl eine noch größere Anzahl, die zwar zugeben würden, daß „wiederum eine wissenschaftliche Untersuchung" zuzulassen mit „nochmals Durchsehen" korrekt umschrieben ist, aber dann entrüstet von sich weisen würden, damit die Übersetzung von „Revisionismus" akzeptiert zu haben.

Gleichfalls im Jahre 1893 äußerte sich Bernstein in sehr klarer Form zu den notwendigen Selbstbeschränkungen von politischen Kongressen, was den Charakter der dort gefaßten Beschlüsse angeht: „Es handelt sich bei ihnen nicht um Feststellungen objektiver wissenschaftlicher Ergebnisse. Sie sind auch keine Konzilien, die zusammen kommen, um für alle Zeit gültige Dogmen aufzustellen. Sie sind Zusammenkünfte, um praktischen aktuellen Forderungen der Arbeiter und der Arbeiterparteien Ausdruck zu geben, die allgemeinen Tendenzen der Bewegung festzustellen und über die zweckmäßigste Art der Geltendmachung dieser Forderungen und Tendenzen sich zu verständigen"[362]. Auch in diesem Falle ließen sich also wiederum kaum Marxisten nennen, die offen dafür eintreten, wissenschaftliche Probleme wie im Vatikanischen Konzil dogmatisch festzuschreiben und erlesene Gremien darüber abstimmen zu lassen, was die Genossen denken dürfen; wenn solches in der Geschichte der Arbeiterbewegung entgegen allen Absichtserklärungen dennoch des öfteren geschehen ist, so kann dies nur auf theoriefremde Beweggründe jeweils zurückgeführt werden.

Aus den angeführten Beispielen wird ersichtlich, daß vor 1895 einzig von einem „Revisionismus" Bernsteins gesprochen werden kann, insofern der Marxismus als Wissenschaft eine genuin revisionistische Methode zur Grundlage hat, nämlich die vorhandenen Theorien stets anhand der gesellschaftlichen Entwicklung „nochmals durchzusehen". Schließlich hätte Friedrich Engels ansonsten wohl auch kaum Eduard Bernstein als seinem Testamentsvollstrecker[363] das hinterlassene wissenschaftliche Erbe überantwortet. Dementsprechend gebührt dem reichlichen Jahr zwischen dem Tod von Engels und dem Beginn der Artikelserie „Probleme des Sozialismus", mit der Bernstein das Ergebnis einer kritischen Bestandsaufnahme der parteioffiziellen Theorienansätze präsentierte, für die Entstehung des „Revisionismus" eine ganz besondere Aufmerksamkeit. Die These einer bekannten akademischen Arbeit zum Thema „Marxismus und Revisionismus", in der Beschäftigung mit der französischen 1848er Revolution hätte Bernstein 1895 oder 1896 einen „Bruch" mit der marxistischen Tradition vollzogen[364], entspringt bei näherer Betrachtung einem durchaus fragwürdigen Verständnis eben dieser Tradition. Der Zentralpunkt von Bernsteins Kritik an den putschistischen Vorstellungen mancher französischer Sozialisten zog lediglich die von Engels in seiner Einleitung zu den „Klassenkämpfen in Frankreich" angedeuteten Konsequenzen: „Die Zusammensetzung der Bevölkerung und der Stand der industriellen Entwicklung erlaubten 1848 keine andere als die bürgerliche

---

362 Eduard Bernstein, Die Grenze der Leistungsfähigkeit internationaler Kongresse, in: Dergl., Zur Geschichte und Theorie des Sozialismus, Berlin 1901, S. 140/41.
363 Siehe Engels' Testament, in: MEW 39, S. 505/06.
364 Siehe Bo Gustafsson, Marxismus und Revisionismus, Frankfurt am Main 1972, S. 90.

Republik"[365]. Wenn Bernstein es als revolutionsromantischen „Wahn" bezeichnete, ein auf der Basis des allgemeinen Stimmrechts gewähltes Parlament „nach Belieben wieder auseinandertreiben zu können"[366], so brachte er allein jenes demokratische Strategiemoment gleich Kautsky zum Ausdruck, das den sozialdemokratischen Marxismus von konkurrierenden Traditionen unterschied.

Neben dem konjunkturellen Trendumschwung seit 1895, der als konzeptioneller Hintergrund zu berücksichtigen ist, kann der sächsische Wahlrechtsraub als das für Bernstein zentrale politische Ereignis dieser kurzen Zeitspanne gelten. In der Tat hat er den aus einer solchen Provokation zu ziehenden Schlußfolgerungen in der „Neuen Zeit" einen Artikel gewidmet, der von einer allzu stark ideengeschichtlich fixierten Forschung bislang ignoriert worden ist. Nachdem Bernstein dort die Waffe des politischen Massenstreiks als mögliche Aktionsperspektive in solchen zugespitzten Situationen kurz angesprochen hatte[367], empfahl er eine Änderung der in Preußen lange Zeit praktizierten Taktik des Wahlboykotts für das neuerliche sächsische Beispiel: „Der Hinweis auf die Wahlenthaltungen macht gar keinen Effekt. Anders wenn die dritte Klasse sozialdemokratische Wahlmänner wählt, und diese, die Mehrzahl der Wähler hinter sich, von der ersten und zweiten Klasse überstimmt werden. Das empört, das reizt auf, das ist die permanente, die anschaulichste Demonstration des Wahlunrechts der Dreiklassenwahl. Das ist der wirkliche, in Aktion umgesetzte Protest, ein Protest, mit dem sich unter Umständen etwas anfangen, an den sich eine weitere Aktion anknüpfen läßt"[368]. Dabei sollte es seiner Ansicht nach auch keine Rolle spielen, ob die Sozialdemokratie bei solchen praktischen Aktionen an mögliche Bündnispartner unter Umständen Zugeständnisse zu machen gezwungen sein konnte: „Eine Partei, die weiß, was sie will, die auf klarer Einsicht in die gesellschaftlichen Zusammenhänge beruht, braucht wirklich nicht zu fürchten, durch einen Kompromiß an ihrer Seele Schaden zu erleiden"[369]. Dies waren im Grunde Gedanken, die Bernstein nicht erst durch den sächsischen Wahlrechtsraub in den Sinn kamen, sondern lediglich einen auf den vorliegenden Fall aktualisierten Zuschnitt erhielten.

Eine neue Perspektive trat demgegenüber in dem Artikel unverkennbar hervor, als Bernstein auf die möglichen Gründe der von ihm beklagten praktischen Hilflosigkeit zu sprechen kam, die ausgerechnet die „radikalen" sächsischen Genossen angesichts dieser ungeheuren Provokation der Herrschenden an den Tag legten: „Man hat sich in Deutschland viel zu sehr daran gewöhnt, Dinge, die weit mehr mit der Rückständigkeit der politischen Verhältnisse als mit irgend etwas anderem zu tun haben, reine Ausflüsse des Polizei- und Bürokratengeistes, kurzerhand auf Konto der ökonomischen Entwicklung zu setzen und aus dem Erlaß irgend eines obskuren

365 Eduard Bernstein, Vom zweiten Kaiserreich zur dritten Republik, in: Louis Héritier, Geschichte der Französischen Revolution von 1848, Stuttgart 1897, S. 704.
366 A.a.O., S. 708.
367 Eduard Bernstein, Das neue Landtagswahlsystem in Sachsen, in: Die Neue Zeit, a.a.O., 1895/96, II, S. 184/85.
368 A.a.O., S. 187.
369 Ebd.

Bürgermeisters auf den unmittelbar bevorstehenden Untergang der bürgerlichen Welt zu folgern. Ich habe alle Ursache, milde darüber zu urteilen, denn ich habe selbst in dem Artikel gesündigt. Aber ich muß darum doch vor dieser Gewohnheit warnen. Die politische Reaktion in Deutschland ist kein Gradmesser der Höhe seiner ökonomischen Zersetzung, andere Faktoren wirken mit. Die Sozialdemokratie hat daher noch mit mehr zu rechnen als mit heute und morgen. Wir haben keinen unfehlbaren Maßstab für die Expansion, deren die bürgerliche Gesellschaft noch fähig ist. Ob sie aber ihrer Grenze näher oder ferner ist, auf jeden Fall haben wir die Interessen des Proletariats auf allen Gebieten des öffentlichen Lebens wahrzunehmen, es ökonomisch nach Möglichkeit zu kräftigen und so viel als möglich seine politische Macht zu erweitern"[370]. Diese im Frühjahr 1896 verfaßten Sätze können als die erste umfassende Formulierung der anstehenden Revisionsaufgaben Bernsteins gelten, indem er ironisierend den Glauben an den „unmittelbar bevorstehenden Untergang der bürgerlichen Welt" als Ursache perspektivischer Verzerrungen der politisch-strategischen Analyse brandmarkte und das Wirken für konkrete Reformen im Interesse der arbeitenden Bevölkerung von der vagen Hoffnung auf die kapitalistischen Entwicklungstendenzen abkoppeln wollte. Da diese Gedanken bereits deutlich sein theoretisches Anliegen enthielten und an der entschieden politisch-praktischen Motivierung seines programmatischen Wirkens überhaupt kein Zweifel bestehen kann, sollte der weitere Selbstklärungsprozeß Bernsteins jenseits aller spekulativen ideengeschichtlichen Querverbindungen[371] von diesem einmal markierten Ausgangspunkt her betrachtet werden.

Die prognostizierte und die tatsächliche Entwicklung des Kapitalismus

In einer keineswegs aus den wissenschaftlichen Theorien von Marx herleitbaren Gestalt war die Erwartung des „großen Kladderadatsch" in breiten Parteikreisen eine zentrale Voraussetzung für die Eroberung der politischen Macht durch die Sozialdemokratie. Als sich die kapitalistische Produktion seit 1895 zu einer unerwartet stürmischen Hochkonjunkturphase aufschwang, war es nur folgerichtig, daß Bernstein in der Revision der Zusammenbruchstheorie später den Ansatzpunkt für die „Bekämpfung jener Auffassung" sah, „die alle wesentlich positive Arbeit der Sozialdemokratie hinter den großen Krach verlegt und die vorher zu entfaltende Tätigkeit unter dem Gesichtspunkt der Unvermeidbarkeit dieses Ereignisses beurteilt"[372]. Als eine mögliche Erklärung der erstaunlichen Expansionsfähigkeit des bereits in tiefem Siechtum geglaubten kapitalistischen Systems entwickelte er die Fragestellung, „ob nicht die gewaltige räumliche Ausdehnung

---

370 A.a.O., S. 187/88.
371 So behandelt Bo Gustafsson, a.a.O., die originären Auffassungen Bernsteins nur sehr grob (S. 76—126), während er den überwiegenden Anteil seiner Arbeit (S. 127—312) solchen in keinem Falle über Vermutungen hinausgehenden Einflüssen anderer sozialistischer Denker widmet.
372 Eduard Bernstein, Drei Antworten auf ein Inquisitorium (1899), in: Dergl., Zur Geschichte . . . , a.a.O., S. 297.

des Weltmarktes im Verein mit der außerordentlichen Verkürzung der für Nachrichten und Transportverkehr erforderten Zeit die Möglichkeiten des Ausgleichs von Störungen so vermehrt, der enorm gestiegene Reichtum der europäischen Industriestaaten im Verein mit der Elastizität des modernen Kreditwesens und dem Aufkommen der industriellen Kartelle die Rückwirkungskraft örtlicher oder partikularer Störungen auf die allgemeine Geschäftslage so verringert hat, daß wenigstens für eine längere Zeit allgemeine Geschäftskrisen nach Art der früheren überhaupt als unwahrscheinlich zu betrachten sind"[373]. Damit hatte Bernstein die charakteristischen Merkmale des Organisierten Kapitalismus, die Tendenzen des Zusammenschlusses von Produktionsstätten untereinander vermittelt durch das Finanzkapital der Bankimperien im Blick.

Die der kapitalistischen Produktionsweise innewohnende zyklische Wirtschaftsentwicklung des Wechselspiels von Auf- und Abschwung blieb von der These Bernsteins vollkommen unberührt; er bezeichnete lediglich „allgemeine Geschäftskrisen nach Art der früheren", wie sie in der Großen Depression auftraten, „für eine längere Zeit" als „unwahrscheinlich", was eine dreifach relativierende vorsichtige Andeutung des stattfindenden Trendumschwunges seit 1895 darstellte. Dennoch mußte Bernstein gegen ständige Mißdeutungen zur Klarstellung festhalten: „Es ist mir ebensowenig eingefallen, zu behaupten, daß es gar keine allgemeinen Krisen mehr geben werde, wie es mir je beigekommen ist, zu erklären, es werde überhaupt keine Katastrophen mehr geben"[374]. Eine völlige Beseitigung der Kriseneinbrüche konnte er schon deshalb nicht unterstellen, weil auch eine stärker organisierte Produktionsweise an die privatkapitalistischen Systembedingungen gebunden blieb: „Immerhin ist diese Sicherheit stets nur relativ, weil die Konkurrenz und die technische Entwicklung eine absolute Kontrolle des Marktes ausschließen"[375]. Es war ohnehin nicht Bernsteins Bestreben, die sozialdemokratische Politik fortan auf die Prämisse ökonomischer Stabilität zu stützen; er wollte vielmehr die Partei davon überzeugen, daß der Sozialismus als prinzipielles Ziel der Sozialdemokratie unabhängig vom Wechselspiel der Konjunkturtrends anzusteuern sei, wobei die erforderliche Berücksichtigung dieser ökonomischen Rahmenbedingungen auf absehbare Zeit eher eine Expansions- als eine Zusammenbruchstendenz unterstellen mußte.

Was die eher fachwissenschaftliche Seite dieses Problemkreises betrifft, sah Bernstein keine Möglichkeit, die objektiven Schranken der kapitalistischen Produktionsweise für alle Zeiten eindeutig festzuschreiben: „Eine Grenze für diese, gleichzeitig mit der räumlichen Ausdehnung vor sich gehende intensive Erweiterung des Weltmarktes läßt sich a-prioristisch nicht aufstellen"[376]. Mit dieser grundsätzlichen Einschätzung trat Bernstein insbesondere allen Versuchen entgegen, aus der absehbaren Aufteilung des Weltmarktes unter den imperialistischen Ländern die große ökonomische End-

373 Eduard Bernstein, Die Voraussetzungen . . . , a.a.O., S. 70.
374 Eduard Bernstein, Zur Krisenfrage, in: Sozialistische Monatshefte, a.a.O., 1900. S. 643.
375 Eduard Bernstein, Die Voraussetzungen . . . , a.a.O., S. 73.
376 A.a.O., S. 76.

krise des Kapitalismus abzuleiten, da auf diese Weise die noch keineswegs erschöpften Absatzkapazitäten auf den inneren Märkten – insbesondere durch die Hebung der Massenkaufkraft – nicht berücksichtigt wurden. Unter dem mehr politischen Aspekt dieser Frage konnte die Partei an der ökonomischen Katastrophe auch gar nicht interessiert sein, da sie eine gezielte sozialistische Praxis eher behindern als fördern mußte: „Wenn alle Geschäfte stocken, Handel und Wandel darniederliegen, fragen die Leute nicht, ob eine Sache sozialistisch ist, sondern ob sie ihnen zu Arbeit und Brot verhilft"[377]. Während sich Bebel die „schließliche Umwälzung um so radikaler" vorstellte, je tiefgreifender durch anhaltende Krisen „die Gärung der Geister sich entwickelt", und Kautsky die „stete Unsicherheit... jeder konservativen Neigung am gründlichsten den Garaus" machen sah, hielt Bernstein solche revolutionierenden Konsequenzen ökonomischer Existenzkrisen für denkbar unwahrscheinlich, da in einer solchen Situation die arbeitenden Menschen von der Hand in den Mund zu leben gezwungen waren. Mehr als aller Streit um Wirtschaftsdaten und kapitalistische Systemgesetzlichkeiten dürfte diese grundlegend differierende sozialpsychologische Beurteilung die Option pro oder contra Zusammenbruchstheorie beeinflußt haben.

Schließlich sollte nach Bernsteins Ansicht die Sozialdemokratie nicht eine blinde Anarchie des Wirtschaftslebens beschwören, wo die Tendenzen der Organisation ihr zunehmend in die Hände spielten: „Denn genauer zugesehen, was sind denn alle die von uns aufgezählten Faktoren der Beseitigung oder Modifizierung der alten Krisen? Alles Dinge, die gleichzeitig Voraussetzungen und zum Teil sogar Ansätze der Vergesellschaftung von Produktion und Austausch darstellen"[378]. Wenn Marx mit seiner These in der Tendenz recht hatte, daß „neue höhere Produktionsverhältnisse" niemals an die Stelle der historisch überholten treten, „bevor die materiellen Existenzbedingungen derselben im Schoß der alten Gesellschaft selbst ausgebrütet worden sind"[379], so war die strategische Konsequenz naheliegend, die immanenten kapitalistischen Vergesellschaftungstendenzen durch Konzentration, technisch-wissenschaftlichen Fortschritt und bürokratische Organisation von Produktionsprozessen als eine wichtige Voraussetzung einer späteren systemtranszendierenden sozialistischen Vergesellschaftung einzuschätzen.

Den zweiten größeren Themenkomplex, der Bernstein zu einer Revision der prognostizierten Entwicklungstendenzen veranlaßte, bildete die Klassengliederung der bürgerlichen Gesellschaft. Schon das Kommunistische Manifest sah die kapitalistische Gesellschaft dadurch charakterisiert, „daß sie die Klassengegensätze vereinfacht hat"[380]. Dementsprechend standen sich mit Bourgeoisie und Proletariat „zwei feindliche Heerlager"[381] in der Fas-

377 Eduard Bernstein, Zusammenbruchstheorie und Kolonialpolitik (1898), in: Dergl., Zur Geschichte ..., a.a.O., S. 246.
378 A.a.O., S. 231.
379 Karl Marx, Zur Kritik ..., MEW 13, S. 9.
380 Karl Marx/Friedrich Engels, Manifest ..., MEW 4, S. 463.
381 Programm der SPD (1891), a.a.O., S. 95.

sung des Erfurter Programms gegenüber. Diese These modifizierte Bernstein mit dem Hinweis auf die internen Differenzierungen im Rahmen der Grundklassen von Lohnarbeit und Kapital: „Weit entfernt, daß die Gliederung der Gesellschaft sich gegen früher vereinfacht hätte, hat sie sich vielmehr, sowohl was die Einkommenshöhe, als was die Berufstätigkeiten anbetrifft, in hohem Grade abgestuft und differenziert"[382]. An diesem Beispiel wird deutlich, daß Bernstein seine entscheidenden Aussagen über die Sozialstruktur nicht allein aus den objektiv-ökonomischen Kriterien der Zugehörigkeit zur Grundklasse der Lohnabhängigen oder Kapitaleigner, sondern auch aus jenen Aspekten entwickelte, die er als ausschlaggebend für die Chancen und Hemmnisse subjektiv-politischer Bewußtseinsbildung einschätzte.

Anhand der Gewerbezählung von 1895 wies Bernstein den „Untergang des Kleinbetriebes" im Erfurter Programm als eine mindestens ebenso starke perspektivische Verzerrung nach, wie dies einst Engels in bezug auf die „immer massenhafter" werdende Armee der überschüssigen Arbeiter zu bedenken gegeben hatte. So zeigten die Großbetriebe in der Industrie und im Bereich von Handel und Verkehr zwar die größte zahlenmäßige Zunahme; doch hatten sich gegenüber der letzten Gewerbestatistik von 1882 in geringerem Umfange auch die Kleinbetriebe vermehrt. Im Bereich der Landwirtschaft wiesen sogar die mittleren Betriebskategorien die größten Zuwachsraten in bezug auf Gesamtzahl und den von ihnen bewirtschafteten Boden auf[383]. Ganz offenkundig hatten die landwirtschaftlichen Produktionsverhältnisse ihre eigenen Entwicklungsgesetze, obgleich sie ökonomisch-technisch einem objektiven Trend folgen mußten: „Daß die mittleren Betriebe oft sehr ausgeprägt kapitalistische Betriebe sind, untersteht keinem Zweifel"[384]. Wie die grundlegende Aufgliederung in die Klassen Lohnarbeit und Kapital mit einer ausgeprägten inneren Differenzierung der Berufstätigkeiten und Einkommenshöhe, so war die unaufhaltsame Prägungskraft der fortgeschrittensten großindustriellen Produktionsformen für Bernstein durchaus mit einer relativen Widerstandskraft des Kleinbetriebes theoretisch vereinbar. Sie wurde beispielsweise im traditionellen Handwerk von sozialen und psychologischen Faktoren oder in der Landwirtschaft durch andere produktionstechnische Voraussetzungen bedingt.

In ihrem Bemühen, die Verelendung der Arbeiterklasse und die rapide Abnahme der kleinbürgerlichen Zwischenschichten als Grundlage einer kapitalistischen Krise festhalten zu wollen, mußten sich die „Katastrophentheoretiker" in unaufhebbare Widersprüche verwickeln. Da nämlich die ungeheure Entfaltung der Produktivkräfte einen zunehmenden Ausstoß an Gebrauchsgütern hervorbrachte, konnte angesichts der begrenzten Konsumfähigkeit der Großbourgeoisie und der Junkerklasse nach Bernsteins Auffassung die Theorie der sozialen Deklassierung breitester Bevölkerungsgruppen nur zwischen zwei Todesarten wählen: „Entweder steigende relative Abnahme der Zahl der Kapitalisten und steigender Wohlstand des Proletariats oder eine zahlreiche Mittelklasse, das ist die einzige Alternative,

382 Eduard Bernstein, Die Voraussetzungen ..., a.a.O., S. 51.
383 A.a.O., S. 59—62.
384 A.a.O., S. 65.

die uns die fortgesetzte Steigerung der Produktion läßt"[385]. Es war Bernsteins Intention, die empirisch erschütterte ökonomische und soziale Zusammenbruchstheorie des Kapitalismus mit allen ihren Konsequenzen für die politischen Formen der Transformation einer kapitalistischen in eine sozialistische Gesellschaft zu überwinden.

Über die politische Revolution als strategisches Prinzip

Die Vorstellung des „großen Kladderadatsch" stand in einem engen systematischen Zusammenhang mit der Zuversicht, daß in einer krisenhaften Zerrüttung der bürgerlichen Gesellschaft die politische Macht mit einem Schlage der Sozialdemokratie zufallen würde. Indem Bernstein die ökonomischen Voraussetzungen dieser Konzeption in Frage stellte, gelangte er notwendigerweise zu einer Revision der Überzeugung, daß die Strategie der Partei sich auf eine derartige politische Katastrophensituation gründen konnte: „Wie die ökonomische Verelendungs-Theorie daran hat glauben müssen, so wird, hoffe ich, auch die politische Verelendungstheorie noch vor dem großen Krach die Stunde schlagen"[386]. In dieser theoretischen Einheit zwischen der ökonomischen und der politischen Katastrophentheorie erblickte Bernstein das entscheidende Motiv vieler intellektueller Revolutionsschwärmer, selbst die offenkundigsten Faktizitäten der gesellschaftlichen Entwicklung nicht zur Kenntnis nehmen zu wollen, sofern sie geeignet waren, den Glauben an die „revolutionäre Endkrise" des Kapitalismus zu erschüttern: „Es ist kein Paradoxalsatz, sondern eine oft beobachtete Tatsache, daß der doktrinäre Revolutionarismus innerlich gerade so konservativ ist wie der Doktrinarismus der reaktionären Ultras. Beide sträuben sich gleich hartnäckig, Entwicklungen anzuerkennen, die ihrem ‚Prinzip' widersprechen"[387].
Die gesamte Auseinandersetzung Bernsteins mit dem „doktrinären Revolutionarismus" erscheint in einem schiefen Licht, wenn wir uns nicht vergegenwärtigen, daß sie sich keineswegs auf die Politik der deutschen Sozialdemokratie, sondern auf die auch von Engels als überlebt angesehene revolutionäre Tradition des Barrikadenkampfes bezog: „Revolution wird hier und im folgenden ausschließlich in der politischen Bedeutung des Wortes gebraucht, als gleichbedeutend mit Aufstand, bzw. außergesetzlicher Gewalt. Für die prinzipielle Änderung der Gesellschaftsordnung wird dagegen das Wort ‚soziale Umgestaltung' gebraucht werden, das die Frage des Weges offen läßt"[388]. Weshalb sich Bernstein in diesem Falle ein dermaßen auf gewaltsamen Umsturz fixiertes Verständnis der politischen Revolution zurechtlegte, wird aus seiner Gegenüberstellung zweier strategischer Konzeptionen sozialistischer Politik klar ersichtlich: „Man kann in der modernen sozialistischen Bewegung zwei große Strömungen unterscheiden, die zu ver-

385 A.a.O., S. 52.
386 Eduard Bernstein, Drei Antworten ..., a.a.O., S. 304.
387 Eduard Bernstein, Zusammenbruchstheorie ..., a.a.O., S. 221.
388 Eduard Bernstein, Die Voraussetzungen ..., a.a.O., S. 87.

schiedenen Zeiten in verschiedenem Gewand und oft gegensätzlich zu einander auftreten. Die eine knüpft an die von sozialistischen Denkern ausgearbeiteten Reformvorschläge an und ist im wesentlichen auf das Aufbauen gerichtet, die andere schöpft ihre Inspirationen aus den revolutionären Volkserhebungen und zielt im wesentlichen auf das Niederreißen ab"[389]. Die sozialdemokratischen Strategiediskussionen entzogen sich dieser antithetischen Konstruktion allerdings vollkommen, da es sich in der deterministischen Vorstellung Bebels „bei der Verwirklichung des Sozialismus nicht um willkürliches ‚Einreißen' und ‚Aufbauen', sondern um ein naturgeschichtliches Werden handelt".

Zu den objektivistisch umgangenen Grundfragen sozialdemokratischer Strategie rechnete Bernstein eine Abgrenzung vom „Blanquismus"[390], dessen Problematik für ihn mit der Bildung einer politischen Massenbewegung noch keineswegs erledigt war: „Man faßt in Deutschland den Blanquismus nur als die Theorie der Geheimbündelei und des politischen Putsches auf, als die Doktrin von der Einleitung der Revolution durch eine kleine, zielbewußte, nach wohlüberlegtem Plane handelnde Revolutionspartei"[391]. Nur in *diesem* Sinne war die Frage der blanquistischen Strategie von der Entwicklung bereits zu den Akten gelegt. Dagegen sah Bernstein Restbestände der diese Umsturztaktik fundierenden politischen Konzeption noch manche Geister verwirren: „Diese ist nun ganz einfach die Theorie von der unermeßlichen schöpferischen Kraft der revolutionären Gewalt und ihrer Äußerung, der revolutionären Expropriation"[392]. Die marxistische Tradition war seiner Ansicht nach durch die widerspruchsvolle Integration der „aufbauenden" und „niederreißenden" Strategiekomponenten geprägt: „Die Marxsche Theorie suchte den Kern beider Strömungen zusammenzufassen. Von den Revolutionären übernahm sie die Auffassung des Emanzipationskampfes der Arbeiter als eines politischen Klassenkampfes, von den Sozialisten das Eindringen in die ökonomischen und sozialen Vorbedingungen der Arbeiteremanzipation"[393]. Nicht diese Verknüpfung des politischen und ökonomischen Kampfes schlechthin, sondern das „französische" Verständnis der politischen Revolution bildete den eigentlichen Angriffspunkt Bernsteins gegen die „blanquistischen" Elemente in der marxistischen Tradition.

Immer wieder spielte er auf ein Rundschreiben des Bundes der Kommunisten aus dem Jahre 1850 an, in dem Marx und Engels unter dem Eindruck der revolutionären Ereignisse von 1848/49 in der Tat ein Bild der sozialistischen Arbeiterparteien entwarfen, das sehr deutlich dem klassischen Vorbild der französischen Jakobiner entsprang: „Wie in Frankreich 1793 ist heute in Deutschland die Durchführung der strengsten Zentralisation die Aufgabe der wirklich revolutionären Partei"[394]. Es war gewiß kein Zufall, daß Engels in einer Neuausgabe 1885 anmerkte, „daß diese Stelle auf einem Mißver-

---

389 A.a.O., S. 30.
390 Nach dem französischen Revolutionär Louis Auguste Blanqui.
391 Eduard Bernstein, Die Voraussetzungen ..., a.a.O., S. 28.
392 Ebd.
393 A.a.O., S. 31.
394 Karl Marx/Friedrich Engels, Ansprache der Zentralbehörde an den Bund vom März 1850, in: MEW 7, S. 252.

ständnis beruht"[395]. Wenn schon Engels mehrfach Zweifel an der Angemessenheit der revolutionären Strategie in der 48er Revolution befielen, so mußte für Bernstein, der wie Bebel und Kautsky kein persönliches oder auch nur politisches Verhältnis zu dieser Epoche hatte, die folgende Charakterisierung der revolutionären Partei durch Marx und Engels als wahrhaftige Aùsgeburt des Blanquismus erscheinen: „Ihr Schlachtruf muß sein: Die Revolution in Permanenz"[396]. Diese Bemerkungen waren für eine frühere Generation mit einem grundlegend anderen politisch-sozialen Erfahrungshorizont geschrieben. Der ein volles halbes Jahrhundert später agierende sozialdemokratische Politiker konnte in der Regel mit ihnen nichts mehr anfangen, ob er nun diese revolutionäre Tradition in ein „naturgeschichtliches Werden" uminterpretierte, oder aber für eine bewußte Revision eintrat. Die „Machbarkeit" von Revolutionen durch gezielte Umsturzpolitik stand Bebel und Kautsky als konkreter Prozeß ebenso fern wie Bernstein.

Unbeschadet der notwendigen Abgrenzungen zu allen Spielarten des „Blanquismus" lag ein moralistischer Anti-Revolutionarismus durchaus nicht in Bernsteins Intention: „Es handelt sich nicht darum, das sogenannte Recht auf Revolution abzuschwören, dieses rein spekulative Recht, das keine Verfassung paragraphieren und kein Gesetzbuch der Welt prohibieren kann, und das bestehen wird, solange das Naturgesetz uns, wenn wir auf das Recht zu atmen verzichten, zu sterben zwingt. Dieses ungeschriebene und unvorschreibbare Recht wird dadurch, daß man sich auf den Boden der Reform stellt, so wenig berührt, wie das Recht der Notwehr dadurch aufgehoben wird, daß wir Gesetze zur Regelung unserer persönlichen und Eigentumsstreitigkeiten schaffen"[397]. Ganz im Sinne von Kautskys „Eintreten" der Revolution lag die Anwendung dieses Naturrechts auf „Notwehr", das einer Bevölkerung gegen die Repression der Herrschenden einzuräumen war, für Bernstein außerhalb des Rahmens der politischen Disposition und damit auch von praxisbezogenen sozialdemokratischen Strategiediskussionen: „Wenn ein Volk die Revolution für notwendig und möglich hält, dann macht es eben diese Revolution, darüber läßt es sich weder etwas verbieten, noch aufdringen"[398].

Die Differenz gegenüber der Auffassungsweise Kautskys trat erst an der Frage hervor, welche theoretisch-programmatischen Konsequenzen aus dieser Einschätzung zu ziehen seien. In dieser Hinsicht plädierte Bernstein für die bewußte Streichung „der Phrase von der Diktatur des Proletariats" aus allen sozialdemokratischen Publikationen: „Sie ist heute so überlebt, daß sie mit der Wirklichkeit nur dadurch zu vereinen ist, daß man das Wort Diktatur seiner faktischen Bedeutung entkleidet und ihm irgend welchen abgeschwächten Sinn beilegt"[399]. Diese Umdeutung des ursprünglichen Sinngehaltes traditioneller Begrifflichkeiten zwecks Eliminierung ihres radikal-revolutionären Gehaltes war tatsächlich die Argumentationsmethode

395 Ebd.
396 A.a.O., S. 254.
397 Eduard Bernstein, Die Voraussetzungen ..., a.a.O., S. 165.
398 Eduard Bernstein, Dialektik und Entwicklung (1899), in: Dergl., Zur Geschichte ...,
   a.a.O., S. 364.
399 Eduard Bernstein, Die Voraussetzungen ..., a.a.O., S. 127.

Kautskys, wenn er den Parlamentarismus als mögliches „Werkzeug der Diktatur des Proletariats" bezeichnete. Ein großer Teil der theoretischen Grundsatzdebatten jener Zeit verliert vieles von ihren scheinbar unversöhnlichen Kontroversen in den politischen Anschauungen, wenn wir dieses typische Muster der Behandlung problematischer Fragen durch „Interpretation" bei Kautsky und „Revision" bei Bernstein berücksichtigen.

Dialektik und Materialismus als philosophische Grundlagen

Die fundamentale Fehleinschätzung der politischen Kräfteverhältnisse im Gefolge der 48er Ereignisse durch Marx und Engels, die „Revolution in Permanenz" als Parole der Arbeiterbewegung ausgaben, wo allenfalls „Reaktion in Permanenz" die fünfziger Jahre in Preußen und weiten Bereichen Europas beherrschte, konnte sich Bernstein nur aus einer mangelnden Realanalyse erklären: „Was Generationen zu seiner Erfüllung brauchen sollte, das ward im Licht der Philosophie der Entwicklung von und in Gegensätzen schon als das unmittelbare Resultat einer politischen Umwälzung betrachtet, die erst der bürgerlichen Klasse freien Raum zu ihrer Entfaltung zu schaffen hatte"[400]. In der These, daß „die deutsche bürgerliche Revolution also nur das unmittelbare Vorspiel einer proletarischen Revolution sein kann"[401], die in deutlichem Widerspruch zu den tatsächlichen Geschehnissen von 1848/1849 stand, sah Bernstein eine Subsumtion der realen Klassenkonstellation unter eine a-prioristisch von Marx und Engels konstruierte: „Das Proletariat ... ward von ihnen in der Theorie völlig idealisiert, vor allem nach seinen geschichtlichen Möglichkeiten, zugleich aber auch nach seinen Anlagen und Neigungen"[402].
Damit spielte Bernstein auf die früheren Schriften von Marx an, in denen er weitgehend nur durch logische Deduktionen ohne entsprechende historisch-empirische Untersuchungen auf die politische Rolle des Proletariats zurückgeschlossen hatte: „Wo also die positive Möglichkeit der deutschen Emanzipation? Antwort: In der Bildung einer Klasse mit radikalen Ketten ..., welche sich nicht emanzipieren kann, ohne sich von allen übrigen Sphären der Gesellschaft und damit alle übrigen Sphären der Gesellschaft zu emanzipieren, welche mit einem Wort der völlige Verlust des Menschen ist, also nur durch die völlige Wiedergewinnung des Menschen sich selbst gewinnen kann. Diese Auflösung der Gesellschaft als ein besonderer Stand ist das Proletariat"[403]. Aus diesen Gedanken sprach noch der klassische Hegelianer in Marx, der erst allmählich die idealistischen Implikationen der dialektischen Methode abzustreifen begann. Für Bernstein, dem ebenso wie Bebel und Kautsky der philosophische Zugang zu Hegel in jeder Beziehung fehlte, waren es schlicht dialektische Purzelbäume, wenn das Proletariat als der „völlige Verlust des Menschen" nur durch die „völlige Wiedergewinnung des Menschen sich selbst gewinnen" können sollte.

400 A.a.O., S. 23.
401 Karl Marx/Friedrich Engels, Manifest ..., MEW 4, S. 493.
402 Eduard Bernstein, Die Voraussetzungen ..., a.a.O., S. 28.
403 Karl Marx, Zur Kritik der Hegelschen Rechtsphilosophie, in: MEW 1, S. 390.

Kein Wunder also, daß Bernstein die Hegelsche Dialektik für die Irrtümer in der Beurteilung von politischen Konstellationen verantwortlich machte: „Sie ist das Verräterische in der Marxschen Doktrin, der Fallstrick, der aller folgerichtigen Betrachtung der Dinge im Wege liegt"[404]. Auf die vielen positiven Impulse angesprochen, welche die dialektische Methode bei einem angemessenen Verständnis ihrer Möglichkeiten und Grenzen hervorzubringen in der Lage war, präzisierte Bernstein seine Aussage dahingehend, daß seine Kritik „nur der Hegelschen Dialektik gelte, wie diese auf die sozialistische Theorie von Einfluß gewesen"[405] ist. Die Einwände Bernsteins bezogen sich vor allem auf die „Gefahren dessen, was Hegel selbst als sophistische Dialektik bezeichnete. Wenigstens läuft mein Tadel auf die Verwerfung der konstruierenden Begriffsdialektik hinaus"[406]. In letzter Instanz waren also die Schlußfolgerungen Bernsteins von einem tiefen Mißtrauen gegenüber den Möglichkeiten einer „richtigen" Interpretation — von Hegel oder auch Marx — geprägt, das ihn hauptsächlich die praktischen Auswirkungen einer theoretischen Konzeption untersuchen ließ, selbst wenn er sich der Diskrepanz ihrer Wirkungsgeschichte zu den ursprünglichen Intentionen bewußt blieb.

Aus diesem Grunde gestaltete sich Bernsteins generelles Urteil trotz der von ihm vorgenommenen Differenzierungen ausgesprochen sarkastisch: „Was Marx und Engels Großes geleistet haben, haben sie nicht vermöge der Hegelschen Dialektik, sondern trotz ihrer geleistet. Wenn sie andererseits an dem gröbsten Fehler des Blanquismus achtlos vorbeigegangen sind, so ist das in erster Linie dem Hegelschen Beisatz in der eigenen Theorie geschuldet"[407]. Indem er das innere Band zwischen der hegelianischen Philosophie und dem „französischen" Revolutionsbegriff des klassischen Marxismus aufzeigte, ließ Bernstein keinen Zweifel daran, was er als den Kerngehalt des Marxismus ansah: „Jedesmal wo wir die Lehre, die von der Ökonomie als Grundlage der gesellschaftlichen Entwicklung ausgeht, vor der Theorie, die den Kultus der Gewalt auf den Gipfel treibt, kapitulieren sehen, werden wir auf einen Hegelschen Satz stoßen"[408]. Den „Verirrungen" des Hegelianismus und der Revolutionsschwärmereien stellte Bernstein demnach die Marxsche Ökonomie — verstanden als Lehre der gesellschaftlichen Evolution — gegenüber. Damit zog er im Grunde nur die radikalen Konsequenzen aus einem Diskussionsverlauf in der Sozialdemokratie, der die philosophischen und politisch-strategischen Wurzeln des klassischen Marxismus immer mehr zugunsten einer Theorie der ökonomischen Entwicklung in den Hintergrund gedrängt hatte.

Neben der Dialektik bildete der historische Materialismus zweifellos einen Stützpfeiler der marxistischen Philosophie. Da Bernstein stets in der Abschätzung von extremen Konsequenzen eines Standpunktes die Grundlage einer anschließenden Urteilssynthese suchte, ging er auch in diesem Falle

---

404 Eduard Bernstein, Die Voraussetzungen . . . , a.a.O., S. 26.
405 Eduard Bernstein, Dialektik und Entwicklung, a.a.O., S. 338.
406 A.a.O., S. 341.
407 Eduard Bernstein, Die Voraussetzungen . . . , a.a.O., S. 36.
408 A.a.O., S. 35.

von einem idealtypisch überzeichneten Verständnis des Materialismus aus: „Materialist sein heißt zunächst, alles Geschehen auf notwendige Bewegungen der Materie zurückzuführen. Die Bewegung der Materie vollzieht sich nach der materialistischen Lehre mit Notwendigkeit als ein mechanischer Prozeß. Kein Vorgang ist da ohne seine von vornherein notwendige Wirkung, kein Geschehen ohne seine materielle Ursache. Es ist lediglich die Bewegung der Materie, welche die Gestaltung der Ideen und Willensrichtungen bestimmt, und so sind auch diese und damit alles Geschehen in der Menschenwelt notwendig. So ist der Materialist ein Calvinist ohne Gott"[409]. Mit dieser Anspielung auf die calvinistische Lehre der Vorherbestimmtheit des Menschenschicksals brachte Bernstein bereits deutlich zum Ausdruck, daß ein extremer Materialismus schließlich idealistisch umschlug, indem für die Bewegung der Materie selbst nur noch eine transzendentale Erklärung verblieb: „Kurz, der reine oder absolute Materialismus ist gerade so spiritualistisch, wie der reine oder absolute Idealismus. Beide setzen Denken und Sein schlechthin als identisch, wenn auch von verschiedenen Seiten her. Sie differieren in letzter Instanz nur in der Ausdrucksweise"[410].

Sein Angriff galt also der *Identitätsphilosophie,* gleichviel ob sie die notwendige Einheit von Sein und Bewußtsein aus der materialistischen oder der idealistischen Reduktion jeweils eines Faktors auf die allein geschichtsmächtige Rolle des anderen herleitete. Während für jeden absoluten Idealismus die Weltgeschichte zu einem geistigen Schöpfungsakt wurde, sah sie der absolute Materialismus als einen durch blinde Kräfte gesteuerten Entwicklungsprozeß dahintreiben. An der naturwissenschaftlichen Herkunft dieser letzteren Betrachtungsweise konnte für Bernstein kein Zweifel bestehen: „Kurz gefaßt, die Besonderheit der Naturwissenschaft ist die Erforschung der objektiven Kausalitäten, und die naturwissenschaftliche Weltanschauung ist die Auffassung der Welt als Wirkung, und nicht als Zweck. Wenn somit das Wort naturwissenschaftliche Gesellschaftsauffassung mehr anzeigen soll, als die Abstrahierung von einem höheren Willen, so müssen wir seine Rechtfertigung in der Rangordnung erblicken, die bei ihr Ursache und Zweck gegeneinander erhalten, d. h. in der Auffassung der Gesellschaft als Wirkung, nicht als Zweck"[411]. Es lag Bernstein vollkommen fern, den Fortschritt zu leugnen, der in jener „Verwissenschaftlichung" der Gesellschaftslehre durch den Aspekt der Kausalerklärung gegenüber dem klassisch geisteswissenschaftlichen „Verstehen" der subjektiven Motivationen sozialer Handlungen erreicht werden konnte: „Eine solche Auffassung ist sicher denkbar, und als Leitfaden für eine geschichtliche Betrachtung hat sie sogar ihre große Berechtigung"[412]. Bei der Beurteilung des relativen Erkenntniswertes, der den methodologischen Status einer kausal-materialistischen Geschichtsbetrachtung auszeichnet, stoßen wir bei Bernstein also wieder auf den berühmten Marx-Engelsschen „Leitfaden".

409 A.a.O., S. 4.
410 Eduard Bernstein, Das realistische und das ideologische Moment im Sozialismus (1898), in: Dergl., Zur Geschichte . . . , a.a.O., S. 265.
411 Eduard Bernstein, Naturprinzipien und Wirtschaftsfragen. Ein methodologischer Exkurs (1900), in: Dergl., Zur Geschichte . . . , a.a.O., S. 128.
412 Ebd.

Aus seiner Erörterung eines streng materialistisch-kausalistischen Weltbildes gewann Bernstein eine methodische Abgrenzung des marxistischen Ansatzes gegenüber benachbarten Standpunkten: „Der philosophjsche oder naturwissenschaftliche Materialismus ist deterministisch, die marxistische Geschichtsauffassung ist es nicht"[413]. Die konkrete Bestimmung dieser „relativen Autonomie" von Überbaustrukturen zur sozialökonomischen Basis orientierte er an der Engelsschen These, daß „in letzter Instanz" die Produktion und Reproduktion des materiellen Lebens im Rahmen einer realen Wechselwirkung aller beteiligten Momente dominierten: „Der historische Materialismus leugnet also nicht eine Eigenbewegung politischer und ideologischer Mächte, er bestreitet nur die Unbedingtheit dieser Eigenbewegung und zeigt, daß die Entwicklung der ökonomischen Grundlagen des Gesellschaftslebens — Produktionsverhältnisse und Klassenentwicklung — schließlich doch auf die Bewegung jener Mächte den stärkeren Einfluß übt"[414]. In einer graduellen Fassung des „stärkeren Einflusses" der Ökonomie und Klassenbewegung gegenüber den bewußtseinsmäßigen und institutionell-politischen Faktoren der historischen Entwicklung wird die Angemessenheit der marxistischen Geschichtsauffassung zu einer empirischen Frage.

Der Verzicht auf die Faszination einheitlicher Entwicklungsmodelle, die Engels als „Konstruktion á la Hegelianertum" verspottete, war für Bernstein um der notwendigen Differenzierung der Analyse willen zwingend geboten: „Die rein ökonomischen Ursachen schaffen zunächst nur die Anlage zur Aufnahme bestimmter Ideen, wie aber diese dann aufkommen und sich ausbreiten und welche Form sie annehmen, hängt von der Mitwirkung einer ganzen Reihe von Einflüssen ab. Man tut dem historischen Materialismus mehr Abbruch als man ihm nützt, wenn man die entschiedene Betonung der Einflüsse anderer als rein ökonomischer Natur und die Rücksicht auf andere ökonomische Faktoren als die Produktionstechnik und ihre vorausgesehene Entwicklung von vornherein als Eklektizismus vornehm zurückweist"[415]. So gipfelten Bernsteins Überlegungen zur Frage des Materialismus wie bereits im Bereich der Analyse von kapitalistischen Entwicklungstendenzen, der Revolutionsstrategie und der dialektischen Methode zunächst in der Erschütterung der trügerischen Einheit des sozialdemokratischen Marxismusverständnisses.

Die Kritik am Doktrinarismus und Determinismus in der Parteitheorie

Nach Bernsteins Auffassung bedeutete bereits die Etikette, die ihm und seinen Gesinnungsgenossen aufgrund ihrer Abweichungen von der bisherigen Parteitheorie aufgeklebt wurde, ein Indiz einer unfruchtbaren Form der Diskussion: „Ich gestehe es offen, ich liebe das Wort Revisionist nicht. Es ist mir zu nichtssagend und, was übrigens darin schon eingeschlossen ist, zu vieldeutig. Was kann man nicht alles als Revision bezeichnen, wen nicht

---

413 Eduard Bernstein, Die Voraussetzungen . . . , a.a.O., S. 14.
414 A.a.O., S. 9.
415 Ebd.

als Revisionisten hinstellen?"⁴¹⁶ Fiel nämlich jeder Zweifel an bestimmten Leitsätzen der offiziellen Marxismusinterpretation unter das Revisionismus-Verdikt, so war dies nichts als dogmatische Erstarrung. Betraf dieses Urteilskriterium jedoch lediglich die wissenschaftlichen Grundlagen des Marxismus, so konnte sich Bernstein durchaus nicht als „Revisionist" verstehen: „Als das Fundament der marxistischen Lehre ist — darüber sind wir nun wirklich einig — die materialistische Geschichtsauffassung zu betrachten. Gibt es aber unter den Revisionisten, von denen hier die Rede ist, auch nur einen einzigen, der die Grundgedanken dieser Geschichtstheorie jemals bestritten hätte? Mir ist nicht einer bekannt"⁴¹⁷. Seine Auseinandersetzung mit fehlerhaften Prognosen der ökonomischen Entwicklung, illusionären politischen Strategien, logischem Mißbrauch der Dialektik und deterministischen Verengungen der materialistischen Geschichtsauffassung verstand Bernstein als theoretische Klärungen der marxistischen Grundintentionen, der nur einige Mißverständnisse, innere Ungereimtheiten und realhistorisch überholte Momente zum Opfer fallen sollten.

Das demonstrative Festhalten an der „bewährten und sieggekrönten Taktik" bzw. deren Phraseologie interpretierte Bernstein deshalb nicht als bewußte Frontstellung zu seinen Anschauungen, sondern vielmehr als Ergebnis einer die geistige Mobilität hemmenden Macht der Tradition: „Bis aber eine große Partei sich eine neue Argumentierung aneignet, vergeht Zeit, und in der Zwischenzeit sind die Gemüter, die sich noch nicht zurechtgefunden, um so reizbarer. Alle Übergangsstadien sind mit pathologischen Erscheinungen verbunden, und als solche Übergangserscheinung ist meines Erachtens der Antirevisionismus des Dresdener Parteitages zu beurteilen"⁴¹⁸. Eine besonders unerfreuliche Entwicklung erblickte er in dem Umstand, daß auf gründliche Bemühungen um theoretische und strategische Klärungen in den Parteiauffassungen mit höchst oberflächlich ansetzenden, teilweise entstellenden und die angesprochenen Probleme in keiner Weise behandelnden Pauschalverurteilungen geantwortet wurde: „Man hat sich seit einer Reihe von Jahren gewöhnt, Resolutionen zu fassen nicht auf Grund einer ernsten wissenschaftlichen Überlegung, einer politischen Notwendigkeit, sondern aus einer bestimmten zeitweiligen Stimmung oder Verstimmung heraus"⁴¹⁹. Eine derartige reflexionsfeindliche Atmosphäre in einer als marxistisch sich verstehenden Partei war für Bernstein nur als Krisensymptom einer sich verändernden gesellschaftlichen Konstellation verständlich.

Den theoretischen Ausdruck dieses sozialdemokratischen Strategiedefizits sah Bernstein in Kautskys Konzeption der „revolutionären, nicht aber Revolutionen machenden Partei", die auf das „Eintreten" einer revolutionären Situation wartete: „Für mich bedeutet die Kautskysche Taktik ein fatalistisches Treiben in eine Sackgasse. Er will keine auf die Katastrophe zugespitzte Taktik, er will aber auch keine Taktik, die den gegnerischen Kata-

---

416 Eduard Bernstein, Der Marx-Kultus und das Recht der Revision, in: Sozialistische Monatshefte, a.a.O., 1903, S. 255.
417 A.a.O., S. 256.
418 Eduard Bernstein, 1878 und 1903, in: Sozialistische Monatshefte, a.a.O., 1903, S. 747/48.
419 Protokoll 1903, S. 302.

strophenpolitikern den Boden abgräbt"[420]. In diesem doppelten Käfig des Antireformismus und gleichzeitigen Verzichts auf revolutionäre Politik ließen sich an Stelle der erforderlichen strategischen Perspektiven lediglich diffuse Hoffnungen ersinnen: „Man vermeidet ängstlich alles Eingehen auf die zukünftige Gesellschaftsorganisation, unterstellt aber dafür einen jähen Sprung von der kapitalistischen in die sozialistische Gesellschaft. Was in der ersteren geschieht, ist alles nur Flickerei, Palliativ, und ,kapitalistisch', die Lösungen bringt die sozialistische Gesellschaft, wenn nicht in einem Tage, so doch in kürzester Zeit. Ohne an Wunder zu glauben, unterstellt man Wunder"[421]. Diese Vorstellung hatte eine verblüffende Verwandtschaft mit der Erwartung des Tages eines „Jüngsten Gerichts".

In der Tat traf der beißende Spott Bernsteins jene insbesondere von Bebel ausgemalte Idylle, nach der in einer ungewissen Zukunft „die Gesellschaft" ein wahrhaftiges Paradies werden mußte: „Sie verwirklicht oder verbürgt die vollste Harmonie, die schönste Solidarität auf Erden"[422]. Die Beseitigung aller Probleme von Herrschaft und Organisation im sozialistischen „Zukunftsstaat" stand für Bernstein keineswegs auf wissenschaftlich solideren Füßen als entsprechende christliche Heilserwartungen jenseitiger Gestalt: „Diese Versicherung beruht soweit auf abstrakt-spekulativer Schlußfolgerung und hat keine höhere Wahrheit, wie der verspottete ontologische Beweis von der Existenz Gottes. Wir können uns Gott nur vollkommen denken, zur Vollkommenheit gehört die Existenz, folglich existiert Gott. Die Gesellschaftsordnung, die wir erstreben, soll von allen Schlacken der gegenwärtigen Gesellschaft gereinigt sein, zu diesen Schlacken gehört, oder eine Folge solcher Schlacken ist, daß Gesetze und dergleichen Verpflichtungen samt Organen zu ihrer Durchführung bestehen, folglich wird die von uns erstrebte Gesellschaft ohne solche Organe sein. Die Argumentierung ist in beiden Fällen so ziemlich die gleiche"[423]. In allen nicht detailliert ausgewiesenen Hoffnungen auf die unbegrenzte Problembewältigungskraft der Zukunftsgesellschaft erblickte Bernstein utopische Restbestände sozialistischer Theorie: „Das Hinausschieben aller Lösungen auf den Tag des ,endgültigen Sieges des Sozialismus', wie die gangbare Phrase lautet, wird dadurch nicht seines utopistischen Charakters entkleidet, daß man es mit Schlagworten aus dem Arsenal der Schriften von Marx und Engels verbrämt. Die wissenschaftlichste Theorie kann zum Utopismus führen, wenn ihre Resultate dogmatisch aufgefaßt werden"[424].

Sicher hätte sich Bernstein für die Utopiengläubigkeit mancher Genossen nicht weiter interessiert, wäre er nicht der Überzeugung gewesen, daß dieses diesseitig gewendete Jenseits einer ungewissen Zukunft zuweilen den Blick für die handgreiflichsten Erfordernisse der Gegenwart trübte: „Es wird ein großer Strich gemacht: hier die kapitalistische, dort die sozialistische Gesell-

420 Eduard Bernstein, Drei Antworten ..., a.a.O., S. 301.
421 Eduard Bernstein, Utopismus und Eklektizismus (1896), in: Dergl., Zur Geschichte ..., a.a.O., S. 173.
422 Eduard Bernstein, Die sozialpolitische Bedeutung von Raum und Zahl (1897), in: Dergl., Zur Geschichte ..., a.a.O., S. 201.
423 Ebd.
424 Eduard Bernstein, Utopismus ..., a.a.O., S. 173.

schaft. Von systematischer Arbeit in der ersteren ist nicht die Rede, man lebt von der Hand in den Mund und läßt sich von den Ereignissen treiben"[425]. In dem Vertrauen in selbstregulative Kräfte war dieser sozialistische Utopismus dem frühbürgerlichen Liberalismus denkverwandt: „Die konsequente Anwendung des naturwissenschaftlichen Prinzips auf die Gesellschaft führt notgedrungen zum extremen Manchestertum; das ‚freie Spiel der wirtschaftlichen Kräfte' ist die der Mechanik der Natur nächstverwandte Mechanik der Gesellschaft"[426]. Ein deterministischer Materialismus konnte gleichfalls zu einer Art „Manchestertum" herabsinken, d. h. gesellschaftliche Prozesse der Lenkung einer „unsichtbaren Hand" überantworten, so daß dem gezielten politischen Handeln eine ähnliche Rolle wie dem „Nachtwächterstaat" der Manchesterlehre zufiel: „Ist der Sozialismus eine objektiv historische Notwendigkeit, so sind die Anstrengungen der sozialistischen Parteien das Überflüssigste, was man sich denken kann, eine wahrhafte Kraftvergeudung"[427]. In der Praxis freilich zog kein überzeugter Determinist derartig absurde, aber logisch nur folgerichtige Konsequenzen.

Dieses unvermittelte Nebeneinander von Theorie und Praxis wollte Bernstein jedoch gerade in der sozialdemokratischen Parteientwicklung anprangern. Er vermißte eine strategisch präzisierte Ausschöpfung der handlungsleitenden Potentiale von theoretischer Reflexion: „Die Einsicht in die Triebkräfte und den bisherigen Gang der gesellschaftlichen Entwicklung ist von sehr mäßigem Wert, wenn sie mit ihren Folgerungen da abbricht, wo eben das bewußte und planmäßige Handeln einzusetzen hat"[428]. Begab sich die theoretische Darstellung des sozialdemokratischen Selbstverständnisses offenkundig in Widerspruch zu der tatsächlich geübten Praxis, so blieb sie eine folgenlose Abstraktion, über die der Geschichtsprozeß früher oder später hinwegschritt: „Eine Theorie oder Grundsatzerklärung, die nicht weit genug ist, um auf jeder Stufe der Entwicklung Wahrnehmung naheliegender Interessen der Arbeiterklasse zu erlauben, wird immer durchbrochen werden, wie noch alle Abschwörungen von reformerischer Kleinarbeit und von Unterstützung nahestehender bürgerlicher Parteien immer wieder vergessen wurden"[429].

Angesichts dieser auch für das sozialdemokratische Bewußtsein geltenden überwiegenden Prägungskraft des realen Seins betrieb eine politische Theorie also ihre eigene Demontage, wenn sie sich gegenüber der Handlungspraxis verselbständigte. Nach Bernsteins Auffassung waren Kautsky und Bebel in reinstem Selbstbetrug befangen, indem sie die große Mehrheit der Parteigenossen für konsequente „Marxisten" hielten, nur weil Parteitage von Zeit zu Zeit die „bewährte und sieggekrönte Taktik" gegen alle Anfechtungen bekräftigten: „Richtig ist jedoch nur, daß es bloß eine Minderheit ist, die sich über ihr Tun Rechenschaft ablegt. Die Mehrheit, die große Masse der

425 Ebd.
426 Eduard Bernstein, Naturprinzipien . . . , a.a.O., S. 139.
427 Eduard Bernstein, An meine sozialistischen Kritiker, in: Sozialistische Monatshefte, a.a.O., 1900, S. 7/8.
428 Eduard Bernstein, Utopismus . . . , a.a.O., S. 173.
429 Eduard Bernstein, Die Voraussetzungen . . . , a.a.O., S. 171/72.

Partei, handelt opportunistisch, ohne sich viel über die Motivierung den Kopf zu zerbrechen. Auch die Richtung, die Kautsky vertritt, ist eine Minderheit der Partei"[430]. In ihrem beziehungslosen Nebeneinander verstärkten sich ein opportunistischer Tagespragmatismus und eine praxisfremde dogmatische Theorie wechselseitig: „Prinzipienlosigkeit und Prinzipienreiterei, oder, um es anders auszudrücken, roher Empirismus und utopistischer Doktrinarismus haben in dieser Hinsicht fast die gleiche Wirkung"[431]. Sie trugen je auf ihre Weise dazu bei, eine fruchtbare Diskussion über die strategischen Perspektiven sozialdemokratischer Politik zu verhindern.

Zur Frage des Sozialismus als Endziel und als Wissenschaft

Eine der am meisten zitierten, aber wohl auch am häufigsten mißverstandenen Aussagen Bernsteins betrifft die Bestimmung des Verhältnisses zwischen Ziel und Weg der sozialistischen Politik: „Ich gestehe es offen, ich habe für das, was man gemeinhin unter ‚Endziel des Sozialismus' versteht, außerordentlich wenig Sinn und Interesse. Dieses Ziel, was immer es sei, ist mir gar nichts, die Bewegung alles. Und unter Bewegung verstehe ich sowohl die allgemeine Bewegung der Gesellschaft, d. h. den sozialen Fortschritt, wie die politische und wirtschaftliche Agitation und Organisation zur Bewirkung dieses Fortschritts"[432]. In der Tat ist diese Stelle ein beliebter Ansatzpunkt zeitgenössischer Polemiken gewesen; denn aus dem „Endziel des Sozialismus" wird leicht das sozialistische Ziel schlechthin und die Preisgabe dessen der entscheidende Schritt des „Verrats an der revolutionären Arbeiterbewegung". Doch können derlei Interpretationen nur der tendenziösen Flüchtigkeit einer zu „Entlarvungszwecken" betriebenen Lektüre entspringen. „Was man gemeinhin unter ‚Endziel des Sozialismus' versteht", das war in der damaligen Sozialdemokratie der idyllisch-harmonische „Zukunftsstaat" Bebelscher Phantasie, und nur auf dessen spekulative Beliebigkeit bezog sich die Gleichgültigkeit Bernsteins gegenüber dem Endziel, „was immer es sei". Erinnern wir uns, daß auch Kautsky die Reflexion über die konkrete Gestalt einer Zukunftsgesellschaft zur „Privatsache" erklärt hatte, die den Fortgang der Parteibestrebungen nicht berührte.

Für Bernstein war es angesichts der stürmischen gesellschaftlichen Veränderungen eine aussichtslose und darin zur utopischen Spekulation verleitende Bemühung, den Endzustand einer sozialistischen Gesellschaft gedanklich zu fixieren: „Die Bewegung ist das Dauernde, ihre Formen und Theorien sind das Vorübergehende"[433]. Mit dieser geschichtsphilosophischen Grundüberzeugung eines radikalen Evolutionismus, der keinen Strukturen einer gegenwärtigen oder zukünftigen Gesellschaftsform eine dauerhafte Beständigkeit zuerkannte, wiederholte Bernstein tatsächlich nur Gedanken, die bereits

430 Eduard Bernstein, Drei Antworten ..., a.a.O., S. 321.
431 Eduard Bernstein, Utopismus ..., a.a.O., S. 176.
432 Eduard Bernstein, Zusammenbruchstheorie ..., a.a.O., S. 234.
433 Eduard Bernstein, Klassenkampf-Dogma und Klassenkampf-Wirklichkeit (1899), in: Dergl., Zur Geschichte ..., a.a.O., S. 404.

Engels vor ihm ausgesprochen hatte: Auch seiner Auffassung nach hatten die Sozialdemokraten als „Evolutionisten" kein „Endziel", weil die „sogenannte ‚sozialistische Gesellschaft'" kein „ein für allemal fertiges Ding" war. Insofern konnte politisches Handeln, wenn man nicht eine fertige Zukunftsutopie idealistisch oder deterministisch unterstellte, stets nur in der Durchführung strategischer Mittel bestehen, denen spezifische Zwecke als Richtschnur dienten: „Meines Erachtens trägt die Bewegung ... das Ziel in sich, ruht in ihr seine Realität, ist es außer ihr — wissenschaftlich nichts"[434]. Das „Endziel" war allenfalls als verlängerte Linie einer Kette von strategischen Zwischenschritten rational diskutierbar, sofern nicht dem Selbstlauf der Geschichte eine transzendentale Zweckbestimmtheit zugesprochen wurde.

Diese Überlegungen führten Bernstein zu der Schlußfolgerung, daß sich zielgerichtete politische Strategie, die dem A-Priori utopistischer Konstruktionen entsagte, auf ein spezifisches Handlungsprinzip gründen mußte: „Eine Bewegung ohne Ziel wäre ein chaotisches Treiben, denn sie wäre auch eine Bewegung ohne Richtung. Ohne ein Ziel keine Richtung, soll die sozialistische Bewegung nicht kompaßlos hin- und hertreiben, so muß sie selbstverständlich ihr Ziel haben, dem sie bewußt zustrebt. Dieses Ziel ist aber nicht die Verwirklichung eines Gesellschaftsplanes, sondern die Durchführung eines Gesellschaftsprinzips. Soweit sich die Aufgaben der Sozialdemokratie nicht aus den jeweilig gegebenen Bedürfnissen des Kampfes der Arbeiter für ihre politische und ökonomische Emanzipation ergeben, kann man in der Tat das Ziel der sozialistischen Bewegung, will man nicht in Utopisterei verfallen, nur als Prinzip formulieren, etwa als die ‚allseitige Durchführung der Genossenschaftlichkeit'"[435]. Dies war in der Tat die zutreffende Herleitung des Begriffes „Sozialismus" aus dem lat. *socius* und inhaltlich zudem eine Gegenüberstellung des sozialistischen Prinzips der demokratisch-gesellschaftlichen Kollektivwirtschaft zur kapitalistischen Form der privaten Willkürherrschaft privilegierter Minderheiten.

Die Anregungen Bernsteins gipfelten folglich nicht in einer Preisgabe des sozialistischen Ziels, sondern forderten lediglich eine strategische Präzisierung und wissenschaftlich-analytische Fundierung: „Ich anerkenne den praktischen Wert selbstgesetzter Ziele und gebe selbstverständlich zu, daß solche Ziele einer wissenschaftlichen Grundlage bedürfen, auf wissenschaftlicher Erforschung der Bedingungen und Tendenzen der gesellschaftlichen Entwicklung beruhen, mit den erkannten Regeln dieser Entwicklung im Einklang stehen müssen, um sich als richtungsgebend bewähren zu können"[436]. Indem Bernstein aber das „Endziel" als eine aus der Bewegung selbst hervorgebrachte Entwicklungsrichtung relativierte, mußte er auch seine Zurückführung auf einen wissenschaftlichen „Nachweis" in Zweifel ziehen: „Was ich aber nicht zugeben kann, ist, daß solche Ziele dadurch, daß sie diese Bedingungen erfüllen, integrierende Teile derjenigen Wissenschaft werden, um die es sich hier handelt: der Sozialwissenschaft"[437]. Einen solchen unmittelbaren

434 Eduard Bernstein, Idealismus, Kampftheorie und Wissenschaft, in: Sozialistische Monatshefte, a.a.O., 1901, S. 602.
435 Eduard Bernstein, Zusammenbruchstheorie ..., a.a.O., S. 237.
436 Eduard Bernstein, Idealismus ..., a.a.O., S. 602.
437 Ebd.

Bestandteil wissenschaftlicher Forschung konnte das sozialistische Endziel nur bilden, wenn an seiner „naturnotwendigen" Verwirklichung kein rationaler Zweifel mehr möglich war. „Aber weil diese Gewißheit nicht nachweisbar ist, ist auch die Lehre, die es postuliert, keine reine Wissenschaft, selbst wenn sie seine Wünschbarkeit, Möglichkeit und Wahrscheinlichkeit wissenschaftlich beweisen kann"[438].

Das von Bernstein dieser These zugrunde gelegte Wissenschaftsverständnis forderte zunächst von jeder theoretischen Aussage eine empirische Ausgangsbasis, ein in der Wirklichkeit aufzeigbares korrespondierendes Moment: „Der Grundstein jeder echten Wissenschaft ist die Erfahrung"[439]. Weil nun aber die sozialistische Gesellschaft aus der bestehenden kapitalistischen nur um den Preis des absoluten Determinismus empirisch nachvollziehbar „abgeleitet" werden konnte, enthielt jedes Zukunftsbild des Sozialismus zwangsläufig eine spekulative Komponente: „Er ist so ein Stück Jenseits — selbstverständlich nicht jenseits unseres Planeten, auf dem wir leben, wohl aber jenseits von dem, worüber wir positive Erfahrung haben. Er ist etwas, was sein soll, oder in Bewegung auf etwas hin, was sein soll"[440]. Wenn jedoch die streng deterministische Position preisgegeben wurde, galt es zunächst einmal zwischen zwei unterschiedlichen Aspekten der sozialistischen Perspektive zu differenzieren: „Der Sozialismus als Wissenschaft beruft sich auf die Erkenntnis, der Sozialismus als Bewegung wird vom Interesse als seinem vornehmsten Motiv geleitet"[441]. Eine vollkommene Reduktion von Erkenntnis auf Interesse bzw. von Interesse auf Erkenntnis, und nur diese Möglichkeiten blieben bei einer strikten Ableugnung jeder Differenz zwischen diesen Komponenten offen, mußte in Bernstein Anschauung zu grobschlächtigen Konstruktionen führen: „Ich suche die prinzipielle Grenze festzustellen, die für den Sozialismus zwischen Wissenschaft und Wille besteht, um damit sowohl der Wissenschaft wie dem Willen zu ihrem Recht zu verhelfen. Denn jede Verschiebung der Grenzsteine heißt hier Vergewaltigung, entweder der Wissenschaft oder des Willens, und ein Unrecht gegen beide. Der Sozialismus als reine Wissenschaft gedacht ist eine metaphysische, aber keine realistische Vorstellung, und der nicht wissenschaftlich begrenzte, nicht durch die wissenschaftliche Erkenntnis geleitete Wille ist ein trügerischer, in allerhand Sümpfe führender Geselle"[442]. Mit dieser Zurückweisung einer vorschnellen Synthese von Wissenschaft und Wollen stellte sich um so dringlicher die Frage, wie dieses nicht auflösbare Spannungsverhältnis konkret zu bestimmen war.

Zunächst ist festzuhalten, daß Bernstein die Bereiche von *Erkenntnis* und *Interesse* nicht dualistisch nebeneinanderstellte, sondern ihre wechselseitige Verflechtung hervorhob: „Die Erkenntnis kann ein Interesse wachrufen oder leiten, aber sie selbst ist nach außen hin inaktiv, solange sie nicht zu einem Interesse in intime Verbindung tritt, sich mit ihm verschmilzt. Seinerseits

438 A.a.O., S. 603.
439 Eduard Bernstein, Wie ist wissenschaftlicher Sozialismus möglich?, Berlin 1901, S. 35.
440 A.a.O., S. 19.
441 A.a.O., S. 20.
442 Eduard Bernstein, Idealismus ..., a.a.O., S. 607.

kann ein materielles oder ideologisches Interesse wohl das Erkennen fördern, der Verbreitung von Erkenntnis dienlich sein, aber es wird dies bewußt und absichtlich immer nur tun, soweit die Erkenntnis seine Zwecke fördert oder wenigstens nicht schädigt"[443]. Damit umschrieb Bernstein aber, so wenig er diesen Terminus sonst auch schätzte, ein *dialektisches* Verhältnis dieser beiden Faktoren. Während die vulgärmarxistische Vorstellung einer Identität zwischen Wissenschaft und Sozialismus zu einer doppelten Intoleranz dergestalt tendierte, daß der „wahre" Sozialismus nur der „wissenschaftliche" und die „wahre" Wissenschaft nur die „sozialistische" sein konnte, plädierte Bernstein für eine ohne Ausschließlichkeitsanspruch auftretende sozialistische Theorie im Rahmen der wissenschaftlichen Diskussion: „Ich halte keineswegs eine wissenschaftliche Theorie des Sozialismus für unmöglich. Ich habe nur eine spezifisch sozialistische Sozialwissenschaft für ein Unding erklärt, und daran halte ich fest. Es gibt viele Gesellschaftstheorien, aber nur eine Gesellschaftswissenschaft, zu der sich die Theorien verhalten wie Teile zum Ganzen"[444].

Insgesamt konzipierte Bernstein also Wissenschaft und Sozialismus, Erkenntnis und Interesse als zwei eigenständige Wirkungskreise, die sich in spezifischen Bereichen überschnitten, in anderen aber unterschiedliche Gebiete abdeckten. Erst die präzise Einsicht in das unaufhebbare, zugleich aber dialektisch verbundene Spannungsverhältnis beider Komponenten konnte nach Bernsteins Ansicht den Zerfall in einen beziehungslosen Dualismus verhindern: „Es handelt sich um die Vermeidung zweier Extreme: der grundsatzlosen, roh empirischen Experimentiererei und des sektiererischen Doktrinarismus"[445]. Aus dieser kritischen Bestandsaufnahme ging für Bernstein die reflektierte wechselseitige Befruchtung von Wissenschaft und Sozialismus im Rahmen strategischer Perspektiven nicht etwa geschwächt, sondern vielmehr theoretisch gestärkt hervor: „Es handelt sich darum, einer falschen Auslegung der Beziehung von Wissenschaft und Sozialismus vorzubeugen. Dagegen behält der Name wissenschaftlicher Sozialismus dann für mich seine volle Berechtigung, wenn der Begriff wissenschaftlich eben im kritischen Sinne, als Postulat und Programm, aufgefaßt wird — als eine Forderung, die der Sozialismus an sich selbst stellt und die besagt, daß für sein Wollen die wissenschaftliche Methode und Erkenntnis Richtung gebende Kraft haben"[446].

Der subjektive Faktor und das Entwicklungsniveau der Arbeiterklasse

Die in den gewohnten Bahnen argumentierenden Parteigenossen setzten Bernsteins Zweifel an der Zusammenbruchstheorie, dem raschen Untergang der kleinbürgerlichen Zwischenschichten sowie an der wissenschaftlichen Beweisbarkeit des sozialistischen Endziels häufig mit einer Preisgabe des politi-

443 Eduard Bernstein, Wie ist wissenschaftlicher Sozialismus möglich?, a.a.O., S. 20.
444 Eduard Bernstein, Der Kernpunkt des Streites, in: Sozialistische Monatshefte, a.a.O., 1901, S. 785.
445 Eduard Bernstein, Wie ist wissenschaftlicher Sozialismus möglich?, a.a.O., S. 49.
446 A.a.O., S. 37.

schen Kampfes um den Sozialismus gleich. Da Bernstein die parteioffiziellen kapitalismusanalytischen und geschichtstheoretischen Prämissen von vornherein bestritt, stellten sich ihm die Fronten geradezu in umgekehrter Rollenverteilung dar: „Ich trete Illusionen über die Schnelligkeit und die Selbsttätigkeit der Entwicklung zum Sozialismus entgegen und gebe damit der bewußten sozialistischen Aktion eine erhöhte und nicht eine verminderte Wichtigkeit"[447]. Am Beispiel der Hilflosigkeit gegenüber dem preußischen Dreiklassenwahlsystem machte sich in seiner kritischen Einschätzung der traditionellen Tätigkeitsschwerpunkte und Handlungsperspektiven sogar „die Kehrseite der glänzenden Erfolge geltend, die unsere Partei in aufsteigender Stufenfolge errungen hat: eine bedenkliche Tendenz, dem Geist der Routine zu verfallen"[448]. Zwischen der beharrlichen Weigerung, einmal formulierte Theoreme anhand der gesellschaftlichen Entwicklung fortzuschreiben, und einer praktisch-politischen Immobilität gegenüber den veränderten Herausforderungen bestand eben ein engerer Zusammenhang, als dies den meisten subjektiv ehrlich auf den „revolutionären Charakter" der Sozialdemokratie vertrauenden Theoretikern der Partei bewußt war.

Den zum „Geist der Routine" neigenden Protagonisten des kapitalistischen Selbstlaufes zum sozialistischen „Endziel" setzte Bernstein das Primat der Praxis entgegen: „Dies Ziel ist jedoch nicht ein bloß von der Theorie vorherbezeichneter Akt, dessen Eintreten mehr oder minder fatalistisch erwartet wird, sondern es ist in hohem Grade ein gewolltes Ziel, für dessen Verwirklichung gekämpft wird"[449]. Die der Sozialdemokratie durch objektive Rahmenbedingungen erwachsenen Impulse galt es wissenschaftlich exakt abzuschätzen; ihre Stoßkraft und ihr Entwicklungstempo konnte nicht Gegenstand ideologischer Kontroversen sein, sondern bildete eine in einem illusionsfreien Diskussionsprozeß zu klärende Tatsache. Deshalb leistete die Überschätzung der objektiven Momente nicht den mindesten Beitrag zur Verwirklichung des Sozialismus, sondern war allenfalls geeignet, die gezielte Mobilisierung des „subjektiven Faktors" in seiner Bedeutung zu verkennen und in verfehlte Bahnen zu leiten: „Wenn aber die Sozialdemokratie als Partei eine Aufgabe hat, so ist es die, den für die sozialistische Umgestaltung der Gesellschaft erforderlichen Zeitaufwand dadurch zu verkürzen, daß sie bewußtes, planmäßiges Handeln an die Stelle des blinden Wirkens rein mechanischer Kräfte setzen soll"[450]. Diese aktivistische Interpretation konnte Bernstein schon deshalb vertreten, da die Pointe wissenschaftlicher Erkenntnis seiner Ansicht nach nicht in einer beschaulichen Hinnahme der einmal entdeckten objektiven Gesetze und Strukturzusammenhänge, sondern in der Verfügung über sie begründet lag: „Wie die physische, wird auch die ökonomische Naturmacht in dem Maße von der Herrscherin zur Dienerin des Menschen, als ihr Wesen erkannt ist"[451].

---

447 Eduard Bernstein, Drei Antworten ..., a.a.O., S. 295.
448 Eduard Bernstein, Eine Million sechsmalhunderttausend gleich Null, in: Sozialistische Monatshefte, a.a.O. 1903, S. 902.
449 Eduard Bernstein, Wie ist wissenschaftlicher Sozialismus möglich?, a.a.O., S. 21/22.
450 Eduard Bernstein, Klassenkampf und Kompromiß (1896), in: Dergl., Zur Geschichte ..., a.a.O., S. 152.
451 Eduard Bernstein, Die Voraussetzungen ..., a.a.O., S. 10.

Aufgrund seiner Skepsis gegenüber jeglicher Behauptung starrer Funktionsgesetze im gesellschaftlichen Leben war für Bernstein die Wert- und Mehrwertlehre lediglich ein methodischer Ansatz, „der von der Meisterhand Marx' gebraucht, zu einer Aufdeckung und Darstellung des Getriebes der kapitalistischen Wirtschaft geführt hat, wie sie gleich eindringend, folgerichtig und durchsichtig bisher nicht geliefert wurde, die aber von einem gewissen Punkte ab versagt und daher noch fast jedem Schüler von Marx verhängnisvoll geworden ist"[452]. Diese Grenzen lagen nach seiner Auffassung dort, wo von der deduktiven Konstruktion einer werttheoretischen Analyse der kapitalistischen Gesetzmäßigkeiten umstandslos auf gesellschaftliche Handlungsprozesse geschlossen wurde, was vollkommen der bewußtseinsmäßigen Realität wirtschaftlicher Vorgänge widersprach: „Von vornherein kommt den Massen die Tatsache des Mehrwertes nicht zum Bewußtsein, sie wird ihnen vielmehr durch den Mechanismus der kapitalistischen Wirtschaft verschleiert"[453]. Die logisch-deduktive Argumentationsebene galt es für eine politische Bewegung folglich stets auf einen subjektiv folgenreichen antikapitalistischen Protest hin zu vermitteln: „Erfährt der Arbeiter, daß er im Lohne unter keinen Umständen den Wert seiner Arbeitsleistung erhält, so wird damit direkt sein natürliches Gerechtigkeitsgefühl herausgefordert"[454]. Was also für die theoretische Analyse als subjektive Beliebigkeit ausgefiltert wurde, konnte für politische Praxis durchaus eine zentrale Bedeutung haben.

So erschienen Bernstein alle Analysen über die Entwicklungstendenzen der kapitalistischen Wirtschaft nur als begrenzt aussagekräftig für die Chancen einer Verwirklichung des Sozialismus. Er hielt es „für unmöglich und unnötig, den Sozialismus ausschließlich aus der Ökonomie abzuleiten. Die Konzentration der Produktionsmittel braucht von sich aus noch nicht zum Sozialismus zu führen, es ist noch nicht bewiesen, daß sie nicht auch mit anderen Gesellschaftsformen vereinbar wäre. Der Sozialismus wird erst notwendig, wenn, und in dem Maße als, zu jener Konzentration u. a. das bewußte Streben der nichtbesitzenden Klasse hinzutritt, die konzentrierten Produktionsmittel der privaten Leitung zu entziehen und an der gesellschaftlichen Leitung der Produktion als vollberechtigte Glieder teilzunehmen"[455]. Aus diesem Grunde war es auch für eine auf wissenschaftliche Analyse und ein materialistisches Geschichtsverständnis gegründete sozialdemokratische Bewegung unumgänglich, die bewußtseinsmäßigen Komponenten gebührend in alle Überlegungen einzubeziehen: „Zunächst offenbar das Interesse. Auf den ersten Blick zwar möchte es als eine Spielerei mit Begriffen erscheinen, wenn das Interesse als idealer Faktor hingestellt wird. Aber erstens muß das Interesse, um als Antrieb zur Teilnahme an einer Bewegung zu wirken, ein erkanntes sein, das Individuum muß eine ‚Idee‘ von seinem Interesse haben, um sich zu einer ihm entsprechenden Handlung zu entschließen, und zweitens handelt es sich auch schon um ein vermitteltes,

452 A.a.O., S. 44/45.
453 Eduard Bernstein, Das realistische und das ideologische Moment . . . , a.a.O., S. 279.
454 A.a.O., S. 280.
455 Eduard Bernstein, Drei Antworten . . . , a.a.O., S. 309.

nicht schlichtweg an das Ich der Person geknüpftes Interesse. Es ist ein Interesse, das sogar über das der Berufsgruppe hinausgeht, es ist ein Interesse der Klasse, und seine Wahrung erfordert in verschiedener Hinsicht ein mindestens zeitweiliges Opfern persönlichen Vorteils"[456]. Es war demnach zunächst nur bloße Abstraktion, von dem gemeinsamen „objektiven Interesse" der Arbeiter als Klasse der Nicht-Besitzer an Produktionsmitteln zu reden, ohne die vielfältigen berufsspezifischen und bewußtseinsmäßigen Einflußgrößen bei der Heranbildung realer Solidarität in Rechnung zu stellen und somit gezielt in politische Gestaltung umzumünzen.

Neben dem bereits erwähnten Gerechtigkeitsstreben mußte nach Bernsteins Ansicht auch noch die Erkenntnis als subjektiver Faktor berücksichtigt werden, weil sonst die große Anzahl bürgerlich-privilegierter Genossen gerade in den politischen Führungsgruppen der Arbeiterparteien überhaupt nicht verständlich war[457]. Auf dem Hintergrund dieser drei nicht-materiellen Elemente einer Prägung handlungsleitenden politischen Bewußtseins hielt es Bernstein für erforderlich, zwischen dem „Proletariat" als logischer Funktionsgröße eines kapitalistischen Systems − der *„Klasse an sich"* − und der sich ihres gemeinsamen sozialökonomischen und politischen Interesses bewußt gewordenen *„Klasse für sich"* eine Differenzierung vorzunehmen: „Der wirkliche Arbeiter braucht daher stets eine gewisse Zeit Abstraktionskraft, bis er sich völlig in die Denkweise desjenigen Proletariers hineinlebt, den die Theorie unterstellt, da bei dieser von all jenen lokalen oder nationalen Besonderheiten und historischen Erfahrungen abstrahiert wird, deren Einfluß er ausgesetzt ist"[458]. Gab man aber den Sprung von der objektiv vorhandenen „Klasse an sich" zur politisch handelnden „Klasse für sich" als eine in sozialer Praxis zu erbringende Leistung der Synthese zu, so stand das jeweilige historisch-konkrete Entwicklungsniveau einer nationalen Arbeiterschaft als entscheidende Frage der sozialistischen Chancen zur Disposition.

Wie das Problem des kapitalistischen Zusammenbruchs, so unterlag auch die Frage nach dem gesellschaftlichen Entwicklungsniveau der Arbeiterklasse für engagierte Sozialisten stets der Gefahr des durch Wunschdenken getrübten Urteils. So mag für Bernstein der sich einer freimütigen Erörterung von vornherein entziehende Dogmatismus mancher seiner Kontrahenten auch in diesem Falle das Motiv der Formulierung schroffer Antithesen abgegeben haben: „Trotz der großen Fortschritte, welche die Arbeiterklasse in intellektueller, politischer und gewerblicher Hinsicht seit den Tagen gemacht hat, wo Marx und Engels schrieben, halte ich sie doch selbst heute noch nicht für entwickelt genug, die politische Herrschaft zu übernehmen"[459]. In polemischer Replik auf die vielfältigen Versuche, dieses nach nüchterner Prüfung drängende Problem zum Tummelplatz politischer Richtungskämpfe und ideologischer Verketzerungen zu machen, fügte Bernstein hinzu: „Noch von keinem Arbeiter, mit dem ich über sozialistische Probleme gesprochen, habe

456 Eduard Bernstein, Das realistische und das ideologische Moment . . . , a.a.O., S. 269.
457 A.a.O., S. 270.
458 A.a.O., S. 275.
459 Eduard Bernstein, Die Voraussetzungen . . . , a.a.O., S. 183/84.

ich in diesem Punkte wesentlich abweichende Ansichten gehört. Nur Literaten, die nie in intimer Beziehung zur wirklichen Arbeiterbewegung gestanden haben, können in dieser Hinsicht anders urteilen"[460]. Diese häufig verzerrte Perspektive konnte darauf zurückgeführt werden, daß durch das Sieb einer *logisch-deduktiven* Argumentation die *historisch-empirischen* Momente, die das politische Handeln der arbeitenden Bevölkerung bestimmten, in der Regel von den Theoretikern unbemerkt hindurchfielen.

Mit seinen kritischen Anmerkungen wollte Bernstein keineswegs einen lähmenden Pessimismus, sondern einen größeren Realismus als Ausgangspunkt sozialdemokratischer Strategiediskussionen gewählt wissen, der einen auf diese Weise durch Augenmaß gekennzeichneten Optimismus nicht ausschloß: „Freuen wir uns des großen Fonds von Intelligenz, Entsagungsmut und Tatkraft, den die moderne Arbeiterbewegung teils enthüllt und teils erzeugt hat, aber übertragen wir nicht, was von der Elite — sage, von Hunderttausenden gilt, kritiklos auf die Massen, auf die Millionen"[461]. Wie eine Beschwörung des baldigen Zusammenbruchs der kapitalistischen Produktionsweise höchstens die notwendige Aktivierung des strategischen Handelns einzuschläfern geeignet war, konnte für Bernstein die realitätsfremde Glorifizierung der Proletarier zu Fabelwesen keinen konkreten Beitrag zu einer politischen Schulung leisten, die gerade an den noch vorhandenen Unzulänglichkeiten anzusetzen hatte: „Gerade weil ich von der Arbeiterklasse viel erwarte, beurteile ich alles, was auf Korruption ihres moralischen Urteils abzielt, sehr viel strenger, als was in dieser Hinsicht in den oberen Klassen geschieht, und sehe ich mit dem größten Bedauern, wie sich in der Arbeiterpresse hier und da ein Ton des literarischen Dekadententums breit macht, der nur verwirrend und schließlich korrumpierend wirken kann"[462].

Solche korrumpierenden Erscheinungen brandmarkte Bernstein als „Verfallsblasiertheit"[463], die offenbar ein in seiner Klassenidentität erschüttertes literarisches Bürgertum dazu verleitete, alle in der eigenen Person vermißten Ideale kompensatorisch in eine an Selbstbewußtsein ungebrochene Arbeiterbewegung hineinzuprojizieren. Folglich konnten wohlklingende Phrasen für Bernstein nicht die Notwendigkeit verschleiern, über die reale Machtentfaltung der Industriearbeiterschaft Überlegungen anzustellen und nach möglichen Bündnispartnern Ausschau zu halten: „Es ist eine große Verkennung der Tatsachen, zu sagen, daß die sozialistische Umwandlung der Gesellschaft ‚nur' das Werk der Arbeiterklasse sein kann. Sie kann nicht ohne tatkräftiges Eingreifen und steigendes Mitwirken der organisierten Arbeiterklasse vollzogen werden, aber es wirken immer mehr Kräfte direkt und bewußt an diesem Werk mit, die keine Proletarier im Sinne der Theorie sind"[464]. Das Ergebnis dieser Analyse leitet unmittelbar zu einer damit eng zusammenhängenden Fragestellung der politischen Strategiediskussionen der Sozialdemokratie über.

460 A.a.O., S. 184.
461 A.a.O., S. 186.
462 A.a.O., S. 186/87.
463 A.a.O., S. 187.
464 Eduard Bernstein, Vom Wesen des Sozialismus (1898), in: Dergl., Zur Theorie und Geschichte des Sozialismus, Berlin 1904, S. 48 (4. Aufl./Teil III).

Die Einschätzung des Bürgertums und die Stellung zu Liberalismus und Demokratie

Während die offizielle Parteitheorie im Kontrast zur strahlenden Erscheinung der Arbeiterklasse das Bild des Bürgertums zuweilen in nuancenlosen Grautönen malte, glaubte Bernstein wie in bezug auf das Proletariat eine reichhaltige Farbpalette benutzen zu müssen: „Das, was man Bürgertum nennt, ist eine sehr zusammengesetzte Klasse, aus allerhand Schichten mit sehr verschiedenartigen, bzw. unterschiedenen Interessen bestehend. Diese Schichten halten auf die Dauer nur zusammen, wenn sie sich entweder gleichmäßig bedrückt oder gleichmäßig bedroht sehen. Im vorliegenden Falle kann es sich natürlich nur um das letztere handeln, d. h. daß das Bürgertum eine einheitlich reaktionäre Masse bildete, weil sich alle seine Elemente von der Sozialdemokratie gleichmäßig bedroht fühlen, die einen in ihren materiellen, die anderen in ihren ideologischen Interessen"[465]. Damit erwähnte Bernstein nur die eine Seite der doppelten Zermürbung des deutschen Bürgertums als politisch handelnde Klasse: durch die früh entstandene Sozialdemokratie einerseits, aber auch durch den militaristischen Spätabsolutismus andererseits.

Da es gegen die Bastionen des preußisch-deutschen Obrigkeitsstaates progressive Strömungen des Bürgertums noch auf breiter Front zu mobilisieren galt, sah Bernstein das Erfordernis, eine von bloßen Mißverständnissen erzeugte falsche Optik bewußt abzubauen: „Denn die Sozialdemokratie bedroht sie nicht alle gleichmäßig und niemand als Person, und sie selbst schwärmt in keiner Weise für eine gewalttätige Revolution gegen die gesamte nichtproletarische Welt. Je deutlicher dies gesagt und begründet wird, um so eher wird jene einheitliche Furcht weichen, denn viele Elemente des Bürgertums fühlen sich von anderer Seite her bedrückt, und würden lieber gegen diese, deren Druck auch auf der Arbeiterklasse lastet, als gegen die Arbeiter Front machen, lieber der letzteren als der ersteren Bundesgenossen sein"[466]. Ganz offenkundig war Bernstein fest davon überzeugt, daß einige kosmetische Korrekturen im Antlitz der Arbeiterbewegung die fortschrittlichen Teile des Bürgertums bereits zu heftigen Gefühlswallungen animieren konnten: „Ihr Einfluß würde ein viel größerer sein als er heute ist, wenn die Sozialdemokratie den Mut fände, sich von einer Phraseologie zu emanzipieren, die tatsächlich überlebt ist, und das scheinen zu wollen, was sie heute in Wirklichkeit ist: eine demokratisch-sozialistische Reformpartei"[467]. Damit schien er auf den ersten Blick die Bündnisfrage unter den Verhältnissen des Kaiserreiches sozialpsychologisch zu verharmlosen.

Aber Bernstein hatte doch einige grundsätzlichere Probleme der sozialdemokratischen Strategieperspektiven im Blick, wenn er in einzelnen Aspekten auf eine weniger mißverständliche Formulierung der Parteiprinzipien drängte. So plädierte er dafür, den in der deutschen Sprache doppeldeutigen Begriff des Bürgers bzw. der bürgerlichen Gesellschaft stärker nach seinen

---

465 Eduard Bernstein, Die Voraussetzungen . . ., a.a.O., S. 138.
466 A.a.O., S. 139.
467 A.a.O., S. 165.

durchaus spannungsreichen Komponenten des französischen *Citoyen* gleich Staatsbürger und *Bourgeois* gleich Kapitalist aufzugliedern: „Heute weiß schließlich jeder, was gemeint ist, wenn von Bekämpfung der Bourgeoisie und Abschaffung der Bourgeoisgesellschaft gesprochen wird. Aber was heißt Bekämpfung oder Abschaffung der bürgerlichen Gesellschaft? Was heißt es namentlich in Deutschland, in dessen größtem und leitendem Staate, Preußen, es sich noch immer darum handelt, ein großes Stück Feudalismus erst loszuwerden, das der bürgerlichen Entwicklung im Wege steht?"[468] Es stellte sich für die deutsche Sozialdemokratie deshalb zunächst die Aufgabe, die Gesellschaft der rechtsgleichen Staatsbürger erst zu erkämpfen. Aber auch nach deren Verwirklichung war das Ziel einer „Überwindung der bürgerlichen Gesellschaft" eine höchst unklare und irreführende Terminologie für die Bestrebungen der Sozialdemokratie: „Sie will nicht an die Stelle der bürgerlichen eine proletarische Gesellschaft, sondern sie will an die Stelle der kapitalistischen eine sozialistische Gesellschaftsordnung setzen"[469]. In gewisser Hinsicht trachtete die Sozialdemokratie sogar das „Bürgersein zu verallgemeinern"[470], indem sie die staatsbürgerliche formelle Gleichheit materialisieren und in allen Lebensbereichen, insbesondere in der Wirtschaftsordnung durchsetzen wollte.

Ein weiterer Punkt der Bernsteinschen Kritik betraf die traditionelle Haltung der prinzipiellen Negation, eine übertriebene Furcht vor praktischen Verhandlungen mit Vertretern anderer Interessen und Weltanschauungen: „Man verwechselt den Kompromiß der Grundsätze mit dem Kompromiß der Aktion... In sich soll die Partei geschlossen sein, gefestigt in ihren Zielen und ihrem Charakter... Im Kampfe das Bündnis verwerfen, kann dagegen der größte Fehler, die ärgste Pflichtvergessenheit sein, die Preisgabe anvertrauter Interessen um einer Schrulle, einer Phrase, einer Eitelkeit willen"[471]. Konkret kristallisierte sich die politische Bündnisfrage um die Stellung gegenüber dem Liberalismus, den es für Bernstein unter zwei verschiedenen, mit den Komponenten des „Citoyen" und „Bourgeois" korrespondierenden Blickwinkeln zu beleuchten galt: „Es ist ja richtig, die große liberale Bewegung der Neuzeit ist zunächst der kapitalistischen Bourgeoisie zu Gute gekommen und die Parteien, die sich den Namen liberal zulegten, waren oder wurden im Verlaufe reine Schutzgarden des Kapitalismus. Zwischen diesen Parteien und der Sozialdemokratie kann natürlich nur Gegnerschaft herrschen. Was aber den Liberalismus als weltgeschichtliche Bewegung anbetrifft, so ist der Sozialismus nicht nur der Zeitfolge, sondern auch dem geistigen Gehalt nach sein legitimer Erbe"[472]. Diese gewiß kaum anfechtbare Differenzierung zwischen dem historischen und dem parteipolitischen Verständnis des Liberalismus verlagerte sich aber bei Bernstein nach seiner Rückkehr in die deutsche Praxis im Jahre 1901 zunehmend in Richtung des empirischen und damit kritischen Begriffs.

468 A.a.O., S. 128.
469 Ebd.
470 Ebd.
471 Eduard Bernstein, Klassenkampf ..., a.a.O., S. 158.
472 Eduard Bernstein, Die Voraussetzungen ..., a.a.O., S. 129.

Schon das Wiederaufleben der großbürgerlich-junkerlichen Interessenallianz von 1879 im Flotte-Zoll-Kompromiß, der Ende 1902 vom Reichstag besiegelt wurde, veranlaßte Bernstein zu grundsätzlichen Angriffen auf die Liberalen, über deren Handlungsmotive er sich keinerlei Illusionen machte[473]. Als darüber hinaus die Haltung der liberalen Kräfte in den preußischen Landtagswahlen von 1903 mit dazu beitrug, daß der Sozialdemokratie für 1,6 Millionen Stimmen nicht ein einziger Sitz zufiel, hielt selbst der maßvolle Kritiker Bernstein gegen die „Freisinnige Volkspartei" nicht mehr mit scharfer Polemik zurück: „Der politische Krämergeist hat in ihr alles Gefühl für demokratisches Recht ertötet"[474]. Nunmehr vermochte er das historisch-empirische Bürgertum Preußen-Deutschlands deutlicher von dem geistesgeschichtlichen Idealtyp der liberalen Bewegung in seinen politischen Konturen abzuheben: „Das Junkertum wollen sie bekämpfen? Ach, das Junkertum der Agrarier wäre ohnmächtig, wenn unser Bürgertum nicht selbst durch und durch verjunkert wäre"[475]. Die ständige Bereitschaft zur Revision von theoretischen und politischen Anschauungen erstreckte sich bei Bernstein also durchaus auf eigene ehemals vertretene Konstruktionen, in denen das Verhältnis des logisch-deduktiven Modells zur historisch-empirischen Realität unscharf oder direkt fehlerhaft vermittelt war.

Was Bernstein aus dem Liberalismus als weltgeschichtliche Bewegung für die sozialistische Gesellschaft übernehmen wollte, war vor allem die demokratische Regierungsform. In seinem Verständnis konnte man „Demokratie mit Abwesenheit von Klassenherrschaft übersetzen, als Bezeichnung eines Gesellschaftszustandes, wo keiner Klasse ein politisches Privilegium gegenüber der Gesamtheit zusteht"[476]. In einer demokratischen Republik war demnach für die politische Herrschaftsform bereits verwirklicht, was die Sozialdemokratie für die gesamte Gesellschaft und insbesondere den ökonomischen Bereich forderte. Insofern war es für Bernstein „selbstverständlich, daß, je freier die Einrichtungen eines Landes, um so mehr auch der Antrieb zu revolutionären Erhebungen wegfällt, und daß der gewaltsame Sturz einer vom Volke in demokratischer Wahl ernannten Regierung eine Handlung ist, die niemand gutheißen wird"[477]. Obgleich er ausdrücklich hervorhob, daß die Demokratie „kein Zauberstab" sei und sogar „recht große Gefahren" in sich berge[478], setzte Bernstein prinzipiell doch ein weitreichendes Vertrauen in die demokratischen Institutionen: „Aber in unserem Zeitalter ist eine fast unbedingte Sicherheit gegeben, daß die Mehrheit eines demokratischen Gemeinwesens kein Gesetz machen wird, das der persönlichen Freiheit dauernd Abbruch tut, da die Mehrheit von heute stets die Minderheit von morgen werden kann und jedes die Minderheiten bedrük-

473 Siehe dazu Eduard Bernstein, Der Kampf um die Zollpolitik im Reich und das Dreiklassenwahlsystem in Preußen, in: Sozialistische Monatshefte, a.a.O., 1902 S. 653 ff.; sowie dergl., Zur Bilanz des Kampfes gegen den neuen Zolltarif, in: Sozialistische Monatshefte, a.a.O., 1903, S. 35 ff.
474 Eduard Bernstein, Eine Million ..., a.a.O., S. 894.
475 A.a.O., S. 897.
476 Eduard Bernstein, Die Voraussetzungen ..., a.a.O., S. 122.
477 Eduard Bernstein, Dialektik ..., a.a.O., S. 364.
478 Eduard Bernstein, Vom Wesen ..., a.a.O., S. 51.

kende Gesetz die Mitglieder der zeitweiligen Mehrheit selbst bedrohen würde"[479]. Auf den ersten Blick schien also Bernstein die „blanquistische" Wundergläubigkeit der schöpferischen Revolutionsgewalt durch die „liberale" Wundergläubigkeit der allseitigen Toleranz und Einhaltung der Spielregeln zu ersetzen.

Im Kontext weiterer programmatischer Aussagen wird jedoch unmißverständlich erkennbar, daß seine große Zuversicht ausschließlich eine allseitig verwirklichte substantielle *Demokratisierung* der Gesellschaft, nicht jedoch schon den Mechanismus der allgemeinen Wahl und parlamentarischen Regierungsform betraf: „Dagegen braucht die rein politische, die formelle Demokratie nicht erst mißbraucht zu werden, um zum Hebel für reaktionäre Zwecke zu werden. Sie hat sich wiederholt bei ganz legitimem Gebrauch als solcher bewährt, so daß sich in verschiedenen Ländern die sozialpolitisch reaktionärsten Parteien zur politischen Demokratie bekennen"[480]. Vor einer naiven Demokratiegläubigkeit, die noch dem entschiedensten Reaktionär das Bekenntnis zur republikanischen Regierungsform als innere Überzeugung abnahm, bewahrte Bernstein bereits sein gesellschaftstheoretischer Ansatz: „Demokratische Einrichtungen sind nicht isoliert, auf den Grad ihrer Übereinstimmung mit einem abstrakten Gleichheitsgedanken abzuschätzen, sondern in ihrem Zusammenhang zum allgemeinen Stand der politischen und sozialen Entwicklung"[481]. Da aber Bernstein in diesen gesellschaftlichen Rahmenbedingungen die prägenden Faktoren für die materiale Füllung des demokratischen Regierungsmechanismus erblickte, lag ihm auch die Beschränkung auf die parlamentarische Tätigkeit unbedingt fern: „Wir sind keine Parlamentarier, werden keine werden, und sind sicher weit davon entfernt, im parlamentarischen Kampf mehr als eine Seite des Kampfes der Sozialdemokratie zu erblicken oder ein Überwuchern der Hingabe an denselben für wünschbar zu halten. Wir halten die außerparlamentarische Aktion für die Organisation und wirtschaftliche Hebung der Arbeiter für eine Sache von der größten Wichtigkeit"[482]. Im *außerparlamentarischen* Kampf hatte die Sozialdemokratie also jene politische Dynamik zu erzeugen, welche erst das schwerfällige Räderwerk des Parlamentarismus in eine die demokratischen Chancen ausschöpfende Bewegung versetzen konnte.

Ebenso wie Kautsky faßte Bernstein entwickelte demokratische Institutionen einer parlamentarischen Republik vor allem *instrumentell* auf. Diese Bedeutung legte Bernstein sogar dem Parteinamen „sozialdemokratisch" bei: „Es ist aber richtiger, ihn so zu verstehen, daß die formelle Demokratie einem größeren Ziele neben- oder selbst untergeordnet wird, dem Streben nach wirtschaftlicher Gesellschaftsreform. Für die Sozialdemokratie sind demokratische Einrichtungen wesentlich Mittel zum Zweck, nicht Selbstzweck"[483]. Dieses zugleich methodische und strategische Grundprinzip Bernsteins, stets die gesellschaftliche Ausfüllung politischer oder weltanschaulicher Postulate

479 Eduard Bernstein, Die Voraussetzungen . . . , a.a.O., S. 124.
480 Eduard Bernstein, Das demokratische Prinzip und seine Anwendung, in: Die Neue Zeit, a.a.O., 1896/97, I, S. 19.
481 A.a.O., S. 20.
482 A.a.O., S. 24.
483 A.a.O., S. 19.

ins Zentrum seines Urteils zu stellen, hinderte ihn jedoch nicht daran, im praktischen Zugriff eine klare Position zugunsten der demokratischen Institutionen als Grundstrukturen einer sozialistischen Gesellschaft einzunehmen: „Aber wer sich nicht der utopischen Vorstellung hingibt, daß die modernen Nationen sich unter der Wirkung einer verlängerten revolutionären Katastrophe in eine Unzahl gänzlich von einander unabhängiger Gruppen auflösen werden, der wird in der Demokratie mehr erblicken als ein politisches Mittel, das nur gut ist, soweit es der Arbeiterklasse als Handhabe dient, dem Kapital den Garaus zu machen. Die Demokratie ist Mittel und Zweck zugleich. Sie ist das Mittel der Erkämpfung des Sozialismus, und sie ist die Form der Verwirklichung des Sozialismus"[484]. Die Vermittlung der instrumentellen und der substantiellen Komponente hatte die politische Praxis herzustellen, indem sie der Demokratie eine der sozialistischen Gesellschaft gemäße Ausprägung verlieh: „Soll die Demokratie nicht den zentralistischen Absolutismus im Hecken von Bürokratien noch überbieten, so muß sie aufgebaut sein auf einer weit gegliederten Selbstverwaltung mit entsprechender wirtschaftlicher Selbstverantwortlichkeit aller Verwaltungseinheiten wie der mündigen Staatsbürger"[485]. Damit war die Frage der konkreten Beschaffenheit des Sozialismus bereits deutlich angesprochen und insbesondere das Verhältnis von bürokratischer Organisation und demokratischer Selbstverwaltung thematisiert.

Strukturprobleme einer sozialistischen Gesellschaft und systematische Reformpolitik als Voraussetzung ihrer Bewältigung

Gegenüber den harmonistischen Zukunftsvisionen Bebels und Kautskys, die auf „von selbst" wirkende Steuerungskräfte und die „Logik der Tatsachen" vertrauten, wollte Bernstein auch in bezug auf die sozialistische Gesellschaft das schöpferische Problembewußtsein schärfen: „Kurz, überall wohin wir uns wenden, sehen wir, daß die Dinge unendlich viel verwickelter liegen, als daß sie mit den paar Worten Konzentration, Expropriation, Organisation, Assoziation abgetan wären. Auf jeden Fall, Assoziation oder Nichtassoziation, bleiben zunächst eine ungeheure, in die Hunderttausende gehende Menge von Geschäften, die nicht auf öffentliche Rechnung, sondern für Sonderrechnung betrieben werden, bleibt damit in weitem Umfange Warenproduktion, bleibt so lange auch Geldwirtschaft und alles was damit zusammenhängt"[486]. Für Bernstein war es ein schlichter Aberglauben, daß mit dem Wechsel der Eigentumsform bereits alle Begleiterscheinungen kapitalistischer Industrieproduktion auf hohem technologischen Standard überwunden sein konnten. Nicht minder utopisch stellten sich ihm die Verheißungen einer ungemein ausgedehnten Mußezeit im sozialistischen Paradiese dar: „Von einer allgemeinen Reduktion der Arbeitszeit auf fünf und vier oder gar drei und zwei Stunden täglich, wie ehedem angenommen wurde, kann in abseh-

484 Eduard Bernstein, Die Voraussetzungen . . . , a.a.O., S. 124.
485 A.a.O., S. 133.
486 Eduard Bernstein, Zusammenbruchstheorie . . . , a.a.O., S. 243.

barer Zeit gar keine Rede sein, wenn das allgemeine Lebensniveau nicht bedeutend ermäßigt werden soll"[487].

Indem Bernstein auf konkreter Ausformulierung von Lösungsstrategien für die zu erwartenden Probleme bestand, fiel seiner Kritik auch die Hoffnung eines allseitigen Abbaus von Funktionshierarchien im gesellschaftlichen Produktions- und Reproduktionsprozeß zum Opfer: „Da nun die Weiterentwicklung der Produktion ganz ersichtlich nicht in Aufhebung der differenzierten Produktion bestehen kann, sondern nur in neuer Zusammenfassung auf Grundlage der ausgebildeten Differenzierung – auf die Personen übertragen, nicht in Aufhebung, sondern in Ergänzung der beruflichen Arbeitsteilung, so kann der Verwaltungskörper der Gesellschaft der absehbaren Zukunft sich vom gegenwärtigen Staate nur dem Grade nach unterscheiden"[488]. Weil die staatlichen Organe auf den verschiedenen Ebenen für Bernstein nicht schon ihrer Existenz, sondern erst ihrer systemspezifischen Funktionsweise nach Instrumente der Klassenherrschaft waren, blieb das Problem der Bürokratie auch für eine sozialistische Gesellschaft virulent, die das Herrschaftsprivileg der Eigentümerklasse bereits gebrochen hatte: „Nicht die Frage der Macht, auch nicht die Frage der Ökonomie nach der Seite des Eigentums hin bezeichnet das Problem einer zukünftigen sozialistischen Gesellschaft, sondern das Problem der Ökonomie als Verwaltungsproblem"[489]. An dieser Fragestellung wurde exemplarisch deutlich, welche Konsequenzen eine ausschließlich logisch-deduktive Behandlung aller zentralen Probleme sozialdemokratischer Strategieperspektiven nach sich ziehen konnte: Wurden nämlich der Staat und die Bürokratie als bloßes Werkzeug der herrschenden Klasse von Produktionsmittelbesitzern angesehen, so mußten sie folgerichtig nach Aufhebung der Klassenherrschaft auf irgendeine geheimnisvolle Weise „verschwinden". Demgegenüber schätzte Bernstein die bürokratische Zentralisation als notwendiges Produkt der Arbeitsteilung und Spezialisierung des Produktionsprozesses ein und gelangte so zu der Überzeugung, daß die komplexen Verwaltungsstrukturen sich in einer sozialistischen Gesellschaft lediglich zu anderen sozialen Zwecken funktionell reorganisieren ließen.

War diese Problemstellung von Herrschaft und Bürokratie in einer sozialistischen Gesellschaft erst einmal grundsätzlich anerkannt, so drängte sich unvermeidlich die Frage auf, wie sich die Gefahr neuer Hierarchiebildungen mit klassenähnlichem Charakter erfolgreich meistern ließ: „Stünde der einzelne diesem großen Gemeinwesen unvermittelt, nur als Einheit unter Millionen Miteinheiten gegenüber, so könnte die Demokratie nur ein leeres Wort sein. Das beste Wahlrecht, die weitestgehende Durchführung des Prinzips der direkten Gesetzgebung würden an sich daran wenig ändern. Die Einzelwillen würden durch andere Einzelwillen zerrieben, tatsächliche Herrscher wären die leitenden Häupter der Verwaltung, die Bürokratie. Daher die Wichtigkeit und faktische Unumgänglichkeit von Zwischenorganen"[490]. In

---

487 Eduard Bernstein, Die Voraussetzungen . . . , a.a.O., S. 185.
488 Eduard Bernstein, Die sozialpolitische Bedeutung . . . , a.a.O., S. 212.
489 Eduard Bernstein, Die neueste Prognose der sozialen Revolution, in: Sozialistische Monatshefte, a.a.O., 1902, S. 597.
490 Eduard Bernstein, Die sozialpolitische Bedeutung . . . , a.a.O., S. 215.

dieser notwendigen Vermittlung zwischen der Ebene des machtlosen Individuums und der potentiell allmächtigen Planungsbürokratie sah Bernstein auch den berechtigten Kern des Engelsschen Begriffs vom „Absterben" des Staates in der sozialistischen Gesellschaft: „Er ist in erster Linie eine Verwahrung gegen die bürokratische Auffassung des Sozialismus und beruht auf der Idee der graduellen Ablösung der heutigen Funktionen des Staates durch Organe demokratischer Selbstverwaltung"[491]. Aber auch diese Demokratisierung der Gesellschaft ließ sich nicht einfach logisch-deduktiv postulieren, sondern war in der systematischen Transformation unabdingbarer Verwaltungsfunktionen in neue leistungsfähige Organisationsformen zu bewerkstelligen.

Insofern erlangte eine aktive Reformpolitik neben ihrer Zielsetzung, die materiellen Lebensbedingungen der arbeitenden Bevölkerung bereits auf dem Boden der bestehenden Gesellschaftsordnung zu verbessern und sie politisch im Interessenkampf zu schulen, für Bernstein auch die bedeutsame Funktion, solche Vermittlungsorgane der Selbstverwaltung zwischen der Sphäre der privaten Reproduktion und der staatlichen Bürokratie zu schaffen. Schon aus diesem Grunde betrachtete es Bernstein als unabdingbar, daß eine Reformstrategie in jedem Falle theoretisch wie praktisch die sozialistischen Zielsetzungen im Blick behielt: „Denn Reform heißt nicht schlechtweg Umgestaltung, sondern progressive Umgestaltung, und gesellschaftliche Fortentwicklung heißt Erweiterung des Kreises der am Kulturleben vollen Anteil nehmenden Gesellschaftsglieder"[492]. Es galt folglich alle sozialen Institutionen durch sozialdemokratische Politik bewußt zu fördern und auszubauen, die eine solche erweiterte Partizipation der arbeitenden Bevölkerung vorantrieben und damit die Ausgangsbedingungen des Sozialismus verbesserten: „Ich bin fest davon überzeugt, daß die ökonomischen Schöpfungen der Arbeiterklasse eine größere Bedeutung haben, als nur ihrer politischen Aktion Stütze zu leihen"[493]. Damit wurde die Abschätzung geeigneter Aktionsfelder einer strategisch geleiteten Gegenwartsarbeit zu einem zentralen Ansatzpunkt jeder Zukunftsperspektive.

Zunächst einmal wuchs auf diese Weise der politische Stellenwert der Gewerkschaftsbewegung, die für Bernstein weit mehr als ein notwendiges Abwehrinstrument gegen expansive Profitstrategien des Großkapitals war: „Ihrer sozialpolitischen Stellung nach sind die Gewerkschaften oder Gewerkvereine das demokratische Element in der Industrie. Ihre Tendenz ist, den Absolutismus des Kapitals zu brechen und dem Arbeiter direkten Einfluß auf die Leitung der Industrie zu verschaffen"[494]. Weil aber Bernstein die Bedeutung der Gewerkschaften für die sozialistische Umgestaltung so hoch veranschlagte, lenkte er die Aufmerksamkeit der Sozialdemokratie gerade auf die entstehenden Probleme des berufsständischen Einzelinteresses und des perspektivelosen Tagespragmatismus, die es trotz der politischen Tradition der deutschen Arbeiterbewegung bewußt durch erfolgversprechende

491 A.a.O., S. 199.
492 Eduard Bernstein, Das demokratische Prinzip . . . , a.a.O., S. 19.
493 Eduard Bernstein, An meine sozialistischen Kritiker, a.a.O., S. 12.
494 Eduard Bernstein, Die Voraussetzungen . . . , a.a.O., S. 121.

strategische Konzeptionen zu bewältigen galt: „Bei alle dem ist es aber doch eine Tatsache, daß mit dem Fortgang der gewerkschaftlichen Bewegung in Deutschland in ähnlicher Form dieselben inneren Gegensätze sich geltend machen wie in England. Und ein Bekenner des historischen Materialismus sollte darin nichts Absonderliches finden"[495].

Entgegen früherer Modelle des Sozialismus sah Bernstein die industrielle Produktionsgenossenschaft im Rahmen einer kapitalistischen Wirtschaftsordnung mit deutlichen Grenzen behaftet: „Sie unterstellt Gleichheit in der Werkstatt, volle Demokratie, Republik. Sobald sie aber eine gewisse Größe erlangt hat, die verhältnismäßig noch sehr bescheiden sein kann, versagt die Gleichheit, weil Differenzierung der Funktionen und damit Unterordnung notwendig wird. Wird die Gleichheit aufgegeben, dann wird der Eckstein des Gebäudes entfernt und die anderen Steine folgen mit der Zeit nach, Zersetzung und Umformung in gewöhnliche Geschäftsbetriebe tritt ein. Wird aber an ihr festgehalten, dann wird die Möglichkeit der Ausdehnung abgeschnitten, es bleibt bei der Zwergform"[496]. Im Unterschied von dieser mächtigen Prägungskraft der kapitalistischen Konkurrenzmechanismen schätzte Bernstein die Chancen landwirtschaftlicher Produktionsgenossenschaften wesentlich positiver ein: „Die große Expropriation, an die bei Kritik solcher Vorschläge meist gedacht wird, kann jedenfalls nicht über Nacht organische Schöpfungen aus dem Boden stampfen, und so käme selbst die großmächtigste revolutionäre Regierung nicht darum herum, sich nach einer Theorie der genossenschaftlichen Arbeit in der Landwirtschaft umzuschauen"[497]. Eine weitere sinnvolle Organisationsform auf dem Boden der bestehenden Gesellschaftsordnung erblickte Bernstein in den Konsumvereinen der Arbeiterschaft: „Hier ist eine Handhabe, mittels deren die Arbeiterklasse ohne unmittelbare Vernichtung von Existenzen, ohne Zuflucht-nahme zur Gewalt, die ja, wie wir gesehen haben, keine gar so einfache Sache ist, einen erheblichen Teil des gesellschaftlichen Reichtums, der sonst dazu dienen würde, die Klasse der Besitzenden zu vermehren und dadurch auch zu stärken, für sich zu beschlagnahmen"[498].

Diese Aufgabenbereiche ökonomischer Selbstverwaltung durch Organe der Arbeiterschaft sollten in Bernsteins Konzeption nicht etwa den Klassenkampf ersetzen, sondern ihm vielmehr eine breitere organisatorische und politisch-subjektive Grundlage verschaffen: „Er bleibt auch Klassenkampf, wenn nicht äußerste materielle Not, sondern die wachsenden Kulturansprüche der Arbeiter, ihr steigendes Kulturniveau und das zunehmende Bewußtsein ihrer Gleichberechtigung die Triebkraft der Arbeiterbewegung bilden. Ja, erst in dem Maße, als dies der Fall, kann und wird er zur Vergesellschaftung der Produktion führen"[499]. In dieser dialektischen Einheit von systematischer Reformarbeit und sozialistischem Ziel konnte auch eine klare Aussage zur Vorgehensweise bei einer Sozialisierung der Produktionsmittel getroffen

---

495 Eduard Bernstein, Klassenkampf-Dogma . . . , a.a.O., S. 388.
496 Eduard Bernstein, Die Voraussetzungen . . . , a.a.O., S. 99.
497 A.a.O., S. 115.
498 A.a.O., S. 104/05.
499 Eduard Bernstein, Drei Antworten . . . , a.a.O., S. 319.

werden: „Die dem ureigenen Rechtsprinzip des Sozialismus am meisten entsprechende Form der Expropriation der Expropriateurs ist die der Ablösung durch Organisationen und Institutionen"[500]. Diese „Organisationen und Institutionen" waren genau jene demokratischen Selbstverwaltungskörperschaften der Arbeiterklasse, welche die ungewisse Schöpfungskraft des revolutionären Handstreiches durch eine systematisch-strategische Stufenfolge ersetzten: „Der Feudalismus mit seinen starren, ständischen Einrichtungen mußte fast überall mit Gewalt gesprengt werden. Die liberalen Einrichtungen der modernen Gesellschaft unterscheiden sich gerade darin von jenen, daß sie biegsam, wandlungs- und entwicklungsfähig sind. Sie brauchen nicht gesprengt, sie brauchen nur fortentwickelt zu werden. Dazu bedarf es der Organisation und energischen Aktion, aber nicht notwendig der revolutionären Diktatur"[501]. In einer Gesellschaft, in der die Demokratie und die Mit- und Selbstbestimmung der arbeitenden Bevölkerung zur allgemeinen Lebensform geworden war, konnte also nach Bernsteins Auffassung der Aufbau des Sozialismus stufenweise und gewaltlos erfolgen.

Nun war aber das damalige Preußen-Deutschland alles andere als ein solches demokratisches Musterland. Diese entscheidende Problematik erkannte Bernstein durchaus als eine besondere Schwierigkeit einer zukunftsweisenden sozialdemokratischen Politik: „Wie die Demokratie, oder sagen wir, das nötige Maß an Demokratie in Deutschland erkämpft werden kann ist eine Frage für sich. Daß die bürgerlich-demokratischen Parteien dazu heute nicht die Kraft haben, weiß jedes Kind"[502]. Damit fiel diese Aufgabe vor allem der Sozialdemokratie zu, und es blieb eine gravierende Schwachstelle der Konzeption Bernsteins, daß er in dieser Kernfrage einstweilen noch keine befriedigende Antwort geben konnte. Unbeschadet dessen schuf die systematische Reformarbeit auch vor der Erkämpfung einer demokratischen Republik eine dermaßen wichtige Grundlage weiterer Fortschritte, daß die Einrichtungen der ökonomischen Selbstverwaltung auf allen gesellschaftlichen Ebenen zielstrebig ausgebaut werden mußten: „Ohne sie würde die sogenannte gesellschaftliche Aneignung der Produktionsmittel voraussichtlich nur maßlose Verwüstung von Produktionskräften, sinnlose Experimentiererei und zwecklose Gewalttätigkeit zur Folge haben, die politische Herrschaft der Arbeiterklasse sich in der Tat nur durchsetzen können in der Form einer diktatorischen revolutionären Zentralgewalt, unterstützt durch die terroristische Diktatur revolutionärer Klubs"[503].

Die arbeitende Bevölkerung auf ihr ureigenstes soziales und politisches Interesse verweisend, setzte Bernstein allen Revolutionsromantikern die unerbittliche Logik einer Prägung politischer Herrschaftsformen durch ihre gesellschaftlichen Voraussetzungen entgegen: „Die Diktatur des Proletariats heißt, wo die Arbeiterklasse nicht schon sehr starke eigene Organisationen wirtschaftlichen Charakters besitzt und durch Schulung in Selbstverwaltungskörpern einen hohen Grad von geistiger Selbständigkeit erreicht hat,

500 Eduard Bernstein, Die Voraussetzungen . . ., a.a.O., S. 162.
501 A.a.O., S. 139.
502 Eduard Bernstein, Vom Wesen . . ., a.a.O., S. 51.
503 Eduard Bernstein, Die Voraussetzungen . . ., a.a.O., S. 134.

die Diktatur von Klubrednern und Literaten"[504]. So schrieb Bernstein allen sozialistischen Denkern und Kämpfern ins Stammbuch, daß bei einer die beharrliche Reformpolitik geringschätzig belächelnden Katastrophenstrategie niemals die ersehnte Herrschaft der arbeitenden Menschen, sondern allenfalls eine neue Gestalt der Herrschaft über die arbeitende Bevölkerung aus dem Pulverdampf der Revolutionswirren emporsteigen konnte.

Eine revidierte marxistisch-sozialdemokratische Plattform

Das Erfurter Programm verkörpert in seinem theoretischen Teil die von Kautsky wesentlich geprägte Konzeption des parteioffiziellen sozialdemokratischen Marxismus. Als Quintessenz der ausführlich dargelegten Anschauungen Bernsteins sei abschließend ein von ihm verfaßter Entwurf für eine Überarbeitung der theoretischen Leitsätze wiedergegeben. Zwar stammt er aus dem Jahre 1909 und fällt insofern aus dem zeitlichen Rahmen der bislang analysierten Schriften zwischen 1896 und 1903, in welchen sich die Epoche des Revisionismusstreites widerspiegelt. Doch wird Bernsteins wissenschaftlich-politisches Anliegen von diesen komprimierten Sätzen nachdrücklicher als durch jedes noch so geistreiche Resümee auf den Begriff gebracht:

„1. In den Kulturländern der Gegenwart beherrscht das kapitalistische Wirtschaftssystem die Produktion und den Austausch der Güter. Die mit großen Mitteln ausgestattete Unternehmung drängt insbesondere in Handel und Gewerbe die kleinen Betriebe vollständig in den Hintergrund. Die Schicht der selbständigen kleinen Unternehmer, der Kleinbauern, der Kleinhandwerksmeister, der Kleinhändler und sonstigen Kleingewerbetreibenden bildet einen immer geringeren Bruchteil der Bevölkerung. Dagegen wächst in steigendem Grade die Klasse der in kapitalistischen Unternehmungen beschäftigten Lohnarbeiter und gegen Gehalt tätigen Angestellten. Mehr als dreiviertel des Bevölkerungszuwachses sind zu dauernder wirtschaftlicher Abhängigkeit verurteilt.

2. Für die Masse der Beschäftigten und ganz besonders für die Lohnarbeiter bedeutet der Kapitalismus mit der Abhängigkeit zugleich zunehmende Unsicherheit der Existenz. Technische Umwälzungen, die menschliche Arbeitskräfte ersparen, werfen immer wieder ausgebildete Arbeiter aus ihrer Sphäre heraus, und ferner bedeutet das durch den spekulativen Charakter der kapitalistischen Wirtschaft erzeugte Wechselspiel von Hochkonjunktur und Geschäftsstillstand für die große Masse der Arbeiter und der Angestellten immer wieder von neuem Wechsel von Überspannung der Kräfte und Arbeitslosigkeit. Je mehr aber die Arbeiterklasse anwächst, um so mehr wirkt die Arbeitslosigkeit lähmend auf das ganze Wirtschaftsleben zurück und wirft Tausende von Gewerbetreibenden dem Ruin in die Arme.

---

504 A.a.O., S. 183.

3. Wohl suchen die modernen Kapitalverbände, die Syndikate und Kartelle, die Produktion einer gewissen Regelung zu unterziehen. Aber sie tun das nicht im Interesse und zum Wohl der gesamten Volkswirtschaft, sondern im Interesse der Hochhaltung der Preise, der Sicherstellung möglichst hoher Profite in ihren speziellen Industrien. Infolgedessen können sie das Übel der periodisch eintretenden Geschäftsstockungen nicht beseitigen, sondern nur die Äußerungsformen ändern, während die künstliche Hochhaltung der Preise vielmehr die Wirkungen der Stockungen für die große arbeitende Allgemeinheit noch verschlimmert.

4. Die kapitalistische Produktion hat zu einer gewaltigen Steigerung des gesellschaftlichen Reichtums geführt. Aber dieser wachsende Reichtum fließt nur zum geringsten Teil den arbeitenden Klassen zu. In den verschiedenen Formen des Profits und der Bodenrente ziehen die Grundeigentümer und die kapitalbesitzenden Klassen immer größere Mengen von Mehrarbeit an sich. Es wächst immer mehr die Zahl derer, die auf Grund von Besitztiteln arbeitsloses Einkommen genießen, und in noch höherem Grade als ihre Zahl wächst ihr Kapitalreichtum. Riesenvermögen, wie keine frühere Zeit sie gekannt, häufen sich in Einzelhänden an, ins Ungeheure wächst der Abstand zwischen den Einkommen der breiten Masse der um Lohn oder ein dem Lohn ähnliches Gehalt sich Mühenden und dem Einkommen der Kapitalistenaristokratie, deren Luxus ins Ungemessene wächst und das öffentliche Leben korrumpiert.

5. Während die Produktion und der Austausch mit dem Wachstum der Unternehmungen immer mehr gesellschaftlichen Charakter annehmen, wird durch die Entwicklung von Kollektivformen des Besitzes — Aktien- usw. Gesellschaften — das Verhältnis der Eigentümer der Unternehmungen zu ihrem Betrieb zunehmend veräußerlicht. Ein immer größerer Teil des Gesamtkapitals der Gesellschaft wird Eigentum von Aktionären, die zu den Unternehmungen keinerlei funktionelle Beziehung haben, die nur am Profit, den es abwerfen soll, interessiert sind, ihm aber sonst teilnahmslos und unverantwortlich gegenüberstehen. Hinter den großen monopolartigen Unternehmungen läuft ein ganzes Heer von Aktionären, die deren soziale Macht verstärken, als Verzehrer arbeitslosen Einkommens aber für die Volkswirtschaft Parasitenexistenz führen.

6. Gegen dieses Überwuchern des Parasitismus, gegen den nach zwei Seiten hin, auf Lohn und Preis, geübten Monopoldruck des Kapitals wären die Arbeiter und Angestellten als Einzelne ohnmächtig. Nur durch die politische, gewerkschaftliche und genossenschaftliche Koalition vermögen sie seinen niederdrückenden Tendenzen Widerstand zu leisten. Koalitionsfreiheit und gleiches demokratisches Wahlrecht aller sind die notwendigen Vorbedingungen der Befreiung der Arbeiter in der kapitalistischen Gesellschaft.

7. Von allen der Kapitalmacht gegenüberstehenden Klassen der Gesellschaft ist die Arbeiterklasse allein eine umwälzende Macht im Sinne des gesellschaftlichen Fortschritts. Die anderen antikapitalistischen Klassen oder

Schichten sind entweder direkt reaktionär, wollen das Rad der Geschichte aufhalten oder womöglich zurückdrehen, oder sie bewegen sich, weil sie selbst Zwischenbildungen sind, in Widersprüchen und Halbheiten. Einzig die Arbeiter haben als Klasse dem Kapitalismus gegenüber ausschließlich fortschrittliche Interessen zu vertreten. Als Klasse haben die Arbeiter das größte Interesse an der Vermehrung des gesellschaftlichen Reichtums durch Vervollkommnung der Technik und Einspannung der Naturkräfte in den Dienst der Produktion; als Klasse haben sie das größte Interesse an der Beseitigung der parasitären Unternehmungsformen und der Expropriation der parasitären Gesellschaftselemente.

8. Ihr Klasseninteresse verlangt die Überführung der wirtschaftlichen Monopole in den Besitz der Gesellschaft und deren Betrieb zum Vorteil der Gesellschaft, in ihrem Klasseninteresse liegt die Ausdehnung der gesellschaftlichen Kontrolle auf alle Zweige der Produktion, die Einbeziehung der zurückgebliebenen Betriebe in die gesellschaftlich geregelte Produktion. Die Organisation der Arbeiter als Klasse aber heißt ihre Organisation zu einer besonderen politischen Partei, und die politische Partei der Arbeiter ist die Sozialdemokratie.

9. Die Sozialdemokratie kämpft für die Durchführung der Demokratie in Staat, Provinz, Gemeinde als Mittel der Verwirklichung der politischen Gleichheit aller und als Hebel für die Vergesellschaftung des Bodens und der kapitalistischen Betriebe. Sie ist nicht Partei der Arbeiter in dem Sinne, daß sie nur Arbeiter in ihre Reihen aufnimmt, wer ihre Grundsätze annimmt und vertritt, das heißt, wer zu den Fragen des Wirtschaftslebens im Sinne des Kampfes der schaffenden Arbeit gegen den ausbeuterischen Besitz Stellung nimmt, gehört in ihre Reihen. Aber sie wendet sich hauptsächlich an die Arbeiter; denn die Befreiung der Arbeiter muß in erster Linie das Werk der Arbeiter selbst sein. Die Arbeiter mit diesem Gedanken zu erfüllen und sie für den Kampf wirtschaftlich und politisch zu organisieren ist die Hauptaufgabe der Sozialdemokratie.

10. Der Kampf der Sozialdemokratie ist nicht auf ein einzelnes Land beschränkt, sondern umfaßt alle Länder, in denen die moderne Entwicklung ihren Einzug gehalten hat. Von der Erkenntnis durchdrungen, daß die Entwicklung des modernen Verkehrswesens eine zunehmende Solidarität der Arbeiter aller dieser Länder schafft, und daß die nationalen Gegensätze, von denen heute noch gesprochen wird, in Herrschafts- und Ausbeutungsbeziehungen wurzeln, für deren Beseitigung die Arbeiterklasse kämpft, vertritt die Sozialdemokratie im Wirtschaftskampf und in der politischen Aktion den Grundsatz der Internationalität, der zum Ziel hat hat den freien Bund der Völker auf der Grundlage des Rechtes der nationalen Selbstbestimmung im Rahmen der Solidarität der Kulturmenschheit"[505].

---

505 Eduard Bernstein, Der Revisionismus in der Sozialdemokratie, Amsterdam 1909, S. 44 ff.

IX. Kapitel

Rosa Luxemburg:
Marxistischer Radikalismus

Anti-Reformismus und Anti-Pragmatismus als politische Grundlagen

Obgleich Rosa Luxemburg ihre Argumentation gegen den „Revisionismus" geschickt als eine Verteidigung der überkommenen Parteiprinzipien inszenierte, ließ sie sich und ihre Gesinnungsgenossen nicht im Zweifel über die Aufgabe innerhalb der Sozialdemokratie, „unsere ganze positive Arbeit zu revidieren" und mit revolutionärer Stoßrichtung „neue Wege aufzuzeigen"[506]. Dementsprechend gab sie einer „klassischen" Problematik der Parteistrategie eine zunächst weitgehend akzeptierte Ausdeutung, indem sie der sozialen Revolution als dem Endziel das politische Primat einräumte, ohne dabei die Bedeutung der Reformarbeit zu bestreiten: „Für die Sozialdemokratie bildet der alltägliche praktische Kampf um soziale Reformen, um die Besserung der Lage des arbeitenden Volkes noch auf dem Boden des Bestehenden, um die demokratischen Einrichtungen vielmehr den einzigen Weg, den proletarischen Klassenkampf zu leiten und auf das Endziel, auf die Ergreifung der politischen Macht und die Aufhebung des Lohnsystems, hinzuarbeiten. Für die Sozialdemokratie besteht zwischen der Sozialreform und der sozialen Revolution ein unzertrennlicher Zusammenhang, indem ihr der Kampf um die Sozialreform das Mittel, die soziale Umwälzung aber der Zweck ist"[507]. Als begrifflich-theoretischer Rahmen war diese Auffassung keineswegs neu; auch Lassalle und Kautsky definierten die Beziehung zwischen Reform und Revolution in ähnlicher Weise, und selbst die entsprechenden Formulierungen Bernsteins über Ziel und Bewegung hatten vergleichbare Aspekte im Blick.
Die spezifische Sichtweise Rosa Luxemburgs wurde erst aus der konkreten Beleuchtung der angesprochenen Zweck-Mittel-Relation von revolutionärem Ziel und reformerischer Vorarbeit deutlicher akzentuiert. Denn die Bestimmung der *sozialen* Revolution – des historisch-epochalen Umbruchs im Unterschied von der „machbaren" politischen Revolution – als Zweck sozialdemokratischer Politik ließ zunächst einmal auch die Deutung Bernsteins zu, daß der Sozialismus die synthetisierende Perspektive und das praktische Ergebnis einer strategisch verknüpften Vielzahl politischer Maßnahmen darstellte. Diese Qualität sprach Rosa Luxemburg der Reform-

---

506 Rosa Luxemburg an Leon Jogiches vom 1. 5. 1899, in: Rosa Luxemburg, Briefe an Leon Jogiches, Frankfurt am Main 1971, S. 151.
507 Rosa Luxemburg, Sozialreform oder Revolution? (1899), in: Gesammelte Werke, a.a.O., Bd. 1/1, S. 369.

politik aber gerade ab: „Der Sozialismus wohnt also dem alltäglichen Kampf der Arbeiterklasse durchaus nicht als Tendenz inne, er wohnt inne nur hier den immer mehr sich zuspitzenden objektiven Widersprüchen der kapitalistischen Wirtschaft, dort der subjektiven Erkenntnis der Arbeiterklasse von der Unerläßlichkeit ihrer Aufhebung durch eine soziale Umwälzung"[508].

So faßte Rosa Luxemburg offenkundig die Reformpolitik als „Mittel" des sozialdemokratischen Kampfes im Verhältnis zum revolutionären „Zweck" mehr im Sinne des „Hilfsmittels" als der „Vermittlung" von politischer Strategie auf. Für sie reduzierte sich die Funktion der praktischen Arbeit im Rahmen der bestehenden Gesellschaft auf eine Art „Exerzierplatz" für die Vorbereitung auf die entscheidende Schlacht um den Endsieg: „Nach der landläufigen Auffassung besteht die sozialistische Bedeutung des gewerkschaftlichen und politischen Kampfes darin, daß er das Proletariat, d. h. den subjektiven Faktor der sozialistischen Umwälzung zu deren Durchführung vorbereitet"[509]. In diesem und manch anderem Falle muß die unterstellte „landläufige Auffassung" bei Rosa Luxemburg als normativer Begriff im Sinne der „bewährten und sieggekrönten" Tradition verstanden werden, mit der sie ihre eigene Interpretation stillschweigend gleichsetzte.

Über den Eigenwert aller praktischen Vorschläge zur Verbesserung der politischen und sozialen Situation der arbeitenden Bevölkerung urteilte sie ausgesprochen geringschätzig: „Wenn Bernstein die Frage stellt, ob in einem Fabrikgesetz viel oder wenig Sozialismus steckt, so können wir ihm versichern, daß in dem allerbesten Fabrikgesetz genausoviel Sozialismus steckt wie in den Magistratsbestimmungen über die Straßenreinigung und das Anzünden der Gaslaternen, was ja auch ‚gesellschaftliche Kontrolle' ist"[510]. Mit diesem beißenden Spott gegenüber sozialer Reformgesetzgebung befand sich Rosa Luxemburg unmittelbar im Widerspruch zu Karl Marx, für den „die Streitfrage zwischen der blinden Herrschaft der Gesetze von Nachfrage und Zufuhr, welche die politische Ökonomie der Mittelklasse bildet, und der Kontrolle sozialer Produktion durch soziale Ein- und Vorsicht, welche die politische Ökonomie der Arbeiterklasse bildet"[511], einen zentralen Stellenwert besaß. Dementsprechend begrüßte Marx die Einführung des zehnstündigen Normalarbeitstages in England als einen Erfolg der Arbeiterbewegung von unbestreitbarer Systemrelevanz: „Die Zehnstundenbill war daher nicht bloß eine große praktische Errungenschaft, sie war der Sieg eines Prinzips"[512]. Ein solcher Sieg des Prinzips gesellschaftlicher Kontrolle der Produktion, in der sich die politische Ökonomie der Arbeiterklasse manifestierte, enthielt ohne jeden Zweifel für Marx ein sozialistisches Entwicklungspotential.

Wie noch jede *antireformistische* Position gipfelte Rosa Luxemburgs Feldzug

508 A.a.O., S. 403.
509 A.a.O., S. 401.
510 A.a.O., S. 394.
511 Karl Marx, Inauguraladresse der Internationalen Arbeiter-Assoziation, in: MEW 16, S. 11.
512 Ebd.

gegen die „Illusionen" des Tageskampfes in einer drastischen Herabsetzung des parlamentarischen Systems: „Es blieb Bernstein vorbehalten, den Hühnerstall des bürgerlichen Parlamentarismus für das berufene Organ zu halten, wodurch die gewaltigste weltgeschichtliche Umwälzung: die Überführung der Gesellschaft aus den kapitalistischen in sozialistische Formen, vollzogen werden soll"[513]. Wenn auch Bernstein das Parlament keineswegs für das einzige „berufene Organ" sozialistischer Transformation erklärt hatte, so trat Rosa Luxemburgs Einstellung zu dem „pluralistischen Gegacker" der unterschiedlichsten Interessen und Meinungen gerade in dieser Überzeichnung der Gegenposition deutlich hervor. Seit ihrer ersten Mitarbeit in der deutschen Partei war ihr folglich der „parlamentarische Kretinismus"[514] (zu deutsch: „Trottelhaftigkeit") der Sozialdemokratie ein Dorn im Auge.

Als Ausfluß ihrer politischen Einstellung zum parlamentarischen und sonstigen Tagespragmatismus bestimmte Rosa Luxemburg die prinzipielle Position der Sozialdemokratie auf dem Boden der bestehenden Verhältnisse durchaus stringent: „In der bürgerlichen Gesellschaft ist der Sozialdemokratie dem Wesen nach die Rolle einer oppositionellen Partei vorgezeichnet, als regierende darf sie nur auf den Trümmern des bürgerlichen Staates auftreten"[515]. Wenn die Sozialdemokratie dennoch in einigen Organen der bürgerlichen Gesellschaft mitarbeitete, so geschah dies nicht etwa, um über eine Zusammenarbeit mit anderen politischen Kräften praktische Zugeständnisse zu erlangen, sondern um die grundsätzliche Opposition gegen die herrschende Ordnung permanent zu demonstrieren: „Bei uns liegt in dem Nein, in der unversöhnlichen Haltung unsere ganze Kraft. Diese Haltung ist es, die uns die Furcht und die Achtung der Feinde, das Vertrauen und die Anhängerschaft des Volkes erwirbt"[516]. Die Teilnahme an der politischen Routinearbeit von offiziellen Körperschaften der bestehenden Gesellschaft sollte der Sozialdemokratie demnach lediglich eine wirksame Agitationsbühne verschaffen, auf welcher das kägliche Schauspiel des parlamentarischen Kuhhandels der herrschenden Klasse vor aller Öffentlichkeit „entlarvt" und die kompromißlose Frontstellung der Arbeiterpartei gegenüber diesen politischen Kräften in das Bewußtsein der Bevölkerungsmassen eingeprägt wurde.

Der gedankliche Kreis ihres zur politischen Maxime erhobenen Anti-Reformismus und Anti-Pragmatismus schließt sich in Rosa Luxemburgs Einstellung zur Gewerkschaftsbewegung zu einem charakteristischen Ganzen. Für sie lag unverrückbar fest, daß die Gewerkschaften ihrer gesellschaftlichen Funktion nach „nichts sind als die organisierte Defensive der Arbeitskraft gegen die Angriffe des Profits"[517]. Ohne damit dieses Erfordernis eines Abwehrorgans zu bestreiten, bedeutete doch die Kennzeichnung des gewerk-

513 Rosa Luxemburg, Sozialreform . . ., a.a.O., S. 433.
514 Rosa Luxemburg an Karl und Luise Kautsky vom 13. 7. 1900, in: Rosa Luxemburg, Briefe an Karl und Luise Kautsky, Hrsgg. von Luise Kautsky, Berlin 1923, S. 48.
515 Rosa Luxemburg, Eine taktische Frage (1899), in: Gesammelte Werke, a.a.O., 1/1, S. 486.
516 Rosa Luxemburg, Possibilismus, Opportunismus (1898), in: Gesammelte Werke, a.a.O., 1/1, S. 230.
517 Rosa Luxemburg, Sozialreform . . ., a.a.O., S. 419.

schaftlichen Kampfes als „Sisyphusarbeit"[518] eine klare Herabwürdigung: Wie die Götter der griechischen Mythologie den Sisyphos dazu verurteilt hatten, einen immer wieder ins Tal hinabrollenden Stein bis ans Lebensende einen steilen Berg hinaufzuwälzen, so hatte der kapitalistische Weltlogos die Gewerkschaften offenbar verdammt, bis ans Ende der kapitalistischen Bewegungsgesetze das hinabstürzende Lebensniveau der Arbeiterklasse immer wieder mühsam auf die ursprüngliche Höhe zu heben, ohne daß auf diese Weise ein realer Fortschritt stattfand. Als der Inbegriff existentieller Absurdität konnte derlei „Sisyphusarbeit" einzig dem höheren Zweck dienen, sich durch Einsicht in diese Situation totaler Entfremdung der Mittel gegenüber dem Ziel von dem Fluche zu befreien: „In der parteiüblichen Auffassung führt man das Proletariat durch den gewerkschaftlichen und politischen Kampf zu der Überzeugung von der Unmöglichkeit, seine Lage grundsätzlich durch diesen Kampf aufzubessern, und von der Unvermeidlichkeit einer endgültigen Besitzergreifung der politischen Machtmittel"[519]. Der Sinn dieser Gegenwartsarbeit lag also für Rosa Luxemburg allein darin begründet, den „Reformismus" und „Pragmatismus" im Bewußtsein der Arbeiterklasse ad absurdum zu führen. Ob sie tatsächlich daran glaubte, die in ihrer ganzen Existenz mit dieser Tätigkeit verbundenen Partei- und Gewerkschaftsorgane und die unter ständiger Repressionsdrohung um Besserung ihres Lebensstandards kämpfenden Arbeiter von dieser geradezu lyrischen „Dialektik des Absurden" zu überzeugen?

Ausgehend von dieser schicksalhaften Verdammung der Gewerkschaften zur „Sisyphusarbeit" kann es nicht verwundern, daß sie den gewerkschaftlichen „Steinwälzern" ein deutliches Zurückbleiben hinter den leichtfüßig zu höchsten Gipfeln emporstrebenden Kräften des politischen Kampfes voraussagte: „Faßt man größere Strecken der sozialen Entwicklung ins Auge, so kann man sich der Tatsache nicht verschließen, daß wir im großen und ganzen nicht Zeiten eines starken Aufschwunges, sondern des Niederganges der gewerkschaftlichen Bewegung entgegengehen"[520]. Diese Zeilen schrieb Rosa Luxemburg im Jahre 1899, als die Gewerkschaften nach vier Jahren Hochkonjunktur bereits ihre Mitgliederzahlen von 259 000 auf 580 000 mehr als verdoppelt hatten! Aber ihr politisches Urteil schritt über solches „empirisches Kleingestrüpp" unbeirrt hinweg, insofern ihrer Einschätzung nach unbeugsame geschichtliche Tendenzen am Werke waren. Während Marx noch die gewiß auch nicht unproblematische These vertrat: „Das industriell entwickeltere Land zeigt dem minder entwickelten nur das Bild der eigenen Zukunft"[521], stellte Rosa Luxemburg diese Zusammenhänge geradezu auf den Kopf, wenn sie Deutschland selbst gegenüber England weitaus an der Spitze des historischen Fortschritts marschieren sah, als dessen Maßstab sie einzig die revolutionäre Ausrichtung der Arbeiterbewegung anerkannte: „Um der Sache des Sozialismus zu dienen, müssen aber nicht die deutschen Gewerkschaften in die Fußstapfen der englischen, sondern umgekehrt die eng-

---

518 A.a.O., S. 420.
519 A.a.O., S. 401.
520 A.a.O., S. 391.
521 Karl Marx, Das Kapital, MEW 23, S. 12.

lischen in die Fußstapfen der deutschen treten, die ‚englische Brille' paßt also nicht für Deutschland, nicht deshalb, weil die englischen Verhältnisse fortschrittlicher, sondern weil sie — vom Standpunkt des Klassenkampfes — rückschrittlicher als die deutschen sind"[522]. Die Frage, inwieweit sich hier das realhistorische „Werden" gegen das postulierte „Müssen" sperren konnte, stellte sich Rosa Luxemburg in solchen Fällen einfach nicht.

Da jede auf konkrete Ergebnisse ausgerichtete Tagespolitik sich unweigerlich mit der bestehenden Gesellschaftsordnung sowie ihren Institutionen und Spielregeln — wenn auch nur taktisch — einzulassen hatte, mußte die Sozialdemokratie für sie zu einer ganz gewöhnlichen Partei in der bürgerlichen Gesellschaft herabsinken, sobald sie in der Reformarbeit mehr als einen Exerzierplatz zur Schulung der revolutionären Klassenkämpfer erblickte. Wer deshalb offen dafür eintrat, eine Reformstrategie zu einem unverzichtbaren und entscheidenden Element des Kampfes um den Sozialismus zu erheben, konnte bei der gedanklichen Konsequenz Rosa Luxemburgs in derartigen Grundsatzfragen kein Sozialdemokrat in ihrem Verständnis mehr sein: „Bernstein läßt sein Buch in den Rat an die Partei ausklingen, sie möge zu scheinen wagen, was sie sei: eine demokratisch-sozialistische Reformpartei. Die Partei, d. h. ihr oberstes Organ, der Parteitag, müßte unseres Erachtens diesen Rat quittieren, indem sie Bernstein veranlaßt, seinerseits auch formell als das zu erscheinen, was er ist: ein kleinbürgerlich-demokratischer Fortschrittler"[523]. Diese in dem erläuternden Zusatz „formell" unzweideutig formulierte Forderung nach einem Parteiausschluß Bernsteins und seiner Gesinnungsgenossen bringt, gerade weil sie der inneren Logik von theoretischen Überzeugungen Rosa Luxemburgs entsprang, sehr deutlich zum Ausdruck, wie breit die Kluft zwischen ihr und der offiziellen Parteikonzeption bereits in dieser Zeit war.

Eine ausdrückliche Bekräftigung der Zusammenbruchstheorie

Da Rosa Luxemburg das Bemühen um die Wiederherstellung einer Einheit von Theorie und Praxis in der Sozialdemokratie durchaus mit Bernstein teilte und gerade darin so radikal in Konflikt mit seinen Anschauungen geriet, stellte sie die von ihm attackierte Zusammenbruchstheorie als unverzichtbaren Eckpfeiler ihrer theoretischen Konzeption heraus: „Die wissenschaftliche Begründung des Sozialismus stützt sich nämlich bekanntermaßen auf drei Ergebnisse der kapitalistischen Entwicklung: vor allem auf die wachsende Anarchie der kapitalistischen Wirtschaft, die ihren Untergang zu unvermeidlichem Ergebnis macht, zweitens auf die fortschreitende Vergesellschaftung des Produktionsprozesses, die die positiven Ansätze der künftigen sozialen Ordnung schafft, und drittens auf die wachsende Macht und Klassenerkenntnis des Proletariats, das den aktiven Faktor der bevorstehenden

522 Rosa Luxemburg, Die englische Brille (1899), in: Gesammelte Werke, a.a.O., 1/1, S. 482.
523 Rosa Luxemburg, Sozialreform . . ., a.a.O., S. 445.

Umwälzung bildet"[524]. Es war für Rosa Luxemburg ihrer eigenen Formulierung nach also „vor allem" die auf den notwendigen Untergang zusteuernde Krisentendenz des kapitalistischen Systems, die der „Wissenschaftlichkeit" der von ihr vertretenen sozialistischen Politik die Grundlage gab. Wie sehr ihr politisches Denken auf diese selbstnegatorische Tendenz des kapitalistischen Wirtschaftssystems fixiert war, zeigten selbst noch ihre Stellungnahmen zu konkreten Einzelproblemen. Eine Begründung der ablehnenden Haltung der Sozialdemokratie zum Schutzzoll mit der Verschlechterung des materiellen Lebensniveaus durch Preissteigerungen war für sie potentiell „opportunistisch" – eben an Nützlichkeitskalkülen orientiert –, wohingegen sie als prinzipiellen Ausgangspunkt das Argument forderte, daß solche Maßnahmen „den Augenblick des Zusammenbruchs der heutigen Wirtschaft, damit auch unseren Sieg hinausschieben"[525] müßten. Deutlicher ließ sich die Identifizierung der sozialdemokratischen Zukunftsperspektiven mit der Zusammenbruchserwartung nicht mehr formulieren.

So kam Rosa Luxemburg der zentrale Streitpunkt gegenüber Bernstein in voller Schärfe zu Bewußtsein: „Nimmt man jedoch mit Bernstein an, die kapitalistische Entwicklung gehe nicht in der Richtung zum eigenen Untergang, dann hört der Sozialismus auf, objektiv notwendig zu sein"[526]. Zu diesem Ergebnis war in der Tat Bernstein durch die Revision der Zusammenbruchstheorie gelangt, weshalb er den subjektiv-aktiven Momenten gegenüber dem objektiven Selbstlauf eine größere Bedeutung einräumte. Obgleich Rosa Luxemburg die aktive Mitwirkung einer revolutionären Sozialdemokratie stärker als Kautsky hervorhob, blieb die Orientierung am „Endziel" doch untrennbar an die Vorbedingung der objektiv-ökonomischen Zerrüttung des bestehenden Systems gebunden: „Diese Auffassung unserer Aufgabe steht in engstem Zusammenhang mit unserer Auffassung von der kapitalistischen Gesellschaft, dem festen Boden unserer Anschauung, daß die kapitalistische Gesellschaft sich in unlösbare Widersprüche verwickelt, die im Schlußresultat eine Explosion notwendig machen, einen Zusammenbruch, bei dem wir den Syndikus spielen werden, der die verkrachte Gesellschaft liquidiert"[527]. Was man sich allerdings unter der „Liquidation" einer „verkrachten Gesellschaft" im einzelnen vorzustellen hatte, hielt Rosa Luxemburg hier wie auch sonst im Wortnebel allgemeiner Umschreibungen verborgen.

In der detaillierten Auseinandersetzung mit den Thesen Bernsteins ließen sich einige ökonomische Tatsachen einfach nicht bestreiten, die auch bei Rosa Luxemburg ein neues Überdenken herausforderten. So gab sie beispielsweise die relativ hohe, nur anteilsmäßig leicht absinkende, absolut aber weiterhin steigende Anzahl von Kleinbetrieben ohne weiteres zu. Indem sie diesem empirischen Sachverhalt jedoch eine veränderte theoretische Deutung beilegte, rettete Rosa Luxemburg selbst diesen den ursprünglichen Erwartungen

524 A.a.O., S. 375.
525 Rosa Luxemburg, Nachbetrachtungen zum Parteitag (1898), in: Gesammelte Werke, a.a.O., 1/1, S. 247.
526 Rosa Luxemburg, Sozialreform ..., a.a.O., S. 376.
527 Protokoll 1898, S. 100.

widersprechenden Trend noch für die revolutionäre Zuspitzung des objektiven Prozesses: „Sind die Kleinkapitale einmal die Vorkämpfer des technischen Fortschritts und ist der technische Fortschritt der Lebenspulsschlag der kapitalistischen Wirtschaft, so bilden offenbar die Kleinkapitale eine unzertrennliche Begleiterscheinung der kapitalistischen Entwicklung, die erst mit ihr zusammen verschwinden kann. Das stufenweise Verschwinden der Mittelbetriebe ... würde bedeuten, nicht, wie Bernstein meint, den revolutionären Entwicklungsgang des Kapitalismus, sondern, gerade umgekehrt, eine Stockung, Einschlummerung des letzteren"[528]. Da auch ihr schwerlich die Tatsache verborgen geblieben sein konnte, daß der technische Fortschritt seit jener Epoche verstärkt gerade in den Großkonzernen systematisch vorangetrieben wurde, muß sie offenbar die Entstehung neuer Zweige der Produktion in Mittelbetrieben gemeint haben. Während Bernstein insbesondere die Sozialstruktur und ihre politisch-bewußtseinsmäßigen Konsequenzen im Auge hatte und deshalb die unerwartete Lebensfähigkeit der Kleinbetriebe als Hindernis einer raschen Entwicklung zum Sozialismus einzuschätzen geneigt war, konzentrierte Rosa Luxemburg also ihre Analyse ganz auf die stürmische Entwicklung der kapitalistischen Produktion bis an die objektiven Grenzen ihrer Absatzkapazitäten.

Auch den Entwicklungstrend vom Industriekapital zum Finanzkapital über die Verallgemeinerung des Aktien- und Kreditwesens registrierte Rosa Luxemburg als empirische Tatsache. Entgegen der Deutung Bernsteins, daß auf diese Weise die Mobilität und Flexibilität der Kapitalbewegungen erhöht und damit die zyklischen Krisen abgeschwächt würden, erblickte sie jedoch in der Ausbreitung des Kredits eine weitere Verschärfung von Krisenfaktoren: „Er steigert den Widerspruch zwischen Produktions- und Aneignungsweise, indem er die Produktion vom Eigentum trennt, indem er das Kapital in der Produktion in gesellschaftliches, den Profit aber in die Form eines reinen Kapitalzinses, also in einen reinen Eigentumstitel verwandelt"[529]. Allzu deutlich redeten Rosa Luxemburg und Bernstein in der theoretischen Begründung ihrer unterschiedlichen Strategieansätze aneinander vorbei: Auf der einen Seite hatte Bernstein zunächst ausschließlich das krisenmildernde Potential der verschiedenen Elemente des Organisierten Kapitalismus angesprochen. Demgegenüber hielt sich Rosa Luxemburg mit der stabilisierenden Seite des Kreditwesens gar nicht erst auf. Der einzige für eine sozialdemokratische Strategiediskussion relevante Aspekt, das konkrete gesellschaftliche Ergebnis dieses Wechselspiels von krisenerzeugenden und krisenmildernden Faktoren nämlich, wurde charakteristischerweise von beiden nicht eingehend erörtert. So drängt sich die Vermutung auf, daß eine dermaßen selektive Verwendung hochabstrakter Begründungszusammenhänge weniger einer rationalen Prüfung der gesellschaftlichen Handlungsbedingungen, sondern einer pseudowissenschaftlichen Absicherung ohnehin feststehender politischer Auffassungen diente.

Aus der inneren Logik der Argumentationsweise Rosa Luxemburgs in bezug auf die einzelnen möglichen Krisenfaktoren wurde klar ersichtlich, daß sie

---

528 Rosa Luxemburg, Sozialreform ..., a.a.O., S. 387/88.
529 A.a.O., S. 380.

im Grunde lediglich die Begriffe und Gegenstände je nach dem vorliegenden Aspekt variierte: „Im ganzen erscheinen also auch die Kartelle ebenso wie der Kredit als bestimmte Entwicklungsphasen, die in letzter Linie die Anarchie der kapitalistischen Welt nur noch vergrößern und alle ihre immanenten Widersprüche zum Ausdruck und zur Reife bringen. Sie verschärfen den Widerspruch zwischen der Produktions- und Austauschweise, indem sie den Kampf zwischen den Produzenten und Konsumenten auf die Spitze treiben"[530]. Wir sehen also, daß die zentrale Problematik der Argumentation Rosa Luxemburgs ihr vieldeutiger „Widerspruchs"-Begriff war, mit welchem sie die sich verschärfenden Krisen des Kapitalismus erklärte. Wenn einmal ein sozialer Klassengegensatz (Lohnarbeit und Kapital), dann wieder eine interne Differenzierung in der Bourgeoisie durch Aktien- und Kreditwesen (Eigentums- und Verfügungsrecht) und schließlich auch noch die beiden funktionellen Seiten des Wirtschaftsmechanismus (Produktion und Konsumtion) allesamt unter eine universelle „Widerspruchs"-Kategorie subsumiert wurden, so reduzierte sich die darin umschlossene Erklärungskraft auf eine Banalität: daß eine expandierende kapitalistische Wirtschaft keine ideale Harmonie, sondern vielfältige sozioökonomische Organisationsprobleme und soziale Konflikte erzeugte.

In welch ausgeprägter Dimension die Zusammenbruchstheorie im Rahmen ihrer Thesen lediglich ein logisches Konstrukt, keineswegs aber eine aus konkreter Analyse empirischer Wirtschaftszusammenhänge gespeiste Prognose war, zeigte unmißverständlich das Resümee Rosa Luxemburgs aus ihrer Auseinandersetzung mit den Ansätzen Bernsteins. Für sie konnte sich Bernstein in den vielfältigen „Widersprüchen" des Kapitalismus einzig durch die Unterstellung vollendeter Gleichgewichtszustände wissenschaftlich behaupten — als „bürgerlicher Harmonie-Ökonom". Mochte er sich aber nicht für diese abseitige Position entscheiden, konstatierte er deshalb einen — nur modifizierten und abgeschwächten — Krisenmechanismus und reichte den Zusammenbruchstheoretikern damit den kleinen Finger, so ergriff Rosa Luxemburg umgehend die ganze Hand: „Gibt Bernstein ein wenig Anarchie zu, so sorgt der Mechanismus der Warenwirtschaft von selbst für die Steigerung der Anarchie ins ungeheure — bis zum Zusammenbruch"[531]. In der empirischen Welt konnten sich die mannigfaltigsten Dinge ereignen — für Rosa Luxemburg war allein die Alternative Zusammenbruchstheorie contra Gleichgewichtsökonomie logisch zugelassen. Damit drängt sich nunmehr als der Schlüssel zum politisch-ökonomischen Denken Rosa Luxemburgs eine Untersuchung ihres generellen methodischen Ansatzes auf, der zu solchen auf den ersten Blick verblüffenden Schlußfolgerungen führte.

---

530 A.a.O., S. 382.
531 A.a.O., S. 413.

Einen schon von Bernstein in kritischer Absicht formulierten Zusammenhang der drei Ebenen *philosophisch-methodischer, politisch-strategischer* und *ökonomisch-analytischer* Ansätze im Rahmen des Marxismus bestätigte Rosa Luxemburg, ohne sich explizit auf entsprechende Andeutungen zu beziehen, in einer exemplarischen Gedankenkette: „Die Vorstellung von der Entwicklung als einem unmerklichen, ausschließlich friedlichen Prozeß des Ineinandergleitens verschiedener Phasen und Entwicklungsstufen ist gerade charakteristisch für die spießbürgerliche, seichte Auffassungsweise im Gegensatz zu der dialektischen Auffassung des wissenschaftlichen Sozialismus, der sich die Bewegung der Gesellschaft in Gegensätzen denkt und deshalb die Katastrophe in bestimmten Zeitpunkten für unausbleiblich hält"[532]. An dieser Stelle formulierte Rosa Luxemburg selbst die geistige Beziehung zwischen einer bestimmten Ausprägung der dialektischen Methode und einer politisch-ökonomischen Katastrophentheorie, denen ein evolutionistisches Weltbild und die ihm entsprechende strategische Konzeption eines stufenweisen Fortschritts antithetisch gegenüberstanden.

Was Bernstein kritisch als „konstruierende Begriffsdialektik" gekennzeichnet und in seiner Problematik anhand einiger Fehleinschätzungen von Marx und Engels aus der Zeit der 48er Revolution erläutert hatte, die einer Vernachlässigung der historisch-empirischen Realanalyse entsprangen, beanspruchte Rosa Luxemburg gerade als den methodischen Kern des Marxschen Denkens: „Umgekehrt, erst in der Beleuchtung der Deduktion sind ihm alle ‚empirischen Tatsachen' im neuen Licht erschienen, erst als er den Ariadnefaden des historischen Materialismus in der Hand hatte, fand er durch das Labyrinth der alltäglichen Tatsachen der heutigen Gesellschaft den Weg zu wissenschaftlichen Gesetzen ihrer Entwicklung und ihres Unterganges"[533]. Es bedarf auch in diesem Falle keiner weiteren Interpretation, daß Rosa Luxemburg unzweideutig die logisch-deduktive Vorgehensweise als das Wesen des „wissenschaftlichen Sozialismus" und damit ihrer eigenen Forschung herausstellte.

Um die spezifische Problematik dieses Verständnisses der dialektischen Methode in voller Schärfe zu erfassen, ist es notwendig, sich die entsprechende Äußerung von Karl Marx zum Verhältnis von historisch-empirischer und logisch-deduktiver Betrachtungsweise zu vergegenwärtigen: „Allerdings muß sich die Darstellungsweise formell von der Forschungsweise unterscheiden. Die Forschung hat den Stoff sich im Detail anzueignen, seine verschiedenen Entwicklungsformen zu analysieren und deren inneres Band aufzuspüren. Erst nachdem diese Arbeit vollbracht, kann die wirkliche Bewegung entsprechend dargestellt werden. Gelingt dies und spiegelt sich nun das Leben des Stoffs ideell wider, so mag es aussehn, als habe man es mit einer Konstruk-

---

532 Rosa Luxemburg, Erörterungen über die Taktik (1898), in: Gesammelte Werke, a.a.O., 1/1, S. 259.
533 Rosa Luxemburg, Aus dem Nachlaß unserer Meister (1901), in: Gesammelte Werke, a.a.O., 1/2, S. 140/41.

tion a priori zu tun"[534]. Demnach ließ Marx für sein eigenes Werk keinen Zweifel daran, daß am Anfang der Forschung die Aufgabe stand, historisch-empirisch „den Stoff sich im Detail anzueignen", während die logisch-deduktive Darstellungssynthese dann nur scheinbar eine „Konstruktion a priori" war. Der entscheidende Streitpunkt entstand nun an der Frage, ob diese von der historisch-empirischen „Erscheinungsebene" der Gesellschaft ausgehende Logik der Forschung prinzipiell für jeden in der Tradition von Marx arbeitenden Wissenschaftler verbindlich war, was offenbar die methodische Position Bernsteins markierte, oder aber nach dem einmal gelungenen Erkenntnisakt der „Wesensanalyse" des Kapitalismus das Marxsche Werk als eine die historische Empirie immer schon enthaltende logische Deduktion jeder folgenden Analyse zugrunde gelegt werden konnte, wie es der Überzeugung Rosa Luxemburgs entsprach.

Es ist jedoch irreführend, dieses logisch-deduktive Verständnis des Marxismus schlicht als „dogmatisch" zu bezeichnen, insofern man unter Dogmatismus das unbedingte Festhalten an einem einmal errichteten Lehrgebäude wissenschaftlicher Theorien versteht. Im Unterschied zu jedem Dogmatismus, der die Diskrepanz zwischen einer dynamischen Realität und einer erstarrten Theorie durch Interpretationskünste zu überbrücken versucht, formulierte Rosa Luxemburg sehr deutlich ihr „methodisches" Verhältnis zur Marxschen Theorie: „Allein, von einem mehr oder weniger ausgearbeiteten Lehrgebäude kann bei Marx nur auf ökonomischem Gebiet die Rede sein. Dagegen, was das Wertvollste seiner Lehre betrifft: die materialistisch-dialektische Geschichtsauffassung, so stellt sie nur eine Forschungsmethode dar, ein paar leitende geniale Gedanken, die den Ausblick in ein ganz neue Welt gestatten, die unendliche Perspektiven der selbständigen Betätigung eröffnen, die den Geist zu kühnsten Ausflügen in unerforschte Gebiete beflügeln"[535]. Der strikte „Antirevisionismus" Rosa Luxemburgs bezog sich also einzig auf die von ihr als das „Wesen" des Marxismus betrachtete logisch-deduktive Argumentationsweise.

Während die Gefahr des parteioffiziellen Dogmatismus á la Kautsky der theoretische Selbstbetrug, d. h. die Versöhnung von aufgebrochenen Spannungsverhältnissen in Scheinsynthesen bildete, neigte Rosa Luxemburg ihrerseits dazu, aus jeder Differenz in politischen Fragen sogleich einen polaren Gegensatz zu konstruieren. Dementsprechend begnügte sie sich nicht mit einer Bekräftigung der „bewährten und sieggekrönten Taktik" gegen die kritischen Anfechtungen Bernsteins, sondern witterte alsbald den Klassenverrat: „Die durch Bernstein theoretisch formulierte opportunistische Strömung in der Partei ist nichts anderes als eine unbewußte Bestrebung, den zur Partei herübergekommenen kleinbürgerlichen Elementen die Oberhand zu sichern"[536]. Da für Rosa Luxemburg in einer politisch organisierten Klasse von sozialdemokratischen Arbeitern grundlegende Richtungskämpfe logisch nicht zugelassen waren, konnte sie im „Revisionismus" gar „nichts anderes"

---

534 Karl Marx, Das Kapital, MEW 23, S. 27.
535 Rosa Luxemburg, Stillstand und Fortschritt im Marxismus (1903), in: Gesammelte Werke, a.a.O., 1/2, S. 364.
536 Rosa Luxemburg, Sozialreform ..., a.a.O., S. 371.

als eine kleinbürgerliche Unterwanderung der ihrem „Wesen" nach proletarischen Partei erblicken.

Folglich scheute sie sich nicht, aus dieser Herangehensweise die logisch schlüssigen extremsten Konsequenzen zu ziehen: „Die Diskussion mit Bernstein ist zur Auseinandersetzung zweier Weltanschauungen, zweier Klassen, zweier Gesellschaftsformen geworden"[537]. In der Reihenfolge dieser polaren Widersprüche liegt das Geheimnis dieser gewagten Konstruktion Rosa Luxemburgs verborgen: Wenn nämlich mit einigem Recht ihre logisch-deduktive und Bernsteins mehr historisch-empirische Methode der wissenschaftlichen Analyse im philosophischen Sinne als zwei Weltanschauungen bezeichnet wurden, so drängte Rosa Luxemburgs Abstraktionsmodus sogleich auf eine klassenlogische Fassung dieser Kontroverse, die ihrerseits natürlich wieder einen Bezug zu gegensätzlichen Gesellschaftsformationen aufweisen mußte; im Handumdrehen wurde so aus empirischen Zweifeln an der Zusammenbruchstheorie, die vermeintlich den „wissenschaftlichen Sozialismus" ausmachte, welcher seinerseits wieder einzig das Proletariat zum Sieg führen konnte, ein Hinüberwechseln auf den Klassenstandpunkt der Bourgeoisie und ein Bekenntnis zur kapitalistischen Gesellschaftform!

Wer darin lediglich polemische Kapriolen sieht, verkennt zutiefst die Eigengesetzlichkeiten solcher logisch-deduktiver „Ableitungen". Wie sehr Rosa Luxemburg von der unlösbaren Verknüpfung ihrer Argumentationsmuster mit dem proletarischen Klasseninteresse und den sozialistischen Chancen überzeugt war, zeigte der folgende allen Ernstes gegen Bernstein ins Feld geführte Einwand: „Indem er endlich gegen die Dialektik seine schärfsten Pfeile richtet, was tut er anderes, als gegen die spezifische Denkweise des aufstrebenden klassenbewußten Proletariats ankämpfen?"[538] Es hätten ganze Serien soziologischer Untersuchungen nicht ausgereicht, um Rosa Luxemburg davon zu überzeugen, daß das empirische Proletariat nicht im entferntesten „dialektisch" im Sinne ihrer logisch-deduktiven Methode dachte, da dies für sie keine empirische Frage war: Das „aufstrebende klassenbewußte Proletariat" hatte, um ans Ziel zu kommen, notwendigerweise „dialektisch" zu denken, und sei es über die Vermittlung der für die Arbeiter „mitdenkenden" sozialdemokratischen Intellektuellen.

Indem wir uns nunmehr mit der logisch-deduktiven Methode vertraut gemacht haben, verstehen wir auch die Hintergründe der Auffassung Rosa Luxemburgs besser, daß Reformpolitik auf dem Boden des bestehenden Systems nicht „sozialistisch" sein konnte und eine strategisch auf die Eroberung der politischen Macht in der Zukunft orientierte Partei für die Gegenwart das genaue Gegenteil, nämlich die oppositionelle Ferne von der politischen Macht aus Prinzip anstreben sollte. Für Rosa Luxemburg verkörperte die bestehende Gesellschaftsordnung ein absolut starres Systemgehäuse, dessen ideelles Abbild die logisch-deduktive Methode und die von ihr gewonnenen unerbittlichen Bewegungsgesetze der kapitalistischen Entwicklungsprozesse darstellten. Diese gesetzmäßigen Strukturmuster des kapi-

---

537 A.a.O., S. 440.
538 A.a.O., S. 439.

talistischen Systems unterwarfen nach ihrer Einschätzung auch die politische Sphäre vollständig den Grenzen seiner immanenten Handlungslogik: „Zunächst ist der heutige Staat — die Organisation der herrschenden Kapitalistenklasse. Wenn er im Interesse der gesellschaftlichen Entwicklung verschiedene Funktionen von allgemeinem Interesse übernimmt, so nur, weil und insofern diese Interessen und die gesellschaftliche Entwicklung mit dem Interesse der herrschenden Klasse im allgemeinen zusammenfallen"[539]. Da eine entwickelte kapitalistische Gesellschaft nach deduktiver Ableitungslogik nichts anderes als einen kapitalistischen Staat hervorbringen konnte, blendete Rosa Luxemburg auf diese Abstraktionsebene einfach die historisch-empirische Tatsache aus, daß Preußen-Deutschland noch einen weitgehend vorbürgerlich geprägten Staatsapparat aufwies. Sie konnte sich folglich auch für die Zukunft nicht vorstellen, daß bereits auf dem Boden der kapitalistischen Entwicklung die Arbeiterbewegung einmal einen größeren Einfluß auf die Gestaltung der Politik auszuüben in der Lage sein würde. So lag für Rosa Luxemburg zwischen der tiefschwarzen Nacht des Kapitalismus und dem strahlend hellen Sonnentag des Sozialismus einzig eine gewaltige „Dialektik der Negation", in welcher das den Blick in die Freiheit verdunkelnde gewaltige Systemgehäuse der bestehenden Gesellschaft zusammenstürzen mußte.

Die politische Revolution und die Spontaneität der Massen

Auf der gesellschaftstheoretischen Grundlage einer logisch-deduktiven Systemanalyse des Kapitalismus, die jedem sozialen Bestandteil dieses mächtigen Funktionsgeflechtes seine notwendige Bewegungsgesetzlichkeit im Rahmen des Ganzen zuwies, blieb neben einer fatalistischen Philosophie der Ohnmacht des politischen Willens lediglich noch deren dialektische Wendung in die „Totalumwälzung" als strategische Perspektive offen: „Die Produktionsverhältnisse der kapitalistischen Gesellschaft nähern sich der sozialistischen immer mehr, ihre politischen und rechtlichen Verhältnisse dagegen errichteten zwischen der kapitalistischen und der sozialistischen Gesellschaft eine immer höhere Wand. Diese Wand wird durch die Entwicklung der Sozialreform wie der Demokratie nicht durchlöchert, sondern umgekehrt fester und höher gemacht. Wodurch sie also niedergerissen werden kann, ist einzig der Hammerschlag der Revolution, d. h. die Eroberung der politischen Macht durch das Proletariat"[540]. Mit dieser strategischen Konzeption sprach Rosa Luxemburg unmißverständlich aus, daß eine „Entwicklung der Sozialreform wie der Demokratie" noch auf dem Boden der bestehenden Gesellschaft die sozialdemokratischen Bestrebungen nicht unterstützte, sondern sie vielmehr in ihrem „eigentlichen" Anliegen, der Eroberung der politischen Macht durch den „Hammerschlag der Revolution" behinderte. Die logisch-deduktive „Dialektik der Negation", die keine fließenden Übergänge zuließ, nötigte ihr mit bemerkenswerter Konsequenz in einer „Umwertung

---

539 A.a.O., S. 395.
540 A.a.O., S. 400.

aller Werte" die Herabwürdigung von sozialen Errungenschaften auf, die im Sozialismus erst zur Vollendung gebracht werden sollten: wo alles auf die eine Karte der „Endkrise" gesetzt wurde, waren alle systemimmanenten Fortschritte tendenziell einschläferndes Gift.

Die Vorstellung einer durch den revolutionären „Hammerschlag" niederzureißenden Wand der politischen und rechtlichen Verhältnisse muß bei Rosa Luxemburg durchaus ernster genommen werden, als dies ihre in Metaphern schwelgende Sprachgestaltung auf den ersten Blick vermuten läßt. Zwar lehnte sie jede Spielart terroristischer Umsturztaktik mit Entschiedenheit ab, doch reflektierte sie allseits vernehmlich über die Rolle der revolutionären Gewalt: „Aber die klare Einsicht in die Notwendigkeit der Gewaltanwendung sowohl in einzelnen Epochen des Klassenkampfes wie zur endgültigen Eroberung der Staatsgewalt ist dabei von vornherein unerläßlich, sie ist es, die auch unserer friedlichen, gesetzlichen Tätigkeit den eigentlichen Nachdruck und die Wirksamkeit zu verleihen vermag"[541]. Ebenso wie der preußisch-deutsche Militärstaat seiner parlamentarischen Komponente zuweilen mit Repressionsdrohungen auf die Sprünge verhalf, wollte Rosa Luxemburg also der sozialdemokratischen Gegenwartsarbeit durch die permanente Umsturzdrohung Stütze verleihen. Hinter den starken Worten der preußischen Reaktionäre stand eine mehr als eine halbe Million Köpfe zählende Armee — aber was gab den starken Worten Rosa Luxemburgs ihren machtpolitischen Gehalt?

War der „Hammerschlag der Revolution" auch bei Rosa Luxemburg im doppelten Sinne die *letzte* Waffe sozialistischer Politik, so ließ sie dennoch an ihrer Gewichtung des legalen und des revolutionären Kampfes keinen Zweifel bestehen: „Während die Revolution der politische Schöpfungsakt der Klassengeschichte ist, ist die Gesetzgebung das politische Fortvegetieren der Gesellschaft"[542]. Für solche Sätze ist die Kennzeichnung als *Revolutionsromantik* keineswegs eine zu drastisch gewählte Charakterisierung. Es ist in diesem Zusammenhang ein äußerst interessantes Phänomen, daß Rosa Luxemburg eben aufgrund dieser revolutionsschwärmerischen Komponente erstaunliche Sympathien für den in der Partei häufig angefeindeten Lassalle entwickelte, in denen ihr politisches Bekenntnis durchbrach: „Lassalle gehörte mit zu jener großen Generation, an deren Spitze Karl Marx leuchtete, in der der Glaube an die Revolution in seiner ganzen Macht lebendig war"[543]. Aller „wissenschaftlicher Sozialismus" war auf einmal vergessen, wenn Rosa Luxemburg hier mit einer faszinierenden Aufrichtigkeit aussprach, was die politische Revolution für den Marx der 48er Zeit, für Lassalle und auch für sie letztlich war: eine Vision, eine Hoffnung, ein „Glaube".

Ihr Verständnis der materialistischen Geschichtstheorie geriet folglich mit dem klassischen Hegelianismus Lassalles keineswegs in grundsätzliche weltanschauliche Konflikte: „Was hier zwischen Lassalle und Marx ausgefochten

541 Rosa Luxemburg, Und zum dritten Male das belgische Experiment (1902), in: Gesammelte Werke, a.a.O., 1/2, S. 247.
542 Rosa Luxemburg, Sozialreform . . ., a.a.O., S. 428.
543 Rosa Luxemburg, Lassalle und die Revolution (1904), in: Gesammelte Werke, a.a.O., 1/2, S. 419/20.

wird, ist — scheint es uns — nicht der Gegensatz der idealistischen und materialistischen Geschichtsauffassung, sondern vielmehr eine Differenz innerhalb der letzteren, welche die beiden bei ihren verschiedenen Momenten packten"[544]. Für Rosa Luxemburg entfaltete Marx die materialistische Dialektik des politischen Handelns mehr von der objektiven Seite her, während sie Lassalle unter ihren subjektiven Aspekten begriff. Aus dieser unterschiedlichen Herangehensweise erklärte sie sich auch die Differenz im politischen Urteil, daß Marx damals die deutschen Verhältnisse noch nicht reif für eine Parteigründung hielt, wohingegen Lassalle diesen ihm notwendig erscheinenden Fortschritt nicht an den vorhandenen Bedenken scheitern lassen wollte. Im Ergebnis bekannte sich Rosa Luxemburg zu diesem von Lassalle praktizierten Vorauseilen des „subjektiven Faktors" gegenüber den objektiven Rahmenbedingungen: „Und die ‚kühne Tat' behielt auch vor der ‚ehernen Notwendigkeit der Geschichte' nur recht, weil sie im geschichtsphilosophischen Sinne eine revolutionäre Tat war"[545]. Eine wirklich „revolutionäre Tat" konnte in Rosa Luxemburgs Augen vor dem Richterstuhl des historischen Fortschritts kaum jemals Unrecht bekommen.

Demnach bildete nicht speziell der Materialismus, der seiner Tendenz nach stets auch — wie selbst von Engels formuliert — „Evolutionismus" war, sondern die revolutionäre Dialektik schlechthin die philosophische Weltanschauung Rosa Luxemburgs. Sie verstand sich bewußt als Vertreterin des revolutionären „Radikalismus"[546] und wollte in diesem Sinne auch innerhalb der pragmatisch-nüchternen deutschen Sozialdemokratie „ein Idealist bleiben"[547]. Die besondere Bedeutung des „subjektiven Faktors" in ihrer Konzeption des Marxismus akzentuierte sie ausdrücklich gegen jede einseitig ökonomistische Auffassungsweise. So war sich Rosa Luxemburg vollends bewußt, daß die analysierten Niedergangstendenzen des Kapitalismus ihre politische Wirkung erst in der aktiven Aufklärungsarbeit entfalten konnten: „Die von der Marxschen Theorie formulierte historische Umwälzung hat zur Voraussetzung, daß die Theorie von Marx zur Bewußtseinsform der Arbeiterklasse und als solche zum Element der Geschichte selbst wird"[548]. In ihrem Bestreben, gegenüber einem blinden Vertrauen in den kapitalistischen Selbstlauf die politische Aktion wieder stärker in ihr Recht einzusetzen, trafen sich die Intentionen Rosa Luxemburgs durchaus mit jenen Bernsteins, der gleichfalls einem latenten Immobilismus entgegenwirken wollte. Die Konsequenz Bernsteins, den subjektiven Faktor in der praktischen Reformarbeit bereits im Rahmen der bestehenden Gesellschaft im sozialistischen Sinne tätig werden zu lassen, konnte Rosa Luxemburg jedoch aufgrund ihrer logisch-deduktiven Grenzziehung zwischen zwei in sich geschlossenen Systemkonfigurationen, die allein eine revolutionäre Katastrophe ineinander zu überführen vermochte, unter keinen Umständen akzeptieren.

---

544 Rosa Luxemburg, Aus dem Nachlaß ..., a.a.O., S. 155.
545 A.a.O., S. 158.
546 Rosa Luxemburg an Leon Jogiches vom 2. 3. 1899, in: Rosa Luxemburg, Briefe an Leon Jogiches, a.a.O., S. 137.
547 Rosa Luxemburg an Leon Jogiches vom 1. 5. 1899, a.a.O., S. 152.
548 Rosa Luxemburg, Karl Marx (1903), in: Gesammelte Werke, a.a.O., 1/2, S. 377.

'Auf diesem konzeptionellen Hintergrund kam den von ihr in ähnlicher Weise wie bei Bernstein skizzierten Aktivitätsfeldern sozialdemokratischer Politik eine vollkommen andere strategische Bedeutung zu: „Der sozialistische Kampf muß der Massenkampf des Proletariats sein, ein täglicher Kampf, der gerichtet ist auf die Demokratisierung der staatlichen Institutionen, auf die Hebung des geistigen und materiellen Niveaus der Arbeiterklasse und gleichzeitig auf die Organisierung der Arbeitermassen zu einer besonderen politischen Partei, die ihre Bestrebungen zum sozialistischen Umsturz der ganzen bürgerlichen Gesellschaft bewußt entgegenstellt"[549]. Diese Aktionsziele selbst waren nicht primär das Motiv zur Mobilisierung der Arbeiterklasse auf dem Boden der bestehenden Gesellschaft, sondern der „Massenkampf" *als solcher,* d. h. als revolutionäre Schulungsaufgabe. Daher wollte Rosa Luxemburg sogar vorübergehende Niederlagen gegen die herrschende Staatsmacht bewußt in Kauf nehmen, „weil diese ‚verfrühten' Angriffe des Proletariats eben selbst ein, und zwar sehr wichtiger Faktor sind, der die politischen Bedingungen des endgültigen Sieges schafft"[550].

In Rosa Luxemburgs Betrachtungsweise entzogen sich politische Revolutionen überhaupt jeder strategischen Lenkung: „Die Geschichte aller bisherigen Revolutionen zeigt uns, daß gewaltsame Volksbewegungen, weit entfernt, ein willkürliches, bewußtes Produkt der sogenannten ‚Führer' oder der ‚Parteien' zu sein, vielmehr ganz elementare, mit Naturgewalt sich durchsetzende soziale Phänomene sind, die ihre Quelle in dem Klassencharakter der modernen Gesellschaft haben"[551]. Die Revolution „machte" bei Rosa Luxemburg niemals ein Verschwörerzirkel, auch nicht eine politische Partei, nicht einmal die organisierte Arbeiterbewegung insgesamt, sondern die sich ihrer historischen Mission bewußt gewordene proletarische Klasse schlechthin. Wenn ihr zum Thema „Was zu tun ist während einer eventuellen Revolution ... fast noch nichts eingefallen"[552] war, als Rosa Luxemburg sich mit den Gedanken Bernsteins kritisch auseinandersetzte, so entsprang dies keineswegs mangelnder politischer Phantasie, sondern der Konsequenz ihres gesellschaftstheoretischen Denkens, das jede organisatorisch-institutionelle Konkretion der revolutionären Schöpfungskraft überantwortete.

Ausgehend von dieser Konzeption *revolutionärer Spontaneität* geriet Rosa Luxemburg von vornherein in Konflikt mit der sich damals herauskristallisierenden leninistischen Strömung im zaristischen Rußland. Eine programmatische Schrift Lenins zur Frage der revolutionären Strategie nannte sie „die systematische Darstellung der Ansichten der ultrazentralistischen Richtung der russischen Partei"[553]. Gegen den von ihr attackierten „Ultrazentralismus" formulierte Rosa Luxemburg mit Argumenten, die Bernstein ohne explizite Stoßrichtung auf die gesamte revolutionäre Tradition der 48er Zeit

---

549 Rosa Luxemburg, Dem Andenken des „Proletariats" (1903), in: Gesammelte Werke, a.a.O., 1/2, S. 318.
550 Rosa Luxemburg, Sozialreform . . . , a.a.O., S. 435.
551 Rosa Luxemburg, Und zum dritten Male . . . , a.a.O., S. 241.
552 Rosa Luxemburg an Leon Jogiches vom 12. 12. 1898, in: Rosa Luxemburg, Briefe an Leon Jogiches, a.a.O., S. 121.
553 Rosa Luxemburg, Organisationsfragen in der russischen Sozialdemokratie (1904), in: Gesammelte Werke, a.a.O., 1/2, S. 425.

bezogen hatte, eine nicht minder scharfe Kritik: „Die Aufrichtung der Zentralisation in der Sozialdemokratie auf diesen zwei Grundsätzen — auf der blinden Unterordnung aller Parteiorganisationen mit ihrer Tätigkeit bis ins kleinste Detail unter eine Zentralgewalt, die allein für alle denkt, schafft und entscheidet, sowie auf der schroffen Abgrenzung des organisierten Kernes der Partei von dem ihn umgebenden revolutionären Milieu, wie sie von Lenin verfochten wird — erscheint uns deshalb als eine mechanische Übertragung der Organisationsprinzipien der blanquistischen Bewegung von Verschwörerzirkeln auf die sozialdemokratische Bewegung der Arbeitermassen"[554]. In ihrem unerschütterlichen Vertrauen in die revolutionäre Spontaneität der „Massen" machte Rosa Luxemburg keinen Unterschied in der Verurteilung von Konzeptionen, die diese „naturwüchsigen" Kräfte ihrer Ansicht nach hemmten. Auch die Revolution war für Rosa Luxemburg logisch-deduktiv „unteilbar".

Wie die konkreten Ausformungen der „naturnotwendigen" kapitalistischen Entwicklungen bei Kautsky, so waren die strategischen Schritte einer nicht minder von aller empirischen Erfahrung abgelösten revolutionären Masse bei Rosa Luxemburg letzthin unergründlich: „Die Kampftaktik der Sozialdemokratie wird in ihren Hauptzügen überhaupt nicht ‚erfunden', sondern sie ist das Ergebnis einer fortlaufenden Reihe großer schöpferischer Akte des experimentierenden, oft elementaren Klassenkampfes"[555]. Noch ahnte Rosa Luxemburg nicht, daß sie ihr Glaubensbekenntnis des revolutionären Spontaneismus, das sie gegen den leninistischen „Ultrazentralismus" formulierte, alsbald auch in bewußter Opposition den Organisationseiferern in der deutschen Partei entgegenschleudern mußte: „Fehltritte, die eine wirklich revolutionäre Arbeiterbewegung begeht, sind geschichtlich unermeßlich fruchtbarer und wertvoller als die Unfehlbarkeit des allerbesten ‚Zentralkomitees'"[556]. Dieses antiorganisatorische, antiinstitutionelle und damit genau genommen auch antipolitische Moment im Denken Rosa Luxemburgs war nur die Kehrseite ihrer Vorstellung einer revolutionären Spontaneität, aus der die historisch zum Erfolg führende Strategie wie ein sozialistischer Phönix aus der Asche einer revolutionären Katastrophe emporsteigen sollte.

Entsprechend ihrer starken Gewichtung des „subjektiven Faktors" hatte Rosa Luxemburg einen scharfen Blick für die sozialpsychologischen Hintergründe bestimmter ideologischer Denkmuster — ihrer politischen Kontrahenten, versteht sich. So traf die selbsternannten „revolutionären Avantgarden" des zaristischen Rußlands der Genieblitz ihrer Ironie: „Das von dem russischen Absolutismus ekrasierte, zermalmte Ich nimmt dadurch Revanche, daß es sich selbst in seiner revolutionären Gedankenwelt auf den Thron setzt und sich für allmächtig erklärt — als ein Verschwörerkomitee im Namen eines nichtexistierenden ‚Volkswillens'"[557]. Was hätte Rosa Luxemburg wohl einem an bissiger Polemik ihr nicht nachstehenden Zeitgenossen geantwortet, der daraufhin die Gegenrechnung präsentierte: daß ein vom

---

554 A.a.O., S. 429.
555 A.a.O., S. 432.
556 A.a.O., S. 444.
557 A.a.O., S. 443.

Militarismus bedrücktes und vom Bürokratismus gelangweiltes intellektuelles Ich am preußisch-deutschen Obrigkeitsstaat seine Revanche nahm, indem es sich in seiner revolutionären Gedankenwelt die Eroberung der politischen Macht ausmalte und sich für allmächtig erklärte — als die ideelle Verkörperung der revolutionären Spontaneität im Namen eines erst ansatzweise strategisch artikulierten proletarischen „Klassenwillens"? In beiden Fällen, der russischen wie der deutschen Entwicklung, sollten schon sehr bald erste praktische Proben einige realhistorische Urteilskriterien liefern, um die a priori niemals scharf gezogene Grenze zwischen dem antizipatorischen und dem utopischen Charakter solcher logisch-deduktiven Grundmuster politischer Strategie ermitteln zu können.

X. Kapitel

Karl Kautsky: Marxistischer Traditionalismus

Sozialdemokratische Partei und revisionistische Kritik

Während der Revisionismusstreit für die neu zur Sozialdemokratie ge-
stoßene Rosa Luxemburg eine willkommene Gelegenheit eröffnete, in der
Zurückweisung der Positionen Bernsteins einen radikalisierten Theorie- und
Strategieansatz zu erarbeiten, galt es für Kautsky primär die von ihm bislang vertretene Konzeption zu verteidigen. Weit davon entfernt, den Revisionismus im Stile Rosa Luxemburgs als eine Stärkung der „kleinbürgerlichen Elemente" der Partei zu denunzieren, nahm Kautsky das prägende
Motiv und den theoretischen Ausgangspunkt Bernsteins zunächst einmal
durchaus beim Worte: „Nichts schlimmer als ein Programm, das zur Wirklichkeit im Widerspruch steht"[558]. Des weiteren war er mit Bernstein der
Überzeugung, daß eine demokratische Massenpartei in ihrem Bemühen um
politische Geschlossenheit einer kontroversen Vielfalt der dabei in Erwägung gezogenen Gesichtspunkte bedurfte: „Einheitlichkeit der Taktik ist
Einheitlichkeit im Handeln. Sie schließt Verschiedenheit im Denken, Verschiedenheit der theoretischen Auffassung nicht aus. Völlige Einheitlichkeit
des Denkens ist höchstens in einer religiösen Sekte erreichbar und sie ist
unvereinbar mit selbständigem Denken"[559].
Bevor sie in den „Voraussetzungen" als umfassende Kritik an den gängigen
Parteianschauungen veröffentlicht wurden, stand Kautsky den Überlegungen
Bernsteins noch wesentlich wohlwollender und differenzierter gegenüber:
„Ich lese seine Arbeiten mit Vergnügen und lerne stets daraus, aber ich
kenne nur zu viele, die durch ihn verwirrt, statt geklärt werden"[560]. Diese
äußerst aufschlußreiche Unterscheidung zwischen der Einschätzung des theoretischen Gehaltes und der praktischen Wirkung der Thesen Bernsteins zeigt,
daß Kautskys entschiedene Gegnerschaft zum „Revisionismus" auch von der
Erwägung bestimmt wurde, die sozialdemokratische Parteiintegration und
-identität nicht durch weitreichende Selbstkritik zu gefährden: „Ist das Ziel
unserer Bewegung hinfällig geworden, dann lenke man den Enthusiasmus
auf ein anderes, besser begründetes, jedoch eben so hohes Ziel, aber man
töte nicht jeden Enthusiasmus durch unfruchtbaren Zweifel"[561]. Dementsprechend wollte Kautsky trotz seiner wissenschaftlichen Überzeugung, daß

---

558 Karl Kautsky, Bernstein und das sozialdemokratische Programm, a.a.O., S. 4.
559 A.a.O., S. 3.
560 Kautsky an Adler vom 9. 4. 1898, in Victor Adler, Briefwechsel . . . , a.a.O., S. 246.
561 Karl Kautsky, Bernstein . . . , a.a.O., S. 4.

„vereinheitlichtes" Denken höchstens einer „religiösen Sekte" zum Ruhme gereiche, an seinem „Streben nach Einheitlichkeit der Weltanschauung"[562] innerhalb der Partei unbeirrt festhalten. Diese durchaus widersprüchliche Haltung Kautskys ließ eine schärfere Dualität von Erkenntnis und Parteiinteresse erkennen, als sie von Bernstein jemals postuliert worden war: „Geht neben dem Kampfe das wissenschaftliche Forschen fort, um so besser. Aber es wende sich nicht an die Partei, so lange es im Stadium leerer Zweifel und Bedenken ist und nicht positive Vorschläge und Forderungen zu Tage zu fördern weiß. Die Skepsis mag eine sehr große philosophische Kraft bilden, in der Politik bedeutet der Zweifel einer Partei an sich und ihrer Sache ihren Bankerott"[563]. Damit sprach Kautsky unverblümt aus, daß sich seiner Ansicht nach ein strenger „wissenschaftlicher Sozialismus" als offizielle Parteidoktrin nur um den Preis einer Ausschaltung allzu weitgehender Zweifel stabilisieren ließ. Wie wenig er letztlich von der notwendigen Einheit von Partei und Wissenschaft überzeugt war, demonstrierte Kautskys spöttische Bemerkung gegenüber den Revisionsbestrebungen Bernsteins, dieser sei „zum Parteimann unfähig geworden, er gehört ... auf eine Professur"[564]. Insgeheim bedauerte auch er die übermäßige Inanspruchnahme des Marxismus für die Begründung des politischen Tageskampfes: „Die materialistische Geschichtsauffassung ist die Theorie geworden, durch die das Proletariat seine sozialistischen Ansprüche begründet. Das hat ihre historische Bedeutung ungemein erweitert, aber ihre wissenschaftliche Entwicklungsfähigkeit, für die nächste Zeit wenigstens, verengt"[565].

Während Rosa Luxemburg die Auseinandersetzung mit Bernstein zum Kampfe „zweier Weltanschauungen, zweier Klassen, zweier Gesellschaftsformen" hochstilisierte, war also Kautsky vor allem um die Einheit der sozialdemokratischen Programmatik besorgt und wollte keineswegs die von ihr nahegelegte Konsequenz des Parteiausschlusses ziehen: „Man muß es in der Regel jedem Parteimitglied selbst überlassen, zu entscheiden, ob er noch auf dem Boden der Partei steht oder nicht ... Selbst wenn Bernstein nicht so große Verdienste um unsere Sache sich erworben hätte und wenn er nicht wegen seiner Parteitätigkeit im Exil säße, würde seine Ausschließung nicht in Betracht kommen"[566]. Daß er gleichwohl deutlich gegen die Anschauungen Bernsteins auftrat, glaubte Kautsky sogar mit höheren Parteizwecken entschuldigen zu müssen: „Meine Arbeit richtet sich in der Tat weit weniger gegen Bernstein selbst, als gegen jene Sozialliberalen und ‚Edelanarchisten' und ihre Helfershelfer, denen sein Buch eine willkommene Sammlung von Materialien zu Angriffen gegen unsere Partei geworden ist"[567]. Damit war das grundsätzlich zu berücksichtigende Problem für jede politische Partei

---

562 Kautsky an Bernstein vom 23. 10. 1898, in: Victor Adler, Briefwechsel ..., a.a.O., S. 274.
563 Karl Kautsky, Zum Parteitag von Hannover, in: Die Neue Zeit, a.a.O., 1899/1900, I, S. 19.
564 Kautsky an Adler vom 5. 6. 1901, in: Victor Adler, Briefwechsel ..., a.a.O., S. 355.
565 Karl Kautsky, Bernstein ..., a.a.O., S. 10.
566 Karl Kautsky, Zum Parteitag von Hannover, a.a.O., S. 12.
567 Karl Kautsky, Bernstein ..., a.a.O., S. VII (Vorwort).

angesprochen, durch interne Fraktionskämpfe möglicherweise der politisch-ideologischen Konkurrenz authentische Argumente zu liefern.

Diese unbestreitbare Ambivalenz jeder innerparteilichen Kritik an Grund-sätzen, aber auch ihrer um der Parteiintegration willen erfolgenden schrof-fen Zurückweisung ließ Kautsky künftige Zeiten herbeisehnen, „wo die Not-wendigkeit aufgehört hat, unseren festen Bestand gegen den Bernsteinschen Skeptizismus zu verteidigen und wo wir wieder an wirkliche Selbstkritik gehen können, ohne Furcht, dadurch dem Gegner Waffen zu liefern"[568]. Eine solche Überprüfung der überkommenen Grundsätze von Theorie und Strategie der Sozialdemokratie ergab sich für Kautsky nicht zuletzt auch aus der Einsicht, daß die Problematik des „Revisionismus" mit der Abwehr der Bernsteinschen Kritik noch keineswegs als erledigt angesehen werden durfte: „Die revisionistische Bewegung der letzten Jahre ist nicht zu ver-stehen, wenn man nicht zwei Gruppen in ihr unterscheidet, die man viel-leicht als theoretischen oder bewußten und praktischen oder unbewußten Revisionismus bezeichnen könnte"[569]. Obgleich ihm die persönlichen Motive und die theoretischen Hintergründe des Sinneswandels seines einstigen Mit-streiters schleierhaft blieben, war Kautsky doch zu sehr politischer Realist, um über die Polemik gegen einen vermeintlich Abtrünnigen die Bedeutung der von Bernstein in die Diskussion gebrachten Aspekte für Theorie und Praxis der Partei zu verkennen.

Über die ökonomischen Voraussetzungen des Sozialismus

Auch im Hinblick auf Bernsteins Kritik an der Vorstellung eines unvermeid-lichen ökonomischen Niederganges der kapitalistischen Produktionsweise war die Reaktion Kautskys eher beschwichtigend: „Wenn er dabei von der Zusammenbruchstheorie als einer in der Sozialdemokratie vorherrschenden Anschauung sprach, so erschien das als eine Übertreibung, die in der Hitze der Polemik leicht passiert"[570]. Um Bernsteins theoretische Initiative an diesem entscheidenden Ausgangspunkt sogleich vollkommen ins Leere laufen zu lassen, griff Kautsky zu einer in solchen Fällen nahezu unfehlbar wirk-samen Argumentationsfigur: „Eine besondere ‚Zusammenbruchstheorie' ist von Marx und Engels nicht aufgestellt worden. Das Wort stammt von Bernstein"[571]. Durch die suggestive Gegenüberstellung der grundfalschen zweiten Behauptung zur durchaus richtigen ersten umging Kautsky kunst-voll das zentrale theoretische Vermittlungsglied, welches er schlechthin als selbstverständlich unterstellte: die Frage nämlich, ob die Sozialdemokraten, wenn Marx und Engels zu keiner Zeit eine Zusammenbruchstheorie formu-liert hatten, in diesem Aspekt in der politischen Theorie und Praxis auch tatsächlich getreue Schüler ihrer Lehrmeister waren. Auf diese Weise ließ Kautsky die Zusammenbruchserwartung durch die Hintertür traditionalisti-

568 Kautsky an Adler vom 21. 11. 1901, in: Victor Adler, Briefwechsel . . . , a.a.O., S. 382.
569 Karl Kautsky, Der Dresdener Parteitag, in: Die Neue Zeit, a.a.O., 1902/03, II, S. 810.
570 Karl Kautsky, Bernstein . . . , a.a.O., S. 43.
571 A.a.O., S. 42.

scher Interpretationstricks aus dem anerkannten Lehrgebäude marxistisch-sozialdemokratischer Theorien geräuschlos verschwinden. Indem er die Existenz der von Bernstein thematisierten Problematik sozialdemokratischer Grundsatzerwägungen ableugnete, konnte er mühelos die Notwendigkeit einer theoretischen Revision anhand der veränderten gesellschaftlichen Realität von sich weisen. Dabei mußte er allerdings einen erheblichen Verlust an strategisch konkretisierbarer Erklärungskraft seiner Interpretationen eingestehen: „Die Richtigkeit der Marxschen Theorie hängt, das wollen wir gleich feststellen, weder von der größeren oder geringeren Wahrscheinlichkeit von Katastrophen, noch von der größeren oder geringeren Raschheit der Entwicklung ab, sondern nur von der Richtung, welche diese einschlägt"[572]. Überhaupt neigte Kautsky unter dem Eindruck der unerwarteten konjunkturellen Trendwende nunmehr dazu, insbesondere die langfristigen Entwicklungstendenzen des Kapitalismus als ausschlaggebend zu betrachten: „Gegenüber der Theorie von der Konzentration des Kapitals und von der Verschärfung der sozialen Gegensätze ist die Theorie der periodischen wirtschaftlichen Krisen nur sekundärer Natur"[573]. Diese Herabsetzung des theoretischen Stellenwertes der Krisentheorie stand immerhin in einem ungeklärten Spannungsverhältnis zu der Aussage des Erfurter Programms, daß „die im Wesen der kapitalistischen Produktionsweise begründeten Krisen, die immer umfangreicher und verheerender werden, ... den Beweis liefern" sollten, „daß die Produktivkräfte der heutigen Gesellschaft über den Kopf gewachsen sind"[574]. Das Geheimnis dieses Meinungsumschwunges, einen derart zentralen „Beweis" auf eine Theorie „sekundärer Natur" zu reduzieren, lag zweifellos in der akuten Anfälligkeit für empirische Widerlegungen, denen jede konkrete Aussage über die Wechsellagen der Konjunktur regelmäßig entgegenstrebte.

Eine gewisse Plausibilität der von Bernstein propagierten sozialistischen Reformstrategie, die der Partei bereits in der Gegenwart „Bewegung" in Richtung auf das „Endziel" verschaffen sollte, vermochte Kautsky durchaus anzuerkennen: „Seine Betonung der praktischen ökonomischen Kleinarbeit entspricht einem tatsächlich vorhandenen Bedürfnis; sein Zweifel an der Wahrscheinlichkeit großer und rasch eintretender politischer Veränderungen — Katastrophen — entspricht den Erfahrungen der letzten Jahre"[575]. Auch befürchtete er von der sich vollziehenden Gewichtsverlagerung innerhalb der Arbeiterbewegung noch keineswegs die Preisgabe sozialistischer Politik für eine längere Periode der konjunkturellen Stabilisierung: „Wenn die Situation von 1850 ein völliges Aufhören jeder Arbeiterbewegung auf dem Festland Europas bedeutete, so bedeutet die von 1899 bloß, daß der ökonomische Kampf in den Vordergrund tritt, daß die arbeitenden Massen zu der Ansicht kommen, sie könnten durch gewerkschaftliche und genossenschaftliche Organisation im Moment mehr erreichen, als durch politische Tätigkeit"[576]. Diese Entwicklungstendenz stand gleichfalls im Widerspruch zu der

---

572 A.a.O., S. 50.
573 A.a.O., S. 135.
574 Programm der SPD (1891), a.a.O., S. 95.
575 Karl Kautsky, Bernstein ..., a.a.O., S. 165.
576 Ebd.

von Kautsky noch kurz vor Beginn des gewerkschaftlichen Aufschwunges formulierten Prognose, „der Schwerpunkt der Bewegung" werde „immer mehr auf das politische Gebiet hin sich verschieben", während die Gewerkschaften im „Verhältnis zur politischen Bewegung ... wohl zurückgehen" müßten.

Eine sorgfältige wissenschaftliche Untersuchung der landwirtschaftlichen Produktionsverhältnisse, die Kautsky in seinem umfangreichen Werk „Die Agrarfrage"[577] zusammenfaßte, führte ihn zu der Erkenntnis, daß der agrarische Sektor gegenüber dem industriellen einer eigenständigen und differenzierenden Betrachtung bedurfte: „Wir erwarten nicht mehr den Untergang des Kleinbetriebs, aber auch nicht den des Großbetriebs in der Landwirtschaft unter der Herrschaft der kapitalistischen Produktionsweise. Das siegreiche Proletariat wird beide Betriebsformen vorfinden. Es wird im Großbetrieb die Lohnarbeit durch genossenschaftliche Arbeit ersetzen, es wird den Kleinbetrieb nicht gewaltsam aufheben, sondern vielmehr ihm seine Existenz erleichtern"[578]. Demgegenüber war im Erfurter Programm noch pauschal vom „Untergang des Kleinbetriebes" und der „Verwandlung des kapitalistischen Privateigentums an Produktionsmitteln — Grund und Boden, ... — in gesellschaftliches Eigentum"[579] die Rede.

Während Kautsky einst in der Euphorie des sozialdemokratischen Erfolges von der Gewißheit ausging, daß „immer mehr die arbeitenden Klassen zu einer einzigen einheitlichen Arbeiterklasse zusammengeschweißt" würden, urteilte er inzwischen sehr viel wirklichkeitsnäher über die Chancen einer politischen Zusammenfassung aller Lohnabhängigen hinter dem Banner der Sozialdemokratie: „Die Industriearbeiter bilden die Pioniere, die Handelsarbeiter und schon gar die Landarbeiter bleiben im Nachtrab. Kein Zweifel, diese letzteren Schichten werden uns noch manche harte Nuß zu knacken geben, ehe sie völlig für uns gewonnen sind"[580]. In allen zentralen Punkten, die von Bernstein im analytisch-theoretischen Bereich der Ökonomie an den „orthodoxen" Lehrmeinungen kritisiert worden waren, hatte Kautsky also jeweils mit wenigen zur Rechtfertigung der von ihm repräsentierten Interpretation gedachten Sätzen *stillschweigend* „revidiert", ohne daraus prinzipielle Konsequenzen auch nur anzudeuten; ganz offenkundig war ihm sein allmählicher Sinneswandel noch nicht einmal zu Bewußtsein gelangt.

Der weitaus größte Teil seiner so wenig streitbaren „Streitschrift" gegen Bernstein bezog sich, insbesondere was die ökonomischen Einschätzungen anbetrifft, auf eine detaillierte Analyse der Konzentrationsbewegungen. Es ist Kautsky zu bescheinigen, daß seine präzisen statistischen Betrachtungen von Sachkenntnis und Urteilsvermögen zeugten. Doch konnte auch dieser gegenüber den lapidaren Bemerkungen Bernsteins erheblich gesteigerte Aufwand lediglich die allgemeine Tendenz in Industrie und Handel umschreiben, aber keineswegs ein für politisch-strategische Erwägungen unmittelbar

577 Karl Kautsky, Die Agrarfrage, Stuttgart 1899.
578 Karl Kautsky, Sozialismus und Landwirtschaft, in: Die Neue Zeit, a.a.O., 1902/03, I, S. 688.
579 Programm der SPD (1891), a.a.O., S. 95.
580 Karl Kautsky, Bernstein ..., a.a.O., S. 189.

relevantes Ergebnis zeitigen. Es ist für die defensive Argumentationsweise Kautskys demnach charakteristisch, daß er ausgerechnet jene Problemkreise am ausführlichsten behandelte, die am wenigsten umstritten waren und sich überhaupt am wenigsten für politische Grundsatzdiskussionen eigneten, da sie objektive Trendaussagen betrafen. Wer die „Naturnotwendigkeit" des Sozialismus und die Richtigkeit der „bewährten und sieggekrönten Taktik" der Sozialdemokratie vor allem auf die Gewerbestatistiken stützte, befand sich in der glücklichen Rolle eines Diskussionsteilnehmers, dem der objektive Entwicklungsverlauf immer schon recht zu geben schien.

Freilich konnte sich selbst Kautskys geschichtsphilosophische Gewißheit nicht unbefleckt aus dem mühseligen Durchschreiten des „revisionistischen Sumpfes" ans feste Ufer der vollendeten objektivistischen Kausalableitung des „Endziels" hinüberretten. War er vormals noch fest davon überzeugt, daß bei einem Versagen der Sozialdemokratie in der Aufgabe, die eroberte Staatsgewalt durch bewußtes politisches Handeln zur Überführung der kapitalistischen in eine sozialistische Produktion einzusetzen, „die Logik der Tatsachen diese schließlich ins Leben rufen" würde, so vermochte er inzwischen die objektiven und subjektiven Voraussetzungen einer erfolgreichen sozialistischen Politik klarer zu unterscheiden: „Die Konzentration des Kapitals stellt die historische Aufgabe: die Einführung einer sozialistischen Gesellschaftsordnung. Sie produziert die Kräfte zur Lösung der Aufgabe, die Proletarier, und sie schafft die Mittel zur Lösung: die gesellschaftliche Produktion, aber sie bringt nicht selbst ohne weiteres die Lösung der Aufgabe. Diese kann nur aus dem Bewußtsein, dem Willen, dem Kampfe des Proletariats entspringen"[581]. Damit brachte Kautsky im Grunde nur das Fazit der Betrachtungen Bernsteins über Möglichkeiten und Grenzen einer objektivistischen Geschichtstheorie auf eine treffende und einprägsame Formulierung.

Politische Vorbereitungen auf eine nicht machbare Revolution

Schon Bernstein hatte die Diskussion über den revolutionären Charakter der Sozialdemokratie dadurch mit Mißverständnissen belastet, daß er sich bevorzugt mit einer „blanquistischen" Umsturzstrategie auseinandersetzte, die nicht den politischen Vorstellungen einer überwältigenden Mehrheit der deutschen Partei entsprach. So konnte Kautsky mit sehr viel mehr Berechtigung als im Falle der Zusammenbruchstheorie einen mächtigen Hieb ins Leere konstatieren und auf diese Weise der Diskussion eine ihm genehme Richtung geben: „Eine Partei müßte wahnsinnig sein, die sich prinzipiell für den Weg des Aufstands entschlösse, solange ihr andere, weniger opfervolle und sichere Wege für ihr Wirken zur Verfügung stehen. In diesem Sinne ist die Sozialdemokratie nie prinzipiell revolutionär gewesen"[582]. Entgegen einer logisch deduzierten Zweck-Mittel-Identität von „Endziel" und „Bewegung" geriet Kautsky sehr bald in empiristische Kalküle Bernstein-

581 A.a.O., S. 54.
582 A.a.O., S. 181.

scher Provenienz: „Die soziale Revolution ist ein Ziel, das man sich prinzipiell setzen, der Aufstand ein Mittel zum Zweck, das man nur nach Gründen der Zweckmäßigkeit beurteilen kann"583. Wie sich dieses pragmatistische Strategieverständnis zu „setzender" Ziele und „nach Gründen der Zweckmäßigkeit" zu beurteilender Mittel in Einklang mit einer geschichtsphilosophischen Konzeption „naturnotwendiger" Entwicklungen bringen ließ, blieb das Geheimnis der inneren Inkonsistenz der methodischen Ansätze Kautskys.

Er ging in seiner Einschränkung des sozialdemokratischen Revolutionsbegriffs sogar noch einen entscheidenden Schritt weiter auf dem einmal betretenen Weg von der nebelhaften Abstraktion früherer Zeiten zur sinnentleerenden Verharmlosung: „Aber nicht bloß die soziale, auch die politische Revolution wird man nicht dem Aufstand gleichsetzen können"584. In dieser These berief sich Kautsky auf den gängigen Sprachgebrauch, man bezeichne „mit politischer Revolution jede große politische Erschütterung, die das politische Leben der Nation beschleunigt und aufs kraftvollste pulsieren läßt"585. Damit hatte die Diskussion über den Stellenwert einer Revolution in der Strategie der Sozialdemokratie ungefähr das Niveau der Vorstellungen über die ökonomische Entwicklung zur Zeit der Großen Depression erreicht: Ebenso wie man damals aus jedem zyklischen Abschwung den nahenden „Zusammenbruch" der kapitalistischen Gesellschaft ableitete, sollte nunmehr jede größere politische Krise den Stempel „revolutionäre Situation" aufgedrückt bekommen. Die einzige Konkretion vermochte Kautsky seiner politischen Krisentheorie in einem Ereignis zu geben, das die Sozialdemokratie nicht durch politisches Handeln herbeiführen konnte und auch gar nicht herbeizuführen beabsichtigte: „Wir müssen mit der Möglichkeit eines Krieges in absehbarer Zeit rechnen, damit aber auch mit der Möglichkeit politischer Erschütterungen, die entweder direkt in proletarischen Erhebungen enden oder doch mindestens den Weg zu solchen eröffnen"586. Wenngleich die Erwägung eines möglichen Krieges durchaus realistisch war, ersetzte sie keineswegs eine strategische Konzeption der Sozialdemokratie für das gezielte politische Handeln ·vor, in und nach dem Eintreten beschleunigter gesellschaftlicher Umbrüche.

Die geistreichsten Interpretationskünste konnten auch nach Kautskys Einschätzung nicht daran rütteln, daß der historische Gehalt des Revolutionsbegriffs weitgehend durch einen beispielhaften Prozeßablauf fixiert war: „Die große Umwälzung, die in Frankreich 1789 begann, ist der klassische Typus jeder Revolution geworden"587. Das spezifische Dilemma eines sozialdemokratischen Theoretikers, der ein halbes Jahrhundert nach dem Scheitern der deutschen Revolution klassischen Typs noch ein revolutionäres Selbstverständnis artikulierte, erfaßte Kautsky in seinen nostalgischen Schwärme-

583 A.a.O., S. 183.
584 Ebd.
585 Ebd.
586 Karl Kautsky, Die soziale Revolution. I. Sozialreform und Revolution, Berlin 1902, S. 53.
587 A.a.O., S. 5.

reien über das erhebende revolutionäre Selbstbewußtsein von Marx und Lassalle mit großer Prägnanz: „Aber man darf auch nicht vergessen, welch große Zeit das war! Noch lebte die große Revolution nach, und das Zeitalter von 48, das von 56, 59, 66, 70 was brachte das für Kämpfe! Heute nirgends ein großer Kampf, überall Versumpfung und Verschleppung aller Entscheidungen"[588]. Auch hielt sich Kautsky von jeder Romantisierung einer künftigen politischen Erschütterung vollkommen frei; er war davon überzeugt, daß sie „weniger dem Typus der französischen Revolution" entsprechen, als vielmehr mit einem „langdauernden Bürgerkrieg" vergleichbar sein werde, was zu keinerlei euphorischen Perspektiven verleiten konnte: „Waren also die letzten Revolutionen Empörungen der Volksmassen gegen die Regierung, so dürfte die kommende Revolution — abgesehen vielleicht von Rußland — mehr den Charakter eines Kampfes des einen Teils des Volkes gegen den anderen führen"[589]. In einer qualitativ völlig veränderten Dimension sollte Kautsky mit seiner Vermutung recht behalten, daß Deutschland aus seiner Zerrissenheit zwischen dem politisch verstellten westeuropäischen Weg und der von ihm treffend erwogenen Revolution klassischen Musters in Rußland schließlich im „langdauernden Bürgerkrieg" national-„sozialistischer" Prägung enden würde.

Der augenfällige Widerspruch, der zwischen einer teilweise verblüffend scharfsinnigen Einsicht in gesellschaftliche Entwicklungslinien und einem weitgehenden Verzicht auf strategische Schlußfolgerungen bei Kautsky hervortrat, muß als Produkt seines Geschichtsobjektivismus gewertet werden: „Über die Revolution der Zukunft können wir also nur eines mit Bestimmtheit sagen: sie wird anders sein, als ihre Vorgänger und anders, als irgend einer von uns sie sich vorgestellt hat und vorstellt — möge er Engels heißen oder Bernstein"[590]. Für die Wartezeit bis zum Schicksalstag der Revolution empfand Kautsky ein bedrohliches Dilemma, das nur durch äußerste Interpretationskünste vor dem Abgleiten in eine offene Paradoxie bewahrt werden konnte: „Wenn wir aber zu stark geworden sind, um bloß theoretisch nach der politischen Macht zu verlangen, so sind wir doch nicht stark genug, sie tatsächlich zu erobern. Das ist eine höchst schwierige Situation"[591], die Kautskys Konzeption der „revolutionären, nicht aber Revolutionen machenden Partei" seit Aufhebung des Sozialistengesetzes augenscheinlich für das Bewußtsein der meisten Genossen erfolgreich entschärft hatte.

Dieses in der Schwebe gehaltene Spannungsverhältnis von wachsendem Masseneinfluß und bleibender praktisch-politischer Ohnmacht war durch Bernstein deutlich aufgezeigt und von ihm selbst nach der reformstrategischen, bei Rosa Luxemburg nach der revolutionsstrategischen Seite hin aufgelöst worden. Nachdem dieser Gordische Knoten praktisch-theoretischer Scheinsynthesen erst einmal zerschlagen war, verwickelte sich Kautsky bei dem Versuch, ihn notdürftig wieder zusammenzuflicken, in unfreiwillige

588 Kautsky an Adler vom 21. 11. 1901, in: Victor Adler, Briefwechsel . . . , a.a.O., S. 381.
589 Karl Kautsky, Die soziale Revolution. I. Sozialreform und Revolution, a.a.O., S. 48.
590 Karl Kautsky, Bernstein und die Dialektik, in: Die Neue Zeit, a.a.O., 1898/99, II, S. 43.
591 Karl Kautsky, Allerhand Revolutionäres, in: Die Neue Zeit, a.a.O., 1903/04, I, S. 589.

Selbstironie, als er gegen Bernstein zu bedenken gab: „Er spricht von einer ‚auf Katastrophen zugespitzten Taktik'. Wo er eine solche in der deutschen Sozialdemokratie findet, verrät er nicht. Tatsächlich ist, gerade durch ihre theoretische Basis, nichts anpassungsfähiger, als die Taktik der Sozialdemokratie"[592]. Damit formulierte Kautsky unzweideutig das Eingeständnis, daß die von ihm vertretene objektivistische Geschichtstheorie gerade aufgrund ihrer geringen strategischen Konkretion *jede* denkbare Tagespolitik abzudecken in der Lage war. Diese auf den ersten Blick erstaunliche wechselseitige Verkettung zwischen einer hochabstrakten geschichtsphilosophischen Konzeption und einem richtungslosen Tagespragmatismus erschien Kautsky sogar als das Geheimnis des Erfolges der deutschen Sozialdemokratie: „Ihr frommt ebenso wenig eine Taktik, die von Krisen, Katastrophen, Revolutionen grundsätzlich absieht, wie eine Taktik, die auf dergleichen spekuliert. Sie nutzt jede Situation aus und bindet sich nie im voraus die Hände"[593]. Letzteres war — aus der Feder des führenden „Theoretikers" — eine treffende Charakteristik eines strategielosen „Praktizismus", der aus einer übertriebenen Furcht, durch konkrete Aktionspläne den taktischen Spielraum zu verengen, sich von den politischen Ereignissen treiben ließ.

Die kraftprotzerische Formel von der „Eroberung der politischen Macht" durch die Sozialdemokratie bildete bei Kautsky lediglich den perspektivischen Endpunkt einer Vielzahl von parlamentarischen Wahlkämpfen: „Wir dürfen nie vergessen, daß wir in erster Linie noch eine propagandistische Partei sind. Unsere wichtigste praktische Frage ist derzeit noch weit weniger die Eroberung der Macht, als die Eroberung der Volksmassen. Erst wenn wir diese Art der Eroberung vollzogen haben, tritt jene in den Vordergrund"[594]. Hätte es angesichts dieser Stufenfolge noch einer Erläuterung bedurft, daß die Eroberung der politischen Macht sich bei Kautsky in der Eroberung von Wählerstimmen konkretisierte, dann gab er sie mit einem klaren Bekenntnis zu demokratischen Willensbildungsmechanismen: „Anders steht es freilich mit dem politischen Inhalt des Liberalismus, der Demokratie. Die muß der Sozialismus selbstverständlich akzeptieren"[595]. Wenn Kautsky dennoch eine revolutionäre Perspektive sah, so verstand er diese nicht etwa als das historische Begräbnis, sondern als Geburtshelferin der parlamentarischen Demokratie: „Der Parlamentarismus, weit entfernt, die Revolution unmöglich oder auch nur überflüssig zu machen, bedarf also vielmehr selbst der Revolution, um wieder lebensfähig zu werden"[596]. Auch in diesem Falle ist unübersehbar, daß sich die politische Position Kautskys lediglich noch um die spezifischen deutschen Erfordernisse sozialdemokratischer Politik von der generellen Reformstrategie Bernsteins unterschied, welche das noch zu sprengende starre Systemgehäuse des preußischen Obrigkeitsstaates nicht immer hinreichend berücksichtigt hatte.

Die einstmals bei Marx und Engels in eine revolutionäre Strategie einge-

---

592 Karl Kautsky, Bernstein und das sozialdemokratische Programm, a.a.O., S. 166.
593 Ebd.
594 Karl Kautsky, Nachklänge zum Parteitag, in: Die Neue Zeit, a.a.O., 1903/04, I, S. 1.
595 Karl Kautsky, Bernstein . . ., a.a.O., S. 173.
596 Karl Kautsky, Die soziale Revolution. I. Sozialreform und Revolution, a.a.O., S. 44.

bettete Konzeption, eine Besetzung der staatlichen Schaltzentralen durch die Arbeiterbewegung anzustreben, wie sie noch die Pariser Kommune von 1871 zu bestätigen schien, reduzierte Kautsky auf eine ausgesprochene Banalität: „Eine jede politische Partei muß sich die Aufgabe stellen, die politische Macht zu erobern, um ihren Anschauungen entsprechend den Staat zu gestalten und die Staatsgewalt auf die Gesellschaft wirken zu lassen"[597]. In dieser Allgemeinheit hätte dieser so entschieden als revolutionär ausgegebene Programmpunkt der Sozialdemokratie also genauso gut von einer konservativen oder liberalen Partei aufgenommen werden können. Andererseits wollte sich Kautsky auf die revolutionären Implikationen, wie sie aus der marxistischen Tradition früherer Epochen überliefert waren, nicht mehr eindeutig festlegen: „Ich will nicht darauf schwören, daß die Klassenherrschaft des Proletariats die Formen einer Klassendiktatur annehmen muß"[598]. Obwohl sich Kautsky unmißverständlich zugunsten der Demokratie entschieden hatte, konnte er sich nicht entschließen, ein kaum noch mit politischem Leben erfülltes Schlagwort der Revision zu unterziehen. Für diese theoretisch-strategische Unschärfe in bezug auf eine sozialistische Staatsform mußte in bewährter Manier die unergründliche Weisheit des objektiven Geschichtsprozesses die politische Verantwortung übernehmen: „Die Entscheidung über das Problem der proletarischen Diktatur können wir wohl ruhig der Zukunft überlassen"[599]. Dieses unerschütterliche Vertrauen in die unbeugsame Notwendigkeit der gesellschaftlichen Entwicklung blieb das theoretische A-Priori des Kautskyschen Denkens, an dessen Grenzen alle praktisch-politischen Konsequenzen seines „heimlichen Revisionismus" in Detailfragen letzthin abprallten.

Geschichtsdeterminismus und organologische Gesellschaftsauffassung

Auf den kritischen Hinweis Bernsteins, daß die Marxsche Dialektik in ihrer klassisch-hegelianischen Gestalt zu gedanklichen Konstruktionen über alle historisch-empirischen Besonderheiten hinweg verleiten konnte, hatte Rosa Luxemburg die logisch-deduktive Argumentationsweise gerade als den Kern der marxistischen Wissenschaftskonzeption offensiv verteidigt. Wie bereits an einigen anderen ökonomischen und strategischen Fragen demonstriert, ließ Kautsky demgegenüber die theoretischen Initiativen Bernsteins offene Türen einrennen: „Keine Lehre verlangt mehr als ,Eindringen in das konkrete Detail des Empirischen' als gerade die Marxsche"[600]. In seinem stark dogmatisch geprägten Verhältnis zum Marxismus bereitete es Kautsky keinerlei Schwierigkeiten, die unterschiedlichsten und selbst unmittelbar widersprüchlichen Eigenheiten, die von einer „vollendeten" Wissenschaft jeweils verlangt wurden, allesamt der Marxschen Lehre bzw. seiner eigenen Inter-

597 Karl Kautsky, Bernstein ..., a.a.O., S. 179.
598 A.a.O., S. 172.
599 Ebd.
600 A.a.O., S. 32.

pretation zuzuschreiben, so daß sie gegen eine grundlegende Veränderung ihres konzeptionellen Bezugssystems weitgehend immun war.

Ein richtungsweisender Fortschritt marxistischen Denkens konnte so gesehen von Kautsky prinzipiell nicht erzielt werden, da ihm weder die Rekonstruktion der systematischen Totalität Marxscher Wissenschaft aus dialektischer Geschichtsphilosophie „deutscher" Prägung, dem „französischen" Revolutionsbegriff und der „englischen" Politökonomie gelang, noch die zukunftsträchtige Erarbeitung einer neuen konzeptionellen Einheit. Die methodenfremde Willkür, mit welcher Kautsky aus der konjunkturellen Situation von 1899 kurzerhand die Krisentheorie zum sekundären Beiwerk erklärte und sich um eine klare staatstheoretische Stellungnahme pro oder contra „Diktatur des Proletariats" herumdrückte, spiegelt sich auch in der äußerst halbherzigen Verteidigung der Dialektik wider, die Kautsky im wesentlichen zur Polarität des Klassenkampfes als gesellschaftlicher „Realdialektik" verengte. So blieben alle lediglich zur Legitimation der traditionellen Parteitheorie gedachten Aussagen selbst dann folgenlos für die Gesamtkonzeption Kautskys, wenn ihnen ein perspektivischer Kern innewohnte: „Die einzige Prüfung, deren Zeugnis in der Geschichte gilt, ist die Praxis, die Erfahrung"[601]. Ein solcher Satz blieb eine wohlklingende Leerformel, wenn nicht das Wahrheitskriterium einer „Prüfung" sowie der systematische „Praxis"- und „Erfahrungs"-Begriff Kautskys wenigstens andeutungsweise wissenschaftstheoretisch erläutert wurden.

Auch in bezug auf die geschichtsphilosophische Enge eines platten Ökonomismus schien Kautsky zu punktuellen Zugeständnissen bereit zu sein: „Wir haben gesehen, daß die materialistische Geschichtsauffassung neben dem ökonomischen Zwange noch andere Faktoren der sozialen Entwicklung kennt, die zwar ökonomisch motiviert, aber nichtsdestoweniger vielfach idealer, ethischer Natur sind, und die wir zusammenfassen in der Formel des Klassenkampfes"[602]. Das Prinzip der sozialen Verursachung durch ein komplexes Faktorenbündel, in welches die Gedanken Bernsteins ohne eine bereits befriedigend geklärte innere Systematik häufig ausliefen, war für Kautsky jedoch schlechthin unerträglich. Dies verband ihn auf den ersten Blick mit dem Postulat eines streng systematischen Denkens: „Die Methode ist das Entscheidende am marxistischen Sozialismus, nicht die Resultate"[603]. Doch trat die dogmatische Begrenztheit Kautskys immer dann deutlich hervor, wenn er die von einem kritischen Eklektizismus, über den Bernstein zuweilen nicht hinausgelangte, destruierte Einheit des Marxismus lediglich auf einem reduzierten Argumentationsniveau scheinhaft zusammenkittete.

So knüpfte er die Anerkennung von Erklärungsmomenten, die nicht umstandslos ökonomistisch „ableitbar" waren, an eine spezifische Bedingung: „Von einem wissenschaftlichen Sozialismus könnte erst dann bei dieser Methode die Rede sein, wenn die betreffenden Faktoren ebenso erforscht wären, wie die kapitalistische Produktionsweise im ‚Kapital', und dargetan wäre,

601 A.a.O., S. 191.
602 A.a.O., S. 145.
603 A.a.O., S. 17.

daß aus ihrem Wirken eine sozialistische Gesellschaft entstehen muß"[604].
Es springt in diesem Falle sofort ins Auge, daß Kautsky sich mit dieser
Forderung gegen Lernprozesse perfekt immunisierte: Der systematische Hin-
tergrund der Einbeziehung eines „subjektiven Faktors" in eine sozialistische
Theorie lag schließlich gerade darin, daß es — nach Auffassung Bernsteins
wie Rosa Luxemburgs — unmöglich war, den Sozialismus kontemplativ als
„Naturnotwendigkeit" der kapitalistischen Entwicklung und der von ihr
entfachten Widersprüche abzuleiten, ohne dabei eine strategisch in bewußten
Alternativen aktiv handelnde Bewegung in Rechnung zu stellen.
Die differenzierenden Überlegungen von Engels in der Auseinandersetzung
mit Vulgärmaterialisten entzogen sich der wissenschaftstheoretischen Denk-
kapazität Kautskys: „Ich kann da nirgends die geringste Abschwächung
oder Einschränkung des Determinismus entdecken"[605]. Für ihn blieb also
die marxistische Geschichtsauffassung schlechthin „deterministisch", d. h. von
der methodischen Grundintention geleitet, die Vorherbestimmtheit der gesellschaftlichen Entwicklung aus den inneren Bewegungsgesetzen sozialer
„Natur"-Notwendigkeit abzuleiten. Diese Geschichtsphilosophie färbte folgerichtig auch auf jede systematische Gesellschaftsanalyse Kautskys ab. Als „das
Kennzeichen jeder wahren Wissenschaft" erschien ihm „das Streben nach
einheitlicher Zusammenfassung aller Erscheinungen zu einem widerspruchs-
losen Ganzen, das heißt also in der Gesellschaftswissenschaft die Erkenntnis
der gesamten Gesellschaft als eines einheitlichen Organismus, in dem man
nicht einzelne Teile willkürlich und für sich allein ändern kann"[606]. Die
wohl in dieser Allgemeinheit weitgehend akzeptierte Forderung nach logischer Geschlossenheit wissenschaftlicher Lehrgebäude konnte Kautsky also
lediglich durch einen unilinearen Abbild-Mechanismus dergestalt verbürgt
sehen, daß die Konsistenz eines gedanklichen Systems von Aussagen auf
eine korrekte „Widerspiegelung" der Konsistenz eines materialen Systems
von Wirklichkeitselementen zurückzuführen sei.
Die bereits in Umrissen aus der Zeit vor 1895 überkommene organologische
Gesellschaftsauffassung verdichtete sich in der Bekräftigung des Determinismus gegen jedes Einsickern eines „subjektiven Faktors" in den Marxismus
zu einer geschlossenen Gedankenkonstruktion Kautskys. So wollte er bei
aller Bereitschaft, fehlerhafte Einzelaussagen über empirische Sachverhalte
zu korrigieren, nicht von dem grundsätzlichen Interpretationsmodell abrücken, daß für Industrie und Landwirtschaft „im Prinzip" die gleichen
Bewegungsgesetze wirksam waren: „Die menschliche Gesellschaft ist ein
Organismus ... Sie kann sich nur in einer Richtung entwickeln. Aber es ist
nicht notwendig, daß jeder Teil des Organismus aus sich selbst die zu seiner
Entwicklung nötige Triebkraft hervorbringt, es genügt, daß eine Stelle des
Organismus die erforderlichen Kräfte für die Gesamtheit erzeugt"[607]. Die
fortgeschrittensten kapitalistischen Wirtschaftssektoren waren demnach das

604 A.a.O., S. 18.
605 Karl Kautsky, Bernstein und die materialistische Geschichtsauffassung, in: Die Neue
Zeit, a.a.O., 1898/99, II, S. 8.
606 Karl Kautsky, Die soziale Revolution. I. Sozialreform und Revolution, a.a.O., S. 19.
607 Karl Kautsky, Die Agrarfrage, a.a.O., S. 295.

„Gehirn", nach dessen Logik der gesamte Gesellschaftskörper — wenn auch mit Trägheitseffekten — gesteuert wurde, das „Herz", das in die feinsten Verzweigungen des Agrarwesens die entwicklungsträchtigen Nährstoffe des Wertgesetzes mit einem mächtigen Blutstrom hineinpumpte. Sobald die Sozialdemokratie folglich das bislang kapitalistisch geprägte Steuerungszentrum der Gesellschaft erobert haben würde, mußte in diesem Verständnis Kautskys der gesamte „soziale Organismus" mit einem Schlage einer anderen „Bewegungsdynamik" unterliegen: „Hat das Proletariat die politische Macht, dann folgt daraus der Sozialismus von selbst"[608]. Freilich wollten sich „notorische Subjektivisten" wie Bernstein und Rosa Luxemburg mit solchen gutgläubigen Versicherungen nicht zufriedengeben, so daß sich Kautsky trotz seiner tiefen Abneigung gegen „Spintisierereien" auf antizipatorische Pfade zu begeben hatte.

Eine logische Deduktion der sozialistischen Zukunftsgesellschaft

Obgleich die Bekräftigung der unerschütterlichen „Naturnotwendigkeit" des Sozialismus in kaum einer längeren Abhandlung Kautskys fehlte, ist es ihm niemals auch nur in Umrissen gelungen, den Transformationsprozeß als konkreten gesellschaftlichen Vorgang zu skizzieren. In dieser offenkundigen Erklärungsschranke seines Geschichtsobjektivismus lag implizit das Eingeständnis begründet, daß die soziale Entwicklung in ihrer historisch-empirischen Vielgestaltigkeit keineswegs wie der organische Wachstumsprozeß eines biologischen Körpers wissenschaftlich prognostizierbar war. Sie stellte eben im doppelten Sinne — aufgrund begrenzter innerer Interdependenz und nicht a-prioristisch festgelegter Transformationsgrenzen — kein abgeschlossenes System dar, das nur durch evolutive Katastrophen („Mutationen") die vorherbestimmten Entwicklungsbahnen verlassen konnte. Um nicht aus der Welt der realen Erscheinungen unversehens in den als völlig „unmarxistisch" verpönten „Utopismus" abzugleiten, blieb Kautsky nur eine vorsichtige Anleihe bei den naturwissenschaftlich anerkannten Formen hypothetischen Denkens offen: „So wie der Physiker die Fallgesetze im luftleeren Raum untersucht und nicht in bewegter Luft, so untersuchen wir hier die Situation des siegreichen Proletariats unter Voraussetzungen, die in voller Reinheit nie eintreten werden, nämlich unter der Annahme, es werde morgen schon mit einem Schlage zur Alleinherrschaft kommen, und die Mittel, die ihm zur Lösung seiner Aufgaben zu Gebote stehen, seien die heute gegebenen"[609]. Diese Erläuterung, er wolle es dem Physiker in der wissenschaftlichen Methode gleichtun, nach Gesetzen in einem von aller „Bewegung" befreiten „luftleeren Raum" des erreichten „Endziels" zu forschen, beweist erneut die außerordentliche Begabung Kautskys zu unfreiwilliger Selbstironie.

Obgleich Kautsky seiner deterministischen Geschichtsauffassung und der von

---

608 Karl Kautsky, Allerhand Revolutionäres, a.a.O., S. 590.
609 Karl Kautsky, Die soziale Revolution. II. Am Tage nach der sozialen Revolution, Berlin 1902, S. 4/5.

ihr gespeisten strategischen Indifferenz unverrückbar treu blieb, mußte er auch in bezug auf den sozialistischen Zukunftsstaat dem „Revisionismus" Tribut zollen. Während es ihm einstmals noch geboten erschien, die Frage mit dem alle strategischen Blößen umhüllenden Mantel des Schweigens zu verdecken, „ob die unvermeidliche Expropriation eine Konfiskation oder eine Ablösung wird, ob sie friedlich oder gewaltsam vor sich geht", fügte er nunmehr in der für das Ansehen seiner ursprünglichen Auffassung gebotenen Vorsicht hinzu: „Trotzdem spricht eine Reihe von Gründen dafür, daß ein proletarisches Regime suchen wird, den Weg der Ablösung, der Bezahlung der Kapitalisten und Grundeigentümer zu wählen"[610]. Welche Abgründe Kautsky damals schon von Rosa Luxemburgs „Hammerschlag der Revolution" trennten, zeigte in aller Klarheit das strategisch-politische Argument, das er für seine Konzeption anführte, die enteigneten Ausbeuterklassen zunächst finanziell zu entschädigen: „Die direkte Konfiskation würde sich auch rasch, oft mit einem Schlage, vollziehen, während die Konfiskation durch die Steuer es erlaubt, die Aufhebung des kapitalistischen Eigentums zu einem sich länger hinziehenden Prozeß zu machen, der in dem Maße fortschreitet, in dem die neue Ordnung sich befestigt und ihre wohltätigen Einflüsse geltend macht"[611]. Damit war Kautsky in der Substanz durchaus bei der „revisionistischen" Strategie Bernsteins angelangt, ein sozialrevolutionäres Ziel, die Transformation der kapitalistischen in eine sozialistische Eigentumsordnung, auf einem Wege zu verwirklichen, der systematisches Fortschreiten über demokratische Mehrheiten an die Stelle der Spekulation auf einen gewaltsamen Umsturz setzte.

Ein weiteres Motiv für die offene Propagierung eines gradualistischen Weges der *ökonomischen* Enteignung der besitzenden Klasse, den Kautsky nach dem eigentums*rechtlichen* Akt der Sozialisierung mit Hilfe konfiskatorischer Steuern beschreiten wollte, lag zweifellos in der von ihm deutlich herausgestellten Hauptaufgabe einer sozialistischen Führung in Staat und Gesellschaft: „Das siegreiche Proletariat muß die Produktion aufs rascheste erweitern, soll es den enormen Ansprüchen genügen können, die an das neue Regime gestellt werden"[612]. Die Ausschaltung vermeidbarer bürgerkriegsähnlicher Situationen mußte demnach Kautsky schon deshalb als zwingendes Erfordernis einer sozialistischen Regierung betrachten, damit sie alle Kräfte des gesellschaftlichen Lebens auf die Ausweitung der Güterproduktion lenken konnte, die der großen Masse der arbeitenden Bevölkerung endlich ein menschenwürdiges Dasein verschaffen sollte. Mit strahlenden Verheißungen war Kautsky keineswegs zurückhaltender als Bebel in seiner Utopie der sozialistischen Zukunftsgesellschaft: „Es ist durchaus nicht phantastisch, anzunehmen, daß sofort eine Verdoppelung der Löhne bei Reduzierung der Arbeitszeit auf die Hälfte der heutigen möglich ist"[613]. Man bedenke, daß Kautsky auf diese Weise einen Erwartungshorizont der Arbeiterklasse an eine künftige sozialdemokratische Staatsführung erweckte, der nicht in

610 A.a.O., S. 11.
611 A.a.O., S. 13/14.
612 A.a.O., S. 21.
613 A.a.O., S. 41.

einem mittelfristigen Zeitraum systematischer Aufbauarbeit, sondern „sofort" zufriedengestellt werden mußte! Ebenso wie Bebel sah Kautsky die einzige reelle Chance, die gewaltige Expansion der industriellen Güterproduktion organisatorisch zu gewährleisten, in einer rigorosen Beseitigung aller anarchischen Momente, die ein kapitalistisches Wirtschaftssystem kennzeichneten: „In einer kommunistischen Gesellschaft wird die Arbeit planmäßig reguliert, werden die Arbeitskräfte den einzelnen Zweigen nach einem bestimmten Plane zugewiesen"[614]. Bei der Realisierung dieses Planungssystems vertraute Kautsky gänzlich auf das Prinzip der freiwilligen Einsicht der Arbeitskräfte in die Erfordernisse der gesamtgesellschaftlichen Entwicklung.

Insgeheim mag Kautsky an seine persönliche Freiheit als Intellektueller gedacht haben, wenn er die Verknüpfung eines perfekt geplanten materiellen Reproduktionsprozesses mit einer herrschaftsfreien Gestaltung der sozialen Beziehungen und des kulturellen Bereichs als notwendiges Ergebnis der historischen Entwicklung proklamierte: „Kommunismus in der materiellen Produktion, Anarchismus in der geistigen: das ist der Typus einer sozialistischen Produktionsweise, wie sie aus der Herrschaft des Proletariats, mit anderen Worten, aus der sozialen Revolution, durch die Logik der ökonomischen Tatsachen entwickelt wird, welches immer die Wünsche, Absichten und Theorien des Proletariats sein werden"[615]. Wenn in diesem Falle zweifellos auch ein Wunsch der Vater seines Gedankens war, so wurde der prägende Einfluß der politischen Rahmenbedingungen auf die theoretische Vorstellungswelt der Sozialdemokratie deutlich erkennbar, als Kautsky die erforderlichen „Tugenden" eines siegreichen Proletariats zur Leitung der sozialistischen Gesellschaft umschrieb: „Es wird einer hohen Intelligenz, einer strammen Disziplin, einer vollkommenen Organisation seiner großen Massen bedürfen"[616]. Dies waren ins Sozialdemokratische gewendet exakt die Grundpfeiler des preußischen Staates im Bildungsbürgertum, in der Armee und der Bürokratie. Mit der ohne Frage von einer „hohen Intelligenz" und einer „strammen Disziplin" gekennzeichneten „vollkommenen Organisation" der deutschen Sozialdemokratie hielt sich ein preußischer Gegenstaat zur Machtübernahme bereit, und Kautsky verteidigte diese drei preußischen Staatsbürgertugenden seiner „revolutionären" Partei mit großer Beharrlichkeit gegen alle Angriffe und Abweichungen: mochten sie gegen die „stramme Disziplin" in der Theorie von den „Revisionisten" oder in der Praxis von den süddeutschen Budgetbewilligern, gegen die „vollkommene Organisation" seitens der spontaneistischen „Linksradikalen" oder gegen die „hohe Intelligenz" aus einer geistlosen Verwaltungsroutine der Vorstandspolitik herstammten.

---

614 A.a.O., S. 18.
615 A.a.O., S. 45.
616 A.a.O., S. 47.

XI. Kapitel

Strategische Proben auf die Praxis:
Massenstreikdebatten und Wahlrechtskämpfe

Die Gewerkschaften: Organisationsarbeit als Aktionsperspektive

Wir haben gesehen, daß für den Entwicklungsabschnitt bis 1905 bereits von drei ausdifferenzierten sozialdemokratischen Grundsatzpositionen gesprochen werden kann. Eine Betrachtung der Strategiediskussionen in der Sozialdemokratie wäre jedoch unvollständig und müßte ein verzerrtes Bild vermitteln, wenn nicht der wachsende Einfluß der Gewerkschaften als politischer Faktor in der deutschen Arbeiterbewegung gebührend berücksichtigt würde: Sie versammelten auf dem Höhepunkt der organisatorischen Macht im Jahre 1913 eine elfmal höhere Mitgliederzahl in ihren Reihen als noch 1893, während die Wählerschaft der Sozialdemokratie im gleichen Zeitraum lediglich die zweieinhalbfache Stärke erreicht hatte. Gerade weil die „freien" deutschen Gewerkschaften — neben ihnen gab es zahlenmäßig unbedeutendere christliche und liberale — trotz ihrer formellen parteipolitischen Neutralität das Werk der Sozialdemokratie waren und blieben, mußte eine Gewichtsverlagerung in Richtung des gewerkschaftlich orientierten „tagespragmatischen" Klassenkampfes auch bedeutende Rückwirkungen auf die strategischen Handlungskonzeptionen der Sozialdemokratie nach sich ziehen.

Als eine politische Fraktion in der Partei, die als solche nicht in Erscheinung zu treten wünschte, waren die gewerkschaftlichen „Praktizisten" bestrebt, den im Gange befindlichen Umstrukturierungsprozeß in der Sozialdemokratie hinter dem Rücken aller Theorie vorwärtsschleichen zu lassen, weshalb sie auch gegenüber dem „Revisionismus" ausgesprochenes Desinteresse oder sogar schroffe Ablehnung bekundeten. So durfte in der Argumentation, die eine prinzipielle Zurückweisung des politischen Massenstreiks als strategische Aktionswaffe durch die Gewerkschaften begründete, der legitimierende Verweis auf eine legendäre „bewährte und sieggekrönte Taktik" nicht fehlen: „Entgegen aller Tradition der Sozialdemokratischen Partei Deutschlands hat man hier ein Kampfmittel von vornherein festgelegt"[617]. In der Tat war diese Berufung auf die „Tradition" sehr viel mehr als geschickte Rhetorik. Wenn man bei möglichen Wahlrechtsverschlechterungen und Einschränkungen des Koalitionsrechtes seitens der Gewerkschaften dafür plädierte, daß die Arbeiterbewegung die Frage, „welche Mittel in diesem Kampfe angewandt werden sollen, ... ruhig der Zukunft überlassen"[618]

---

617 Protokoll 1906, S. 246 (Legien).
618 Gewerkschaftskongreß 1905, S. 219 (Bömelburg).

könne, so befanden sich die Gewerkschaftler in der Logik der Argumentation durchaus in Übereinstimmung mit Kautsky. Schließlich hatte gerade er die durch ihre theoretische Grundlage verbürgte Anpassungsfähigkeit von taktischen Maßregeln der Sozialdemokratie betont: „Sie nutzt jede Situation aus und bindet sich nie im voraus die Hände"[619].

Die massenstreikunwilligen Gewerkschaftsvertreter waren offenbar äußerst gelehrige Schüler Kautskys, jedenfalls was seine zum festen Bestand der offiziellen Parteidoktrin zählenden vulgärmarxistischen Denkfiguren anbelangt. Der Geschichtsdeterminismus, welcher sich so unproblematisch mit einem konzeptionslosen Tagespragmatismus verbinden ließ, gliederte sich bei ihnen wie schon in der Konzeption Kautskys in eine fatalistische und eine optimistische Komponente auf. Einesteils wurde den Gewerkschaftlern ein „gesundes" Maß an Immobilität gegenüber einer grundfalschen Hektik von Strategiediskussionen verordnet: „Wir sollten deshalb nicht immer das Schreckgespenst an die Wand malen, sondern ruhig abwarten, was unsere Gegner tun"[620]. Diese leicht als Ausdruck politischer Ohnmacht mißverstehbare Schicksalsergebenheit galt es sogleich optimistisch zu wenden, indem man die traditionelle Gewißheit bekräftigte, mit dem objektiven Weltenlauf im Bunde zu sein und deshalb unaufhaltsam dem Siege näher zu kommen: „Wenn wir dafür sorgen, daß die Arbeiterorganisationen stärker und stärker werden, daß die Arbeiter zu klassenbewußten Kämpfern erzogen werden, dann können wir ruhigen Mutes der Zukunft entgegensehen"[621]. Diese doppelte, zugleich fatalistische und optimistische Bedeutung der Aufforderung, „ruhig" zu bleiben, vermochte wie keine andere Theorie der Kautskysche Vulgärmaterialismus zur Synthese zu verschmelzen.

In der grauen Welt des Alltags reduzierte sich der Charakter einer „revolutionären, nicht aber Revolutionen machenden Partei" auf die Wahlagitation zum Zweck der Eroberung von parlamentarischer Macht. Eine ähnliche Bescheidenheit kennzeichnete den konkret faßbaren Gehalt des gewerkschaftlichen Traditionalismus: „Wir sollten an der alten bewährten Organisationsarbeit festhalten"[622]. In dem geschichtsphilosophisch überhöhten Argument, eine „Taktik" sei niemals von vornherein festzulegen, schälte sich schließlich der harte Kern der gewerkschaftlichen Abneigung gegen jede Spekulation auf politische Massenaktionen heraus: „Ungeheure Opfer hat es gekostet, um den augenblicklichen Stand der Organisation zu erreichen, und ungeheure Opfer wird es noch kosten, um die Organisation auf eine noch höhere Stufe der Macht zu heben. Um aber unsere Organisation auszubauen, dazu bedürfen wir in der Arbeiterbewegung Ruhe"[623]. Als zentrales Argument gegen den Massenstreik wurden die fehlenden finanziellen Voraussetzungen der Gewerkschaften angeführt, einer in Millionen streikenden Arbeiterschaft längere Zeit den Lebensunterhalt bezahlen zu können. Ganz offenkundig wurden hier politische Kämpfe in zugespitzten Konfliktsitua-

619 Karl Kautsky, Bernstein und das sozialdemokratische Programm, a.a.O., S. 166.
620 Gewerkschaftskongreß 1905, S. 225 (Robert Schmidt).
621 A.a.O., S. 222 (Bömelburg).
622 A.a.O., S. 225 (Schumann).
623 A.a.O., S. 221 (Bömelburg).

tionen an der Elle des regulären gewerkschaftlichen Lohnkampfes gemessen.

Der Zeitpunkt einer zum Massenstreik bereitstehenden Konfliktfähigkeit der Gewerkschaften wurde folgerichtig ins Unbestimmte verschoben: „Sollten wir einmal so gewaltige Mittel haben, um solche großen politischen Kämpfe auf lange Zeit führen zu können, dann würden wir uns während dieses Kampfes völlig ausgeben, und dann hätten es ja nachdem die Unternehmer in der Hand, mit dem einen oder dem anderen Beruf vollständig abzurechnen"[624]. Nach dieser Logik der Argumentation mußten also die Gewerkschaftskassen so lange gefüllt werden, bis sie den Lebensunterhalt im Notfalle sichern konnten — um dann den genialen Einfall zu ermöglichen, mit dem Aufkauf des Kapitalismus zu beginnen, statt diese schönen Geldsummen für Massenstreiks zu verschleudern! Auf der kontinuierlichen Linie der organisatorischen Stärkung von dem Ausgangspunkt, wo man noch nicht „massenhaft" streiken konnte, zum anvisierten Endpunkt, wo man solche Kräfteverschwendungen nicht mehr nötig haben würde, war nirgends ein Platz für den politischen Massenstreik.

Die entsprechende Anleitung zur praktischen Behandlung dieses Problemkreises war deshalb unmißverständlich formuliert: „In der deutschen Gewerkschaftsbewegung haben wir dafür zu sorgen, daß die Diskussion verschwindet und daß man die Lösung der Zukunft, dem gegebenen Augenblick überläßt"[625]. Wenn demnach derart unsinnige Debatten einige Geister verwirrt hatten, so konnte diese unerfreuliche Tendenz allenfalls von außen den mit einem „gesunden Menschenverstand" begabten Gewerkschaftlern aufgedrängt worden sein: „Es handelt sich lediglich um Literatenstreitigkeiten. Da findet einer den Satz, der andere den für unrichtig und dann wird darauf losgehauen. Es werden Artikel in die Welt gesetzt, daß einem die Haare zu Berge stehen"[626]. Von der positiven Wirkung der marxistischen Theorie für die politische Anleitung des Klassenkampfes war inzwischen nicht mehr die Rede. Vielmehr hatte sich in den Gewerkschaften der Eindruck breit gemacht, daß Denken und Handeln zwei prinzipiell gegenläufige Betätigungen im Rahmen der sozialistischen Perspektiven seien: „Die Literaten mögen ja tun, was sie wollen, aber der Arbeiterbewegung leisten sie keinen guten Dienst. Diejenigen, die so leicht über den politischen Massenstreik heute reden, haben meist von der praktischen Arbeiterbewegung keine Ahnung"[627]. Ein anti-intellektueller Affekt der gewerkschaftlichen Pragmatiker richtete sich nunmehr sogar gegen das offizielle Parteiorgan: „Das ist eine Gewerkschaftstheorie in der ‚Neuen Zeit‘, daß ich zu meinem Bedauern sagen muß, es ist eigentlich ein Glück, daß die ‚Neue Zeit‘ so wenig gelesen wird, so daß sie keinen zu großen Wirrwarr anrichten kann"[628]. Wo die sozialdemokratischen Theorien nicht fruchtbar mit der alltäglichen Praxis vermittelt waren, schritten allemal die in der Organi-

---

624 A.a.O., S. 220 (Bömelburg).
625 A.a.O., S. 221 (Bömelburg).
626 Protokoll 1906, S. 254 (Legien).
627 Gewerkschaftskongreß 1905, S. 221 (Bömelburg).
628 Protokoll 1905, S. 247 (Robert Schmidt).

sationsarbeit verankerten „Praktizisten" achtlos und um so reflexionsunwilliger über sie hinweg. Die Opposition des Gewerkschaftsflügels gegen die Massenstreikdebatten in der Sozialdemokratie läßt sich aus diesem Grunde auch keineswegs als „reformistische" und „revisionistische" Kritik an einer „revolutionären" und „marxistischen" Partei angemessen begreifen. Für jeglichen „Praktizismus" ist es geradezu konstitutiv, daß er sich derartigen theoretischen Differenzierungen in seiner Motivation wie in seiner argumentativen Struktur vollständig entzieht. So gesehen kam die theoretische Orientierungskrise der Gewerkschaften in dem fassungslosen Eingeständnis des in den Massenstreikdiskussionen gewonnenen Eindrucks recht plastisch zum Vorschein, „daß noch niemals ein solcher Wirrwarr vorhanden war wie im Laufe der letzten Zeit ... Die Revisionisten sind auf einmal hier die Radikalen geworden, die Radikalen die Revisionisten"[629]. Wenn man, wie es damals üblicherweise geschah, die Beschwörung der „bewährten und sieggekrönten Taktik" als Ausdruck einer „radikalen", die Kritik daran als Merkmal einer „revisionistischen" Position wertete, so mußte den Gewerkschaftsvertretern tatsächlich ihr politisches Weltbild durcheinandergeraten, indem sie in der Massenstreikfrage ausgerechnet von den „Revisionisten" rechts liegen gelassen wurden: „Es ist eigentümlich, daß bei uns Bernstein und die Revisionisten am meisten den politischen Massenstreik propagieren"[630]. Eine eher gemäßigte Phraseologie mit einer radikal aktivistischen Praxis verbinden zu wollen, erschien den Gewerkschaftlern als perfekter Widersinn, weil sie sich längst daran gewöhnt hatten, eine nach „Ruhe" zum Aufbau der Organisation strebende immobilistische Praxis in eine traditionalistisch entschärfte radikale Phraseologie einzukleiden.

Eben weil der gewerkschaftliche „Praktizismus" ohne ein theoretisches Bewußtsein seiner selbst sich in der Sozialdemokratie verbreitete, führte die Betonung der „täglichen Kleinarbeit" auch keineswegs zur Ausarbeitung einer systematischen Reformstrategie, wie sie Bernstein vorschwebte. Während der konkrete Tagespragmatismus ohne ein politisches Konzept nach den Erfordernissen des Augenblicks betrieben wurde, bestand für alle reformstrategischen Ansätze „mittlerer Reichweite" eine Neigung bei den Gewerkschaftlern, die Aktions- und Risikoschwelle möglichst hoch anzusetzen und so die entsprechenden Handlungsstrategien ins Reich der für verbalradikale Sonntagsreden vorbehaltenen Zukunftsvisionen zu verlegen: „Kommt der Generalstreik, oder wie man ihn sonst nennen will, dann bedeutet das für mich den Anfang der Revolution. Gehen die Massen einmal auf die Straße, dann gibt's kein ‚Zurück' mehr"[631]. So gesehen konnten die Gewerkschaften ihr Beharren auf der „täglichen Kleinarbeit" mühelos mit dem Bekenntnis zum „revolutionären Charakter" der Sozialdemokratie verknüpfen, indem sie den politischen Massenstreik zu einem schicksalhaften Ereignis im Sinne der Geschichtsphilosophie Kautskys hochstilisierten: „In Wirklichkeit ist das die Revolution, aber Revolution kann man nicht im

629 Protokoll 1906, S. 277 (Bömelburg).
630 Gewerkschaftskongreß 1905, S. 228 (Bömelburg).
631 Protokoll 1905, S. 322 (Legien).

voraus machen; eine Revolution kann sich nur aus den Verhältnissen heraus entwickeln"[632]. Daß sich seine Theorien derart mühelos als Legitimations-lehre des politischen Immobilismus instrumentalisieren ließen, hätte Kautsky an deren „revolutionärem" Gehalt zumindest zweifeln lassen müssen.

Auch der „große Kladderadatsch", in welchem mit einem Schlage urplötzlich alles „ganz anders" wurde, lebte in der Vorstellungswelt der aktionsfeind-lich gesinnten Gewerkschaftler unbeschränkt fort: „Es wird die Stunde schla-gen, wo wir alles einsetzen müssen, um die alten Rechte zu erhalten oder neue Rechte zu erwerben. Aber man soll nicht sagen: wenn die Stunde kommt, dann muß das und das geschehen; kommt die Stunde, dann ist die Entscheidung schnell getroffen, dann werden die Massen, wenn konservative Leute an der Spitze stehen, einfach über die Köpfe der Führer hinweg ent-scheiden. Dann gibt es kein Beschließen über den politischen Massenstreik mehr, dann ist der politische Massenstreik da"[633]. Wie ein Heiligtum, von dem sich ein Sterblicher nimmer ein Bildnis machen durfte, wurde das Natur-ereignis namens „Revolution", das die große Wende bringen sollte, vor der Abnutzung durch den profanen Zugriff einer Strategiediskussion behütet; konnte doch solch pietätloser Übermut die „naturnotwendige" Schicksals-fügung als Götzenbild entschleiern, dessen Anbetung das Fehlen einer radi-kal diesseitigen Strategie für den Weg zum Sozialismus kompensierte.

Eduard Bernstein: Eine aktivistische Reformstrategie

Die von Engels eingeleitete und von Bernstein konsequent fortgeführte Revision des revolutionären Barrikadenkampfes nach französischem Vorbild hatte eine strategische Verunsicherung hervorgerufen, für die insbesondere Bernstein selbst orientierende Neuansätze sozialdemokratischer Politik schuldig blieb. So war es keineswegs verwunderlich, daß er die sich inten-sivierenden Massenstreikdiskussionen mit an erster Stelle aufgriff und in seine politische Gesamtkonzeption zu integrieren trachtete. Dabei spielten auch die russischen Ereignisse eine gewisse Rolle, die Bernstein geprägt sah durch „eine mächtige Bewegung, von der wir hoffen wollen und meiner An-sicht nach auch hoffen dürfen, daß sie mit der Revolution, der siegreichen Revolution für Rußland enden wird"[634]. Das entscheidende Motiv für die Berechtigung einer offensiven Massenstreikdebatte in der Sozialdemokratie ergab sich für ihn jedoch aus den deutschen Verhältnissen selbst, die nach den ökonomischen und politischen Folgen des imperialistischen Flotte-Zoll-Kompromisses von 1898/1902 einer unübersehbaren Verschärfung entgegen-trieben: „Die Entwicklung der politischen Zustände in Deutschland und insbesondere in Preußen, dem führenden Staate Deutschlands, macht eine erneute Prüfung der Kampfmittel der Volksklassen für die Verteidigung bedrohter und die Eroberung andauernd vorenthaltener Rechte zu einer

632 Gewerkschaftskongreß 1905, S. 228 (Bömelburg).
633 Protokoll 1906, S. 247 (Legien).
634 Eduard Bernstein, Der politische Massenstreik und die politische Lage der Sozialdemo-kratie in Deutschland, Breslau 1905, S. 23.

unabweislichen Notwendigkeit"[635]. Unter diesen gesellschaftlichen Bedingungen konnte das so gern der „Zukunft" überlassene Problem sozialdemokratischer Aktionsstrategie rascher als vermutet zur objektiv zwingenden Herausforderung an die Partei werden.

Darüber hinaus ergaben sich für Bernstein auch im Bereich des „subjektiven Faktors" hinreichend gewichtige Argumente, um den politischen Massenstreik als konkrete Handlungsperspektive positiv beurteilen zu können. So nahm die vom Kautskyschen Geschichtsobjektivismus noch begünstigte politische Lethargie, die Bernstein bereits seit einigen Jahren beklagte, inzwischen bedrohliche Züge für eine von schöpferischer Initiative abhängige Partei an: „Wir sind wirklich, ich kann es nicht anders ausdrücken, in manchen Dingen etwas stumpf geworden!"[636] Das zur Bewältigung der anstehenden politischen Aufgaben dringend erforderliche klare Bewußtsein über mittel- und langfristige Aktionsziele sowie konkrete Wege ihrer Verwirklichung vermißte Bernstein in den deutschen Arbeiterorganisationen fast vollständig: „Im allgemeinen wird vielmehr mit einer gewissen Sorglosigkeit nach dem Motto Unser der Sieg trotz alldem! der Zukunft entgegengewurstelt"[637]. Nicht zuletzt galt seine scharfe Kritik der „stark opportunistischen Färbung einzelner Reden von namhaften Gewerkschaftsführern"[638]. Für die ihm zuweilen von manchen „Radikalen" als legitime Kinder des „Revisionismus" zugewiesenen Protagonisten des gewerkschaftlichen Organisationsfetischismus lehnte Bernstein also mit gutem Recht jede Vaterschaft ab, da seine an die Stelle einer vagen Revolutionserwartung gesetzte Reformstrategie keine unbewußt-praktizistische, sondern eine bewußt-perspektivische war.

Die bereits von den Gewerkschaftlern konstatierte Vertauschung von politischen Fronten erzeugte auch bei Bernstein im Verlauf der Massenstreikdebatten einiges Erstaunen: „Ja, sagt man, das wäre ganz gut, aber die Verhältnisse sind bei uns noch nicht entwickelt genug, noch nicht reif dafür. Merkwürdig. Als ich vor jetzt sieben Jahren der von einigen Sozialisten innerhalb und außerhalb Deutschlands propagierten Anschauung entgegentrat, daß wir quasi schon vor dem Zusammenbruch der kapitalistischen Wirtschaft und dem Eintreten der Herrschaft des Proletariats stünden ..., da ist mir das Aussprechen dieser Ansicht bitter verargt, als halber Hochverrat angerechnet worden"[639]. Die ihm in den Massenstreikdiskussionen unerwartet zugefallene Rolle eines „Neu-Radikalen" nahm Bernstein gelassen auf sich: „Freilich bin ich der Ansicht, daß man heute ebenso nach der Seite des Zweifels hin übertreibt, wie vordem nach der Seite der Behauptung"[640]. Dieses plötzliche Umschlagen der politischen Grundstimmung verliert indes vieles von seiner paradoxen Schärfe, wenn man sich die Beschränkung auf

---

635 A.a.O., S. 39.
636 A.a.O., S. 31.
637 Eduard Bernstein, Zum sozialdemokratischen Parteitag in Jena, in: Sozialistische Monatshefte, a.a.O., 1905, S. 730.
638 Eduard Bernstein, Noch einmal Partei, Gewerkschaften und Maifeier, in: Sozialistische Monatshefte, a.a.O., 1905, S. 577.
639 Eduard Bernstein, Nach dem Preußentag, in: Sozialistische Monatshefte, a.a.O., 1905, S. 128.
640 Ebd.

starke „Behauptungen" im Bereich unbeeinflußbarer objektiver Trends und in unbestimmter Ferne liegender Zukunftsvisionen vergegenwärtigt, während das inzwischen zu verzeichnende Übermaß an „Zweifel" die Möglichkeit konkreter Aktionen in überschaubaren Zeiträumen und Aktionsfeldern betraf.

Nunmehr war es für Bernstein wieder an der Zeit, die positive Seite der revolutionären Tradition gegen einen erstarrten Organisationspatriotismus und eine kleinlich-haushälterische Beziehung zu Massenaktionen in den Vordergrund zu rücken: „Was zeigen uns all die französischen Revolutionen? Daß etwas riskiert werden mußte, wenn etwas gewonnen werden sollte! Und ich habe das Vertrauen zu der deutschen Arbeiterschaft, daß sie sich nicht scheuen wird, im Notfall auch ihre Haut zu Markte zu tragen, wenn Wort und Schrift sich als erfolglos gegen ihre Entrechtung erwiesen haben"[641]. Die prinzipielle Orientierung auf eine gewaltfreie und systematisch voranschreitende Strategie der Verwirklichung des Sozialismus war eben bei Bernstein kein verselbständigter Anti-Revolutionarismus, sondern ein „Leitfaden" sozialdemokratischer Handlungsorientierung, der an bestimmte Voraussetzungen von „friedlicher Entwicklung" gebunden blieb: „Sie muß die Möglichkeit, sie muß die Sicherheit des vielleicht langsamen, aber doch des sich vollziehenden Fortschritts in sich tragen. Wenn sie das nicht ist, dann ist das Wort Friede einfach eine Lüge! ... Was sein muß, muß dann eben getragen werden. Es muß dann eben etwas gewagt werden! Ohne Wagnis geschieht nichts in der Geschichte!"[642] Damit sprach Bernstein unmißverständlich seine politische Überzeugung aus, daß bei einem Ausbleiben substantieller Gesellschaftsreformen trotz beharrlicher Arbeit der Sozialdemokratie nur noch eine offensive Aktionsstrategie die Partei vor der Selbstaufgabe bewahren konnte.

Im Unterschied von allen abstrakten Revolutionsschwärmereien einerseits und einer Vertagung der Massenstreikfrage auf den schicksalhaften Sankt Nimmerleinstag der „großen Umwälzung" andererseits hatten für Bernstein nur konkrete Strategiediskussionen einen praktisch-politischen Wert. Er benannte deshalb vor allem zwei zugespitzte Situationen, in denen die aktive Propagierung von Massenaktionen unverzichtbar werden mußte. Sobald erstens die permant vorhandene Gefahr einer Einschränkung des allgemeinen Reichstagswahlrechtes konkrete Gestalt annehmen würde, „dann müssen wir es uns selbst sagen und müssen es auch unsere Gegner wissen lassen, daß wir zum Äußersten entschlossen sind, wenn es einmal nötig werden sollte, dieses Wahlrecht zu verteidigen!"[643] Die zweite größere Kategorie von entscheidenden Kraftproben mit den herrschenden Klassen siedelte Bernstein im Bereich der sozialen Lebensbedingungen der arbeitenden Bevölkerung an: „Die Zeiten werden ernster — es kann sogar die Zeit kommen, wo auch bei uns absolut notwendig werden wird, was seiner Zeit in England eingetreten ist, daß angesichts zunehmender Teuerung das ganze Volk aus Selbsterhaltungstrieb durch eine große Demonstration rufen muß: Herab mit den

---

641 Eduard Bernstein, Der politische Massenstreik ..., a.a.O., S. 31.
642 A.a.O., S. 30.
643 A.a.O., S. 32.

Preisen, nieder mit den Zöllen!"[644] Es kennzeichnete also den reformstrategischen Ansatz Bernsteins, daß er zwischen der „täglichen Kleinarbeit" und dem glorreichen Zukunftstag der Machtübernahme ein breites Spektrum von politischen Konzeptionen schwerpunktmäßig behandelte, die seiner Ansicht nach eine strategische Einheit von perspektivisch angesteuertem „Endziel" und konkret-tagespolitischer „Bewegung" aktiv herzustellen hatten.

So ergab sich für Bernstein neben seiner Kritik des konzeptionslosen Tagespragmatismus folgerichtig zugleich die Zurückweisung jeder Verherrlichung von spontanen Massenkämpfen, sofern diese nicht von eindeutig bestimmten Aktionszielen und rational geprüften Vorgehensweisen getragen wurden: „Leichtfertige Inszenierung von politischen Streiks ist nicht anders zu beurteilen, wie ehedem die leichtfertige Inszenierung von Barrikadenputschen, das heißt, sie ist als zwecklose Aufopferung von Existenzen zu verwerfen"[645]. Überhaupt sollte die Diskussion über den politischen Massenstreik keineswegs spontane Aktionen bei beliebigen Anlässen hervorrufen, sondern jene bewußte strategische Orientierung für entscheidende Konfliktsituationen schaffen, die tatsächlich unter kaum prognostizierbaren Bedingungen die Sozialdemokratie mit neuen Herausforderungen konfrontieren konnten: „Kurz, man könnte vom politischen Streik beinahe mit demselben Recht, wie von der Revolution, sagen, daß er sich nicht machen läßt. Aber ebenso kann man, wie von der Revolution, so auch von ihm sagen, daß es im Völkerleben Momente gibt, wo der Verzicht auf ihn die Preisgabe des Rechts und den Verrat der Pflicht der Selbstbehauptung bedeutet"[646]. Nicht etwa der These Kautskys, daß Revolutionen nicht „machbar" seien, galt die Kritik Bernsteins, sondern der daraus deterministisch abgeleiteten Konsequenz, alle Kräfte auf den einst „naturnotwendig" kommenden Schicksalstag zu konzentrieren, anstatt unterdessen mit einer systematischen Reformstrategie gesellschaftliche Veränderungen bewußt und aktiv anzustreben.

Gerade weil Bernstein den abstrakten „Glauben" an die Revolution preisgegeben hatte, stand er auf der strategisch notwendigen Suche nach „revolutionierenden" Prozessen in der alltäglichen Politik dem Nur-Parlamentarismus kritisch gegenüber: „Es darf der Parlamentarismus denn auch keineswegs die einzige Aktion der Arbeiterklasse sein, das ist außer Frage. Wenn die Arbeiterklasse wirklich nichts weiter täte, als auf die Parlamente zu blicken, sehnsüchtig auf das hoffend, was da von oben kommt oder geschieht, dann allerdings stünde es um sie sehr schlimm"[647]. Das zusammenhanglose Nebeneinander von revolutionärer Zukunftserwartung und perspektiveloser Tagespolitik trug für Bernstein die Gefahr in sich, daß die arbeitende Bevölkerung für alle politischen Streitfragen „mittlerer Reichweite" blind wurde. In bezug auf die reaktionären Bestrebungen der Großagrarier in Preußen-Deutschland befürchtete er für die Zukunft, „wenn all das ohne Gegendruck, ohne ernsthafte Gegenbewegung vor sich geht, so wird

---

644 A.a.O., S. 35.
645 A.a.O., S. 40.
646 Eduard Bernstein, Ist der politische Streik in Deutschland möglich?, in: Sozialistische Monatshefte, a.a.O., 1905, S. 34.
647 Eduard Bernstein, Der politische Massenstreik ..., a.a.O., S. 8.

die Arbeiterklasse geistig und moralisch immer tiefer gedrückt, wird sie immer mehr gewöhnt an ihre abhängige Lage, und ihre Emanzipationsbewegung würde eine sehr erhebliche Schwächung erleiden"[648]. Da die bewußtseinsmäßige Erhebung von der „Klasse an sich" zur „Klasse für sich" nicht „naturwüchsig" durch die gesellschaftlichen Verhältnisse bewerkstelligt wurde, konnte der politische Erfolg der Zukunft für Bernstein einzig durch die theoretischen und praktischen Lernerfahrungen der Gegenwart verbürgt werden, zu denen der politische Massenstreik als Impuls für Strategiekonzeptionen unter Umständen einen wertvollen Beitrag zu leisten vermochte.

Die angesichts der fälligen preußischen Landtagswahlen im Jahre 1908 erneut auflebenden Diskussionen über geeignete Waffen zur Brechung des reaktionären Dreiklassensystems veranlaßten Bernstein, nochmals einige kritische Bemerkungen über die sich breit machende Grundstimmung fatalistischer Erwartung äußerer Ereignisse vorzubringen. Wie sehr selbst er unterdessen an den Schwierigkeiten zur politischen Aktivierung einer traditionalistisch erstarrten Partei resigniert hatte, bewies deutlich die pauschal positive Bewertung jeglicher Initiative, wenn sie nur geeignet war, die eingefahrenen Geleise mit einer „linken" Schiene objektivistischer Revolutionserwartung und einer „rechten" Schiene orientierungsloser Tagespolitik zu verlassen: „Die Hauptsache ist, daß man aus der alten Routine heraustritt"[649]. Dies galt um so mehr, als er weiterhin fest davon überzeugt war, daß es ohne politische Massenaktionen in Preußen-Deutschland niemals einen substantiellen Fortschritt sowie gesellschaftliche Grundbedingungen systematischer Reformarbeit geben konnte: „Wenn wir also das volle demokratische Wahlrecht nicht durch außerparlamentarischen Kampf erobern, so kommt höchstens eine Partialreform zustande"[650]. Es kennzeichnet die innenpolitischen Verhältnisse Preußens und die Entwicklungslinien der Sozialdemokratie, daß selbst diese „Partialreform" immer wieder an der Reaktion scheiterte und dennoch seitens der Arbeiterbewegung keine geschlossene außerparlamentarische Aktionsstrategie erarbeitet wurde.

Von der einst teilweise durchschimmernden Fehleinschätzung, in der deutschen Sozialdemokratie eine erhebliche Anzahl „blanquistischer" Revolutionsromantiker und Propagandisten eines „Kultus der Gewalt" zu vermuten, hatten die realen Erfahrungen Bernstein seit seiner Rückkehr in die Praxis der Partei gründlich geheilt. Es war ihm inzwischen deutlich zu Bewußtsein gelangt, daß die Revolutionserwartung und die perspektivelose Routinearbeit in einem engen Zusammenhang miteinander standen: „Ich wenigstens habe seit langem die Überzeugung gewonnen, daß der Radikalismus der weitaus großen Mehrheit unserer Radikalen ein durchaus gefühlsmäßiger ist, mehr in Überlieferungen und agitatorischen Bedürfnissen wurzelt, als daß er eine folgerichtig durchdachte und so zur Richtschnur genommene Theorie des politischen Kampfes zur Grundlage hätte"[651]. Nun-

648 A.a.O., S. 38.
649 Eduard Bernstein, Das Werk des Preußentages und der Wahlrechtskampf, in: Sozialistische Monatshefte, a.a.O., 1908, S. 11.
650 A.a.O., S. 13.
651 Eduard Bernstein, Grundlinien des sozialdemokratischen Reformismus, in: Sozialistische Monatshefte, a.a.O., 1908, S. 1512.

mehr war Bernstein aufgrund der in dieser Weise umgruppierten Prioritäten der politischen Diskussion sogar bereit, aus vollem Herzen ein euphorisches Bekenntnis zu den positiven Seiten der Parteitradition abzulegen, um das Strategiedefizit der Sozialdemokratie dazu besonders wirksam kontrastieren zu können: „Wir haben eine in ihren Fundamentalgedanken stichhaltige gesellschaftliche Entwicklungstheorie. Wir haben ein vorzügliches Programm politischer Grundsätze und Forderungen. Wir haben eine Organisation, die wohl als mustergültig bezeichnet werden kann, und Hunderttausende trefflich geschulter, jederzeit tatbereiter Kämpfer. Alles das ist gewiß schön und gut. Aber haben wir eine Politik? Haben wir eine Praxis, die, über das bloße Handeln nach den Zeitumständen hinaus, darauf gerichtet ist, die Umstände selbst so zu gestalten, wie sie für unser Handeln am günstigsten sind?"[652] Damit ermangelte es aber nach Bernsteins Einschätzung der Sozialdemokratie gerade an dem, was sie erst zur politischen Partei machte: eine Strategie, die auf der Grundlage einer „in ihren Fundamentalgedanken stichhaltigen gesellschaftlichen Entwicklungstheorie" das „vorzügliche Programm politischer Grundsätze und Forderungen" mit der „mustergültigen" Organisation zur Synthese einer konkreten Handlungsperspektive kurz-, mittel- und langfristiger Aktionsziele verschmolz.

Nach diesem letzten Aufflackern im Jahre 1908 verstummten allmählich die seit 1905 im Mittelpunkt seines Wirkens stehenden Aufrufe zur politischen Aktivierung der Sozialdemokratie, ohne daß Bernstein etwa die einstigen politischen Prinzipien preisgegeben hätte. In einer Abhandlung über die Entwicklung und die programmatischen Leitsätze der Sozialdemokratie bekannte sich Bernstein noch 1911 zum „Grundsatz der Gemeinwirtschaft oder des Kommunismus"[653] und trat Hoffnungen der Herrschenden und Befürchtungen der „Radikalen" entgegen, die weitläufige Mitarbeit der Sozialdemokratie in öffentlichen Institutionen könne zu einer Aufweichung des politischen Charakters der Arbeiterbewegung führen: „Gerade der Klassengedanke ist es, der den sozialdemokratischen Arbeiter unserer Tage zum zuverlässigsten Träger des Fortschritts in Gesetzgebung und Verwaltung macht"[654]. Aber da Bernstein weder an die naturwüchsige „Spontaneität der Massen" noch an die objektive „Naturnotwendigkeit" des Sozialismus glauben konnte, mußten seine theoretischen Initiativen allmählich versickern, sobald die traditionalistische Erstarrung von Partei und Gewerkschaften kaum noch kritische Korrekturen zuließ.

Auf dem Jenaer Parteitag von 1913 schließlich ging Bernstein gänzlich in der strategisch kaum differenzierten Masse jener auf, die der offensiven Revolutionsstrategie Rosa Luxemburgs den politischen Realitätsbezug absprachen, aber nicht die Perspektive aufzuzeigen vermochten, mit der die Sozialdemokratie trotz der nicht zu leugnenden geringen Mobilisierung der Arbeitermassen auf ihrem Wege in Richtung einer sozialistischen Gesellschaft voranschreiten sollte. Die normative Kraft des Faktischen hatte derartig

652 Eduard Bernstein, Epilog zu den preußischen Landtagswahlen, in: Sozialistische Monatshefte, a.a.O., 1908, S. 783.
653 Eduard Bernstein, Von der Sekte zur Partei, Jena 1911, S. 40.
654 A.a.O., S. 43.

gründlich ihre Wirkung gezeigt, daß Bernstein nunmehr auch der „bewährten und sieggekrönten Taktik" Tribut zu zollen hatte: „Man muß sich in jedem Lande an das halten, was den Traditionen und dem Geist der Bewegung des Landes entspricht"[655]. Gegen einen übermächtigen Entwicklungstrend mit bloßer Theorie anrennen zu wollen, widersprach gänzlich der stets auf ihren historisch-empirischen Bezug bedachten Konzeption Bernsteins. So kapitulierte auch er vor dem Organisationspatriotismus von Partei und Gewerkschaften, der immer stärker jeder Aktionsperspektive den Lebensnerv geraubt hatte: „Wir dürfen nicht mit der Bewegung Spiel treiben, wir haben zu viel gebaut und das, was gebaut worden ist, ist zu wertvoll dazu"[656]. Am Vorabend großer geschichtlicher Ereignisse stand also auch Bernsteins einstige aktivistische Konzeption einer sozialistischen Reformstrategie ohnmächtig unter den eingestaubten Antiquitäten der sozialdemokratischen Tradition.

Rosa Luxemburg: Massenstreik als revolutionäre Strategie

Unmittelbar vor dem Eintreten in eine neue Periode der sozialdemokratischen Strategiediskussionen formulierte Rosa Luxemburg in aller Deutlichkeit, was sie als kritisches Fazit aus zehn Jahren tiefgreifender Umbrüche im Rahmen der deutschen Arbeiterbewegung künftig praktisch umsetzen wollte: „Das einzige Mittel, gegen den Opportunismus radikal zu kämpfen, ist selbst vorwärts zu gehen, die Taktik zu entwickeln, die revolutionäre Seite der Bewegung zu steigern"[657]. Die lediglich defensive Berufung auf die „marxistische Tradition" war ihrer Ansicht nach immer weniger hinreichend, um sich einem mächtigen Entwicklungstrend in Partei und Gewerkschaften entgegenzustemmen: „Allein, die praktische Kleinarbeit und das wirtschaftliche und politische Scharmützel des Tages drohen immer mehr den unumgänglichen bewußten Prozeß der Umbildung, Umwertung der ganzen Gedankenwelt des Proletariats im Geiste der revolutionären Marxschen Weltanschauung in den Hintergrund zu drängen"[658]. Die kurz darauf in Bewegung gesetzte revolutionäre Erschütterung des zaristischen Rußlands konnte folgerichtig auf die politischen Konzeptionen Rosa Luxemburgs eine freisetzende Wirkung von beträchtlicher Dynamik ausüben.
Sie mußte jedoch fassungslos zur Kenntnis nehmen, daß die russischen Ereignisse in der deutschen Sozialdemokratie außer einigen verbalen Solidaritätsbekundungen kaum eine unmittelbare politische Wirkung hinterließen: „Wenn man die bisherigen Reden in der Debatte zur Frage des politischen Massenstreiks hier gehört hat, muß man sich wirklich an den Kopf fassen und fragen: Leben wir denn tatsächlich im Jahre der glorreichen russischen

655 Protokoll 1913, S. 286.
656 Ebd.
657 Rosa Luxemburg an Henriette Roland-Holst vom 17. 12. 1904, zitiert nach: Peter Nettl, Rosa Luxemburg, Köln 1967, S. 199.
658 Rosa Luxemburg, Aus dem literarischen Nachlaß von Karl Marx (1905), in: Gesammelte Werke, a.a.O., 1/2, S. 475.

Revolution oder stehen wir in der Zeit zehn Jahre vor ihr?"[659] Die auf organisatorische Details fixierten Diskussionen auf dem Parteitag der Sozialdemokratie und erst recht dem Kongreß der Gewerkschaften erschienen ihr als abgrundtiefe politische Ignoranz „angesichts der großartigen russischen Revolution, die auf Jahrzehnte hinaus die Lehrmeisterin der revolutionären Bewegungen des Proletariats sein wird"[660]. Damit konnte kein Zweifel mehr bestehen, daß bis auf weiteres das politisch-strategische Denken Rosa Luxemburgs auf das russische Beispiel konzentriert bleiben würde.

Im Rahmen dieser grundlegenden Einschätzung der geschichtlichen Entwicklungslinien glaubte sie berechtigt zu sein, die strategischen Waffen der russischen Revolution von 1905 für die gesamte moderne Arbeiterbewegung zu verallgemeinern: „Der Generalstreik ist somit der erste Schritt und die natürliche Anfangsform jeder offenen Massenaktion und allerdings jeder modernen Straßenrevolution"[661]. Diese Behauptung muß um so mehr der Begeisterung für die russische Revolution zugeschlagen werden, als Rosa Luxemburg vor deren Ausbruch nicht unbedingt zu den Initiatoren der Massenstreikkonzeption zählte, da alle bisherigen Versuche dieser Art nicht etwa der Eröffnung eines revolutionären Prozesses, sondern begrenzten demokratischen Grundrechten — häufig sogar im Bündnis mit liberalen Kräften — in Westeuropa dienten. Nunmehr fand sie jedoch ihre eigenen politischen Anschauungen in der Praxis glänzend bestätigt: „Die russischen Ereignisse haben wieder einmal erwiesen, daß die Revolution, die neue politische und soziale Probleme aufwirft, auch selbst in ihrem Schoße die Lösung dieser Probleme bringt"[662]. Von allen historisch-empirischen Einwänden, daß die Kampfformen der russischen Revolution in den besonderen Umständen eines ökonomisch und politisch zurückgebliebenen Systems, dem weitgehenden Fehlen einer organisierten Arbeiterbewegung wurzelten, wollte Rosa Luxemburg in der logisch-deduktiven Gewißheit ihres „unteilbaren" Revolutionsbegriffs überhaupt nichts wissen: „Kurz, in den Massenstreiks in Rußland spielt das Element des Spontanen eine so vorherrschende Rolle, nicht weil das russische Proletariat ‚ungeschult' ist, sondern weil sich Revolutionen nicht schulmeistern lassen"[663].

Für die Diskussion über strategische Orientierungsfragen in der deutschen Arbeiterbewegung resultierte aus dieser Überzeugung eine entschiedene Kritik an einer Prioritätensetzung im Bereich der systematischen Organisationsarbeit, der sie ein flammendes Bekenntnis zum „subjektiven Faktor" entgegensetzte: „Nein, nicht die Organisation vor allem, sondern vor allem der revolutionäre Geist der Aufklärung!"[664] Der Vorwurf, daß solche uneingeschränkte Propaganda für den „revolutionären Geist der Aufklärung"

659 Protokoll 1905, S. 320.
660 Protokoll 1906, S. 261.
661 Rosa Luxemburg, Eine Probe aufs Exempel (1905), in: Gesammelte Werke, a.a.O., 1/2, S. 529.
662 Rosa Luxemburg, Die Lösung der Frage (1905), in: Gesammelte Werke, a.a.O., 1/2, S. 622.
663 Rosa Luxemburg, Massenstreik, Partei und Gewerkschaften (1906), in: Gesammelte Werke, a.a.O., 2, S. 132.
664 Protokoll 1905, S. 321.

unter den Arbeitermassen und die Geringschätzung der Organisationsfragen alles andere als „materialistisch", sondern viel eher „voluntaristisch" durchsetzt war, kümmerte Rosa Luxemburg wenig. Daß sie es auch mit der historischen Komponente der marxistischen Gesellschaftstheorie nicht so genau nahm, zeigte Rosa Luxemburgs pauschale Abneigung gegen die westeuropäischen parlamentarischen Modelle, insbesondere deren englische Ausprägung, die sie einzig nach der Übereinstimmung der dortigen Arbeiterbewegungen mit ihrem logisch-deduktiven Revolutionskonzept qualifizierte und abqualifizierte: „Das ist eben die alte verknöcherte englische Auffassung, daß die Gewerkschaften nur bei ruhiger Entwicklung gedeihen können"[665].

Für Rosa Luxemburg waren die Institutionen der Gesellschaft wie die Organisationsformen der Arbeiterbewegung nicht mehr als naturwüchsige Schöpfungen in einem einzigen gewaltigen Klassenkampf: „Andererseits aber können die Gewerkschaften, wie alle Kampforganisationen des Proletariats, sich selbst nicht auf die Dauer anders erhalten als gerade im Kampf, und zwar nicht im Sinne allein des Froschmäusekrieges in den stehenden Gewässern der bürgerlich-parlamentarischen Periode, sondern im Sinne heftiger, revolutionärer Perioden des Massenkampfes. Die steife, mechanisch-bürokratische Auffassung will den Kampf nur als Produkt der Organisation auf einer gewissen Höhe ihrer Stärke gelten lassen. Die lebendige dialektische Entwicklung läßt umgekehrt die Organisation als ein Produkt des Kampfes entstehen"[666].

Indem Rosa Luxemburg alle organisatorisch-institutionellen Ausdifferenzierungen als vorübergehende Begleiterscheinungen eines naturwüchsig-spontanen Klassenkampfes relativierte, konnten in ihrer Abschätzung der revolutionären Chancen der Arbeiterbewegung prägende Sozialisationsfaktoren und verfestigte Traditionen der Kampfformen von Partei und Gewerkschaften keine Rolle spielen. Wo also die a priori vorhandene revolutionäre Energie der Volksmassen nicht zum Erfolg führte, mußte ein geradezu klassisches Erklärungsmuster herhalten: „Die bisherigen Revolutionen, namentlich die von 1848, haben bewiesen, daß man in revolutionären Situationen nicht die Massen im Zügel halten muß, sondern die parlamentarischen Rechtsanwälte, damit sie die Massen und die Revolution nicht verraten"[667]. Der Masse-Führer-Gegensatz war als Universalschlüssel der „Analyse" vorzüglich geeignet, jegliche Misere in der Arbeiterbewegung einem kleinen Häufchen von „Verrätern" zuschieben und auf diese Weise die „Massen" in ihrer strahlenden revolutionären Reinheit über alle Rückschläge hinwegretten zu können: „Die Gewerkschaftsbewegung ist nicht das, was sich in den vollkommen erklärlichen, aber irrtümlichen Illusionen der paar Dutzend Gewerkschaftsführer spiegelt, sondern das, was im Bewußtsein der großen Masse der für den Klassenkampf gewonnenen Proletarier lebt"[668]. Das somit auf „ein paar Dutzend Gewerkschaftsführer" begrenzte Problem der organisatorischen Erstarrung ließ sich dann selbstverständlich

---

665 Protokoll 1906, S. 261.
666 Rosa Luxemburg, Massenstreik . . . , a.a.O., S. 142.
667 Protokoll 1905, S. 320.
668 Rosa Luxemburg, Massenstreik . . . , a.a.O., S. 170.

für die Zukunft spielend revolutionär hinwegdefinieren: „Stehen sie auf der Seite oder suchen sich gar der Bewegung zu widersetzen, so wird der Erfolg dieses Verhaltens nur der sein, daß die Gewerkschaftsführer von der Welle der Ereignisse einfach auf die Seite geschoben und die ökonomischen wie die politischen Kämpfe der Masse ohne sie ausgekämpft werden"[669].

Es ist eine kaum zu übertreffende List der politischen Ironie, daß sich in dieser „bequemen" Lösung aller Organisationsprobleme die Vorstellungen der gewerkschaftlichen Organisationseiferer mit jenen Rosa Luxemburgs exakt trafen. Denn auch der Gewerkschaftsvorsitzende Legien hatte die Parteigenossen mit der Versicherung beruhigt, daß „die Massen, wenn konservative Leute an der Spitze stehen, einfach über die Köpfe der Führer hinweg entscheiden" würden. Wieder einmal waren sich zwei extreme Standpunkte in ihrer Situationseinschätzung durchaus einig, obgleich sie diametral entgegengesetzte Konsequenzen daraus ableiteten: Den Gewerkschaftlern lagen revolutionäre Massenkämpfe derart fern, daß sie sich ihrer Verantwortung für ein erforderliches Maß an politischer Mobilisierbarkeit ihrer schwerfälligen Organisationen dadurch entziehen konnten, daß sie dem „gesunden Menschenverstand" ihrer Basis alle nur denkbaren weitsichtigen Eigenschaften zuschrieben. Demgegenüber war Rosa Luxemburg so sehr von ihrer Konzeption revolutionärer Spontaneität überzeugt, daß sie deren strategische Konkretisierung von aller drückenden Beweislast befreite, indem sie die problemlösende Potenz in die naturwüchsige Entfaltung der Klassenkämpfe verpflanzte.

Der konkrete Diskussionsverlauf zur Massenstreikfrage in der deutschen Sozialdemokratie interessierte sie deshalb insgesamt nicht sonderlich: „In der freien Luft der abstrakten logischen Analyse lassen sich die absolute Unmöglichkeit und die sichere Niederlage sowie die vollkommene Möglichkeit und der zweifellose Sieg des Massenstreiks mit genau derselben Kraft beweisen. Und deshalb ist der Wert der Beweisführung in beiden Fällen derselbe, nämlich gar keiner"[670]. Aus dieser berechtigten Abneigung gegen eine abstrakt-spekulative Strategiedebatte schlußfolgerte Rosa Luxemburg aber nicht etwa die Notwendigkeit detaillierter historisch-empirischer Analysen der Bedingungen, unter denen bestimmte Formen von Massenaktionen die größten Aussichten auf erfolgreiche Durchführung besaßen. Ihre theoretische Synthese von hypothetischen logisch-deduktiven Spekulationen und einer unüberschaubaren historisch-empirischen Vielfalt der Wirklichkeit war vielmehr die Logifizierung des Geschichtsprozesses selbst.

Weil auf diese Weise die Spontaneität der Massen bei Rosa Luxemburg nicht deren subjektiven Entschlüssen, sondern dem objektiv-naturwüchsigen Verlauf sich zuspitzender Klassenkämpfe entsprang, konnte sie auf den Anarcho-Syndikalismus mit einer ebensolchen Verachtung wie auf die leninistische Kaderpartei oder den gewerkschaftlich-sozialdemokratischen Organisationsfetischismus hinabschauen: „Das Fatale für den Anarchismus war dabei stets, daß die in der blauen Luft improvisierten Kampfmethoden nicht

---

669 A.a.O., S. 154/55.
670 A.a.O., S. 100.

bloß eine Rechnung ohne den Wirt, das heißt reine Utopien waren, sondern daß sie, weil sie eben mit der verachteten, schlechten Wirklichkeit gar nicht rechneten, in dieser schlechten Wirklichkeit meistens aus revolutionären Spekulationen unversehens zu praktischen Helferdiensten für die Reaktion wurden"[671]. Die „marxistische" Wendung dieser anarchistischen Spontaneität gelang Rosa Luxemburg, indem sie die „blaue Luft" der „improvisierten Kampfmethoden" zum historischen Medium des objektiven Prozesses von Klassenkonflikten erklärte und ihnen deshalb die logisch-deduktive Unfehlbarkeitsbescheinigung ausstellte — womit die unwägbare „List der Geschichte" selbst überlistet war.

So konnte Rosa Luxemburg der „Entwicklung der Klassenkämpfe" im Deutschen Kaiserreich ruhigen Mutes und voller Zuversicht entgegenschauen: „Die Wechselwirkung zwischen ökonomischem und politischem Kampf, die die innere Triebfeder der heutigen Massenstreiks in Rußland und zugleich sozusagen den regulierenden Mechanismus der revolutionären Aktion des Proletariats bildet, würde sich ebenso naturgemäß auch in Deutschland aus den Verhältnissen selbst ergeben"[672]. Den jeder bewußten Strategiedebatte feindlichen Geschichtsdeterminismus, der in einem unterstellten „regulierenden Mechanismus der revolutionären Aktion des Proletariats" ebenso zum Ausdruck kam wie in den altbekannten Wendungen „naturgemäß" und „aus den Verhältnissen selbst", hatte Rosa Luxemburg also nicht etwa zugunsten einer realen Dialektik des politischen Handelns beerdigt, sondern lediglich in spontaneistisch-aktivistischem Gewande zu neuem Leben erweckt.

Ihr niemals zur Disposition gestelltes A-Priori aller logischen Deduktionen benannte sie jedoch in unmißverständlicher Offenheit: „Aber im Sturm der revolutionären Periode verwandelt sich eben der Proletarier aus einem Unterstützung heischenden vorsorglichen Familienvater in einen ‚Revolutionsromantiker', für den sogar das höchste Gut, nämlich das Leben, geschweige das materielle Wohlsein im Vergleich mit dem Kampfidealen geringen Wert besitzt"[673]. Damit stellte Rosa Luxemburg in extrem voluntaristischer Manier das Verhältnis von materiell-sozialem *Zweck* — „Leben" als Minimalbedingung und „Wohlsein" als praktische Maxime — und dem zu seiner Verwirklichung möglicherweise erforderlichen *Mittel* anspruchsvoller „Kampfideale" gerade auf den Kopf. Ihr romantisches Glaubensbekenntnis: „Die Revolution ist großartig, alles andere ist Quark"[674], mußte folglich ganz auf den proletarischen „Marxismus" vertrauen, der ihren intellektuellen Salto mortale wieder auf den Erdboden der gesellschaftlichen Realität zurückzubringen hatte.

Die bislang dargestellten Überlegungen Rosa Luxemburgs zur Massenstreikstrategie stammen sämtlich aus den Jahren 1905/06 und sind unlöslich an die revolutionären Ereignisse in Rußland sowie die damals intensiv geführten Diskussionen in der deutschen Sozialdemokratie geknüpft. Nach der

671 A.a.O., S. 98.
672 A.a.O., S. 140.
673 A.a.O., S. 133.
674 Rosa Luxemburg an Emanuel und Mathilde Wurm vom 18. 7. 1906, in: Rosa Luxemburg, Briefe an Freunde, Hrsgg. von Benedikt Kautsky, Hamburg 1950, S. 44.

Niederlage der russischen Bewegung und der vorläufigen Beendigung der Debatte auf dem Mannheimer Parteitag von 1906 wurde es auch bei Rosa Luxemburg eine ganze Zeit lang still um die neue revolutionäre Konzeption. Um so bereitwilliger griff sie die Diskussion wieder auf, als die preußischen Wahlrechtskämpfe im Jahre 1910 eine Verschärfung der innenpolitischen Konflikte ankündigten: „Zum erstenmal haben wir in Deutschland endlich eine lebhafte Massenbewegung bekommen"[675]. Obgleich Rosa Luxemburg günstigere Zeiten für die revolutionäre Spontaneität der Massen heranbrechen sah, vermied sie jegliche Anklänge an einen großen „Hammerschlag der Revolution". Vielmehr stellte sie ein politisches Aktionsziel, dessen Bedeutung schon Engels der Sozialdemokratie entschieden nahegelegt hatte, ins Zentrum des von ihr propagierten „scharfen Angriffs" der Partei: „Dies kann aber am sichtbarsten, deutlichsten, sozusagen in lapidarster Form geschehen, wenn wir diejenige politische Forderung klar in der Agitation vertreten, die den ersten Punkt unseres politischen Programms ausmacht: die Forderung der Republik"[676].

Als Kautsky ihr daraufhin erstmals offen entgegentrat und eine solche Agitation für gegenwärtig nicht opportun erklärte, überschüttete Rosa Luxemburg die dem zugrunde liegende „bewährte und sieggekrönte Taktik" des Wartens auf den Schicksalstag der „naturnotwendigen" Revolution mit beißendem Spott: „Himmelstürmende Theorie — und ‚Ermattung' in der Praxis, revolutionäre Perspektiven in den Wolken — und Reichstagsmandate als einzige Perspektive in der Wirklichkeit"[677]. Die von Kautsky gegen die „rebellische Ungeduld" der „Niederwerfungsstrategie" Rosa Luxemburgs propagierte altbewährte „Ermattungsstrategie" der Sozialdemokratie wurde von ihr auf eine durchaus dem Inhalt seiner orientierungslosen Antwort angemessenen Weise karikiert: „So sieht eben in der Praxis die ‚Ermattungsstrategie' aus, die nach zwei kühnen Schritten sich ‚ermattet' auf den Lorbeeren ausruht und die schmetternde Ouvertüre der ‚Volksbewegung größten Stils' im kleinlauten Knurren der Vorbereitungen für die Reichstagswahlen auslaufen läßt"[678]. Diese in ihren Grundzügen äußerst klarsichtige Kritik an einer wortradikalen Phraseologie, die für die konkrete Handlungspraxis der Sozialdemokratie keine oder gar Alibifunktionen erfüllte, trieb Rosa Luxemburg allerdings nicht bis zu der selbstkritischen Fragestellung weiter, ob nicht auch sie mit ihren wortgewaltigen Ausführungen über „revolutionäre Massenkämpfe" ihr Scherflein zu der inzwischen unerträglich gewordenen Stickluft des theoretischen Selbstbetruges in der Partei beigetragen hatte.

Die kritische Abrechnung Rosa Luxemburgs mit der vermeintlich „radikal marxistischen" Tradition der Partei ließ allerdings an innerer Konsequenz wenig zu wünschen übrig: „Schon seit 12 Jahren befindet sich die Partei überhaupt allen revisionistischen Bestrebungen gegenüber in der Defensive

---

675 Rosa Luxemburg, Ermattung oder Kampf? (1910), in: Gesammelte Werke, a.a.O., 2, S. 372.
676 Rosa Luxemburg, Zeit der Aussaat (1910), in: Gesammelte Werke, a.a.O., 2, S. 301.
677 Rosa Luxemburg, Die Theorie und die Praxis (1910), in: Gesammelte Werke, a.a.O., 2, S. 414.
678 A.a.O., S. 416.

und spielt die Rolle des Nachtwächters, der nur dann auf dem Plan erscheint und ins Horn tutet, wenn auf der Straße ein Skandal passiert"[679]. Da aber die Auseinandersetzung mit den „revisionistischen Bestrebungen" überhaupt erst diese genannten 12 Jahre alt war, formulierte Rosa Luxemburg somit drastisch den lediglich defensiven Charakter der verbalradikalen Parteitagsmehrheiten aus dieser Epoche. Die breite Masse der Traditionalisten den willen- und richtungslosen und damit leicht manipulierbaren „Sumpf" in der Partei nennend, verschärfte Rosa Luxemburg ihre These noch beträchtlich, als der Jenaer Parteitag von 1913 die unterschiedslose Isolierung der radikal-revolutionären Linken gegenüber einer breiten Mehrheit aus den einst zerstrittenen Fraktionen offenbarte: „Während der ganzen letzten Periode der Kämpfe mit dem Revisionismus unterstützte der Sumpf den linken Flügel der Partei und bildete mit ihm die kompakte Mehrheit gegen den Revisionismus, brachte ihm gemeinsam mit der Linken eine eklatante Niederlage nach der anderen bei. Was ihn dazu bewog, war das scheinbar konservative Element, das es zu verteidigen galt. Es mußte doch ‚die alte bewährte Taktik' gegen revisionistische Neuerungen geschützt werden"[680]. Die Erkenntnis, daß die an sachlichem Gehalt nicht gerade überzeugende Reinhaltung der offiziellen Parteitheorie von allen „revisionistischen Neuerungen" nicht etwa einen radikal-revolutionären Überschwang, sondern einen „konservativen" Traditionalismus mit der latenten Tendenz des politischen Immobilismus zum Vorschein brachte, mußte für Rosa Luxemburg niederschmetternd sein.

Die erstaunliche Langlebigkeit einer die inneren Widersprüche von Theorie und Praxis verkennenden Illusion über die „revolutionäre" Ausrichtung der Sozialdemokratie bei ihren Anhängern und Gegnern konnte sich Rosa Luxemburg nur dadurch erklären, daß politisch-strategische Proben auf die Aktionspraxis der Partei bis zur Massenstreikdebatte weitgehend ausgeblieben waren. Erst die in einer neuen Epoche an die Sozialdemokratie herantretenden Herausforderungen, die zunächst den Strategiediskussionen einen konkreten Charakter verliehen und dann in den preußischen Wahlrechtskämpfen sogar erstmals in Handlungspraxis manifest wurden, brachten die begrenzte Haltbarkeit eines lediglich in papierenen Resolutionen konservierten „revolutionären Charakters" der Partei zum Ausdruck: „Die imperialistische Periode, die verschärften Verhältnisse der letzten Jahre stellen uns aber vor neue Situationen und Aufgaben. Die Notwendigkeit, der Partei bei all ihrer massiven Breite eine größere Beweglichkeit, Schlagfertigkeit und Aggressivkraft zu verleihen, die Massen mobil zu machen und ihren unmittelbaren Druck in die Waagschale der Ereignisse zu werfen, all das erfordert mehr als das krampfhafte Festhalten an den äußeren Formen der ‚alten und bewährten Taktik'"[681]. Die von ihr in den Blick genommenen Prozesse der „imperialistischen Periode" — also expansive Produktionsentfaltung eines

---

679 Rosa Luxemburg, Die badische Budgetabstimmung (1910), in: Gesammelte Werke, a.a.O., 2, S. 433.
680 Rosa Luxemburg, Nach dem Jenaer Parteitag (1913), in: Gesammelte Werke, a.a.O., 3, S. 351.
681 A.a.O., S. 351/52.

verstärkt konzentrierten Industrie- und Finanzkapitals, krisenverschärfende Außenpolitik, enormer Aufschwung der Interessenorganisationen von Lohnarbeit und Kapital — waren jedoch seit der epochalen Wende um 1895 im Gange befindlich und bildeten somit teilweise schon den gesellschaftlichen Hintergrund des Revisionismusstreites. So lag die weitere Schlußfolgerung nahe, daß bereits mit den stereotypen Akklamationen für eine unveränderliche „bewährte und sieggekrönte Taktik" zwischen 1898 und 1903 der Grundstein für die spätestens seit dem Kölner Gewerkschaftskongreß von 1905 und dem Mannheimer Parteitag von 1906 zu beklagende Unfähigkeit gelegt wurde, „der Partei bei all ihrer massiven Breite eine größere Beweglichkeit, Schlagfertigkeit und Aggressivkraft zu verleihen".

Auf diesem Reflexionsstand brach jedoch Rosa Luxemburgs kritische Analyse der Parteigeschichte ab. Daß zwischen dem „revisionistischen" und dem „radikalen" Flügel im .Grunde ein gemeinsames Anliegen einer strategischen Aktivierung bestand und die Frage des „revolutionären Massenkampfes" überhaupt erst nach mehreren Etappen einer erfolgreichen Reformstrategie relevant werden konnte, vermochte Rosa Luxemburg nicht anzuerkennen. So fehlte ihr angesichts einer nicht in Zweifel gezogenen Strategie des „Hammerschlags der Revolution" jeder politische Zugang zur Bündnispolitik vieler „Revisionisten" und „Reformisten", denen von der parlamentarischen Zusammenarbeit mit den Liberalen bis zum offensiven Massenstreik jedes realisierbare Mittel recht war, um die Macht der Arbeiterbewegung systematisch zu erweitern. Dementsprechend konnte Rosa Luxemburg im Grunde nur ihre eigene Verurteilung zur Ohnmacht unter den bestehenden Parteikonstellationen konstatieren: „Hier versagt zunächst der ‚Sumpf'. Als konservatives Element wendet er sich jetzt genauso gegen die vorwärtsstrebende Linke, wie er sich bis jetzt gegen die rückwärtsstrebende Rechte wendete"[682]. Selbst der „Zentrismus" Kautskys, der zwischen 1906 und 1909 immerhin ebenfalls in Opposition zur „praktizistischen" Parteimehrheit geraten war, fand vor den puristischen Maßstäben Rosa Luxemburgs keinerlei Gnade: „Genauer gesprochen besteht dieses angebliche ‚marxistische Zentrum' in dem theoretischen Ausdruck für die gegenwärtige politische Funktion des Sumpfes"[683]. Indem sie alle anderen Strömungen in der Partei pauschal unter „rückwärtsstrebende Rechte" mit liberal-parlamentarischen Illusionen und dem „Sumpf" des „Zentrismus" kategorisierte, formulierte Rosa Luxemburg lediglich in theoretisch anspruchsvoller Weise, daß ihre eigene Position in der Sozialdemokratie keine politische Perspektive hatte und sie noch nicht einmal Möglichkeiten einer aktiven Umgestaltung der Partei im Bündnis mit anderen Fraktionen aufzeigen konnte.

Karl Kautsky: Ermattungsstrategie als Weg zur Macht

Schon vor Beginn der eigentlichen Massenstreikdebatten sprach sich Kautsky sehr viel vorsichtiger als beispielsweise Bernstein für diese neue strategische Waffe aus, weil er den politischen Streik als ein einmaliges Ereignis im

---

682 A.a.O., S. 352.
683 Ebd.

Rahmen der „revolutionären Endkrise" des Kapitalismus betrachtete: „Er ist ein wahrhaft revolutionäres Mittel und als solches nur in revolutionären Zeiten am Platze, beim Kampfe nicht um einzelne Maßregeln, sei es das Wahlrecht, das Koalitionsrecht oder etwas Ähnliches, sondern beim Kampfe um die ganze politische Macht"[684]. Die spätere Zurückweisung einer Massenstreikpropaganda im preußischen Wahlrechtskampf durch Kautsky war also sechs Jahre zuvor bereits deutlich in seiner grundsätzlichen theoretischen Auffassungsweise angelegt. Da Kautsky wie Rosa Luxemburg auf eine spezifische Form objektiver Gewißheit eines revolutionären Geschichtsprozesses bauen zu können glaubte, nahm er die Entwicklung der Gewerkschaftsbewegung eher mit gelassenem Erstaunen zur Kenntnis, als daß sie ihn zu neuen strategischen Überlegungen aufreizte: „Es bildet eine sonderbare Ironie des Schicksals, daß auf dem Gewerkschaftskongreß das Bedürfnis der Gewerkschaften nach Ruhe in einem Jahre proklamiert wird, das revolutionärer ist als irgend eines seit einem Menschenalter"[685].

Wenn er sich auch nicht in gleichem Maße wie Rosa Luxemburg an den russischen Ereignissen politisch orientierte, so wünschte Kautsky der dortigen Massenbewegung selbstverständlich den Sieg über den reaktionären Zarismus: „Die Revolution in Permanenz ist also gerade dasjenige, was das Proletariat in Rußland braucht"[686]. Für die deutschen Verhältnisse betonte er angesichts der sich zuspitzenden innenpolitischen Gegensätze des Kaiserreiches immerhin das traditionelle politische Primat der Sozialdemokratie in der Arbeiterbewegung: „Welche Formen diese Verhältnisse aber auch annehmen mögen, stets erweist sich dabei die Partei als das richtungsgebende Element, wenn sie nur einigermaßen Kraft und politische Bedeutung erlangt hat, und sind es die Gewerkschaften, die ihre Taktik nach der Partei einzurichten haben, und nicht umgekehrt"[687]. Die Neubelebung der Strategiediskussionen in der Sozialdemokratie im Jahre 1905 hinterließ also auch bei Kautsky ihre Spuren, wenngleich aufgrund seiner objektivistischen Geschichtsauffassung der aktivierende Impuls wesentlich schwächer ausgeprägt blieb als bei den revolutions- und reformstrategischen Massenstreikkonzeptionen Rosa Luxemburgs und Bernsteins.

Obgleich der Mannheimer Parteitag von 1906 für Kautsky die erste politische Niederlage brachte, nahm er diesen Schicksalsschlag mit dem Gleichmut seiner deterministischen Geschichtsgewißheit auf sich: „Die ganze historische Entwicklung arbeitet fieberhaft daran, die Klassengegensätze aufs äußerste zu verschärfen, und diese Entwicklung drängt das Proletariat mit Naturnotwendigkeit immer weiter nach links, erfüllt es mit immer revolutionärerem Geiste. Das ist eine Entwicklung, die ganz unabhängig ist von dem Wollen und Wünschen einzelner Personen, die den einzelnen mit sich reißt. Und sie gilt für die gewerkschaftliche Bewegung nicht minder als wie für

---

684 Karl Kautsky, Allerhand Revolutionäres, in: Die Neue Zeit, a.a.O., 1903/04, I, S. 738.
685 Karl Kautsky, Der Kongreß von Köln, in: Die Neue Zeit, a.a.O., 1904/05, II, S. 315.
686 Karl Kautsky, Die Folgen des japanischen Sieges und die Sozialdemokratie, in: Die Neue Zeit, a.a.O., 1904/05, II, S. 462.
687 Karl Kautsky, Partei und Gerwerkschaft, in: Die Neue Zeit, a.a.O., 1905/06, II, S. 749.

die politische"[688]. Wo sich Rosa Luxemburg mit ihrem A-Priori der „revolutionären Spontaneität der Massen" gegen eine historisch-politische Kritik immunisierte, baute Kautsky unerschütterlich auf die vermeintlich gewisse objektive Geschichtstendenz: „Wer die Logik der Tatsachen für sich hat, das heißt, wer in einer Richtung arbeitet, die durch den Zwang der ökonomischen Bedingungen für die Gesellschaft naturnotwendig gegeben ist, der wird zum Schlusse immer recht behalten, er wird derjenige sein, der zuletzt lacht, mögen auch Unverstand und Sonderinteressen noch so gewaltige Hindernisse gegen ihn auftürmen"[689]. Die Rolle desjenigen, der „zum Schlusse immer recht behalten" mußte und „zuletzt lachen" konnte, war Kautsky inzwischen zur zweiten Natur als Parteitheoretiker geworden. Es ist bezeichnend, daß seine auf dem Höhepunkt der sozialdemokratischen Aktionsbereitschaft zur Jahreswende 1905/06 abgefaßte „philosophische" Arbeit über „Ethik und materialistische Geschichtsauffassung" den strikt gegen jeglichen „subjektiven Faktor" gerichteten Charakter seines Denkens ausdrücklich bekräftigte: „Die Wissenschaft hat es stets nur mit dem Erkennen des Notwendigen zu tun. Sie kann wohl dazu kommen, ein Sollen vorzuschreiben, aber dies darf stets nur als Konsequenz der Einsicht in das Notwendige auftreten"[690].

Unabhängig vom Verlauf der innerparteilichen Diskussionen kündigte Kautskys Werk „Der Weg zur Macht" im Jahre 1909 bereits im Titel eine theoretische Offensive an. In der Tat stellte er einige zentrale Kampfaufgaben einer mittelfristigen Strategie sozialdemokratischer Politik deutlicher als bislang in den Vordergrund des Parteiinteresses: „Die Verbesserung des Reichstagswahlrechts, die Eroberung des gleichen und geheimen Wahlrechts zu den Landtagen, namentlich Sachsens und Preußens, die Erkämpfung einer herrschenden Stellung des Reichstags sowohl gegenüber den Regierungen wie gegenüber den Einzellandtagen, das sind Aufgaben, die speziell das deutsche Proletariat angehen, das erst die volle Demokratie und Reichseinheit zu erkämpfen hat"[691]. Von konkreten Überlegungen zu revolutionären Massenaktionen war bei Kautsky allerdings nichts zu finden, während er auf der anderen Seite eine parlamentarische Offensive aus prinzipiellen Erwägungen ablehnte: „Die Staatsgewalt ist überall ein Organ der Klassenherrschaft. Der Klassengegensatz zwischen dem Proletariat und den besitzenden Klassen ist aber so gewaltig, daß das Proletariat nie mit einer besitzenden Klasse zusammen im Staate herrschen kann"[692]. Wenn sie seiner Auffassung konsequent folgte, durfte die Sozialdemokratie bis zur Beseitigung der kapitalistischen Wirtschaftsordnung, die durch eine Alleinherrschaft der Arbeiterklasse über die Staatsgewalt bewerkstelligt werden mußte, niemals eine Beteiligung an der politischen Macht im Reich und in den Ländern

688 Karl Kautsky, Der Parteitag von Mannheim, in: Die Neue Zeit, a.a.O., 1906/07, I, S 10.
689 Karl Kautsky, Ausländische und deutsche Parteitaktik, in: Die Neue Zeit, a.a.O., 1906/07, I, S. 772.
690 Karl Kautsky, Ethik und materialistische Geschichtsauffassung, Stuttgart 1906, S. 141.
691 Karl Kautsky, Der Weg zur Macht. Politische Betrachtungen über das Hineinwachsen in die Revolution, Berlin 1909², S. 83.
692 A.a.O., S. 12.

erstreben. Dabei blickte Kautsky auf die Bündnispolitik der süddeutschen „Reformisten" in Spott und Verachtung herab: „Wer bisher nur zu oft die aufstrebenden Klassen auf Irrwege führte, das waren nicht die Politiker, die stets nach dem weitesten Horizont strebten, sondern die ‚Realpolitiker', die nicht weiter sehen, als ihre Nase reicht, bloß das für eine Realität halten, worauf sie mit ihrer Nase stoßen, und jedes Hindernis für unendlich und unübersteiglich erklären, woran sie sich einmal die Nase blutig geschlagen haben"[693].

Wie sehr Kautsky einer evolutionistischen Weltanschauung verpflichtet war, zeigte seine Stellung zu der Formel des „Hineinwachsens in den Sozialismus", die wohl am treffendsten die Vorstellungen der gewerkschaftlichen und sozialdemokratischen „Praktizisten" umschrieb: „Diese Theorie enthält einen sehr realen Kern. Sie stützt sich auf Tatsachen der wirklichen Entwicklung, die bezeugen, daß wir in der Tat dem Sozialismus entgegenwachsen. Gerade Marx und Engels waren es, die diesen Vorgang darstellten und seine Naturgesetzlichkeit nachwiesen"[694]. Sein Haupteinwand gegen diese Anschauung bezog sich einzig auf die materiale Füllung der Entwicklungstheorie, welche er durch sich notwendig verschärfende gesellschaftliche Widersprüche geprägt sah: „Was den ‚Reformisten' als das friedliche Hineinwachsen in den Sozialismus erscheint, ist nur das Wachstum an Kraft der beiden gegensätzlichen Klassen ... So bedeutet das Hineinwachsen in den Sozialismus das Hineinwachsen in große Kämpfe, die das ganze Staatswesen erschüttern, die stets gewaltiger werden müssen und nur enden können mit der Niederwerfung und Expropriierung der Kapitalistenklasse"[695]. Gewiß mit einem Seitenblick auf die noch einmal zurückgeschlagenen revolutionären Erhebungen in Rußland 1905/06 differenzierte Kautsky sehr klar zwischen dem konkret-politischen und sozialhistorischen Verständnis gesellschaftlicher Umwälzungen: „Über die Revolution als Folge eines Krieges kann nicht von vornherein mit Bestimmtheit gesagt werden, sie werde erfolgreich sein. Die revolutionäre Bewegung, die aus der Verschärfung der Klassengegensätze hervorgeht, kann dagegen nur zeitweise Niederlagen erleiden, sie muß schließlich siegen"[696].

Obgleich also die neuerliche Schrift Kautskys insgesamt lediglich vormals geäußerte Anschauungen zusammenfaßte, entwickelte sich um die Herausgabe ein Konflikt zwischen ihm und dem von politischen und juristischen Bedenken getragen übervorsichtigen Parteivorstand; er wurde zwar schließlich mit einem Kompromiß unter weitgehenden Zugeständnissen Kautskys beigelegt, zeigte aber dennoch die Isolation des einstigen führenden Theoretikers in einer ganz und gar der Routine verfallenen Sozialdemokratie auf. Verbittert über diese vollständig hinter dem Rücken seiner Theorieansätze vonstatten gegangen Entwicklung gab er seinem Unmut gegenüber einer in Organisationsarbeit erstickenden Parteiführung, von der er auch Bebel keineswegs ausnahm, unmißverständlich Ausdruck: „Die Situation ist heute

693 A.a.O., S. 20.
694 A.a.O., S. 24.
695 A.a.O., S. 25/26.
696 A.a.O., S. 21.

die, daß die mächtigste sozialdemokratische Partei der Welt den subalternsten Vorstand der Welt hat"[697]. Diese äußerst kritische Einschätzung veranlaßte Kautsky allerdings nicht zu neuen politischen Initiativen, vielmehr schätzte er die Chance einer Aktivierung aus eigenen Kräften der Partei mittlerweile ausgesprochen resignativ ein: „Ich würde es auch nicht wagen, zu einer Massenaktion zu drängen, zu der nicht die Masse selbst drängt; denn nur, wenn die Aktion von dieser ausgeht, kann man auf die nötige Wucht und Leidenschaftlichkeit rechnen. In Deutschland aber sind die Massen darauf gedrillt, immer auf das Kommando von oben zu warten. Die Leute oben werden aber so von Verwaltungsgeschäften des ungeheuren Apparats absorbiert, daß ihnen jeder weitere Blick, jedes Interesse für alles außerhalb ihres Instanzenzuges verloren geht. Das sahen wir zuerst bei den Gewerkschaften, das sehn wir jetzt, seitdem die politische Organisation so wächst, auch in ihr"[698]. Da Kautsky anders als Rosa Luxemburg also nicht einfach der „versumpften" Parteibürokratie die unverfälschte „revolutionäre Spontaneität der Massen" gegenüberstellte, blieb seine Zukunftshoffnung einer schicksalsergebenen Unbestimmtheit verhaftet: „Es muß bald irgend ein Ereignis kommen"[699] — welches die Sozialdemokratie aus ihrer offenkundigen strategisch-politischen Sackgasse wie von unsichtbarer Hand gelenkt mit „Naturnotwendigkeit" herausführen sollte.

Als dann im folgenden Jahr die preußischen Wahlrechtsdemonstrationen begannen, hielt Kautsky dieses schicksalhafte „Ereignis" allerdings noch nicht für gekommen. Der von Rosa Luxemburg geforderten politischen Offensive stellte er vielmehr den unverhüllten Kern der „bewährten und sieggekrönten Taktik" entgegen: „Nicht auf den Massenstreik haben wir heute unsere Agitation zuzuspitzen, sondern jetzt schon auf die kommenden Reichstagswahlen"[700]. In der altbekannten Manier, dem Tagespragmatismus ohne strategisches Konzept eine „revolutionäre" Perspektive überzustülpen, versuchte Kautsky den Parteigenossen das geduldige Abwarten auf den Wahltermin politisch schmackhaft zu machen: „Es unterliegt für mich gar keinem Zweifel, daß die nächsten Wahlen dieses Systems in seinen Grundfesten erschüttern werden"[701]. Als den Lohn des Abtretens jeglicher Initiative an den allmächtigen Selbstlauf der Geschichte stellte er in Aussicht, „daß wir einen gewaltigen Sprung vorwärts machen werden, der die Erreichung der absoluten Mehrheit der abgegebenen Stimmen zu einer Frage weniger Jahre macht"[702]. Im Unterschied von allen ungewissen Experimenten mit politischen Aktionen verkündete Kautsky für seine Abwartetaktik eine Erfolgsgarantie: „Den Schlüssel zu dieser gewaltigen historischen Situation, den überwältigenden Sieg bei den nächsten Reichstagswahlen, haben wir bei der ganzen Konstellation der Dinge heute bereits in der Tasche"[703]. Warum

697 Karl Kautsky an Hugo Haase vom 14. 2. 1909, in: Karl Kautsky, Der Weg zur Macht, Hrsgg. und eingeleitet von Georg Fülberth, Frankfurt am Main 1972, S. 114.
698 Kautsky an Adler vom 26. 9. 1909, in: Victor Adler, Briefwechsel . . . , a.a.O., S. 501.
699 Ebd.
700 Karl Kautsky, Was nun?, in: Die Neue Zeit, a.a.O., 1909/10, II, S. 79.
701 A.a.O., S. 77.
702 Ebd.
703 A.a.O., S. 78.

jedoch die Partei mit allen politischen Offensiven die anderthalb Jahre bis zum fälligen Wahltermin abwarten sollte, wenn die Situation ohnehin schon die Sozialdemokratie spürbar im Aufwind sah, blieb Kautskys sorgsam gehütetes Geheimnis.

Zur strategischen Bekräftigung der „revolutionären Wahlschlacht" bediente sich Kautsky wiederum einer weitschweifigen akademischen Überhöhung. Nachdem er seine Belesenheit in militärtheoretischen Abhandlungen unter Beweis gestellt hatte, kennzeichnete er das französische Vorbild von 1789 als den einen grundlegenden Typus der Revolution: „Diese Niederwerfungsstrategie war damals, im absoluten Polizeistaat, der jede Möglichkeit der Bildung von Parteien, der gesetzlichen Beeinflussung der Regierungen durch die Volksmassen ausschloß, die einzig gegebene für eine revolutionäre Klasse"[704]. Demgegenüber empfahl Kautsky die klassische Zaudertaktik der alten Römer in der Kriegführung gegen Hannibal als eine „neue Strategie der revolutionären Klasse, die Engels schließlich in seinem Vorwort zu den Marxschen ‚Klassenkämpfen in Frankreich' der alten revolutionären Strategie so scharf gegenüberstellte und die man sehr wohl als Ermattungsstrategie bezeichnen kann"[705]. Nunmehr erblickte also auch Kautsky ein Dutzend Jahre nach Bernstein in dem berühmten politischen Testament des alten Engels eine bewußte Abkehr von der „blanquistisch"-revolutionären Tradition. Anstelle einer sozialistischen Reformstrategie hatte er jedoch lediglich die Perspektive anzubieten, die herrschenden Klassen durch das lange vergebliche Warten auf die revolutionäre Kraftprobe mit der Sozialdemokratie „ermatten" zu können.

Ein von Kautsky gegen die Massenstreikkonzeption Rosa Luxemburgs angeführtes Argument war allerdings geeignet, der mit ihren Kräften haushaltenden Sozialdemokratie eine vorzeitigere „Ermattung" als den politischen Gegenkräften zu prophezeien: „Hier haben wir es mit der stärksten Regierung der Gegenwart zu tun. Nirgends sind Armee und Bürokratie so straff diszipliniert, vielleicht nirgends ist die Zahl der Staatsarbeiter größer"[706]. Wie angesichts dieser respektablen Macht des preußisch-deutschen Obrigkeitsstaates bei den „nächsten Wahlen dieses System in seinen Grundfesten erschüttert werden" sollte, verriet Kautsky den gebannt auf den Wahltag starrenden Parteigenossen allerdings nicht. Dafür versuchte er sich entgegen seiner sonstigen Vorliebe für die objektiven ökonomischen Prozesse nunmehr sogar in Völkerpsychologie, um die Vorstellungen Rosa Luxemburgs zurückzuweisen: „Zum Streik greift der Arbeiter in Deutschland — und in Westeuropa überhaupt — nur als Kampfmittel, wenn er die Aussicht hat, dadurch bestimmte Erfolge zu erzielen"[707]. Der Spontaneitätstheorie stellte er die große Bedeutung organisatorischer Disziplin entgegen, mit welcher spezifische Zielsetzungen durch entsprechend kalkulierte politische Mitteln anzustreben waren: „Was vom Standpunkt des amorphen, primitiven Streiks des revolutionären Rußland eine überflüssige, pedantisch-engherzige Unter-

---

704 A.a.O., S. 38.
705 Ebd.
706 Karl Kautsky, Eine neue Strategie, in: Die Neue Zeit, a.a.O., 1909/10, II, S. 368.
707 A.a.O., S. 369.

scheidung sein mochte, ist in Westeuropa eine wesentliche Bedingung jeder rationellen Streikführung"[708].

Es ist äußerst aufschlußreich, daß im Unterschied von Rosa Luxemburg, die für die deutsche Arbeiterbewegung eine Orientierung an Rußland als historisch notwendige und anzustrebende Perspektive betrachtete, der „Ermattungsstratege" Kautsky nunmehr den preußisch-deutschen Obrigkeitsstaat umstandslos dem westeuropäisch-parlamentarischen Lager einverleibte und zu den russischen Verhältnissen schroff kontrastierte: „Es ist selbstverständlich, daß unorganisierte Massen ganz anders agieren müssen als organisierte. Da die Massen Rußlands 1905 völlig unorganisiert waren und die in Deutschland und im übrigen Westeuropa bereits in hohem Grade organisiert sind, kann schon aus diesem Grunde die Bewegungsweise der ersten russischen Revolution kein Vorbild werden für die Bewegungsweise einer kommenden westeuropäischen Revolution"[709]. In seiner Einschätzung galt es als strategisch eindeutige Prämisse, daß eine Konzeption revolutionärer Spontaneität „völlig den Kampfbedingungen eines hochentwickelten Industrielandes mit weitgetriebener Konzentration des Kapitals und Zentralisation der Kampforganisationen sowohl der Proletarier wie der Unternehmer und ihrer Regierung"[710] widersprach. Dies ging nicht allein aus einer Analyse der gesellschaftlichen Verhältnisse, sondern zugleich aus dem politischen Bewußtsein der Arbeiterklasse hervor: „Es waren nicht Leute aus der ‚Masse', sondern fast ausschließlich Intellektuelle, die aggressive Massenaktionen predigten. Die Arbeiter, mit denen ich sprach, äußerten sich ganz anders"[711]. Die Berufung auf die dem Massenstreik gänzlich abgeneigten Arbeiter gegen den intellektuellen Radikalismus in der Sozialdemokratie zeigte deutlich, daß Kautsky seine ihm zwischen 1906 und 1909 vorübergehend zugefallene Rolle als oppositioneller Kritiker des Parteikurses aufzugeben geneigt war, wofür ihm die bewußte Abgrenzung zu Rosa Luxemburg seit 1910 den willkommenen Anlaß lieferte.

Während für Rosa Luxemburg der Massenstreik zum Inbegriff einer aktivistischen Revolutionskonzeption wurde und auch Bernstein ihn gemäß seiner Gesellschaftstheorie als strategisches Mittel auffaßte, beharrte Kautsky auf einem „naturnotwendigen" Zukunftsereignis der großen Umwälzung: „Sie erwarten eine Periode der Massenstreiks, ich vermag mir unter Verhältnissen, wie sie in Deutschland bestehen, einen politischen Massenstreik nur als ein einmaliges Ereignis vorzustellen, in den das ganze Proletariat des Reiches mit seiner ganzen Macht eintritt, als einen Kampf auf Leben und Tod, als einen Kampf, der unsere Gegner niederringt oder die Gesamtheit unserer Organisationen und unsere ganze Macht für Jahre hinaus zerschmettert oder mindestens lähmt"[712]. Wie die Gewerkschaftler setzte also auch Kautsky die Risikoschwelle einer politischen Massenaktion mit den gewaltigen Arbeiterorganisationen dermaßen hoch an, daß es neben einer routine-

---

708 Ebd.
709 Karl Kautsky, Der politische Massenstreik, Berlin 1914, S. 199.
710 Karl Kautsky, Eine neue Strategie, a.a.O., S. 372.
711 Kautsky an Adler vom 8. 10. 1913, in: Victor Adler, Briefwechsel ..., a.a.O., S. 583.
712 Karl Kautsky, Eine neue Strategie, a.a.O., S. 374.

mäßigen Tagesarbeit lediglich noch die Erwartung eines gewaltigen „Kladderadatsch" in einer unbestimmten Zukunft geben konnte. Gegenüber allen linksradikalen Parolen einer „Zerschlagung des bürgerlichen Staates durch die revolutionäre Diktatur des Proletariats" betonte Kautsky, das „Ziel unseres politischen Kampfes" bleibe für die Sozialdemokratie stets „das gleiche, das es bisher gewesen: Eroberung der Staatsgewalt durch Gewinnung der Mehrheit im Parlament und Erhebung des Parlaments zum Herrn der Regierung. Nicht aber Zerstörung der Staatsgewalt"[713]. Was sich außer Wahlschlachten im Lande und Redeschlachten im Reichstag politisch-konkret hinter dem „Kampf auf Leben und Tod", der als ein „einmaliges Ereignis" die Entscheidung über die Zukunft des Sozialismus bringen sollte, verborgen hielt, ließ Kautsky also im dunkeln.

Ähnlich wie Rosa Luxemburg ergab sich auch für Kautsky in der Periode der politischen Immobilität zwischen 1910 und 1914 eine neue Blickperspektive der Parteigeschichte, in der er eine vergleichbare Einschätzung hervorbrachte, diese aber diametral entgegengesetzt wertete: „Die Erregungen des Kampfes um das stürzende Sozialistengesetz hatten von 1889 bis 1893 den radikalen Vulgärmarxismus emporgehoben. Die Ära der Prosperität seit 1895 ebnete die Wege für die Revision des Vulgärmarxismus. Die Verschärfung der Klassengegensätze seit 1907 erweckt wieder Masseninstinkte, denen der Marxismus in seiner schroffsten, absolutesten, einfachsten Art am ehesten zusagt"[714]. Unter dem ihn erschreckenden Anblick dessen, was Rosa Luxemburg aus dem „revolutionär-marxistischen" Charakter der Partei gemacht hatte, sah Kautsky nunmehr in dem nach 1895 von Bernstein eingeleiteten Prozeß also lediglich eine „Revision des Vulgärmarxismus", an welcher selbstverständlich auch er selbst seinen Anteil beanspruchte. Demgegenüber rückte er Rosa Luxemburg und ihre Anhänger durch diesen Vergleich unverhüllt in die Nähe der sektiererischen „Bewegung der Jungen".

Entsprechend deren undialektischer Kritik an der „kleinbürgerlichen Versumpfung" der Parteibürokratie wies Kautsky folgerichtig auch die neuerlichen Attacken einer Linksopposition entschieden zurück: „Was als mangelnde Initiative zu Massenaktionen in der deutschen Sozialdemokratie erscheint, ist also im wesentlichen ein Produkt unserer besonderen Verhältnisse. Es liegt nicht an den Führern, aber auch nicht an den Massen, und es ist ganz unangebracht, den einen oder den anderen Vorwürfe darüber zu machen, weil es nicht so schnell vorwärts geht, wie wir es wünschen"[715]. Es ist nicht zu übersehen, daß die Haltung des „Zentristen" Kautsky sich eng an die Konstellation der Flügelbildungen nach Aufhebung des Sozialistengesetzes anlehnte: Ebenso wie sich Bebel 1891 trotz aller Wortgefechte schließlich mit dem „Reformismus" Vollmars arrangierte und die antiparlamentarischen „Jungen" aus der Partei drängte, hatte Kautsky spätestens 1910 gegen den Linksradikalismus Rosa Luxemburgs seinen heimlichen Frieden mit Bernsteins „Revision des Vulgärmarxismus" und den gewerkschaftlich-sozialdemokratischen „Praktizisten" geschlossen.

713 Karl Kautsky, Eine neue Taktik, in: Die Neue Zeit, a.a.O., 1911/12, II, S. 732.
714 A.a.O., S. 664.
715 Karl Kautsky, Zum Parteitag, in: Die Neue Zeit, a.a.O, 1911/12, II, S. 889.

Von seiner uneinnehmbaren Burg im theoretischen „Zentrum" des Partei-
lebens schaute er nunmehr wieder mit stoischem Gleichmut auf das hektische
Kampfgetümmel sozialdemokratischer Strategiediskussionen hinab und be-
lächelte die Unbelehrbarkeit jener, die immer noch an der „naturnotwendigen" Entwicklungsrichtung der Gesellschaft vergeblich herumzumanipu-
lieren versuchten: „Nichts komischer als etwa Erörterungen darüber, ob wir
Sozialdemokraten durch das allgemeine Wahlrecht, durch das Parlament
oder durch Massenaktionen die politische Macht erobern wollen. Als ob das
von unserem Belieben abhinge! Ebenso gut könnten wir darüber debattieren,
ob es morgen hageln solle oder nicht"[716]. Wie ein unverhoffter Hagelschauer
sollten also in Kautskys deterministischer Vorstellungswelt dereinst die Errungenschaften des Sozialismus von einem mit finsteren Revolutionswolken
verhangenen Himmel auf die nichtsahnende Menschheit hinabprasseln. Da
er mittlerweile das Warten auf dieses Ereignis nicht mehr durch die revisionistische Skepsis gegenüber sozialen Naturprozessen, sondern sehr viel stärker durch den künstlich erzeugten revolutionären Blitz und Donner der
Linksradikalen gefährdet sah, appellierte Kautsky an die abergläubische
Schicksalsergebenheit großer Teile des sozialdemokratischen Fußvolkes ge-
genüber der historischen Evolution: „Aber ich rechne auf den gesunden
Instinkt des Durchschnitts, der uns vor Experimenten und Abenteuern be-
hüten wird. Und mehr brauchen wir im Moment nicht"[717]. Der taktische
Kniefall vor dem „gesunden Instinkt des Durchschnitts" war die kleinlaute
Bankerotterklärung eines Theoretikers, der seine aufklärerische politische
Funktion in der Partei jederzeit an die allmächtige Kraft des determinierten
Geschichtsprozesses abzutreten bereit war.

In Anspielung auf die häufig gleichzeitig geführten Abwehrkämpfe des theoretischen „Zentrums" der Partei gegen die süddeutschen aktiven Reform-
strategen und die radikalen aktiven Revolutionsstrategen versuchte sich
Kautsky im Zeitvertreib politischer Flauten, dem ästhetischen Genuß des
literarischen Feuilletonismus: „Wenn wir auf der Landkarte die Groß-
herzogtümer Baden und Luxemburg ansehen, finden wir, daß zwischen ihnen
Trier liegt, die Stadt, aus der Karl Marx hervorging. Geht man von dort
nach links über die Grenze, so kommt man nach Luxemburg. Geht man
stark nach rechts bis über den Rhein, so erreicht man Baden. Die Lage auf
der Landkarte ist heute ein Symbol der Lage der deutschen Sozialdemokratie"[718]. Es war also Kautskys feste Überzeugung, mit seinem „Zentrismus" lediglich den unverfälschten marxistischen Parteikurs vor Grenzüber-
schreitungen nach „Luxemburg" und „Baden" zu schützen. Obgleich Kautsky
gegenüber dem reformistischen „Nicht-Marxismus" der süddeutschen Budgetbewilliger sich aus Traditionsgründen mit der Kennzeichnung „stark nach
rechts" deutlicher abgrenzte als von Rosa Luxemburgs „Über-Marxismus",
gehörte übrigens „Baden" trotz seiner größeren Entfernung von „Trier"
zum Reichsgebiet, während der auf den ersten Blick kürzere Weg nach

716 Karl Kautsky, Die Aktion der Masse, in: Die Neue Zeit, a.a.O., 1911/12, I, S. 84.
717 Kautsky an Adler vom 26. 6. 1913, in: Victor Adler, Briefwechsel . . ., a.a.O., S. 574.
718 Karl Kautsky, Zwischen Baden und Luxemburg, in: Die Neue Zeit, a.a.O., 1909/10,
II, S. 667.

„Luxemburg" in fremdländisches Territorium führte — Kautskys „Landkarte" sollte also auf der ganzen Linie den sozialdemokratischen Pfadfindern die Zukunftsperspektive weisen.

Für seine Grenzpostenfunktion zur Verhinderung einer Massenflucht vom marxistischen „Zentrum" in die aktivistischen Randprovinzen der Sozialdemokratie war Kautsky um historische Legitimation natürlich nicht verlegen: „So haben Marx, Engels, Bebel ebenso oft nach links wie nach rechts gebremst, und stets mit Recht"[719]. War einesteils die Gleichsetzung der taktischen Scharmützel Bebels mit wissenschaftlich begründeten Meinungsänderungen bei Marx und Engels doch immerhin ein starkes Stück für einen überzeugten Marxisten, so traf die in diese Vorbilder hineinprojizierte Charakterisierung des „Zentrismus" den begrifflichen Nagel auf den Kopf: In dem sich ächzend über das holprige Streckennetz der Geschichte hinwegwälzenden Bummelzug der Sozialdemokratie hatte sich Kautsky in der einstmals zugkräftigen alten Dampflok der marxistischen Theorie behäbig niedergelassen, wo er sich gegenüber den an jeder Kurvenführung des Parteikurses befürchteten Entgleisungen nach rechts oder links in der Tat nur noch als *Bremser* betätigte.

---

719 Karl Kautsky, Der politische Massenstreik, a.a.O., S. 219.

XII. Kapitel

Eine Bilanz:
Die Periode der innerparteilichen Differenzierung

Politische Herausforderungen eines neuen Entwicklungsabschnitts

In der ersten größeren Periode ihrer Entfaltung als politische Kraft standen die innerparteilichen Konstellationen der Sozialdemokratie weitgehend unter dem prägenden Einfluß äußerer Handlungsumstände, die nur wenige reale Entscheidungsalternativen offen ließen. So war die frühe Konstituierung der Partei historisch ein Produkt der Krise des Liberalismus als demokratisch-emanzipatorische Kraft, während die Spaltung in zwei sozialdemokratische Organisationen durch die staatlich-politische Zersplitterung Deutschlands hervorgerufen wurde. Die Vereinigung beider Fraktionen erhob die entstandene Reichseinheit unter Führung der schärfsten politischen Gegner der Sozialdemokratie zu einem Gebot historischer Notwendigkeit, ebenso wie kurz darauf die innenpolitische Wende und die Einführung der repressiven Sozialistengesetze der Partei in der Wahl ihrer Mittel kaum einen Aktionsspielraum ließ. Erst nach der Aufhebung der Ausnahmegesetze gewann die Sozialdemokratie eine Bewegungsfreiheit, die sie als eine „normale" Arbeiterpartei in einem hochindustrialisierten Land analysierbar macht. Daß die Partei in ihren ersten fünf Jahren dieser veränderten Situation bis etwa 1895 hauptsächlich mit verschiedenen Konsolidierungsproblemen beschäftigt war, kann dabei kaum verwundern. So nahm die Sozialdemokratie eine ganze Reihe ungelöster, aber politisch entscheidender Fragen mit in die zweite größere Phase ihrer Geschichte, der sie bereits als organisatorisch und theoretisch gefestigte Massenpartei gegenübertreten konnte.

Als ein kontinuierlich die Aktionen und Perspektiven der Partei beeinflussender Faktor ist das politische Herrschaftssystem Deutschlands zu nennen, das auf die sozialökonomischen Wandlungsprozesse einer stürmischen Industrialisierung lediglich mit einer Scheinparlamentarisierung geantwortet hatte, die das ausschlaggebende Machtpotential der Regierungsinitiative sowie die uneingeschränkte Verfügung über Bürokratie und Militär in den Händen der Monarchie und ihrer traditionellen Herrschaftsgruppen unangetastet ließ. Diese Synthese einer führenden Industriewirtschaft der damaligen Welt mit einem autoritären Obrigkeitsstaat war historisch bedeutsam genug, um die Partei zu eigenständigen politischen Einschätzungen herauszufordern, für die es nicht ohne weiteres Vorbilder und entsprechende Interpretationen in den Werken der „Klassiker" gab. Die kritischen Ergänzungen von Friedrich Engels in der Diskussion des Erfurter Programms, die den Stellenwert Preußens und des unter dem Dach des Nationalstaates fortbestehenden Partikularismus in Deutschland unterstrichen, waren ein wichtiger Denkanstoß, der die vorhandenen Defizite der Partei in diesen Bereichen thematisierte. In einem engen Zusammenhang damit stand die positive Herausarbeitung einer sozialistischen Staatskonzeption, an der sich der allgemeine Programmpunkt einer „Eroberung der politischen Macht" zu konkretisieren hatte. Dies beinhaltete zunächst eine klare Stellungnahme zur Frage einer Mitarbeit an staatlichen Angelegenheiten unter den bestehenden gesellschaftlichen Verhältnissen, die durch die Beschlußunfähigkeit in der Budgetfrage auf dem Parteitag von 1894 noch einmal vertagt worden war. Weiterhin mußten politische Vorstellungen über die grundsätzliche Forderung einer vollen Parlamentarisierung Preußen-Deutschlands in einer demokratischen Republik erarbeitet werden, wie sie Engels als entscheidende Kampfaufgabe in den Vordergrund gestellt hatte.

Im Spannungsfeld zwischen analytischen Einschätzungen des preußisch-deutschen Herrschaftssystems und sozialdemokratischen Zielvorstellungen einer Staatsform der Zukunft war die Problematik einer Strategie des politischen Kampfes um diese Grundprinzipien anzusiedeln. Die agitatorische Bedeutung der Wahlkämpfe und die politische Schulung durch parlamentarische Arbeit konnte dabei ebenso als sozialdemokratischer Konsens gelten wie die Notwendigkeit, in einer bürokratischen Militärmonarchie ohne parlamentarische Weisungsbefugnis gegenüber der Exekutive darüber hinausgehende Aktionswaffen zu entwickeln. Der theoretische Bruch von Engels mit dem Barrikadenkampf als Möglichkeit einer revolutionären Volkserhebung hatte sich erst vollzogen, nachdem in der Sozialdemokratie ohnehin an die Stelle anschaulicher Vorstellungen politischer Kämpfe das Selbstverständnis einer „revolutionären, nicht aber Revolutionen machenden Partei" getreten war. Den auf diese Weise abgesteckten Rahmen politischer Handlungsperspektiven galt es in der Folgezeit mit eindeutigen strategischen Aktionsformen für jeweils präzisierte Kampfziele auszufüllen. Des weiteren war die konkrete Struktur einer möglichen sozialistischen Gesellschaft – ihre sozialökonomischen Voraussetzungen, ihre Bewegungsformen und spezifischen Problempotentiale – zwischen spekulativen Harmoniebildern und dem antiutopistischen Verzicht auf jegliche nicht „beweisbare" Zukunftsperspektive im Ungewissen geblieben. Insbesondere die grundlegende Zielsetzung einer Vergesellschaftung der Produktionsmittel ließ ein ganzes Bündel ungelöster Fragen zur Reichweite und zum Modus der Durchführung von Sozialisierungsmaßnahmen sowie über die Formen der institutionellen Organisierung der neuen sozialistischen Produktionsweise als klärungsbedürftig zurück.

Auch die Problematik der sozialen Basis der sozialdemokratischen Bewegung blieb angesichts einer fortbestehenden Minderheitenposition der Industriearbeiterschaft gegenüber dem breiten Feld der Agrarwirtschaft, dem traditionell produzierenden Kleingewerbe und den sich verstärkt herausbildenden lohnabhängigen Zwischenschichten von staatlichem und privatwirtschaftlichem Verwaltungspersonal eine bedeutsame politische Aufgabenstellung der Partei. Die bequeme Lösung des negierenden Ausklammerns nach dem Muster der Beratungen über ein Agrarprogramm, die 1895 abgeschlossen wurden, ließ sich jedenfalls nicht ohne eine Selbstaufgabe der Sozialdemokratie als Massenkraft bis in unbestimmte Zukunft praktizieren. In einem engen Zusammenhang mit der sozialen stand die politische Bündnisfrage für die Arbeiterbewegung. Die programmatische Streichung des Schlagwortes von der „einen reaktionären Masse" im Jahre 1891 hatte weder die großbürgerlich-großagrarische Herrschaftsallianz aus der Welt geschafft, noch die von Marx und Engels nachdrücklich kritisierte Neigung des Durchschnittssozialdemokraten, aufgrund deren Übermacht in Preußen-Deutschland auch alle klein- und mittelbürgerlichen Schichten und die liberalen Parteien undifferenziert als reaktionären anti-sozialdemokratischen Block darzustellen.

Schließlich hatte die Partei sich von den reprimierenden Handlungsumständen des Sozialistengesetzes auf die neue Situation einer Massenbewegung umzustellen, deren politische Bewegungsfreiheit mit wachsender Machtentfaltung noch weiter zunahm. Die Frage der Parteidisziplin, die in der Gründungszeit und unter staatlicher Verfolgung aus den Zwängen der Situation teilweise diktatorische Züge annehmen mußte, war in der Richtung größerer Autonomie einzelner Körperschaften der Sozialdemokratie ohne Beeinträchtigung der geschlossenen Schlagkraft der Organisation neu anzugehen; für diese Aufgabe hatte wiederum Engels in Bemerkungen über Probleme der Wissenschaft, der Presse und des Mitgliederstatus in der Partei einige wichtige Hinweise gegeben. Eine ähnliche Herausforderung an die Dialektik von Handlungsfähigkeit und erforderlichem Diskussionsspielraum stellten die nach Aufhebung des Sozialistengesetzes offen hervorgetretenen Flügelbildungen in der Sozialdemokratie dar, die nach direkter Aktion oder systematischer Reformarbeit drängten und die dabei entstehenden Risiken eher in Kauf nehmen wollten als eine politische Stagnation der Partei.

Zu diesen aus der Epoche bis 1895 übernommenen Problemstellungen sozialdemokratischer Politik gesellten sich die veränderten ökonomisch-politischen Rahmenbedingungen. So bedeutete der konjunkturelle Trendwechsel, der in seiner unerwarteten Wucht bereits vor der Jahrhundertwende die ökonomische Theorienbildung neu herausforderte, einen fundamentalen Bruch mit den in der Zeit der Großen Depression vertretenen Krisen- und Zusammenbruchserwartungen. Der gewaltige Aufschwung der konzentrierten und finanzkapitalistisch in Aktiengesellschaften institutionalisierten großindustriellen Massenproduktion, der von Zusammenschlüssen mächtiger Unternehmerverbände begleitet wurde, deutete auf eine stärker organisierte und monopolisierte Phase der kapitalistischen Entwicklung hin. Auf staatlich-politischer Ebene münzte sich dieser Epochenwechsel in der gleichfalls im ersten halben Jahrzehnt nach 1895 voll absehbaren erneuten Offensive der konservativen Herrschaftsoligarchien aus, die von zwei konkret angedrohten Repressionsgesetzen eingeleitet und angesichts deren Aussichtslosigkeit in eine imperialistische Politik kanalisiert wurde, die das obrigkeitsstaatlich vermittelte Bündnis von Großkapital und Junkertum in dem Flotte-Zoll-Kompromiß mit einer ähnlichen Schlagkraft wie 1878/79 von neuem fundierte.

Für die Arbeiterbewegung entstand aus der Expansion des Organisierten Kapitalismus eine bislang nicht hinreichend berücksichtigte Problematik: das Verhältnis der Sozialdemokratie zu den Gewerkschaften und der dezentralisierten Tagesarbeit überhaupt. In engem systematischen Zusammenhang mit dem unerwarteten Konjunkturaufschwung erwies sich die Prognose, daß die historisch führende Sozialdemokratie auch weiterhin die Gewerkschaften in den Hintergrund der Aktivitäten drängen würde, als grundlegend verfehlt. Die bereits zur Jahrhundertwende im Gange befindlichen Diskussionen um die Autonomie und Neutralität einer an Mitgliederzahl enorm angewachsenen Gewerkschaftsbewegung zeigten unmißverständlich, daß sich eine politisch bedeutsame Gewichtsverlagerung vollzog; sie wurde durch vermehrte Aktivitäten von Sozialdemokraten in Konsumvereinen, in Gemeinden und Landtagen sowie verschiedenen Einrichtungen der sozialen Sicherung noch zusätzlich unterstützt. Im Schnittpunkt zwischen den veränderten Handlungsbedingungen und den weiterhin virulenten strategisch-politischen Grundsatzfragen aus den bisherigen Entwicklungsabschnitten kristallisierte sich schließlich unübersehbar die Aufgabe heraus, das weite Spektrum von Aktivitäten und Zielperspektiven der Partei durch theoretische Begründungszusammenhänge wissenschaftlicher Qualität schlüssig zu vermitteln. Insbesondere stand die erneute Konstituierung einer gedanklichen Einheit von ökonomischer Systemanalyse, politischer Strategie und philosophisch-methodischer Geschichts- und Gesellschaftstheorie des Marxismus auf der Tagesordnung der sozialdemokratischen Grundsatzdiskussionen. An diesem ebenso komplexen wie systematisch jeweils stark verkoppelten Themenkatalog mußten die unterschiedlichen Interpretationsansätze der führenden Theoretiker und die auf Praxis abzielende Problemverarbeitung der Gesamtpartei sich messen lassen.

Sozialökonomische Einschätzungen und Gewerkschaftsprobleme

Von allen in dieser systematischen Zusammenschau zu berücksichtigenden Fragen einer Analyse der kapitalistischen Gesellschaft ist die Krisen- und Zusammenbruchstheorie zweifellos am eindeutigsten zu beurteilen. Die erhebliche politische Relevanz von Vorstellungen dieser Art zur Zeit der Großen Depression, die auch im Erfurter Programm formuliert sind, kann ebensowenig bestritten werden wie die für die Partei unverhofft kommende Phase einer expansiven Wirtschaftsentwicklung seit 1895. Insofern gab die ökonomische Wirklichkeit der Vermutung Bernsteins, „daß wenigstens für eine längere Zeit allgemeine Geschäftskrisen nach Art der früheren überhaupt als unwahrscheinlich zu betrachten" waren, auf der ganzen Linie recht. Statt diesen zur politischen Diskussion vollkommen ungeeigneten empirischen Sachverhalt des konjunkturellen Trendwechsels anzuerkennen, ließ sich Kautsky in interpretatorische Rückzugsgefechte verwickeln, die überdeutlich einen sich gegen bewußte Lernprozesse sträubenden doktrinären Charakterzug trugen. Seine Behauptung, daß die Zusammenbruchstheorie eine Bernsteinsche Erfindung „in der Hitze der Polemik" sei, war angesichts früherer und weiterhin geführter Diskussionen in der Partei ein unverständlicher „Irrtum", während er die Relativierung der Krisentheorie als marxistischen Erklärungsansatz „sekundärer Natur" nicht begründen konnte. Demgegenüber setzte sich Rosa Luxemburg mit ihrer offensiven Gegenthese zu Bernstein, „daß die kapitalistische Gesellschaft sich in unlösbare Widersprüche verwickelt, die im Schlußresultat eine Explosion notwendig machen, einen Zusammenbruch", zumindest für den betrachteten Zeitraum der unbestechlichen Kritik empirisch-historischer Widerlegung aus. Mit dem Hinweis auf die Krise des *politischen* Systems des Kaiserreiches läßt sich die strategisch desorientierende Wirkung der Zusammenbruchstheorie jedenfalls nicht erledigen, da ihre Aussagen sich gerade durch eine von jeglicher nationalen Besonderheit abstrahierende Generalisierung objektiver Niedergangstendenzen auszeichneten. Wie wenig die logisch-deduktive Konstruktion der kapitalistischen Krisentheorie bei Rosa Luxemburg einer empirischen Korrektur überhaupt zugänglich war, zeigte ihre gewagte These: sobald man „ein wenig Anarchie" zugebe, „so sorgt der Mechanismus der Warenwirtschaft von selbst für eine Steigerung der Anarchie ins ungeheure — bis zum Zusammenbruch". Diese wissenschaftlich verfehlten Theorieansätze wurden auch dadurch nicht gerade überzeugender, daß sie von abwegigen Unterstellungen eines krisenverneinenden Harmoniemodells bei Bernstein begleitet waren, wohingegen Bernstein noch in seinem alternativen Programmkonzept in bezug auf die Organisationstendenzen der expandierenden Produktionssektoren hervorhob, sie könnten „das Übel der periodisch eintretenden Geschäftsstockungen nicht beseitigen, sondern nur die Äußerungsformen ändern". Im Kern der Problematik wollte Bernstein die Gleichsetzung von sozialistischer Perspektive und krisenhafter „Verelendung", die bei Gegnern der Sozialdemokratie im polemisch-abfälligen Sinne ebenso verbreitet war wie bei ihren Anhängern mit gesellschaftskritischer Stoßrichtung, endgültig aufbrechen. Neben seinen empirischen Trendanalysen gab er zu bedenken, daß in einer Krisensituation die naheliegendste Frage der arbeitenden Menschen keineswegs diejenige war, „ob eine Sache sozialistisch ist, sondern ob sie ihnen zu Arbeit und Brot verhilft".

Unlöslich mit der Krisen- und Zusammenbruchstheorie verkoppelt war die Problematik eines neuen Entwicklungsabschnitts des Kapitalismus, den Bernstein geprägt sah durch die „gewaltige räumliche Ausdehnung des Weltmarktes im Verein mit der außerordentlichen Verkürzung der für Nachrichten und Transportverkehr erforderten Zeit" sowie den „enorm gestiegenen Reichtum der europäischen Industriestaaten im Verein mit der Elastizität des modernen Kreditwesens und dem Aufkommen der industriellen Kartelle". Dieses ökonomisch durch „monopolistische" und politisch durch „imperialistische", insgesamt also durch privatwirtschaftlich und staatlich „organisierende" Tendenzen geprägte Stadium kapitalistischer Strukturgeschichte ist zweifellos in seinen einzelnen Elementen von Bernstein zuerst in die Diskussion neuer strategischer Herausforderungen an die Sozialdemokratie gebracht worden. Die zugleich von ihm aufgezeigte Überlebensfähigkeit einer absolut sogar immer noch leicht ansteigenden Zahl von Kleinbetrieben in Handel und Gewerbe und die Stagnation der Betriebsformen in der Landwirtschaft konnte Kautsky durch umfassendere Untersuchungen lediglich stillschweigend bestätigen. Sogar Rosa Luxemburg mußte mit ihrer Kennzeichnung der Kleinkapitale als „Vorkämpfer des technischen Fortschritts" die Schranken einer rasch durchschlagenden unterschiedslosen Enteignung des Mittelstandes durch die hochindustriellen Konzentrationsprozesse zugestehen.

Die von Kautsky und Rosa Luxemburg angeführten Prozesse des technisch-wissenschaftlichen und organisatorischen Strukturwandels in der gesamten Volkswirtschaft bildeten dabei gar nicht einmal den Streitpunkt, denn auch Bernstein betonte nachdrücklich, daß „die mittleren Betriebe oft sehr ausgeprägt kapitalistische Betriebe sind". Sein Anliegen, das sachlich in der polemischen Diskussion vollkommen herausfiel, betraf vielmehr die klassensoziologische und damit politisch unmittelbar relevante Seite des Problems: Die Partei hatte nämlich auch künftig mit einem zahlenmäßig bedeutsamen Bürgertum zu rechnen, das durch die sich herausbildenden Angestellten- und Beamtenschichten noch verstärkt wurde und einer „von selbst" ablaufenden Vermehrung der sozialdemokratischen Anhängerschaft einige Hindernisse in den Weg stellte. Ähnlich gelagert war Bernsteins Einwand gegenüber einer als Universalschlüssel zu den glänzendsten Zukunftsperspektiven mißbrauchten Zwei-Klassen-Dichotomie, die über eine zweifellos bedeutsame Vermehrung der Lohnarbeiterschaft die Problematik ignorierte, daß die arbeitende Bevölkerung von den Entwicklungsprozessen der Hochindustrialisierung zugleich „sowohl was die Einkommenshöhe, als was die Berufstätigkeit anbetrifft, in hohem Grade abgestuft und differenziert" wurde.

Als die parallele Erscheinung zur Organisation des industriellen Kapitals gehörte auch der enorme Aufschwung der gewerkschaftlichen Organisationsmacht zu den tragenden Säulen einer veränderten Periode der kapitalistischen Gesellschaft. Aufgrund dieser systematischen Verflechtung ist es nicht verwunderlich, daß die mit diesem Trend verbundenen Probleme sozialdemokratischer Politik gleichfalls nachdrücklich von Bernstein thematisiert wurden. Er rief der Partei die unverzichtbare und bislang noch ungelöste Aufgabe strategisch-politischer Vermittlung ins Gedächtnis, die sich aus dem Umstand ergab, „daß mit dem Fortgang der gewerkschaftlichen Bewegung in Deutschland in ähnlicher Weise dieselben inneren Gegensätze sich geltend machen wie in England"; damit waren der tendenziell a-politische Charakter eines Nur-Gewerkschaftlertums und die Dominanz borniert berufsständischer Partikularinteressen gegenüber der strategisch orientierten Klassensolidarität angesprochen. Wie in allen anderen Kernfragen der ökonomischen Analyse konnte Kautsky in diesem Falle ihm lediglich in der Erkenntnis beipflichten, „daß die arbeitenden Massen zu der Ansicht kommen, sie könnten durch gewerkschaftliche und genossenschaftliche Organisation im Moment mehr erreichen, als durch politische Tätigkeit". Obgleich diese These im Gegensatz zu vormals geäußerten Einschätzungen stand, umging Kautsky jedoch die entsprechende strategische Problematik mit der Unterstellung eines festgelegten Verhältnisses zwischen Sozialdemokratie und Gewerkschaften dergestalt, daß „stets ... sich dabei die Partei als das richtungsgebende Element" erweisen müßte.

War demnach schon Kautskys Blick für die im Gange befindliche Machtverschiebung zugunsten der Gewerkschaften beträchtlich getrübt, so übertraf ihn Rosa Luxemburg in der Verkennung der Gewerkschaftsfrage noch bei weitem. Die nach vier Jahren sprunghaften Wachstums der gewerkschaftlichen Organisationen nichtsahnend niedergeschriebene Behauptung, die Sozialdemokratie würde in ihrer Politik „nicht Zeiten eines starken Aufschwunges, sondern des Niederganges der gewerkschaftlichen Bewegung entgegengehen", bewies mit kaum zu übertreffender Schärfe, wie sehr Rosa

Luxemburg zuweilen mit unliebsamen Elementen objektiver Realität auf dem Kriegsfuß lebte. Dennoch sprach aus solchen Fehleinschätzungen nicht einfach Problemignoranz, sondern zugleich eine typische Argumentationsfigur ihres politisch-theoretischen Denkens: Da die offensiv-revolutionäre Mobilisierung der Arbeiterklasse für Rosa Luxemburg niemals zur Disposition stand, konnte sie sich in einer gesellschaftlichen Situation, die seit der Jahrhundertwende durch ständige Preissteigerungen und damit eine überwiegend defensive Funktion des ökonomischen Kampfes gekennzeichnet war, überhaupt nicht vorstellen, daß ausgerechnet der bedrohte Besitzstand nicht etwa zum Auslöser politischer Eskalationen der Interessenkonflikte, sondern zur Triebkraft einer beharrlichen und jedes Risiko vermeidenden gewerkschaftlichen Organisationsarbeit werden sollte.

Staatsform und Organisationsstrukturen einer sozialistischen Gesellschaft

Während eine adäquate Einschätzung der sozialökonomischen Entwicklungstendenzen und des Verhältnisses zu den Gewerkschaften die entscheidende analytisch-theoretische Voraussetzung erfolgreicher sozialdemokratischer Politik bildete, kann die Frage nach der sozialistischen Staatsform und den Organisationsprinzipien der historisch neuartigen gesellschaftlichen Entscheidungsprozesse als zentrale Strategieproblematik der Partei gelten. Am eindeutigsten läßt sich dabei die Position Rosa Luxemburgs bestimmen: sie hat sich zu diesen Themenkreisen vor 1914 niemals dezidiert geäußert. Als gesichert kann lediglich festgehalten werden, daß der „Hühnerstall des bürgerlichen Parlamentarismus" westeuropäischer Prägung für sie die bevorzugte Zielscheibe negativer Kritik darstellte, was mit ihrer Begeisterung für die unorganisierten Kampfformen der russischen Revolution von 1905 korrespondiert. Des weiteren schwelgte Rosa Luxemburg zwar gern in pathetischen Kraftphrasen, indem die erklärte, daß durch die Sozialdemokratie die „verkrachte Gesellschaft liquidiert" werden müßte und die Partei in der Regierungsposition „nur auf den Trümmern des bürgerlichen Staates auftreten" dürfe; sie gab jedoch keinesfalls zu erkennen, wie sich dieses „Liquidations"- und „Trümmer"-Spektakel für die Arbeiterbewegung konkret in soziale Handlungen ausmünzen sollte.

Um die staatstheoretische Klarheit Kautskys war es nicht sehr viel besser bestellt. Die häufig als Ausdruck des „revolutionär-marxistischen" Charakters der Sozialdemokratie verstandene Zielsetzung einer „Eroberung der politischen Macht" wurde von ihm immer mehr im Sinne der banalen Aussage interpretiert, „jede politische Partei" müsse „sich die Aufgabe stellen, die politische Macht zu erobern, um ihren Anschauungen entsprechend den Staat zu gestalten". Alle darüber hinausgehenden Präzisierungen, insbesondere die in der marxistischen Tradition wichtige „Entscheidung über das Problem der proletarischen Diktatur" wollte Kautsky ganz bewußt „ruhig der Zukunft überlassen". Das politische Defizit in der Staatsfrage war also keine mehr oder minder zufällige Unzulänglichkeit seines theoretischen Denkens, sondern entsprang einer geschichtsphilosophischen Grundüberzeugung

Kautskys: sobald „das Proletariat die politische Macht" in den Händen habe, „dann folgt daraus der Sozialismus von selbst". Wenn er allerdings in der politischen Polemik dennoch einmal zu Aussagen über die Staatskonzeption der Sozialdemokratie gedrängt wurde, so wandte sich Kautsky mit Nachdruck gegen jegliche Vorstellung einer „Zerstörung der Staatsgewalt" und bezeichnete die „Eroberung der Staatsgewalt durch Gewinnung der Mehrheit im Parlament und Erhebung des Parlaments zum Herrn der Regierung" als das immer schon vertretene „Ziel unseres politischen Kampfes".

Die bei Kautsky noch von der strategischen Indifferenz seines Geschichtsobjektivismus überlagerte Option zugunsten eines parlamentarisch-demokratischen Regierungssystems war bei Bernstein in allen politischen Konsequenzen ausgearbeitet. An die „Diktatur des Proletariats" erteilte er eine unmißverständliche Absage und fügte die Einschätzung hinzu, daß diese seiner Ansicht nach „blanquistische" Phrase nur noch dadurch zu retten war, indem „man das Wort Diktatur seiner faktischen Bedeutung entkleidet und ihm irgend welchen abgeschwächten Sinn beilegt". Für Bernstein war die demokratische Staatsform „das Mittel der Erkämpfung des Sozialismus, und sie ist die Form der Verwirklichung des Sozialismus". Daß seiner Ansicht nach dennoch „demokratische Einrichtungen wesentlich Mittel zum Zweck, nicht Selbstzweck" waren, verdeutlichte die gesellschaftliche Einbettung eines jeden politischen Systems, das stets auf bestimmte soziale Zwecksetzungen hin organisiert war. Indem Bernstein „Demokratie mit Abwesenheit von Klassenherrschaft übersetzen" wollte, gab er deutlich zu erkennen, daß in einer durch Klassenantagonismen geprägten Gesellschaft die demokratischen Institutionen bis zur Überwindung aller ökonomischen Herrschaftsprivilegien unvollkommen bleiben mußten.

Diese Betrachtungsweise des Verhältnisses von Demokratie und Sozialismus stand in einem engen Zusammenhang mit seiner historischen Einschätzung der liberalen Grundrechte der bürgerlichen Revolutionsperiode. Der „Liberalismus als weltgeschichtliche Bewegung" des bürgerlichen Emanzipationskampfes mit dem Schlachtruf „Freiheit, Gleichheit, Brüderlichkeit" war für Bernstein nicht der Klassenkonkurrent, sondern der geschichtliche Vorläufer der sozialistischen Emanzipationsbewegung. In diesem Sinne konnte „der Sozialismus nicht nur der Zeitfolge, sondern auch dem geistigen Gehalt nach sein legitimer Erbe" werden, indem er die Verheißungen demokratischer und sozialer Rechte aller Menschen, die der Liberalismus konkret nur für das privilegierte Bürgertum erkämpft hatte, erst zugunsten der gesamten arbeitenden Bevölkerung in die materielle Wirklichkeit umsetzte. Die politischen Verhältnisse Deutschlands hielt Bernstein für wenig geeignet, um das historische Potential des Liberalismus und der bürgerlichen Gesellschaft für die sozialistische Arbeiterbewegung abzuschätzen, da „in dessen größtem und leitendem Staate, Preußen, es sich noch immer darum handelt, ein großes Stück Feudalismus erst loszuwerden, das der bürgerlichen Entwicklung im Wege steht". Seine politische Einschätzung, „das Junkertum der Agrarier" hätte niemals eine so starke Stellung in Preußen-Deutschland behaupten können, „wenn unser Bürgertum nicht selbst durch und durch verjunkert wäre", warf auf die prägenden Auswirkungen dieses spezifischen Herrschaftssystems ein erhellendes Licht.

Da ihm der Verweis auf „von selbst", „naturnotwendig" oder „spontan" entstehende Lösungen für alle organisatorischen Grundprobleme einer sozialistischen Gesellschaft methodisch verstellt war, mußte sich Bernstein mit diesen Fragen bewußt auseinandersetzen. Angesichts der einleuchtenden Prognose, daß die künftige sozialistische „Weiterentwicklung der Produktion ganz ersichtlich nicht in Aufhebung der differenzierten Produktion bestehen kann, sondern nur in neuer Zusammenfassung auf Grundlage der ausgebildeten Differenzierung", erhob sich für ihn neben einer erfolgreichen Regelung der Eigentums- und Machtfrage im Produktionsprozeß „das Problem der Ökonomie als Verwaltungsproblem". Um diese Herausforderung nicht allein technisch-organisatorisch, sondern zugleich in demokratischer Weise zu bewältigen, mußte eine sozialistische Gesellschaft in Bernsteins politischer Konzeption „aufgebaut sein auf einer weit gegliederten Selbstverwaltung mit entsprechender wirtschaftlicher Selbstverantwortlichkeit aller Verwaltungseinheiten wie der mündigen Staatsbürger", damit die „Demokratie nicht den zentralistischen Absolutismus im Hecken von Bürokratien noch überbieten" konnte. Gelang es nicht, die demokratische Selbstverwaltung in diesem Sinne zur allgemeinen Lebensform der Gesellschaft zu erheben, so blieb lediglich der Weg einer Durchsetzung des Sozialismus „in der Form einer diktatorischen revolutionären Zentralgewalt" offen, was für die arbeitende Bevölkerung, sofern sie „nicht schon sehr starke eigene Organisationen wirtschaftlichen Charakters besitzt und durch Schulung in Selbstverwaltungskörpern einen hohen Grad von geistiger Selbständigkeit erreicht hat, die Diktatur von Klubrednern und Literaten" bedeuten mußte.

Das Verhältnis von Reformpolitik und sozialistischem Ziel

Die seit Lassalle in der Sozialdemokratie verbreitete strategische Differenzierung, daß sich Reformen im Rahmen des herrschenden Struktur-„Prinzips" der bestehenden Gesellschaftsordnung abspielten, während die Revolution eine Transformation derselben in ein neues Gesellschaftssystem umschrieb, brachte Rosa Luxemburg auf eine einprägsame Formel: nach ihrer Ansicht bestand für die Sozialdemokratie „zwischen der Sozialreform und der sozialen Revolution ein unzertrennlicher Zusammenhang, indem ihr der Kampf um die Sozialreform das Mittel, die soziale Umwälzung aber der Zweck ist". Diese Zweck-Mittel-Relation war allerdings alles andere als eindeutig. Sie ließ sich bis hin zu einem extrem gradualistischen Evolutionismus interpretieren, indem die Reformpolitik das alleinige konkrete „Mittel" quantitativ aufaddierter „kleiner Schritte" wurde, die irgendwann einmal unmerklich in den als Richtschnur dienenden politischen „Zweck" einer neuen Gesellschaftsordnung qualitativ umschlugen. Die Position Rosa Luxemburgs verfiel in das entgegengesetzte Extrem, wenn ihrer Einschätzung nach die logisch-deduktiv fixierte absolute Trennwand zwischen Kapitalismus und Sozialismus „durch die Entwicklung der Sozialreform wie der Demokratie ... fester und höher gemacht" wurde. Für sie war alles vor dem qualitativen Sprung des „Hammerschlags der Revolution" liegende Anrennen gegen die gepanzerten Mauern des Systems zum ergebnislosen Auf-der-Stelle-Treten verurteilt.

Die politischen Anstrengungen auf dem Boden des Bestehenden waren allerdings in Rosa Luxemburgs Konzeption nicht etwa als sinnlose Kräftevergeudung entbehrlich. Vielmehr führte auch der mühselige Dauerlauf auf der Stelle bei den sozialistischen Klassenkämpfern zu einem beträchtlichen revolutionären „Trainingseffekt", so daß „die sozialistische Bedeutung des gewerkschaftlichen und politischen Kampfes darin" gesehen werden konnte, „daß er das Proletariat, d. h. den subjektiven Faktor der sozialistischen Umwälzung zu deren Durchführung vorbereitet". Da den Arbeitern die logischen Trennwände zwischen zwei völlig unvergleichbaren Systemzuständen nicht so ohne weiteres einleuchteten, sollte zudem „das Proletariat durch den gewerkschaftlichen und politischen Kampf zu der Überzeugung von der Unmöglichkeit" geführt werden, „seine Lage grundsätzlich durch diesen Kampf aufzubessern". In diese Auffassung fügte sich auch die Einschätzung der parlamentarischen Arbeit ein, daß „in dem Nein, in der unversöhnlichen Haltung unsere ganze Kraft" bestand. Während der absolute Evolutionismus überhaupt keine über gedankliche Hypothesen hinausgehenden qualitativen Sprünge zwischen bestimmten Entwicklungsstadien der Gesellschaft annahm, kannte Rosa Luxemburgs absolute „Katastrophentheorie" nur diesen einen gewaltigen qualitativen Sprung als Movens des historischen Fortschritts: Wo die „Gesetzgebung das politische Fortvegetieren der Gesellschaft" bedeutete, war allein „die Revolution der politische Schöpfungsakt der Klassengeschichte". Dem ewigen Jammertal „des Froschmäusekrieges" in den stehenden Gewässern der bürgerlich-parlamentarischen Periode" stellte Rosa Luxemburg den strahlenden Glanz „heftiger, revolutionärer Perioden des Massenkampfes" als schroffe Antithese gegenüber.

In der politischen Konzeption Kautskys wurde der qualitative Sprung zwischen Reformarbeit und sozialistischer Umwälzung deshalb nicht strategisch bestimmt, weil für eine „revolutionäre, nicht aber Revolutionen machende Partei" weniger die zielgerichtete politische Praxis als vielmehr die sozialökonomische Entwicklung zur revolutionierenden Kraft aufstieg. So konnte Kautsky mit gutem Recht innerhalb seiner Interpretation sagen, „im Sinne des bewaffneten Aufstandes" sei „die Sozialdemokratie nie prinzipiell revolutionär gewesen". Ebenso wie er in der Frage einer Eroberung der politischen Macht dem Problemkreis der „Diktatur des Proletariats" auswich, verflüchtigte sich auch die Vorstellung der politischen Revolution zur nebelhaften Abstraktion, indem Kautsky unter diesen Begriff „jede große politische Erschütterung" subsumierte, „die das politische Leben der Nation beschleunigt und aufs kraftvollste pulsieren läßt". Ähnlich wie die Spontaneitätskonzeption Rosa Luxemburgs war Kautskys stärker an dem Ausbau der Organisationsmacht orientierte Position von der Überzeugung getragen, daß positive Fortschritte auf dem Boden der herrschenden Gesellschaftsordnung vor dem großen Schicksalstag der Revolution kaum erreichbar waren. Um die Früchte ihrer glanzlosen Organisationsarbeit in Partei und Gewerkschaften eintragen zu können, mußte die Arbeiterbewegung bei

Kautsky geduldig auf „irgend ein Ereignis" warten, welches der „Naturnotwendigkeit" des Sozialismus zum Durchbruch verhalf.

Indem Bernstein mit der Vorstellung zweier übergangsloser Systemzustände methodisch brach, konnte er die Rolle der Reformpolitik im Rahmen der sozialistischen Perspektive vollkommen neu bestimmen. Das geschichtstheoretische Anknüpfen an dem bereits von Engels geäußerten Gedanken, daß es auf der Grundlage der materialistischen Geschichtsauffassung niemals ein fixiertes „Endziel" geben konnte, führte ihn zu der Überzeugung, es trage „die Bewegung ... das Ziel in sich". Den Unterschied zwischen einer logifizierten absoluten Trennwand, die nur der „Hammerschlag der Revolution" niederreißen konnte, und seiner stärker evolutionistisch geprägten Synthese von sozialistischem Ziel und Reformarbeit versuchte Bernstein daran festzumachen, daß seine Konzeption „nicht die Verwirklichung eines Gesellschaftsplanes, sondern die Durchführung eines Gesellschaftsprinzips" zur Richtschnur nahm, weil jeder „Endziel"-Gedanke immer eine utopistische Komponente in sich trug.

An der Frage des Verhältnisses von Reformpolitik und sozialistischem Ziel verschmolzen die sozialökonomische Einschätzung und die Staatskonzeption Bernsteins zur strategischen Synthese, indem er die sozialistische Perspektive nicht mehr aus der Stagnation und Desorganisation im Rahmen der bestehenden Verhältnisse, sondern gerade aus dem systematischen Fortschreiten und der institutionellen Vorbereitung auf die kommenden Aufgaben herleitete. So konnte er die „dem Rechtsprinzip des Sozialismus am meisten entsprechende Form der Expropriation der Expropriateurs" ganz eindeutig in „der Ablösung durch Organisationen und Institutionen" bestimmen. Für ihn war die zielstrebig verallgemeinerte „Durchführung der Demokratie in Staat, Provinz, Gemeinde als Mittel der Verwirklichung der politischen Gleichheit aller und als Hebel für die Vergesellschaftung des Bodens und der kapitalistischen Betriebe" die organisatorisch konkretisierte Grundlage einer sozialistischen Gesellschaft. Gerade weil Bernstein die systematische Reformpolitik als integralen Bestandteil einer sozialistischen Perspektive auffaßte und die sozialistische Staatsform in der demokratischen Republik auf allen Ebenen des gesellschaftlichen Lebens klar bestimmte, konnte er sehr präzise Auskunft über die politischen Aufgaben der Sozialdemokratie geben: Ein der lohnabhängigen Bevölkerung bewußt gewordenes „Klasseninteresse verlangt die Überführung der wirtschaftlichen Monopole in den Besitz der Gesellschaft und deren Betrieb zum Vorteil der Gesellschaft, in ihrem Klasseninteresse liegt die Ausdehnung der gesellschaftlichen Kontrolle auf alle Zweige der Produktion".

Strategische Perspektiven und die Rolle der politischen Praxis

Bei Rosa Luxemburg ging die strategische Orientierung der organisierten Arbeiterbewegung gänzlich in der naturwüchsigen Praxis des Klassenkampfes auf, die sich ihrerseits wiederum einer bewußten Lenkung und Leitung durch kalkulierte Aktionsschritte entzog. Insofern stellte sie die politische Funktion von Strategiediskussionen schlechthin infrage, wenn sie die Auffassung vertrat, die „Kampftaktik der Sozialdemokratie" werde „in ihren Hauptzügen überhaupt nicht ‚erfunden'", sondern sei „das Ergebnis einer fortlaufenden Reihe großer schöpferischer Akte des experimentierenden, oft elementaren Klassenkampfes". Der in den Werken von Marx, Engels und Lassalle als Ausfluß der 48er Ereignisse so deutlich nachempfundene „Glaube an die Revolution" konnte durch Rosa Luxemburg in der Epoche verstärkter Organisations- und Bürokratisierungstendenzen nur dadurch erneuert werden, daß sie revolutionäre Prozesse als die totale Negation aller alltäglichen gesellschaftlichen Bewegungsformen, als „ganz elementare, mit Naturgewalt sich durchsetzende soziale Phänomene" auffaßte, die sich „nicht schulmeistern lassen". Der Realitätsverlust und der Mangel an strategischer Konkretion gegenüber den noch sehr viel „handfesteren" Überlegungen von Marx und Engels zur revolutionären Kampftaktik der 48er Revolution tritt deutlich hervor; er kann nicht angemessen allein der theoretischen Unzulänglichkeit Rosa Luxemburgs zugeschrieben werden, sondern wurzelt in den für detailliert abschätzbare Umsturzpläne nicht mehr geeigneten gesellschaftlichen Verhältnissen eines hochindustriellen Organisierten Kapitalismus. So konnte sie an die Stelle des von Engels als überholt angesehenen Barrikadenkampfes nicht eine Massenstreik-*Strategie* setzen, sondern lediglich den russischen Ereignissen von 1905 das vermeintliche „historische Gesetz" entnehmen, daß „der erste Schritt und die natürliche Anfangsform jeder offenen Massenaktion und allerdings jeder modernen Straßenrevolution" der politische Streik sei.

Je deutlicher die politischen Konsequenzen und gesellschaftstheoretischen Implikationen der Anschauungen Rosa Luxemburgs hervortraten, desto schroffer offenbarte sich der prinzipielle strategisch-politische Gegensatz zu Kautsky. Seine gegenüber ihren Vorstößen formulierte Alternative: „Nicht auf den Massenstreik haben wir heute unsere Agitation zuzuspitzen, sondern jetzt schon auf die kommenden Reichstagswahlen", sprach die lange Zeit im Schleier von geschichtsphilosophischen Abstraktionen verborgen gehaltenen Schlußfolgerungen seiner Position unverblümt aus. Indem Kautsky „die Erreichung der absoluten Mehrheit der abgegebenen Stimmen zu einer Frage weniger Jahre" erklärte, nahm die von ihm fortlaufend bemühte „Naturnotwendigkeit" des Sozialismus sehr klare Konturen an, die sich nahtlos in den parlamentarischen Weg einer Eroberung der politischen Macht einfügten. Die durchsichtige Überhöhung des politischen Massenstreiks als „ein einmaliges Ereignis", welches „einen Kampf auf Leben und Tod" bedeutete, blieb durchaus auf der Linie früherer Anschauungen Kautskys zur Massenstreikkonzeption, die er auch schon vor 1905 auf eine Anwendung „beim Kampfe um die ganze politische Macht" zu einem völlig ungewissen Zeitpunkt vertagt hatte.

Die Begründung seiner „Ermattungsstrategie" mit der gebotenen Vorsicht gegenüber „der stärksten Regierung der Gegenwart" und der grundsätzlichen Irrelevanz der „amorphen, primitiven Streiks des revolutionären Rußland" für die politischen Perspektiven in Deutschland brachte unmißverständlich zum Ausdruck, daß Kautsky weitgehend auf den Ausbau der Organisationsmacht vertraute. Das Problem der strategisch-praktischen Aktionsfähigkeit der mächtigen Arbeiterorganisationen stellte sich ihm gar nicht erst, da die gesellschaftliche Entwicklung „das Proletariat mit Naturnotwendigkeit immer weiter nach links" drängen und „mit immer revolutionärerem Geiste" erfüllen mußte. Da das sozialistische Endresultat des objektiven Selbstlaufes der Geschichte für Kautsky in der gleichen Weise wie die revolutionäre Spontaneität der Arbeitermassen für Rosa Luxemburg a-prioristisch feststand, konnte er in der Belanglosigkeit des empirischen Alltags von Strategiediskussionen sogar „auf den gesunden Instinkt des Durchschnitts, der uns vor Experimenten und Abenteuern behüten wird", gegen die „naturwidrige" Ungeduld der Linksradikalen vertrauen. Als irdischer Statthalter der unbeugsamen geschichtlichen Notwendigkeit wandte sich Kautsky mit voller Überzeugung gegen jegliche Versuche, an dem vorherbestimmten Weg der Sozialdemokratie zum sozialistischen Endziel aktive Korrekturen vorzunehmen; er glaubte sich dabei in bester Gesellschaft zu befinden, denn seiner Interpretation entsprechend hatten „Marx, Engels, Bebel ebenso oft nach links wie nach rechts gebremst, und stets mit Recht".

Der gesellschaftstheoretischen Prämisse einer revolutionären Spontaneität und des Selbstlaufs der objektiven sozialökonomischen Entwicklungsprozesse stellte Bernstein das Primat der *bewußten* politischen Handlungspraxis gegenüber. Für ihn war die Zielsetzung einer sozialistischen Gesellschaft kein „bloß von der Theorie vorbezeichneter Akt, dessen Eintreten mehr oder minder fatalistisch erwartet wird, sondern es ist in hohem Grade ein gewolltes Ziel, für dessen Verwirklichung gekämpft wird". Die geschichtliche Aufgabe der Sozialdemokratie bestimmte Bernstein in der strategischen Zielsetzung, „den für die Umgestaltung der Gesellschaft erforderlichen Zeitaufwand dadurch zu verkürzen, daß sie bewußtes, planmäßiges Handeln an die Stelle des blinden Wirkens rein mechanischer Kräfte" setzte. Diese theoretische Konzeption einer prinzipiellen Vermittlung historischer Entwicklungstendenzen durch zielgerichtete politische Praxis stützte sich auf eine Wissenschaftsauffassung, die Erkenntnis durch den sozialen Zweck der Rücknahme scheinbar eigendynamisch ablaufender Prozesse in die bewußte und planmäßige Verfügung der gestaltenden Subjekte geprägt sah: Ähnlich wie die physische wurde „auch die ökonomische Naturmacht in dem Maße von der Herrscherin zur Dienerin des Menschens, als ihr Wesen erkannt ist".

Von seiner aktivistischen Konzeption politischer Praxis aus formulierte Bernstein eine scharfe Kritik an dem in der Partei verbreiteten Vertrauen auf die selbstregulativen Kräfte des objektiven Prozesses. Schon bevor die mangelnde Aktionsbereitschaft der erstarkten Arbeiterorganisationen seit 1905 offensichtlich wurde, hatte Bernstein in der Sozialdemokratie „eine bedenkliche Tendenz, dem Geist der Routine zu verfallen", bemerkt. Auf die selbstkritische Fragestellung, ob die mit einer gewaltigen Organisationsmacht ausgestattete und von weitgesteckten Zukunftsperspektiven getragene Sozialdemokratie „eine Politik" und „eine Praxis" besaß, mußte Bernstein ernüchtert antworten, daß aus Mangel an solchen politisch-strategischen Orientierungspunkten „vielmehr mit einer gewissen Sorglosigkeit ... der Zukunft entgegengewurstelt" wurde. In diesem theorielosen Tagespragmatismus wurden nach seiner Einschätzung die politischen Konsequenzen der doppelten Negation bewußter Reformstrategie und „gemachter" Revolution erkennbar, in deren Dilemma „die Kautskysche Taktik ein fatalistisches Treiben in eine Sackgasse" bedeutete. Diese lähmende Synthese von strategischer Orientierungslosigkeit und schicksalsergebener Revolutionserwartung wurde schließlich für Bernstein zum Anlaß, unter der Parole: „Ohne Wagnis geschieht nichts in der Geschichte!", den politischen Massenstreik als die konkretisierte „revolutionäre" Komponente in eine Reformstrategie aktiv einzubeziehen, in der die angestrebte „friedliche Entwicklung" unverzichtbar „die Sicherheit des vielleicht langsamen, aber doch des sich vollziehenden Fortschritts in sich tragen" mußte.

Theoretisches Selbstverständnis und konkrete Handlungspraxis

Die Differenzierung in drei theoretische Grundströmungen der Sozialdemokratie nach 1895 bringt einerseits die entstandenen Kontroversen um den Inhalt sozialdemokratischer Programmatik zum Vorschein. Als zusätzlicher Katalysator der Fraktionierung muß andererseits aber zugleich die Auseinandersetzung um den Stellenwert von theoretischen Grundsätzen für die politische Arbeit der Sozialdemokratie festgehalten werden. In seinem Bestreben, „Einheit zwischen Theorie und Wirklichkeit, zwischen Phrase und Aktion herzustellen", ließ sich Bernstein nicht zuletzt von seiner Einschätzung leiten, daß die traditionelle Parteitheorie ihren handlungsorientierenden Praxisbezug für die ausgeweiteten Arbeiterorganisationen eingebüßt hatte: Seiner selbstkritischen Einschätzung nach handelte „die große Masse der Partei ... opportunistisch, ohne sich viel über die Motivierung den Kopf zu zerbrechen". Damit sah Bernstein bereits wenige Jahre nach Beginn eines tiefgreifenden Transformationsprozesses in der deutschen Arbeiterbewegung eine Entwicklung in ihren Konsequenzen ab, die von 1905 bis 1914 das Kernthema der Parteigeschichte bildete: die immer schroffer hervortretende Diskrepanz zwischen der verbal bekräftigten traditionellen Theorie und einer hinter ihrem Rücken sich unaufhaltsam durchsetzenden Gewichtsverlagerung in Richtung der Tagespolitik und der Organisationsarbeit.
Auch die innere Verbindung dieser beiden das Problem einer politischen Handlungsstrategie umgehenden Entwicklungslinien hat Bernstein frühzeitig erkannt. Für ihn brachten „Prinzipienlosigkeit und Prinzipienreiterei, oder, um es anders auszudrücken, roher Empirismus und utopischer Doktrinarismus ... in dieser Hinsicht fast die gleiche Wirkung" hervor. So konnten in der Partei die objektivistische Revolutionstheorie und ein ziel- und theorieloser Tagespragmatismus friedlich nebeneinander existieren. Die Beobachtung Bernsteins, man verwechsle in bezug auf die praktische Politik der Partei häufig einen „Kompromiß der Grundsätze mit dem Kompromiß der Aktion", brachte insofern gar nicht einmal einen immanenten Widerspruch zum Ausdruck, als die einzig mögliche und einzig gesehene Aktionsperspektive der Sozialdemokratie in der Tat zuweilen das Zur-Schau-Stellen von Prinzipien war. Nur so war es zu verstehen, daß taktische Fragen wie die Bündnispolitik mit anderen Parteien sowie wissenschaftlich-theoretische Erkenntnisprobleme entgegen ihrem Stellenwert den hauptsächlichen Inhalt vieler Grundsatzdebatten der Partei bildeten, während die entscheidenden

Fragen der politischen Strategie und konkreten Zielvorstellungen sozial-demokratischer Aktionspraxis häufig in den Hintergrund traten. Weil die „Naturnotwendigkeit" des Sozialismus und die Vermehrung der Wähler-stimmen und Gewerkschaftsmitglieder so herzlich wenig miteinander zu tun hatten, konnte sich Bernstein während der Massenstreikdebatten in der bezeichnenden Situation wiederfinden, „daß man heute ebenso nach der Seite des Zweifels hin übertreibt, wie vordem nach der Seite der Behaup-tung". Denn die starken „Behauptungen" vieler Parteigenossen bezogen sich auf den objektiven Selbstlauf der Geschichte, wohingegen der aufkom-mende „Zweifel" die nicht hinreichend strategisch orientierte und praktisch geschulte Aktionsfähigkeit der eigenen Organisation betraf.

Der wichtigste Indikator und ausschlaggebende Machtfaktor für die schlei-chende Transformation der Sozialdemokratie war zweifellos der Aufstieg der Gewerkschaftsbewegung. Die unmißverständliche Aussage des Gewerk-schaftsvorsitzenden Legien auf dem Kongreß von 1899, daß seine Organi-sation „den Zustand der ruhigen Entwicklung" zur Entfaltung ihrer Macht benötigte, zeigte den führenden Politikern und Programmatikern der Sozial-demokratie frühzeitig die künftig zu bewältigenden Vermittlungsaufgaben zwischen den beiden tragenden Säulen der deutschen Arbeiterbewegung auf. Die ablehnende Haltung der Gewerkschaften gegenüber politischen Massen-aktionen im Jahre 1905 kam daher zu diesem Zeitpunkt keineswegs mehr überraschend; die Begründung dieser Aktionsunwilligkeit: „Um aber unsere Organisationen auszubauen, dazu bedürfen wir in der Arbeiterbewegung Ruhe", lag vollkommen auf der Linie aller bisherigen Äußerungen aus den Reihen der Gewerkschaften, die von ihrem Arbeitsfeld her noch viel weniger als die Partei eine Strategie zum Sturz des kapitalistischen Systems und des preußisch-deutschen Obrigkeitsstaates entwickelt hatten. Ein neuer Aspekt trat allerdings in der gereizten Theoriefeindschaft der Gewerkschaftler her-vor, indem sie die gesamten Masenstreikdebatten zu „Literatenstreitigkeiten" erklärten und offen ihren Wunsch aussprachen, „daß die Diskussion ver-schwindet". Es war der sozialdemokratischen Theorie ersichtlich nicht gelungen, eine für die gesamte Arbeiterbewegung richtungsweisende Hand-lungsperspektive auszuarbeiten und im Bewußtsein der politisch und ge-werkschaftlich aktiven Mitglieder zu verankern.

Angesichts dieses eindeutig die Niederlage der theoretischen Orientierung gegenüber der routinemäßigen Organisationsarbeit anzeigenden Endresul-tates gewinnt die Qualität einer diesbezüglichen Problemverarbeitung bei den sozialdemokratischen Theoretikern eine besondere Bedeutung. Was dabei zunächst Rosa Luxemburg angeht, so folgte aus ihrer völligen Ver-kennung des gewerkschaftlichen Machtzuwachses eine grundlegende Fehl-einschätzung des „Revisionismus", dem sie keinerlei reale Grundlagen in den gesellschaftlichen Tendenzen zugestand. Folglich konnte sie in Bernsteins Anregungen zu einer Überprüfung der sozialdemokratischen Perspektiven im Rahmen gewandelter Handlungsbedingungen „nichts anderes als eine unbewußte Bestrebung" erblicken, „den zur Partei herübergekommenen kleinbürgerlichen Elementen die Oberhand zu sichern". Der polemisch-denunziatorische Charakter einer solchen Form der Grundsatzdiskussion gip-felte in ihrer Behauptung, es handele sich um eine „Auseinandersetzung zweier Weltanschauungen, zweier Klassen, zweier Gesellschaftsformen", woraus die Forderung des Parteiausschlusses für die „Klassenverräter" die logisch schlüssige Konsequenz war. Auf den „historisch-materialistischen" Einfall, daß politische Probleme nicht aus der Welt zu schaffen waren, indem man denjenigen zum Schweigen brachte, der sie zur Diskussion stellte, kam Rosa Luxemburg in ihrer anti-revisionistischen Gedankenabstraktion offenbar gar nicht erst.

Die fehlerhafte Beurteilung des Kampfes gegen den „Revisionismus" zwischen 1898 und 1903 mußte sie unter dem Eindruck der politischen Kräfteverschiebung in der Partei später eingestehen. Nunmehr war ihr bewußt geworden, daß es der Mehrheit der traditionalistisch eingestellten Sozialdemokraten um „das scheinbar konservative Element" ging, „das es zu verteidigen galt", indem „die alte bewährte Taktik' gegen revisionistische Neuerungen geschützt" wurde. Im Zeichen der Verlagerung des innerparteilichen Richtungskampfes von Prinzipiendebatten zu stärker aktionsbezogenen Streitfragen gelangte allerdings Rosa Luxemburg nicht etwa zu einer problemadäquateren Sichtweise der politischen Differenzierungen in der Sozialdemokratie. So stellte sie den opportunistischen „Illusionen der paar Dutzend Gewerkschaftsführer" das „im Bewußtsein der großen Masse der für den Klassenkampf gewonnenen Proletarier" lebendige revolutionäre Gedankengut undialektisch gegenüber und rief auf zur mißtrauischen Beobachtung aller „parlamentarischen Rechtsanwälte, damit sie die Massen und die Revolution nicht verraten".

Eine weitere ermutigende Perspektive in der sich abzeichnenden Stagnation der deutschen Sozialdemokratie entsprang für Rosa Luxemburg aus der „großartigen russischen Revolution, die auf Jahrzehnte hinaus die Lehrmeisterin der revolutionären Bewegungen des Proletariats sein wird". Dem „internationalistischen" Fluchtweg aus den Problemen der empirischen Realität war in der Verallgemeinerung der russischen Kampfformen von 1905/06 der „spontaneistische" zusätzlich zu entnehmen, indem ihrer Ansicht nach die verrotteten Organisationen der deutschen Arbeiterbewegung in der entscheidenden revolutionären Krise „von der Welle der Ereignisse einfach auf die Seite geschoben" werden mußten. Mit dem vierfach problementlastenden Interpretationsmodell der „kleinbürgerlichen" Unterwanderung, des Masse-Führer-Gegensatzes, der umstandslos aus Rußland importierten „weltrevolutionären" Vogelperspektive sowie der Spontaneitätskonzeption des Klassenkampfes immunisierte sich Rosa Luxemburg gegen jegliche empirisch-historische Überprüfung ihres logisch-deduktiven A-Priori einer revolutionären Geschichtsgewißheit: Für sie verwandelte sich „im Sturm der revolutionären Periode" der Proletarier „aus einem Unterstützung heischenden vorsorglichen Familienvater in einen ‚Revolutionsromantiker', für den sogar das höchste Gut, nämlich das Leben, geschweige das materielle Wohlsein im Vergleich mit den Kampfidealen geringen Wert besitzt". Sobald diese auch nicht ansatzweise zur konkreten Handlungspraxis rückgekoppelte Prämisse ihres theoretischen Selbstverständnisses nicht zutraf, erwies sich das gesamte Gedankengebäude Rosa Luxemburgs als spekulatives Luftschloß eines logifizierten Voluntarismus, der auf den realen Verlauf der Parteigeschichte aufgrund systematisch blockierter Lernfähigkeit keinerlei Einfluß auszuüben vermochte.

Im Unterschied von Rosa Luxemburg wußte Kautsky die gesellschaftlichen Grundlagen des durch Bernsteins Anregungen signalisierten Epochenwechsels durchaus wahrzunehmen. Die bewußte Einbeziehung eines weitläufiger als bislang gegliederten Aktivitätsfeldes der Arbeiterbewegung entsprach auch für Kautsky „einem tatsächlich vorhandenen Bedürfnis" und „den Erfahrungen der letzten Jahre". Seine spätere Charakterisierung der theoretischen Entwicklung nach 1895 als „Revision des Vulgärmarxismus" korrespondierte in der Zeit des Revisionismusstreites mit einer trotz aller Vorbehalte nicht übersehbaren Bereitschaft zur Korrektur einzelner Auffassungen. Wenn Kautsky eine Situation herbeiwünschte, „wo wir wieder an wirkliche Selbstkritik gehen können, ohne Furcht, dadurch dem Gegner Waffen zu liefern", so drückte er deutlich die grundsätzlich auch bei ihm vorhandene Einsicht in die Notwendigkeit theoretischer Lernprozesse der Sozialdemokratie aus. Als er später vorübergehend in eine oppositionelle Position gegenüber der Parteiführung gedrängt wurde, griff er keineswegs zu problemverdrängenden Scheinerklärungen, sondern registrierte eher entmutigt die nicht mehr abzuleugnenden Tatsachen, daß einerseits in Deutschland „die Massen darauf gedrillt" waren, „immer auf das Kommando von oben zu warten", und andererseits die entscheidenden Kräfte in leitenden Gremien der Arbeiterbewegung „von Verwaltungsgeschäften des ungeheuren Apparats absorbiert" wurden.

Die verblüffende geistige Verwandtschaft der „praktizistischen" Gewerkschaftler mit Kautskys geschichtsphilosophisch begründeter Neigung, ausgerechnet die entscheidenden Strategiefragen bevorzugt „ruhig der Zukunft" zu überlassen, ließ allerdings die prinzipielle Unfähigkeit seiner Theorieansätze klar erkennen, eine routinemäßige Tagespolitik durch handlungsleitende Konzeptionen kritisch zu erschüttern. Das Eingeständnis Kautskys, gerade durch die theoretische Basis seiner Marxismusinterpretation sei „nichts anpassungsfähiger, als die Taktik der Sozialdemokratie", war im Grunde eine offene Apologie des beziehungslosen Nebeneinander von hochabstrakter Geschichtsgewißheit und konzeptionsloser Organisationsarbeit nach kurzfristigen Opportunitätserwägungen: In ihrer konkreten Handlungspraxis nutzte die Sozialdemokratie „jede Situation aus" und ließ „sich nie im voraus die Hände" binden, während sie durch Kautskys Einsicht in den objektiven historischen Prozeß „zum Schlusse immer recht behalten" mußte. Ebenso wie die gesamte Konzeption Rosa Luxemburgs an dem seidenen Faden der Unterstellung hing, daß in der Krisensituation der Proletarier zum Leib und Leben verachtenden „Revolutionsromantiker" würde, schlug Kautskys Gleichgültigkeit gegenüber den zentralen Problemen sozialistischer Ziele und Strategien des politischen Kampfes in unverhüllten politischen Fatalismus und Nihilismus um: Seiner Ansicht nach konnte die Partei mit ähnlicher Belanglosigkeit auch „darüber debattieren, ob es morgen hageln solle oder nicht".

Die konzeptionellen Vermittlungen in theoretischen Begründungszusammenhängen

Die bereits für die Epoche bis 1895 bei Kautsky nachweisbare Tendenz, den Marxismus auf eine sozialökonomische Entwicklungstheorie zu verengen, wurde durch die kontroversen methodischen Diskussionen der folgenden Periode nachdrücklich bestätigt. Indem er in den Werken von Marx und Engels „nirgends die geringste Abschwächung oder Einschränkung des Determinismus entdecken" konnte, eleminierte Kautsky aus der materialistischen Geschichtsauffassung das dialektische Moment der sozialen Praxis und löste die historisch-kritische Methode in einen eindimensionalen Objektivismus auf. Demzufolge reduzierte sich die marxistische Dialektik bei ihm vollkommen auf die konflikthafte Entwicklung sozialökonomischer Prozesse. Auch Kautskys Wissenschaftskonzeption gab jeden dialektisch-aktiven Gehalt zugunsten eines platten Abbild-Positivismus preis, der wiederum Ausfluß seines naturwissenschaftlich gefärbten Gesellschaftsbildes war: Als „das Kennzeichen jeder wahren Wissenschaft" bezeichnete er „das Streben nach einheitlicher Zusammenfassung aller Erscheinungen zu einem widerspruchsfreien Ganzen, das heißt also in der Gesellschaftswissenschaft die Erkenntnis der gesamten Gesellschaft als eines einheitlichen Organismus, in dem man nicht einzelne Teile willkürlich und für sich allein ändern kann".

Ebenso wie die philosophische Logik der Erkenntnis sich auf die „Widerspiegelung" der Logik des Objektiven beschränkte, verlor die politisch-strategische Revolutionsauffassung des klassischen Marxismus ihre eigenständige Rolle im Denken Kautskys. An nicht-objektivistische Erklärungsmomente knüpfte er die paradoxe Forderung objektivistischer Ableitbarkeit, indem er sie nur dann als relevant anerkennen wollte, „wenn die betreffenden Faktoren ebenso erforscht wären, wie die kapitalistische Produktionsweise im ‚Kapital', und dargetan wäre, daß aus ihrem Wirken eine sozialistische Gesellschaft entstehen muß". Die gedankliche Einheit der philosophischen, politischen und ökonomischen Wissenschaftskomponenten des Marxismus versuchte Kautsky demnach nicht aus einer historisch gesättigten Synthese, sondern durch einen objektivistischen *Reduktionismus* zu konzipieren: die Einschränkung der komplexen Totalität marxistischen Denkens auf die „naturnotwendigen" Entwicklungsverläufe des „Gesellschaftsorganismus".

Demgegenüber bezeichnete Rosa Luxemburg die „Vorstellung von der Entwicklung als einem unmerklichen, ausschließlich friedlichen Prozeß des Ineinandergleitens verschiedener Phasen und Entwicklungsstufen" als „spießbürgerliche, seichte Auffassungsweise im Gegensatz zu der dialektischen Auffassung des wissenschaftlichen Sozialismus, der sich die Bewegung der Gesellschaft in Gegensätzen denkt und deshalb die Katastrophe in bestimmten Zeitpunkten für unausbleiblich hält". Während Kautsky das von Bernstein angesprochene Problem des Verhältnisses von gedanklicher Konstruktion und empirischer Realität in der marxistischen Theorie überhaupt nicht verstanden hatte und sich auf Platitüden wie: „Keine Lehre verlangt mehr das ‚Eindringen in das konkrete Detail des Empirischen' als gerade die Marxsche", zurückzog, erfaßte Rosa Luxemburg die Konzeption des klassischen Marxismus mit großer Klarsichtigkeit: In der Tat waren Marx „erst in der Beleuchtung der Deduktion ... alle ‚empirischen Tatsachen' im neuen Licht erschienen, erst als er den Ariadnefaden des historischen Materialismus in der Hand hatte, fand er durch das Labyrinth der alltäglichen Tatsachen der heutigen Gesellschaft den Weg zu wissenschaftlichen Gesetzen ihrer Entwicklung und ihres Unterganges". Dieser aus der dialektisch-revolutionären Periode des klassischen Marxismus zweifellos stark ausgeprägte logisch-deduktive Charakterzug wissenschaftlicher Argumentation verkörperte auch den methodischen Kern der Konzeption Rosa Luxemburgs.

Sie blendete allerdings die historisch-empirische Fundierung der marxistischen Theorieansätze in der Auseinandersetzung mit einer sich wandelnden Realität weitgehend aus. Nur so ist es zu verstehen, daß Rosa Luxemburg auf einer aus bloßen logischen „Widerspruchs"-Kategorien abgeleiteten Zusammenbruchstheorie beharrte[720], die dialektische Methode als „spezifische Denkweise des aufstrebenden klassenbewußten Proletariats" logifizierte und den revolutionären Prozeß als selbstregulativen Mechanismus des naturwüchsig-spontanen Klassenkampfes verstand. Indem sie lautstark „die klare Einsicht in die Notwendigkeit der Gewaltanwendung" verkündete und allein den „Hammerschlag der Revolution" als „politischen Schöpfungsakt der Klassengeschichte" gelten ließ, schrieb sie den politischen Marxismus entgegen aller differenzierten Überlegungen von Engels auf die Umsturzstrategie früherer Perioden fest und fühlte sich geistig „jener großen Generation" verpflichtet, „in der der Glaube an die Revolution in seiner ganzen Macht lebendig war". Da ihrer Interpretation der drei Entwicklungslinien des Marxismus gleichfalls die realhistorische Vermittlung fehlte, deren Mangel in einer Vielzahl gravierender Fehleinschätzungen hervortrat, mündete Rosa Luxemburgs theoretisches Denken in einen logisch-deduktiven Reduktionismus ein, der die sozialökonomische und politisch-institutionelle Entwicklung der Gesellschaft aus abstrakt konstruierten Kategorien ableitete.

Gegen diesen logisch-deduktiven Reduktionismus, der aus einer Verabsolutierung bestimmter Traditionselemente des Marxismus hervorging, wandte sich die Kritik Bernsteins. So hielt er die Zusammenbruchstheorie nicht allein angesichts der empirischen Daten des Konjunkturaufschwunges für entkräftet, sondern vertrat prinzipiell die These, daß sich eine Grenze für die „intensive Erweiterung des Weltmarktes ... a-prioristisch nicht aufstellen lasse". Gerade in der ökonomischen Systemanalyse wollte Bernstein die historisch-empirische Betrachtungsweise gegenüber allen logisch-deduktiven Konstruktionen, die ihren unbestreitbaren Wert allein als hypothetisch-heuristischer „Leitfaden" entfalteten, wieder in ihr Recht einsetzen. Im politisch-strategischen Bereich waren seiner Einschätzung nach zwei widersprüchliche Komponenten in der marxistischen Theorie verankert, die Bernstein in dem Primat des reformstrategischen „Aufbauens" und umsturzstrategischen „Niederreißens" auf eine vereinfachende Formel brachte. Die Entscheidung zugunsten einer sozialistischen Reformstrategie, die freilich Massenaktionen ausdrücklich einschloß und selbst die revolutionäre Erhebung als letzte Waffe

---

720 Siehe in diesem Sinne auch noch Rosa Luxemburg, Die Akkumulation des Kapitals, Berlin 1913, S. 445/46.

der Bevölkerung unter repressiven Herrschaftssystemen anerkannte, löste das historische Spannungsverhältnis durch Revision der für Rosa Luxemburg immer noch vorbildhaften 48er Tradition auf.

Die „Verwerfung der konstruierenden Begriffsdialektik" logisch-deduktiver Prägung zog die zur Revision der politischen „Katastrophentheorie" und ökonomischen „Zusammenbruchstheorie" in korrespondierendem Verhältnis stehenden Schlußfolgerungen aus einem epochalen Umbruch marxistischen Denkens. Die Feststellung Bernsteins: „Der philosophische oder naturwissenschaftliche Materialismus ist deterministisch, die marxistische Geschichtsauffassung ist es nicht", war eine methodische Selbstverständlichkeit, die lediglich gegen den platten Objektivismus Kautskys noch ausdrücklich betont werden mußte. Mit seiner Auffassung, daß der historische Materialismus „nicht eine Eigenbewegung politischer und ideologischer Mächte" leugnete, sondern lediglich die „Unbedingtheit dieser Eigenbewegung" in der erkenntnisleitenden Perspektive abstritt, „daß die Entwicklung der ökonomischen Grundlagen des Gesellschaftslebens — Produktionsverhältnisse und Klassenentwicklung — schließlich doch auf die Bewegung jener Mächte den stärkeren Einfluß übt", befand sich Bernstein unbestreitbar in bester Tradition von Engels, der unhistorischen Schematisierungen in einer ähnlichen Weise entgegengetreten war. Dennoch sucht man im wissenschaftlichen Werk Bernsteins vergebens eine theoretische Einheit, die sich wie die logisch-deduktive Argumentationsweise Rosa Luxemburgs oder die „Naturnotwendigkeit" der Entwicklung des „Gesellschaftsorganismus" bei Kautsky auf eine letzte Wurzel zurückführen läßt.

Diese *konzeptionelle Offenheit* der Marxismusinterpretation Bernsteins kann als Ergebnis einer wissenschaftstheoretischen Überzeugung gelten, die eine absolute identitätsphilosophische Synthese von Theorie und Realität bzw. allgemein gesprochen Subjekt und Objekt für prinzipiell nicht mit letzter Gewißheit herstellbar betrachtet. Aus diesem Grunde wandte er sich entschieden gegen die Vorstellung einer völligen Gleichsetzung von Wissenschaft und Parteizielen, die jeweils zunächst einmal von unterschiedlichen Ansatzpunkten ausgingen: „Der Sozialismus als Wissenschaft" gründete sich „auf die Erkenntnis", während „der Sozialismus als Bewegung ... vom Interesse als seinem vornehmsten Motiv geleitet" wurde. Eine Ableitung des einen Aspektes aus dem anderen konnte für Bernstein keine akzeptable Lösung dieses Spannungsverhältnisses sein, weil der „Sozialismus als reine Wissenschaft gedacht" letztlich „eine metaphysische, aber keine realistische Vorstellung" bildete, während umgekehrt „der nicht wissenschaftlich begrenzte, nicht durch die wissenschaftliche Erkenntnis geleitete Wille" einer politischen Partei „ein trügerischer, in allerhand Sümpfe führender Geselle" war. Die in diesem Spannungsverhältnis wirksame Dialektik von Subjekt und Objekt blieb eine ständige Herausforderung und niemals mit abschließender Geltungskraft zu bewältigende Aufgabe, die der Sozialdemokratie als Richtschnur ihres gesellschaftlichen Wirkens diente. Im Rahmen dieser methodischen Prinzipien wollte Bernstein am Konzept eines „wissenschaftlichen Sozialismus" festhalten, „wenn der Begriff wissenschaftlich eben im kritischen Sinne, als Postulat und Programm aufgefaßt wird — als eine Forderung, die der Sozialismus an sich selbst stellt und die besagt, daß für sein Wollen die wissenschaftliche Methode und Erkenntnis Richtung gebende Kraft haben".

Die Bemühungen um eine neuerliche Synthese von Sozialdemokratie und Marxismus

Die Entwicklungsperiode bis etwa 1895 war weitgehend von dem Streben nach einer Konsolidierung der programmatischen Perspektiven der Sozialdemokratie gekennzeichnet. Nach dem Aufstieg Kautskys zum unbestritten führenden Parteitheoretiker, der spätestens mit der Durchsetzung seiner theoretischen Anschauungen in der Agrarfrage den Höhepunkt erreicht hatte, war diese Phase zum vorläufigen Abschluß gelangt. Der nunmehr folgende Entwicklungsabschnitt brachte eine Differenzierung der theoretischen Positionen mit sich, deren erstes und deutlichstes Anzeichen der Revisionismusstreit zwischen 1898 und 1903 bildete, in welchem die drei bis 1914 bestimmenden „Theoriefraktionen" der Partei sich herauskristallisierten. Für Kautsky als führendem Vertreter des *marxistischen Traditionalismus* in der Sozialdemokratie ist es dabei charakteristisch, daß er nach 1895 keinen substantiell neuen Gedanken gegenüber seiner ursprünglichen Konzeption mehr hervorbrachte. Die veränderten Herausforderungen der gesellschaftlichen Rahmenbedingungen nahm er mehr oder minder klarsichtig zur Kenntnis, ohne jedoch für die strategische Orientierung daraus grundlegende Konsequenzen zu ziehen. Der objektive Selbstlauf der Geschichte zum Sozialismus aus „naturnotwendigen" Entwicklungen des gesellschaftlichen „Organismus", zu welchem Kautsky das marxistische Denken verengt hatte, absorbierte letztlich jeglichen aktiven Impuls wissenschaftlicher Erkenntnis und politischer Praxis. Die nihilistische Haltung Kautskys gegenüber Strategiediskussionen über den Weg zum Sozialismus: „Ebenso gut könnten wir darüber debattieren, ob es morgen hageln solle oder nicht", spricht als der klassische Ausdruck seines universellen Geschichtsdeterminismus ganz und gar für sich.

Die Position des *marxistischen Radikalismus* entwickelte Rosa Luxemburg von vornherein in Frontstellung zu den sich abzeichnenden Strukturwandlungen in der deutschen Arbeiterbewegung. Durch die Rosa-rote Brille eines revolutionären Voluntarismus verkannte sie die jeder Zusammenbruchserwartung diametral entgegengesetzte Konjunkturexpansion und den Machtzuwachs der Gewerkschaftsbewegung. Aus erklärter Verbundenheit mit dem revolutionären „Glaube an die Revolution" im Sinne der 48er Tradition des Marxismus bildeten alle vor dem großen „Hammerschlag" angesiedelten Aktivitäten für sie lediglich ein schulendes Kampffeld für die allein geschichtsträchtige revolutionäre Katastrophe, jenseits deren es nur das „Fortvegetieren" im „Hühnerstall des bürgerlichen Parlamentarismus" gab. Daß Rosa Luxemburg mit dieser logisch-deduktiv entwurzelten Variante marxistischer Argumentation nur noch mühsam den Boden der gesellschaftlichen Realität fand, demonstrierten deutlich die wenig problemadäquaten Scheinerklärungen der politischen Immobilität der Arbeiterorganisationen mit „kleinbürgerlicher" Unterwanderung und dem Masse-Führer-Gegensatz.

Vordergründig zog ihre Konzeption der politischen Massenstreiks aus der Einsicht von Engels: „Die Zeit der Überrumpelungen, der von kleinen bewußten Minoritäten ,an der Spitze bewußtloser Massen durchgeführten Revolutionen ist vorbei", die schlüssigen Konsequenzen. Aber den weiterführenden Gedanken bei Engels: „Wo es sich um eine vollständige Umgestaltung der gesellschaftlichen Organisation handelt, da müssen die Massen selbst mit dabei sein, selbst schon begriffen haben, worum es sich handelt", berücksichtigte ihre Spontaneitätskonzeption nur zum Teil; die Massen eines spontan „experimentierenden, oft elementaren Klassenkampfes", die ihr strategisches Leitbild darstellten, wußten eben gerade nicht mit hinreichendem Bewußtsein, „worum es sich handelt". Aus der Realität des Organisierten Kapitalismus und der institutionalisierten Bewegungsformen der deutschen Arbeiterbewegung trat Rosa Luxemburg die Flucht in a-historische Schwärmereien über die revolutionäre Spontaneität der unorganisierten Massen Rußlands an. Die mögliche kritische Funktion ihres anti-institutionalistischen Denkens in den Reihen einer gänzlich andersartig strukturierten Arbeiterbewegung verspielte Rosa Luxemburg durch die a-prioristische Konstruktion der logisch-deduktiven Klassenkategorie „Proletarier", die keine Überprüfung und Korrektur anhand der historisch-empirischen Arbeiterschaft zuließ, als „Revolutionsromantiker" in einer Krisensituation.

Ohne einen letzten Bezugspunkt seines theoretischen Denkens festgeschrieben zu haben, erfaßte demgegenüber der *marxistische Revisionismus* Bernsteins die sozialökonomischen Entwicklungstrends und die gewerkschaftlich-politischen Vermittlungsprobleme der neuen historischen Periode in allen wesentlichen Elementen. Als strategische Antwort darauf hat er die zukunftsgerichtete Synthese von Sozialdemokratie und Marxismus in klaren Konturen gezeichnet: Bestimmend für die *marxistische* Prägung dieses Theoriekonzepts ist der bei voller Anerkennung aller eingetretenen Differenzierungen weiterhin ins Zentrum der Analyse gestellte grundlegende Klassenantagonismus der kapitalistischen Gesellschaft, deren Fortentwicklung aus den lediglich in ihren Äußerungsformen modifizierten Klassenauseinandersetzungen begriffen wird. Des weiteren geht aus dieser theoretischen Einschätzung als prinzipielles strategisches Ziel unbeschadet aller notwendigen Zwischenschritte die Forderung nach einer Vergesellschaftung der Produktionsmittel hervor, welche insbesondere die konzentrierten und zentralisierten Monopolbetriebe zu erfassen hat. Auf der anderen Seite weist sich diese Position dadurch eindeutig als *sozialdemokratische* aus, daß sie auf der Basis von hochindustriellen Grundstrukturen eines technisierten und bürokratisierten gesellschaftlichen Lebens für einen systematisch voranschreitenden, organisierten und institutionalisierten Weg der Verwirklichung dieses Ziels eintritt; daß sie ferner die verallgemeinerte demokratische Selbstregierung auf allen Ebenen der Gesellschaft als die geeignete Staatsform für die Durchführung des sozialistischen Transformationsprozesses betrachtet. Die emanzipatorische Zielsetzung der Beseitigung aller Klassenprivilegien durch die volle Entfaltung der Einheit von politischer Demokratie und der Wirtschaftsordnung des Sozialismus wird auf diese Weise für einen neuen historischen Entwicklungsabschnitt strategisch angemessen konzipiert.

Der Vergleich des alternativen Entwurfs Bernsteins[721] mit dem Erfurter Programm zeigt unmißverständlich, daß nicht der sozialdemokratische Marxismus insgesamt, sondern lediglich einige seiner traditionellen Theoreme anhand der gesellschaftlichen Realität „nochmals durchgesehen" wurden. So gelangte Bernstein zu folgenden Ergebnissen: die Kleinbetriebe waren nicht schlicht dem „Untergang" geweiht, sondern wurden lediglich „vollständig in den Hintergrund" gedrängt; es fand in der Arbeiterklasse keine „wachsende Zunahme ... des Elends" statt, aber die „mit der Abhängigkeit zugleich zunehmende Unsicherheit der Existenz" blieb eine Tatsache; die „Armee der überschüssigen Arbeiter" wurde zwar nicht „immer massenhafter", doch suchte „die große Masse der Arbeiter und der Angestellten immer wieder von neuem" ein ständiger „Wechsel von Überspannung der Kräfte und Arbeitslosigkeit" heim; wenn die ökonomischen Krisen auch nicht „immer umfangreicher und verheerender" wurden, so blieb dennoch „das durch den spekulativen Charakter der kapitalistischen Wirtschaft erzeugte Wechselspiel von Hochkonjunktur und Geschäftsstillstand" und damit „das Übel der periodisch eintretenden Geschäftsstockungen" erhalten; der Sozialismus konnte zwar nicht „nur das Werk der Arbeiterklasse sein", aber er blieb trotz der zur Partei stoßenden Bündnispartner aus anderen gegen die großbürgerlich-großagrarischen Herrschaftsoligarchien gerichteten Bevölkerungsschichten doch „in erster Linie das Werk der Arbeiter selbst".

Diese in fünf Punkten zusammengefaßte Programmkritik betraf empirische Tatsachen, gegen die sich allein doktrinäre Unbelehrbarkeit sträuben konnte. Darüber hinaus präzisierte Bernstein die pauschale Forderung einer „Verwandlung des kapitalistischen Privateigentums an Produktionsmitteln ... in gesellschaftliches Eigentum" durch eine Strategie der „Überführung der wirtschaftlichen Monopole in den Besitz der Gesellschaft" sowie der „Ausdehnung der gesellschaftlichen Kontrolle auf alle Zweige der Produktion" und der „Einbeziehung der zurückgebliebenen Betriebe in die gesellschaftlich geregelte Produktion". Schließlich gab er dem sozialdemokratischen Ziel, den „Übergang der Produktionsmittel in den Besitz der Gesamtheit" durch den „Besitz der politischen Macht" zu bewirken, in der „Durchführung der Demokratie in Staat, Provinz, Gemeinde als Mittel der Verwirklichung der politischen Gleichheit aller und als Hebel für die Vergesellschaftung des Bodens und der kapitalistischen Betriebe" eine staatstheoretische Konkretion.

Insbesondere verschwand die „Naturnotwendigkeit" Kautskys, die den fehlerhaften ökonomischen Niedergangsprognosen ebenso wie der politisch-strategischen Unschärfe zugrunde lag, aus der revidierten Fassung des marxistisch-sozialdemokratischen Erfurter Programms, und sie wurde auch keineswegs durch die logisch-deduktive Katastrophentheorie und Spontaneitätskonzeption Rosa Luxemburgs ersetzt. Vielmehr zielte Bernsteins sozialökonomische Systemanalyse auf ein aktivistisches Verständnis der beiden anderen grundlegenden Komponenten des Marxismus, der politischen Strategie und der philosophisch-dialektischen Wissenschaftskonzeption ab:

721 Siehe Eduard Bernstein, Der Revisionismus in der Sozialdemokratie, Amsterdam 1909, S. 44 ff.

Für Bernstein war einerseits das politisch-strategische Ziel des Sozialismus kein „bloß in der Theorie vorbezeichneter Akt, dessen Eintreten mehr oder minder fatalistisch erwartet wird, sondern es ist in hohem Grade ein gewolltes Ziel, für dessen Verwirklichung gekämpft wird". Des weiteren hatte die Sozialdemokratie seiner Ansicht nach „den für die Umgestaltung der Gesellschaft erforderlichen Zeitaufwand dadurch zu verkürzen, daß sie bewußtes, planmäßiges Handeln an die Stelle des blinden Wirkens rein mechanischer Kräfte" setzte.

Sein betont aktivistisches Verständnis von politischer Strategie und wissenschaftlicher Erkenntnis, die als „subjektive Faktoren" in eine historische Dialektik mit den objektiven sozialökonomischen Rahmenbedingungen eintraten, liefert den Schlüssel für die niemals absolut festgeschriebene Synthese der logisch-deduktiven und historisch-empirischen Argumentationsebenen des Denkens, von Subjekt und Objekt des Handelns in der Konzeption Bernsteins. Das Medium dieser jeweils in der Dialektik der Geschichte herzustellenden Synthese bildete das marxistische *Primat der Praxis*, wie es klassisch in den Marxschen „Feuerbachthesen" formuliert ist: „In der Praxis muß der Mensch die Wahrheit, i. e. Wirklichkeit und Macht, Diesseitigkeit seines Denkens beweisen"[722]. Seitdem Marx diese für die Philosophiegeschichte epochemachenden Thesen niederschrieb, war ein reichliches halbes Jahrhundert vergangen. Keine geradlinige geistesgeschichtliche Kontinuität, aber ein die sich stürmisch wandelnde gesellschaftliche Realität immer wieder von neuem durchdringender Grundgedanke führt deshalb von diesem Ausgangspunkt auch zum sozialdemokratischen Marxismus des anbrechenden 20. Jahrhunderts. Dieses ebenso prägnante wie grundlegende Leitmotiv der sozialistischen Emanzipationsbewegung lautet in seiner unvergänglichen Aktualität bei Marx: „Die Philosophen haben die Welt nur verschieden interpretiert, es kommt drauf an, sie zu verändern"[723].

722 Karl Marx, Thesen über Feuerbach, in: MEW 3, S. 5.
723 A.a.O., S. 7.

XIII. Kapitel

Das Ergebnis:
Grundzüge eines revidierten Geschichtsbildes

Für die beiden größeren Entwicklungsabschnitte der klassischen Sozialdemokratie wurde in den jeweils abschließenden Kapiteln bereits eine detaillierte Zusammenschau von wesentlichen inhaltlichen Resultaten der vorliegenden Untersuchung präsentiert, die das historische Material nach den grundlegenden systematischen Aspekten strukturiert Revue passieren ließ. Aus diesem Grunde soll die folgende übergreifende Bilanz der Arbeit vor allem die Schlußfolgerungen behandeln, welche für unser Geschichtsbild aus den im einzelnen dargelegten Ergebnissen einer quellenkritischen Analyse bezogen auf die eingangs formulierten Erkenntnisinteressen hergeleitet werden können. Dabei ist entsprechend der methodologischen Einsicht, daß sich solche historischen Gesamturteile nicht als bloße Addition von Detailerkenntnissen herausbilden, sondern vielmehr zwingend einen weltanschaulichen Hintergrund besitzen und theoretische Synthesemuster voraussetzen, eine skizzenhafte Auseinandersetzung mit der vorhandenen Literatur zur klassischen Sozialdemokratie erforderlich.

In der Einleitung zu dieser historisch-politischen Studie wurde aufgezeigt, in welcher Weise die drei dominierenden Interpretationsvarianten einer leninistischen, linkskommunistischen und einer aus der Perspektive des Godesberger Programms formulierten sozialdemokratischen Geschichtsschreibung die Fragestellungen und theoretischen Prämmissen von historischen Untersuchungen entscheidend vorprägen. Da derartige weltanschauliche Beeinflussungen um so nachhaltiger wirksam sind, je mehr sie unbewußte Vor-Urteile bleiben, ist deren Thematisierung auch in der wissenschaftlichen Diskussion unbedingt geboten. Freilich kann die unbefragte Konfrontation zwischen ideologisch kontroversen Geschichtsbildern nicht die primäre Funktion historischer Forschung bilden. Dies ist zum einen deshalb wenig sinnvoll, da der unmittelbar verändernde Einfluß von wertbesetzt dargestelltem Vergangenen auf aktuelle politische Überzeugungen doch recht zweifelhaft ist; man darf vermuten, daß jedes gegenwärtige weltanschauliche Bewußtsein zunächst einmal nach Reproduktion in und Identifikation mit historischen Traditionslinien strebt, wobei deren gehaltvolle Offenlegung insbesondere eine präzisierende und ausgrenzende Wirkung auf latent vorhandene Standpunkte im Verhältnis zu konkurrierenden Auffassungen auszuüben vermag. Außerdem wäre selbst für den Fall, daß die ideologische Faszination von Geschichtsschreibung höher zu veranschlagen ist, der erheblich vermehrte Aufwand verglichen mit einem gegenwartsbezogenen Weltanschauungsstreit nicht zu rechtfertigen.

Wer also angesichts solcher Erwägungen die notwendige „Parteilichkeit" und das Streben nach der regulativen Idee der „Objektivierung" (richtiger: der intersubjektiven Nachvollziehbarkeit) von historischer Erkenntnis nicht als polaren Gegensatz, sondern als ständigen Auftrag der wechselseitigen Befruchtung beider Aspekte begreift, wird eine Unterscheidung zwischen mehreren methodischen Dimensionen eines geschichtswissenschaftlichen Urteils vornehmen: Das prinzipiell anzustrebende kritisch-aufklärerische Erkenntnisinteresse von historischer Forschung läßt sich aufschlüsseln zum einen in die Korrektur offenkundig verfehlter Darstellungen in der Literatur, die sich anhand des bearbeiteten Materials verbindlich aufzeigen lassen. Des weiteren steht die Aufgabe im Mittelpunkt des Interesses, ausgehend von den detaillierten Analysen übergreifende Interpretationsmuster einer Geschichte der klassischen Sozialdemokratie kontrovers in ihrer Erklärungskraft gegeneinander abzuwägen und daraufhin eine eigenständige Auffassung zu formulieren. Schließlich gilt es dem unterschwellig stets vorhandenen Bezug zur aktuellen Diskussion gebührend Rechnung zu tragen, indem aus der vorliegenden Arbeit begründbar zu entnehmende Grundsatzpositionen von historischer Tragweite ins Bewußtsein der politisch Handelnden der Gegenwart gehoben werden sollen. In dieser Abfolge der Argumentation wollen wir nunmehr die zentralen Resultate dieser historisch-politischen Untersuchung bilanzieren.

Eine exemplarische Analyse offenkundig verzerrender Aussagen

Es kann nicht Aufgabe dieses literaturkritischen Abschnitts sein, sämtliche über die klassische Sozialdemokratie bewußtseinswirksam verbreiteten Fehleinschätzungen zu dokumentieren, deren historische Unangemessenheit aus einem gründlich durchleuchteten Quellenmaterial unzweideutig hervortritt; ein solches Unterfangen würde ohne weiteres einen weiteren Textband füllen. Vielmehr soll dem Leser an einigen prägnanten Problemkreisen beispielhaft vor Augen geführt werden, in welcher Form derartige Zerrbilder der SPD-Geschichte auftreten und wie sie weltanschaulich gedeutet werden können. Wer nämlich mit diesem ideologiekritischen Rüstzeug und entsprechendem Sachwissen an die vorhandene Literatur herantritt, kann selbst aus der Beschäftigung mit Geschichtsdarstellungen, die augenfällig auf Legitimationsbeschaffung für aktuelle Standpunkte zurechtgestutzt sind, noch einen Erkenntnisgewinn ziehen: es werden auf diese Weise zumindest die politischen Vorentscheidungen der jeweiligen Autoren und die Methoden eines manipulativen Umgangs mit den Materialgrundlagen transparent[724]. Ein untrügliches Indiz für eine offenkundig ideologisierte Geschichtsschrei-

---

724 Da folglich die kritischen Anmerkungen zu verschiedenen Arbeiten lediglich Zwecken der Illustration hinsichtlich der generell herausgearbeiteten Thesen dienen, sind die Autoren einzig — wie dies für das Auffinden der Belegstellen allerdings unabdingbar ist — in den Fußnoten genannt worden. Es konnte auf diese Weise die gelegentlich erforderliche Polemik in sachlichen Einzelheiten von der üblichen Zurückhaltung gegenüber der Person und ihrem wissenschaftlichen Gesamtwerk abgelöst und so der unverbindliche „Rezensionsstil" vermieden werden, der eben Rezensionen vorbehalten bleiben muß.

bung ist generell die Tendenz zu einer schematischen Einteilung in positive Traditionslinien, für die eine historische Kritik gänzlich ausgespart bleibt oder nur vorsichtig angedeutet wird, sowie ausgesprochen negativ bewertete Elemente der Parteientwicklung, die für sämtliche Fehlschläge verantwortlich gemacht werden sollen. Eine Fundgrube für die Argumentationsweise dieser wissenschaftlich kaum rational begründbaren Denkschablonen einer platten „Parteilichkeit" sind unter anderem die Standardwerke der offiziellen SED-Geschichtsschreibung. Die weltanschaulichen Zweideutigkeiten in der klassischen Sozialdemokratie werden prinzipiell gemäß der Theorie der „zwei Klassenlinien" bis in die Zeit des Sozialistengesetzes dem „Lassalleanismus", seit den neunziger Jahren schließlich dem „Revisionismus" zur Last gelegt. Da die SED-Forschung außerdem, dem Vorbild Lenins folgend, eine Bündnispolitik mit der Bauernschaft positiv bewertet, andererseits aber in der deutschen Sozialdemokratie diese strategische Problematik zweifellos ungenügend berücksichtigt wurde, bietet sich für ein ungetrübt „parteiliches" Geschichtsbild eine bequeme, wenngleich historisch völlig abwegige „Schuldzurechnung" an.

So macht die SED-offizielle „Geschichte der deutschen Arbeiterbewegung" den Urquell der bündnispolitischen Misere im Handumdrehen dingfest: „Lassalle mißachtete die Bundesgenossen des Proletariats, die Bauernschaft und das Kleinbürgertum; das führte zu der schädlichen Auffassung, der Arbeiterklasse stehe eine ‚einheitliche reaktionäre Masse' gegenüber"[725]. Die verfehlte Zuordnung der „reaktionären Masse" zum Lassalleschen Traditionsbestand ist dabei noch verzeihlich, da sie auch in wissenschaftlich seriösen Arbeiten immer wieder auftaucht. Eine Dogmatisierung dieses punktuellen Irrtums, der sich angesichts einer der Vorstellung des undifferenzierten reaktionären Blocks zuwiderlaufenden Bündnistaktik Lassalles mühelos korrigieren läßt, findet allerdings statt, wenn die Autoren ohne jede reale Grundlage Lassalle eine Distanzierung von der damaligen bäuerlich-kleinbürgerlichen Bevölkerungsmasse unterstellen. Bedenkt man, daß Lassalle vielmehr seinerseits pauschal über 95 % der Bevölkerung aufgrund ihrer Armut als potentielle Massenbasis einer breiten demokratischen Bewegung betrachtete, dann wird die sachliche Unhaltbarkeit der behaupteten Verantwortung Lassalles für die bündnispolitische Isolation der Partei vollends deutlich.

Ganz augenfällig legt es die SED-Geschichtsschreibung in diesem Falle lediglich darauf an, mit tatsächlichen Schwachstellen der klassischen Sozialdemokratie ihre Polemik gegen die spezifischen „Feindbilder" aus heutiger Sicht zu unterstreichen, wie auch die Fortschreibung der zunächst an Lassalle geübten Kritik auf den späteren „Revisionismus" demonstriert: „Die durch die Revisionisten in der deutschen Arbeiterbewegung verbreitete Unterschätzung der Bauernfrage wurde für Jahrzehnte zu einem schweren Hemmnis für die Entwicklung des Bündnisses der Arbeiterklasse mit der Bauernschaft in Deutschland"[726]. Wer auch nur umrißhaft den wirklichen Verlauf der Agrardebatten in der deutschen Sozialdemokratie kennt, wird nicht

---

725 Geschichte der deutschen Arbeiterbewegung, a.a.O., Bd. 1, S. 212.
726 Autorenkollektiv, Grundriß zur Geschichte der deutschen Arbeiterbewegung, Berlin (DDR) 1963, S. 74.

bestreiten, daß mit solchen Thesen die geschichtlichen Zusammenhänge auf den Kopf gestellt werden: Ausgerechnet die vermeintliche „Orthodoxie" Kautskys und seiner Gesinnungsgenossen, die auch Bebel — wie bereits erwähnt — verärgert als „Doktrinarismus" bezeichnete, führte aufgrund irrealer Annahmen über das rasche Verschwinden landwirtschaftlicher Kleinbetriebe zu der gerügten „Unterschätzung der Bauernfrage". Den damaligen Verfechtern „revidierter" Agrartheorien kann aus leninistischer Sicht vielleicht eine zu weitgehende Kompromißbereitschaft gegenüber dem Kleineigentum, aber ganz gewiß nicht mangelndes Problembewußtsein in der Bauernfrage vorgeworfen werden, ohne auf die Abwege der Legendenbildung zu geraten, deren Erkenntniswert sich auf ideologische Selbstdarstellung beschränkt.

Auf ähnlich problematischen Pfaden bewegt sich in der offiziellen SED-Literatur die Herausarbeitung positiver Orientierungspunkte, die unbeschadet aller methodischen Prinzipien der materialistischen Geschichtsauffassung allzu häufig zum Personenkult herabsinkt. Während kritische und eigenständig argumentierende Marxisten — wie beispielsweise Wolfgang Abendroth in Anlehnung an Franz Mehring[727] — sehr wohl historisch erklärbare Fehleinschätzungen von Karl Marx zum Streit zwischen „Eisenachern" und „Lassalleanern" wissenschaftlich redlich zu diskutieren vermögen, dürfen solche „ketzerischen" Anmerkungen die parteiliche Geschlossenheit des heutigen SED-Geschichtsbildes nicht verunzieren. So muß es auf den unbefangenen Leser geradezu rührend naiv wirken, wenn als Argument gegen die „lassalleanischen" Sympathien der frühen Arbeiterbewegung allen Ernstes angeführt wird, daß Marx „von drei aktiven Mitgliedern des Berliner Arbeitervereins einen Brief" erhalten habe, „in dem er ersucht wurde, nach Deutschland zu kommen, um dort die Leitung der deutschen Arbeiterbewegung zu übernehmen"[728]. Offenbar fehlt diesbezüglich argumentierenden Autoren das erforderliche Differenzierungsvermögen, um zu erkennen, daß der deutschen Sozialdemokratie die europäischen Maßstab weitestgehende Annäherung an die Tradition des Marxismus bescheinigt werden kann, ohne dabei der Person von Marx einen wesentlichen *unmittelbaren* Einfluß zuzuschreiben.

Innerhalb der klassischen Sozialdemokratie selbst versucht die offizielle SED-Geschichtsschreibung das für ihre heutige Politik beanspruchte Erbe der revolutionär-marxistischen „proletarischen Klassenlinie" insbesondere an der Person August Bebels festzumachen, dessen langjähriges Wirken in der Parteiführung unbestreitbar für eine Beurteilung der SPD vor 1914 einen herausragenden Stellenwert besitzt. Seine berühmte Rede auf dem Dresdener Parteitag von 1903, in der sich Bebel emphatisch als „Todfeind dieser bürgerlichen Gesellschaft und dieser Staatsordnung" charakterisierte, wird unkritisch zum Fundament für seine durchgängige Prinzipienfestigkeit im Sinne der herausgestellten „revolutionären" Traditionslinie genommen: „August Bebel ist diesem Bekenntnis bis zum Ende seines Lebens unverbrüchlich treu

727 Siehe Wolfgang Abendroth, Aufstieg . . . , a.a.O., S. 23.
728 Roland Bauer, Der wissenschaftliche Sozialismus . . . , a.a.O., S. 7.

geblieben"[729]. Einen ausgesprochen peinlichen Eindruck über das wissenschaftliche Niveau der offiziellen Propagandaschriften muß es allerdings bei einem sachkundigen Leser des anderen deutschen Staates hinterlassen, wenn fundiertere und eigenständiger arbeitende DDR-Autoren eine solche Heroenerhebung Bebels schroff in das Reich der Legenden verweisen. So wird bereits bezüglich der noch offensiv geführten Massenstreikdebatten des Jahres 1905 seine zögernde Haltung angedeutet: „Auch Bebel trug Bedenken und wollte lieber warten"[730]. Für das darauffolgende Arrangement mit den mächtigen Gewerkschaften sei sogar festzustellen, daß „selbst Bebel kapitulierte"[731]. Sein Verhalten während der Marokkokrise von 1911 habe gar demonstriert, daß er dem Imperialismus nicht entschieden entgegentrat: „Objektiv wurde Bebel zum Fürsprecher deutscher Kapitalinteressen"[732]. Gewiß sind auch diese Urteile überspitzt formuliert — aber sie können vom Standpunkt der SED durchaus konsequent genannt werden, während die Vereinnahmung von August Bebel für die glorreiche marxistisch-leninistische Tradition nur um den Preis der Geschichtsklitterung möglich ist.

Aus den restriktiven Bedingungen von weltanschaulicher Diskussion in der DDR sowie einer unmittelbar politischen Funktion der dort abgefaßten Schriften kam der „großzügige" Umgang mit den geschichtlichen Zusammenhängen keineswegs zureichend erklärt werden. Wie stark die methodenimmanente Prägungskraft einer bestimmten Auffassung „parteilicher" Geschichtsschreibung anscheinend ist, vermag eine dem SED-Geschichtsbild offenbar nahestehende Dissertation aus dem BRD-Wissenschaftsbetrieb nachdrücklich zu demonstrieren. In seinem Bestreben beispielsweise, die Anregungen Georg v. Vollmars zu einer Reformstrategie in einem möglichst negativen Lichte erscheinen zu lassen — was ja sein gutes Recht ist —, greift auch dieser Autor zu grobschlächtigen Zerrbildern: „Ginge es nach dem Vollmarschen Aktionsprogramm, so mußte die Partei ihre gesamte Kraft auf die ‚jeweils nächsten und dringendsten Dinge' richten, d. h. faktisch auf die Erringung des sozialistischen Endziels verzichten"[733]. Schlägt der nicht allzu leichtgläubige Leser allerdings die vom Autor für sein verstümmeltes Zitat genannte Belegstelle nach, dann kann er unmittelbar vor diesem Plädoyer Vollmars für praktische Tagespolitik deren übergreifende Perspektive erfahren: nämlich „unter voller Aufrechterhaltung unserer grundsätzlichen Bestrebungen"[734] sollte die Gewichtsverlagerung vonstatten gehen. Den Verzicht auf „Erringung des sozialistischen Endziels" hat der Autor also nicht nur nach freiem Ermessen dem Originalzitat hinzugedichtet und dabei den Kontext vernachlässigt, in dem sich Vollmar in der gleichen Schrift ausdrücklich zur Vision der klassenfreien Gesellschaft bekannte[735]. Seine

729 Geschichte der deutschen Arbeiterbewegung, a.a.O., Bd. 2, S. 67/68.
730 Erika König, Vom Revisionismus zum „demokratischen Sozialismus", Berlin (DDR) 1964, S. 63.
731 A.a.O., S. 67.
732 A.a.O., S. 99.
733 Peter Strutynski, Die Auseinandersetzungen zwischen Marxisten und Revisionisten in der deutschen Arbeiterbewegung um die Jahrhundertwende, Köln 1976, S. 50.
734 Georg v. Vollmar, Über die nächsten Aufgaben ..., a.a.O., S. 11.
735 A.a.O., S. 19.

Behauptung unterschlägt vielmehr eine dermaßen zentrale Aussage an identischer Textstelle, daß eine unmißverständliche politische Absicht vermutet werden darf, will man nicht eine für Dissertationen schier unglaubliche Schlamperei im Umgang mit dem historischen Material unterstellen.

Dieses wissenschaftlich unredliche Verfahren der bruchstückhaften Zitierweise im Dienste ideologisch eindeutiger Geschichtsbilder wendet der Autor auch in bezug auf eine bekannte kritische Anmerkung von Engels zum Erfurter Programm an, die in ihrer unverfälschten Gesamtheit lautet: „Wenn etwas feststeht, so ist es dies, daß unsere Partei und die Arbeiterklasse nur zur Herrschaft kommen kann unter der Form der demokratischen Republik. Diese ist sogar die spezifische Form für die Diktatur des Proletariats, wie schon die große französische Revolution gezeigt hat"[736]. Bei dem Bestreben, ausgerechnet den späten Engels in die Nähe leninistischer Staatskonzeptionen zu rücken, legt sich der Autor aus drei Zitat-Splittern den ihm genehmen Text in schöpferischer Freiheit vom Original zurecht: „Vielmehr fehlte ihm das klare und unmißverständliche Bekenntnis zur ‚Diktatur des Proletariats' und zur ‚demokratischen Republik', die nur deren ‚spezifische Form' sei"[737]. In Wahrheit forderte also Engels nicht das Bekenntnis zur „Diktatur des Proletariats" — und schon gar nicht das „klare und unmißverständliche" —, sondern zunächst einzig zur „demokratischen Republik". Ergänzend zu dieser generellen strategischen Orientierung bezeichnete Engels dann diese demokratische Republik nicht etwa — wie der Autor suggeriert — abwertend als *nur* die „spezifische Form für die Diktatur des Proletariats", er maß ihr diese Funktion vielmehr *sogar* noch als weiteren, nachgeordneten Aspekt zu. Schließlich zeigte Engels, indem er die noch kaum von der industriellen Arbeiterklasse — erst recht nicht von ihren damals nicht einmal ansatzweise begründeten Parteigruppierungen — geprägte „große französische Revolution" von 1789/93 als Beispielfall einer „Diktatur des Proletariats" nannte, die jedem Historiker der Arbeiterbewegung bekannte Unbestimmtheit dieses Begriffes im klassischen Marxismus auf; er sollte vor allem das Streben nach der Herrschaft der demokratischen Mehrheit, nämlich der Arbeiterklasse und ihrer Bündnispartner zum Ausdruck bringen.

Um die Belege für eine typische Verfahrensweise der geschichtsverzerrenden Legendenbildung zu vervollständigen, sei aus der genannten Dissertation zugleich eine sehr weit verbreitete Fehlinformation richtiggestellt. Obgleich sie zu einem geflügelten Wort für die Ansichten des „Revisionismus" geworden ist, stammt die Formel vom „friedlichen Hineinwachsen in den Sozialismus" keineswegs von Eduard Bernstein, der sie in seinen Werken nur an einer Stelle mit durchaus kritischem Bezug auf Äußerungen anderer Sozialdemokraten benutzte: „Daneben wächst der Einfluß der Arbeiterklasse und der sie vertretenden politischen Organisationen, ohne daß man schon von einer Diktatur des Proletariats sprechen könnte. Es wird unvermeidlich, daß Fragen auf die Tagesordnung gesetzt werden, die nach jener Auffassung (der ‚Zusammenbruchstheoretiker', D. L.) hinter die Katastrophe gehörten. In

---

736 Friedrich Engels, Zur Kritik des sozialdemokratischen Programmentwurfs, in: MEW 22, S. 235.
737 Peter Strutynski, a.a.O., S. 15/16.

dieser Hinsicht war es nicht unrichtig, von einem Hineinwachsen der Gesellschaft in den Sozialismus zu sprechen, bloß daß dieses Wort etwas zu sehr ein mechanisches Wachstum voraussetzen ließ"[738]. Von einem „friedlichen" Hineinwachsen ist also überhaupt nicht die Rede, und die ganze Vorstellung ist Bernstein zu „mechanisch", wie dies aus seiner kritisch gegen den Geschichtsobjektivismus gerichteten Gesellschaftstheorie schlüssig folgt. Demgegenüber hat sich gerade Kautsky im Zusammenhang mit der „Naturnotwendigkeit" des Sozialismus durchaus klarer zu diesem Bild eines quasi-organischen „Wachstums" bekannt[739], das allerdings auch unter den „Revisionisten" viele Anhänger besaß[740], weshalb Bernstein mit seiner betont aktivistischen Geschichtsauffassung insgesamt in der Partei zunächst auf isoliertem Vorposten stand. Allen diesen unbestreitbaren Faktizitäten zum Trotze interpretiert die genannte Dissertation die korrekt belegte Textstelle bei Bernstein in „die Hoffnung auf das ‚Hineinwachsen der Gesellschaft in den Sozialismus' "[741] um, womit das Original wiederum in sinnentstellender Weise auf ein tendenziös mit eigenem Kontext umranktes Versatzstück zurechtgestutzt wird. Die wohlwollendste Gutgläubigkeit dürfte nicht ausreichen, um diese Häufung von Textmanipulationen als flüchtiges „Versehen" zu entschuldigen.

Wer allerdings hierzulande glaubt, daß allein die offizielle SED-Geschichtsschreibung und die mit ihr weltanschaulich verbundene Literatur derartige Formen grobschlächtigen Umgangs mit historischem Material praktiziert, gibt sich einer nicht minder ideologiedurchsetzten Illusion hin. Die als offiziöse Selbstdarstellung der Godesberger SPD angelegten historischen Schriften stehen den SED-Standardwerken in *dieser* Hinsicht (wenn man die quantitative Dürftigkeit im Vergleich mit der materialreichen achtbändigen „Geschichte der deutschen Arbeiterbewegung" betrachtet, ist man versucht zu sagen: *nur* in dieser Hinsicht) um nichts nach. So spannt ein um bruchlose Kontinuitätslinien der SPD nach Godesberg bemühter Autor einen weiten Bogen von der Gründungszeit der deutschen Arbeiterbewegung bis in die Gegenwart: „Damals wie heute war Sozialismus eine gesinnungsmäßige Entscheidung und durch die sittlichen Grundwerte der Freiheit, Gerechtigkeit und Solidarität bestimmt"[742]. Daß sowohl das noch stark hegelianisch fundierte Geschichtsdenken Lassalles als auch die zunächst von Bebel verbreitete naturwissenschaftlich geprägte Weltanschauung — ganz zu schweigen vom entwickelten Marxismus — in diametralem Gegensatz zu jeglicher Spielart des „ethischen Sozialismus" mit axiomatischen, der historischen Kritik entzogenen „Grundwerten" steht, bekümmert den Autor offenbar wenig. Ihm geht es, indem er die Grundwerte der „Freiheit, Gerechtigkeit und Solidarität" aus dem Godesberger Programm in die gesamte Parteigeschichte zurückprojiziert, um den „Nachweis" der historischen Legitimität

738 Eduard Bernstein, Utopismus und Eklektizismus (1896), in: Dergl., Zur Geschichte . . . , a.a.O., S. 174.
739 Siehe Anmerkung 694.
740 Dies arbeitet Hans-Josef Steinberg, Sozialismus . . . , a.a.O., S. 53/54, überzeugend heraus.
741 Peter Strutynski, a.a.O., S. 132.
742 Karl Anders, Die ersten hundert Jahre, a.a.O., S. 93.

eben dieser heutigen politischen Plattform. Im Zerrspiegel solcher Geschichts-klitterung muß der nichtsahnende Leser das auf den Kopf gestellte Bedin-gungsverhältnis für das wirkliche halten: er soll dem suggerierten Eindruck erliegen, die Godesberger „Grundwerte" hätten im Grunde lediglich aus einer „richtig verstandenen" sozialdemokratischen Tradition als deren Essenz ausgefiltert werden müssen, während der Autor tatsächlich durch die heutige Parteibrille dem Leser ein stark gefiltertes, ja verfärbtes Geschichts-bild zu vermitteln sucht.

Dermaßen grobe Verzerrungen der historischen Zusammenhänge lassen sich selbstredend in wissenschaftlich fundierten Arbeiten nicht nachweisen. Gleich-wohl stoßen wir auch in ihnen auf fragwürdige Urteile, die allzu deutlich im Widerstreit zu wesentlichen historischen Tatsachen stehen. Die für das über-greifende Geschichtsbild der klassischen Sozialdemokratie hierzulande bis heute einflußreichste Studie gelangt zum Beispiel zu einer weitreichenden Gleichsetzung der Absichten und praktischen Aktivität zweier bedeutender Persönlichkeiten: „Dabei stimmten Bebel, der unbestrittene Führer der Partei, und Kautsky, ihr führender Ideologe, trotz mancher gelegentlicher Meinungsverschiedenheiten in der Grundtendenz ihrer Anschauungen und ihres Wirkens stets überein"[743]. Diese grundlegende Gleichläufigkeit von „Taktik" und „Weltanschauung" benötigt der Autor als Ausgangsbasis für seine zentrale These, die von Kautsky verbreitete Marxismusinterpretation sei „ihrem Wesen nach Integrationsideologie und als solche notwendige Ergänzung der Integrationstaktik"[744] gewesen, wie sie Bebel zur Vermei-dung von Richtungskämpfen eingesetzt habe. Den sich aus diesem Geschichts-bild aufdrängenden Schluß, die damals lediglich der Parteiintegration dienende marxistische Theorie sei heute innerhalb der Sozialdemokratie entbehrlich, überläßt der Autor gemäß seinem Wissenschaftsverständnis, das eine offene politische Parteinahme verbietet, dem Leser. Indes steht die gesamte Gedankenkonstruktion auf einem schwankenden Fundament, wenn wir berücksichtigen, daß ausgerechnet in den Agrardebatten im Jahre 1895 und zur Gewerkschaftsfrage 1906 sich Bebel und Kautsky als Haupt-kontrahenten gegenüberstanden. Ein kritischer Historiker müßte sich in diesem Zusammenhang die Frage vorlegen, ob neben den genannten Pro-blemen strategischer Bündnispolitik (mit nicht-proletarischen Zwischenschich-ten und im Verhältnis der politischen und ökonomischen Organisationsform der Arbeiterbewegung) überhaupt in jener Zeit Streitfragen von fundamen-talerem politischen Gewicht in der Sozialdemokratie kontrovers diskutiert wurden.

Die exemplarische Darstellung von offenkundig problematischen Thesen zur Geschichte der klassischen Sozialdemokratie mag eine besonders groteske Häufung von groben Schnitzern abschließen, die sich ein durchaus seriöser Autor geleistet hat. Indem er erstens die Formel vom „friedlichen Hinein-wachsen (der kapitalistischen Gesellschaft) in den Sozialismus" auf den Kopf stellt, sie zweitens — wie wir gesehen haben: zu Unrecht — Bernstein

---

743 Erich Matthias, Kautsky und der Kautskyanismus, in: Marxismus-Studien 2, Hrsgg. von Iring Fetscher, Tübingen 1957, S. 172.
744 A.a.O., S. 165.

zuschreibt und drittens auch noch in Verbindung mit dem späten Engels bringt, gelangt er zu folgendem Urteil über dessen mehrfach erwähnte Schrift von 1895: „Diese Gedanken führen doch sehr stark in die Nähe der Bernsteinschen These vom ‚friedlichen Hineinwachsen des Sozialismus in den Kapitalismus‘, jenem umstrittenen Zentralstück der revisionistischen Theorie“[745]. Der alte Engels würde sich im Grabe umdrehen, wenn er erführe, daß er in die Nähe einer These Bernsteins gerückt werden soll, die dieser weder als „Zentralstück der revisionistischen Theorie“ noch sonst vertreten hat, und bei der obendrein der „Kapitalismus“ mit dem „Sozialismus“ verwechselt wurde!

Kaum ein kritischer Leser wird angesichts der Vielzahl ausgesprochener Zerrbilder der SPD-Geschichte in der wissenschaftlichen und politischen Literatur daran zweifeln, daß die im Alltagsbewußtsein verbreitete Objektivitätsgläubigkeit gegenüber dem geschriebenen Wort durchaus fehl am Platze ist und von einer prinzipiellen Skepsis abgelöst werden sollte, die ein umfassendes Urteil erst aus der Abwägung der verschiedensten Informationsquellen feste Gestalt annehmen läßt. Gerade die Geschichte der Arbeiterbewegung ist, nicht zuletzt aufgrund ihrer aktuellen politischen Brisanz, ein beliebtes Betätigungsfeld für weltanschauliche Indoktrination im Gewande von Geschichtsdarstellungen. Demgemäß sind gegenüber allzu eilfertig und problemlos behaupteten Kontinuitätslinien ebenso erhebliche Zweifel geboten wie in bezug auf ein Geschichtsbild, das die klassische Sozialdemokratie nach den heutigen ideologischen Fronten in positive und negative Tendenzen schematisch aufteilt. Vor allem muß der Umstand zu kritischer Reflexion anregen, daß es in der vorhandenen Literatur keine umfassende *Gesamt*darstellung zur Entwicklung der deutschen Sozialdemokratie von ihren Ursprüngen bis zum Ausbruch des Ersten Weltkrieges gibt, die ihre Hauptthesen einigermaßen wissenschaftlichen Ansprüchen genügend aus den historischen Quellen belegt. Die in dieser Hinsicht seriösen Arbeiten aus dem akademischen Forschungsbetrieb sind allesamt zeitlich oder thematisch so eng begrenzt, daß sie zu den massenhaft gelesenen Überblicksschriften nicht ernstlich in Konkurrenz treten können und somit die Ebene verfehlen, auf der sich geschichtsverzerrende Legendenbildungen in ideologischer Absicht mit Argumenten erschüttern lassen. In diesem schmerzlichen Dilemma sollte die vorliegende Untersuchung eine offenkundige Lücke schließen.

Zur Kritik fragwürdiger Interpretationen der Parteientwicklung

Während bislang nur solche Fehldeutungen einzelner Aspekte der SPD-Geschichte zur Sprache gekommen sind, deren Unhaltbarkeit sich intersubjektiv verbindlich nachweisen läßt, sollen in diesem Abschnitt die globalen Erklärungsmuster für die politischen Entwicklungslinien der klassischen Sozialdemokratie kontrovers diskutiert werden. Da das Wahrheitskriterium solcher übergreifender Bezugssysteme von Geschichtsschrei-

---

745 Christian Gneuss, Um den Einklang von Theorie und Praxis, in: Marxismus-Studien 2, a.a.O., S. 206.

bung, die stark von den jeweiligen weltanschaulichen und methodologischen Optionen der Autoren abhängig sind, nicht ohne weiteres greifbar ist, kann es lediglich um die Benennung von problematischen Aspekten jener Geschichtsbilder gehen, gegenüber denen in der vorliegenden Studie ein eigenständiger Ansatz der Analyse und Darstellung gesucht wurde. Dabei wollen wir an den in der Einleitung kurz skizzierten konkurrierenden Interpretationen aus der Sicht des Leninismus, des Linkskommunismus und der Godesberger Sozialdemokratie wiederum kritisch anknüpfen und deren grundlegende Deutungsmuster der historischen Entwicklungslinien anhand der gewonnenen materialbezogenen Erkenntnisse überprüfen.

Angesichts der Tatsache, daß leninistische und linkskommunistische Theorieansätze prinzipiell eine anti-sozialdemokratische Stoßrichtung aus ihrem spezifischen Marxismusverständnis entwickeln, andererseits aber die gegenwärtige Sozialdemokratie ganz überwiegend anti-marxistisch (zumindest nicht-marxistisch) geprägt ist, bringt keine der dominanten Strömungen in der Literatur dem Parteitypus der „marxistischen Sozialdemokratie" ein originäres politisches Interesse entgegen. Dementsprechend versuchen linkskommunistische Autoren die kategorische Behauptung zu untermauern, „daß die Marx-Engelssche Theorie niemals entscheidenden Einfluß auf die Strategie und Taktik der sozialdemokratischen Bewegung in Deutschland gewonnen hat"[746], sondern vielmehr „die üblicherweise unter dem Schlagwort ‚Reformismus' begriffene Politik ... die Quintessenz ihrer Praxis und Ideologie von Anbeginn an ausmachte"[747]. Da man im linkskommunistischen Lager jeweils einen — wenn auch intern heftig umstrittenen — Begriff von „wahrem Marxismus" zu besitzen glaubt, wird der klassischen Sozialdemokratie für die langen Jahrzehnte ihres marxistisch-sozialistischen Selbstverständnisses schlicht ideologischer Selbstbetrug unterstellt. Eine solche in der Wirkungsgeschichte der Arbeiterbewegung bis 1914 überhaupt nicht dingfest zu machende puristische Auffassung des Marxismus bleibt ebenso willkürlich wie die nicht schlüssig erklärbare Funktion seiner „verfremdeten" Form innerhalb einer Sozialdemokratie, deren fähigste Theoretiker offenbar diesen „Mißbrauch" der marxistischen Tradition nicht bemerkten.

Nicht minder befremdlich als diese von linkskommunistischen Autoren vorausgesetzte prinzipielle „Diskrepanz zwischen Sozialdemokratismus und Marxismus"[748] muß auf den informierten Leser, der die insgesamt doch erstaunliche Kontinuität im theoretischen Selbstverständnis der klassischen Sozialdemokratie vor Augen hat, die schematische Zerlegung in „zwei Klassenlinien" bzw. das Spannungsverhältnis von „totalitären" Elementen der Ideologie und einer „freiheitlich-demokratischen" Ausrichtung der Parteipraxis wirken, wodurch das Geschichtsbild der SED auf der einen Seite und der Godesberger SPD auf der anderen gekennzeichnet sind. Es erhebt sich die Frage, wie es parteigeschichtlich überhaupt möglich sein soll, daß dermaßen konträre Kräfte innerhalb der sozialdemokratischen Bewegung über

---

746 Kurt Brandis, Die deutsche Sozialdemokratie bis zum Fall des Sozialistengesetzes, Leipzig 1931, S. V (Vorwort).
747 A.a.O., S. VI.
748 A.a.O., S. 39.

den Zeitraum eines halben Jahrhunderts koexistierend wirksam gewesen sein könnten. Eine gründliche Analyse der von diesen beiden Bezugsmustern geleiteten historischen Darstellungen legt die Vermutung nahe, daß die weltanschauliche Prägungskraft der konkurrierenden Staatengemeinschaften samt ihrer Ideologieproduktion auch heute noch stark genug ist, um eine aus der marxistischen Sozialdemokratie begründet herleitbare lebensfähige Alternative in der historisch-politischen Diskussion weitgehend zu verschütten, die nicht unkritisch an den propagierten Leitbildern der *„liberal-reformerischen"* Arbeiterbewegung innerhalb der „westlich-pluralistischen" Demokratie" einerseits und der *„radikal-revolutionären"* im Sinne der Vorbildfunktion der russischen Entwicklung andererseits orientiert ist. Daß dabei die Geschichte der klassischen SPD jeweils in einer durchaus verengten Weise interpretiert werden muß, ist methodisch unmittelbar plausibel und anhand der vorhandenen Literatur ohne Schwierigkeiten aufzuzeigen.

So urteilt ein Autor, der aus seinem angelsächsischen Verständnis von „pluralistischer Demokratie" und einer ihr gemäßen pragmatischen Arbeiterpartei dankenswerterweise kein Hehl macht, über die innere Logik der sozialdemokratischen Parteientwicklung: „In der politischen Praxis entwickelte sich die sozialdemokratische Partei unter fast unbekümmerter Beibehaltung der alten radikalen Schlagwörter trotz des Widerstandes prinzipieller Bedenken immer weiter in der vorgezeichneten Richtung einer reformistischen Emanzipationspartei der Arbeiterschaft"[749]. Bemerkenswert für den Charakter einer wissenschaftlichen Arbeit ist die Offenheit, mit der dieser Autor seiner Einschätzung Ausdruck verleiht, was er innerhalb der für ihn stark widersprüchlichen Parteirealität der klassischen Sozialdemokratie als wesentlich und unbedeutend ansieht: Die im politischen Selbstverständnis nicht abzuleugnenden „radikal-revolutionären" Elemente bagatellisiert er zu bloßen „Schlagwörtern" aus „alter" Zeit, während die Transformation in eine „reformerische" Partei mit stark pragmatischen Zügen der Sozialdemokratie nichts weniger als „vorgezeichnet" war. Von diesem Urteil ist der Weg nicht mehr weit zu der Behauptung, die Sozialdemokratie sei „in Wahrheit immer schon ... eine demokratische, soziale Reformpartei"[750] gewesen, die mit dem Godesberger Programm endlich ihrem jahrzehntelangen Bannfluch des theoretischen Selbstbetruges entrinnen konnte, wie dies in stärker auf eine politische Wirkung angelegten Schriften dieser Richtung dargelegt wird.

Allzu offenkundig soll auf diese Weise eine zeitgenössische Situation der BRD, in der sich (zumal in der Entstehungszeit dieser Arbeiten vor 1968) anders als in den meisten westeuropäischen Großstaaten keine sozialistische Klassenbewegung breit artikuliert, auf die historische Entwicklung projiziert werden, womit der keineswegs geradlinige und „vorgezeichnete" Weg von der klassischen zur „modernen" SPD nicht mehr in seiner komplexen historischen Gestalt zu begreifen ist. Gegenüber solch undifferenzierten Gesamtdeutungen der Parteigeschichte ausgerechnet bei Autoren, die sich bevorzugt vom „Dogmatismus" eindimensionaler marxistischer Erklärungsmodelle ab-

---

749 Gerhard A. Ritter, Die Arbeiterbewegung im Wilhelminischen Reich, a.a.O., S. 208.
750 Susanne Miller, Das Problem ..., a.a.O., S. 298.

setzen, ist die methodische Kritik aus dem leninistischen Lager vollauf berechtigt: „Reformismus wird in dieser Konzeption als eine anthropologische Konstante, die in der Arbeiterbewegung wirksam sei und die durch hohen Lebensstandard, Mitbestimmungsmöglichkeiten und allgemeines Wahlrecht gleichsam nur entbunden zu werden brauche, verstanden"[751]. Seine Glaubwürdigkeit büßt dieser Hinweis jedoch ein, wenn der gleiche Autor an anderer Stelle die eine unbefragte ideologische Prämisse lediglich durch eine andere ersetzt, indem er pauschal „revolutionär gesinnte Mitglieder" dem verderblichen Kurs der „reformistischen Führer"[752] gegenüberstellt. Damit folgt er lediglich der niemals problematisierten These der DDR-Geschichtsschreibung, „daß die Mehrheit der Mitglieder der deutschen Sozialdemokratie revolutionäre Sozialdemokraten waren"[753]. Während die dem „liberalpluralistischen" Leitbild der Arbeiterbewegung verpflichteten Historiker die „reformerische" Ausrichtung als Regelfall betrachten, der allenfalls durch die plumpe Reaktion im preußisch-deutschen Obrigkeitsstaat vorübergehend außer Kraft gesetzt werden konnte, unterstellen die einer „radikal-marxistischen" Perspektive verbundenen Autoren generell eine „revolutionäre" Tendenz in der Arbeiterklasse, die lediglich durch „Verratspolitik" moralisch oder materiell korrumpierter „Führer" an der Manifestation zu hindern ist.

Aus vielen Darstellungen dieser beiden Hauptströmungen der Geschichtsschreibung kann man den Eindruck gewinnen, daß die Parteirealität der klassischen Sozialdemokratie in eine Vielzahl zusammenhangloser Versatzstücke zerfällt, die innerhalb eines weltanschaulich präformierten Interpretationsrasters lediglich immer wieder zu neuen Argumentationsketten angeordnet werden, mit denen die Autoren ihre Erklärungsmuster bestätigt finden. Dennoch lassen sich auch die globalen Bezugssysteme von Geschichtsbildern, deren Entstehung nicht losgelöst von konkurrierenden ideologischen Standpunkten betrachtet werden kann, durchaus historisch-immanent kritisieren. Besonders aufschlußreich sind in dieser Hinsicht Gedankensprünge in der Argumentation, wie sie beispielhaft in Darlegungen zugunsten der unausweichlichen „reformistischen" Transformation der klassischen Sozialdemokratie auftauchen: „So rückten gerade in der Zeit des Sozialistengesetzes die Propaganda für die Reichstagswahlen und die vor allem als Agitation verstandene parlamentarische Tätigkeit der Abgeordneten — die einzig übriggebliebenen legalen Betätigungsfelder der Partei — noch stärker als bisher in den Mittelpunkt der politischen Arbeit. Als Konsequenz dieser Entwicklung wurde die revolutionäre Zielsetzung in der Praxis immer mehr von der konkreten Reformarbeit in den Hintergrund gedrängt"[754]. An diesen häufig

751 Georg Fülberth/Jürgen Harrer, Kritik der sozialdemokratischen Hausgeschichtsschreibung, Köln 1975, S. 8 (Anmerkung 20).
752 Autorengruppe unter der Leitung von Georg Fülberth, Die Wandlung der deutschen Sozialdemokratie vom Erfurter Parteitag 1891 bis zum Ersten Weltkrieg, Köln 1974, S. 40.
753 Annelies Laschitza, Der Imperialismus und die neuen Aufgaben der Partei der Arbeiterklasse, in: Zeitschrift für Geschichtswissenschaft, XIV. Jg. (1966), S. 1395.
754 Gerhard A. Ritter, Die sozialdemokratische Arbeiterbewegung Deutschlands bis zum Ersten Weltkrieg, in: Dergl., Arbeiterbewegung, Parteien und Parlamentarismus, Göttingen 1976, S. 30/31.

zu findenden Schluß von der — zweifellos historisch realen und eminent bedeutsamen — Gewichtsverlagerung in Richtung der Wahlagitation und parlamentarischen Tätigkeit auf eine „reformerische" Grundtendenz in der Partei und gar eine „reformistische" Wandlung ihrer strategischen Orientierungen wollen wir einige grundsätzliche Anmerkungen knüpfen, die eine unpräzise Begriffsverwendung und dementsprechende Unschärfen in der Interpretation betreffen.

In der politisch-historischen Diskussion herrscht prinzipiell Uneinigkeit darüber, ob unter „Reformismus" eine Konzeption der schrittweisen Verwirklichung („Gradualismus") von traditionellen sozialistischen Zielvorstellungen (klassenlose Gesellschaft, Sozialisierung der Produktionsmittel etc.) verstanden werden soll, oder aber der Versuch, elementare Interessen der Lohnabhängigen ohne die Überwindung kapitalistischer Produktions- und Eigentumsverhältnisse vertreten zu wollen. Diese Deutungen können zweifellos jeweils wichtige historische und aktuelle Argumente für ihr Begriffsverständnis ins Feld führen. Es sollte jedoch möglich sein, sich wenigstens auf eine präzise Argumentationsgrundlage zu verständigen, die beiden Interpretationsvarianten gemeinsam ist: daß nämlich das Problem des „Reformismus" eine strategische Globalkonzeption thematisiert, deren vorrangiges Mittel einer Umsetzung von gesellschaftlichen Gestaltungsabsichten die *staatliche Reformpolitik* im weitesten Sinne darstellt. Insofern läßt sich eine „Reformismusdebatte" nur sinnvoll unter historischen Bedingungen führen, die zum einen eine diesbezüglich ausgearbeitete Strategie und zum anderen eine Sozialdemokratie als — zumindest potentielle — Regierungspartei hervorgebracht haben.

Eben diese Voraussetzungen sind jedoch für den preußisch-deutschen Obrigkeitsstaat eindeutig nicht gegeben. Einzig in den süddeutschen Teilstaaten haben sich, gemäß den dortigen liberalen Verhältnissen, Ansätze zu einer „reformistischen" Konzeption und Praxis der Sozialdemokratie entwickeln können, indem die Partei mehrfach über Bündnisse mit anderen Gruppierungen staatliche Reformpolitik mitgestaltet hat. Dementsprechend gab sie dort auch frühzeitig jedes — im *politischen* Sinne — „revolutionäre" Selbstverständnis preis. Im preußischen Bereich und auf Reichsebene war die Vorstellung, daß Sozialdemokraten ohne politische Selbstverleugnung in absehbarer Zeit in einer Koalitionsregierung aktiv Reformpolitik betreiben könnten, angesichts der Sozialistenfeindschaft des klerikal-konservativ-nationalliberalen Mehrheitsblocks nicht konkret faßbar, weshalb „reformistischen" Strategien von vornherein die Wirkungsbasis fehlte. Freilich haben auch dort Sozialdemokraten intensiv Wahlagitation und parlamentarische Tätigkeit betrieben, sich an der Arbeit kommunaler und sozialpolitischer Selbstverwaltungskörperschaften beteiligt, den Parteiapparat, die Gewerkschaftsbewegung und das Genossenschaftswesen ausgebaut. Indem es diesen Aktivitäten jedoch an der strategischen Verknüpfung mit einer gesamtstaatlichen Reformpolitik notgedrungen ermangelte, haftete ihnen eine starke Tendenz zum Selbstzweck, zum bloßen „Praktizismus" an, der eben ganz und gar nicht mit dem „Reformismus" identisch ist. Weil es aber zwar eine Theorie systematischer Reformpolitik — den „Reformismus" —, nicht jedoch eine bewußte Strategie des „Praktizismus" geben kann, der den Inbegriff der

Strategie*losigkeit* markiert, konnte im preußischen Bereich der traditionelle „revolutionäre" Anspruch bis 1914 verbal konserviert werden. So erweist sich die häufig konstatierte „Diskrepanz zwischen reformistischer Praxis und revolutionärer Theorie" letztlich als ein Scheinproblem: Während an einer realen „reformistischen" Praxis in der Geschichte der Arbeiterbewegung tatsächlich bislang jede „revolutionäre" Theorie nach kurzer Zeit gebrochen ist, behielt im preußisch-deutschen Obrigkeitsstaat, der eine sozialdemokratische Reformpolitik blockierte, die Perspektive einer weiterhin notwendigen politischen Revolutionierung ihren — wenn auch im konkreten Bewußtsein noch so nebelhaften — strategischen Sinngehalt.

Dieser Einschätzung liegt die im folgenden Abschnitt ausführlich darzulegende These zugrunde, daß bezogen auf den strukturellen wie subjektiven Möglichkeitshorizont der klassischen Sozialdemokratie gleichermaßen die Vertreter des „liberal-reformerischen" und „radikal-revolutionären" Leitbildes *unhistorisch* argumentieren, weil sie die verfassungs- und sozialgeschichtliche Zwischenstellung Preußen-Deutschlands jenseits von „westlicher Demokratie" einerseits und russischem Absolutismus vor 1914 andererseits nicht gebührend berücksichtigen, sondern sich pauschal mit einer der beiden für das Nachkriegs-Europa prägenden Entwicklungslinien der Arbeiterbegung identifizieren. Allein diesem unbewußten Bann, die Geschichte in die aus der Gegenwart zurückprojizierten Schemata zu pressen, sind problematische Behauptungen über die „in Wahrheit" von vornherein „reformistische" Praxis der Partei zu verstehen, ist die noch sehr viel fragwürdigere Formulierung überhaupt begreiflich, die Sozialdemokratie habe eine „revisionistische Politik"[755] betrieben und „Bernsteins häufig mißverstandene Lehre ... praktisch die Politik der Partei"[756] bestimmt. Wenn wir den allerdings bezeichnenden Lapsus „revisionistische Politik" historisch und terminologisch korrekt in „eine aus den theoretischen Analysen und strategischen Konzeptionen Bernsteins schlüssig begründbare Politik" übersetzen — weil „Revisionismus" keine „Politik" ist und sich als Komplex programmatischer Vorstellungen nicht beliebig von der Person Bernsteins ablösen und mit allen möglichen Erscheinungen in der Partei in Verbindung bringen läßt —, dann wird die Unangemessenheit dieser konstruierten Aufteilung in „reformistisch-revisionistische" Parteiwirklichkeit und „revolutionär-marxistische" Parteiideologie augenfällig: denn gerade Bernstein war ein entschiedener Kritiker der vermeintlich „reformistischen", tatsächlich aber strategielos-praktizistischen Parteiwirklichkeit.

Der geheime Zwang, in der Polarisierung der „liberal-reformerischen" und „radikal-revolutionären" Leitbilder zu denken, erstreckt sich sogar bis auf Fragen der übergreifenden Weltanschauungen: „Nach Marx will der Sozialist das auf Grund wissenschaftlicher Erkenntnis Unabwendbare und Notwendige, für Bernstein ist die sozialistische Ordnung nicht mehr notwendig und unabwendbar, sondern ein Ziel des vorwiegend aus ethischen Motiven getragenen Wollens"[757]. Wie tiefgreifend man auch immer die geschichtsphiloso-

---

755 Christian Gneuss, a.a.O., S. 225.
756 Willi Eichler, Hundert Jahre Sozialdemokratie, Bonn 1962, S. 34.
757 Gerhard A. Ritter, Die Arbeiterbewegung im Wilhelminischen Reich, a.a.O., S. 199.

phische Distanz zwischen dem originären Marx und seiner Interpretation durch Bernstein nach sorgfältiger Analyse einschätzen mag, die Vorstellung von Marx als „deterministischem" und Bernstein als „ethischem" Sozialisten ist in dieser schematischen Konfrontation ganz gewiß unhaltbar und lediglich Ausdruck eines vorgefaßten Geschichtsbildes, das beiden Theoretikern wegen der undifferenzierten Zurechnung Bernsteins zum „liberal-reformerischen" und von Marx zum „radikal-revolutionären" Lager nicht gerecht wird. In der Argumentationsstruktur ähnlich gelagert ist die Weigerung der DDR-Geschichtsschreibung, die erheblichen Differenzen zwischen Rosa Luxemburg und Kautsky bereits vor 1905 zur Kenntnis zu nehmen, weil für sie gemäß ihren politischen Prämissen die Haltung gegenüber der ersten russischen Revolution zum Katalysator einer endgültigen Trennung zwischen „revolutionären", „zentristischen" und „reformistischen" Kräften erhoben wird: „Für die Zeit von der Jahrhundertwende bis zur Revolution in Rußland 1905 war vielmehr charakteristisch, daß die ‚orthodoxen Marxisten' den Marxismus, die revolutionäre Partei und ihre Politik gegen die Angriffe der Revisionisten relativ einheitlich verteidigten"[758]. Nachdem die prägende Wirkung, die von den in sich konsistenten und schroff gegeneinander abgesetzten „liberal-reformerischen" und „radikal-revolutionären" Optionen auf die gesamte Geschichtsschreibung zu diesem Themenkreis der klassischen Sozialdemokratie ausgeht, wohl mit der gebotenen Eindringlichkeit deutlich geworden ist, können nunmehr die Grundlinien eines eigenständigen alternativen Geschichtsbildes erläutert werden.

Die historischen Chancen der demokratisch-sozialistischen Strategie

Die Geschichte der klassischen Sozialdemokratie ist geprägt von einem fortwährenden Kampf für die politisch-gesamtgesellschaftlichen Interessen der lohnabhängigen Bevölkerung unter Handlungsbedingungen, die angesichts der preußisch-deutschen Synthese von bürokratisch-militaristischem Obrigkeitsstaat und hochentwickelter kapitalistischer Industriegesellschaft einen *eigenständigen Weg zum Sozialismus* erforderten: Weder die parlamentarisch-gewerkschaftliche Reformarbeit nach englischem Vorbild noch die gewaltsame anti-absolutistische Revolution nach russischem Muster konnten bruchlos auf die preußisch-deutschen Verhältnisse übertragen werden. Aus diesem Grunde bewegten sich die sozialdemokratischen Strategiediskussionen von vornherein auf einem schmalen Grat zwischen zwei möglichen Handlungsorientierungen von höchst unterschiedlicher politischer Qualität: Auf der einen Seite drohten die sozialreformerischen Tagesaufgaben und die sozialrevolutionäre Zielperspektive, die ohne den Sturz der nur begrenzt demokratisierbaren preußischen Militärmonarchie nicht zu verwirklichen war, in einen fruchtlosen Dualismus, ein beziehungsloses Nebeneinander abzugleiten. Auf der anderen Seite bestand die Chance, diese beiden Momente politischer Strategie in eine lebendige dialektische

758 Annelies Laschitza, Karl Kautsky und der Zentrismus, in: Beiträge zur Geschichte der deutschen Arbeiterbewegung, 10. Jg. (1968), S. 805.

Beziehung miteinander zu bringen, so daß der Tageskampf stets auf das sozialistische Ziel orientiert blieb und die langfristige Perspektive in aufzeigbaren Zwischenschritten konkreter Praxis angesteuert werden konnte. Demgegenüber vermochten sich allenfalls in einem vollständig liberalen Verfassungssystem die Hoffnungen wesentlich auf einen systematischen Fortschritt von Reformpolitik zu konzentrieren, während allein in einer extrem repressiven Staatsordnung selbst die geringste sozialpolitische und demokratische Errungenschaft lediglich als Konsequenz eines politischen Umsturzes vorstellbar war.

Im Spannungsfeld dieser beiden strategischen Grundlinien und Teilaspekte waren bereits die politischen Vorstellungen Lassalles in der Gründungsperiode der sozialdemokratischen Bewegung, auf die sich auch der frühe Bebel stützte, um eine wirkungsvolle Verbindung von Tagesagitation und Zielperspektiven bemüht. Für das langfristige Streben nach einer Staatsmacht im Dienste der arbeitenden Bevölkerung formulierte er die Parole des allgemeinen Wahlrechts als zentrales Mobilisierungsmittel, im Hinblick auf das Ziel einer vergesellschafteten Produktion in kollektiver Verfügungsgewalt die aktuelle Forderung nach Produktionsgenossenschaften mit öffentlichem Kredit. Dies waren in der Tat die wesentlichen Elemente aus dem Wahlrechtskampf der englischen Chartisten und dem Arbeiterprogramm der französischen Revolution von 1848, wie sie die Bevölkerungsmassen jener Epoche verstehen konnten. Zwar war sich Lassalle vollauf bewußt, daß diese Forderungen nach demokratischer und sozialer Emanzipation der Arbeiterschaft unter den preußisch-deutschen Verhältnissen nur „im entschieden revolutionären Sinne" realistisch anzupacken waren; sein die Erfolgsaussichten des Gewerkschaftskampfes bestreitendes „ehernes Lohngesetz" und das Fehlen jeglicher Überlegungen zu einer möglichen sozialdemokratischen Parlamentsarbeit zeigten sogar, wie auch die ursprünglich strikt antiparlamentarische Haltung von Wilhelm Liebknecht, eine historisch verständliche anti-reformistische Prägung dieser Sozialisten der 1848er Zeit auf. Doch waren die mit einer nicht dermaßen kurzfristig erreichbaren Machtentfaltung der Arbeiterbewegung spekulierenden taktischen Manöver Lassalles gegenüber einem preußischen Obrigkeitsstaat, dessen politisch restaurative Überlegenheit in einer militärisch siegreichen „Revolution von oben" er unterschätzte, ebenso ein deutliches Indiz für die spezifischen Strategieprobleme der deutschen Sozialdemokratie wie das aus außerpreußischer Ohnmacht geborene Vertrauen Bebels, daß sich in der entscheidenden Situation die geeigneten Handlungsweisen „ganz von selbst" aus den Verhältnissen ergeben müßten.

Die geballte Macht einer doppelten Herausforderung durch liberal-reformerische und radikal-revolutionäre Aktionsprogramme, die jeweils in Preußen-Deutschland nicht problemlos umzusetzen waren, traf die sozialdemokratische Parteiführung erstmals an der zukunftsweisenden strategischen Wegmarke nach Aufhebung der Sozialistengesetze. Aus den diametral entgegengesetzten Schlußfolgerungen Vollmars und der „Jungen" angesichts der neu gewonnenen Bewegungsfreiheit sprach die gesamte Widersprüchlichkeit der politischen Situation für die Sozialdemokratie im Kaiserreich: Während Vollmar die innerhalb einer entwickelten bürgerlich-kapitalistischen Gesellschaft zwar insgesamt einleuchtenden, aber eben nur in den süddeutschen Staaten bündnispolitisch mit einiger Erfolgsaussicht anzusteuernden Reformziele benannte, brachten die „Jungen" die berechtigte Verbitterung der Parteigenossen über eine staatliche Repression zum Ausdruck, auf die ihnen allein die revolutionäre Offensive eine angemessene Antwort zu geben schien, welche jedoch für die Parteimehrheit angesichts der Gefahr neuer schikanöser Gesetze unannehmbar war. Es ist das bleibende Verdienst von Friedrich Engels, in dieser schwierigen Situation eine für Jahrzehnte richtungsweisende strategische Orientierung gegeben zu haben: Grundsätzlich konnte und sollte die Sozialdemokratie als Massenbewegung in einer hochindustrialisierten Gesellschaft den friedlichen Aufbau des Sozialismus anstreben; unabdingbare Voraussetzung dafür war jedoch im Deutschen Reich die uneingeschränkte demokratische Republik sowie die Brechung der preußischen Hegemonie, also politische Ziele, die nicht allmählich und konfliktfrei, sondern nur in einer tiefgreifenden Systemkrise zu erreichen waren; folglich hatte die Partei ihre Stellung innerhalb der Bevölkerungsmassen und in der Armee solange unter Verzicht auf Provokationen auszubauen, bis die Herrschenden zum Losschlagen (Krieg, Staatsstreich gegen das Wahlrecht etc.) genötigt waren, wodurch der Sozialdemokratie entscheidende Bündnispartner für den machtpolitischen Sieg erwachsen mußten.

Ein solches politisches Differenzierungsvermögen ging allerdings nicht nur den süddeutschen „Reformisten", die ihre Vorstellungen fern von den Zentren der preußischen Reaktion formulieren konnten, und den antiparlamentarischen „Jungen" ab, denen es nach Auffassung von Engels an der Fähigkeit ermangelte, „die Stärke der ins Spiel kommenden Kräfte unbefangen abzuwägen". Auch die Parteiführung um Bebel verstand es nicht, auf die jeweils problematischen liberal-reformerischen und radikal-revolutionären Aktionsprogramme eine *offensive* Strategie folgen zu lassen, die eine eigenständige Synthese von Zielperspektiven und Tagesaufgaben unter den gegebenen preußisch-deutschen Verhältnissen beinhaltete. Sie reagierte auf das energische Drängen von „links" und „rechts" vielmehr im wesentlichen *defensiv,* indem Bebel unter Verweis auf den unvermeidlichen Niedergang des Kapitalismus die Genossen in der Richtigkeit der „alten bewährten Taktik" zu bestärken versuchte. Dieses auf Kosten strategischer Klarheit gehende Primat der Parteiintegration, die sich über die notwendige Geschlossenheit im Handeln hinaus nach Bebels Überzeugung auch auf die theoretischen Ansätze zu erstrecken hatte, bedeutete die Geburtsstunde einer „zentristischen" *Taktik* in der Sozialdemokratie: sie neutralisierte jede liberal-reformerische und radikal-revolutionäre Offensivposition, wodurch sich der „Praktizismus" mehr und mehr entfalten konnte. Eine Zukunftsperspektive hätte allein eine bewußte, die historischen Handlungsbedingungen und die ihnen gemäße politische Strategie in ständiger Diskussion herausarbeitende Synthese zwischen diesen beiden jeweils verstellten „englischen" und „russischen" Entwicklungslinien eröffnen können. Zum Kernland defensiver „zentristischer" Politik, die unter der Herrschaft des „Praktizismus" sowohl von weltanschaulich „reformistischen" wie „revolutionären" Kräften betrieben wurde, sank Deutschland letztlich — mit den schwerwiegenden Folgen seit 1914 — herab, weil seiner Sozialdemokratie das energische offensive Voranschreiten auf dem in ihrer Geschichte verwurzelten eigenständigen Weg zwischen liberal-reformerischen Parlamentsstrategien und radikal-revolutionären Umsturzstrategien nicht gelang. Zur Herausbildung eines konsistenten „zentristischen" Flügels ist es, da das Integrationskonzept der Parteiführung strategisch indifferent blieb und seine Identität wesentlich aus einer bloßen Negation aktiver revolutions- und reformstrategischer Ansätze schöpfte, in der klassischen Sozialdemokratie nicht gekommen. Zunächst einmal wurde für längere Zeit eine „zentristische" Taktik ohnehin überflüssig, nachdem die „Jungen" aus der Partei gedrängt worden waren und mit den „Süddeutschen" ein zwar beiderseits von Mißtrauen begleitetes, aber doch von der diffusen Einsicht in unterschiedliche Handlungsfelder getragenes stillschweigendes Arrangement erreicht werden konnte. Erst die Zuspitzung strategischer Richtungskämpfe in den Massenstreikdebatten seit 1905 ließ die bis dahin erfolgreich von dem traditionalistischen Parteibewußtsein überlagerten politischen Fronten wieder offen zutage treten. Für die radikal-revolutionäre Strömung der klassischen Sozialdemokratie formulierte Rosa Luxemburg inzwischen unmißverständlich die völlige Identifizierung mit dem russischen Entwicklungsmuster der Arbeiterbewegung. Von der dort allmählich Gestalt annehmenden leninistischen Konzeption trennte sie allerdings ihre Spontaneitätstheorie der Revolution, die zu Lenins Parteivorstellungen in fundamentalem Gegensatz stand, sowie ihre Geringschätzung der Bündnisfrage, insbesondere im Verhältnis zur Bauernschaft. In beiden Differenzpunkten kamen jedoch vorwiegend historische Rahmenfaktoren zum Ausdruck, die Rosa Luxemburg in Deutschland mit den schwerfälligen Organisationskolossen von Partei und Gewerkschaft in Konflikt brachten und sie unter hochindustriellen Bedingungen allein auf die Arbeiterklasse vertrauen ließen, während Lenin im zaristischen Polizeistaat erst den Kern einer schlagkräftigen Arbeiterpartei aufzubauen hatte und sich mit einer erdrückenden agrarischen Bevölkerungsmehrheit konfrontiert sah.

Demgegenüber brachte der Aufschwung des Organisierten Kapitalismus seit Mitte der neunziger Jahre nicht nur eine mit dem englischen Entwicklungsniveau vergleichbare Expansion der Gewerkschaftsbewegung, sondern zugleich im Zuge einer Bürokratisierung des gesellschaftlichen Lebens eine gewaltige Ausweitung der sozialdemokratischen Aktivitätsfelder in dezentralen Institutionen wie den Gemeinden, Konsumgenossenschaften und sozialpolitischen Einrichtungen. Da das politisch immobile Deutsche Kaiserreich zur Jahrhundertwende mit an der Spitze des Weltkapitalismus und der bürokratischen Organisation voranschritt, entwickelten die Funktionsträger der Arbeiterbewegung im Alltagskampf „pragmatische" Denk- und Verhaltensweisen, wie sie dem „technischen" Standard von Staat und Gesellschaft, nicht aber dem von privilegierten Herrschaftsoligarchien bestimmten reaktionären Verfassungsgefüge gerecht wurden. Der Weg zu Tarifverträgen in Lohnkonflikten zwischen Gewerkschaften und Unternehmerverbänden, einer Ausweitung des Parteiapparates und Bündnisabsprachen mit Liberalen in Stichwahlen — um nur einige Beispiele für diese stärkere „Institutionalisierung" der Klassenpolitik zu nennen — war dabei unvermeidlich, wollte die Arbeiterbewegung nicht ihre Einflußchancen im Kampf mit ökonomisch

und politisch immer besser organisierten Gegnern im Lager der staatstragenden Kräfte verspielen. Eine pauschale Kritik an Verhandlungen, einem
Funktionärswesen und politischen Kompromissen ist lediglich ein Stecken-
pferd sektiererischer intellektueller Sozialromantik, die mit der realen
Arbeiterbewegung wenig zu tun hat. Aber die Einsicht in das tiefe Gefälle
zwischen diesen „modernen" Substrukturen einer entwickelten Industriegesellschaft des Organisierten Kapitalismus und dem fortbestehenden büro-
kratisch-militaristischen Obrigkeitsstaat in Preußen-Deutschland blieb eine
strategische Notwendigkeit. Erst ihre allmähliche Verdrängung aus dem
politischen Bewußtsein der „Pragmatiker", denen die „Theoretiker" der
Partei keine überzeugenden Handlungsorientierungen mehr vermitteln konnten, ließ aus dem berechtigten Interesse an einer Intensivierung der Gegenwartsarbeit einen strategielosen „Praktizismus" werden, der trotz seiner
Erfolge im Tageskampf der herrschenden gesamtstaatlichen Ordnung hilflos
abwartend gegenüberstand.
Angesichts dieser unbestreitbaren Akzentverschiebung im Bereich der dezentralen Aktivitäten von Partei und Gewerkschaften näherten sich Kautsky
und Bernstein im Vorfeld des Ersten Weltkrieges immer stärker einer „eng-
lisch-parlamentarischen" Orientierung, wie sie in der Tat gegenüber der
Begeisterung Rosa Luxemburgs für die russische Arbeiterbewegung auch ein
wenig realitätsbezogener war, weil sie einer in wesentlichen Elementen ver-
gleichbaren bewußtseinsprägenden Alltagswelt der Arbeiterklasse entsprach.
Aber im Unterschied von dem in Partei und Gewerkschaften um sich grei-
fenden „Praktizismus", der sicherlich zu einem gewissen Teil auch dem
sinnentleerten Gebrauch von „Theorie" als Mittel der Traditionspflege und
Parteiintegration zur Zeit des Revisionismusstreites zuzuschreiben war,
blieben sich Kautsky und Bernstein durchaus der spezifischen Erfordernisse
einer sozialistischen Transformation Preußen-Deutschlands bewußt, die sich
von den Voraussetzungen in den „westlichen Demokratien" unterschieden.
Zwar haben beide – und nicht erst gegen Rosa Luxemburg – einen undifferenzierten Anti-Reformismus und Anti-Parlamentarismus energisch
zurückgewiesen, weil sie die Errungenschaften des liberalen Emanzipationskampfes, die demokratischen Rechte und Institutionen, sowie die praktischen
Erfolge der Tagespolitik als unverzichtbare Ausgangsbasis für die Verwirklichung der sozialistischen Zukunftsvorstellungen betrachteten. Aber ihre
Kritik an radikal-revolutionären Maximalpositionen, die sie schon vor 1914
ahnungsvoll als langfristig mit der Sozialdemokratie nicht vereinbar an-
sahen, hat Kautsky und Bernstein niemals zu liberal-reformerischen Anhängern einer „englischen" Beschränkung auf Gewerkschafts- und Parlamentsarbeit werden lassen.
Gemäß ihrer Lebensgeschichte haben sie ihre Verdienste um einen „dritten
Weg" jenseits von liberalem Nur-Parlamentarismus und radikalem Anti-
Parlamentarismus, den die deutsche Arbeiterbewegung zwischen dem
englischen und russischen Entwicklungsmuster einzuschlagen hatte, auf
unterschiedlichen Arbeitsschwerpunkten erworben: Bernstein konnte aus
kosmopolitischer Perspektive früher, theoretisch präziser und umfassender
die *allgemeine Theorie* marxistisch-sozialdemokratischer Transformationsstrategie entfalten, die das sozialrevolutionäre Ziel der sozialistischen Wirt-

schaftsordnung auf dem Wege gewaltfreier, schrittweiser und demokratisch legitimierter Systemveränderung im Zusammenspiel parlamentarischer und außerparlamentarischer Formen des Klassenkampfes erstrebt. Demgegenüber hat Kautsky in stärkerer Anbindung an die deutschen Verhältnisse wichtige Beiträge zu einer *speziellen Theorie* des Sozialismus geliefert, indem er früher und klarer als Bernstein den Krieg und sein unvermeidliches Ergebnis, den Zusammenbruch des Obrigkeitsstaates voraussah. Man darf es mit vollem Recht eine politische Tragödie nennen, daß sich diese beiden großen sozialdemokratischen Theoretiker an den genannten unterschiedlichen Ausgangspunkten sowie zweitrangigen weltanschaulichen Differenzen zerstritten, während sie erst unter dem heilsamen Schock einer strategielosen Anpassungspolitik der Mehrheits-SPD im Ersten Weltkrieg — bereits in hohem Alter — wieder zu gemeinsamer Arbeit zusammenfanden. So blieb Bernsteins zukunftsweisendes demokratisch-sozialistisches Strategiekonzept ohne Resonanz und Umsetzungchance im preußischen Obrigkeitsstaat. Andererseits verstrickte Kautsky sich immer mehr im spezifischen deutschen Dilemma und propagierte statt einer orientierenden politischen Synthese jenseits der blockierten liberal-reformerischen und radikal-revolutionären Entwicklungsrichtungen eine „zentristische" Argumentation des Abwartens, der er durch seine deterministische Geschichtsphilosophie auch noch den Schein wissenschaftlicher Fundierung verlieh.

Im Rahmen des hiermit in Umrissen dargestellten veränderten Geschichtsbildes, das die Probleme der klassischen Sozialdemokratie aus den versäumten Chancen einer eigenständigen *demokratisch-sozialistischen Strategie* zu begreifen versucht, ist auch die fast einhellige Einschätzung zu revidieren, die SPD sei am Vorabend des Ersten Weltkrieges zumindest mehrheitlich eine „reformistische" Partei im landläufigen Verständnis gewesen. Für die Linkskommunisten resultiert dieses bei ihnen die gesamte sozialdemokratische Entwicklung umfassende Urteil aus einer begrenzten „ultraradikalen" Auffassung des politischen Marxismus, wie sie vor 1914 keine reale Basis in der Arbeiterbewegung besaß. Im Geschichtsbild der Godesberger SPD und der ihr nahestehenden Historiker haben wir eine vorschnelle Gleichsetzung der zu beobachtenden „pragmatischen" und „praktizistischen" Tendenzen mit einem strategischen Globalkonzept des „Reformismus" aufzeigen können. Die leninistische Geschichtsschreibung ist zumindest in ihrer zwar weltanschaulich ebenfalls auf bestimmte Prämissen festgelegten, aber doch von der offiziellen SED-Interpretation unabhängigeren Form gezwungen, trotz der für ihr Selbstverständnis wichtigen Kontinuitätslinien nach dem Verlauf der Massenstreikdebatten 1905/06 unverblümt festzustellen, „daß mit dieser opportunistisch und reformistisch unterwanderten Partei kein revolutionärer Klassenkampf mehr geführt werden"[759] konnte. Eine unhistorische, von den politischen Fronten der Gegenwart ungeprüft auf die Vergangenheit zurückprojizierte Begriffsbildung wird auch bei dieser Strömung deutlich, wenn der sozialistische „Reformismus" unter anderem definiert wird „durch ein Sozialismusbild, das sich durch die negative Einschätzung der führenden

---

759 Erika König, a.a.O., S. 69.

Rolle der Kommunisten, der Notwendigkeit der Unterdrückung antisozialistischer Strömungen und der Verbindlichkeit des zentralen Plans von der Praxis leninistischer Parteien distanziert"[760]. Im Klartext fällt damit jede aus sozialdemokratischer Sicht formulierte Abweichung vom Leninismus unter den „Reformismus", dessen Verständnis durch eine solche fast beliebige Ausweitung strategisch inhaltsleer wird.

In der Tat ist der „Reformismus"-Begriff, der ja nicht als Kennzeichnung eines politischen Selbstverständnisses, sondern vielmehr als polemische Abgrenzungsformel bedeutsam wurde, für die historische Diskussion nicht sonderlich geeignet. Die Konfrontation von „revolutionären" und „reformistischen" Tendenzen ist im übrigen terminologisch nicht vertretbar, da als sprachlogisch korrekter Gegenbegriff zum „Reformismus" der „Revolutionarismus" anzusetzen wäre. Es ist offenkundig, daß der in diesen Formeln enthaltene Vorwurf der „Beschränkung auf (systemimmanente) Reformen um jeden Preis" bzw. des „leichtfertigen Hinarbeitens auf eine (gewaltsame) Revolution unter allen Umständen" nicht die Grundlage für die Bildung analytischer Kategorien zur Geschichte der Arbeiterbewegung darstellen kann. In diesem Sinne ist die klassische Sozialdemokratie niemals „reformistisch" oder „revolutionaristisch" gewesen. Ihre große historische Perspektive lag in einer fruchtbaren *dialektischen Verknüpfung von Reform* — als Mittel der gesellschaftlichen Transformation im Zusammenwirken parlamentarischer und außerparlamentarischer Kampfformen — und *Revolution* als dem Ziel der demokratischen Republik und der sozialistischen Wirtschaftsgesellschaft. Diese in der sozialdemokratischen Parteientwicklung in allen wesentlichen Elementen *angelegte* Zukunftschance wurde jedoch dadurch vertan, daß konzeptionsloser „Praktizismus" eine systematische Reformstrategie und bloße verbalradikale Agitation und Schwärmereien vom „Zukunftsstaat" das revolutionierende Streben nach Demokratie und Sozialismus in Deutschland immer mehr überlagerten und schließlich zurückdrängten.

Ein in dieser Richtung verändertes Geschichtsbild läßt auch das Verhältnis von Sozialdemokratie und Marxismus in einem neuen Lichte erscheinen. In der vorliegenden Literatur stimmen bis auf die linkskommunistischen Autoren, die generell von einem nicht-marxistischen Charakter der Partei ausgehen, die meisten Historiker darin überein, nach einer Periode des „sozialistischen Eklektizismus" die Zeit des Sozialistengesetzes als Epoche einer umfassenden „Rezeption des Marxismus" zu betrachten[761]. Soweit diese Charakterisierung die Theorie von Marx und Engels im engeren Sinne, d. h. als ökonomische und weltanschauliche Lehre in ihrer gesamten wissenschaftlichen Komplexität betrifft, ist eine solche Periodisierung zweifellos — mit den von den Autoren selbst genannten Einschränkungen — berechtigt. Wenn wir jedoch ausgehend von einem weiteren Verständnis der marxistischen Tradition in der Arbeiterbewegung den Akzent stärker auf die strategischen Prinzipien des politischen Kampfes setzen, dann gelangen wir zu einer modi-

---

760 Georg Fülberth/Jürgen Harrer, Die deutsche Sozialdemokratie 1890—1933, Darmstadt 1974, S. 14/15.
761 Exemplarisch dafür: Hans-Josef Steinberg, a.a.O., S. 25 ff.; Susanne Miller, a.a.O., S. 177 ff.; Georg Fülberth/Jürgen Harrer, a.a.O., S. 53.

fizierten Einschätzung: Eine erste *Rezeption* (Auf- und Annahme) wesentlicher Grundgedanken der ökonomischen und politischen Theorie des Marxismus zur Anleitung der Parteipraxis fand unbestreitbar bereits in der Gründungsperiode der deutschen Arbeiterbewegung statt.

Die angesichts der unterschiedlichen historischen Rahmenbedingungen ihres Wirkens erstaunliche Übereinstimmung von Lassalle und Marx in Grundfragen des Sozialismus ist wohl bislang deshalb nicht hinreichend gewürdigt worden, weil „gemäßigte" Sozialdemokraten den Parteigründer gern für ihre „staatsbejahenden" Auffassungen heranziehen und die „radikalen" Interpreten am Beispiel Lassalles bevorzugt die Verderblichkeit des „Reformismus" und „Sozialdemokratismus" demonstrieren. Man mag das Urteil des klassischen marxistischen Parteihistorikers Franz Mehring: „Lassalle war überzeugter Kommunist im Sinne des ‚Kommunistischen Manifestes'"[762], vielleicht ein wenig zu pauschal nennen können. Es ist aber nicht ernstlich zu bestreiten, daß Lassalle in seine politische Initiative der Parteigründung bereits eine Menge „auf- und angenommener" – eben „rezipierter" – Prinzipien der marxistischen Tradition einbrachte. Ebenso ist die Zurückführung der marxistischen Kontinuitätslinie bis auf die „Eisenacher" in der undifferenzierten Form der offiziellen SED-Geschichtsschreibung gewiß problematisch: „In Deutschland entstand mit der Bildung der Partei der Eisenacher 1869 unter Führung August Bebels und Wilhelm Liebknechts die erste Arbeiterpartei im nationalen Rahmen, die den Marxismus als ihre Lehre annahm"[763]. Doch darf auch im Hinblick auf diese zweite historische Wurzel der deutschen Sozialdemokratie berechtigterweise davon gesprochen werden, daß sich zumindest die führenden Köpfe der „Eisenacher" frühzeitig wichtige Elemente marxistischen Denkens in der praxisbezogenen Orientierung auf den politischen Kampf angeeignet hatten[764].

Der unter dem Sozialistengesetz zweifellos zu verzeichnende „qualitative Sprung" in der Auseinandersetzung mit dem Marxismus, die tatsächlich zuvor noch stark von sporadischen Vorstößen weniger Persönlichkeiten abhängig gewesen war, betraf vor allem die systematischere Form der theoretischen Bewußtseinsbildung. Diese wurde ermöglicht durch die kurz zuvor erfolgte Parteivereinigung, die wesentliche Energien aus dem unfruchtbaren Franktionsstreit für die gemeinsame strategisch-programmatische Arbeit freisetzte, sowie zusätzlich erzwungen von einer staatlichen Repression, die eine prinzipiellere Opposition gegen ein politisches System erforderte, das selbst die gewöhnliche Tagesagitation zu einem „subversiven Vorgang" von höchster Brisanz werden ließ. Es kann nicht geleugnet werden, daß unter diesem doppelten Aspekt – der Überwindung alter Fraktionsgrenzen und der Abgrenzung zur gesamten bürgerlich-aristokratischen Welt – der Marxismus auch eine gewichtige Funktion als „Integrationstheorie" der Partei erfüllte[765].

---

762 Franz Mehring, a.a.O., II, S. 247.
763 Geschichte der deutschen Arbeiterbewegung, a.a.O., Bd. 1, S. 2* (Vorwort).
764 Diese differenziertere Position findet sich bei Vera Wrona, Die theoretisch-weltanschauliche Entwicklung August Bebels, in: Zeitschrift für Geschichtswissenschaft, XVI. Jg. (1968), S. 347 ff.
765 Damit diese wichtige Aufgabe eines programmatischen Konsensus der Partei nicht von vornherein mit dem Beigeschmack „falschen Bewußtseins" behaftet ist, wurde der vor-

Aus diesem Bemühen, in einer äußerst schwierigen Situation einen neuen programmatischen Konsens in der Sozialdemokratie zu finden, entwickelte sich eine niemals trennscharf von gewissen negativen Begleiterscheinungen einer offiziösen Doktrin abzulösende *Institutionalisierung* des Marxismus: Das Parteiblatt „Der Sozialdemokrat" unter Federführung Bernsteins leistete bei dieser Verbreitung der marxistischen Lehre ebenso einen wichtigen Beitrag wie das theoretische Organ „Die Neue Zeit" unter der Leitung Kautskys und das schließlich von beiden gemeinsam formulierte Erfurter Programm, welches diesen Prozeß zu seinem Höhepunkt und weitgehenden Abschluß brachte. Der von Engels zur Fundierung der marxistischen Geschichtsauffassung veröffentlichte „Anti-Dühring" sowie Bebels populäre Zusammenschau der Gesellschaftskritik und Zukunftsvisionen in seinem Hauptwerk „Die Frau und der Sozialismus" runden das Bild dieser Periode zu einem schlüssigen Ganzen ab.

Für eine dritte Epoche gelangt die ohne Frage bis heute gründlichste wissenschaftliche Studie zur weltanschaulichen Entwicklung der klassischen Sozialdemokratie zu dem problematischen Schluß: „Die Geschichte der Sozialdemokratie zwischen 1890 und 1914 ist die Geschichte der Emanzipation von der Theorie überhaupt"[766]. Diese These steht in engstem Zusammenhang mit dem vom Autor erhellten Vordringen des „Praktizismus" in der Partei, in dem er zweifellos einen ganz wesentlichen Aspekt, aber eben nicht den gesamten Möglichkeitshorizont der klassischen Sozialdemokratie benennt, weshalb er letztlich für das strategische Dilemma der Partei auch keine Lösung anzudeuten vermag. Wäre die genannte Behauptung, die SPD habe bereits unmittelbar nach Verabschiedung des Erfurter Programms seit 1891 (der vom Autor angeführte Ausgangspunkt 1890 ist dabei wohl als Versehen einzustufen) alle theoretischen Fragen mehr und mehr in den Hintergrund treten lassen, in dieser Form richtig, dann verbliebe die Verbindung von Sozialdemokratie und marxistischer Tradition lediglich als eine historische Episode: nämlich allein für die Ausnahmesituation des Sozialistengesetzes, da er zuvor gleichfalls „Eklektizismus" walten sieht[767]. Zwar ist keineswegs zu bestreiten, daß die Zeit der Repression gegenüber dem praktischen Wirken der Partei in besonderem Maße die handlungsorientierende Funktion der Theorie- und Strategiediskussionen untermauerte. Gemessen an einer für „normale" Entwicklungsabschnitte realistischen Einschätzung des bewußtseinsfördernden Einflusses, den politische Theorie und strategische Diskussionen um langfristige Perspektiven ohnehin nur auf praktische Lernprozesse der Arbeiterbewegung auszuüben vermögen, ist die geradezu „prinzipienschwangere" Art des Austrags von politischen Kontroversen auf sozialdemokratischen Parteitagen und in der Parteipresse — nicht nur in der Epoche des Revisionismusstreites — aber immer noch bemerkenswert. Nicht fehlende Quantität, sondern unzureichende Qualität der Theoriearbeit dürfte das Vordringen eines „praktizistischen" Denk- und Verhaltensmusters unter

---

belastete Begriff „Integrationsideologie" im Sinne von Erich Matthias (Siehe Anmerkung 744) bewußt durch die offenere Kennzeichnung der „Integrations*theorie*" ersetzt.
766 Hans-Josef Steinberg, a.a.O., S. 124.
767 A.a.O., S. 11 ff.

dem schützenden Dach des traditionalistischen Selbstverständnisses begünstigt haben.

Auch in einer weiteren Hinsicht erfaßt die These der „Emanzipation von Theorie" nur die eine Hälfte der Parteirealität nach Abschluß der Periode einer „Institutionalisierung des Marxismus". Ein ebenso bedeutsames wie politisch folgenreiches Phänomen müssen wir darin erblicken, daß parallel zu einer „Pragmatisierung" des Parteialltags die wichtigsten, bis heute kaum übertroffenen Werke der sozialdemokratischen Klassiker entstanden sind: Der größte Teil des theoretischen Schaffens von Kautsky mit grundlegenden Schriften wie „Die Agrarfrage" oder „Der Weg zur Macht" fällt in diese Epoche nach 1895; die international bekannt gewordenen, für wichtige Strömungen der Arbeiterbewegung richtungsweisenden Positionen Bernsteins und Rosa Luxemburgs haben sich überhaupt erst in dieser Zeit entfalten können; schließlich hat auch ein bedeutender Theoretiker wie Rudolf Hilferding sein Hauptwerk „Das Finanzkapital", auf das sich ökonomisch-analytisch selbst ein so eigenständiger Denker wie Lenin später stützen sollte, im Milieu dieser vermeintlich so „theorieabstinenten" Etappe der Parteientwicklung verfaßt. Die enormen Fortschritte in der — von der marxistischen Tradition geleiteten — Theoriearbeit gerade von der Jahrhundertwende bis ins Vorfeld des Ersten Weltkrieges sind also augenfällig genug, um daraufhin den richtigen Kern der Unterstellung schwindenden Theoriebewußtseins angemessener zu formulieren: Die politisch-praktischen Herausforderungen der Epoche des Organisierten Kapitalismus mit all ihren geschilderten Wandlungen im Tätigkeitsfeld der Arbeiterbewegung waren dermaßen vielfältig und gewichtig, daß selbst eine im Weltmaßstab einmalige theoretische Schöpferkraft nicht ausreichte, um der deutschen Sozialdemokratie die Bewältigung der neu aufgeworfenen Probleme zu ermöglichen, weil die dafür notwendige enge strategische Wechselbeziehung zwischen Theorie und Praxis in zunehmendem Maße abhanden gekommen war.

Dennoch fällt es nicht schwer, die theoretische Signatur dieser Periode seit 1895 mit einer *Differenzierung* im Marxismus umrißhaft zu bestimmen. Schlechthin unübersehbar waren die historisch gewandelten Handlungsbedingungen: Der Imperialismus, die Bürokratisierung, eine Expansion von Gewerkschaften und Unternehmerverbänden, die Erweiterung der parlamentarischen und sonstigen institutionellen Arbeit auf allen Ebenen der Gesellschaft — um nur einige Beispiele zu nennen — schufen neue Problemhorizonte für die Arbeiterbewegung, die bei Marx und Engels sämtlich noch nicht in ihrer umfassenden Bedeutung bearbeitet und bewältigt sein konnten. Des weiteren hatte sich die in der II. Internationale zusammengeschlossene europäische Sozialdemokratie mittlerweile gewaltig ausgedehnt, sowohl was die Anzahl der dort vertretenen nationalen Parteien als auch was deren politische Machtentfaltung betraf, wodurch naturgemäß das Spektrum innerhalb dieses breiten Bündnisses von Arbeiterorganisationen sich erweiterte. Unter diesen Umständen war die „nochmalige Durchsicht" der ursprünglichen politischen Theorie des Marxismus eine praktische Notwendigkeit; eine „revisionistische" Wende — gleich welcher Stoßrichtung — stand also im Anschluß an die Zeit der „Institutionalisierung" einer sozialdemokratischen Parteitradition auf der Tagesordnung. Der von einer leninistischen Geschichtsschreibung häufig zu polemischen Zwecken bemühte Zusammenhang von „Imperialismus" (genauer: des Organisierten Kapitalismus insgesamt, dessen Erscheinungen nicht sinnvoll allein unter „Imperialismus" begrifflich komprimiert werden können) und „Revisionismus" ist also durchaus historisch existent, wenn er aus marxistisch-sozialdemokratischer Sicht auch anders interpretiert werden muß: Die erstmals von Bernstein anhand der gesellschaftlichen Entwicklung konsequent vollzogene „nochmalige Durchsicht" des klassischen Marxismus, der jeweils eigene Versionen Kautskys und Rosa Luxemburgs mit zweifellos gleichfalls „revisionistischen", die traditionelle Parteikonzeption verändernden Ergebnissen folgen sollten, war die Geburtsstunde unseres politischen Zeitalters, in dem selbst die einem marxistischen Erbe verbundene Arbeiterbewegung stets in mindestens drei Hauptströmungen zerfällt.

Die Aktualität der klassischen Strategiedebatten in der SPD

Ausgehend von der These, daß eine demokratisch-sozialistische Strategie jenseits der verkürzten Alternativen liberal-reformerischer oder radikal-revolutionärer Entwicklungsmuster im *Möglichkeitshorizont* der klassischen Sozialdemokratie begründet lag, stand der vorausgehende Abschnitt vorrangig unter dem historischen Erkenntnisinteresse, die Ursachen für das bereits vor dem Ersten Weltkrieg offenkundige Zurückbleiben der Parteipraxis hinter den ausdrücklich formulierten Ansprüchen zu diskutieren. In diesen die gesamte Untersuchung abschließenden Bemerkungen wollen wir uns der unmittelbar politisch-weltanschaulich geprägten Frage zuwenden, welche Anregungen die damaligen theoretischen und strategischen Grundsatzpositionen für die programmatische und praktische Arbeit innerhalb der heutigen sozialdemokratischen Bewegung noch vermitteln können. Dabei sind zunächst jene wesentlich zeitgebundenen Elemente der Parteirealität zu nennen, die für das „Traditionsbewußtsein" eine wichtige Rolle spielen dürften: So brachte die klassische Sozialdemokratie mit Bebel den vor 1914 in der europäischen Arbeiterbewegung und für die SPD bis heute zweifellos bedeutendsten Parteiführer hervor, der sich — bei allen verzeihlichen theoretischen und folgenschwereren strategischen Unzulänglichkeiten — über Jahrzehnte einen zentralen Platz in der Bewegung sichern konnte, weil er, selbst der Arbeiterklasse entstammend, niemals an dem Bewußtsein der sozialen Basis der Partei vorbei Politik zu machen versuchte.

Des weiteren sind die schon von den Zeitgenossen bewunderten Organisationsleistungen der Gewerkschaften und der Sozialdemokratie, die wohlbemerkt erst heute ganz allmählich wieder ihrem Mitgliederbestand von 1914 zustrebt, unbedingt als vorbildlich zu bezeichnen, auch wenn die Organisationsmacht nicht in eine entsprechende Aktionsfähigkeit umgesetzt wurde. Schließlich muß das theoretische Niveau der „Neuen Zeit" und der „Sozialistischen Monatshefte", aber auch der sozialdemokratischen Tagespresse den Leser heutiger Parteipublikationen in ehrfürchtiges Erstaunen versetzen, zumal die damalige Partei noch auf die Initiative „autodidaktischer" Köpfe angewiesen war; nicht einmal ein „Theoretiker" wie Bernstein, geschweige denn die unzähligen lokalen Parteiredakteure haben im preußisch-deutschen Klassenstaat jemals das Abitur oder eine akademische Ausbildung absolvieren können.

Unverkennbar war bereits vor dem Ersten Weltkrieg – basierend auf dem erreichten Standard der Massenpartei – die „arbeitsteilige" Entwicklung der organisatorischen, agitatorischen und programmatischen Dimension der Parteitätigkeit, zwischen denen wir auch aus heutiger Sicht bei der Herausarbeitung von politischen Anknüpfungspunkten unterscheiden müssen. Allein in der Frühgeschichte der Arbeiterbewegung konnten geniale Individuen vorübergehend eine omnipotente Stellung erobern: Die geradezu diktatorische Gewalt Lassalles im ADAV, die umfassende Koordinationstätigkeit von Marx in der I. Internationale, die spätere machtvolle Führungsposition Lenins in der russischen und Maos in der chinesischen Revolution sind Beispiele für eine Vereinigung der Aufgaben eines Organisators, Agitators und Programmatikers innerhalb der Bewegung. Diese Entwicklungsphase war jedoch in der millionenstarken deutschen Sozialdemokratie längst überwunden. So sind die Formen von Organisation und Agitation der klassischen SPD nur in ihrem historischen Kontext angemessen zu würdigen, während den theoretisch-strategischen Grundsatzpositionen, mit denen wir uns im folgenden ausschließlich befassen wollen, eine langfristigere Ausstrahlungskraft zumindest bezogen auf die fortbestehende Wirklichkeit eines kapitalistischen Wirtschaftssystems und den Mechanismus des politischen Kampfes im parlamentarischen und außerparlamentarischen Raum beigemessen werden kann.

Bis in die Gegenwart sind die rechthaberischen Versuche nicht verstummt, den eigenen begrenzten Parteistandpunkt *unmittelbar* aus Marx und Engels abzuleiten und den jeweils konkurrierenden Strömungen solche Kontinuitätsansprüche mit heftiger Polemik gegen vermeintliche „Verfälschungen" des „wahren Marxismus" zu bestreiten. Diese ideologischen Interpretationskünste sind deshalb historisch und politisch so unfruchtbar, weil kein sachkundiger Wissenschaftler bestreiten wird, daß der Marxismus eine *sozialdemokratische*, eine *leninistische* und eine *rätekommunistische* Traditionslinie hervorgebracht hat, die sich allesamt auf bestimmte Abschnitte und Aspekte des theoretischen Wirkens von Marx und Engels begründet stützen können. Im Unterschied zu diesen beiden „großen Klassikern" des modernen Sozialismus, deren Erbe die klassenbewußte internationale Arbeiterbewegung insgesamt verkörpert, haben die ihnen folgenden „kleinen Klassiker" innerhalb der II. Internationale tatsächlich frühzeitig wesentliche Grundlagen für eine strategische Differenzierung des marxistischen Sozialismus geschaffen, die seit der Epoche der russischen, deutschen und österreichischen Revolution von 1917/19 auch politisch-organisatorisch die Fronten im Rahmen der europäischen Arbeiterbewegung absteckt.

Dabei ist es im Deutschen Reich, wie übrigens auch in Österreich als dem anderen Stammland der marxistischen Sozialdemokratie, zur Herausbildung einer dem Leninismus angelehnten oder auch nur verwandten Strömung vor 1914 nicht gekommen, da das ökonomische und politische Entwicklungsniveau gerade hinsichtlich der für das praktische Wirken der Arbeiterbewegung entscheidenden Faktoren mit Rußland kaum vergleichbar war.

Dies läßt die Interpretationsschwierigkeiten für die SED-Geschichtsschreibung verständlich werden, ebenso wie die Kontinuitätsprobleme der SPD nach Godesberg wesentlich darin begründet liegen, daß man eine von dem heute verdrängten oder gar tabuisierten Marxismus systematisch *abgegrenzte* Theorietradition in der klassischen Sozialdemokratie ohne Geschichtsklitterung nicht hervorkehren kann. In weltanschaulich und strategisch oppositioneller Position zu jener breiten Mehrheitsströmung um Kautsky einerseits und Bernstein andererseits, die auch im Spektrum der ausdifferenzierten Arbeiterbewegung nach 1917/19 noch eindeutig als marxistisch-sozialdemokratisch geprägt bezeichnet werden darf, stand in Deutschland lediglich der radikal-revolutionäre Flügel um Rosa Luxemburg, die mit ihren in äußerster Schärfe gewerkschafts-, parlamentarismus- und bürokratiekritischen Massenaktions-Theorien einen Grundstein der rätekommunistischen Traditionslinie gelegt hat. Als ihrerseits überzogene Kontrapunkte zu einer gewerkschaftlichen, parlamentarischen und bürokratischen Stagnation der deutschen Arbeiterbewegung nach 1905 können Rosa Luxemburgs stets geistreichen und brilliant geschriebenen theoretischen Arbeiten auch heute noch mit Interesse und Gewinn gelesen werden. In ihrem argumentativen Ganzen sind sie allerdings für die strategische Konzeptualisierung sozialdemokratischer Politik prinzipiell ungeeignet. Der spätere Weg Rosa Luxemburgs in die KPD — mit einer den Leninismus von „links" attackierenden Position — war bereits deutlich in ihren Überzeugungen vor 1914 angelegt und das schließliche Ausscheiden aus der sozialdemokratischen Bewegung insgesamt eine politisch konsequente Entscheidung.

Demgegenüber läßt sich mit dem theoretischen Wirken Kautskys und Bernsteins vor dem Ersten Weltkrieg schlüssig eine sozialdemokratische Entwicklungslinie des Marxismus fundieren, deren Grundzüge bis heute nicht ihre Aktualität für eine strategische Begründung politischer Praxis eingebüßt haben. Es ist für das demontierte Geschichtsbewußtsein der „modernen" Sozialdemokratie nach Godesberg bezeichnend, daß diese beiden großen Theoretiker der „klassischen" SPD eine ihrer historischen Bedeutung wenigstens ansatzweise gerecht werdende Beachtung in den gegenwärtigen sozialistischen Grundsatzdiskussionen vorwiegend solchen Schriften „verdanken", in denen Bernstein und Kautsky als verbale Aggressionsobjekte einer prinzipiellen anti-sozialdemokratischen Polemik am Beispiel des „Revisionismus" und „Zentrismus" herhalten müssen. Es kann angesichts dieser weltanschaulichen Konstellation zumindest innerhalb der massenhaft verbreiteten „populären" Literatur, wie sie auch dem nicht unmittelbar wissenschaftlich tätigen Parteigenossen leicht zugänglich ist, kaum verwundern, daß selbst in der dem marxistischen Erbe aufgeschlosseneren sozialdemokratischen Linken vor allem zwei Formen des Geschichtsbewußtseins vorherrschen: In der einen, wohl zahlreicheren Gruppe sind mangels entsprechender Schulungsarbeit keine historischen Kenntnisse vorhanden, die eine Einordnung des eigenen Standpunktes in die Parteitradition zuließen, während eine „lesende" Minderheit zumeist nur die gängigen Zerrbilder der SPD-Geschichte sich zu Gemüte führen und deshalb gleichfalls kaum positive Anknüpfungspunkte aus der klassischen Partei für die eigene politische Arbeit fixieren konnte.

Dabei sind gerade Kautsky und Bernstein als Theoretiker vorbildliche Beispiele für ein politisches Engagement, das sich stets auf dem Boden linker, entschieden sozialistischer Positionen der Partei bewegte, ohne jemals die Orientierung auf die sozialdemokratische Bewegung und das reale Bewußtsein der sie tragenden lohnabhängigen Bevölkerungsmassen zu verlieren. Über einen Zeitraum eines reichlichen halben Jahrhunderts haben Kautsky und Bernstein an drei entscheidenden Wendepunkten der Parteientwicklung bewiesen, daß ihnen mit vollem Recht der historische Rang von Klassikern der sozialdemokratischen Linken gebührt: Unter dem Sozialistengesetz waren sie die führenden Persönlichkeiten, die in enger Zusammenarbeit mit dem alten Engels die *weltanschaulichen* und *ökonomisch-analytischen* Grundlagen des Marxismus in der Partei verankerten; das von beiden formulierte Erfurter Programm einschließlich der neu gewonnenen Einsichten in Bernsteins revidierter Fassung von 1909 kann bis heute als das klassische Dokument der marxistischen Sozialdemokratie gelten. In den Massenstreikdebatten haben sie die notwendige *strategische* Ergänzung der Parlamentstätigkeit sowie der Agitations- und Organisationsarbeit durch außerparlamentarische Mobilisierung der Arbeiterklasse nachdrücklich betont, als das aus der Zeit des Sozialistengesetzes tradierte Kampfbewußtsein von SPD und Gewerkschaften bereits im Schwinden begriffen war. Nachdem schließlich die Parteimehrheit im Kriege die überkommenen Grundsätze ohne eigenständige Aktionsperspektiven einem innenpolitischen „Burgfrieden" mit den Rechtskräften geopfert hatte und oppositionelle Stimmen rigoros zum Schweigen brachte, blieb Kautsky und Bernstein nur der Weg in die linkssozialdemokratische USPD, in der sie — wie später nach der Wiedervereinigung mit der Mehrheits-SPD — ihre Vorstellungen auch *praktisch* in den Schicksalsfragen von Krieg, Revolution und Weimarer Republik umzusetzen versuchten.

Gewiß kann ein richtig verstandenes politisches Geschichtsbewußtsein in einer Partei niemals bedeuten, daß über den Zeitraum nahezu eines Jahrhunderts theoretische Einschätzungen und strategische Richtlinien nahtlos auf die Gegenwart übertragen werden oder kritische Akzente vollständig ausgespart bleiben sollen. So ist beispielsweise Kautskys deterministische Geschichtsauffassung aus einer rückblickenden Perspektive der marxistischen Theoriediskussion sicherlich unhaltbar geworden. Andererseits darf man, wenn wir aus der Sicht einer heutigen parlamentarischen Demokratie die sozialistische Transformationsstrategie bei Bernstein als konsequenter und schlüssiger ausgearbeitet ansehen, die in den damaligen obrigkeitsstaatlichen Verhältnissen begründeten Grenzen ihrer Umsetzbarkeit in der klassischen Sozialdemokratie nicht aus den Augen verlieren; denn seine Konzeption war von vornherein auf Handlungsbedingungen der Arbeiterbewegung zugeschnitten, die ein kapitalistisches Industriesystem auf entwickelter Stufenleiter mit einem hohen Organisationsgrad der Arbeiterklasse sowie gewährleisteten demokratischen Rechten und Institutionen verbinden. Insofern konnte Bernstein vielleicht nur aus den Erfahrungen seines Exilaufenthaltes in den damals liberalsten Ländern Europas frühzeitig eine spezifisch sozialdemokratische Interpretation des politischen Marxismus liefern, deren Schlußfolgerungen uns heute fast selbstverständlich vorkommen: haben doch inzwischen auch die „Eurokommunisten" das Erbe der marxistischen Sozial-

demokratie angetreten und mit ihr den hohen Stellenwert der Demokratie
für die Erkämpfung des Sozialismus sowie die Notwendigkeit anerkannt,
ausgehend von *gleichgerichteten* Interessen der Arbeiterklasse und der lohn-
abhängigen oder selbständigen Zwischenschichten gegen das konzentrierte
Kapital eine realistische Bündnispolitik zu betreiben. Es ist aus der extrem
reaktionären preußisch-deutschen Realität und seiner Rolle als führender
Theoretiker einer traditionsbewußten Partei unbedingt begreiflich, daß
Kautsky einen längeren Lernprozeß benötigte, um diesen zukunftsweisenden
Klärungsprozeß einer „Differenzierung im Marxismus" nachzuvollziehen.
So wäre für die marxistisch beeinflußte sozialdemokratische Linke das
politische Ziel, die SPD gemäß der klassischen Formel Kautskys in eine
„revolutionäre, nicht aber Revolutionen machende Partei" zu verwandeln, in der aktuellen Situation sicherlich wenig hilfreich. Die deutsche
Sozialdemokratie ist heute eine ihrem programmatischen *Anspruch* nach
allenfalls „reformistische", in der Praxis aber kaum „Reformen machende"
Partei; geblieben ist ihr lediglich die Illusion, „der Sozialismus" müßte sich
als geradezu „naturwüchsiges" Ergebnis einer strategielos „praktizistischen"
Tagespolitik erreichen lassen. Was bei Bernstein als Aufforderung zur politischen „Mäßigung" mißverstanden wurde, markiert mittlerweile die Substanz einer „radikalen" Linkswendung der Sozialdemokratie: sie muß die
konsequente Praxis einer „demokratisch-sozialistischen Reformpartei" entwickeln, die das sozialrevolutionäre Ziel einer Transformation der kapitalistischen in die sozialistische Gesellschaftsordnung auf verfassungsmäßigen
Wegen zu verwirklichen entschlossen ist. Weil sich aber auch heute nach der
Überwindung des Obrigkeitsstaates „antagonistische Gesellschaft und politische Demokratie"[768] gemessen an den Klasseninteressen der Lohnabhängigen unverträglich gegenüberstehen, bleibt die Erkämpfung des Sozialismus
eine *dialektische* Aufgabe: In den demokratischen Rechten und Institutionen
unseres Grundgesetzes ist der Sozialdemokratie die *wirkliche Möglichkeit*
eröffnet, um der *möglichen Wirklichkeit* einer sozialistischen Zukunft im
Zusammenspiel parlamentarischer Reformarbeit und der Entfaltung außerparlamentarischer Eigeninitiative der abhängig Beschäftigten bewußt ent-
gegenzustreben.
Diese untrennbare Einheit der demokratischen und sozialistischen Forderungen der Arbeiterbewegung ist einer der wenigen Grundsätze der klassischen Sozialdemokratie, den die SPD in ihr Godesberger Programm noch
mit überzeugender Eindringlichkeit aufgenommen hat: „Sozialismus wird
nur durch die Demokratie verwirklicht, die Demokratie durch den Sozialismus erfüllt"[769]. Allein in der Parteilinken ist gegenwärtig diese Überzeugung, daß eine politische Demokratie unter kapitalistischen Bedingungen unvollkommen bleiben muß, samt der aus ihr entspringenden strategischen
Konsequenzen lebendig. Von dem Bewußtsein erfüllt, daß „links" von ihr
das in der Arbeiterbewegung isolierte Sektierertum und die unbelehrbare

---

768 In Anlehnung an den Titel einer Aufsatzsammlung von Wolfgang Abendroth, Antagonistische Gesellschaft und politische Demokratie, Neuwied 1967.
769 Grundsatzprogramm der Sozialdemokratischen Partei Deutschland, Hrsgg. vom Vorstand der SPD, Bonn 1959, S. 8.

Orthodoxie und rechts der stufenweise Verzicht auf sozialistische Politik beginnt, hat die sozialdemokratische Linke jedoch das Ziel nicht aus den Augen verloren, die Gesamtpartei der achtziger Jahre mit ihren Zukunftsvorstellungen zu prägen. Sie wird dabei von der sich abzeichnenden Entwicklung unterstützt, daß die SPD einen solchen Wandel vollziehen muß, will sie in der künftigen Auseinandersetzung zwischen progressiven und konservativ-reaktionären Tendenzen in Westeuropa nicht schwankend zwischen den Fronten, sondern solidarisch an der Seite ihrer französischen, italienischen und englischen Bruderparteien stehen. Es muß die Aufgabe einer von der Parteilinken vorangetriebenen Strategiediskussion sein, in diesem europäischen Dialog von Sozialisten der deutschen Sozialdemokratie auch über die Vermittlung politischen Geschichtsbewußtseins eine gestaltende Beteiligung zu ermöglichen, die ihrer im Marxismus verwurzelten Tradition würdig ist.